Jindrich Uzel

Monografie Radu

Thysanoptera

Jindrich Uzel

Monografie Radu
Thysanoptera

ISBN/EAN: 9783743331280

Hergestellt in Europa, USA, Kanada, Australien, Japan

Cover: Foto ©ninafisch / pixelio.de

Manufactured and distributed by brebook publishing software
(www.brebook.com)

Jindrich Uzel

Monografie Radu

MONOGRAPHIE

DER

ORDNUNG THYSANOPTERA.

VON

HEINRICH UZEL.

MIT 10 TAFELN UND 9 TEXTBILDERN.

DEM [illegible] DER BÖHMISCHEN AKADEMIE DER WISSENSCHAFTEN [illegible] IN PRAG.

MONOGRAFIE

ŘÁDU „THYSANOPTERA".

SEPSAL

JINDŘICH UZEL.

S 10 TABULEMI A 9 OBRAZY V TEXTU.

DÍLO POCTĚNÉ JUBILEJNÍ CENOU ČESKÉ AKADEMIE CÍSAŘE FRANTIŠKA JOSEFA PRO VĚDY, SLOVESNOST A UMĚNÍ V PRAZE.

V HRADCI KRÁLOVÉ 1895.

NÁKLADEM SPISOVATELOVÝM. — V KOMMISSI U F. F. TOMANA V HRADCI KRÁLOVÉ.

PŘEDMLUVA.

Je tomu osm let, kdy pojal jsem úmysl zpracovati české třásněnky*), na něž upozornilo mne několik jimi vyssátých listů fikusových. Již tenkráte počal jsem sbírati materiál. Mezi tím však bylo mi dokončiti dissertaci svou o českých šupinuškách, takže těmi hlavně jsem se zabýval. Hned potom vrhl jsem se plnou silou opět na studium třásněnek a sebral jsem po Čechách veliké jich zásoby. Během práce poznal jsem, že více než dvě třetiny z Evropy dosud popsaných druhů též v Čechách se vyskytuje, a kromě toho mnoho druhů a rodů nových. I uzrál ve mně poznenáhla úmysl shrnouti vše, co posud známo bylo o třásněnkách, v jeden spis, a pokud možno, dosavadní práce vlastními výzkumy buď potvrditi neb doplniti. K tomu cíli bylo mi nutno opatřovati si po četných časopisech roztříštěnou literaturu, což mi mnoho svízelů způsobilo. Když pak svízele překonány byly, jal jsem se spisovati monografii hmyzu třásnokřídlého, poznav také anatomii jeho a zpracovav ještě druhy, které jsem na ostrově Helgolandě a u Berna sbíral, a jiné, které mi z Pešti a z Řeky zaslány byly.

Nedostatek monografie toho řádu byl vše obecně pociťován, což nejlépe vysvítá z okolnosti, že v posledních patnácti letech nebylo v systematice jeho, ač i v ekonomii veliký význam má, téměř nic pracováno, a to jen z té příčiny, že existoval v [illegible] neobyčejný zmatek způsobený hlavně příliš krátkými a tím nepřesnými diagnosami staršími a poměrně příliš malým počtem druhů popsaných, jehož odklizení vyžadovalo podrobného zpracování celého předmětu.

Práci svou dokončil jsem již v květnu roku 1894., a v červnu odevzdal jsem skoro úplnou sbírku českých druhů do zemského musea.

Dne 8. října téhož roku ucházel jsem se rukopisem této monografie o jubilejní cenu České Akademie, takže teprv nyní, právě rok po dokončení svého díla, mohl jsem [illegible] kročiti k publikaci jeho, kterou mi umožňuje obětavost mého drahého otce.

Pohlížím-li na spis svůj dokončený, jsou pocity mé velmi smíšeny. Musím vyznati, že úkol, v který jsem se uvázal, mnohem převyšoval mé síly, [illegible]

*) Výklad toho jména viz na str. 139.

[illegible]

[illegible]

V HRADCI KRÁLOVÉ [illegible]

Spisovatel.

VORREDE.

Die Handschrift zur vorliegenden Monographie, das Resultat langjähriger Studien, wurde schon im Mai 1894, bis auf unbedeutende Zusätze, beendet. Durch Preisbewerbung hat sich jedoch die Publication sehr verspätet, so dass sie erst heuer erfolgt.

Das Bedürfnis einer Monographie der Thysanopteren war sehr fühlbar. Dies ist am besten daraus zu ersehen, dass volle 15 Jahre ungemein wenig in ihrer Systematik gearbeitet wurde, und zwar deswegen, weil in der Literatur eine ungewöhnliche Verwirrung herrschte (welche hauptsächlich durch zu kurze und infolge dessen nicht hinreichende Diagnosen der älteren Autoren und durch die verhältnismässig geringe Zahl der beschriebenen Arten verursacht wurde), deren Abschaffung eine specielle Bearbeitung des ganzen Gegenstandes erforderte.

Um das Werk breiteren Kreisen zugänglich zu machen, hat der Verfasser den ganzen systematischen Theil auch deutsch niedergeschrieben und den übrigen Theilen dieses Werkes (dem palaeontologischen, anatomischen, entwicklungsgeschichtlichen, biologischen, oekonomischen und historischen) deutsche Résumés beigefügt. Der oekonomische und historische Theil ist ausserdem durch die Art und Weise der Zusammenstellung, und der anatomische und entwicklungsgeschichtliche durch die Abbildungen auch für den der böhmischen Sprache nicht Kundigen brauchbar. Die Tafelerklärungen und die Erklärungen der Textbilder sind böhmisch und zugleich deutsch gegeben.

Möge diese Schrift, die dem Verfasser sehr viel Mühe kostete, jedoch auch zu mancher Freude gereichte, zur regen Forschung in dieser sehr vernachlässigten Ordnung Anlass geben!

KÖNIGGRÄTZ, im Mai 1895.

Der Verfasser.

I. ČÁST
SYSTEMATICKÁ.

I. SYSTEMATISCHER
THEIL.

ÚVODNÍ POZNÁMKY.

EINLEITENDE BEMERKUNGEN.

V této části podávám popisy všech dosud známých druhů třásněnek, pokud jsem o nich dověděti se mohl. Mimo to popsáno zde 11 nových rodů*), 63 nových druhů (z těch 34 v obou pohlavích) a 25 nových variet. Dále obsaženy jsou zde diagnosy dosud nepopsaných samců čtyřiadvaceti druhů, jichž samičky však již známy byly. Všecky nové druhy (také nové variety a nově popsaní samci) byly vesměs v Čechách nalezeny, některé však mezi nimi také na Helgolandě, u Pešti, Rěky, u Berlína a v Laponsku.

Třásněnky dříve popsané rozdělovány byly jen v malý počet rodů, které často nejrůznější elementy zahrnovaly. I odhodlal jsem se, nalezuuv v přírodě zástupce všech posud známých rodů evropských a mimo to četné zástupce rodů nových, rozvrhnouti třásněnky vůbec v 36 rodů. Přes to nemohl jsem arciť některé (počtem 18) z druhů známých vpraviti do rodů uvedených, ježto nebylo v popisech jejich (často kusých) zmínky o znacích, které jednotlivé rody charakterisují, a poněvadž neměl jsem příležitosť sám je ohledati. I uvádím diagnosy těchto druhů za každým z obou podřádů třásněnek.

Dále podotýkám, že popisy všech rodů (kromě tropického rodu *Idolothrips*) a popisy 37 známých druhů, jež jsem sám v přírodě nalezl**), zakládají se jen na vlastních pozorováních. U těchto druhů doplnil jsem popisy starší, obyčejně velmi neúplné a krátké. Diagnosy ostatních druhů známých, jež jsem sám neviděl, uvádím v původním znění. Synonymiku sestavil jsem sám z literatury. — Biologická data, u jednotlivých druhů uvedená, jsou podána dle vlastních zkušeností.

Konečně poznamenávám, že připojil jsem na konec také druhy, jejichž popisy jsou příliš neúplné aneb obsahují zřejmé odpory a tím platnosti pozbývají. Mezi nimi uvádím též jména třásněnek bez popisu uveřejněných (druhy nominální)

V celku jest 135 druhů známých třásněnek, z nichž na Evropu připadá 117 druhů. Zde větší pozornosť věnována jejich systematice jen v Anglii (34 druhy) a ve Finnsku (28 druhů)***).

*) Kromě těchto je 13 rodů nově navržených.

**) Tyto rody a druhy známé, rovněž jako rody a druhy mnou objevené (tedy všecky evropské rody vůbec a všecky druhy, jež jsem sám ohledal) popisuji česky a německy

***) V Čechách nalezl jsem 100 druhů třásněnek.

Myslíme, že pro [illegible] bude [illegible] poučení o tom, jakým způsobem nejvýhodněji Thysanoptera sbírati a jak je vhodně k pozdějšímu studiu upravujeme. K tomu hodlám podati též [illegible] pokroku [illegible], seznam lokalit, z nichž mé zásoby Thysanopter pocházejí.

In diesem Theile biete ich die Beschreibungen aller bis jetzt bekannten Arten der Thysanopteren, soweit ich sie auszukundschaften vermochte. Ausserdem werden hier 11 ganz neue Gattungen*), 63 neue Arten (von diesen 34 in beiden Geschlechtern) und 25 neue Varietäten beschrieben. Weiter befinden sich hier Diagnosen von bis jetzt unbekannten 24 Arten angehörenden Männchen, deren Weibchen schon bekannt waren.

Die früher beschriebenen Thysanopteren wurden nur in eine kleine Anzahl von Gattungen eingetheilt, welche oft die verschiedensten Elemente umfassten. Ich entschloss mich deshalb, nachdem ich in der Natur Vertreter aller bisher bekannten europäischen Gattungen und ausserdem viele Vertreter neuer Gattungen aufgefunden hatte, die Thysanopteren überhaupt in 36 Genera einzutheilen. Trotzdem konnte ich einige (18 an der Zahl) der bekannten Arten in diese Genera nicht unterbringen, weil in ihren oft mangelhaften Beschreibungen keine Erwähnung von Merkmalen, welche die einzelnen Genera charakterisiren, geschieht, und weil ich nicht Gelegenheit hatte, sie selbst zu untersuchen. Ich führe die Diagnosen dieser Arten, so wie sie von den einzelnen Autoren veröffentlicht wurden, hinter jeder der beiden Unterordnungen der Thysanopteren an.

Weiter erwähne ich, dass die Beschreibungen aller Gattungen (ausser der tropischen Gattung *Idolothrips*) und die Beschreibungen von 37 bekannten Arten, welche ich selbst in der Natur auffand, nur auf eigenen Beobachtungen begründet sind. Bei diesen Arten habe ich die älteren, oft sehr unvollkommenen und kurzen Beschreibungen ergänzt. Die Diagnosen der übrigen bekannten Arten (17 europäische und 18 aussereuropäische), welche ich selbst nicht gesehen habe, führe ich im ursprünglichen Wortlaute an. Die Synonymik stellte ich selbst aus der Literatur zusammen. Die biologischen Thatsachen, welche bei den einzelnen Arten angeführt werden, sind nach eigenen Erfahrungen angegeben.

Endlich bemerke ich, dass ich am Schlusse dieses Theiles eine Zusammenstellung der Arten bringe, deren Beschreibungen zu unvollkommen sind, oder offenbare Widersprüche enthalten, und infolge dessen auf [illegible] keinen Anspruch machen können. Unter ihnen befinden sich auch jene Arten, welche ohne Beschreibung überhaupt veröffentlicht wurden.

Im Ganzen kennen wir bis jetzt (sammt den hier beschriebenen neuen) 135 Arten von Thysanopteren, von denen 117 Europa zukommen**). Hier wurde ihrer Systematik [illegible] in England ([illegible] Arten) und in Finnland (28 Arten) geschenkt.

*) [illegible] 15 Gattungen [illegible] einige [illegible], die theilweise schon bekannte Arten [illegible].

**) [illegible] europäische Arten [illegible]! Möge dieser Hinweis eine Sammel[illegible] Thysanopteren [illegible]!

SBÍRÁNÍ TŘÁSNĚNEK.

ÜBER DAS SAMMELN DER THYSANOPTEREN.

Způsob sbírání třásněnek řídí se dle způsobu jejich života. Jinak nutno sbírati druhy, které v květech žijí, jinak druhy na listech se zdržující, jinak třásněnky v drnu, pod spadaným listím a hnijícími látkami rostlinnými schované, a opět jinak druhy, které pod zpuchřelou korou se ukrývají.

V květech žije většina třásněnek. Kdo by venku chytati je chtěl, musel by květy nad šátkem neb papírem vyklepávati a vypadávající třásněnky namočenou v lihu štětičkou nabírati a vpravovati do malých, číslem opatřených lahviček, lihem naplněných, čímž by se značně zdržoval a po veliké námaze, překonav nejrůznější protivenství, poměrně by dosáhl výsledku. — Nejvhodnější dle mých zkušeností způsob nasbírati brzy hojný materiál třásněnek květinových dle jednotlivých druhů květů, ve kterých žijí, spolehlivě roztříděný, jest následující: Zaopatříme si množství nevelikých čtyřhranných kornoutů (pytlíků) papírových, kterých kupci užívají. Při tom nutno však k tomu přihlížeti, aby papír jejich byl dosti tuhý a snadno se nelámal, a hlavně toho dbáti, aby byly dobře lepené a dírek žádných, zvláště v rozích, neměly. Kromě většího počtu těchto kornoutů vezmeme s sebou na vycházky dlouhé neohýbající se špendlíky s velikými (skleněnými) hlavičkami. Nejlépe k tomu hodí se onen druh špendlíků, které továrníci zhotovují z nepodařených jehel. Konečně nesmíme zapomenouti na velmi měkkou tužku a nějakou objemnější schránku, ať již je to botanická torba neb nějaký vak ze zelené látky, který pro lehkosť svou přednosť zasluhuje. V přírodě pak naplňujeme jednotlivé kornouty vždy jedním druhem květů, načež hořejší kraj jejich dvakrát přeložíme, dobře prsty stlačíme a špendlíkem uprostřed zapíchnutým tak upevníme, aby se přeložená částť nerozvírala. Kromě toho dobře je ohnouti hořejší rohy kornoutu takto složeného, aby třásněnky nikudy uniknouti nemohly. Na kornout pak napíšeme měkkou tužkou (tvrdá by papír protrhávala) nejprve jméno rostliny, abychom tak již zevně poznali obsah jeho, a pak též naleziště, což zvláště při větších cestách se odporučuje. Kornout jednou uzavřený na cestě již neotvírejme a dávejme raději tytéž květy z jiného třeba blízkého naleziště do nového kornoutu, neboť hledáním a otevíráním upotřebeného už jednou kornoutu ztrácí se jednak čas, a jednak nedrží podruhé přeložené okraje již pevně při sobě, takže pak někdy propouštějí hmyz tak malý, jako jsou třásněnky. — Naplněné kornouty vkládáme do schránky, o níž jsme nahoře se zmínili. — Podobným způsobem můžeme sbírati v zimě seschlá květenství nejrůznějších rostlin, která často obsahují množství přezimujících zde třásněnek.

Druhy, jež na listech stromů neb keřů žijí, hledáme okem, prohlížejíce spodní stranu listů těch. Chceme-li však brzy seznati, které druhy třásněnek se na tom neb na onom stromu neb keři vyskytují, trháme jeho listí a třásněnkám velmi milé mladé jeho větvičky do objemné botanické torby s dobře přiléhajícími dvířkami aneb do netakového vaku (při čemž je výhodno hleděti, abychom nestali se nápadnými příliš svědomitým takovýmto hlídačům). V tom případě lze na jedné vycházce ovšem jen jeden druh trav sbírati, a proto nejlépe jest míti nějakého průvodce, jenž nese větší počet vaků, z nichž každý opatřen jest malým kouskem lepenky, na níž jeho obsah jest poznamenán. Vaky ty musí býti tak zařízeny, aby jejich okraj dal se tkanicí stáhnouti, která mimo to ještě několikráte se ovine, aby třásněnky nemohly vylézti. — Podobným způsobem dopravujeme si domů květenství různých trav (klasy, oblíny) a nekvetoucí rostliny nízké, které živí často mnohý vzácný druh. Po nekvetoucích rostlinách můžeme však též sítkem smýkati, načež uschováme smetené odpadky rostlinné do kornoutu, když jsme byli napřed nechali vyběhnouti hrubý hmyz, jako brouky, ploštice atd.

Třásněnky, které v drnu, pod spadaným listím, pod hnijícími látkami rostlinnými a různým smetím, v mechu a na podobných místech se vyskytují, nejvýhodněji prosíváme. K tomu účelu necháme si zhotoviti zvláštní síto, jež lze složiti. Podám zde popis důležitého toho nástroje. Ze silného plátna sešitý vak, jenž jest asi 27 cm vysoký a právě tak široký, má místo dna síto s velikými (1 cm²) oky, vpletené do kruhu ze silného drátu, k němuž je plátno přišito. Okraj otvoru toho vaku jest taktéž opatřen kruhem drátěným. Do tohoto síta naházíme hmoty nahoře vyjmenované (při čemž hledíme, abychom co možná nejméně hlíny nabrali) a prosíváme je do nějakého podvázaného vaku. Propadané smetí pak doma po částkách na bílém papíru prohledáváme. — Tento způsob sbírání odporučuje se též v zimě, na místech nezasněžených, kdež kromě třásněnek po celý rok v drnu a podobných látkách žijících, nalezneme také množství třásněnek přezimujících, jež bychom marně v létě hledali. — Podobným způsobem prosíváme též v létě i v zimě zpuchřelou kůru stromovou, kterou silným dlátem odlupujeme.

Konečně budiž ještě připomenuto, že je nutno, aby sběratel třásněnek vždy nosil s sebou malý počet drobných láhviček lihem naplněných a malou štětičku pro případ, že by nalezl nějakou nápadnější třásněnku buď v létu, neb někde na zdi, na vlastním šatu a podobně.

Die Art des Sammelns der Thysanopteren richtet sich nach ihrer Lebensweise. Anders kann man die Blütenbewohner sammeln, anders die Bewohner der Blätter, anders die Arten, die sich unter abgefallenem Laube und faulenden Pflanzentheilen aufhalten, und wieder anders die Arten, welche unter morscher Rinde versteckt leben.

In den Blüten kommt die Mehrzahl der Thysanopteren vor. Man bemächtigt sich ihrer am [illegible], wenn man die Blütenköpfchen sammt den darin wohnenden Insecten in [illegible] Papierdüten einschliesst, worauf man den oberen Rand der nicht gefüllten Düten zweimal umschlägt und mit einer Stecknadel befestigt. Man hat darauf zu achten, dass nur Blüten einer Sorte in eine bestimmte Düte gelangen. Zu Hause [illegible] die Blüten auf einem Bogen weissen Papiers durch und fängt die fliehenden Thierchen mit Hülfe eines in Spiritus getauchten winzigen Pinsels. Auf diese Weise kann man in kurzer Zeit ein grosses und verlässlich nach den Wohnblüten eingetheiltes Material von Thysanopteren zusammenbringen. Ähnlich sammelt man im Winter mit gutem Erfolge die trockenen Blütenstände der verschiedenen Pflanzen.

Die Blattbewohner erreicht man leicht, indem man sich Säcke mit Laub einzelner Baum- und Straucharten eintragen lässt und dasselbe partienweise über weissem Papier in einem Drahtsiebe schüttelt. In kleineren Säcken kann man nichtblühende niedere Pflanzen, ausserdem auch Blütenstände verschiedener Grasarten und Getreideähren nach Hause bringen lassen und ähnlich verfahren. Man kann auch nichtblühende Pflanzen abketschern und die in den Ketscher gefallenen Pflanzenabfälle in Papierdüten füllen. Auf diese Weise findet man manchmal Seltenheiten.

Die Arten, welche sich im Rasen, unter abgefallenem Laube, unter faulenden Pflanzenabfällen, im Moose und unter ähnlichen Verhältnissen aufhalten, siebt man an Ort und Stelle mit einem zusammenlegbaren Käfersiebe mit Leinwandumfassung in einen untergebundenen Sack durch. Das erlangte Siebgut durchsucht man zu Hause partienweise auf weissem Papier und tupft die vorkommenden Thysanopteren mit dem Pinsel auf. Diese Art und Weise zu sammeln ist die dankbarste und liefert im Sommer und im Winter eine Fülle von eigenthümlichen Arten. Ähnlich kann das ganze Jahr hindurch morsche Baumrinde mit gutem Erfolge durchgesiebt werden.

ÚPRAVA TŘÁSNĚNEK PRO POZDĚJŠÍ STUDIUM.

ÜBER DAS PRÄPARIEREN DER THYSANOPTEREN.

Třásněnky zachováme nejlépe v lihu (as 78%). Nasbírané zásoby rozdělíme dle nalezišť do malých, velmi úzkých skleněných lahviček, hrdélkem opatřených a jen as 3 cm vysokých (objedná je každý materialista). Zátky, které musí býti úplně zdravými, jakož i lahvičku samu opatříme číslicí, která vztahuje se na poznámky v seznamu pod tímtéž číslem se nalézající. V seznamu tom poznamenáváme pečlivě všecky důležitější okolnosti, za kterých jsme tu neb onu část třásněnek nalezli. Když pak máme dostatečný materiál, můžeme přikročiti k určení jeho, načež teprv zásoby dle druhů rozdělujeme.

Třásněnky lze také nalepovati pomocí arabského klí na malé proužky papíru. K tomu cíli usmrtíme je v parách benzinových neb lépe cyankaliových. Sbírka taková zjednává nám sice jakýsi přehled forem třásněnek, nemá však vědecké ceny, poněvadž nelze užíti při tomto způsobu praeparace větších zvětšení mikroskopických. Kromě toho ještě jest spodní část těla nalepených třásněnek zraku nepřístupna.

Chceme-li některou třásněnku spolehlivě určiti, jest nutno, abychom si z ní zhotovili mikroskopický praeparát glycerinový, a abychom jej aspoň zvětšením 170násobným

okrotavosti*). Praeparáty zmíněné mají tu přednost před jinými, že můžeme předmět ukázky kdykoli vyndati a jednou jakkoli upraviti. Větší trvalosti zjednáme jim tím, že kraje skla opatříme dle známého způsobu rámečkem z mikroskopického laku. — Dobře také hodí se k praeparátům třásněnek glycerinová gelatina**) čistá, ve vodě močená gelatina rozpustí se v horkém glycerinu. Látka tato stuhne ihned, když vychladne, avšak zase velmi snadno se roztápí. Rámečků lakových zde není zapotřebí. — Chceme-li tedy trvalé praeparáty shotoviti, položíme třásněnky na čtvrt hodiny do absolutního alkoholu, pak na čtvrt hodiny do terpentinové neb hřebíčkové silice, načež je známým způsobem v kanadském balsámu uzavíráme.

Die Thysanopteren bleiben am besten in Spiritus (etwa 78%) erhalten und werden vortheilhaft in kleinen Fläschchen, welche mit Nummern versehen sind und in nebeneinanderstehende Papierhülsen passen, aufgehoben. Unzweckmässig ist es, sie trocken aufzubewahren und auf Papier anzukleben, da sie schrumpfen und der Betrachtung mit dem Mikroskope ziemlich unzugänglich sind. Wollen wir irgend eine Art verlässlich bestimmen, ist es nothwendig, sie in einem Tropfen Glycerin unter dem Deckgläschen mit dem Mikroskope zu untersuchen***). Zur Beobachtung der Details reicht man meist mit 170facher Vergrösserung aus. Ein Lackrahmen um das Deckgläschen macht das Präparat dauerhafter. Es ist angezeigt, erst einen Rahmen aus Glycerin-Gelatine (reine, in Wasser aufgeweichte Gelatine wird in heissem Glycerin zerlassen) heiss aufzutragen (sie verbindet sich leicht mit dem unter dem Deckgläschen hervorgetretenen Glycerin), und nachdem er kalt und starr geworden, den Lack darüberzustreichen. Auch sind Präparate aus reiner Glycerin-Gelatine, welche durch Wärme flüssig gemacht werden kann, zu empfehlen, weil sie sehr schnell hergestellt werden können. Dauerpräparate verfertigt man auf bekannte Weise vermittelst Canadabalsam; eine Sammlung von Thysanopteren in solchen Präparaten ist zum raschen Vergleichen sehr geeignet.

*) [illegible] při dopadajícím světle [illegible] pod sklíčko kousek [illegible]

**) L. Dippel: Grundzüge der allgemeinen Mikroskopie. Braunschweig 1885. [illegible]

***) Zur Orientirung kann man die Thysanopteren bei auffallendem Lichte in Spiritus [illegible] schwacher Vergrösserung untersuchen, wobei es rathsam ist, unter das Uhrglas ein Stück schwarzes Papier zu schieben, weil [illegible] die Färbung der Thiere [illegible]

SEZNAM STANOVISK, NA KTERÝCH MÉ ZÁSOBY TŘÁSNĚNEK SEBRÁNY BYLY.

VERZEICHNIS DER FUNDORTE.

V Čechách počal jsem, jak v předmluvě řečeno, již před osmi lety shromažďovati zásoby. Největší část materialu sebral jsem v okolí pražském, královéhradeckém, třebechovickém, opočenském a za svého dvojího pobytu na Krkonoších. Mimo to hledal jsem třásněnky hlavně u Hořic, Jaroměře, Nové Paky, Pecky, Jilemnice, Trutnova, Turnova, Vrajtu, Vrchlabí, v horách Orlických, u Solnice, Častolovic, Mukařova, na Milešovce, u Peruce, Slaného, Prachatic a na Boubíně. — Dále přenechal mi laskavě pan professor Lad. Duda svůj materiál, který svého času sbíral u Jindřichova Hradce a z malé části též u Soběslavi. Obsahoval 32 neroztříděných druhů, z nichž byly čtyři (*Cryptothrips dentipes*, *Acanthothrips nodicornis*, *Parthenothrips dracaenae* a *Aeolothrips albocincta*) určeny. V zásobách těch byl také jeden druh (*Cephalothrips monilicornis*), kterého jsem z Čech ještě neměl. — Některé druhy sbíral mi též můj přítel, univ. assistent Dalimil Vařečka, nyní již bohužel zesnulý. Pocházely z okolí Úpohoště, Písku, Jihlavy, Chotěboře a Pardubic. — Také přítel můj professor Frant. Bubák přinesl několik druhů z Turnova, z Čerčan a z Postoloprt. — Dále zaslala mi slečna Aloisie Bubáková bedničku květin s třásněnkami z Turnova. — Část materialu přinesla mi též slečna Anna Haková z Jablonce a Liberce. Několik druhů třásněnek sbíral jsem na Helgolandě a v okolí Berlína. — Z Pešti a z Řeky poslala květiny s třásněnkami slečna Eugenie Ganzová. Nalezl jsem tu však jen druhy, jež též v Čechách se vyskytují. — Konečně dostal jsem jeden druh z Laponska (*Trichothrips copiosa* nov. sp., též v Čechách žijící) od pana prof. Dudy.

Všem, kteří k rozmnožení mého materialu třásněnek nějak přispěli, vyjadřuji tímto svůj srdečný dík, zvláště pak svému milému otci, professoru Vinc. Uzlovi, i drahé své matce a slečně Anně Hakové, která mne co nejvydatněji a s obdivuhodnou neunavností podporovala při sbírání zásob v okolí Hradce Králové, Třebechovic a Opočna.

Mein Material von Thysanopteren habe ich zum grössten Theil an verschiedenen Orten in Böhmen gesammelt; alle neuen Arten (auch die neuen Varietäten und die neu beschriebenen Männchen), ausserdem 37 von den bekannten 54 europaeischen Arten wurden hier gefunden. Einige Arten sammelte ich jedoch auch noch auf Helgoland und bei Berlin, andere wurden mir in Blumen aus Budapest und Fiume geschickt, und eine habe ich aus Lappland bekommen; es war jedoch unter diesen keine Art, die ich in Böhmen nicht schon gefunden hätte. Die einzelnen Arten der Thysanopteren scheinen überhaupt eine grosse Verbreitung zu haben, was wohl mit der leichten Verbreitungsfähigkeit durch Wind, wovon noch später im biologischen Theil die Rede sein wird, zusammenhängt.

SYSTEMATICKÉ POSTAVENÍ TŘÁSNĚNEK.

SYSTEMATISCHE STELLUNG DER THYSANOPTEREN.

Postavení třásněnek v soustavě kolísalo během času značnou měrou, čehož hlavní příčinou jest jejich drobnost [illegible] nejmenším hmyzem vůbec, takže tvar jednotlivých částí pro [illegible] postavení důležitý, zvláště pak tvar ústrojí ústních, bylo těžko [illegible] zjistiti u zvířátek tak malých nedostatečnými dříve nástroji. V následujícím podáme obraz toho kolísání od počátku.

R. 1744 hrnule Degeer (L. č. 2)*) obě třásněnky, které popisuje, v jeden rod [illegible] a jej nazývá *Physapus*. — R. 1746 nazývá Linné (L. č. 3) tento rod Degeerův *Thrips* a čítá jej r. 1761 (L. č. 4) rovněž jako již v dřívějších vydáních díla svého Systema Naturae k oddílu hmyzu *Coleoptera* v širším slova smyslu (brouci, kobylky, švábi, cvrčkové), což i Sulzer (L. č. 5) téhož roku dle něho činí. — R. 1763 klade Scopoli (L. č. 6) třásněnky do druhého řadu hmyzu, jejž jmenuje *Proboscidea* (os proboscide [illegible] *Cicada*, *Notonecta*, *Nepa*, *Cimex*, *Aphis*, *Chermes*, *Thrips*). — R. 1764 řadí je Geoffroy (L. č. 9) do první sekce hmyzu, totiž *Coleoptera* s. I (alae coleoptris seu elytris tectae [illegible]), ač praví, že tvoří přechod mezi sekcemi *Coleoptera* a *Hemiptera*. — R. 1767 čítá Linné (L. č. 10) třásněnky mezi „Ordo II. *Hemiptera*“ (alae quatuor, superiores membranaceae incumbentes, *Blatta*, *Mantis*, *Gryllus*, *Fulgora*, *Cicada*, *Notonecta*, *Nepa*, *Cimex*, *Aphis*, *Chermes*, *Coccus*, *Thrips*). — R. 1773 klade je Degeer (L. č. 11) k 5. třídě hmyzu (*Thrips*, *Aphis*, *Chermes*, *Psylla*, *Cicada*). — R. 1776 řadí O. F. Müller (L. č. 13) třásněnky k oddílu hmyzu *Coleoptera* (*Lepdura*, *Attelabus*, *Meloe*, *Necydalis*, *Thrips*, *Silpha*, *Forficula*, *Staphylinus*, *Acridium*, *Locusta*). — Téhož roku čítá je Sulzer (L. č. 14) mezi *Hemiptera* (v Linnéově smyslu), což r. 1781 také činí Schrank (L. č. 19). — R. 1787 řadí je Fabricius (L. č. 21) mezi *Rhyngota* (*Cicada*, *Nepa*, *Cimex*, *Reduvius*, *Pulex*, *Aphis*, *Chermes*, *Coccus*, *Thrips*). — R. 1806 povýšil Duméril (L. č. 36) třásněnky z rodu na čeleď (famille), kterou čítá mezi řád „*Hémiptères*“. Nazývá je „*Vésitarses* ou *Physapodes*“ a uvádí je uprostřed mezi skupinami „*Hydrocorées*“ (*Ranatra*, *Nepa* etc.) a „*Auchénorinques*“ (*Cercopis* etc.). — R. 1829 čítá je Latreille (L. č. 38) k Hemipterům [illegible] *Physapi* a uvádí pozorování Strauss-Dürckheimova, na základě něhož [illegible] k Orthopterům. — Téhož roku přiřaďuje Stephens (L. č. 39) třásněnky [illegible] hmyzu, kterou nazývá *Haustellata*, a sice ku „Ordo VII. *Homoptera* [illegible] *Thripidae*“ uprostřed mezi mérami a mšicemi. — R. 1835 [illegible] Newman (L. č. 42) mezi „Division III. *Tetraptera Isomorpha*“ (larva resembling [illegible] appearance, mode of feeding, etc. wings only being wanted) [illegible] a uvádí je uprostřed mezi „Classis V. *Orthoptera*“

*) [illegible] 2 [illegible] dole [illegible]

a „Classis VI. *Hemiptera*" jakožto „Natural Order" (mající platnosť skupiny), jehož postavení prý posud jest pochybné. — R. 1836. povyšuje Haliday (L. č. 43.) třásněnky na řád a nazývá je *Thysanoptera*. Řád tento staví na roveň řádu *Orthoptera* a *Hemiptera*. — Téhož roku klade Burmeister (L. č. 45.) třásněnky mezi svůj řád *Gymnognatha* (hmyzové s volnými kusadly) jakožto „Tribus *Physopoda*". — R. 1838. považuje Westwood (L. č. 48.) třásněnky za přechodní řád (Ordo *Thysanoptera*) uprostřed mezi řády: *Orthoptera* a *Neuroptera*. — R. 1843. jednají Amyot a Serville (L. č. 54.) o třásněnkách („*Physopoda*") v přívěsku své práce o Hemipterech. — R. 1851. nazývá je Blanchard (L. č. 59.) „Orden *Tisanopteros*". — R. 1852. uveřejnuje Walker (L. č. 61.) Halidayovy manuskripty o třásněnkách. Uvedeny jsou zde mezi Homoptery, a sice jakožto „Order III. *Physapoda*". — R. 1855. řadí Newman (L. č. 68.) třásněnky ku „Classis *Neuroptera*" jakožto „Order *Thripsina*" a praví, že s Neuroptery v užším slova smyslu shodují se v proměně, v rázu křídel a ve tvaru kusadel. — R. 1856. jmenuje Fitch (L. č. 69.) třásněnky „*Thripididae*" a považuje je za řád. — R. 1859. klade Walker (L. č. 73.) „Order *Physapoda*" na tentýž stupeň jako „Order *Orthoptera*". R. 1876. považuje Butler (L. č. 107.) „*Physopoda*" za *Hemiptera*. — R. 1878. jmenuje Reuter (L. č. 113.) třásněnky „Ordo *Thysanoptera*" a podává roku 1880. (L. č. 118.) obšírnější diagnosu toho řádu. — R. 1882. a r. 1883. jmenují je Pergande (L. č. 125.) a Osborn (L. č. 131.) „*Thripidae*". — R. 1883. shrnuje Packard (L. č. 129.) třásněnky, *Mallophaga*, *Heteroptera* a *Homoptera* v oddíl hmyzu, který nazývá *Eurhynchota*. — R. 1885. dělí Brauer (L. č. 139.) po důkladných studiích hmyz na 16 řádů, mezi nimiž také nalézá se řád *Thysanoptera* (*Dermaptera*, *Ephemeridae*, *Odonata*, *Plecoptera*, *Orthoptera genuina*, *Corrodentia*, *Thysanoptera*, *Rhynchota* etc.). — R. 1888. uznává taktéž Jordan (L. č. 162.) oprávněnosť řádu hmyzu třásnokřídlého. Užívá pro řád ten jména „*Physapoda*", poněvadž jest prý starší než jméno *Thysanoptera* a podává obšírnou diagnosu jeho. — Konečně sluší ještě podotknouti, že v učebnicích uvádějí se třásněnky někdy jakožto podřád Orthopter v širším slova smyslu, obyčejně však jakožto podřád neb skupina Pseudoneuropter, k nimž počítávají šídla, jepice, pošvatky, všekaze a pisivky.

Ze sestavení toho je patrno, že všichni autoři, kteří se třásněnkami více zabývali, za samostatný řád je považují.

Pokud se phylogenie třásněnek týče, možno souditi z okolnosti, že třásněnky mají kromě mnoha znaků Rhynchotům (zvláště Phytophthirům) příslušících (velmi koncentrovaná soustava nervová, čtyři malpighické žlázy, jednoduchá varlata, malý počet rourek vaječných, sporé žilky v křídlech, parthenogenesis a způsob výživy), také některé znaky Orthopter (desetičlenný abdomen a ústroje ústní, které, ač jsou již ssavé, ještě složením svým upomínají na Orthoptera), že odvětvily se z řady přechodů, spojující jak se zdá, Orthoptera s předky nynějších Rhynchot, a sice v tom místě, kde již znaky Rhyncho-

[illegible] provedeny. Pokud se pak *Coccidae* [illegible] [illegible] Rhynchoty, tedy [illegible] [illegible] [illegible] [illegible] blíže [illegible] [illegible] třásněnkami [illegible] [illegible] [illegible] [illegible].

Die Stellung der Thysanopteren im System schwankte im Laufe der Zeit ausserordentlich, und zwar hauptsächlich wegen der mit ihrer Kleinheit zusammenhängenden Unkenntniss der Mundwerkzeuge, über die man erst in der neuesten Zeit ins Klare kam. Bezeichnend ist jedoch, dass alle Autoren, die sich mit den Thysanopteren eingehender beschäftigten, sie als Ordnung betrachteten, was auch, wie wir sehen werden, vollkommen berechtigt ist.

PODOBA PRVOTNÝCH TŘÁSNĚNEK.

GESTALT DER URSPRÜNGLICHEN THYSANOPTEREN.

Předkové třásněnek podobali se dle mého náhledu značně našim coleopteratům (*Aeolothripidae*), jelikož [illegible] [illegible] hmyzu tak [illegible]. Pokusím se tento náhled [illegible] odůvodniti.

Křídla jak tubulifer (*Phloeothripidae*), tak stenopter (*Thripidae* Tab. VI., fig. 27) dají se snadno odvoditi z křídel coleopterat (Tab. V., fig. 39.). Pokud tubulifer [illegible] [illegible] křídla [illegible] charakteristický tvar křídel [illegible], to jest značnou šířku, [illegible] [illegible] [illegible] [illegible] [illegible]. Žilky ovšem vymizely skoro úplně. V předním křídle zachoval se z hořejší žilky podélné jen zbytek, který u většiny druhů jest velmi krátký, u některých však ještě polovinu křídla dosahuje (u druhů *Megalothrips Bonannii*, *[illegible] Schotti* a *Phloeothrips angustifrons*). Křídlo stenopter stalo se značně užším [illegible] [illegible] [illegible]. [illegible] [illegible] předních křídel jejich však zjevně poznáváme, že vyvinula se z křídla coleopterat. Hořejší žilka podélná zachovala se úplně (Tab. VI., fig. 27, [illegible]) [illegible] [illegible] části [illegible], která u coleopterat leží za žilkou příčnou[*], spojující ve středu [illegible] [illegible] žilky podélné. Tato příčná žilka zachovala se v mnohých případech [illegible] [illegible] [illegible] [illegible] zbytku dolejší žilky podélné. Kde však příčka vymizela, [illegible] [illegible] [illegible] [illegible] dolejší žilky [illegible] [illegible] s podélnou žilkou hořejší. Z ostatních [illegible] [illegible] [illegible] [illegible] [illegible] žilky coleopterat, která spojuje hořejší žilku [illegible] [illegible] žilky [illegible] (Tab. VI., obr. 27, [illegible]) byly však [illegible] [illegible] [illegible] [illegible]. — [illegible] prvotných třásněnek byla asi devítičlenná [illegible] [illegible] [illegible] [illegible] [illegible] [illegible] neb většího počtu posledních [illegible].

[*] [illegible]

článku, jak to již u rodu *Aeolothrips* (Tab. V., fig. 46.) a *Rhipidothrips* (fig. 13.) velmi zřetelné je naznačeno, vytvořilo se osmičlenné tykadlo tubulifer a některých stenopter a sedmičlenná neb šestičlenná tykadla stenopter ostatních, na nichž dobře lze poznati, že některé články (zvláště šestý) povstaly srůstem několika článků prvotných. Také makadla našich coleoptrat poukazují k tomu, že skupina tato zachovala si původnější podobu svou. Jejich makadla maxillarní skládají se vždy ze tří článků, v kteremžto ohledu také mnohá stenoptera se s nimi shodují, kdežto ostatek stenopter a všecka tubulifera mají prvý pár makadel o dvou článcích, z nichž druhý, jak zřetelně (zvl. u dotyčných stenopter) bývá naznačeno (Tab. VII., fig. 109.), povstal srůstem dvou článků prvotných. Makadla labialní skládají se u většiny coleoptrat ze čtyř článků, u ostatních třásněnek vždy jen ze dvou, při čemž je nápadno, že druhý článek jest proti prvému neobyčejně dlouhý a dobře mohl povstati srůstem tří článků prvotných.

Pokusíme se ještě vysvětliti, jakým způsobem asi mohla tubulifera vzniknouti z třásněnek našim coleoptratům podobných. — Příčinou zvláštního tvaru těla tubulifer jest přizpůsobení se jeho k poměrům životním. Tubulifera zdržují se totiž pod korou a v drnu a tu zajisté velmi výhodno jest pro ně značně sploštilé tělo, jež mohou nejužšími skulinami protahovati pomocí svých neobyčejně rozšířených stehen předního páru noh a pomocí nehtu na předních tarsech u mnohých se nalézajícího. Rourovitý poslední článek abdomenu jest zajisté schopen velmi dobré služby konati při protlačování těla skrze skuliny*). Dalším následkem jejich způsobu života jest úzká hlava a klínovitá podoba předohrudi. (Také u některých stenopter má prothorax podobný tvar; tak u rodu *Chirothrips* [Tab. I., fig. 2. a 7.] a druhů *Oxythrips firma* a *parviceps*.) Poněvadž křídel málo upotřebovala, mizela i pevnosť jejich a sice tím, že žilky se ztrácely. Také pohyby jejich staly se nutně volnějšími, jak to shledáváme též u mnohých stenopter pod drnem žijících (*Limothrips*, *Prosopothrips* etc.). Ztráta kladélka pak vysvětluje se snadno tím, že nutnosť skrývati vajíčka pomocí ústroje toho do pletiva rostlinného, aby k úrazu nepřišla, u tubulifer přestávala, neboť pod korou a v drnu nalézá se bezpečných skrýší s dostatek**).

Z toho všeho vyplývá, že bezprostřední předkové třásněnek podobali se asi značně našim coleoptratům, která tedy přímo odvozují se z jejich kmene, z něhož vypučely ještě dvě větve, totiž tubulifera, značně následkem zvláštního způsobu života pozměněná, a stenoptera od coleoptrat se tak daleko neodchylivší.

---

*) Mezi úzkým rourovitým tubem, který také u některých stenopter se objevuje [illegible] *Oxythrips hastata* a *Belothrips acuminata*) a mezi tubem kónickým, podobným [illegible] abdominalnímu četných stenopter, lze sledovati u jednotlivých druhů tubulifer [illegible]

**) Rod *Anthothrips*, jenž k tubuliferům náleží, žije v květech a [illegible] tento způsob života, když již tělo jeho životu pod korou neb v drnu se bylo přizpůsobilo [illegible] hodno jest, že druh *Anthothrips aculeata* žije nejen ve květech, také ještě v drnu, v [illegible] pod spadaným listím a výjimkou též pod korou a že v zimě [illegible]

[illegible] Vorfahren der Thysanopteren dürften meiner Ansicht nach bedeutend [illegible] *Aeolothripiden* (*Coleoptrata* Halid.), einer der drei Familien dieser Ordnung [illegible] ähnlich [illegible] meine Ansicht zu bekräftigen.

[illegible] der *Phloeothripiden* (*Tubulifera* Halid. Taf. III, Fig. 19, Taf. IV, [illegible] und 29) und der *Thripiden* (*Terebrantia* Burm. Taf. VI, Fig. 97) [illegible] den Flügeln der *Aeolothripiden* (Taf. V, Fig. 59) ähneln. Wie die *Phloeothripiden* [illegible] haben ihre Flügel die charakteristische Form der *Aeolothripiden*, nämlich die bedeutende Breite, das abgerundete Ende und manchmal auch die Verengung in der Mitte. Die Adern verschwanden jedoch fast vollkommen. [illegible] von der oberen Längsader nur ein Rest übrig, welcher bei der Mehrzahl der Arten sehr kurz ist, bei manchen jedoch noch die Flügelmitte erreicht [illegible] Arten *Megalothrips Bonannii* Taf. III, Fig. 19, *Idolothrips Schotti* und *Phloeothrips angustifrons*). Der Flügel der *Thripiden* wurde schmal und [illegible] Verlauf der Adern im Oberflügel geht jedoch klar hervor, [illegible] den Flügeln der *Aeolothripiden* entwickelt haben. Die obere [illegible] vollständig erhalten (Taf. VI, Fig. 97, *c*), die untere jedoch nur in [illegible] welcher bei den *Aeolothripiden* hinter der Querader [illegible] in der Flügelmitte [illegible] verbunden [illegible]. Diese Querader blieb in vielen Fällen ebenfalls erhalten [illegible] mit dem Anfange des Restes der unteren Längsader. Wo jedoch [illegible] verschwand, [illegible] deutlich jener Rest der unteren Längsader in keiner Verbindung mit der oberen Längsader. Von den übrigen Queradern blieben bei den *Thripiden* jene beiden Adern der *Aeolothripiden* erhalten, welche die obere Längsader mit der Vorderrand-Ader verbinden (Taf. VI, Fig. 97, *f*, *g*); wurden jedoch bis jetzt wegen [illegible] übersehen.

Die Fühler der [illegible] Thysanopteren waren wohl neungliedrig, wie bis jetzt die Fühler der *Aeolothripiden*; durch Zusammenwuchs einer kleineren oder grösseren Anzahl der letzten Glieder, wie es schon bei den Gattungen *Aeolothrips* (Taf. V, Fig. [illegible]) und *Rhipidothrips* (Fig. 151) sehr gut angedeutet ist, entstand der achtgliedrige Fühler der *Phloeothripiden* und mancher *Thripiden* und der sieben- oder sechsgliedrige Fühler [illegible] *Thripiden*, an welchem oft deutlich zu erkennen ist, dass das [illegible] durch Zusammenwuchs mehrerer ursprünglicher Glieder gebildet wurde.

Auch die Taster [illegible] *Aeolothripiden* geben davon Zeugenschaft ab, dass [illegible] ursprünglichen Verhältnisse [illegible]. Ihre Maxillartaster setzen sich immer [illegible] zusammen, in welcher Hinsicht auch viele *Thripiden* mit denen [illegible] bei den übrigen *Thripiden* und allen *Phloeothripiden* die [illegible] Glieder bestehen, von denen das zweite [illegible] klar angedeutet [illegible]

[illegible]

zu sein pflegt (Taf. VII. Fig 109), durch Zusammenwuchs zweier ursprünglicher Glieder entstand. Die Labialtaster setzen sich bei der Mehrzahl der *Aeolothripiden* aus vier Gliedern zusammen, bei den übrigen Thysanopteren immer nur aus zwei, wobei es auffallend ist, dass das zweite Glied im Vergleiche zum ersten ungewöhnlich lang ist und gut durch Zusammenwuchs dreier ursprünglichen Glieder sich bilden konnte.

Wir wollen es noch versuchen, zu erklären, auf welche Weise die *Phloeothripiden* aus unseren *Aeolothripiden* ähnlichen Insekten entstehen konnten. Der Grund des eigenthümlichen Körperbaues der *Phloeothripiden* ist Folge der Anpassung an besondere Verhältnisse. Die *Phloeothripiden* halten sich nämlich unter der Rinde und im Rasen auf, und hier ist ein flacher Körper für sie jedenfalls sehr vortheilhaft; denn er befähigt sie, durch die engsten Spalten zu kriechen, wobei sie sich ihrer starken, ungewöhnlich erweiterten Vorderschenkel und des Zahnes auf den Vordertarsen, der bei vielen Arten vorkommt, mit Vortheil bedienen. Das röhrenförmige letzte Abdominalsegment ist ihnen dabei ohne Zweifel auch recht behilflich*). Eine weitere Folge ihrer Lebensweise ist der schmale Kopf und die keilförmige Gestalt des Prothorax. (Auch bei einigen *Thripiden* hat der Prothorax eine ähnliche Gestalt; so bei der Gattung *Chirothrips* [Taf. I. Fig. 2 u. 7] und den Arten *Oxythrips firma* und *parviceps*.) Weil sie wenig von den Flügeln Gebrauch machen, schwand auch ihre Festigkeit, und zwar dadurch, dass die Adern verloren giengen. Auch ihre Bewegungen wurden nothwendigerweise langsamer, wie wir es auch bei vielen unter Rasen lebenden *Thripiden* beobachten (*Limothrips*, *Prosopothrips* etc.). Der Verlust des Legebohrers lässt sich leicht daraus erklären, dass die Nothwendigkeit, die Eier vermittelst dieses Instrumentes in das Pflanzenparenchym zu verbergen, bei den *Phloeothripiden* abfiel, da unter der Rinde und im Rasen es genug sichere Schlupfwinkel gibt**).

Aus allem dem Gesagten geht also hervor, dass die unmittelbaren Vorfahren der Thysanopteren wohl sehr unseren *Aeolothripiden* ähnelten.

*) Zwischen dem schmalen röhrenförmigen Tubus, welcher auch bei einigen *Thripiden* vorkommt (so bei den Arten *Oxythrips hastata* und *Belothrips acuminata*) und zwischen dem kurzen, kegelförmigen Tubus, welcher dem letzten Abdominalsegmente zahlreichen *Thripiden* ähnelt, existieren bei den einzelnen Phloeothripidenarten alle Übergänge.

**) Die Gattung *Anthothrips*, welche zu den *Phloeothripiden* gehört, lebt in Blüten und nahm diese Lebensweise jedenfalls erst secundär an, nachdem sich schon ihr Körper dem Leben unter Rinde oder im Rasen angepasst hatte. Zu bemerken ist noch, dass die Art *Anthothrips aculeata* ausser in Blüten auch im Rasen, Moos, unter abgefallenem Laube und ausnahmsweise auch unter loser Rinde vorkommt, wohin sie sich überhaupt im Winter gerne verkriecht.

ORDO THYSANOPTERA HALID.

1744 PHYSAPUS DEGEER.
1746 THRIPS LINNÉ.
(1806 VESICULIPÈDES OU PHYSAPODES DUMÉRIL.)
1829 PHYSAPI LATREILLE.
1829 THRIPIDAE STEPHENS.
1835 THRIPSIDES NEWMAN.
1836 THYSANOPTERA HALIDAY.
1836 PHYSOPODA BURMEISTER.
1852 PHYSAPODA WALKER.
1855 THRIPSINA NEWMAN.
1856 THRIPIDIDAE FITCH.

Tělo více nebo méně zploštělé, obyčejně 0·17—1 mm, výjimkou až skoro 1 cm [illegible]

kdež přikládá se k srostlým zauzlinám středo- a zadohrudi. Kommissury (kromě jícnové) a provazce nervové v abdomenu (na němž zauzlin není) jsou liché. Zažívací roura jest v jedinou okliku složená. Velmi dlouhý jícen sahá někdy až do prvních článků abdomenu. Žaludek skládá se ze dvou oddělení. Tenké střevo jest velmi krátké, tlusté střevo jest objemné a vřetenovité. Do střeva vyúsťují čtyři dlouhé malpighické žlázy. Slinných žlaz jsou dva páry, zřídka tři. Srdce má podobu malého vaku a leží mezi sedmým a osmým článkem zadku. Otvorů dýchacích nalézáme vždy čtyři páry, a sice na středohrudi, na zadohrudi a pak na 2. a 8. článku abdominálním. Ústroje pohlavní skládají se u samců ze dvou jednoduchých varlat; do base společného chámovodu ústí se jeden neb dva páry žlaz přídavných; u samic pozůstávají oba vaječníky ze čtyř rourek vaječných. Do lichého vejcovodu ústí se zásobárna chámová, bez zvláštní žlázy přívěsné a někdy objemná žláza mazová. Otvor ústroju pohlavních nalézá se mezi 9. a 10. čl. abdom.; u samic terebrantií však mezi 8. a 9. Některé třásněnky *(Terebrantia)* mají kladélko ze čtyř chlopní složené. Rozmnožování děje se často parthenogeneticky a rozšiřování bezkřídlých druhů okřídlenými stěhovavými samičkami (feminae disseminantes). Vajíčko vyvíjí se dle onoho typu, u kterého proužka zárodečná vchlipuje se dovnitř žloutku, čímž zárodek dostává se do polohy obrácené (vzhledem k stěnám vaječným); pročež nastává později převrat plodu. Pokud proměny se týče, patří třásněnky mezi *Paurometabola*, ač od nich odchylují se tím, že nymfa jejich jest málo pohyblivá, ba někdy i nehybná, a že nepřijímá potravy. Třásněnky živí se pravidlem šťavami rostlinnými, zřídka živočišnými.

R. 1836. rozdělil Haliday (L. č. 13.) třásněnky na dva podřády (Stirpes), totiž *Terebrantia* a *Tubulifera*. Toto rozdělení jest velmi přirozené a zachovalo se tudíž až podnes, právě tak jako jeho rozdělení terebrantií v čeledi: *Coleoptrata* (= *Aeolothripidae*) a *Stenelytra* (kteréžto jméno, jsouc zadáno jisté skupině brouků, bylo nahrazeno jménem *Stenoptera* [= *Thripidae*]).

Körper mehr oder weniger flach, gewöhnlich 0·47 — 4 mm, ausnahmsweise bis fast 1 cm lang. Die Stirn befindet sich auf der Unterseite des Kopfes. Die Fühler sind sechs- bis neungliedrig, fadenförmig. Augen immer vorhanden; zwischen denselben befinden sich gewöhnlich drei Ocellen. Die Mundwerkzeuge, welche zum Saugen eingerichtet sind, haben die Form eines Kegels und sind mehr oder weniger unter die Vorderbrust verschoben. Der Mantel des Mundkegels besteht aus der Oberlippe, aus den Maxillen und der Unterlippe, alle diese Theile sind untereinander verwachsen. In der Höhlung des Mundkegels bewegen sich die Mandibeln in Form zweier Stechborsten und der unpaare Mundstachel (wohl ein umgebildeter Epipharynx), welcher linkerseits liegt und den für die Thysanopteren charakteristischen unsymmetrischen Bau der Mundwerkzeuge bedingt. Maxillartaster zwei- oder dreigliedrig, Labialtaster zwei- oder viergliedrig.

Prothorax frei, kleiner als der Mesothorax und der grössere Metathorax zu einem Ganzen verwachsen. Beine kurz, der ein- bis zweigliedrige Tarsus am Ende mit zwei mehr oder weniger entwickelten Klauen, welche an die Wände einer zwischen ihnen befindlichen Blase angewachsen. Flügel sehr schmal, linear, mit wenigen Adern, ihre Ränder mit langen Fransen besetzt. Oft sind die Flügel verkürzt und manchmal fehlen sie vollkommen. Abdomen aus zehn Segmenten bestehend, von denen das letzte oft röhrenförmig ist. Die Rückenplatte des ersten Segmentes regelmässig sehr kurz und mit dem Metanotum eng verbunden, die Bauchplatte mehr oder weniger verkümmert. Das Nervensystem sehr concentriert, alle Abdominalganglien zu einer Masse verwachsen, welche sich entweder im Grunde des Abdomens befindet oder bis in den Thorax steigt, wo sie sich an die vereinigten Ganglien der Mittel- und Hinterbrust eng anlegt. Der Darmcanal ist in eine einzige Schlinge zusammengelegt. Der sehr lange Oesophagus reicht manchmal bis zu den ersten Abdominalsegmenten. Der Magen wird aus zwei Abschnitten zusammengesetzt. Der Dünndarm ist sehr kurz, der Dickdarm voluminös und spindelförmig. In den Darm münden vier lange Malpighische Gefässe. Speicheldrüsen sind in zwei, selten in drei Paaren vorhanden. Das Herz hat die Gestalt eines kurzen kleinen Sackes und liegt zwischen dem siebenten und achten Abdominalsegmente. Stigmen stets in vier Paaren vorhanden, von denen das erste auf dem Mesothorax, das zweite auf dem Metathorax, das 3. u. 4. auf dem 2. u. 8. Abdominalsegmente sich befinden. Die Geschlechtsorgane der Männchen sind aus zwei einfachen compacten Hoden zusammengesetzt; in den Grund des gemeinschaftlichen Samenleiters (ductus ejaculatorius) münden ein oder zwei Paar accessorischer Drüsen. Bei den Weibchen bestehen beide Eierstöcke aus je vier Eiröhren. In den unpaaren Eileiter mündet das Receptaculum seminis, welches keine besondere Anhangsdrüse hat, und manchmal eine grosse Schmierdrüse. Die Mündung der Geschlechtsorgane befindet sich zwischen dem 9. u. 10., bei den Weibchen der *Terebrantia* jedoch zwischen dem 8. u. 9. Abdominalsegmente. Die letzteren haben einen aus vier Klappen zusammengesetzten Legebohrer. Die Vermehrung scheint oft parthenogenetisch, und die Verbreitung der flügellosen Arten durch wandernde [illegible] Weibchen [illegible]. Das Ei entwickelt sich nach jenem Typus, [illegible] der Keimstreifen von hinten nach vorn in den Dotter eingestülpt, wodurch der Embryo [illegible] verkehrt (mit Rücken) [illegible] auf die Eiwand [illegible] gelangt, deswegen [illegible] Umrollung des Embryos statt. Was die Verwandlung anbelangt, muss [illegible] Thysanopteren zwischen die *Paurometabola* einreihen, weil ihre Larven dem [illegible] ähnlich sind und ihre Verwandlung durch successives Wachsthum [illegible] wo die Lebensweise der Larven dieselbe wie die des vollkommenen [illegible] auch die Mundwerkzeuge dieselben sind, obwohl sie von ihnen [illegible] dass die Nymphe wenig beweglich ist, manchmal [illegible] keine Nahrung aufnimmt. Die Thysanopteren [illegible]

Klíče k určování českých třásněnek.

I. KLÍČ K URČENÍ PODŘÁDŮ A ČELEDÍ.

I. Samice mají na břišní straně 7. a 8. čl. abdom. čtyřchlopňové zahnuté [illegible] kladélko (Tab. X., fig. 170.). Hořejší křídla jsou dvěma podélnými žilkami (Tab. VI. fig. 97.) a žilkou okružní (Tab. V., fig. 39., *a*, *b*; Tab. VI., fig. 97., *a*, *b*) opatřena. Tělo jest v celku málo sploštělé. PODŘAD **TEREBRANTIA** HALID.

A. Tykadla jsou devítičlenná (Tab. V., fig. 35., 43., 46.). Kladélko nahoru prohnuté. ČELEĎ **COLEOPTRATA** HALID. (**AEOLOTHRIPIDAE**).

B. Tykadla jsou šesti- až osmičlenná (Tab. VI., fig. 78., 79.; Tab. VII., fig. 108.). Kladélko dolů prohnuté. ČELEĎ **STENOPTERA** BURM. (**THRIPIDAE**).

II. Samice nemají kladélka. Hořejší (i dolejší) křídla bez žilek (Tab. IV., fig. 28.), aneb jen s jedinou podélnou žilkou zkrácenou (Tab. III., fig. 19.). Tykadla osmičlenná (Tab. VII., fig. 117.). Poslední článek abdomenu (tubus) vždy rourovitý (Tab. IV., fig. 28.). Tělo ploché. PODŘAD **TUBULIFERA** HALID. s ČELEDÍ **PHLOEOTHRIPIDAE**.

2. KLÍČE K URČENÍ RODU.

1. ČELEĎ COLEOPTRATA HALID. (AEOLOTHRIPIDAE).

A. Všecky články v tykadle volné (Tab. V., fig. 35.). Makadla labiální dvoučlenná.
1. Rod **Melanothrips** Halid.

B. Několik posledních článků v tykadle srostlé. Makadla labiální čtyřčlenná.

1. Tři poslední články v tykadle srůstají (Tab. V., fig. 43.). Křídla beze stuh.
2. Rod **Rhipidothrips** nov. gen.

2. Pět posledních článků v tykadle srostlé (Tab. V., fig. 46.). Křídla se stuhami (Tab. I., fig. 4.).
3. Rod **Aeolothrips** Halid.

2. ČELEĎ STENOPTERA BURM. (THRIPIDAE).

A. Tykadla osmičlenná.

1. Tělo jest síťkované.

a. Křídla scházejí. (Tab. II., fig. 9.) 16. Rod **Prosopothrips** [illegible]

[illegible]

17. Rod **Heliothrips** Hal.

[illegible]

11. Rod **Dictyothrips** nov. gen.

[illegible]

6. Rod **Sericothrips** Hal.

[illegible]

13. Rod **Belothrips** Hal.

[illegible]

8. Rod **Rhaphidothrips** nov. gen.

[illegible]

5. Rod **Limothrips** Hal.

[illegible]

4. Rod **Chirothrips** Hal.

[illegible]

12. Rod **Aptinothrips** Hal.

[illegible]

[illegible]. Rod **Dendrothrips** nov. gen.

β''. Tělo není zavalité, makadla maxillární tříčlenná.

11. Rod **Anaphothrips** m.

Chlupy na konci abdomenu jsou dosti dlouhé a poměrně silné.

α'. Konec abdomenu jest nápadně, někdy velmi značně zúžený (Tab. V., fig. 66., Tab. VI., fig. 74.). Samci mají na 9. čl. jeho nahoře dva páry velmi krátkých silných ostnů (Tab. VI., fig. 71.).

α''. Tělo vyniká svou mohutností a šířkou. Křídel jen přemalá rudimenta. 10. Rod **Pachythrips** m.

β''. Tělo užší. Křídla obyčejně vyvinuta. Hořejší mají na předním okraji mezi třásněmi slabé brvy.

9. Rod **Oxythrips** m.

β'. Konec abdomenu není nápadně zúžený. Samci mají 9. čl. neozbrojený. Křídla jsou obyčejně přítomna. Hořejší mají na předním okraji mezi třásněmi silné dlouhé brvy. (Tab. I., fig. 5. a 6.)

7. Rod **Physopus** (De G.) Am. et Serv.

B. Tykadla sedmičlenná neb šestičlenná.

1. Makadla maxillární dvoučlenná.

a. Hořejší křídla s černými stuhami.

a'. Tělo sítkované. (Tab. II., fig. 12.) 18. Rod **Parthenothrips** m.

b'. Tělo není sítkované. 20. Rod **Baliothrips** m.

b. Hořejší křídla (jsou-li přítomna) bez stuh.

a'. Tělo široké. Křídla i očka scházejí. 25. Rod **Platythrips** m.

b'. Tělo velmi úzké. Křídla i očka přítomna. (Tab. II., fig. 19.)

22. Rod **Stenothrips** nov. gen.

2. Makadla maxillární zřetelně tříčlenná.

a. Tykadla šestičlenná (Tab. VI., fig. 79., Tab. VII., fig. 113.)

a'. Očka i křídla přítomna. 24. Rod **Drepanothrips** nov. gen.

b'. Očka i křídla scházejí. (Tab. II., fig. 17.)

12. Rod **Aptinothrips** Hal.

b) Tykadla sedmičlenná.

α) Tělo neobyčejně úzké (Tab. VII., fig. 112.). Očka scházejí neb jsou velmi nezřetelná. Křídla scházejí úplně.

23. Rod **Bolacothrips** nov. gen.

β) Tělo není nápadně úzké.

α) Konec předních tibií bezbranný. 19. Rod **Thrips** L.

b) Konec předních tibií dvouzubý (Tab. VII., fig. 111.).

21. Rod **Sminyothrips** nov. gen.

3. ČELEĎ TUBULIFERA HALID. (= PHLOEOTHRIPIDAE).

A) Hlava a prothorax asi stejné délky, aneb prothorax trochu delší hlavy.

1. Křídla vždy přítomna, jsou uprostřed zúžena, takže mají podobu prolablé podešve. Žijí hojně v květech. 28. Rod **Anthothrips** m.

2. Křídla obyčejně scházejí; jsou-li přítomna, nemají uprostřed žádného zúžení. Žijí pod korou neb v drnu (Tab. II., fig. 18.).

31. Rod **Trichothrips** m.

B) Hlava patrně delší než prothorax.

1. Přední stehna před koncem uvnitř se zubem (Tab. IV., fig. 28.).

33. Rod **Acanthothrips** m.

2. Přední stehna bezbranná.

a) Celá hruď (i prothorax) po obou stranách okrášlena sněhobílou stuhou, která se prodlužuje na první články abdomenu (Tab. III., fig. 25.).

35. Rod **Poecilothrips** nov. gen.

b) Hruď bez takových kreseb.

α) Prothorax vzadu nemnoho širší hlavy (Tab. VII., fig. 134.).

30. Rod **Cephalothrips** m.

β) Prothorax vzadu značně širší hlavy.

α') Sosek na konci široce zaokrouhlený (Tab. IV., fig. 31.).

α) Délka těla větší než 2·5 (až 4) mm. Hlava o 0·7 neb 0·8 delší než širší (Tab. III., fig. 19.).

26. Rod **Megalothrips** m.

b) Délka těla až 2·4 mm. Hlava nejvýše o 0·5, obyčejně o 0·2 delší než širší. 27. Rod **Cryptothrips** m.

b''. Sosák ke konci zúžený.

a'''. Strany hlavy opatřené malými bradavkami, které se zakončují malým ostěnkem (Tab. IV., fig. 29.).

32. Rod **Phloeothrips** Halid.

b'''. Strany hlavy bez takových ostnitých bradavek.

α. Čtvrtý čl. tykadla není nápadně široký. Délka těla větší než 1·7 mm. Křídla všude stejně široká.

34. Rod **Liothrips** m.

β. Čtvrtý čl. jest nejširším v celém tykadle (Tab. VII., fig. 133.). Délka těla as 1·1 mm. Křídla, jsou-li přítomna, uprostřed značně zúžená, takže mají podobu protáhlé podešve.

29. Rod **Zygothrips** nov. gen.

3. KLÍČE K URČOVÁNÍ DRUHŮ*).

1. ROD MELANOTHRIPS HALID.

Jediný zástupce jest druh: **1. M. fusca** Sulz.

2. ROD RHIPIDOTHRIPS nov. gen.

Jediný zástupce jest druh: **2. R. gratiosa** nov. sp.

3. ROD AEOLOTHRIPS HALID.

a. Křídla se dvěma stuhami (Tab. I., fig. 4.). Někdy křídla scházejí.

α. Druhý a 3. čl. abdom. bílý, sousední černé (Tab. I., fig. 3.).

7. **Ae. albocincta** Halid.

β. Druhý a 3. čl. abdom., jako sousední, tmavě zbarvené. (Tab. I., fig. 4.)

6. **Ae. fasciata** L.

b. Křídla na basi a na konci světlá, ostatek zkalený.

α. Zkalená část křídla uprostřed se světlou skvrnou (Tab. V., fig. 45.).

4. **Ae. melaleuca** Halid.

β. Zkalená část křídla beze skvrny.

5. **Ae. versicolor** nov. sp.

*) Znaky uvedené týkají se samic [illegible] poněvadž tyto [illegible] samců mnohem četnější. — Znaky, jimiž liší se samci od samic, sestaveny jsou [illegible] na str. [illegible]

4. Rod CHIROTHRIPS HALID.

a. Druhý čl. tykadel na konci s výběžkem (Tab. V, fig. 49).

9. **Ch. manicata** Halid.

b. Druhý čl. tykadel bez výběžku (Tab. V, fig. 50).

10. **Ch. Dudae** nov. sp.

5. Rod LIMOTHRIPS HALID.

Jediný evropský druh.

11. **L. denticornis** Halid.

Rod SERICOTHRIPS HALID.

Jediný evropský druh.

13. **S. staphylinus** Halid.

7. Rod PHYSOPUS DEGEER, AMYOT & SERV.

1. Na předních rozích prothoraxu po jednom dlouhém chlupu stavěném (Tab. V, fig. 55). Obě podélné žilky horn. křídla po celé délce chlupy posety.

a. Hlava nezúžená (Tab. V, fig. 53).

α. Barva samic tmavě-sedohnědá až černá, první dva čl. tykadel tmavé.

Patý čl. tykadla celý neb aspoň na basi světlý.

14. **Ph. vulgatissima** Halid.

Patý čl. tykadla celý tmavý. Tykadla napodobně tenká.

15. **Ph. tenuicornis** nov. sp.

β. Barva samic žlutavá, první dva čl. tykadla světlé.

16. **Ph. pallida** nov. sp.

b. Hlava ... zúžená.

α. Barva těla černohnědá.

Konec předního chodidla se zoubkem (Tab. V, fig. 55).

18. **Ph. robusta** nov. sp.

Konec předního chodidla bez zoubku.

17. **Ph. nervosa** nov. sp.

β. [illegible]

20. **Ph. nigriventris** nov. sp.

2. [illegible]

[illegible]

a'. Na tmavých křídlech dvě světlé stuhy. Přední tarsus nemá dole hrbolku.

α. Vedle zubu na konci předních tibií nalézá se ostrý hrbolek, u něhož stojí silná štětinka (Tab. V., fig. 59.). Čtvrtý čl. tykadla černohnědý. U samců prodlužuje se 4.—7. čl. abdom. dole na zadním kraji uprostřed v okrouhlý čípek.

23. **Ph. phalerata** Halid.

β. Ostrý hrbolek vedle zubu na konci předních tibií se nalézající jest štětinkou zakončen (Tab. V., fig. 61.). Čtvrtý čl. tykadla žlutý, slaběji neb silněji sedohnědě zkalený. Samec bez oněch čípkovitých prodloužení na abdomenu.

24. **Ph. intermedia** nov. sp.

b'. Křídla jen před basí světlá. Přední tarsus dole se dvěma hrbolky (Tab. V., fig. 61.).

25. **Ph. ulicis** Halid.

b. Přední tibie bez zubu.

a'. Křídla a očka vyvinutá.

a''. Křídla před koncem s širokou nad okolí více nebo méně světlejší neurčitou stuhou. Oči značnou měrou vykoulené (Tab. V., fig. 62.).

α. Střední a zadní tibie černohnědé, na konci žluté.

27. **Ph. primulae** Halid.

β. Střední a zadní tibie žluté, vně slabě hnědě zkalené.

28. **Ph. distincta** nov. sp.

b''. Křídla, kromě světlé base, stejnoměrně více nebo méně zkalená.

α. Hořejší žilka podélná v hoř. křídle má v druhé své polovině tři chlupy, z nichž jeden jest od ostatních dvou oddálen.

α'. Pterothorax nemnoho větší než prothorax. Poslední články abdomenu opatřeny jsou silnými ostnitými chlupy postranními.

31. **Ph. Fričí** nov. sp.

β'. Pterothorax značně větší než prothorax.

α''. Třetí čl. tykadla značně delší než 2., 3. a 4. čl. dlouze vřetenovité (Tab. V., fig. 57.). Délka těla 1·3 mm.

22. **Ph. pallipennis** nov. sp.

β''. Třetí čl. tykadla jen trochu delší než 2., 3. a 4. čl., ke konci mnohem méně zúžené. Délka těla 0·9 mm.

30. **Ph. pini** nov. sp.

γ. Hořejší žilka podélná v druhé polovině jen se dvěma chlupy na konci přední stojícími. Paty čl. tykadel přečnívají širokou plochou k [illegible] (Tab. V., fig. 63.)
29. **Ph. ulmifoliorum** Halid.

δ. Hořejší žilka podélná v druhé polovině s osmi chlupy. Tykadla celá černohnědá. Též křídla, kromě své base, velmi silně zakalena.
30. **Ph. atrata** Halid.

ε. Hořejší žilka podélná v druhé polovině s velmi nestálým počtem chlupů. Hlava trochu delší než širší. Oči dosti značně vykroužené. Na konci předního tarsu malý zoubek.
31. **Ph. inconsequens** nov. sp.

b) Křídla jen nepatrná rudimenta, očka částečně neb docela zakrnělá.

α. Hlava vzadu tmavohnědá, mezi očima a v předu světle červenožlutá. Thorax tmavohnědý, abdomen černý.
32. **Ph. frontalis** nov. sp.

β. Barva těla žlutavá, abdomen silnými odstávajícími chlupy opatřen.
33. **Ph. pilosa** nov. sp.

8. Rod RHAPHIDOTHRIPS nov. gen.

Jediný zástupce jest druh 34. **R. longistylosa** nov. sp.

9. Rod OXYTHRIPS n. g.

a) Barva těla (aspoň hlavy a thoraxu) žlutavá. Na zadních rozích prothoraxu po jednom chlupu smyslovém.

α. Desátý čl. abdomenu samice jest velmi dlouhý, rourovitý (Tab. V., fig. 66.). Hořejší podélná žilka má v druhé polovici 5 chlupů.
35. **O. hastata** n.

β. Desátý čl. abdomenu jest značně kratší. Hořejší podélná žilka má v druhé polovici 3 chlupy. Na předních tarsech na konci [illegible].
36. **O. ajugae** nov. sp.

b) Barva těla [illegible] až černá. Na zadních rozích prothoraxu po dvou chlupech smyslových.

α. Hlava vpředu trochu zúžena. Přední tarsy na konci s ne-[illegible] (Tab. V., fig. 62.)
37. **O. firma** nov. sp.

β. Hlava nazad trochu zúžena, neobyčejně malá (Tab. VI., fig. 72.
38. **O. parviceps** nov. sp.

10. ROD PACHYTHRIPS m.

Jediný zástupce jest druh. 39. **P. subaptera** Hald.

11. ROD ANAPHOTHRIPS m.

a. Tykadla od čtvrtého článku černohnědá.

a'. Třetí čl. tykadel delší než 4. Barva těla žlutohnědá.
40. **A. ferruginea** nov. sp.

b'. Třetí a čtvrtý článek tykadel skoro stejně dlouhé. Barva těla tmavě šedohnědá.
41. **A. similis** nov. sp.

b. Tykadla jinak zbarvená.

a'. Barva těla tmavá. Chloupky na konci abdomenu sladoměké.

α. Pátý čl. tykadla přiléhá dosti širokou plochou k šestému. U samců mají 3.—6. čl. abdom. dole dlouhou, dosti širokou, uprostřed trochu staženou světlou prohlubinu. Barva těla (♀ i ♂) tmavě šedě červenohnědá.
43. **A. euphorbiae** nov. sp.

β. Pátý čl. tykadla od šestého oddělený. U samců má 3.—6. čl. abdom. dole velikou elliptickou světlou prohlubinu. Barva těla (♂) zelenavě tmavošedá.
42. **A. armata** nov. sp.

b'. Barva těla světlá. Devátý čl. abdomenu nahoře na zadním okraji se čtyřmi krátkými silnými chlupy.

α. Šestý čl. tykadla má šikmou přehrádku (Tab. VI., fig. 75.). Křídla obyčejně scházejí.
44. **A. virgo** m.

β. Šestý čl. tykadla bez takovéto přehrádky
45. **A. sordida** nov. sp.

12. ROD APTINOTHRIPS HALID.

Jediný český zástupce jest druh. 46. **A. rufa** Gmel.

13. ROD BELOTHRIPS HALID.

Jediný zástupce jest druh. 48. **B. acuminata** Hald.

[illegible] Rod DICTYOTHRIPS [illegible]

[illegible] druh — 49. D. betae nov. sp.

[illegible] Rod DENDROTHRIPS [illegible]

a) [illegible] — 50. D. tiliae nov. sp.

b) [illegible]

• Hlava dvakrát [illegible] delší. Barva těla hnědá. — 51. D. Degeeri nov. sp.

Hlava jen o [illegible] delší. Barva těla světlá. — 52. D. saltatrix nov. sp.

16. Rod PROSOPOTHRIPS nov. gen.

[illegible] druh — 53. P. Vejdovskyi nov. sp.

17. Rod HELIOTHRIPS HALID.

[illegible] jest druh — 54. H. haemorrhoidalis Bouché.

18. Rod PARTHENOTHRIPS [illegible]

[illegible] jest druh — 56. P. dracaenae Heeg.

19. Rod THRIPS [illegible]

1. Hlava patrně [illegible] delší.
   - a) Hlava vzadu patrně zúžena (Tab. X, fig. 172). Tykadla světlá, první dva [illegible] v druhé polovině [illegible] hnědé. Nohy hnědé, všecky [illegible] světlé. — 57. T. physopus L.
   - b) Hlava vzadu [illegible]
     - α) [illegible]
       - a) Barva [illegible]
         - α) [illegible]
           - • [illegible]
           - [illegible] — [illegible] T. major nov. sp.

β. Hořejší křídla jsou silně zkalena.

α. První čl. tykadla šedý, nepatrně průsvitný, ostatní čl. černošedé, jen třetí kromě konce a čtvrtý na basi žlutavé.
58. **T. communis** nov. sp. var. **pulla.**

β. První dva čl. tykadla černé, 3. žlutý, 4. žlutý, velmi slabě zkalený, 5. černý, na samé basi světlý. Postava mohutnější. 61. **T. salicaria** nov. sp.

β. Barva těla žlutohnědá. Pátý čl. tykadla světlý, jen ke konci velmi slabě šedě zkalený. Hoř. žilka má v druhé polovině obyčejně jen 2 chlupy, na konci její se nalézající.
60. **T. sambuci** Heeg.

b. Pátý čl. tykadla malý, značně kratší než 4.

α. Barva těla černohnědá až skoro černá. Dva poslední čl. abdomenu nejsou tmavší než ostatní tělo.

α'. Délka těla 1·2 mm. Čtvrtý čl. tykadla světlý, jen ke konci zkalený, 5. do polou světlý, od polou zkalený.
62. **T. valida** nov. sp.

β'. Délka těla 0·9 mm. Čtvrtý i 5. čl. černošedé.
68. **T. linaria** nov. sp.

β. Barva těla hnědožlutá neb žlutohnědá. Dva poslední články abdom. černé. 63. **T. adusta** nov. sp.

b''. Barva těla světlá.

a'''. Chlupy na těle nápadně tmavé.

α. Pátý čl. tykadel skoro do dvou třetin běložlutý, pak náhle černošedý; 6. čl. na basi světlejší. 64. **T. flava** Schr.

β. Pátý čl. tykadel a následující celé tmavé.

α'. Pátý čl. tykadel v předu utatý, takže přiléhá širokou plochou k článku šestému. 65. **T. alni** nov. sp.

β'. Pátý čl. od šestého oddělený. Kydel obyčejně jen rudimenta. 73. **T. nigropilosa** nov. sp.

b'''. Chlupy na těle světlejší.

α. Hořejší žilka podélná jest ve své druhé polovině opatřena čtyřmi chlupy, z nichž první dva a poslední dva jsou sblížený. Články tykadla dosti zavalité.
58. **T. communis** nov. sp.

β. Hořejší žilka podélná jest ve své druhé polovině opatřena obyčejně [illegible] chlupy. Tři první články dosti zavalitého tykadla světlé, ostatní šedohnědé.

63. **T. minutissima** L.

γ. Hořejší žilka podélná jest ve své druhé polovině opatřena třemi chlupy, z nichž jeden od obou ostatních jest oddálen.

γ'. Pátý čl. tykadla jen trochu kratší než 4., v předu utlý, takže přiléhá dosti širokou plochou k článku šestému. Sedmý článek poměrně dlouhý.

66. **T. albopilosa** nov. sp.

γ''. Pátý čl. tykadla značně kratší než 4., v předu užší než u druhu předcházejícího. Sedmý čl. kratší.

64. **T. flava** Schr. var. **obsoleta**.

b. Abdomen neobyčejně široký. 75. **T. dilatata** nov. sp.

2. Hlava tak dlouhá jako široká aneb delší.

a. Přední tarsus opatřen dlouhým zubem (Tab. VI., fig. 104.).

70. **T. calcarata** nov. sp.

b. Přední tarsus bezbranný.

a'. Hlava a thorax ochrové až hnědožluté, celý abdomen černý.

74. **T. discolor** Hald.

b'. Barva těla šedohnědá až černá.

α. Tělo mohutné, 1·3 mm dlouhé. Oči vykrouhlené (Tab. VI., fig. 107.).

76. **T. Klapáleki** nov. sp.

β. Tělo slabší, jen 0·7—0·9 mm dlouhé. Oči nevykrouhlené.

α'. Hořejší žilka má ve své druhé polovině ke konci pět chlupů. Křídla někdy scházejí. Hlava malá, do předu trochu zúžená (Tab. VI., fig. 101.). 67. **T. angusticeps** nov. sp.

β'. Hořejší žilka má ve své druhé polovině tři chlupy, z nichž jeden jest od ostatních dvou oddálen.

γ. Pátý čl. tykadla jen trochu kratší než 4.

71. **T. viminalis** nov. sp.

δ. Pátý čl. tykadla značně kratší než 4. Prothorax v poměru k hlavě delší než obyčejně. 72. **T. longicollis** nov. sp.

20. ROD BALIOTHRIPS m.

Jediný zástupce jest druh: 78. **B. dispar** Halid.

21. ROD SMINYOTHRIPS nov. gen.

a. Zuby na konci předních tibií drobné (Tab. VII., fig. 110.)
79. **S. biuncinata** nov. sp.

b. Zuby na konci předních tibií veliké a silné (Tab. VII., fig. 111.).
80. **S. biuncata** nov. sp.

22. ROD STENOTHRIPS nov. gen.

Jediný zástupce jest druh: 81. **S. graminum** nov. sp.

23. ROD BOLACOTHRIPS nov. gen.

Jediný zástupce jest druh: 82. **B. Jordani** nov. sp.

24. ROD DREPANOTRIPS nov. gen.

Jediný zástupce jest druh: 83. **D. Reuteri** nov. sp.

25. ROD PLATYTHRIPS m.

Jediný zástupce jest druh: 84. **P. tunicata** Halid.

26. ROD MEGALOTHRIPS m.

a. Délka těla 2·5—3 mm. Všecky tibie hnědožluté.
96. **M. lativentris** Heeg.

b. Délka těla 4 mm. Všecky tibie černé. 97. **M. Bonannii** nov. sp.

27. ROD CRYPTOTHRIPS m.

a. Prothorax tmavý.

a'. Hlava se stranami skoro rovnoběžnými. Tělo velmi široké (Tab. III., fig. 24.). 99. **C. lata** nov. sp.

b'. Hlava v zadu zúžená.

a''. Čtvrtý čl. tykadla tmavý.

a) Hlava [illegible] o 0·5 delší [illegible] Článek VII [illegible] 12 [illegible] Tělo dosti úzké. — 100. C. **augusta** nov. sp.

b) Hlava jen o 0·2 delší [illegible] Článek IV [illegible] 55 [illegible] — 102. C. **dentipes** Reut.

b) [illegible] Tykadla [illegible] jen na konci zkaleny. — 101. C. **icarus** nov. sp.

b) Prothorax hnědožlutý. — 103. C. **bicolor** Heeg.

28. Rod ANTHOTHRIPS Uz.

a) Tubus o 0·2 kratší hlavy. [illegible] Článek VII [illegible] 12 [illegible] Křídla více nebo méně [illegible] zkalena. Barva [illegible] černá. — 104. A. **statices** Halid.

b) Tubus o 0·26 kratší hlavy, směrem k bázi se rozšiřující. Křídla čirá. Barva těla hnědě černá. — 105. A. **distinguenda** nov. sp.

c) Tubus o 0·4 kratší hlavy, na bázi rozšířený. Článek VII [illegible] 13 [illegible] Křídla čirá. Barva těla černohnědá až červenohnědá. — 106. A. **aculeata** Fabr.

29. Rod ZYGOTHRIPS Uz.

Tykadla ze [illegible] jest druh — 107. Z. **minuta** nov. sp.

30. Rod CEPHALOTHRIPS Uz.

Tykadla ze [illegible] jest druh — 108. C. **monilicornis** Reut.

31. Rod TRICHOTHRIPS Uz.

a) Tykadla více než dvakrát hlavy delší. První článek tykadel světlý. Délka [illegible] 1·1 mm.

α) [illegible] 0·3 mm. Hlava [illegible] ostatní tělo tmavohnědé. [illegible] — 111. T. **caespitis** nov. sp.

β) [illegible] 1·1 mm. Žije pod kůrou [illegible]

αα) [illegible] — 110. T. **pedicularia** Halid.

ββ) [illegible] — 112. T. **semicaeca** nov. sp.

b. Tykadla skoro dvakrát hlavy delší. První čl. tykadla velmi tmavý. Délka těla as 2 mm. 115. **T. copiosa** nov. sp.

32. ROD PHLOEOTHRIPS HALID.

a. Délka těla 2·3—3 mm (Tab. IV., fig. 29.) 116. **Phl. coriacea** Halid.

b. Délka těla 1·3—1·7 mm.

α. Třetí čl. tykadla delší než prvé dva dohromady (Tab. VII., fig. 143.) 117. **Phl. minor** nov. sp.

β. Třetí čl. tykadla kratší než prvé dva dohromady (Tab. VII., fig. 144.). 118. **Phl. parva** nov. sp.

33. ROD ACANTHOTHRIPS m.

Jediný zástupce jest druh: 120. **A. nodicornis** Reut.

34. ROD LIOTHRIPS m.

a. Tykadlo žluté, jen první a poslední článek tmavé. 122. **L. setinodis** Reut.

b. Všecky články tykadla, kromě třetího, částečně neb celé tmavé. 121. **L. hradecensis** nov. sp.

35. ROD POECILOTHRIPS nov. gen.

Jediný zástupce jest druh: 123. **P. albopicta** nov. sp.

Schlüssel zum Bestimmen der europäischen Thysanopteren.

1. SCHLUSSEL ZUM BESTIMMEN DER UNTERORDNUNG UND FAMILIE

I. [illegible] Subordo **TEREBRANTIA** HALID.

A. [illegible] FAM. **AEOLOTHRIPIDAE** (= **COLEOPTRATA** HALID.).

B. [illegible] FAM. **THRIPIDAE** (= **STENOPTERA** BURM.).

II. [illegible] Subordo **TUBULIFERA** HALID. FAM. **PHLOEOTHRIPIDAE.**

2. SCHLUSSEL ZUM BESTIMMEN DER GATTUNG.

I. FAM. AEOLOTHRIPIDAE (= COLEOPTRATA HALID.).

A. [illegible] 1. Gen. **Melanothrips** Hal.

B. [illegible]

1. [illegible] 2. Gen. **Rhipidothrips** [illegible]

2. [illegible] 3. Gen. **Aeolothrips** Halid.

2. FAM. THRIPIDAE (= STENOPTERA BURM.).

A. Fühler achtgliedrig.

1. Körper mit netzförmiger Structur.

a. Flügel fehlend. (Taf. II. Fig. 9.) 16. Gen. **Prosopothrips** nov. gen.

b. Flügel bei beiden Geschlechtern vorhanden.

a'. Körperfarbe schwarzbraun oder gelbbraun. Das letzte Fühlerglied viel länger als das vorhergehende (Taf. VI. Fig. 91). Glashausbewohner. 17. Gen. **Heliothrips** Hald.

b'. Körperfarbe gelb. Das letzte Fühlerglied etwa so lang wie das vorhergehende (Taf. VI. Fig. 81). 11. Gen. **Dictyothrips** nov. gen.

2. Körper ohne netzförmige Structur.

a. Der Hinterleib gewinnt infolge äusserst feiner Härchen einen seidenartigen Glanz (im trockenen Zustande). Körper kurz und dunkel. (Taf. I. Fig. 1.) 6. Gen. **Sericothrips** Hald.

b. Der Hinterleib ohne seidenartigen Glanz.

a'. Die letzten zwei Fühlerglieder (der Stylus) länger oder kaum kürzer als das 6. Glied.

a''. Stylus kaum kürzer als das 6. Glied (Taf. VI. Fig. 80). Die zwei letzten Abdominalsegmente bedeutend verengt; das letzte bildet eine lange dünne Röhre. Prothorax ohne längere Haare. (Taf. II. Fig. 10.) 13. Gen. **Belothrips** Hald.

b''. Stylus viel länger als das 6. Glied (Taf. VI. Fig. 70). Das Abdomenende nicht auffallend verengt. 8. Gen. **Rhaphidothrips** nov. gen.

b'. Die letzten zwei Fühlerglieder deutlich kürzer als das 6. Glied.

a''. Das Abdomenende der Weibchen dornig (Taf. I. Fig. 8). Das dritte Fühlerglied aussen in einen dreieckigen Fortsatz verlängert (bei der Art *cerealium* einfach). 5. Gen. **Limothrips** Hald.

b''. Das Abdomenende nicht dornig. Das dritte Fühlerglied einfach.

a'''. Vorderschenkel ungewöhnlich erweitert (Taf. I. Fig. 2 u. 7), am Ende aussen mit einem kleinen Zahne. (Bei der Art *manicata* ist das 2. Fühlerglied nach aussen in einen Fortsatz verlängert.) 4. Gen. **Chirothrips** Hald.

b'''. Vorderschenkel schmaler und ohne Zahn.

α. Härchen auf dem Abdomenende kurz und in der Regel sehr schwach.

β' Ocellen und Flügel fehlend (Taf. II, Fig. 17.)
12. Gen. **Aptinothrips** Hal.

β" Ocellen vorhanden.

γ' Körper sehr gedrungen (Taf. II, Fig. 15). Maxillartaster zweigliedrig. 15. Gen. **Dendrothrips** nov. gen.

γ" Körper nicht gedrungen. Maxillartaster dreigliedrig.
14. Gen. **Anaphothrips** m.

b. Haare auf dem Abdomenende ziemlich kurz und verhältnissmässig stark.

α' Abdomenende auffallend, manchmal sehr stark verengt (Taf. V, Fig. 66, Taf. VI, Fig. 74). Männchen auf dem 9. Abdominalsegmente oben mit zwei Paar kurzer starker Dornen (Taf. VI, Fig. 74).

β' Körper durch seine Mächtigkeit und Breite ausgezeichnet. Von den Flügeln nur winzige Reste.
10. Gen. **Pachythrips** m.

β" Körper schmäler. Flügel gewöhnlich vorhanden. Die oberen am Vorderrande zwischen den Fransen mit schwachen Wimpern. 9. Gen. **Oxythrips** m.

α" Abdomenende nicht auffallend verengt. Männchen ohne Dornen auf dem 9. Abdominalsegmente. Flügel gewöhnlich vorhanden. Die oberen am Vorderrande zwischen den Fransen mit starken langen Wimpern (Taf. I, Fig. 5 u. 6).
7. Gen. **Physopus** (Degeer) Amyot et Serv.

B. Fühler sieben- oder sechsgliedrig.

1. Maxillartaster zweigliedrig.

a. Oberflügel mit schwarzen Querbinden.

α. Körper mit netzförmiger Structur (Taf. II, Fig. 12). Glashausbewohner.
18. Gen. **Parthenothrips** m.

β. Körper ohne netzförmige Structur. 20. Gen. **Baliothrips** m.

b. Oberflügel, wenn vorhanden, ohne schwarze Querbinden.

α. Körper breit. Flügel und Ocellen fehlend. 23. Gen. **Platythrips** m.

β. Körper sehr schmal. Flügel und Ocellen vorhanden (Taf. II, Fig. 16).
22. Gen. **Stenothrips** nov. gen.

2. Maxillartaster deutlich dreigliedrig.
a. Fühler sechsgliedrig (Taf. VI. Fig. 79; Taf. VII. Fig. 113).
a'. Ocellen und Flügel vorhanden. 24. Gen. **Drepanothrips** nov. gen.

b'. Ocellen und Flügel fehlend. (Taf. II. Fig. 17.)
12. Gen. **Aptinothrips** Hald.

b. Fühler siebengliedrig.
a'. Körper ungewöhnlich schmal (Taf. VII. Fig. 112). Ocellen fehlend oder sehr undeutlich. Flügel fehlend. 23. Gen. **Bolacothrips** nov. gen.

b'. Körper nicht auffallend schmal.
a''. Ende der Vordertibien wehrlos. 19. Gen. **Thrips** (L.)

b''. Ende der Vordertibien innen mit zwei Zähnen. (Taf. VII. Fig. 111.)
21. Gen. **Sminyothrips** nov. gen.

3. FAM. PHLOEOTHRIPIDAE (= TUBULIFERA HALID.).

A. Kopf und Prothorax etwa gleichlang, oder Prothorax etwas länger als der Kopf.
1. Flügel immer vorhanden; dieselben sind in der Mitte verengt, so dass sie die Form einer langgestreckten Sohle haben. Blütenbewohner.
28. Gen. **Anthothrips** m.

2. Flügel gewöhnlich fehlend; wenn vorhanden, sind sie in der Mitte nicht verengt. Rinden- oder Rasenbewohner. (Taf. II. Fig. 18.)
31. Gen. **Trichothrips** m.

B. Kopf ausgesprochen länger als der Prothorax.
1. Vorderschenkel vor dem Ende innen mit einem Zahne (Taf. IV. Fig. 28).
33. Gen. **Acanthothrips** m.

2. Vorderschenkel wehrlos.
a. Der ganze Thorax (auch der Prothorax) jederseits mit einer schneeweissen Binde verziert, welche sich auf die ersten Abdominalsegmente verlängert (Taf. III. Fig. 25). 35. Gen. **Poecilothrips** nov. gen.

b. Thorax ohne weisse Binden.
a'. Prothorax auch hinten nicht viel breiter als der Kopf (Taf. VII. Fig. 134).
30. Gen. **Cephalothrips** m.

b'. Prothorax hinten bedeutend breiter als der Kopf.
a''. Rüssel auf dem Ende breit gerundet (Taf. IV. Fig. 31).

a) Körperlänge grösser als 2·5 (bis 4) mm; Kopf um 0·7 oder 0·8 mal länger als breit; Männchen auf dem 6. Abdominalsegmente jederseits mit einem rohrförmigen Anhang; die Vordertarsen wehrlos (Taf. III, Fig. 19). 26. Gen. **Megalothrips** m.

b) Körperlänge bis 2·4 mm; Kopf höchstens um 0·5, gewöhnlich um 0·3 oder nur 0·2 [illegible] *nigripes* Reut.) mehr lang als breit; Männchen ohne seitliche Abdominalanhänge; die Vordertarsen mit einem Zahne bewaffnet.
27. Gen. **Cryptothrips** m.

b) Kopf gegen das Ende zu verengt.

a) Wangen mit einigen sehr kleinen Wärzchen, von denen jedes mit einem winzigen Stachel versehen ist (Taf. IV, Fig. 29).
32. Gen. **Phloeothrips** Halid.

b) Wangen ohne solche Wärzchen.

α) Das vierte Fühlerglied ist nicht auffallend breit. Körperlänge grösser als 1·7 mm. Flügel überall gleichbreit.
31. Gen. **Liothrips** m.

β) Das vierte Fühlerglied ist das breiteste im ganzen Fühler (Taf. VII, Fig. 135). Körperlänge etwa 1·1 mm. Flügel, wenn vorhanden, in der Mitte bedeutend verengt und infolgedessen gestreckt sohlenförmig. 29. Gen. **Zygothrips** nov. gen.

3. SCHLÜSSEL ZUM BESTIMMEN DER ARTEN*).

1. GEN. MELANOTHRIPS HALID.

Der einzige Vertreter ist die Art 1. **M. fusca** Sulz.

2. GEN. RHIPIDOTHRIPS UZEL.

Der einzige Vertreter ist die Art 2. **R. gratiosa** nov. sp.

*) [illegible] *Thrips* [illegible]

[illegible] Mecklenburg? [illegible] Wärzchen [illegible]

3. GEN. AEOLOTHRIPS HALID.

a. Flügel, wenn vorhanden, mit zwei Querbinden (Taf. I. Fig. 4).

α. Das 2. u. 3. Abdominalsegment weiss, die Nachbarsegmente schwarz. (Taf. I. Fig. 3.) 7. **Ae. albocincta** Halid.

β. Das 2. und 3. Abdominalsegment ebenso wie die Nachbarsegmente dunkel gefärbt. Taf. I. Fig. 4. 6. **Ae. fasciata** L.

b. Flügel auf dem Grunde und auf dem Ende licht, übrigens getrübt.

a'. Der getrübte Theil des Flügels inmitten mit einem lichten Fleck (Taf. V. Fig. 45). 4. **Ae. melaleuca** Halid.

b'. Der getrübte Theil des Flügels ohne Fleck.

α. Kopf, Prothorax und Mesothorax rothbraun, Metathorax und Abdomen gelblich, dieses auf dem Ende graubraun. 3. **Ae. versicolor** nov. sp.

β. Der ganze Körper glänzend schwarz. 5. **Ae. vittata** Halid.

4. GEN. CHIROTHRIPS HALID.

a. Das 2. Fühlerglied aussen in einen Fortsatz verlängert (Taf. V. Fig. 49). 9. **Ch. manicata** Halid.

b. Das 2. Fühlerglied einfach (Taf. V. Fig. 50). 10. **Ch. Dudae** nov. sp.

5. GEN. LIMOTHRIPS HALID.

a. Das 3. Fühlerglied aussen in einen Fortsatz verlängert (Taf. I. Fig. 8). 11. **L. denticornis** Halid.

b. Das 3. Fühlerglied einfach. 12. **L. cerealium** Halid.

6. GEN. SERICOTHRIPS HALID.

Der einzige Vertreter ist die Art: 13. **S. staphylinus** Halid.

7. GEN. PHYSOPUS (DEG.) AM. et SERV.

1. Auf den Vorderecken des Prothorax je eine lange Borste (Taf. V. Fig. 53). Die beiden Längsadern des Oberflügels sind der ganzen Länge nach mit Borsten besetzt.

a) Kopf nach hinten deutlich verengt (Taf. V, Fig. 53).

α) Farbe der Weibchen dunkel graubraun bis schwarz, die ersten zwei Fühlerglieder dunkel.

αα) Das 3. Fühlerglied ganz oder wenigstens am Grunde licht. — Das Männchen fehlt. 14. **Ph. vulgatissima** Halid.

ββ) Das 3. Fühlerglied ganz dunkel. Die Fühler auffallend dünn. 15. **Ph. tenuicornis** nov. sp.

β) Farbe der Weibchen gelblich, die ersten zwei Fühlerglieder licht. 16. **Ph. pallida** nov. sp.

b) Kopf nach hinten nicht verengt.

α) Körperfarbe schwarzbraun.

αα) Vordertarsus am Ende mit einem kleinen scharfen Zähnchen (Taf. V, Fig. 55). — Das Männchen hat auf dem 8. Abdominalsegmente jederseits einen starken Dorn. Alle Schenkel schwarz, Vordertibien gelb, oben und unten braun getrübt. Die übrigen Tibien ganz schwarz. Alle Tarsen gelb. Körperlänge der Weibchen 1·3 mm. 18. **Ph. robusta** nov. sp.

ββ) Vordertarsus ohne Zähnchen. Die Adern im Oberflügel sehr stark. Körperlänge 1 mm. 17. **Ph. nervosa** nov. sp.

β) Kopf und Thorax gelblich, Abdomen schwarzbraun. Wenn die Flügel rudimentär sind, ist das vordere Nebenauge verkümmert. 20. **Ph. nigriventris** nov. sp.

2. Auf den Vorderecken des Prothorax keine langen Borsten.

a) Vordertibien am Ende mit einem Zahne. Die obere Längsader des Oberflügels ist fast der ganzen Länge nach mit Borsten besetzt.

α) Auf den dunklen Oberflügeln zwei lichte Binden. Vordertarsus unten ohne Höckerchen.

αα) Neben dem Zahne am Ende der Vordertibien befindet sich ein scharfes Höckerchen, bei dem eine kleine starke Borste steht (Taf. V, Fig. 59). Das 3. Fühlerglied schwarzbraun. Bei den Männchen verlängert sich das 4.—7. Abdominalsegment unten am Hinterrande in der Mitte je in einen sehr kleinen gerundeten Lappen. 23. **Ph. phalerata** Hal.

ββ) Das scharfe Höckerchen, welches sich neben dem Zahne am Ende der Vordertibien befindet, trägt auf seinem Gipfel eine kleine Borste (Taf. V., Fig. 61). Das 4. Fühlerglied gelb, stärker oder schwächer graubraun getrübt. Das Männchen ohne die lappenförmigen Fortsätze der Abdominalsegmente.

24. **Ph. intermedia** nov. sp.

b'. Die Flügel nur vor dem Grunde licht. Vordertarsus unten mit zwei Höckerchen (Taf. V. Fig. 64). 25. **Ph. ulicis** Hald.

b. Vordertibien ohne Zahn.

a'. Flügel und Ocellen entwickelt.

a''. Die Oberflügel vor dem Ende mit einer breiten unbestimmten Binde, welche mehr oder weniger lichter als ihre Umgebung ist. Augen stark hervorgequollen (Taf. V. Fig. 62).

α. Mittel- und Hintertibien schwarzbraun, am Ende gelb. Das 3. Fühlerglied gelb, das 4. in der ersten Hälfte gelb, in der zweiten graubraun, die folgenden schwarzbraun. In der zweiten Hälfte der oberen Längsader im Oberflügel drei Borsten.

27. **Ph. primulae** Hald.

β. Mittel- und Hintertibien gelb, aussen schwach braun getrübt. Das 3. und 4. Fühlerglied ganz gelb, das 5. bis zur Hälfte gelb, von der Hälfte an schwarzbraun, das 6. schwarzbraun, am Grunde gelb. Die obere Längsader der ganzen Länge nach mit Borsten besetzt. 28. **Ph. distincta** nov. sp.

b''. Die Oberflügel, ihre lichte Basis ausgenommen, gleichmässig mehr oder weniger getrübt.

α. Die obere Längsader im Oberflügel hat in ihrer zweiten Hälfte drei Borsten, von denen eine von den übrigen zwei entfernt steht.

α'. Pterothorax nicht viel grösser als der Prothorax. Körperfarbe grünlich dunkelgrau oder graubraun. Abdomen gegen das Ende zu dunkler. Kopf nach hinten etwas verengt. Die lezten Abdominalsegmente an den Seiten mit sehr starken Borsten besetzt. Körperlänge 0·9 mm.

31. **Ph. Friči** nov. sp.

β'. Pterothorax bedeutend grösser als der Prothorax. Körperfarbe dunkel graubraun. Fühler dunkel, nur das 3. Glied gelblich.

α'' Das 3. Fühlerglied bedeutend länger als das 2. oder 3. u. 4. gestreckt spindelförmig (Taf. V. Fig. 57). Das [illegible] Fühlerglied etwas kürzer als das 3. Die [illegible] leicht. Körperlänge 1·5 mm

22. **Ph. pallipennis** nov. sp.

Das 6. Fühlerglied nur etwas länger als das 2., das 3. und 4. gegen das Ende zu viel weniger verengt. Das 6. Glied etwas kürzer als das 3. Körperlänge 0·9 mm — 30. **Ph. pini** nov. sp.

Die obere Längsader hat in ihrer zweiten Hälfte nur zwei Borsten, welche auf ihrem Ende stehen. Das 5. Fühlerglied legt sich mit breiter Fläche an das 6. an (Taf. V, Fig. 63).

29. **Ph. ulmifoliorum** Hal.

Die obere Längsader hat in ihrer zweiten Hälfte acht Borsten. Fühler ganz schwarzbraun. Die Oberflügel, den hellen Grund ausgenommen, sehr stark getrübt — 21. **Ph. atrata** Hal.

Die obere Längsader hat in ihrer zweiten Hälfte eine unbestimmte Anzahl von Borsten. Kopf etwas mehr lang als breit. Augen ziemlich stark hervorgequollen. Am Ende des Vordertarsus unten ein kleines Zähnchen. Körperfarbe gelbgrau bis graubraun, der Pterothorax pflegt rothbraun zu sein. Körperlänge 1·3 mm — 26. **Ph. inconsequens** nov. sp.

b. Flügel rudimentär, Ocellen theilweise oder ganz verkümmert.

Kopf hinten dunkelbraun, zwischen den Augen und vorn licht rothgelb. Thorax dunkelbraun. Abdomen schwarz. [illegible] die letzten zwei Fühlerglieder verhältnissmässig lang. Pterothorax nur etwa so lang wie der Prothorax. Körperlänge 0·9 mm — 32. **Ph. frontalis** nov. sp.

Körperfarbe gelblich. Abdomen mit starken abstehenden Borsten versehen. Pterothorax kürzer als der Prothorax. Körperlänge 0·7 mm — 33. **Ph. pilosa** nov. sp.

Neben *Ph. robusta* [illegible] ist wohl die mir unbekannte Art **Ph. asprea** Halid. [illegible] von jener [illegible] Färbung der Beine unterscheidet.

[illegible] Gattung RHAPHIDOTHRIPS nov. gen.

[illegible] — 34. **R. longistylosa** nov. sp.

9. GEN. OXYTHRIPS m.

a. Körperfarbe (wenigstens Kopf und Thorax) gelblich. Auf den Hinterecken des Prothorax je eine Borste. Derselbe etwas länger als der Kopf.

α. Das 10. Abdominalsegment bei den Weibchen sehr lang, röhrenförmig, fast dreimal so lang als das 9. (Taf. V, Fig. 66). Die obere Längsader trägt auf ihrer zweiten Hälfte 5 Borsten. Körperlänge 0·9 mm. — 35. **O. hastata** m.

β. Das 10. Abdominalsegment bedeutend kürzer. Die obere Längsader trägt auf ihrer zweiten Hälfte 3 Borsten. Vordertarsus am Ende mit einem kleinen Nagel. Körperlänge 0·8 mm. — 36. **O. ajugae** nov. sp.

b. Körperfarbe graubraun bis schwarz. Auf den Hinterecken des Prothorax je zwei Borsten. Derselbe bedeutend länger als der Kopf.

α. Kopf nach vorne etwas verengt. Die Vordertarsen am Ende mit einem kleinen Nagel (Taf. V, Fig. 69). Die Flügel bei den Weibchen manchmal, bei den Männchen immer rudimentär. Körperlänge 0·9 mm. — 37. **O. firma** nov. sp.

β. Kopf nach hinten etwas verengt, ungewöhnlich klein (Taf. VI, Fig. 72). Körperlänge 0·8 mm. — 38. **O. parviceps** nov. sp.

10. GEN. PACHYTHRIPS m.

Der einzige Vertreter ist die Art: — 39. **P. subaptera** Hald.

11. GEN. ANAPHOTHRIPS m.

a. Fühler vom vierten Gliede an schwarzbraun; die ersten zwei Glieder sind braungrau, das 3. gelblich. Die Nebenader verliert sich im letzten Fünftel des Oberflügels vollständig.

α. Das 3. Fühlerglied länger als das 4. Körperfarbe gelbbraun. Körperlänge 0·9 mm. — 40. **A. ferruginea** nov. sp.

β. Das 3. u. 4. Fühlerglied fast gleich lang. Körperfarbe dunkel graubraun. Körperlänge 1 mm. — 41. **A. similis** nov. sp.

b. Fühler anders gefärbt.

a'. Körperfarbe dunkel. Die Haare auf dem Abdomenende schwach.

α. Das 5. Fühlerglied legt sich mit ziemlich breiter Fläche an das 6. an. Bei den Männchen hat das 3.—6. Abdominal-

[illegible] oben [illegible] ziemlich breite [illegible] in der Mitte etwas verengte helle Vertiefung. Körperfarbe heller [illegible] schwärzlich dunkel [illegible]

11. **A. euphorbiae** nov. sp.

Das 5. Fühlerglied [illegible] gesondert. Bei dem Männchen hat das [illegible] Abdominalsegment unten [illegible] eine grosse elliptische helle Vertiefung. Körperfarbe des Männchens ziemlich dunkelbraun. Körperlänge des [illegible] 0·6 mm.

12. **A. armata** nov. sp.

b Körperfarbe licht. Das 9. Abdominalsegment oben auf dem Hinterrande mit vier kurzen starken Borsten.

Das 6. Fühlerglied hat eine schiefe Querwand (Taf. VI, Fig. 75). Die Flügel fehlen gewöhnlich. Kopf etwa so lang wie breit, nach vorn verengt.

13. **A. virgo** m.

Das 6. Fühlerglied ohne Querwand. Der Körper oben mit [illegible] Zeichnungen. Kopf mehr breit als lang, nach vorn [illegible] verengt. Körperlänge 0·8 mm. Das 9. Abdominalsegment des Männchens oben ohne Dornen.

15. **A. sordida** nov. sp.

12. GEN. APTINOTHRIPS HALID.

a Körper [illegible] 0·8 mm. 16. **A. rufa** Gmel.

b Körperfarbe dunkel [illegible] Körper [illegible] kleiner.

17. **A. nitidula** Halid.

[illegible] GEN. BELOTHRIPS HALID.

[illegible] Art. 18. **B. acuminata** Halid.

[illegible] GEN. DICTYOTHRIPS nov.

[illegible] Art. 19. **D. betae** nov. sp.

[illegible] GEN. DENDROTHRIPS nov. gen.

[illegible] Körperfarbe schwarz [illegible] schwarzen Zeichnungen. Kopf [illegible] Körper [illegible] 0·7 mm.

20. **D. tiliae** nov. sp.

b. Oberflügel ohne Querbinden, gelblichgrau, am Grunde licht.

α. Kopf zweimal so breit als lang. Körperfarbe dunkel. Prothorax weisslich mit dunklen Zeichnungen. Fühler etwa um 0·2 länger als die Kopfbreite. Körperlänge 0·8 mm.

51. **D. Degeeri** nov. sp.

β. Kopf etwa um 0·4 mehr breit als lang. Körperfarbe weissgelblich, oben mit grauen Zeichnungen. Fühler um 0·5 länger als die Kopfbreite. Körperlänge 0·7 mm.

52. **D. saltatrix** nov. sp.

16. GEN. PROSOPOTHRIPS nov. gen.

Der einzige Vertreter ist die Art: 53. **P. Vejdovskyi** nov. sp.

17. GEN. HELIOTHRIPS HALID.

a. Die ganzen Beine gelblich. 54. **H. haemorrhoidalis** Bouché.

b. Die Mittel- und Hinterschenkel schwarzbraun. 55. **H. femoralis** Reut.

18. GEN. PARTHENOTHRIPS m.

Der einzige Vertreter ist die Art: 56. **P. dracaenae** Heeg.

19. GEN. THRIPS (L.).

1. Kopf deutlich mehr breit als lang.

a. Kopf nach hinten deutlich verengt (Taf. X, Fig. 172). Fühler licht, die ersten zwei Glieder, das 6. Glied in seiner zweiten Hälfte und das 7. Glied dunkel. Beine dunkel, alle Tarsen und die Vordertibien licht.

57. **T. physopus** L.

b. Kopf nach hinten nicht verengt. Farbe der Fühler und der Beine eine andere.

a'. Abdomen nicht auffallend breit.

a''. Körperfarbe (der Weibchen) dunkel.

a'''. Viertes und fünftes Fühlerglied fast gleichlang.

α. Körperfarbe dunkelbraun bis schwarzbraun. Fünftes Fühlerglied dunkel oder nur am Grunde lichter. Die obere Längsader des Oberflügels hat in ihrer zweiten Hälfte gewöhnlich drei Borsten.

β Oberflügel schwach getrübt. Borsten ziemlich hell. Das 3. Fühlerglied gelb, das 4. ebenfalls, bloss gegen das Ende zu getrübt. 59. **T. major** nov. sp.

ββ Oberflügel stark getrübt.

γ Erstes Fühlerglied grau, etwas durchscheinend, die übrigen schwarzgrau, nur das 3. (am Ende ausgenommen) und das 4. am Grunde gelblich. 58. **T. communis** nov. sp. var. **pulla.**

γγ Die ersten zwei Fühlerglieder schwarz, das 3. gelb, das 4. gelb, sehr schwach getrübt, das 5. schwarz, am untersten Grunde licht. Gestalt mächtiger. 61. **T. salicaria** nov. sp.

ββ Körperfarbe gelbbraun. Das 5. Fühlerglied licht, nur gegen das Ende zu sehr schwach grau getrübt. Die obere Längsader des Oberflügels hat in ihrer zweiten Hälfte gewöhnlich nur zwei Borsten, die auf ihrem Ende stehen. 60. **T. sambuci** Hee.

b. Das fünfte Fühlerglied klein, bedeutend kürzer als das vierte.

α Körperfarbe schwarzbraun bis fast schwarz. Die zwei letzten Abdominalsegmente sind nicht dunkler als der übrige Körper.

αα Körperlänge 1·2 mm. Das 4. Fühlerglied licht, nur gegen das Ende zu getrübt, das 5. in der ersten Hälfte licht, in der zweiten getrübt. 62. **T. valida** nov. sp.

ββ Körperlänge 0·9 mm. Das 4. u. 5. Fühlerglied schwarzgrau. 68. **T. linaria** nov. sp.

β Körperfarbe braungelb oder gelbbraun. Die zwei letzten Abdominalsegmente schwarz. 63. **T. adusta** nov. sp.

Körperfarbe gelb.

a Die Borsten auf dem Körper auffallend dunkel.

Das 5. Fühlerglied in den ersten zwei Dritteln weiss, im letzten Drittel plötzlich schwarzgrau, das 6. Glied schwarzgrau, am Grunde heller. Körperlänge 1·2 mm. 64. **T. flava** Schr.

b. Das 5. Fühlerglied und die folgenden ganz dunkel. Körperlänge 0·8 mm.

α'. Das 5. Fühlerglied vorn abgestutzt, so dass es sich mit breiter Fläche an das 6. anlegt. 65. **T. alni** nov. sp.

β'. Das 5. Fühlerglied vom 6. getrennt. Flügel gewöhnlich rudimentär. 73. **T. nigropilosa** nov. sp.

b''' Die Borsten auf dem Körper lichter.

α. Die obere Längsader des Oberflügels ist in ihrer zweiten Hälfte mit 4 Borsten besetzt, von denen die zwei ersten und die zwei letzten einander genähert sind. Fühlerglieder ziemlich gedrungen. Körperlänge 0·8 mm. 58. **T. communis** nov. sp.

β. Die obere Längsader des Oberflügels ist in ihrer zweiten Hälfte gewöhnlich mit 8 Borsten besetzt. Die drei ersten Glieder des ziemlich gedrungenen Fühlers licht, die übrigen graubraun. 69. **T. minutissima** L.

γ. Die obere Längsader des Oberflügels ist in ihrer zweiten Hälfte mit 3 Borsten besetzt, von denen die eine von den übrigen zwei entfernt steht.

α'. Das 5. Fühlerglied nur etwas kürzer als das 4., vorn abgestutzt, so dass es sich mit ziemlich breiter Fläche an das 6. Glied anlegt. Der Stylus verhältnismässig lang. Die Borsten auf dem Körper und auf den Flügeln weiss. 66. **T. albopilosa** nov. sp.

β'. Das 5. Fühlerglied bedeutend kürzer als das 4., vorn schmäler. Der Stylus kürzer. — Der Körper kleiner und blasser als bei der typischen Form, oben oft grau getrübt. 64. **T. flava** Schr. var. **obsoleta.**

b'. Abdomen ungewöhnlich breit. — Körperfarbe schwarz. Fühlerfärbung graubraun, das 3. Glied gelblich. Flügel oft rudimentär. Körperlänge 0·9 mm. 75. **T. dilatata** nov. sp.

2. Kopf so lang als breit oder länger.

a. Vordertarsen mit einem langen Zahne bewaffnet (Tab. VI, Fig. 104). 70. **T. calcarata** nov. sp.

b. Vordertarsen wehrlos.

α'. Kopf und Thorax ochergelb bis braungelb, das ganze Abdomen schwarz. 71. **T. discolor** Hal.

5. Körperfarbe graubraun bis schwarz.

a) Körper mächtig, 1·5 mm lang. Augen hervorgequollen (Taf. VI, Fig. 107). Fühler braun, Mittelschienen in der ersten Hälfte schwarzbraun, in der zweiten Hälfte gelblich, Hinterschienen ganz schwarzbraun, nur ihre Spitzen gelblich. **76. T. Klapáleki** nov. sp.

b) Körper schwächer, nur 0·7—0·9 mm lang. Augen nicht hervorgequollen.

α) Die obere Längsader des Oberflügels in ihrer zweiten Hälfte gegen das Ende zu mit 5 Borsten. Kopf klein, nach vorn etwas verengt (Taf. VI, Fig. 101). Flügel manchmal verkümmert. **67. T. angusticeps** nov. sp.

β) Die obere Längsader des Oberflügels in ihrer zweiten Hälfte mit 3 Borsten, von denen eine von den übrigen zwei entfernt steht.

αα) Das 5. Fühlerglied nur etwas kürzer als das 4. Körperlänge 0·9 mm. **71. T. viminalis** nov. sp.

ββ) Das 5. Fühlerglied bedeutend kürzer als das 4. Prothorax im Verhältnis zum Kopfe länger als gewöhnlich. **72. T. longicollis** nov. sp.

Zu dieser Gattung gehört auch die mir unbekannte Art **T. fuscipennis** Hal. deren Beschreibung sich ... S.

20. GEN. BALIOTHRIPS m.

Der einzige Vertreter ist die Art **78. B. dispar** Hal.

21. GEN. SMINYOTHRIPS nov. gen.

a) Zähne am Ende der Vorderschienen klein (Taf. VII, Fig. 110). Körperfarbe grau gelb. Körperlänge 0·8 mm. **79. S. biuncinata** nov. sp.

b) Zähne am Ende der Vorderschienen gross und stark (Taf. VII, Fig. 111). Körperfarbe dunkel gelbgrau. Körperlänge 1 mm. **80. S. bilineata** nov. sp.

22. GEN. STENOTHRIPS nov. gen.

Der einzige Vertreter ist die Art **81. S. graminum** nov. sp.

23. GEN. BOLACOTHRIPS nov. gen.

Der einzige Vertreter ist die Art: 82. **B. Jordani** nov. sp.

24. GEN. DREPANOTRHIPS nov. gen.

Der einzige Vertreter ist die Art: 83. **D. Reuteri** nov. sp.

25. GEN. PLATYTHRIPS m.

Der einzige Vertreter ist die Art: 84. **P. tunicata** Hald.

26. GEN. MEGALOTHRIPS m.

a. Körperlänge 2·5—3 mm. Alle Tibien braungelb.
96. **M. lativentris** Heeg.

b. Körperlänge 4 mm. Alle Tibien schwarz. 97. **M. Bonannii** nov. sp.

27. GEN. CRYPTOTHRIPS m.

a. Prothorax dunkel.

a'. Die Seiten des Kopfes fast parallel.

α. Kopf um 0·4 mehr lang als breit. Fühler um 0·6 länger als der Kopf. — Der Körper sehr breit (Taf. III, Fig. 24). Fühler schwarz, das 3. Glied gelb. Prothorax fast um 0·5 kürzer als der Kopf. Beine schwarz, nur die Tarsen schwarzbraun. 99. **C. lata** nov. sp.

β. Kopf zweimal so lang als breit. Fühler nur wenig länger als der Kopf. 98. **C. nigripes** Reut.

b'. Kopf hinten verengt.

a''. Das 4. Fühlerglied dunkel.

α. Kopf fast um 0·5 mehr lang als breit. Körper schmal (Taf. VII, Fig. 125). — Fühler schwarz, das 3. Glied gelbbraun, das 4. um 0·3 länger als das 3. Prothorax um 0·4 kurzer als der Kopf. Beine schwarz, alle Tarsen und die Enden der Tibien gelb. Körperlänge 1·6 mm.
100. **C. angusta** nov. sp.

β. Kopf nur etwa um 0·2 mehr lang als breit (Taf. IV, Fig. 33).
102. **C. dentipes** Reut.

b. [illegible] Kopf um 0·3 mehr lang als breit. Prothorax um 0·3 kürzer als der Kopf. Beine dunkelbraun, [illegible] Schenkel und Tibien gegen das Ende zu gelber oder die ganzen Beine sehr hell. Flügel vollkommen hell [illegible] von dem Ende erweitert. Körperlänge 2 mm.

10[illegible]. **C. icarus** nov. sp.

b. Prothorax [illegible] der übrige Körper schwarz. 10[illegible]. **C. bicolor** Heeg.

[illegible] GEN. ANTHOTHRIPS

a. [illegible] um 0·2 kürzer als der Kopf [illegible] Fig. 12 [illegible] Flügel [illegible] Körperfarbe [illegible] schwarz. 104. **A. statices** Halid.

b. [illegible] um 0·2 kürzer als der Kopf, gegen den Grund zu bedeutend erweitert [illegible] Körperfarbe glänzend schwarz.

105. **A. distinguenda** nov. sp.

c. [illegible] kürzer als der Kopf, am Grunde bedeutend erweitert. Taf. VII [illegible] Körperfarbe schwarzbraun bis rothbraun.

106. **A. aculeata** Fabr.

[illegible] GEN. ZYGOTHRIPS [illegible]

[illegible] 108. **Z. minuta** nov. sp.

[illegible] GEN. CEPHALOTHRIPS [illegible]

[illegible] 109. **C. monilicornis** Reut.

[illegible] GEN. TRICHOTHRIPS [illegible]

a. [illegible] als der Kopf [illegible] Körperlänge [illegible] mm.

α. [illegible] Körper [illegible] bis zur Mitte des Pro- [illegible]

110. **T. caespitis** nov. sp.

β. [illegible]

α. Tubus gelb, manchmal in der Mitte sehr schwach getrübt. Abdomenende gelb. Kopf oft gelb. 111. **T. pedicularia** Hald.

β. Tubus, der Grund ausgenommen, schwarz. Prothorax dunkler als der übrige Körper, welcher graugelblich ist.
112. **T. semicaeca** nov. sp.

b. Fühler fast zweimal so lang als der Kopf. Das 1. Fühlerglied sehr dunkel. Körperlänge bedeutend grösser. Rindenbewohner.

a'. Alle Schenkel graubraun. Alle Tibien ganz gelb. Larven weiss, fein roth gesprenkelt. 115. **T. copiosa** nov. sp.

b'. Alle Schenkel schwarzbraun. Vordertibien ganz gelb. Mittel- und Hintertibien schwarzbraun, auf beiden Enden braungelb.

α. Flügel, wenn ausnahmsweise vorhanden, schwach getrübt. Larven weiss. 113. **T. ulmi** Hald.

β. Flügel, wenn ausnahmsweise vorhanden, stark getrübt. Körperlänge etwas grösser. Vorderschenkel, hauptsächlich die der Männchen, breiter. Larven weiss, fein roth gesprenkelt.
114. **T. pini** Hald.

32. GEN. PHLOEOTHRIPS HALID.

a. Körperlänge 2·3—3 mm. Vordertarsen bei beiden Geschlechtern mit starkem Zahne (Taf. IV. Fig. 29). 116. **Phl. coriacea** Hald.

b. Körperlänge 1·3—1·7 mm. Vordertarsen der Weibchen mit einem sehr kleinen scharfen Zähnchen.

a'. Das 3. Fühlerglied länger als die zwei ersten zusammen (Taf. VII. Fig. 143). Tibien schwarzbraun, ihre Enden gelb. Körperlänge 1·7 mm.
117. **Phl. minor** nov. sp.

b'. Das 3. Fühlerglied kürzer als die zwei ersten zusammen.

α. Vordertibien gelb. Körperlänge 1·3 mm.
118. **Phl. parva** nov. sp.

β. Vordertibien braunschwarz, auf beiden Enden gelb. Körperlänge 1·6 mm. 119. **Phl. annulipes** Reut.

33. GEN. ACANTHOTHRIPS UZ.

Der einzige Vertreter ist die Art: 120. **A. nodicornis** Reut.

[illegible] GEN. LIOTHRIPS [illegible]

a. [illegible] Kopf um 0·2 mehr lang [illegible]
122. **L. setinodis** Reut.

b. [illegible] ganz dunkel. Kopf [illegible] um 0·3 mehr lang [illegible] Vorderhüften ganz gelb. Mittel- und Hinterhüften schwarz [illegible]
121. **L. bradecensis** nov. sp.

[illegible] GEN. POECILOTHRIPS [illegible]

[illegible] Vertreter [illegible] Art. 123. **P. albopicta** nov. sp.

I. Subordo TEREBRANTIA Halid.

Tykadla šesti- až devitičlenná. Makadla maxillarní dvoučlenná, někdy tříčlenná: makadla labialní dvoučlenná, zřídka čtyřčlenná. Očka jsou obyčejně přítomna, často však scházejí buď oběma pohlavím téhož druhu, neb jen samcům. Prothorax obyčejně vzadu sotva širší než v předu; jen výjimkou nazad značněji se rozšiřuje. Přední nohy jsou často širší než ostatní; zadní jsou nejdelší. Hořejší křídla širší, (užší) a temněji zbarvená než dolejší. Oba páry křídel mají na zadním okraji dlouhé tenké třásně. Hořejší křídla mají na předním okraji kromě třásní ještě kratší a silnější brvy, někdy scházejí tam třásně, jindy brvy, a někdy schází oboje. Dolejší křídla opatřena jsou na předním okraji krátkými řídkými vlásky. Hořejší křídlo má kromě žilky okružní, obroubující po kolu do kola, ještě dvě žilky podélné; dolejší pak nemá žilky okružní a prostoupeno jest jednou žilkou podélnou (výjimkou dvěma), která však může také scházeti. V klidu leží hořejší křídla na těle vedle sebe, často ke konci od sebe se vzdalujíce. Pod každým hořejším leží, úplně neb skrytě, příslušné křídlo dolejší. Křídla často zakrňují. Poslední článek abdomenu jest velmi zřídka roubovitý; obyčejně má podobu kužele; u samců jest abdomen tupý. Otvor pohlavní nalézá se u samic mezi osmým a devátým čl. abdomenu, u samců však mezi článkem devátým a desátým. Samice mají kladélko pozůstávající ze čtyř chlopní, z nichž dvě vyrůstají z osmého článku abdominalního, dvě pak z článku devátého. V klidu jest tento přístroj ukryt v pochvě, nalézající se na ventralní straně tří posledních článků abdomenu. Pyjový apparat, je-li vychlípen, přečnívá abdomen a jest nahoru ohnut. Tělo jest válcovité, zřídka poněkud sploštilé; abdomen na basi trochu zúžen. Samci jsou menší, užší a často světlejší než samice. Pohyby třásněnek, do tohoto podřadu náležejících, jsou obyčejně čilé, někdy neúnavné, někdy však též velmi velmi. Mnohé jsou způsobilé ke skákání.

Poznámka. Samce rozeznáme od samice dle nedostatku kladélka, dle menších rozměrů těla, dle tupého zakončení abdomenu (Tab. I., fig. 2. a 6., Tab. X., fig. 172.), dle zbarvení často světlejšího a dle pohybů čilejších.

Fühler sechs- bis neungliedrig. Maxillartaster zwei- oder ausnahmsweise dreigliedrig; Labialtaster zwei-, selten viergliedrig. Ocellen gewöhnlich vorhanden, oft jedoch beiden Geschlechtern derselben Art oder nur den Männchen fehlend. Prothorax gewöhnlich

[illegible]

[illegible]

I. FAM. Aeolothripidae.

(= COLEOPTRATA HALID.)

[illegible]

Dolejší křídlo nemá žilek vůbec a jen na jeho basi shledáváme zbytek žilky podélné. Kladélko samic jest nahoru prohnuté. Samci mají prvý článek abdom. prodloužený. Druhy sem náležející nemají způsobilosti ku skákání.

Fühler neungliedrig. Maxillartaster immer dreigliedrig, das drittes Glied gewöhnlich sehr kurz; Labialtaster gewöhnlich vier-, manchmal zweigliedrig. Flügel breit, am Ende abgerundet. Oberflügel am Vorderrande stets ohne Fransen und entweder mit sehr kleinen Härchen besetzt, so dass er ganz kahl zu sein scheint, oder mit kurzen, starken Wimpern versehen. Beide Längsadern im Oberflügel entspringen aus seiner Wurzel. Die Längsadern werden mit einander und mit der Ringader im ganzen durch vier bis fünf Queradern verbunden. Unterflügel ohne Adern überhaupt; nur an seiner Basis ein Überbleibsel von einer Längsader. Der Legebohrer der Weibchen ist aufwärts gebogen. Die Männchen haben das erste Abdominalsegment verlängert. Die hier gehörigen Arten haben kein Sprungvermögen.

1. GENUS MELANOTHRIPS HALID.*)

Hlava o něco širší než delší. Očka u obou pohlaví přítomna. Třetí článek tykadel sotva delší než druhý; poslední články nesrostlé. Makadla maxillarní o třech skoro stejně dlouhých článcích; makadla labialní o dvou článcích, z nichž základní jest velmi nízký. Prothorax as tak dlouhý jako hlava. Přední rohy jeho mají po jednom dlouhém chlupu, na zadních jest po dvou takových chlupech, a zadní jeho okraj nese několik brv. Nohy jsou dlouhé, přední nejsilnější; jejich femora zvláště ztluštělá. Přední tibie ukončeny jsou dole u obou pohlaví velmi silným zubovitým výběžkem. Křídla jsou u samic i samců přítomna a velmi široká. Hořejší pár má kromě žilky okružní dvě žilky podélné, které vycházejí z base křídla a ústí před koncem jeho do žilky okružní. Spojeny jsou před prostředkem křídla krátkou žilkou příční. Hořejší žilku podélnou spojují s přední částí žilky okružní dvě žilky příčné, a to na konci prvé třetiny délky křídla a na konci druhé třetiny. Pod nimi nalézají se na zadní části křídel dvě značně slabší žilky příčné, které spojují dolejší žilku podélnou se zadní částí žilky okružní. Přední okraj hoř. křídla nemá tuhé brvy. Hořejší křídla jsou stejnoměrně žlutavě zkalena, dolejší skoro čirá. Samci mají první článek abdom. skoro sedmkrát delší než druhý a nahoře dvěma podélnými kýly opatřený; 9. článek není nijak vyzbrojen.

Kopf etwas breiter als lang. Ocellen bei beiden Geschlechtern vorhanden. Drittes Fühlerglied kaum länger als das 2.; die letzten Glieder nicht zusammengewachsen. Maxillartaster aus drei fast gleichlangen Gliedern zusammengesetzt. Labialtaster aus zwei

*) Μέλας = černý, schwarz.

[illegible] Die Oberflügel sind gleichmässig [illegible] die Unterflügel fast klar. Beim Männchen ist das erste Abdominalsegment fast [illegible] wie das zweite und oben mit zwei Längsleisten versehen; das 9. Abdominalsegment ist nicht bewaffnet.

1. Melanothrips fusca Sulz.*)

Tab. V, fig. 54—61.

1776 *Thrips fuscus* Sulzer, Abgek. Geschichte d. Insecten, pag. 112, fig. 12.
1788 — *fusca* Gmelin, Caroli a Linné Systema Nat., pag. 2223.
1836 *Melanthrips obesa* Haliday, Entomological Magazine, pag. 450.
1836 *Melanothrips* Burmeister, Handb. d. Entomologie II, pag. 417.
1843 — Amyot et Serville, Ins. Hémiptères, pag. 645.
1852 *Melanthrips* — Haliday, Walker, Homopt. ins. of Brit. Museum, pag. 1116, tab. V, fig. 12 et 13.
1852 *Melanothrips obesa* Heeger, Sitzb. Akad. Wiss. Wien VIII, pag. 133, tab. XX.

Barva těla se blíží [illegible] až černé. [illegible] thorax [illegible] a abdomen [illegible]. První článek tykadel [illegible] kratší než 2. [illegible] stejně dlouhé 5. [illegible] 7. značně kratší než předcházející [illegible] poslední [illegible]

*) [illegible] Sammlung [illegible]

poslední. Barva tykadel šedo- neb černohnědá, 3. čl. žlutý, slabě šedě zkalený. Prothorax má rohy zaokrouhlené. Pterothorax značně širší a delší než prothorax. K zubovitému výběžku předních tibií přiléhá na basi z každé strany malý lupínek. Na konci zadních tibií jsou silné ostny. Barva noh černohnědá až černá. Přední tibie žluté, často slabě šedě zkalené, vně a uvnitř úzce černé; přední tarsy žluté, často slabě zkalené. Tarsy ostatních noh tmavé. Podélné žilky v hoř. křídle jsou po celé délce tuhými chlupy posety; příčné žilky nahé. Hoř. křídlo jest stejnoměrně žlutavošedě zkaleno, žilky jeho jsou tmavější; dolejší jest skoro čiré, jen na samém konci někdy velmi slabě šedě zkalené. Abdomen na konci tenkými dosti dlouhými chlupy opatřen. První čl. jeho skryt jest v hrudi. Délka těla 1·1 mm.

(dosud nepopsaný).

Jest světlejší, značně menší a užší než ♀. Hlava a prothorax šedohnědé, pterothorax tmavě žlutavošedý, abdomen téže barvy, na konci šedohnědý. Tykadla, nohy a křídla jsou podobně zbarveny jako u ♀; jen tibie na samém konci a střední i zadní tarsy jsou žlutavé, temně šedě zkalené.

Obě pohlaví této třásněnky vyskytují se u nás v květnu v různých květech, zvláště pak v *Cerastium arvense* a *Polygala vulgaris*.

Čechy: Hradec Králové. Zde nalezl jsem ji jen r. 1888., a sice v dosti značném množství. Od té doby jsem ji tam již neviděl. Milešovka, Lovosice. — Na Helgolandě sbíral jsem několik exemplářů v srpnu.

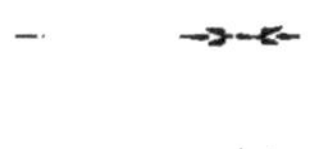

Körperfarbe graubraun oder dunkel rothbraun, manchmal schwarzbraun bis schwarz. Selten ist der Kopf und der Thorax grau gelblichbraun und das Abdomen licht graugelblich. Das erste Fühlerglied bedeutend kürzer als das 2.; dieses nicht viel breiter als die folgenden Glieder; das 3. hat einen kurzen, sehr schmalen Stiel und ist kaum länger als das 2.; das 3., 4. und 6. fast gleichlang, das 5. etwas kürzer und schmäler; das 6. ist unter den Nachbargliedern das breiteste; das 7. bedeutend kürzer als das vorgehende; das 8. u. 9. klein, zusammen etwa so lang wie das 5., das letzte etwas länger als das vorletzte. Farbe der Fühler grau- oder schwarzbraun; das 3. Glied gelb, schwach grau getrübt. Der Prothorax hat abgerundete Ecken. Der Pterothorax ist bedeutend breiter und länger als der Prothorax. An den zahnförmigen Fortsatz der Vordertibien legt sich am Grunde jederseits ein kleines Blättchen an. Am Ende der Hintertibien stehen starke Stacheln. Farbe der Beine schwarzbraun bis schwarz. Vordertibien gelb, oft swach grau getrübt, aussen und innen schmal schwarz; Vordertarsen gelb, oft schwach getrübt. Tarsen der übrigen Beine dunkel. Langsadern im Oberflügel der ganzen [illegible] Oberflügel [illegible] Unterflügel [illegible] Abdomen am Ende mit dünnen [illegible] Thorax [illegible] Körperlänge [illegible] mm.

[illegible]

[illegible] Kopf und Prothorax [illegible] Abdomen [illegible]

Vorkommen: [illegible] Fundorte: [illegible] Böhmen [illegible]

2. GENUS RHIPIDOTHRIPS. [illegible]

Hlava [illegible] Prothorax [illegible]

[illegible]

[illegible]

tibien ohne Zahn; dafür hat jedoch das zweite Glied des Vordertarsus bei den Männchen und Weibchen zwei kleine Häckchen. Flügel bei beiden Geschlechtern vorhanden. Form und Äderung derselben wie bei dem vorhergehenden Genus, beide Paare jedoch etwas gegen den Grund verengt, und die Querader, welche die untere Längsader mit dem hinteren Theil der Ringader im ersten Drittel seiner Länge verbindet, fehlt. Der vordere Theil der Ringader ist im ersten Drittel mit kurzen Härchen besetzt, welche vom Flügelrand nicht viel abstehen. Hinter dem ersten Drittel werden diese Härchen zu kurzen Borsten. Beide Flügelpaare sind klar. Die Männchen haben das erste Abdominalsegment zwar länger als das zweite, aber weit nicht so lang wie bei dem vorhergehenden Genus; das 9. Segment jederseits mit einem kleinen Höcker versehen.

2. **Rhipidothrips gratiosa** nov. sp.*)

Tab. V., fig. 42. et 43.

♀.

Hlava jest nejtmavší části celého těla. Jest tmavě šedohnědá. Prothorax jest žlutavý nebo bělavý a má nahoře rozvětvenou, všelijak utvořenou kresbu, pterothorax jest žlutavošedý, abdomen žlutavý, slabě šedě zkalený, na konci šedohnědý. Hlava jest vzadu poněkud stažená. První dva články tykadel nejtlustší; 1. čl. značně kratší než 2., 3. čl. jest nejtenčí a nejdelší; jest delší než prvé dva články dohromady; 4. čl. kratší než třetí a tlustší, zvláště ke konci; 5. trochu kratší než 4.; 6. trochu kratší a tlustší než 5.; 7. opět trochu kratší než 6. a o něco delší než poslední dva dohromady. Barva tykadel: 1. čl. černošedý, 2., 3. a 4. bílé, 3. nahoře ke konci úzce černošedě zkalený, 4. nahoře celý úzce černošedý; 5. a ostatní černošedé. Pterothorax značně širší a delší než prothorax. Ke dvěma háčkům, na druhém čl. předního tarsu se nalézajícím, sklání se několik chlupů. Barva noh jest šedohnědá, konce a kořeny všech stehen a středních i zadních tibií, pak všecky tarsy žlutavé. Přední tibie jsou žlutavé a vně (někdy slabě též uvnitř) šedohnědě zkalené. Podélné žilky v hoř. křídle jsou celé chlupy posety; příčné jsou nahé. Žilky v hořejších křídlech jsou slabě žluté a zadní část žilky okružní jest šedá. Chlupy na konci abdomenu jsou dlouhé a čiré. Délka těla 1·4—1·6 mm. — Dosti značné množství exemplářů nalezeno.

Jest značně menší a užší než ♀. Zbarvení těla, noh a tykadel totéž jako u ♀. První článek abdomenu opatřen jest dvěma podélnými lištnami. — Tři exempláře objeveny.

*) Doklad ve sbírce musejní, praep. č. 2. — Sammlung des böhm. Landesmuseums, Praep. Nr. 2.

AEOLOTHRIPS

obyčejně dlouhé, přední nejdelší; přední femora jsou u obou pohlaví značně ztluštělá a mimo to femora zadních noh jsou rozšířená. Přední tibie jsou bezbranné. Druhý článek předního tarsu má u obou pohlaví podobné dva háčky, jako je nalézáme u rodu předcházejícího. Křídla obyčejně u samcův i samic přítomna, u druhu *Ae. albocincta* však scházejí, a to u samic obyčejně, u samcu vždy; v tomto případě pak jest pterothorax značně menší a užší než u formy okřídlené. Tvar a žilkovatost křídel jako u rodu předcházejícího, jen hořejší jsou před polovinou trochu zúžená. Přední část žilky okružní opatřena jest velice krátkými chloupky, okraj křídla sotva přesahujícími. Hořejší křídla jsou bílá a mají tmavé stuhy. První článek abdom. u samců podobně utvořen jako u rodu předcházejícího. Devátý článek abdom. má někdy po obou stranách dvouhrotý výtvor přidržovací, jindy jest nevyzbrojený.

Kopf etwa so breit als lang. Ocellen bei beiden Geschlechtern vorhanden (bei der flügellosen Form der Art *Ae. albocincta* winzig). Fühler neungliedrig, das 5.–9. Glied bilden zusammen ein Ganzes; 3. Glied sehr lang. Maxillar- und Labialtaster wie bei dem vorhergehenden Genus. Prothorax etwa so lang wie der Kopf, oder wenig länger, ohne grössere Borsten; sein Hinterrand gewöhnlich mit vielen, sehr kurzen Stachelchen versehen. Beine sehr lang, die vorderen am längsten; Vorderschenkel bei beiden Geschlechtern bedeutend verdickt und ausserdem die Hinterschenkel erweitert. Vordertibien unbewaffnet. Das zweite Vordertarsusglied hat bei beiden Geschlechtern ähnliche zwei Häkchen wie bei dem vorhergehenden Genus. Flügel gewöhnlich bei den Männchen und Weibchen vorhanden; bei der Art *Ae. albocincta* jedoch fehlend, und zwar bei den Weibchen gewöhnlich, bei den Männchen immer; in diesem Falle ist der Pterothorax bedeutend kleiner und enger als bei der geflügelten Form. Gestalt und Äderung der Flügel wie bei der vorhergehenden Gattung, nur die oberen vor der Mitte etwas verengt. Der vordere Theil der Ringader mit äusserst kurzen Härchen versehen, die den Flügelrand kaum überragen. Oberflügel weiss und schwarz gebändert. Erstes Abdominalsegment beim Männchen ähnlich gebildet wie bei der vorigen Gattung. Das neunte Abdominalsegment hat manchmal jederseits ein zweizinkiges Anhalteorgan (bei der Begattung), manchmal entbehrt es jedoch eines solchen.

3. **Aeolothrips versicolor** nov. sp.*)

Tab. V., fig. 44.

Hlava, prothorax a mesothorax červenohnědé, metathorax a abdomen šedavé, tento na konci šedohnědý. Hlava do předu zúžena, mezi očima tvůrz směrem předloužená. Prvé dva čl. tykadel široké, první kratší než 2., 3. čl. velmi tenký a velmi dlouhý

*) Doklad ve sbírce autorově.

[illegible]

Nebyl posud objeven.

[illegible]

[illegible]

Nicht bekannt.

[illegible]

4. Aeolothrips melaleuca Halid.*)

Tab. V., fig. 45.

1852. *Aeolothrips (Coleothrips) melaleuca* Haliday, Walker: Homoptera ins. of Brit. Museum, pag. 1117.

♀.

Tvar a struktura všech částí jsou u tohoto druhu jako u druhu předcházejícího. Rozdíl spočívá v zcela různém, u druhu *Ae. melaleuca* velmi konstantním zbarvení těla a okončin. Barva celého těla a noh, kromě bílých konců tibií a tarsů, hnědočervená. První dva čl. tykadel jsou téže barvy, 3. a 4. bílé, ostatní žlutošedé. Hořejší křídla jsou právě tak zbarvena jako u druhu předcházejícího, uprostřed stuhy nalézá se však veliká, okrouhlá, bílá skvrna.

♂. Nebyl posud objeven.

Jediný exempl. vzácného tohoto druhu chytil jsem v lese mezi Krčí a Kundraticemi v květech smolničky.

♀.

Form und Structur aller Theile wie bei der vorigen Art. Der Unterschied beruht in einer ganz verschiedenen, bei der Art *Ae. melaleuca* sehr constanten Farbung des Körpers und der Extremitäten. — Farbe des ganzen Körpers und der Beine, die weissen Tibienenden und Tarsen ausgenommen, braunroth. Die ersten zwei Fühlerglieder ebenso gefärbt, das 3. und 4. Glied weiss, die übrigen gelbgrau. Oberflügel wie bei der vorigen Art, inmitten der breiten Binde befindet sich jedoch ein grosser runder weisser Fleck.

♂. Noch unbekannt.

Vorkommen: Im Mai in den Blüten von *Lychnis viscaria*. — Fundort Böhmen.

5. Aeolothrips vittata Halid.

1836. *Aeolothrips (Coleothrips) vittata* Haliday, Entom. Mag., pag. 451

1836. *vittata* Burmeister, Handb. d. Entomologie II, pag. 418

1843. *Coleothrips* — Amyot et Serville, Ins. Hemiptères, pag. 646

1852. *Aeolothrips (Coleothrips) vittata* Haliday, Walker: Homopt. ins. of Brit. Museum, pag. 1117.

*) Doklad ve sbírce autorově.

[illegible] *Aeolothrips (Coleothrips) limbata* Reuter, [illegible] Thysanoptera [illegible] Finland pag. 16.

[illegible] 1860. [illegible]

Haliday [illegible] 1862. [illegible]

[illegible]

[illegible] Agosto 1878 [illegible]

6. Aeolothrips fasciata L.

Tab. I, fig. 1. Tab. V, fig. 16—18.

1746. *Thrips elytris albis nigrisque fasciis, corpore atro.* Linné, Fauna Svecica, Edit. I, pag. 221.

1761. *Thrips fasciata* Linné, Fauna Svecica, pag. 266.

1763. Bezpancer [illegible] Namen [illegible] Kennzeichen d. Insekten, tab. 7, fig. 18 b.

1764. *Thrips elytris albis nigrisque fasciis, corpore atro.* Geoffroy, Histoire abrégée d. Insectes, pag. 385.

1767. *Thrips fasciata* Linné, Systema Naturae, pag. 743.

1783. Schrank, Enumeratio Insect. Austr. indig., pag. 297.

1781. Fabricius, Species Insectorum, pag. 397.

1787. Fabricius, Mantissa Insectorum, pag. 320.

1788. Gmelin, [illegible] Linné, Systema Nat., pag. 2225.

17[illegible] Berkenhout, Synopsis of Nat. Hist. of Gr. Britain and Ireland, pag. [illegible]

178[illegible] de Villers, [illegible] Entomologia.

[illegible]

1794. *Thrips fasciata* Fabricius, Entomologia systematica, pag. 229
1802. — — Stew, Elements of Nat. Hist., pag. 114.
1803. — — Fabricius, Systema Rhyngotorum, pag. 314
1806. — — Turton, A General System of Nature, pag. 717
1836. *Aeolothrips (Coleothrips) fasciata* Haliday, Entomological Magazine, pag. 451
1836. — *fasciata* Burmeister, Handb. d. Entomologie, II, pag. 417.
1843. *Coleothrips* — Amyot et Serville, Ins. Hémiptères, pag. 646.
1852. *Aeolothrips (Coleothrips) fasciata* Haliday, Walker: Homopt. Ins. of Brit. Museum, pag. 1117.; tab. VII, fig. 31.—42
1852. — *fasciata* Heeger, Sitzungsb. d. Akad. d. Wiss. Wien, VIII, pag. 135.; tab. XXI.
1852. — *vittata* Idem, ibidem, pag. 137., tab. XXII.
1871. *Thrips fasciata* de Man, Tijdschr. v. Entomol., pag. 147.
1878—79. *Aeolothrips (Coleothrips) fasciata* Reuter, Diagn. öfv. nya Thysanopt. f. Finland, pag. 7.

♀.

Barva těla černá, černohnědá, červenohnědá neb šedohnědá. Strany hlavy málo vypouklé. Články tykadel úzké, válcovité. První čl. kratší než 2., tento dlouhý, nemnoho širší než následující články; 3. čl. má velice krátkou, úzkou stopku a jest mnohem delší než 2.; 4. trochu kratší než předcházející, 5. čl. asi tak dlouhý jako následující čtyři dohromady. Barva tykadel: 1. čl. černošedý až černý, 2. podobně zbarvený, ke konci však bílý, čtvrtý bílý, na konci černý, ostatní černé. Prothorax o málo delší než hlava, málo širší než delší, se stranami trochu vypouklými. Pterothorax značně delší a širší než prothorax. Druhý článek předního tarsu má před koncem dole podobný nástroj jako oba druhy předcházející; pozůstává však ze dvou nestejně utvořených zubů, které špičkami k sobě přiléhají. Nad tyto zuby sklání se chlup, stojící na konci prvého článku tarsu. Barva noh jest černá, jen přední tarsy a přední tibie po obou stranách jsou temně šedožlutavé. Hoř. křídlo jest bílé a má dvě široké šedohnědé až černé příčné stuhy, které vyplňují druhou a čtvrtou pětinu jeho délky. Šupinka na basi je tmavá. Abdomen na konci dosti dlouhými tenkými chlupy opatřen. Délka těla 1·3—1·6 mm.

Var. (nov.) **adusta.** Hlava a thorax černohnědé, červenohnědé neb šedohnědé až žlutohnědé, abdomen hnědě žlutavý až žlutavý, více nebo méně šedě zkalený, na konci tmavošedý. Barva noh jest šedohnědá, přední tibie jsou po obou stranách žlutavé, šedě zkalené, podobně i přední tarsy a někdy též base předních stehen.

♂.

Menší než ♀. Zbarvení těla pestré a velmi nestálé. Hlava a poslední dva články abdomenu jsou nejtmavšími částmi. Thorax jest tmavý, přední okraj prothoraxu, po-

[illegible] středu jeho černí jsou bílé. Abdomen má první článek tmavý, následující bělavé [illegible] tmavé, nahoře sotva jindy slabě šedě zkalené; ke konci jest abdomen pak [illegible] tmavější. Výjimkou naléžají se exempláře celé velmi tmavé. První dva články tykadel bělavé, 1. celý, šedě zkalený, 2. jen na basi, 3. čl. bělavý, na konci tmavý, ostatní články tykadel tmavé. Zbarvení nohou jest nestálé. Obyčejně jsou přední nohy bělavé, [illegible] tmavé; střední nohy mají tibie často tmavší než femora, která bývají až bělavá a ke konci tmavší. Zadní nohy bývají celé tmavé. Pátý čl. tykadel delší než následující čtyři dohromady. První čl. abdomenu jest dlouhý a má dvojitou podélnou lištu. Čtvrtý a 5. čl. jeho mají nahoře po obou stranách tupý výrostek. Devátý čl. má nahoře černou trojhrannou desku, a kraje jeho prodloužený jsou v dvouhrotý výstup podržovací při páření. Křídla jsou utvořena a zbarvena jako u samic.

Žije v obou pohlavích od konce dubna do posledních teplých dnů podzimních v nejrůznějších květech, avšak vždy jen jednotlivě. Nejoblíbenějšími jsou jí především květy od *Linaria vulgaris*, pak květy od *Solanum tuberosum* (zvláště samci), navštěvuje též *Linum usitatissimum*, *Papaver somniferum*, *Hyoscyamus niger*, *Onobrychis sativa*. Také květenství cukrovky a klasy prosa a ovsa ráda navštěvuje. — Var. *adusta* vyskytuje se pořídku mezi formou typickou.

Třásněnka tato jest všude v Čechách hojná. Na Krkonoších nalezl jsem ji na stráních Malého sněžného brězna a na stráních Sněžky.

♀.

Körperfarbe schwarz, schwarzbraun, rothbraun oder graubraun. Kopfseiten wenig gewölbt. Fühlerglieder schmal walzig. Erstes Glied kürzer als das 2., dieses lang, nicht viel breiter als die folgenden Glieder; das 3. Glied hat einen sehr kurzen und dünnen Stiel und ist viel länger als das 2.; das 4. etwas kürzer als das vorhergehende, das 5. etwa so lang wie die folgenden vier zusammen. Fühlerfärbung: 1. Glied schwarzgrau bis schwarz, das 2. ähnlich gefärbt, gegen das Ende jedoch weiss, das 3. weiss, am Ende schwarz, die übrigen schwarz. Prothorax wenig länger als der Kopf, wenig breiter als lang, mit gewölbten Seiten. Pterothorax bedeutend länger und breiter als der Prothorax. Das zweite Tarsenglied an den Vorderbeinen hat ein ähnliches Gebilde wie die der zwei vorhergehenden Gattungen, es besteht jedoch aus zwei ungleichen Zähnen, welche sich mit ihren Spitzen berühren. Über diese Zähne neigt sich eine Borste, welche am Ende des ersten Tarsengliedes steht. Farbe der Beine schwarz, nur die Vordertarsen und die Vorderschienen [illegible] trüb graugelblich. Oberflügel weiss mit zwei breiten graubraunen [illegible] Querbinden, welche das zweite und vierte Fünftel seiner Länge ausfüllen. Unterflügel grau, am Grunde dunkel. Abdomen am Ende mit ziemlich langen dünnen Borsten besetzt. Körperlänge 1·3—1·6 mm.

Var. (nov.) **adusta.** Kopf und Thorax schwarzbraun, rothbraun oder graubraun bis gelbbraun. Abdomen braungelblich bis gelblich, mehr oder weniger grau getrübt, am Ende dunkelgrau. Farbe der Beine graubraun. Vordertibien beiderseits gelblich, grau getrübt, ebenso die Vordertarsen und manchmal auch die Vorderschenkel am Grunde (Böhmen.)

♂.

Kleiner als das ♀. Körperfarbe bunt und sehr unstät. Der Kopf und die zwei letzten Abdominalsegmente sind die dunkelsten Theile. Thorax dunkel, Vorderrand des Prothorax und seine Seitentheile und Unterseite weiss. Erstes Abdominalsegment dunkel, die folgenden weisslich oder gelblich, oben kaum oder schwach getrübt; Abdominalende, wie schon erwähnt, dunkler. Ausnahmsweise kommen ganz dunkle Exemplare vor. Die ersten zwei Fühlerglieder weisslich; das 1. ganz grau getrübt, das 2. nur am Grunde, das 3. weisslich, am Ende dunkel; die folgenden Glieder dunkel. Färbung der Beine veränderlich. Die Vorderbeine gewöhnlich weisslich, ihre Schenkel und Schienen aussen dunkel; die Schienen der Mittelbeine oft dunkler als ihre Schenkel, welche oft weisslich und gegen das Ende zu dunkler sind. Hinterbeine pflegen ganz dunkel zu sein. Fünftes Fühlerglied länger als die vier folgenden zusammen. Erstes Abdominalsegment lang und mit zwei Längsleisten versehen. Das 4. und 5. Segment tragen beiderseits oben einen kleinen stumpfen Auswuchs. Am 9. Segm. oben befindet sich eine schwarze dreieckige Platte; seine Seiten tragen je ein zweizinkiges Gebilde. Gestalt und Farbe der Flügel wie bei den Weibchen.

Vorkommen: Von Ende April bis zu den lezten warmen Herbsttagen in beiden Geschlechtern auf mancherlei Blüten (hauptsächlich *Linaria vulgaris*) einzeln. — Fundorte: England (Haliday), Wien (Heeger), Finnland (Reuter), Deutschland (Jordan, Bohls bei Berlin Uzel), Böhmen.

7. Aeolothrips albocincta Halid.*)

Tab. I., fig. 3.

1836. *Aeolothrips albicincta* Haliday, Entomolog. Magazine, pag. 451.
1836. — Burmeister, Handb. d. Entomologie, II. pag. 418.
1843. *albocincta* Amyot et Serville, Ins. Hémipteres, pag. 646.
1852. *albicincta* Haliday, Walker: Homopt. ins. of Brit. Museum, pag. 1117.
1878-79 — — Reuter, Diagn. öfv. nya Thysanopt. f Finland, pag. 7

*) Doklad ve sbírce musejní, praep. č. 4. — Sammlung des böhmischen Landesmuseums, Praep. Nr. 4.

10*

[illegible] velmi pestrá. Hlava i prothorax sedohnědé až černé, pterothorax bělavý, po stranách a někdy také vzadu šedo- až červenohnědý, jindy celý šedozbarvený. První čl. abdom. jest červenohnědý až černý, 2. a 3. čl. jeho jsou bílé, 4.—8. černé, 9. a 10. černohnědé. Hlava vpředu zaokrouhlená. Prvé dva články tykadel nejtlustší, 1. čl. značně kratší než 2., 3. čl. nejdelší z celého tykadla, tenký, značně delší než prvé dva dohromady, 4. značně kratší než 3., taktéž tenký, 5. trochu kratší a ke konci tlustší než 4. a trochu delší než 6.—9. čl. dohromady. Všecky články tykadla jsou značně chlupaté. Barva tykadel: 1., 2. a 3. čl. bílé, tento na samé špičce černošedý, ostatní černošedé až černé. Prothorax trochu delší než hlava, as tak široký jako tato, vzadu trochu zúžený. Dvouzubý ústroj na předním tarsu jest podobně utvořen jako u druhu předcházejícího. Barva noh jest žlutavě šedá, přední tarsy, přední tibie ke konci uvnitř a střední i zadní femora ke konci světlejší. U jednoho velmi tmavého exempláře, jejž jsem nalezl, jsou nohy sedohnědé, jen přední tibie ke konci a přední tarsy žlutošedé. Abdomen uprostřed značně rozšířený, ke konci zúžený, ostře přispičatělý a na konci dlouhými tmavými chlupy opatřený. Délka těla 1·1 mm.

FORMA MACROPTERA (nově objevená). Křídla jsou úplně vyvinutá. Hořejší jsou hnědošedá, na basi a na konci úzce bílá a uprostřed s nesirokou bílou stuhou. Pterothorax jest značně delší a širší než prothorax. Nohy stejnoměrně tmavošedé. Jediný exemplář nalezen.

FORMA APTERA. Křídel ani nejmenší rudimenta. Pterothorax velmi nápadně ztažený. Tento jest delší než prothorax, avšak jen tak široký. Oči menší než u formy dlouhokřídlé.

♂ (nově objevený).

Hlava a prothorax sedohnědé, pterothorax bílý, vzadu červený, celé abdomen kromě 2. a 3. čl. červený, tyto jsou bílé. Tykadla a nohy zbarveny jako u ♀, jen 3. čl. tyk. jest od polovičky šedě zkalený. Křídel ani nejmenší rudimenta. První čl. abdom. a 4. as dvakrát delší než druhý a [illegible] dva podélné kýly. Abdomen jest úzký, devátý čl. jeho [illegible]. Jediný exemplář nalezen.

Forma neokřídlená [illegible] objevuje se od dubna až do srpna. V [illegible] jsem ji mezi [illegible]. Formu okřídlenou nalezl jsem na nekvetoucích rostlinách [illegible] v srpnu v [illegible] pan prof. Duda i samce na *Galium* [illegible].

[illegible]: Hradec Králové, [illegible] Vonoc, [illegible]hovice, Pod Vys. Újezdem; forma macroptera: [illegible] Hradec [illegible] Skřivan [illegible] (Duda).

♀.

Körperfarbe bunt. Kopf und Prothorax graubraun bis schwarz. Pterothorax weisslich, an den Seiten und manchmal auch hinten grau- bis rothbraun, zuweilen ganz grau getrübt. Erstes Abdominalsegment rothbraun bis schwarz, das 2. u. 3. Segm. weiss, das 4.—8. schwarz, das 9. u. 10. goldgelb. Kopf vorn abgerundet. Die ersten zwei Fühlerglieder am dicksten. 1. Glied bedeutend kürzer als das 2., das 3. das längste im ganzen Fühler, dünn, bedeutend länger als die ersten zwei zusammen, das 4. bedeutend kürzer als das 3., ebenfalls dünn, das 5. etwas kürzer und gegen das Ende dicker als das 4 und etwas länger als das 6.—9. zusammen. Alle Fühlerglieder sind stark beborstet. Fühlerfärbung: 1., 2. u. 3. Glied weiss, dieses an der äussersten Spitze schwarzgrau, die übrigen schwarzgrau bis schwarz. Prothorax etwas länger als der Kopf, etwa so breit wie derselbe, hinten etwas verengt. Das zweizinkige Gebilde am Vordertarsus hat eine ähnliche Gestalt wie bei der vorhergehenden Art. Farbe der Beine gelblichgrau. Vordertarsen u. Vordertibien gegen das Ende innen und die Mittel- und Hinterschienen gleichfalls gegen das Ende lichter. Bei einem sehr dunklen Exemplar, das ich fand, sind die Beine graubraun, nur die Vordertibien gegen das Ende und die Vordertarsen gelbgrau. Abdomen in der Mitte stark erweitert, gegen das Ende zu verengt, scharf zugespitzt und am Ende mit langen dunkeln Borsten besetzt. Körperlänge 1·4 mm.

FORMA MACROPTERA (neu entdeckt). Flügel vollkommen entwickelt. Die oberen braungrau, an der Basis und am Ende schmal weiss und in der Mitte mit einer schmalen weissen Binde. Pterothorax bedeutend länger und breiter als der Prothorax. Die Beine sind gleichmässig dunkelgrau.

FORMA APTERA. Flügel vollkommen fehlend. Pterothorax auffallend zusammengezogen. Derselbe länger als der Prothorax, aber nur ebenso breit. Ocellen kleiner als bei der geflügelten Form.

♂ (neu entdeckt).

Kopf und Prothorax graubraun, Pterothorax weiss, hinten roth, das ganze Abdomen, mit Ausnahme des 2. u. 3. Segm., welche weiss sind, roth. Fühler und Beine ähnlich wie beim Weibchen gefärbt, nur ist das 3. Fühlerglied von seiner Mitte an grau getrübt. Flügel fehlen vollkommen. Erstes Abdominalsegment etwa zweimal so lang wie das zweite und mit zwei Längsleisten versehen. Abdomen schmal; sein neuntes Segment ohne Zinken.

Vorkommen: Die ungeflügelte Form lebt von April bis August im Rasen, die geflügelte Form (feminae disseminantes) fand ich im August auf nichtblühenden Pflanzen. Im August wurde auch das Männchen entdeckt. Fundorte: England (Haliday), Finnland (Reuter), Böhmen.

8. Aeolothrips fasciatipennis Blanch.

1851. *Aeolothrips fasciatipennis* Blanchard, Hist. fis. y polit. de Chile. Zool. VI, pag. 152.

»Ae. fuscus, capite breviter striolato, antennis fuscis, articulis secundo et tertio pallide flavidis, prothorace sat nitido, fere laevi, paullo striolato, alis hyalinis basi fasciaque media lata pallide fuscis, pedibus testaceo-fuscis, tibiis anticis dilutioribus. Long. 1 lin. — Cuerpo pardo, bastante brillante. Cabeza finamente estriolada. Antenas pardas con sus segundo y tercer artículos de un amarillo claro. Protórax igual liso, guarnecido solamente de estrías pequeñas sumamente delicadas. Alas diáfanas, con su base y una faja ancha mediana de un pardo pálido. Patas de un pardo testáceo con las piernas anteriores un poco mas pálidas que las otras partes. Abdomen de una gradacion de color tirando a moreno uniforme mas clara que la porcion anterior del cuerpo. — Esta pequeña especie se encuentra en la provincia de Valdivia (Chile).«

2. FAM. Thripidae.
(STENOPTERA BURM.*))

Tykadla šesti- až osmičlenná (neb zdánlivě devítičlenná), 7. čl. neb 7. a 8. čl. jejich (stylus) velmi tenké a obyčejně krátké. Makadla maxillarní jsou dvoučlenná, někdy tříčlenná, makadla labialní jsou vždy dvoučlenná. Křídla úzká, ostře zakončená. Přední okraj hořejších křídel pravidlem jest opatřen třásněmi, mezi nimiž stojí obyčejně kratší brvy. Ze žilek podélných v hořejším křídle vzniká hořejší (hlavní) z kořene křídla a běží až na konec jeho, kdež zaniká, nespojujíc se s žilkou okružní. Asi pod prvou třetinou její délky vzniká podélná žilka dolejší (vedlejší), která spojuje se s žilkou hlavní šikmou žilkou příčnou více nebo méně zřetelnou (Tab. VI., fig. 97.). Běží pak s ní rovnoběžně a též zaniká před koncem křídla. Hořejší žilka v jednom případě (u rodu *Parthenothrips*) jest krátká a pojí se na konci první čtvrtiny délky křídla s žilkou okružní. Hlavní žilku pojují s přední částí žilky okružní dvě žilky příčné, sotva znatelné, jedna nedaleko za místem, kde se k hlavní žilce přikládá žilka vedlejší, druhá za polovinou délky křídla. Dolejší křídlo prostoupeno jest jednou žilkou podélnou (výjimkou dvěma). Kladélko samice jest dolů prohnuté.

Haliday (1836) rozdělil *Stenoptera* ve tři rody: *Heliothrips*, *Sericothrips* a *Thrips*. Rod *Thrips* pak opět na pět podrodů: *Chirothrips*, *Limothrips*, *Aptinothrips*, *Thrips* (str.) a *Belothrips*. Všecky tyto skupiny druhů až na podrod *Thrips* jsou přirozené a byly v naší práci přijaty. Haliday-ův podrod *Thrips* však zahrnuje v sobě tolik různých elementů, že bylo nutno jej znova rozděliti. — Burmeister při-

*) Stenoptera Hal.

jimá jen rody Halidayovy a zástupce podrodu *Aptinothrips* považuje za larvy. — Amyot a Serville (L. č. 54) rozdělují *Stenoptera* na 10 rodů. Podržují tutéž rody Halidayovy, podrody jeho povyšují na rody, podrod *Aptinothrips*, právě tak jako Burmeister, neuznávají a podrod Halidayův *Thrips* rozdělují v rody *Odontothrips*, *Physapus*, *Thrips*, *Taeniothrips* a *Tmetothrips*. Oba posledně jmenované rody a rod *Odontothrips* nejsou rody přirozenými, poněvadž zakládají se na znacích vedlejších (viz příslušné místo v Části historické). — R. 1852. rozděluje Haliday (L. č. 61.) rod svůj *Thrips* na sedm »Sectiones« (*Gymnopterae*, *Eudactyli*, *Homopterae*, *Neogami Heterogynae*, *Micropterae*, *Brachyderi*) dle přítomnosti neb nedostatku křídel u jednoho neb obou pohlaví a dle jiných znaků velmi nepodstatných. (Viz příslušné místo v Části historické.)

Fühler sechs- bis achtgliedrig (oder scheinbar neungliedrig), ihr 7. Glied, oder das 7. u. 8. (Stylus) sehr dünn und gewöhnlich kurz. Maxillartaster zweigliedrig, manchmal dreigliedrig; Labialtaster immer zweigliedrig. Flügel schmal, scharf zugespitzt. Der Vorderrand der Oberflügel ist regelmässig mit Fransen besetzt, zwischen welchen gewöhnlich kürzere Wimpern stehen. Von den Längsadern im Oberflügel entspringt die obere (Hauptader) aus der Flügelwurzel und läuft bis zu seinem Ende, wo sie sich verliert, ohne sich mit der Ringader zu verbinden. Etwa unter dem ersten Drittel ihrer Länge entsteht die untere Längsader (Nebenader), welche mit der Hauptader mittelst einer schiefen Querader verbunden wird, die mehr oder weniger deutlich ist (Taf. VI, Fig. 97) und der in der Mitte des Oberflügels der *Aeolothripiden* befindlichen Querader entspricht. Die Nebenader läuft mit der Hauptader parallel und verschwindet auch vor dem Flügelende. Die obere Längsader ist in einem Falle (bei der Gattung *Parthenothrips*) kurz und verbindet sich am Ende des ersten Viertels der Flügellänge mit der Ringader. Ähnlich wie bei den *Aeolothripiden* wird auch hier die obere Längsader mit dem vorderen Theil der Ringader durch zwei Queradern verbunden, die jedoch sehr undeutlich sind, und von welchen die eine unweit hinter der Stelle, wo die Nebenader an die Hauptader sich lehnt, zu sehen ist, die andere hinter der Flügelmitte sich befindet. Der Unterflügel wird von einer (ausnahmsweise von zwei) Längsadern durchzogen. Der Legebohrer der Weibchen ist nach unten gebogen.

4. GENUS CHIROTHRIPS HALID.*)

Tělo zavalité. Hlava jest velmi malá a prodlužuje se před očima ve velký výběžek o třech cípech, na němž nalézají se tykadla. Očka u samic přítomná, značně do zadu posunutá, u samců scházejí. Tykadla osmičlenná (stylus dvoučlenný). Druhý [illegible]

*) Χείρ — ruka, Hand.

[illegible] u druhu *manicata* na hořejším vnějším rohu v tupý vý-běžek. Makadla maxillární o třech článcích. Prothorax skoro dvakrát tak dlouhý jako hlava. V předu není širší než tato, avšak se vzad značně rozšiřuje, takže na zadním okraji jest dvakrát tak široký jako na předním. Na zadních jeho rozích jest po dvou chloupkách [illegible]. Nohy zavalité, přední u obou pohlaví nápadně [illegible]. Přední stehna velmi značně rozšířena, na konci vně krátkým ostrým zoubkem [illegible] holeně krátké, velmi široké. Přední tarsus úzký. Křídla neobyčejně úzká, dlouhá, [illegible] konec těla trochu prohnutá a hořejší protepena dvěma po-délnými žilkami, které ztrácejí se za polovinou jejich délky. Přední [illegible] okrouhlý [illegible] krátké [illegible]. Samci jsou bezkřídlí. Devátý článek zadečku jest na [illegible]. Druhy [illegible] pohybují se zvolna a nejsou k skákání způsobilé.

Körper gedrungen. Kopf sehr klein und vor den Augen in einen dreieckigen Fortsatz verlängert, auf dem die Fühler sich befinden. Ocellen bei den Weibchen vorhanden, stark rückwärts verschoben, bei den Männchen fehlend. Fühler achtgliedrig. [illegible] zweigliedrig. Ihr zweites Glied manchmal (bei der Art *manicata*) am äusseren Vordereck mit einem stumpfen Fortsatz. Maxillartaster dreigliedrig. Prothorax fast zweimal so lang als der Kopf, vorne nicht breiter als derselbe, nach hinten jedoch stark erweitert, so dass er am Hinterrande zweimal breiter als am Vorderrande ist. Auf seinen Hinterecken stehen je zwei [illegible] Borsten. Beine gedrungen. Die vorderen bei beiden Geschlechtern auffallend verdickt. Die Vorderschenkel bedeutend erweitert, am Ende aussen mit einem scharfen Zahn oder zurückgebogen [illegible]. Die Vorderschienen kurz und sehr breit. Vordertarsen schmal. Die [illegible] ungewöhnlich schmal, lang, [illegible] das Körperende etwas gebogen und die oberen von zwei Längsadern durchzogen, welche hinter ihrer Mitte sich verlieren. Der [illegible] Theil der Rundung hat längere Fransen und [illegible]. Die Männchen sind flügellos. Der zehnte Abdominalsegment [illegible]. Die [illegible] Thysanopteren bewegen sich langsam und [illegible] nicht [illegible].

9. Chirothrips manicata Halid.

[illegible]

[illegible] *Thrips (Chirothrips) manicata* Haliday, Entomol. Magazine, vol. III.

[illegible] *manicata* [illegible]

[illegible] *longipennis* [illegible]

[illegible]

1838. *Thrips longipennis* Idem, Genera Insectorum. (Kolorované vyobrazení. — Colorierte Abbildung.)
1843. *Chirothrips manicata* Amyot et Serville, Ins. Hémiptères, pag. 642.
1843. — *longipennis* Idem, ibidem.
1852. *Thrips (Chirothrips) manicata* Haliday, Walker: Homopt. insects of Brit. Museum, pag. 1106., tab. VI., fig. 12.
1878-79 — — Reuter, Diagn. ofv. nya Thysanopt. f Finland, pag. 5. et 6.
1883. *Chirothrips antennatus* Osborn, The Canadian Entomologist, pag. 154.
1887. *Thrips (Chirothrips) antennata* Lindeman, Bull. Soc. Imp. d. Natur. d. Moscou, pag. 322.; fig. 12.

Barva těla tmavě šedohnědá až černohnědá, zřídka černá. Pterothorax bývá někdy šedě červenohnědý neb šedě žlutohnědý. Celé tělo jest na příč vrásčité (imbricatum). Tykadla krátká, články jejich velmi zavalité. První čl. jest nejširším a jest šikmo uťatý. 2. čl. jest trochu delší než první a prodlužuje se na hořejším vnějším rohu v tupý výběžek; 3. čl. jest as tak dlouhý, avšak značně tenčí než druhý, sedí na malinké, velmi tenké stopce a je nepravidelně kulatý; 4. čl. jest delší a značně širší než 3., jest krátce nepravidelně elliptičný; 5. čl. jest asi tak veliký jako třetí a má touž podobu, nesedí však na stopce; 6. čl. jest as tak dlouhý jako třetí (někdy trochu delší, někdy trochu kratší), avšak značně užší. Stylus jest dosti dlouhý a tenký, o dvou skoro stejných článcích. Třetí a čtvrtý článek opatřeny jsou před koncem vně širokým přiostřeným a průhledným ostnem. Barva tykadel je šedohnědá až černohnědá. 2. čl. na konci a 3. žlutavě, šedě zkalené. Zadní okraj prothoraxu jest četnými krátkými a silnými chloupky opatřen. Pterothorax delší a širší než prothorax. Nohy jsou šedo- až černohnědé a jen tarsy a přední tibie uvnitř jsou žlutavě šedě zkalené. Špička křídla jest krátkými tenkými chloupky pokryta a má podobu kartáčku. Žilka v hořejším křídle vychází z base jeho a dělí se asi na konci prvé čtvrtiny délky své (zdánlivě) ve dvě větve. V prodloužení hlavní žilky jsou 2 chlupy, na vedlejší a v prodloužení jejím nalézáme 4 až 5 chlupů. Hoř. křídla jsou silně žlutavošedě zkalená, na basi světlejší a před basí s podélným čirým okénkem. Dol. křídlo velmi slabě šedé, skoro čiré. Abdomen ostře přišpičatělý a na konci nedlouhými chlupy opatřený. Délka těla 0·8—1 mm.

Var. (nov.) **adusta.** Hlava a thorax tmavé, někdy světleji šedohnědé (pterothorax někdy šedě červeno- až žlutohnědý), abdomen světle šedožlutavý, na konci černošedý, aneb hlava a prothorax tmavě šedohnědé, pterothorax červenohnědý, abdomen světle hnědožlutý, na konci černošedý; výjimkou jest celý thorax šedě žlutohnědý.

[illegible]

Mladým [illegible] barvy [illegible] šedožlutá nebo zlatavě [illegible] dolejších [illegible] pak [illegible] někdy [illegible] exempláře nalezeny, [illegible] hlavu, prothorax [illegible] ostatek [illegible] tykadla [illegible] barva [illegible] a prothorax [illegible] červenohnědý. Tykadel 2. a 3. článek [illegible] 3. a 4. článek [illegible] Nohy [illegible] Pterothorax [illegible] jako prothorax. Na 3.—7. článku [illegible] Délka těla 0·45—0·7 mm. — Velký [illegible] exemplářů nalezeno.

Poznámka. Sameček tohoto druhu jest nejmenší posud známou [illegible]

Žije v květenství trav, ve Spojených státech i u Moskvy zvl. ve *Phleum pratense*, a to někdy ve velikém množství, též v květenství kukuřice, [illegible] a v klasech [illegible] žita a pšenice, není však zde u nás někdy hojnou*). Ojediněle vyskytuje se též v různých květech jiných. Přezimuje v suchých květenstvích trav i v drnu. Var. *adusta* jest hojnější než formou typickou. Samice nalézáme po celý rok.

Čechy: Praha, [illegible], [illegible] (Bubák), Hradec Králové, [illegible], Opočno, Turnov (Bubák), [illegible], [illegible], Písek, Chotěboř, [illegible] (Vaněček), [illegible] Hradec, [illegible].

-:-:-

Körperfarbe dunkel graubraun bis schwarzbraun, selten schwarz. Prothorax mit Kopf einen rothbraun oder graugelbbraun. Der ganze Körper ist dachziegelförmig gerunzelt. Fühler kurz, ihre Glieder sehr [illegible]. Das erste Glied ist am breitesten und [illegible], das 2. etwas länger als das 1. und nach aussen oben in einen stumpfen Fortsatz verlängert; das 3. Glied ist etwa so lang, aber bedeutend dünner als das 2., es sitzt mit einem kleinen, sehr dünnen Stiele und ist [illegible] rund; das 4. Glied ist länger und bedeutend breiter als das 3. und [illegible] unregelmässig elliptisch; das 5. ist etwa so gross wie das [illegible] das 6. ist etwa so lang wie das 4. [illegible] etwas länger [illegible] etwas kürzer [illegible] doch viel schmäler. Der zweigliedrige Stylus ist [illegible] und dünn. Das 3. und 4. Fühlerglied ist vor der Spitze aussen mit einem [illegible] schiefen Strich versehen. Die Farbe der Fühler ist graubraun [illegible] das 2. Glied am Ende [illegible] das 3. gelblich grau getrübt. Der [illegible] Prothorax [illegible] Borsten [illegible] besetzt. Pterothorax [illegible] breiter als der Prothorax. Die Beine sind [illegible] schwarzbraun und [illegible]

*) [illegible]

die Tarsen und Vordertibien innen gelblichgrau getrübt. In der Verlängerung der oberen Längsader stehen zwei Borsten; auf der unteren Längsader und in ihrer Verlängerung findet man 4 bis 5 Borsten. Die Oberflügel sind stark gelblichgrau getrübt, am Grunde lichter und vor dem Grunde mit einem klaren länglichen kleinen Fensterfleck. Unterflügel sehr schwach grau, fast klar. Abdomen scharf zugespitzt und am Ende mit ziemlich kurzen Borsten besetzt. Körperlänge 0·8—1 mm.

Var. (nov.) **adusta.** Kopf und Thorax dunkel, manchmal lichter graubraun (Pterothorax zuweilen grau roth- bis gelbbraun), Abdomen licht graugelblich, am Ende schwarzgrau, oder Kopf und Prothorax dunkel graubraun, Pterothorax rothbraun, Abdomen licht braungelb,. am Ende schwarzgrau; ausnahmsweise der ganze Thorax grau gelbbraun.

♂ (neu entdeckt).

Viel kleiner als das ♀. Körperfarbe dunkel graugelblich oder gelblichbraun. Abdomen dann gewöhnlich gegen das Ende zu schwarzbraun. (Ein Exemplar, welches ich fand, hatte den Kopf, den Prothorax und das Ende des Abdomen gelblichgrau, das Übrige gelblich; Beine und Fühler waren dunkelgrau.) Zuweilen ist die Körperfarbe grau- bis schwarzbraun, und der Pterothorax pflegt grau rothbraun zu sein. Das 2. und 3. Glied der Fühler gelblich, grau getrübt; das 3. u. 4. Glied ebenfalls mit jenen durchsichtigen Stacheln versehen wie das Weibchen; dieselben sind jedoch stumpf. Beine graugelblich, alle Tarsen und die Vordertibien innen gelblich. Pterothorax etwa so lang wie der Prothorax. Am 3.—7. Abdominalsegmente unten befindet sich je eine grössere oder kleinere lichte runde Vertiefung. Körperlänge 0·47—0·7 mm.

Vorkommen: In der warmen Jahreszeit in verschiedenen Grasblüten, oft massenhaft. Vereinzelt auch in anderen Blüten. Überwintert in trockenen Blütenständen und im Rasen. Das ♂ findet man das ganze Jahr hindurch. — Fundorte: England (Haliday), Deutschland (Burmeister, Jordan, Bohls), Finnland (Reuter), Russland: Moskau (Lindeman), Nishegoroder Gubernie (Uljanin), Vereinigte Staaten: Delaware, Manchester, Jowa (Osborn), Böhmen.

10. Chirothrips Dudae nov. sp.*)

Tab. I., fig. 7.; Tab. V., fig. 50.

♀.

Barva těla černohnědá. Tykadla poměrně delší než u druhu předcházejícího, a články ne tak zavalité. První jest nejširší, a je kratší než 2.; tento přiléhá širokou basí k prvému, jest značně užší; na vnější stranu není prodloužen; 3. čl. jest as tak

*) Dovolil jsem si tento druh nazvati dle pana professora Lad. Dudy v Praze. — Doklad ve sbírce musejní, praep. č. 6. — Sammlung des böhmischen Landesmuseums, Praep. Nr. 6.

dlouhý jako třetí, má kratičkou tenkou stopku a jest nepoměrně kratší opak vejčitý. 4. čl. a též dlouhý jako 3., podobného tvaru, úzká stopka však tohoto 5. čl. trochu kratší než 4. a užší; 6. čl. o trochu delší než tento, ke konci zúžený. Stylus dlouhý, ne příliš tenký, o dvou ostře stojících článcích. Třetí a 4. čl. opatřeny jsou před koncem vně smyslovým, průhledným a průhledným ostnem. Barva tykadla černohnědá, 2. čl. na konci a 3. žluté, další velmi zkalené. Zadní okraj prothoraxu opatřen neobyčejně krátkými chloupky. Pterothorax delší a širší než prothorax. Přední tibie mají na konci uvnitř dva tupé hrbolky. Nohy jsou černohnědé, všecky tarsy žluté, přední tibie taktéž žluté na basi a výše černohnědé. Špička křídla podobným kartáčkem opatřena jako u druhu předcházejícího. V prodloužení hlavní žilky lze viděti dva chloupy. Na vedlejší žilce a v prodloužení jejím nalézáme 6 neb 7 chloupů. Hořejší křídla jsou silně žlutavošedě zkalena, na levé v zadu a před basí s podélným čirým okénkem. Dol. křídla skoro čirá. Abdomen jest značně prospělatý a na konci nedlouhými tenkými chloupy opatřen. Články abdominální jsou též na zadním kraji kol do kola krátkými špičatými přívěsky ozdobeny. Délka těla 1 mm. — Dosti značné množství exempl. nalezeno.

Málo menší než ♀, jen výjimkou značně menší. Barva těla černohnědá. Články tykadel jsou poněkud delší než u ♀. Na 3. a 4. čl. jsou též ony průhledné ostny. Prothorax jest nazad tou měrou rozšířen. Pterothorax jest jen asi tak dlouhý jako prothorax. Přední tibie na konci uvnitř podobně jako u samic dvěma tupými hrbolky opatřeny. Také abdominální články mají na zadních krajích dole špičaté přívěsky, které však na hřbetě jsou zakrnělé. Na 3.–7. čl. abdom. dole po jedné veliké, velmi dlouhé, ovální průhledné [illegible]. Délka těla 0.9 mm, zřídka 0.75 mm a jen výjimkou 0.6 mm. — Dosti značný počet exempl. nalezen.

Žije v drnu trávním a vylézá někdy do květenství trav. Samice [illegible] jsem od [illegible] do [illegible] v dubnu a květnu.

Čechy: Hradec Králové. Na několika místech v okolí.

Körperfarbe schwarzbraun. Die Fühler verhältnissmässig länger als bei der vorhergehenden Art, ihre Glieder weniger gekrümmt. Das 1. ist am breitesten, es ist kürzer als das 2. [illegible] Basis auf dem 1., und ist viel schmäler [illegible] an der [illegible] Fortsatz; das 3. Glied ist etwa so lang wie das zweite, [illegible] und ist unregelmässig kurz verkehrt eiförmig. Das 4. [illegible] etwas [illegible] wie das [illegible] und [illegible] auf einem gleich dünnen Stiel; das 5. etwas kürzer als das 4. [illegible] das 6. etwas länger als das 5., gegen das Ende zu verengt.

Stylus lang, nicht sehr dünn und seine Glieder etwa von gleicher Länge. Das 3. u. 4. Glied ist vor dem Ende aussen mit einem breiten, gebogenen und durchsichtigen Stachel versehen. Farbe der Fühler schwarzbraun, das 2. Glied am Ende u. das 3. gelb, schwach grau getrübt. Der Hinterrand des Prothorax mit wenigen kurzen Härchen besetzt. Pterothorax länger und breiter als der Prothorax. Die Vordertibien haben am Ende innen zwei stumpfe Höckerchen. Die Beine sind schwarzbraun, alle Tarsen gelb, die Vordertibien ebenfalls gelb, am Grunde und aussen schwarzbraun. In der Verlängerung der oberen Längsader befinden sich zwei Borsten. Auf der unteren Längsader und in ihrer Verlängerung stehen 6 oder 7 Borsten. Oberflügel stark gelblichgrau getrübt, am Grunde lichter und vor dem Grunde mit einem kleinen länglichen klaren Fensterfleck. Unterflügel fast klar. Abdomen bedeutend zugespitzt und am Ende mit ziemlich kurzen dünnen Borsten besetzt. Abdominalsegmente am Hinterrande ringsherum mit winzigen kurzen spitzigen Anhängseln geziert. Körperlänge 1 mm.

♂.

Nicht viel kleiner als das ♀, nur ausnahmsweise bedeutend kleiner. Körperfarbe schwarzbraun. Fühlerglieder sind etwas länger als beim ♀. Am 3. u. 4. Gliede befinden sich ebenfalls jene durchsichtigen Stacheln; der Prothorax ist nach hinten nur in geringerem Masse erweitert. Pterothorax nur etwa so lang wie der Prothorax. Vordertibien am Ende innen ähnlich wie bei den Weibchen mit zwei stumpfen Höckerchen versehen. Auch haben die Abdominalsegmente an den Hinterrändern unten spitzige Anhängsel, die jedoch auf der Dorsalseite verkümmern. Am 3.—7. Abdominalsegment unten befindet sich je eine grosse, sehr lange, lichte Vertiefung. Körperlänge 0·9 mm, selten 0·75 mm und nur ausnahmsweise 0·6 mm.

Vorkommen: Weibchen von April bis Juni, Männchen im April und Mai im Rasen und zuweilen in Grasblüten. — Fundort: Böhmen.

5. GENUS LIMOTHRIPS HALID.*)

Tělo mohutné. Hlava delší než širší, nazad rozšířená. Před očima prodlužuje se ve výběžek o třech cípech, na němž se nalézají tykadla. Očka u samic přítomna, u samců scházejí. Tykadla osmičlenná (stylus dvoučlenný); třetí článek prodlužuje se u druhu *L. denticornis* na vnější straně v široký trojhranný, do předu namířený výběžek. Makadla maxillarní o dvou (u druhu *L. cerealium* o třech?) stejně dlouhých článcích. Prothorax trochu kratší než hlava, nazad trochu rozšířený, zadní rohy zaokrouhlené a jedním chlupem smyslovým opatřené. Nohy velmi zavalité, přední jsou širší než ostatní bezbranné. Křídla dosti široká, dvěma podélnými žilkami prostou na přední část oko zn-

*) λιμός = hlad, Hunger, Hungersnoth.

obvykle ... a nože mimo kratší nežli brvy. Samci jsou bezkřídlí. Desátý článek abdominální jest u samic trochu delší než 9., ze stran jest značně zploštilý, takže shora vypadá skoro jako trubkovitý. Nahoře uprostřed jest rozčísnutý. Poslední články abdominální opatřeny jsou silnými ostny, z nichž vynikají zvláště dva sblížené, které se nalézají na hřbetní straně 10. článku. Samci mají abdomen na konci široce zaokrouhlený. Devátý článek jeho opatřen jest na zadních rozích jedním dosti dlouhým ostnem a uprostřed nahoře jedním párem blízkých mohutných trnů, ostře zakončených. Zadní okraj jeho lemován jest (aspoň u druhu *L. denticornis*) klikatou lištou. Druhy sem náležející pohybují se zvolna a nejsou způsobilé ke skákání.

Körper mächtig. Kopf mehr lang als breit, nach hinten erweitert und vor den Augen in einen dreizipfeligen Fortsatz verlängert, auf welchem sich die Fühler befinden. Ocellen beim Weibchen vorhanden, beim Männchen fehlend. Fühler achtgliedrig (Stylus zweigliedrig), der dritte Glied (bei *L. denticornis*) aussen in einen breiten, dreieckigen, nach vorn gerichteten Fortsatz verlängert. Maxillartaster aus zwei (bei *L. cerealium* drei) gleich langen Gliedern bestehend. Prothorax etwas kürzer als der Kopf, nach hinten etwas erweitert, die Hinterecken abgerundet und mit einer Sinnesborste versehen. Beine sehr gedrungen, die vorderen breiter als die übrigen, wehrlos. Flügel ziemlich breit. Der Vorderrand der Ringader trägt Fransen, zwischen denen sich stärkere kurze Wimpern befinden. Männchen flügellos. Das 10. Abdominalsegment ist bei den Weibchen etwas länger als das 9., von den Seiten ist es bedeutend abgeplattet, so dass es von oben gesehen eine röhrige Gestalt hat. Oben ist es der Länge nach aufgeschlitzt. Die letzten Abdominalsegmente mit starken Stacheln versehen, von denen hauptsächlich ein an der Dorsalseite des 10. Abdominalsegmentes befindliches Paar durch seine Stärke auffällt. Das Abdomenende bei den Männchen breit abgerundet. Das 9. Segment an den Hinterecken mit einem langen Stachel und oben in der Mitte mit einem Paar einander genäherter mächtiger Dornen versehen. Sein Hinterrand mit einer zickzackförmigen Leiste (wenigstens bei *L. denticornis*) umsäumt. Die hierher gehörenden Arten bewegen sich langsam und haben kein Springvermögen.

11. Limothrips denticornis Halid.*)

Tab. I, fig. 8. — Tab. V, fig. 51.

1836. *Thrips (Limothrips) denticornis* Haliday, Entomol. Magazine, p. 445.
1838. *denticornis* Burmeister, Handb. d. Entomologie, II, p. 413.
1843. *Limothrips denticornis* Amyot et Serville, Hist. Hémiptères, p. 642.

*) [illegible]

1852. *Thrips (Limothrips) denticornis* Haliday, Walker: Homopt. ins. of Brit. Museum, pag. 1106.

1852. — *Kollari* Heeger, Sitzungsb. d. Akad. d. Wiss., Wien, IX, pag. 185, tab. XXI.

1878-79. — (*Limothrips*) *denticornis* Reuter, Diagn. öfv. nya Thys. f. Finland, pag. 6.

1878-79. — — *bidens* Idem, ibidem, pag. 12.

1887. — *secalina* Lindeman, Bull. Soc. Imp. d. Natur. d. Moscou, pag. 308.; pag. 308., fig. 4; pag. 309, fig. 5., pag. 310., fig. 7.

♀.

Barva těla černá až černohnědá; zřídka jest abdomen žlutavohnědý, šedě zkalený, ke konci černý. Očka stojí na rozích velmi nízkého trojúhelníka. Články tykadel krátké. 1. šikmý, široký, kratší a trochu širší než 2., tento nesouměrný, šikmě baňkovitý. 2.—5. čl. jsou skoro stejně dlouhé. Vnější strana 3. čl. prodlužuje se v široký trojhranný, do předu namířený výběžek, jenž se zakončuje krátkým průhledným ostnem. Mezi ním a koncem článku nalézá se ještě jeden osten; 6. čl. jest nejdelší a na basi a ke konci zúžený. Stylus dlouhý, silný, o dvou asi stejných článcích. Barva tykadel: první dva čl. černé, 3. žlutavý, šedě zkalený, ostatní černohnědé, 4. často šedohnědý. Pterothorax delší a silnější než prothorax. Mesothorax s vyčnívajícími předními rohy. Nohy černohnědé; všecky tarsy a přední tibie žluté, tyto uvnitř úžeji, vně šíře černohnědě zkalené. Hlavní žilka má ve své druhé polovině tři chlupy, z nichž jeden od ostatních dvou jest oddálen. Vedlejší žilka poseta jest devíti chlupy. Křídla silně šedožlutavě zkalená; před basí jest malá část křídla velmi světlá. Dolejší křídla skoro čirá. Poslední čl. abdomenu jest trochu delší než předposlední a jest ze stran značně sploštilý. Konec abdomenu opatřen jest silnými ostny. Desátý čl. má nahoře za polovinou dva velmi silné ostny sblížené. Délka těla 1·3 mm.

(= *L. bidens* Reut.).

Zbarvení dvou exemplářů, jež jsem nalezl, lišilo se od sebe velmi značně. U jednoho byly hlava a prothorax šedohnědé, pterothorax světleji šedohnědý; abdomen černý, 1. čl. jeho však jako pterothorax zbarvený. Tykadel 1., 2., 5., 6. čl. a stylus šedohnědé (2. čl. nejtmavší), 3. a 4. bělavé. Nohy černohnědé, všecky tarsy a přední tibie žluté. Tyto vně a uvnitř úzce černohnědé. — U druhého exempláře byly hlava a prothorax šedohnědé, pterothorax a první polovice abdomenu žlutavé, slabě šedě zkalené, druhá polovice abdomenu černohnědá, skoro černá. Tykadel 1., 5., 6. čl. a stylus žlutavošedé, 2. šedohnědý, 3. bělavý, 4. žlutavý, šedě zkalený. Nohy šedo- skoro černohnědé; všecky tarsy a přední tibie žluté, tyto vně a uvnitř úzce černohnědé jako u jiných exemplářů. Pterothorax jest u samce jen asi tak dlouhý jako prothorax [illegible]. Abdomen široký, značně zaokrouhlený. Tykadla jsou jen trochu delší hlavy. Výběžek třetího článku jejich jest více zaokrouhlený než u samice. 5. čl. přiléhá širokou plochou k široké bázi článku 6., kterýžto jest jen o málo delší než onen.

Samice vyskytují se po celý rok, a to nejvíce v drnu lučním i lesním; mnohé nalézáme také v květenství trav. V pšeničných klasech bývá jich veliké množství, v žitných, ječmenných klasech a v ovse objevují se zřídka, a nejvíce ještě tehdy, když klasy [illegible] jsou velmi mladé. Dle Lindemanna (l. c. 153) škodí značně žitu, pšenici, ječmeni a trávě *Phleum pratense*. Časem zdržují se na listech různých rostlin (zvl. od *Tappa*) a dle Heeg-a (l. c. 631) způsobují na rostlinách ve sklenících vadnutí a opadávání listů. Někdy navštěvují také jednotlivé různé květy (zvl. *Onobrychis viciaefolia* a *Hyoscyamus niger*). V zimě ukrývají se v drnu, pod spadaným listím a větvičkami, v mechu a částečně též pod korou. Samci jsou velmi řídcí. Nalezl jsem je koncem července na pšenici.

Čechy: Praha, Hradec Králové, Třebechovice, Opočno, Jaroměř, Krkonoše (Vrchol Sněžky a Vys. Kola (v drnu), Liberec, Milešovka, Peruc, Jindř. Hradec (Duda).

Körperfarbe schwarz bis schwarzbraun, selten ist das Abdomen gelblichbraun, dann [illegible] gegen das Ende zu schwarz. Die Ocellen stehen auf den Ecken eines sehr flachen Dreieckes. Fühlerglieder kurz, das 1. schief, breit, kürzer und etwas breiter als das 2.; dieses unsymmetrisch, schief, napfförmig; das 2.—5. Glied fast gleich lang. Die Aussenseite des 3. Gliedes ist in einen breiten, dreieckigen, nach vorn gerichteten Fortsatz verlängert, der am Ende einen kurzen durchsichtigen Stachel trägt. Zwischen demselben und dem Gliedende befindet sich noch ein Stachel; das 6. Glied ist am längsten und ist am Grunde und gegen das Ende zu verengt. Stylus lang, stark, aus zwei etwa gleichen Gliedern zusammengesetzt. Fühlerfärbung: die ersten zwei Glieder schwarz, das 3. gelblich, [illegible] gelblich, die übrigen schwarzbraun, das 4. oft graubraun. Pterothorax [illegible] nicht stärker als der Prothorax. Mesothorax mit vorragenden Vorderecken. Beine schwarzbraun, die Tarsen und die Vordertibien gelb, diese innen schmäler, aussen [illegible] schwarzbraun getrübt. Die Hauptader trägt in ihrer zweiten Hälfte drei Borsten, von denen eine von den übrigen zwei entfernt ist. Die Nebenader ist mit neun Borsten [illegible]. Flügel stark graubräunlich getrübt; vor dem Grunde ist ein kleiner Theil des Flügels [illegible] hell. Unterflügel fast klar. Das letzte Abdominalsegment ist etwas länger als das vorletzte, [illegible] von den Seiten [illegible] abgeplattet. Das Abdomenende ist mit [illegible] versehen. Das letzte Segment trägt oben zwei besonders starke [illegible] Stacheln. Körperlänge 1.5 mm.

♂ (= *L. bidens* Reut.).

Die Färbung der zwei Exemplare, die ich fand, ist sehr verschieden. Bei dem einen ist der Kopf und der Prothorax graubraun, der Pterothorax lichter graubraun; das Abdomen schwarz, sein 1. Segment jedoch wie der Pterothorax gefärbt. Das 1., 2., 5. 6. Fühlerglied und der Stylus graubraun (das 2. am dunkelsten), das 3. u. 4. weisslich. Beine schwarzbraun, alle Tarsen und die Vordertibien gelb. Diese aussen und innen schmal schwarzbraun. — Bei dem anderen Exemplar ist der Kopf und der Prothorax graubraun, der Pterothorax und die erste Abdomenhälfte gelblich, schwach grau getrübt, die zweite Hälfte des Abdomen schwarzbraun, fast schwarz. Erstes, 5., 6. Fühlerglied und der Stylus gelblichgrau, das 2. graubraun, das 3. weisslich, das 4. gelblich, grau getrübt. Die Beine grau-, fast schwarzbraun, alle Tarsen und die Vordertibien gelb, diese aussen und innen schmal schwarzbraun. — Pterothorax bei den Männchen nur etwa so lang wie der Prothorax und wenig breiter. Abdomen breit, hinten abgerundet. Fühler nur etwas länger als der Kopf, und der Fortsatz ihres 3. Gliedes mehr gerundet als beim Weibchen; das 5. Glied legt sich mit breiter Fläche an die breite Basis des 6. Gliedes, welches nur wenig länger ist als jenes.

Vorkommen: Die Weibchen das ganze Jahr hindurch im Rasen, jedoch auch in Gras- und einzeln in anderen Blüten. Die Männchen fand ich im Juni. — Fundorte: England (Haliday), Wien (Heeger), Deutschland (Beling, Bohls; bei Berlin Uzel), Moskau (Lindeman), Finnland (Reuter), Böhmen.

12. Limothrips cerealium Halid.

1796. *Thrips physapus* Kirby, Transact. Linn. Soc., pag. 242.
180. — — Vassalli-Eandi, Mem. Accad. Sc. di Torino, XVI, LXXVI.
1836. — *(Limothrips) cerealium* Haliday, Entomol. Magazine, pag. 445.
1836. *cerealium* Burmeister, Handb. d. Entomologie, pag. 414.
1837. — — Haliday, Entom. Mag. Additional Notes, pag. 146, (larva).
1843. *Limothrips physapus* Amyot et Serv., Ins. Hémiptères, pag. 642
1852. *Thrips (Limothrips) cerealium* Haliday, Walker: Homopt. ins. etc., pag 1105.; tab. VI., fig. 4—6., fig. 15.; tab. VII., fig. 6., fig. 27—29.

Poznámka. Pozdější údaje, týkající se toho druhu, nejsou určité (viz Část historickou) a vztahují se na nejrůznější druhy, na obilí žijící, které všecky shrnovány bývají pod jménem *Thrips cerealium*.

Bemerkung. Die späteren Angaben, welche sich auf diese Art beziehen, sind nicht bestimmt, denn es werden in ihnen die verschiedensten auf Getreide lebenden Arten vermengt

Haliday (anno 1836): »Prothorax aequalis; antennae setis 8-articulatis, articulo octavo breviore; ocelli tres; alae feminae completae, mares nulli. Feminae segmenta postica [illegible].« — »Antennae articulo tertio rotundato.« — »The larva is yellow, the pupa paler, with long wing-cases.«

Haliday (anno 1837): »The larva is deep yellow, with the greater part of the head and two spots on the prothorax dusky. The antennae and legs have alternate rings of pale and dusky. The pupa paler yellow, with the antennae, legs, and wing-cases white, the latter reaching to the middle of the abdomen. The eyes are dusky red, and the simple eyes sometimes indicated by red dots.«

Haliday (anno 1852): »Antennae apicula discreta brevi biarticulata; prothorax apice parum attenuatus; abdomen dorso convolutum, segmento fem. extremo bisulcum; ocelli 3 fronte inter oculos impressi; mares apteri (an semper?), abdominis lateribus appendiculatis setis apicem.«

Z vykresů Halidayových z tohoto roku lze ještě souditi na následující znaky. Tělo jest velmi úzké a dlouhé. Hlava jest patrně delší než širší, na basi trochu rozšířena. Sosák jest tupý, zaokrouhlený. Makadla maxillarní skládají se ze tří skoro stejně dlouhých článků. (Tento znak, potvrdil-li se, nenasvědčoval by, že druh *cerealium* náleží do rodu *Limothrips*.) Zadní okraj 9. čl. abdomenu samců má nahoře uprostřed dva trny a po každé straně těla jeden osten. Desátý čl. abdom. samic má nahoře dva sblížené trny. — V Čechách nebyl druh tento posud objeven.

Aus Halidays Zeichnungen aus dem Jahre 1852 kann man noch folgende Charaktere beifügen. Körper sehr schmal und lang. Saugrüssel stumpf, abgerundet. Maxillartaster aus drei fast gleich langen Gliedern zusammengesetzt. (Dieser Charakter, wenn er sich bewährt, würde die Zugehörigkeit dieser Art zu der Gattung *Limothrips* stark erschüttern.) Der Hinterrand des 9. Abdominalsegmentes der Männchen hat oben in der Mitte zwei Dornen und auf jeder Seite des Körpers einen Stachel. Das 10. Abdominalsegment der Weibchen oben mit zwei einander genäherten Dornen.

Vorkommen: In Getreidehalmen. — Fundorte (sichere): England (Haliday), Deutschland (Jordan, Bohls). — In Böhmen lebt diese Art im Getreide nicht.

6. GENUS SERICOTHRIPS HALID.*)

Tělo velmi krátké a široké, černé, za živa a za sucha stříbrně lesklé, což pochází od nesčíslných přemalých chloupků, jimiž jest abdomen poset. Hlava trochu více než dvakrát tak široká jako dlouhá, oči tou značnou měrou vykoulené. Očka u obou pohlaví vyvinuta. Tykadla osmičlenná se stylem dvoučlenným. Makadla maxillarní trojčlenná. Prothorax širší, dvakrát delší než hlava, s pouze roztroušenými silnějšími chlupy.

*) [illegible] = holosericeus [illegible]

zvláštních delších chlupů smyslových na zadních jeho rozích není. Nohy bezbranné. Křídla jsou u samic obyčejné, u samců vždy zakrnělá. Hořejší jsou na basi široká; na konci prvé třetiny se značně zúžují a zůstávají zúženými až do konce, kde jsou přišpičatělá. Jimi jde jen jedna žilka, která vychází z base. Přední část okružní žilky jest opatřena po celé své délce třásněmi a kratšími ostny. Abdomen značně vyklenutý. Články jeho velmi široké a krátké. Zadní okraje jejich na břiše jsou drobně laločnaté. U samic jest abdomen ke konci velmi zúžen; u samců jest celý úzký. Druh sem náležející leze velmi rychle a skáče obratně.

Körper sehr kurz und breit, schwarz, beim lebenden oder getrockneten Thiere silberglänzend, was durch unzählige winzige Härchen bewirkt wird, mit denen das Abdomen besetzt ist. Kopf etwas mehr als zweimal so breit als lang; die Augen stark hervortretend. Ocellen bei beiden Geschlechtern vorhanden. Fühler achtgliedrig (Stylus zweigliedrig). Maxillartaster dreigliedrig. Prothorax fast zweimal so lang als der Kopf, mit zerstreut stehenden stärkeren Borsten; besondere längere Sinnesborsten sind auf seinen Hinterecken nicht vorhanden. Beine wehrlos. Flügel bei den Weibchen gewöhnlich, bei den Männchen immer verkümmert. Die oberen am Grunde breit; am Ende des ersten Drittels verengen sie sich bedeutend und bleiben verengt bis an ihr zugespitztes Ende. Sie werden nur von einer Ader, die aus der Wurzel entspringt, durchzogen. Der vordere Theil der Ringader ist der ganzen Länge nach mit Fransen und kürzeren Wimpern versehen. Abdomen stark gewölbt. Seine Segmente sehr breit und kurz. Ihre Hinterränder am Bauche mit kleinen Anhängseln versehen. Bei den Weibchen ist das Abdomen gegen das Ende zu sehr verengt; bei den Männchen ist es überall schmal. Die her gehörende Art kriecht sehr rasch und springt geläufig.

13. Sericothrips staphylinus Halid.*)

Tab. I., fig. 1.; Tab. V., fig. 52.

1836.	*Sericothrips*	*staphylinus*	Haliday, Entomol. Magazine, pag. 444.
1836.	—	—	Burmeister, Handb. d. Entomologie, II. pag. 413.
1843.		—	Amyot et Serville, Ins. Hemiptères, pag. 641.
1852.			Haliday, Walker: Homopt. ins. of Brit. Museum, pag. 1103.; tab. V., fig. 14.
1878-79		—	Reuter, Diagn. öfver nya Thysanopt. f. Finland, pag. 11.

*) Doklad ve sbírce musejní, praep. č. 8. a 9. — Sammlung des böhmischen Landesmuseums, Praep. Nr. 8 u. 9.

12*

První čl. tykadel značně kratší než 2., tento podlouhle baňkovitý; 3. značně delší, jest dlouhý; 4. kratší než 3.; 5. málo kratší než 4.; 6. trochu kratší než 5.; [illegible] dlouhý, o dvou [illegible]; 2. jeho článek delší prvého; 3. a 4. čl. jsou ke konci hrdlovitě zúženy. První čl. tykadel jest žlutý, [illegible] na basi slabě šedohnědý, zřídka celý [illegible] hnědě zkalený; 2. čl. žlutý; 3. čl. žlutý, celé zkalený, na konci černohnědý; 4., 5., 6. čl. a [illegible] černé. Zadní tibie jsou na konci dole opatřeny [illegible] ostnů; obě zadní tarsální články mají dole na konci po jednom ostnu. Všecka femora jsou černá, konec [illegible] žlutý; tibie žluté, střední a zadní někdy kromě konce a zvláště [illegible] výjimkou celé [illegible] hnědě zkalené. Abdomen jest ke konci značně zúžený; konec jeho opatřen jest slabými a krátkými chlupy. Zadní kraj [illegible] článků [illegible]. Délka těla 0·7–0·9 mm.

♂ dosud nepopsaný.

Značně menší a užší než ♀, abdomen zúžený, takže šířku pterothoraxu nepřesahuje. Poměrné rozměry hlavy, hrudi, noh, tykadel, barva těla, noh a tykadel, to vše též jako u ♀. Zadní kraje abdominálních článků dole jsou také drobně laločnaté. Abdomen má dole na 4. čl. malou, na 5., 6. a 7. čl. větší světlou prohlubinu.

FORMA MACROPTERA. (Objevena Halidayem r. 1852.) ♀, ♂. Podélné [illegible] křídle jest po celé délce množstvím silných chlupů poseta. Zadní křídla jsou úzká, [illegible] zřídka. Hoř. křídla jsou červenošedohnědě zkalena a před basí nalézá se široká světlá bílá [illegible]. Dol. křídla jsou na basi čirá, jinak velmi slabě šedě zkalena, žilka pak jest černošedá. Pterothorax značně širší a delší než prothorax.

FORMA BRACHYPTERA. ♀, ♂. Křídel jen rudimenta, pterothorax nepřesahující. Tato rudimenta jsou úzká, čirá, na samé basi černohnědě zkalena. Pterothorax [illegible] tak dlouhý jako prothorax.

Žije v drnu a nalézáme ji v obou podobách po celý rok. V létě vylézá někdy i na různé rostliny, květů zvláště nevyhledávajíc. Haliday však udává, že nalezl ji četně v květech od *Ulex europaeus* a Reuter zastihl ji v [illegible]. Exempláře takto [illegible] bývají časem okřídlené (♀, ♂). Přezimuje v drnu, někdy též pod [illegible] a v suchých květenstvích. Mezi přezimujícími nalezl jsem koncem listopadu na jednom místě po dvě léta [illegible] dlouhokřídlé.

Čechy: Praha, V. [illegible], Hradec Králové, Třebechovice, Opočno, [illegible] Hradec [illegible].

♀.

Das erste Fühlerglied bedeutend kürzer als das 2., dieses länglich napfförmig; das 3. bedeutend länger als das 2., das 4. kürzer als das 3., das 5. wenig kürzer als das 4., das 6. etwas kürzer als das 3.; der Stylus ziemlich lang, zweigliedrig, sein 2. Glied länger als das erste; das 3. u. 4. Fühlerglied gegen das Ende halsförmig zusammengezogen. Das erste Fühlerglied gelb, oft am Grunde schwach graubraun, selten ganz schwach oder stärker braun getrübt; das 2. Gl. gelb, das 3. ebenfalls gelb, grau getrübt, am Ende schwarzbraun; das 4., 5., 6. Glied und der Stylus schwarz. Die Hintertibien sind am Ende unten mit einem Paar Stacheln versehen, und die hinteren Tarsenglieder haben unten am Ende je einen ähnlichen Stachel. Alle Schenkel sind schwarz, ihre Enden gelb. Tibien gleichfalls gelb, die mittleren und hinteren manchmal, das Ende ausgenommen, hauptsächlich aussen (nur ausnahmsweise ganz), braun getrübt. Das Abdomen ist gegen das Ende zu bedeutend verengt, und sein Ende ist mit schwachen und kurzen Borsten versehen. Die Hinterränder der Abdominalsegmente sind unten mit kleinen Anhängseln besetzt. Körperlänge 0·7—0·9 mm.

♂ (noch unbeschrieben).

Bedeutend kleiner und schmäler als das ♀; Abdomen eng, nicht breiter als der Pterothorax. Dimensionen des Kopfes, des Thorax, der Beine, der Fühler und die Körper- und Extremitätenfarbe wie bei dem Weibchen. Die Hinterränder der Abdominalsegmente sind unten ebenfalls mit kleinen Anhängseln versehen. Das Abdomen hat unten am 4. Segmente eine kleine, am 5., 6. u. 7. je eine grössere lichte Vertiefung.

FORMA MACROPTERA. (Von Haliday entdeckt.) ♀ u. ♂. Die Hauptader ist der ganzen Länge nach mit vielen starken Borsten besetzt. Die Hinterflügel sind schmal und haben eine starke Ader. Die Oberflügel sind rothgraubraun getrübt und vor dem Grunde mit einer breiten lichten Binde versehen. Die Unterflügel sind am Grunde hell, sonst sehr schwach grau getrübt, ihre Ader ist schwarzgrau. Pterothorax bedeutend breiter und länger als der Prothorax.

FORMA BRACHYPTERA. ♀ u. ♂. Die Flügel sehr kurz, den Pterothorax nicht überreichend. Die Flügelrudimente sind breit und weiss, am Grunde schwarzbraun getrübt. Pterothorax etwa so lang wie der Prothorax.

Vorkommen: Das ganze Jahr hindurch (♀ u. ♂) hauptsächlich im Rasen. Geflügelte Exemplare (♀ u. ♂) manchmal auf Büschen und Blumen. — Fundorte: England (Haliday), Finnland (Reuter), Böhmen.

7. GENUS PHYSOPUS (DEG., AM. ET SERV.*)

Očka jsou obyčejně přítomna, někdy však více nebo méně zakrnují. Tykadla osmičlenná, stylus dvoučlenný. Makadla maxillární trojčlenná. Prothorax asi tak dlouhý jako hlava neb trochu delší. Na předních jeho rozích nalézáme u druhů *vulgatissima, tenuicornis, pallida, nervosa, robusta* a *nigriventris* po jednom dlouhém chlupu smyslovém, kterého tam u ostatních druhů není. Na zadních rozích jeho po dvou podobných chlupech. Nohy obyčejně bezbranné, u některých druhů však (*phalerata, intermedia* a *ulicis*) opatřeny jsou přední tibie na konci dole silným zubem, u druhů *robusta* a *inconsequens* pak ukončeny jsou přední tarsy na konci dole malým ostrým zoubkem. Křídla jsou obyčejně vyvinuta, někdy však jsou zkrácena, takže pterothorax nepřesahují; pak i očka více nebo méně zakrnují. Jsou dosti široká a na přední části žilky okružní nalézají se mezi třásněmi silné, dosti dlouhé brvy. U druhů, které mají dlouhý smyslový chlup na předních rozích prothoraxu, jsou vždy obě žilky v hoř. křídle po celé délce četnými silnými brvami opatřeny. Hořejší pár bývá někdy světle a tmavě stuhovaný. Abdomen dosti silně chlupatý, chlupy na jeho konci tenké a dlouhé; u samců druhů *robusta* a *aspera* má 8. čl. po každé straně silný trn. Druhy sem náležející jsou k skákání způsobilé.

Ocellen gewöhnlich vorhanden, zuweilen jedoch mehr oder weniger verkümmert. Fühler achtgliedrig, Stylus zweigliedrig. Maxillartaster dreigliedrig. Prothorax etwa so lang wie der Kopf oder etwas länger. Auf seinen Vorderecken steht bei den Arten *vulgatissima, tenuicornis, pallida, nervosa, robusta* und *nigriventris* je eine lange Sinnesborste, welche bei den übrigen Arten dort fehlt. Auf seinen Hinterecken befinden sich je zwei ähnliche Borsten. Beine gewöhnlich wehrlos, bei manchen Arten jedoch (*phalerata, intermedia, ulicis*) sind die Vordertibien am Ende unten mit einem starken Zahn bewaffnet, bei den Arten *robusta* und *inconsequens* sind die Vordertarsen am Ende unten mit einem kleinen scharfen Zahn versehen. Flügel gewöhnlich entwickelt, manchmal jedoch verkürzt, so dass sie den Pterothorax nicht überreichen; in diesem Falle verkümmern auch die Ocellen mehr oder weniger. Sie sind ziemlich breit und am Vorderrande befinden sich zwischen den Fransen starke, ziemlich lange Wimpern. Bei den Arten, die eine lange Borste am Vordereck des Prothorax haben, sind immer beide Längsadern im Oberflügel der ganzen Länge nach mit zahlreichen starken Wimpern besetzt. Die Oberflügel pflegen manchmal licht und dunkel gebändert zu sein. Abdomen ziemlich stark behaart, die Borsten an seinem Ende dünn und lang; bei den Männchen der Arten *robusta* und *aspera* hat das 8. Segment jederseits einen starken Dorn. Die hierher gehörenden Arten haben ein Springvermögen.

*) [illegible]

14. Physopus vulgatissima Halid.*)

Tab. V., fig. 53. et 54.

1744. *Physapus ater, alis albis;* Degeer, K. Swenska Wetensk. Acad. Handl., V, pag. 6.; tab. I., fig. 4.

1773. *Thrips atra, alis albis, antennis sexnodiis;* Degeer, Mém. p. servir a l'hist. d. Insectes, pag. 6.; tab. I., fig. 1. (Goeze III, pag. 4.).

1776. *Thrips, Physapus atra, elytris albidis, conjunctis, fastigiatis;* Müller, Zoologiae danicae Prodromus, pag. 96.

1777. *Thrips physapus* Goeze, Entomol. Beyträge, pag. 347.

1836. — *vulgatissima* Haliday, Entomolog. Magazine, pag. 447.

1836. — — Burmeister, Handb. d. Entomologie, II, pag. 414.

1843. *Physapus ater* Amyot et Serville, Ins. Hémiptères, pag. 643.

1852. *Thrips vulgatissima* Haliday, Walker: Homopt. ins. of Brit. Museum, pag. 1110.; tab. VI., fig. 14.

?1852. — — Heeger, Sitzungsb. d. Akad. d. Wiss., Wien, IX, pag. 488.; tab. XXII.

1878-79. — — Reuter, Diagn. öfv. nya Thysanopt. f. Finland, pag. 6.

♀.

Barva těla dosti nestálá, tmavě šedohnědá až černohnědá a výjimkou černá; pterothorax jest šedě červenohnědý, při světlejších exempl. šedě žlutohnědý; abdomen ke konci černý. Hlava širší než delší, nazad dosti značně zúžená. Z vrásek, jež se na týle nalézají, jest jedna nejpatrnější. Očka jsou přítomna. Tykadel 1. čl. kratší než 2., 3. delší než tento; 3., 4. a 6. skoro stejně dlouhé, 5. značně kratší; stylus dosti dlouhý, ne příliš tenký, o dvou stejných článcích. Barva tykadel: 1. a 2. čl. tmavo- neb černohnědé (1. čl. bývá světlejší než 2. a prusvitavý), 3., 4. a 5. žlutavé, nahoře ke konci velmi slabě šedě zkalené (pátý bývá výjimkou skoro celý silněji zkalený); 6. čl. a stylus černohnědé. Prothorax nepatrně delší hlavy, zadní rohy široce zaokrouhlené. Na předních rozích po jednom dlouhém chlupu, na zadních po dvou. Kromě těchto chlupů má ještě prothorax na zadním svém okraji po každé straně pět malých chloupku, z nichž čtvrtý

*) Užívám zde jména *Physopus* (φυσάω, πούς; třásněnka, nadýmající své chodidlo) v rodu ženském (dle analogie se slovem ἡ ὠκύπους = bystronohá) z toho důvodu, aby docílen byl souhlas v rodu jmen rodových, který jest všude jinde v tomto řádu ženský.

Ich gebrauche hier den Namen *Physopus* (φυσάω, πούς; ein Insect, welches seinen Fuss aufbläht) im weiblichen Geschlechte (nach Analogie mit dem Worte ἡ ὠκύπους — die Schnellfüssige), damit eine Übereinstimmung im Geschlechte mit den übrigen Gattungsnamen, die in dieser Ordnung durchgehends weiblich sind, erreicht werde.

Doklad ve sbírce musejní, praep. č. 10. — Sammlung des böhmischen Landesmuseums, Praep. Nr. 10.

[illegible] nejdelší. Pterothorax značně širší a delší než hlava. Nohy bezbranné. Přední femora na konci a uvnitř žlutavá, vně šedohnědá. Střední a zadní femora šedohnědá, na konci žlutavá. Tibie prvého páru noh před basí vně slabě šedohnědě zkalené, střední uprostřed šedohnědé, zadní tibie taktéž šedohnědě zkalené, na samé basi a na konci žlutavé, tarsy žlutavé. Obě žilky v hor. křídlech četnými chlupy stejnoměrně posety. Tato jsou slabě šedožlutě zkalená, ke konci často trochu silněji; dolejší jsou čirá. Abdomen na konci tmavými dlouhými štětinami opatřen. Délka těla 1·2 mm.

Var. (nov.) **adusta.** Hlava a prothorax žlutavé, obyčejně šedě zkalené, někdy světle hnědožluté s šedým nádechem. Pterothorax světle hnědožlutý, více nebo méně šedě zkalený. Výjimkou jest pterothorax šedožlutavý. Abdomen běložlutavý, žlutavý nebo velmi světle hnědožlutavý, zpočátku slabě, ke konci pak silněji zkalený a na konci obyčejně na dvou posledních článcích černošedý. Tykadla a nohy jsou podobně zbarveny jako u typické formy, ale mnohem bledší. První čl. tykadel někdy bývá i průsvitavý. Mezi touto varietou a formou typickou existují mnohé přechody. Množství exemplářů nalezeno.

Var. (nov.) **albicornis.** Tykadel 1. a 2. čl. šedohnědé, ostatek tykadla bílý. Hlava a abdomen tmavě šedohnědě zbarvené, tento ke konci černohnědý, thorax šedě červenohnědý. Nohy jako u typické formy. — Dva exempl. nalezeny.

Var. (nov.) **fulvicornis.** Tykadla celá žlutavě šedohnědě zbarvena, 3. čl. trochu světlejší, zbarvení těla jako u typické formy. — Jeden exempl. nalezen.

Var. (nov.) **nigropilosa.** Barva těla žlutá, thorax trochu tmavější. Nejzazší konéček abdomenu tmavý, chlupy na těle černé. Barva tykadel žlutavá, 2. čl. celý, 3., 4. a 5. čl. na konci velmi slabě šedě zkalené, 6. čl. a stylus černošedé. Nohy žluté, nezkalené. Křídla slabě šedožlutě zkalená, dosti krátká. Dva exempl. nalezeny.

Jest značně menší a užší než ♀. Hlava žlutavá, thorax nahnědle žlutý, abdomen žlutavý, nahoře slaběji neb silněji, zřídka velmi silně šedě zkalený. Chlupy na těle černé. Tykadel 1. a 2. čl. žlutavé, 3., 4. a 5. čl. taktéž žlutavé, na konci šedě zkalené, 6. čl. tmavošedý, na basi jindy do polou žlutavý neb jen světlejší, stylus tmavošedý. Křídla celá žlutavě zkalena. Nohy žlutavé, vně někdy slabě, zřídka silněji šedě zkalené. Dva poslední čl. abdomenu jsou velmi silnými černými zahnutými chlupy opatřeny. [illegible] prosvítají. Na 3.–7. čl. abdom. dole jsou dlouhé úzké světlé [illegible], [illegible] lze pro světlost okolí zřetelně viděti, a jen při exemplářích, které [illegible] trochu zkaleny, zřetelněji vystupují.

[illegible] jest nejhojnější [illegible]. Samičky lze nalézti po celý rok. Když z jara [illegible] slunce jen trochu rozehřejou a první květy počínají se objevovati, vylézají [illegible] ze svých zimních skrýší a navštěvují je všecky, neboť [illegible] nijak vybíravým. Později žijí ve velikém množství skoro ve všech květech i na *Petasites*, která se zdá býti třásněnkám protivnou) a vyskytují se na nich časem v převelikém množství, takže je téměř naplňují. Takovým způsobem obtěžovány bývají vrbové kočičky, vadnoucí již květy od *Galanthus nivalis*, dále květy od *Onobrychis sativa*, *Solanum tuberosum*, *Armeria vulgaris* a *Colchicum autumnale*. Květům papilionaceí (ve kterých již Haliday je nalézal) dávají přednosť před květy složnokvětých a zvl. okoličnatých. Kromě v květech zdržují se také na listech různých nízkých rostlin i stromů, zvláště mladých, a ssají jejich šťávu. Žijí též na mnohých rostlinách pěstovaných a stávají se jim škodlivými. Mimo lýrus a brambory, o kterých jsme se již zmínili, navštěvují hojně květy od *Papaver somniferum*, *Vicia sativa*, *Vicia faba*, *Linum usitatissimum*, samčí květy kukuřice, četné květy zahradní, mladé výhonky chmelu, květenství cukrovky; méně obývají květy ovocných stromů. Květenstvím travin a klasy obilnými pohrdají. Samci objevují se v první polovici června a mizejí v říjnu. Vyskytují se někdy v počtu úžasném. Samice přezimují v drnu, pod spadaným listím a větvičkami, pod korou stromovou a mnohé také v seschlých květenstvích, a to zvláště květin zahradních, takže si je v zimě snadno v libovolném množství můžeme ke studiím anatomickým opatřiti. Druh tento pro svou neobyčejnou hojnosť jest velikou svízelí sběratele třásněnek, kterýž jest nucen schytati třásněnky všecky bez rozdílu, neboť bez ohledání mikroskopického nelze většinu druhů pro jejich drobnosť rozeznati. Tím již mnoho času přichází na zmar; ještě mnohem více času však vyžaduje oddělování druhů jiných, které často jsou jen nepatrným procentem v zástupech druhu *vulgatissima*, a jež velmi snadno lze přehlédnouti.

Vyskytuje se všude po Čechách. V Krkonoších jest velmi hojná a dostupuje tam nejvyšších vrcholků. Var. *adusta* žije mezi typickou formou dosti zhusta. Var. *albicornis* a var. *fulvicornis* objeveny na vrcholu Sněžky. Var. *nigropilosa* nalezen v červnu a srpnu u Mukařova a nedaleko Chotěboře (Vařečka).

* * *

3.

Körperfarbe ziemlich veränderlich, dunkel graubraun bis schwarzbraun, ausnahmsweise schwarz, Pterothorax grau rothbraun, bei lichteren Exemplaren grau gelbbraun; Abdomen gegen das Ende zu schwarz. Kopf mehr breit als lang, nach hinten bedeutend verengt. Von den am Hinterhaupte befindlichen Runzeln ist eine am auffallendsten Ocellen vorhanden. Erstes Fühlerglied kürzer als das 2., das 3. länger als das vorhergehende; das 3., 4. u. 6. fast gleich lang, das 5. bedeutend kürzer, der Stylus ziemlich lang, nicht sehr dünn, aus zwei gleichen Gliedern zusammengesetzt. Fühlerfarbe: 1. u. 2. Glied dunkel- oder schwarzbraun (das 1. pflegt lichter zu sein als das 2.), und dabei [illegible] zwei [illegible] weiter [illegible] einzeln dunkler [illegible] und [illegible] schwärzlichem Prothorax [illegible] der Kopf [illegible] Hinterecken [illegible] mit [illegible] den Hinterecken mit [illegible] langen Borsten versehen. [illegible] Prothorax mit einem [illegible] Hinterrand [illegible] Härchen [illegible] Prothorax. Beine [illegible] Vorderschenkel am Ende [illegible] gelblich [illegible] Vorderrand [illegible] Borsten [illegible] gelblich [illegible] grau getrübt, am Grunde und am Ende gelblich. [illegible] gelblich [illegible] Borsten [illegible] Oberfläche [illegible] gelb [illegible] gegen das Ende zu oft etwas dunkler [illegible] Ende [illegible] Abdomen am Ende mit [illegible] dunklen Borsten versehen. Körperlänge 1·2 mm.

Var. nov. **adusta.** Kopf und Prothorax gelblich, gewöhnlich [illegible] und [illegible] braun [illegible] Pterothorax [illegible] braungelb [illegible] grau [illegible] ist der Pterothorax graugelblich. Abdomen [illegible] gelblich oder [illegible] anfangs schwach, gegen das Ende zu [illegible] getrübt und am Ende [illegible] die zwei letzten Segmente schwärzlich. Fühler und Beine [illegible] Form [illegible] Das erste Fühlerglied pflegt [illegible] zu sein. — Zwischen dieser Varietät und der Stamm- [illegible]

Var. nov. **albicornis.** Die ersten zwei Fühlerglieder graubraun, die übrigen [illegible] Kopf und [illegible] dunkel graubraun, dieser gegen das Ende zu schwarzbraun. Thorax [illegible] Beine wie bei der Stammform.

Var. nov. **fulvicornis.** Fühler ganz gelblich graubraun, das 3. Glied etwas [illegible] Körperfarbe wie bei der Stammform.

Var. nov. **nigropilosa.** Körperfarbe gelb, Thorax etwas dunkler. Das äusserste [illegible] dunkel. Borsten am Körper schwarz. Fühlerfärbung gelblich, das 2. Glied [illegible] 4. u. 5. am Ende [illegible] schwach grau getrübt, das [illegible] Glied und der Stylus [illegible] Flügel ziemlich kurz, schwach grau [illegible] getrübt.

[illegible] Thorax [illegible] Kopf gelblich. Thorax [illegible] Abdomen [illegible] gelblich [illegible] sehr stark grau getrübt. Borsten am Körper schwarz. Die ersten zwei Fühlerglieder gelblich, das 3., 4. u. 5. ebenfalls gelblich [illegible] getrübt [illegible] Glied dunkler [illegible] am Grunde [illegible] bis zur Mitte [illegible] Stylus [illegible] Flügel schwach gelblich getrübt. Beine gelblich, aussen manchmal schwach (selten stärker) grau getrübt. Die zwei letzten Abdominalsegmente sind mit sehr starken schwarzen gebogenen Borsten versehen. Die safrangelben Hoden scheinen durch. Am 3.—7. Abdominalsegmente befindet sich je eine schmale, lange, lichte Vertiefung, die jedoch wegen der lichten Umgebung nicht deutlich wahrzunehmen ist und nur bei Exemplaren, bei welchen das Abdomen auch unten etwas getrübt ist, deutlicher hervortritt.

Vorkommen: Weibchen das ganze Jahr hindurch überall, nur nicht in Gras- und Getreideblüten. Männchen von Juni bis October. — Fundorte: England (Haliday), Wien (Heeger), Finnland (Reuter), Deutschland (Jordan, Bohls; bei Berlin Uzel), Böhmen.

15. **Physopus tenuicornis** nov. sp.*)

♀.

Barva těla tmavě šedohnědá až černohnědá; pterothorax jest šedě červenohnědý, při světlejších exemplářích šedě žlutohnědý; abdomen ke konci černý. Hlava as tak široká jako dlouhá, s tvářemi nevypouklými; nazad značně zúžená. Z vrásek, jež se na týle nalézají, jest jedna nejpatrnější. Tykadla velmi tenká. První čl. kratší než 2., 3. značně delší než tento, 4. trochu kratší než 3., 5. kratší než 4., 6. článek tak dlouhý jako 3., stylus dlouhý, silný, o dvou skoro stejných článcích. Barva tykadel: 1. a 2. čl. šedohnědé, první trochu světlejší, 3. a 4. žlutavé, 5., 6. čl. a stylus černošedé. Někdy jest 3. čl. trochu, a výjimkou jen silněji zkalený. Prothorax jest o něco kratší hlavy a zadní rohy nejsou tak široce zaokrouhlené jako u druhu předcházejícího, ani přední tak ostré. Na těchto nalézá se po jednom dlouhém chlupu, na zadních po dvou. Malé chloupky na zadním okraji prothoraxu jsou v témže počtu a téhož tvaru jako u předešlého druhu. Pterothorax značně širší a delší než prothorax. Přední nohy trochu ztluštělé. Všecka femora šedohnědá, na konci žlutavá. Přední a střední tibie žlutavé, před basí zvláště vně slabě, někdy silněji šedohnědě zkalené, zadní tibie šedohnědé, na samé basi a ke konci žlutavé; tarsy též žlutavé. Obě žilky v hořejším křídle četnými chlupy stejnoměrně posety. Hořejší křídla jsou žlutavě zkalená, na basi skoro čirá, dolejší čirá. Abdomen na konci tmavými dlouhými štětinami opatřen. Délka těla 1·4 mm.

Var. **adusta**. Barva hlavy a prothoraxu šedožlutavá, pterothoraxu světle hnědožlutá, šedě zkalená. Abdomen jest žlutavý, slabě šedě zkalený, ke konci tmavější; poslední dva články jeho jsou černošedé až černé. Tykadla a nohy podobně zbarveny jako u typické formy, ale mnohem (zvláště nohy) bledeji. První článek tykadel jest průsvitavý.

*) Doklad ve sbírce musejn. praep. č. 11. — Sammlung des böhmischen Landesmuseums. Praep. Nr. 11.

[illegible] [illegible]. Hlava, prothorax a zadeček [illegible] kromě [illegible] Prothorax bývá temně [illegible] až světle [illegible] tak jako prothorax [illegible] 2. a 1. [illegible] Nohy jsou žlutavé [illegible] Na 3. – 7. [illegible] nelze pro světlost [illegible] exemplář nalezen [illegible].

Vyskytuje se [illegible] v klasech [illegible] v květech od *Papaver somniferum*, *Cirsium palustre*, *Panicum miliaceum*, v květenství trav [illegible] Samec [illegible] od června do září. Var. *adusta* vyskytuje se [illegible] pouze.

Čechy: Praha [illegible] Opočno, Kokořín [illegible] Kota.

-x-x-

Kopf [illegible] dunkelbraun bis schwarzbraun, Prothorax rotbraun bei [illegible] Abdomen gegen das Ende zu schwarz. Kopf etwa so lang wie breit [illegible] nicht gewölbt, nach hinten bedeutend verengt. Von den am Hinterhaupte befindlichen Borsten ist [illegible] Fühler [illegible] dünn [illegible] Glied kürzer als das 2., das 3. bedeutend länger als jenes, das 4. etwas kürzer als das 3., das 5. kürzer als das 4., das 6. so lang wie das 3., der Stylus [illegible] stark [illegible] Fühlerglieder 1. u. 2. Glied graubraun, das 3. etwas heller [illegible] das 5. u. 6. [illegible] der Stylus schwarzbraun [illegible] Prothorax etwas [illegible] als der Kopf. Auf [illegible] befinden sich je zwei [illegible] auf den Vorder[illegible] je [illegible]

[illegible] Flügel [illegible] Art Phloeothrips [illegible] als der Prothorax [illegible] Vorder[illegible] und Mittelbeine [illegible] schwach, manchmal stärker [illegible] Tarsen [illegible] mit zahlreichen [illegible] Borsten besetzt. Die Oberflügel gelblich getrübt, am Grunde fast klar, die Unterflügel ganz klar. Abdomenende mit langen dunklen Borsten versehen. Körperlänge 1·4 mm.

Var. **adusta.** Farbe des Kopfes und des Prothorax graugelblich, des Pterothorax licht braungelb, grau getrübt. Abdomen gelblich, schwach grau getrübt, gegen das Ende zu dunkler; seine zwei letzten Segmente schwarzgrau bis schwarz. Fühler und Beine ähnlich wie bei der Stammform gefärbt, jedoch (hauptsächlich die Beine) lichter. Erstes Fühlerglied durchscheinend.

Kleiner und schmäler als das ♀. Kopf, Prothorax und Abdomen gelblich; dieses oben, ausser den letzten zwei Segmenten, stark getrübt. Der Pterothorax pflegt dunkler gelblich bis licht braungelblich zu sein; er ist entweder ebenfalls grau getrübt oder hat ähnlich wie der Prothorax graue Flecke, welche Zeichnungen bilden. Fühler gelblich, 5., 6. Glied und der Stylus jedoch schwarzgrau; oft pflegt das 2. u. 4. Glied sehr schwach grau getrübt zu sein. Beine gelblich, aussen sehr schwach grau getrübt; das Abdomenende mit ziemlich starken schwarzen Borsten besetzt. Die safrangelben Hoden scheinen durch. Am 3.—7. Abdominalsegmente unten je eine lange schmale, lichte Vertiefung, die jedoch wegen der lichten Umgebung schwer zu unterscheiden ist.

Vorkommen: Zuweilen häufig in Gersten- und Haferähren, sonst vereinzelt in verschiedenen Blüten. Weibchen findet man das ganze Jahr hindurch; sie überwintern im Rasen. Die Männchen leben von Juni bis September. — Fundort: Böhmen.

16. Physopus pallida nov. sp.*)

♀.

Hlava a thorax žlutavé, abdomen světle žlutohnědý, slabě šedě zkalený, aneb hlava a abdomen žlutavé, thorax slabě žlutohnědý; celé tělo nahoře slabě šedě zkaleno. Hlava širší než delší, nazad trochu zúžená. Tykadla tenká; 1. čl. jejich značně kratší než 2., 3. trochu delší než tento, ke konci hrdlovitě zúžený, 4. a 6. trochu delší a 5. trochu kratší než 3.; stylus dlouhý, tenký, 2. čl. jeho delší prvého. Barva tykadel: 1. čl. celý žlutavý, 2. čl. žlutavý, slabě šedě zkalený, 3. žlutavý, ke konci slabě šedě zkalený, 4. skoro do polou žlutavý, ostatek šedý, 5. žlutavý, od polou nebo na konci šedý; ostatní články tmavošedé. Prothorax asi tak dlouhý jako hlava. Na zadních rozích po dvou dlouhých chloupcích, na předních po jednom. Pterothorax mnohem silnější a delší než prothorax. Malé chloupky na zadním okraji jeho podobně jako u druhů předešlých rozestavené i utvořené. Nohy žlutavé, přední trochu ztlustlé. Křídla jsou dosti krátká, hořejší slabě žlutavé, šedě zkalená a na basi

*) Doklad ve sbírce autorově.

možná světlejší. Obě žilky jejich jsou stejnoměrně [illegible] porostlé. Spodní křídla [illegible]. Délka těla 1 mm. — Dva exempláře nalezeny.

Nebyl posud uveřejněn.

Nalezena v dubnu v květech mochny.
Čechy: Praha (Sv. Prokop), Hradec Králové.

—

♀.

Kopf und Thorax gelblich, Abdomen licht gelbbraun, schwach grau getrübt, oder Kopf und Abdomen gelblich, Thorax licht gelbbraun, der ganze Körper oben etwas grau getrübt. Kopf mehr breit als lang, nach hinten etwas verengt. Fühler dünn, ihr 1. Glied bedeutend kürzer als das 2., das 3. etwas länger als jenes, gegen die Basis zu halsförmig verengt, das 4. u. 6. etwas länger und das 5. etwas kürzer als das 3.; der Stylus lang, dünn, sein 2. Glied länger als das erste. Fühlerfärbung: 1. Glied ganz gelblich, das 2. gelblich, schwach grau getrübt, das 3. gelblich, gegen das Ende zu schwach grau getrübt, das 4. fast bis zur Mitte gelblich, übrigens grau, das 5. gelblich, hinter der Mitte oder am Ende grau, die übrigen Glieder dunkelgrau. Prothorax etwa so lang wie der Kopf. Auf seinen Hinterecken je zwei, auf seinen Vorderecken je eine lange Borste. Pterothorax viel stärker und länger als der Prothorax. Die kleinen Härchen auf seinem Hinterrande ähnlich vertheilt und gebildet wie bei der vorhergehenden Art. Beine gelblich, die vorderen etwas verdickt. Die Flügel sind ziemlich kurz, die oberen schwach gelblich grau getrübt und am Grunde kaum lichter. Beide Längsadern derselben gleichmässig mit vielen Borsten besetzt. Die unteren Flügel sind hell. Körperlänge 1 mm.

♂ unbekannt.

Vorkommen: Im April in den Blüten von *Potentilla*. — Fundort: Böhmen.

17. Physopus nervosa nov. sp.*)

♀.

Barva těla [illegible] hrudník žlutohnědý. Hlava jen trochu širší než delší, [illegible] rozšířená. Oči [illegible]. Na čele množství [illegible]. Tykadla tenká, 1. čl. mnohem kratší než 2., 3. trochu delší než předcházející, 5. a 4. čl. skoro stejně dlouhé,

*) [illegible] 12. [illegible] böhmischen Gesellschaft [illegible] No. 12.

5. kratší, 6. delší než 3.; stylus dlouhý, o dvou stejných článcích. Barva tykadel: 1. a 2. čl. černohnědé, první trochu světlejší, 3. a 4. čl. žlutavé, 4. slabě, někdy silněji hnědě zkalený, 5., 6. čl. a stylus černohnědé. Prothorax tak dlouhý jako hlava a málo širší. Na předních jeho rozích po jednom dlouhém chlupu, na zadních po dvou. Malé chloupky na zadním okraji jeho podobně jako u předešlých druhů rozestavené i utvořené. Pterothorax značně delší a širší než prothorax. Přední nohy jsou trochu ztlustlé. Femora tmavě šedohnědá, na basi a zvl. na konci (přední též někdy uvnitř) žlutavá, tibie téže barvy a kromě konce nahoře a dole šedohnědě zkalené. Obě žilky podélné v hor. křídle jsou velmi silně a stejnoměrně po celé délce mnohými chlupy poseté. Hor. křídla jsou žlutavé neb šedožlutavě zkalená. Abdomen na konci černými dlouhými a tenkými chlupy opatřen. Délka těla 1 mm. — Tři exempl. nalezeny.

♂. Posud nebyl objeven.

Nalezena v prvních jarních květech; také v drnu, kdež přezimovala.
Čechy: Hradec Králové, Turnov; U Rovenska (slč. Aloisie Bubáková).

♀.

Körperfarbe schwarzbraun, Pterothorax gelbbraun. Kopf nur ein wenig mehr breit als lang, seine Wangen parallel. Ocellen weit auseinander stehend. Auf dem Hinterhaupte viele parallele Runzeln, von denen keine besonders ausgezeichnet ist. Fühler dünn, ihr 1. Glied bedeutend kürzer als das 2., das 3. etwas länger als das vorhergehende, das 3. und 4. fast gleich lang, das 5. kürzer, das 6. länger als das 3.; der Stylus lang, aus zwei gleichen Gliedern zusammengesetzt. Fühlerfärbung: 1. u. 2. Glied schwarzbraun, das 1. etwas lichter, das 3. u. 4. gelblich, das 4. schwach, manchmal stärker braun getrübt, das 5., 6. Glied und der Stylus schwarzbraun. Prothorax so lang wie der Kopf und wenig breiter. Auf seinen Vorderecken je eine, auf seinen Hinterecken je zwei lange Borsten. Die kleinen, auf seinem Hinterrande befindlichen Härchen ähnlich wie bei den vorhergehenden Arten dislociert und gebildet. Pterothorax bedeutend länger und breiter als der Prothorax. Vorderbeine etwas verdickt. Schenkel dunkel graubraun, am Grunde und hauptsächlich am Ende (die vorderen auch manchmal innen) gelblich; Tibien ebenfalls gelblich und, das Ende ausgenommen, oben und unten graubraun getrübt. Beide Längsadern im Oberflügel sind sehr stark und gleichmässig der ganzen Länge nach mit vielen Borsten besetzt. Die Oberflügel gelblich oder graugelblich getrübt. Abdomen am Ende mit schwarzen langen Borsten versehen. Körperlänge 1 mm.

♂ unbekannt.

Vorkommen: In den ersten Frühlingsblumen; überwintert im Rasen. — Fundort: Böhmen.

18. Physopus robusta nov. sp.

Tab. V. fig. 57 et 58.

♀.

Barva těla černá až černohnědá, postava velmi mohutná. Hlava jen trochu širší než delší, nazad sotva zúžena. První článek tykadel značně kratší a trochu širší než 2., 3. [illegible] než předcházející, 4. kratší než 3., 5. kratší než 4., 6. trochu kratší než 4., stylus [illegible] jeho první článek, který jest značně kratší [illegible]. Barva tykadla 1. a 2. čl. [illegible] 3. čl. žlutavý, 4. také žlutavý [illegible]. Prothorax trochu delší a širší než hlava. Na [illegible] po jednom [illegible] po dvou dlouhých chloupcích. [illegible] Nohy zavalité, [illegible]. Přední femora tlustší než femora ostatních nohou. Všecka femora černá, přední tibie žluté, [illegible]. Ostatní tibie černé. Všecky tarsy žluté. Obě žilky v horních křídlech stejnoměrně [illegible] chloupy [illegible]. Abdomen ke konci zúžený, značně [illegible]. Chloupy na konci abdomenu tenké, černé. [illegible] Délka těla 1.4 mm. [illegible] exempl. nalezeny.

♂.

Menší [illegible] než ♀. Barva těla černohnědá. Tykadel 1. a 2. čl. jsou žlutavé [illegible]. Ostatní články jsou podobně zbarveny jako u samice. Také barva nohou jest u obou pohlaví tatáž. Samci mají rovněž přední femora silnější [illegible] zoubek. Osmý čl. abdomenu má po obou stranách [illegible] po jednom silném, dosti dlouhém, [illegible]. Devátý čl. abdomenu jest dlouhý [illegible] 7. čl., jeho [illegible] dole u předního [illegible]. Pochva [illegible] zpětným. — Několik exempl. nalezeno.

[illegible] tuto [illegible] v [illegible] jednotlivě v obou pohlavích [illegible] květech [illegible] na *Scabiosa arvensis*.

Čechy: [illegible] Hradec Králové. Na [illegible] v okolí [illegible] Hradec [illegible].

-∋-∈-

[illegible]

♀.

Körperfarbe schwarz bis schwarzbraun. Gestalt sehr mächtig. Kopf nur etwas mehr breit als lang, nach hinten einigermassen verengt. Das 1. Fühlerglied bedeutend kürzer und etwas breiter als das 2., das 3. viel länger als das vorhergehende, das 4. kürzer als das 3., das 5. kürzer als das 4., das 6. etwas kürzer als das 5. Stylus stark, und zwar besonders sein erstes Glied, welches bedeutend kürzer ist als das zweite. Fühlerfärbung: die ersten zwei Glieder, dann das 5., 6. und der Stylus schwarz, manchmal schwarzbraun, das 3. gelblich, das 4. ebenfalls gelblich, oben braun getrübt. Prothorax etwas länger und breiter als der Kopf. Auf seinen Vorderecken je eine, auf seinen Hinterecken je zwei lange Borsten. Die kleinen Härchen auf seinem Hinterrande ähnlich wie bei den vorigen Arten gestellt und gebildet. Pterothorax viel länger und breiter als der Prothorax. Beine gedrungen, wehrlos; nur am Ende des Vordertarsus unten befindet sich ein kleiner scharfer Zahn. Vorderschenkel dicker als die Schenkel der übrigen Beine. Alle Schenkel schwarz. Die Vordertibien gelb, oben und unten braun getrübt, die übrigen Tibien ganz schwarz. Alle Tarsen gelb. Beide Längsadern im Oberflügel gleichmässig mit vielen Borsten besetzt. Die Oberflügel stark braungrau getrübt, gegen das Ende zu lichter, am Grunde hell. Unterflügel hell. Abdomen gegen das Ende zu verengt und bedeutend zugespitzt. Borsten am Ende des Abdomen dünn und schwarz. Das achte Segment ist beiderseits mit einem breiten scharfen Zipfel versehen, welcher wohl auch bei anderen Arten vorkommt, jedoch weniger auffallend ist. Körperlänge 1·4 mm.

♂.

Kleiner und schwächer als das Weibchen. Körperfarbe schwarzbraun. Die ersten zwei Fühlerglieder gelblich, schwach graubraun getrübt; die übrigen Glieder ähnlich gefärbt wie beim Weibchen. Auch die Farbe der Beine ist bei beiden Geschlechtern dieselbe. Die Männchen haben ebenfalls die Vorderfemora verdickt und der Vordertarsus hat auch am Ende unten einen kleinen scharfen Zahn. Das achte Abdominalsegment hat jederseits an der Stelle, wo bei den Weibchen die scharfen Zipfel hervortreten, einen starken, ziemlich langen abstehenden Dorn. Das 9. Abdominalsegment ist lang, sein 3.—7. Glied hat unten beim Vorderrand je eine lange, schmale, in der Mitte etwas verengte lichte Vertiefung. Die Penisscheiden sind vor dem Ende mit einem rückwärts gerichteten Zahn versehen.

Vorkommen: Im Juni in verschiedenen Blüten. — Fundort: Böhmen.

19. Physopus aspera Halid.

1852. *Thrips aspera* Haliday. Walker: Homopt. ins. of Brit. Museum, pag. 1109.

»Alae evolutae; tibiae muticae. — Nigra, hemelytris nigricantibus basi albidis, pedibus fuscis, femorum anticorum et tibiarum basi, tibiis anticis tarsisque et antennarum medio pallidis; abdominis segmento antepenultimo basi utrinque mucronato, mas. England.

20. Physopus nigriventris [illegible]

[illegible]

etwas länger als der Kopf. Auf seinen Vorderecken je eine, auf seinen Hinterecken je zwei lange Borsten. Die kleinen Härchen auf seinem Hinterrande sind ähnlich gestellt und ähnlich gebildet, wie bei den vorhergehenden Arten. Schenkel dunkel graugelb, gegen das Ende zu gelblich. Tibien gelblich, aussen etwas grau getrübt. Abdomen am Ende mit langen dünnen Borsten versehen.

FORMA MACROPTERA. Alle drei Ocellen entwickelt. Flügel vorhanden, jedoch kurz; sie reichen nur bis zum 6. Abdominalsegmente. Die Oberflügel sind etwas gelblich getrübt; ihre beiden Längsadern sind der ganzen Länge nach mit zahlreichen Borsten versehen. Körperlänge fast 1 mm.

FORMA BRACHYPTERA. Nur die hinteren zwei Ocellen vorhanden; das vordere ist verkümmert. Die Flügelrudimente überragen den Pterothorax nicht. Dieser ist nicht besonders kleiner als bei der langflügeligen Form. Körperlänge 0·7 mm.

♂ unbekannt.

Vorkommen: Im Rasen, wo sie auch überwintert. — Fundort: Böhmen.

21. Physopus atrata Hal.*)

Tab. I., fig. 6.

1836. *Thrips atrata* Haliday, Entomolog. Magazine, pag. 447.
1843. *Physapus atratus* Amyot et Serville, Ins. Hémiptères, pag. 645.
1852. *Thrips atrata* Haliday, Walker: Homopt. ins. of Brit. Museum, pag. 1109.
1878-79. — — Reuter, Diagn. öfv. nya Thysanopt. f. Finland, pag. 6.

♀.

Barva těla černohnědá, někdy černá; pterothorax bývá, zvl. po stranách, tmavě červenohnědý. Výjimkou jest barva těla světlejší, a sice jsou hlava a thorax žlutohnědé, silně (zvl. hlava) šedě zkalené, abdomen světle šedohnědý. Hlava trochu širší než delší. První čl. tykadel kratší (ne značně) než 2., 3. značně delší než předcházející, 3. a 4. skoro stejně dlouhé, 5. značně kratší než 4., 6. as tak dlouhý jako 3. Stylus dosti dlouhý, tlustý, 2. jeho čl. trochu delší než prvý. Barva tykadel černohnědá, jen 3. čl. jest na basi šedě žlutavý; výjimkou jest celý žlutavý, šedě zkalený. Prothorax as tak dlouhý jako hlava. Na předních rozích není dlouhých chlupů, na zadních po dvou. Kromě těchto chlupů má ještě prothorax na svém zadním okraji po každé straně tři malé chloupky, z nichž třetí jest nejdelší. Pterothorax značně širší a delší než prothorax.

*) Doklad ve sbírce musejní, praep. č. 15. — Sammlung des böhmischen Landesmuseums, Praep. Nr. 15.

Vousy na temeni jsou černohnědé. Přední tělo temně žlutavé, nahoře a dole černohnědě [illegible], střední a zadní tělo černohnědé, na samém konci temně žlutavé. Tarsy žlutavé [illegible] zkalené. Za třemi chlupy na hlavní žilce v hoř. křídle, nalézajícími se nad [illegible], kde počíná žilka vedlejší, následuje malá mezera, za níž je osm chlupů (velmi zřídka 7 neb 9) stejnoměrně rozestavených až na konec křídla. Vedlejší žilka jest po celé délce mnohými chlupy opatřena. Hoř. křídlo jest celé žlutošedé zkalené, na basi [illegible]. Dol. křídlo čiré. Abdomen na konci dlouhými tmavými štětinami opatřen. Délka těla 1·2—1·4 mm.

[illegible] nepopsaný.

Jest značně menší než ♀. Barva těla a barva tykadel tatáž jako u ♀. Nohy jsou [illegible] žlutavé. Konec středních a zadních tibií však jest trochu více temně žlutavý. Křídla jsou ke konci trochu světlejší a hlavní žilka má v druhé polovici někdy jen 5 neb 6 chlupů. Stylus jest poměrně trochu kratší než u ♀. Třetí až 7. čl. abdomenu mají dole [illegible] trochu ohnuté světlé prohlubiny. Na 7. čl. jest tato prohlubina trochu menší než na článcích předcházejících.

Var. nov. **adusta.** ♀. Hlava a thorax červenohnědé, nahoře tmavošedé zkalené, abdomen světle limonožlutý s šedým nádechem. Konec abdomenu černý. — ♂. Hlava a thorax žlutohnědé, nahoře slabě šedě zkalené, abdomen světle limonožlutý, konec abdomenu tmavošedý.

Třásnokřídlka tato jest velmi hojnou a obývá již od března nejrůznější květy, avšak zřídka kdy v tak velkém množství jako *Ph. vulgatissima*. Květy jí zvláště oblíbené jsou především *Papaver somniferum*, *Melandryum pratense*, *Agrostemma githago*, *Monotropa hypopitys*, *Malva alcea*, *Colchicum autumnale*, *Solanum tuberosum* i mnohé květy zahradní. Mimo to nalézáme ji také na nekvetoucích rostlinách, a to někdy v dosti značném množství. Tak viděl jsem, jak z jara vyrážející [illegible]. Časem zdržuje se v drnu neb navštěvuje *Equisetum arvense*. Na[illegible] jí již některé pěstované rostliny, které obývá a jimž zajisté i škodí. Kromě [illegible] již vyjmenovaných [illegible] v tom ohledu ještě uvésti květy od *Linum usitatissimum*, *Vicia sativa*, *Beta vulgaris*, [illegible]. Samice [illegible] v květnu, [illegible] některé již koncem dubna a mnohé jich v září [illegible] v drnu, pod mechem, pod korou stromovou, v [illegible]. Var. *adusta* vyskytuje se mezi typickou formou jednotlivě.

[illegible] po celých Čechách rozšířena a obecná [illegible] všude [illegible]. Z Bavor [illegible] v květinách zaslaný [illegible].

[illegible]

—•—•—

♀

Körperfarbe schwarzbraun, manchmal schwarz. Der Pterothorax pflegt, besonders an den Seiten, dunkel rothbraun zu sein. Ausnahmsweise ist die Körperfarbe lichter, und zwar ist der Kopf und der Thorax gelbbraun, stark (hauptsächlich der Kopf) grau getrübt, das Abdomen licht graubraun. Kopf etwas mehr breit als lang. Erstes Fühlerglied etwas kürzer als das 2., das 3. bedeutend länger als das vorhergehende, das 3. u. 4. fast gleich lang, das 5. bedeutend kürzer als das vorhergehende, das 6. etwa so lang wie das 3. Der Stylus ziemlich lang, dick, sein 2. Glied etwas länger als das erste. Fühlerfärbung schwarzbraun, nur das 3. Glied am Grunde graugelblich; ausnahmsweise ist es ganz gelblich, grau getrübt. Prothorax etwa so lang wie der Kopf. Auf seinen Vorderecken ohne lange Borsten, auf den Hinterecken mit je zwei solchen. Ausserdem trägt der Prothorax auf seinem Hinterrande jederseits drei kleine Härchen, von denen das dritte am längsten ist. Pterothorax bedeutend breiter und länger als der Prothorax. Alle Schenkel schwarzbraun. Vordertibien düster gelblich, oben und unten schwarzbraun getrübt. Mittel- und Hintertibien schwarzbraun, am äussersten Ende düster gelblich. Tarsen gelblich, grau getrübt. Hinter den drei Borsten, die sich auf der Hauptader im Oberflügel über jener Stelle befinden, wo die Nebenader anfängt, folgt eine kleine Lücke, hinter welcher acht (sehr selten 7 oder 9) Borsten bis zum Ende der Ader gleichmässig auf derselben vertheilt sind. Die Nebenader ist der ganzen Länge nach mit vielen Borsten besetzt. Oberflügel stark gelbgrau getrübt, am Grunde hell. Unterflügel hell. Abdomen am Ende mit langen dünnen Borsten versehen. Körperlänge 1·2—1·4 mm.

♂ (noch unbeschrieben).

Bedeutend kleiner als das Weibchen. Körper- und Fühlerfarbe dieselbe. Beine ähnlich gefärbt, das Ende der Mittel- und Hintertibien ist jedoch breiter gelblich. Flügel gegen das Ende zu etwas lichter; die Hauptader hat in ihrer zweiten Hälfte manchmal nur 5 oder 6 Borsten. Der Stylus ist verhältnismässig etwas kürzer als beim Weibchen. Das 3.—7. Abdominalsegment haben unten je eine längliche, etwas gebogene, lichte Vertiefung. Auf dem 7. Segmente ist diese Vertiefung etwas kleiner als auf den vorhergehenden.

Var. (nov.) **adusta.** ♀. Kopf und Thorax rothbraun, oben dunkelgrau getrübt, Abdomen licht braungelb mit grauem Anflug. Abdomenende schwarz. — ♂ Kopf und Thorax gelbbraun, oben schwach grau getrübt, Abdomen licht braungelb, das Abdomenende dunkelgrau.

Vorkommen: Sehr häufig in den mannigfaltigsten Blüten. Die Weibchen findet man das ganze Jahr hindurch (sie überwintern im Rasen), die Männchen von Ende April bis September. — Fundorte: England (Haliday), Finnland (Reuter), Böhmen, Berlin (Uzel), Fiume.

22. Physopus pallipennis nov. sp.*)

Tab. V. fig. 57.

Barva těla tmavě šedohnědá, zadek černohnědý, prothorax šedě červenohnědý. Hlava málo širší než delší. Oči trochu vykouslé. Týlo nemnoho vypouklé. První článek tykadel kratší 3., značně delší než 2., 4. čl. trochu kratší než 3., 5. úzký, kratší než 4., 6. čl. trochu kratší než 3. Stylus krátký, tlustý, o dvou skoro stejných článcích. 3. a 4. čl. jsou ke konci značně zúženy. Barva tykadel jest černá, 2. čl. na konci a třetí jsou žluté; tento jest na konci šedě zkalený. Prothorax asi tak dlouhý jako hlava; zadní rohy jeho jsou zaokrouhlené; na předních rozích není dlouhých chlupů, na zadních po dvou. Kromě těchto chlupů má prothorax na zadním svém okraji tři malé chloupky, z nichž třetí jest nejdelší. Femora šedohnědá, přední na konci žlutá; přední tibie žluté, nahoře a dole úzce šedohnědé, ostatní tibie šedohnědé, na konci žluté. Tarsy žluté. Křídla slabě žlutošedě zkalená, u kořene skoro čirá, dolejší čirá. Hlavní žilka jest v druhé své polovině opatřena třemi chlupy, z nichž jeden jest od ostatních dvou více oddálen. Vedlejší žilka jest po celé délce hustě chlupy poseta. Délka těla 1·3 mm.

Var. **adusta.** Hlava a thorax světle hnědožluté, hlava silněji, thorax slabě šedě zkaleny. Hlava a prothorax mívají slabý zelenavý nálet. Abdomen žlutavý, nahoře sotva, jindy slabě, ke konci silněji šedě zkalený; dva poslední články tmavošedé.

Nebyl posud objeven.

Nalézá se v různých květech [illegible] v hojnu od dubna do srpna v počtu nevelikém. Var. *adusta* vyskytuje se mezi formou typickou velmi pořídku.

Čechy: Hradec Králové, Třebechovice, P. Jeníkovic, Opočno, Nová Paka, Pecka, Vrají, Vrchlabí, Láberce, Písek (Vareška). V Krkonoších sbíral jsem ji u Krausových bud, u Špindelmühlu, v Labském dole, v Malém Sněžném březnu, okolo Petermannovy boudy, po stranách nad Mělzerovým tavem, u Velké Úpy a na vrcholu Sněžky, zde var. *adusta*. Hory Orlické: [illegible] Na Hokošíně nalezl jsem ji v srpnu.

Körperfarbe dunkel graubraun, Abdomen schwarzbraun, Prothorax grau rothbraun. Kopf [illegible] wenig breiter als lang. Augen [illegible] Scheitel nicht viel gewölbt. Das 1. Fühlerglied kürzer als das 3., bedeutend länger als das 2., das 4. etwas kürzer als das

*) [illegible]

3., das 5. schmal, kürzer als das 4., das 6. etwas kürzer als das 3. Stylus kurz, dick, aus zwei fast gleichen Gliedern zusammengesetzt; 3. u. 4. Glied gegen das Ende zu bedeutend verengt. Fühlerfarbe schwarz, 2. Glied am Ende und das 3. gelb, dieses am Ende grau getrübt. Prothorax etwa so lang wie der Kopf, seine Hinterecken abgerundet; auf seinen Vorderecken keine, auf seinen Hinterecken je zwei lange Borsten. Ausserdem ist sein Hinterrand jederseits mit drei kleinen Härchen besetzt, von denen das dritte am längsten ist. Schenkel graubraun, die vorderen am Ende gelb; die Vordertibien gelb, oben und unten schmal graubraun, die übrigen Tibien graubraun, am Ende gelb; Tarsen gelb. Oberflügel schwach gelbgrau getrübt, am Grunde fast hell. Unterflügel hell. Die Hauptader ist in ihrer zweiten Hälfte mit drei Borsten besetzt, von denen die eine von den übrigen zwei entfernt ist. Die Nebenader der ganzen Länge nach dicht mit Borsten besäet. Körperlänge 1·3 mm.

Var. **adusta.** Kopf und Thorax licht braungelb, jener stärker, dieser schwach grau getrübt. Kopf und Prothorax haben zuweilen einen schwachen grünlichen Anflug. Abdomen gelblich, oben kaum, manchmal schwach, gegen das Ende zu stärker grau getrübt; die zwei letzten Segmente dunkelgrau.

♂ unbekannt.

Vorkommen: Von April bis August in verschiedenen Blüten, hauptsächlich jedoch in jenen von *Hyoscyamus niger*. — Fundorte: Böhmen, Helgoland (Uzel).

Bemerkung. Da diese Art als Halidays *vulgatissima* aufgefasst werden konnte (wegen der bei der dunklen Körperfarbe auffallend lichten Flügel und wegen der Färbung der Fühler), erlaube ich mir hier einige Betrachtungen anzuführen. Haliday wendet den Namen *vulgatissima* zuerst im Jahre 1836 an, gibt jedoch von dieser Art keine Beschreibung und identificiert sie nur mit einer gewissen Art Degeers. Er erwähnt, dass sie die bei weitem häufigste sei, das ganze Jahr hindurch in den verschiedensten Gartenblumen vorkomme und im Frühjahre schon mit den Narcissen erscheine. Erst in Walkers Katalog der Homopteren des britischen Museums, der eine Abhandlung über Thysanopteren, nach den Manuscripten Halidays zusammengestellt, enthält, befindet sich folgende Beschreibung: „Nigricans, hemelytris albidis, antennis pedibusque fuscis, antennarum articulo secundo apice, tertio toto, femoribus tibiisque basi et apice tarsisque pallidis. Fem. Fusco-testacea, abdomine citra basin nigricante, antennis pedibusque pallidis, antennis apice femoribus tibiisque medio infuscatis, mas.“ Weil nun *Ph. pallipennis* stets alle Schenkel (das Ende der vorderen ausgenommen) bis zur Spitze dunkel hat und auch die mittleren und hinteren Tibien vom Grunde an ganz dunkel und nur ihre Enden hell sind, erscheint sie als gut gesonderte Art. Übrigens glaube ich Halidays Art *vulgatissima* richtig aufgefasst zu haben, obwohl die Fühlerfärbung bei meinen Exemplaren in der Regel abweichend ist. Bei der grossen Mehrzahl meiner Exemplare ist nämlich das 3., 4. u. 5. Glied licht, oben, gegen das Ende zu sehr schwach grau getrübt. Es pflegt jedoch (je nach dem Fundorte) auch das 5. Glied stärker grau getrübt zu sein, wobei auch das 4. Glied an Trübung gewinnt; dadurch nähern sich die Fühler der betreffenden Exemplare in Färbung sehr den Halidayschen Exemplaren. Da ich nun auch eine (allerdings sehr seltene) Varietät (*fulvicornis*) entdeckt habe, bei welcher die ganzen Fühler gelblich graubraun sind, und das 3. Glied sogar nur etwas lichter ist, bei der Varietät *albicornis* (auch nur sehr selten) die Fühler im Gegentheil (die ersten zwei Glieder ausgenommen) weiss werden, so ist ersichtlich, dass die Färbung der Fühler Veränderungen unterworfen ist. Vol-

[illegible] Haliday's ganz übereinstimmen, [illegible] Exemplaren [illegible] gelb waren, da der Autor [illegible] besonderen Nachdruck auf das [illegible] im Gegensatz zu einer vorhergehenden Art [illegible] hervorgehoben [illegible] dunkel ist. Dass ich Haliday's Art [illegible] vor mir habe, beweisen auch die Flügel meiner Exemplare, die im Verhältniss zum Körper auffallend [illegible] auffallender als bei [illegible] sind, die Farbung der Beine, [illegible] mit Haliday's Exemplaren übereinstimmt [illegible] die Verengung des Kopfes nach hinten, welche bei meinen Exemplaren vorkommt, mit Degeer's Zeichnung, auf die Haliday hinweist (Mém. pour serv. à l'hist. d. Insectes, tab. [illegible], fig. [illegible]) angedeutet, und endlich ist die betreffende Art bei uns entschieden die gewöhnlichste und bewohnt in [illegible] Blumen überhaupt [illegible] speciell [illegible] Blumen, und zwar [illegible] vom Frühjahre an sehr zahlreich. Was die [illegible], die ich gesammelt habe, anbelangt, so sind ihre Fühler und Beine ähnlich wie bei Haliday's Exemplaren gefärbt. Der Körper [illegible] ist gewöhnlich viel lichter, obwohl er ausnahmsweise [illegible] kann, wie es Haliday angibt.

23. Physopus phalerata Hal.*)

Tab. I, fig. 5. Tab. V, fig. 58.—60.

1836. *Thrips phalerata* Haliday, Entomolog. Magazine, pag. 447.
1836. — Burmeister, Handb. d. Entomologie, II, pag. 413.
1843. *Odontothrips phalerata* Amyot et Serville, Ins. Hemipteres, pag. 643.
1852. *Thrips phalerata* Haliday, Walker: Homopt. ins. of Brit. Museum, pag. 1108.
1852. — Heeger, Sitzb. d. Akad. d. Wiss., Wien, VIII, pag. 131, tab. XIX (špatně! — schlecht!).

♀

Barva těla černohnědá až černá. Hlava trochu širší než delší. Tykadel 1. čl. kratší než 2., stejně však široký. Třetí čl. delší než předcházející, 3., 4. a 6. čl. asi stejně dlouhé, 5. značně kratší. 3. a 4. čl. ke konci trochu zúžené. Stylus dlouhý, 2. čl. jeho delší než první. K spodní straně 6. čl. dole přiléhá čirá šupinka, v předu v cípek prodloužená. Celé tykadlo černohnědé, 2. čl. na konci, 3. článek celý žlutý. Prothorax jest trochu delší než hlava, na předních jeho rozích není dlouhých chlupů, na zadních po dvou. První pár noh značně silný. Všecka femora jsou černohnědá, přední tibie žluté [illegible] dole [illegible] zkalené, ostatní tibie celé černohnědé, tarsy všecky žluté. Přední tibie mají na konci dole [illegible] dlouhý dolů zakřivený zub. Vedle tohoto zubu [illegible] ostrý hrbol, u něhož [illegible] štětinka. Přední tarsus nemá dole žádných [illegible]. Horní žilka jest po celé své délce stejnoměrně chlupy posetá, jen před dvěma [illegible] chlupy jest větší mezera. Vedlejší žilka taktéž celá chlupy posetá. Hořejší [illegible] kořen a konec křídla jsou též

*) [illegible] Sammlung des böhmischen Landesmuseums.

tmavé zkalené. Bílá část křídla mezi prostřední tmavou stuhou a tmavým koncem jest trochu temnější než bílá část křídla na basi. Toto nepatrné zkalení není však nijak na újmu zřetelnosti tmavých stuh. Dol. křídla slabě zkalená, ke konci trochu silněji, na basi čirá. Délka těla 1·1 mm.

♂ (dosud nepopsaný).

Menší než ♀; tělo, tykadla, nohy i křídla právě tak zbarvené jako u ní. Přední nohy jsou taktéž stlustlé a mají na předních tibiích podobný zub, jenž však jest trochu tenčí a více zakřivený. Vedle něho jest též u samce ostrý hrbol. Články abdom. nemají dole žádných světlých prohlubin; za to prodlužují se 4.—7. čl. dole na zadním kraji uprostřed v okrouhlý čípek.

Žije v drnu. V květnu nalezl jsem ji v obou pohlavích, a to místy hojně. Jednu samici sbíral jsem také počátkem listopadu. Dle Haliday-e žije v květech od *Vicia sativa*.

Čechy: Hradec Králové: U Věkoše. Třebechovice: V lese pod Vysokým Újezdem. Opočno: V háji Chropotíně. Milešovka.

♀.

Körperfarbe schwarzbraun bis schwarz. Kopf etwas mehr breit als lang. Erstes Fühlerglied kürzer als das 2., jedoch gleich breit. Das 3. Glied länger als das vorhergehende; das 3., 4. u. 6. Glied etwa gleich lang, das 5. bedeutend kürzer; das 3. u. 4. Glied gegen das Ende zu etwas verengt. Stylus lang, sein zweites Glied länger als das erste. An der Unterseite des 6. Gliedes befindet sich eine helle Schuppe, welche vorne in einen kleinen Zipfel verlängert ist. Der ganze Fühler schwarzbraun, das 2. Glied am Ende und das 3. ganz gelb. Prothorax etwas länger als der Kopf; auf seinen Vorderecken keine, auf seinen Hinterecken je zwei lange Borsten. Das erste Paar Beine bedeutend verdickt. Alle Schenkel schwarzbraun; die Vordertibien gelb, oben und unten schmal grau getrübt, die übrigen Tibien ganz schwarzbraun; alle Tarsen gelb. Vordertibien am Ende unten mit einem starken, langen nach unten gekrümmten Zahn versehen. Neben diesem Zahn befindet sich noch ein scharfer Höcker, bei welchem eine kleine starke Borste steht. Vordertarsus unten ohne Höckerchen. Die Hauptader ist der ganzen Länge nach gleichmässig mit Borsten besäet; nur vor den zwei letzten befindet sich eine Lücke. Die Nebenader überall mit Borsten versehen. Oberflügel weiss, inmitten mit einer sehr breiten dunklen Binde; auch die Wurzel und das Ende des Flügels dunkel. Der lichte Theil des Flügels zwischen der dunklen Mittelbinde und dem dunklen Ende ist etwas trüber als der lichte Theil vor der Wurzel. Diese unbedeutende Trübung ist jedoch der Deutlichkeit der dunklen Binden nicht nachtheilig. Unterflügel schwach getrübt, gegen das Ende zu etwas stärker, am Grunde hell. Körperlänge 1·1 mm.

[illegible]

Kleiner als das ♀. Körper, Fühler, Beine und Flügel ebenso gefärbt. Vorderbeine ebenfalls verdickt und die Tarsen der Vorderbeine mit einem [illegible] Zahn versehen, der jedoch etwas dünner und mehr [illegible] ist. Neben ihm steht noch ein [illegible] scharfer Höcker. Die Abdominalsegmente haben [illegible] keine [illegible] Verlängerungen, dafür sind die Hinterränder des 4.–7. Segments in der Mitte unten mit je einem abgerundeten Zäpfchen versehen.

Vorkommen: Im Mai wurden Weibchen und Männchen gefunden, im November nur Weibchen. Lebt im Rasen. — Fundort: [illegible] Böhmen.

24. Physopus intermedia nov. sp.*

♀.

Barva těla černá. Přední [illegible] mají na konci veliký [illegible] [illegible] [illegible] [illegible] [illegible] [illegible] [illegible] [illegible]. Na předním tarsu není [illegible]. [illegible] [illegible] [illegible] [illegible] tak zbarvené jako u druhu předcházejícího. [illegible] [illegible] jest rovněž [illegible] jako u druhu *phalerata*. Tvar a zbarvení tykadel [illegible] tako u druhu [illegible]. Délka těla 1·5 mm. — Dvanáct exempl. bylo nalezeno.

♂.

Barva těla černohnědá. Tykadel první článek [illegible] 2. žlutavý, [illegible] [illegible] [illegible] 3. [illegible] 4. [illegible] žlutavý, [illegible] ke konci [illegible] [illegible] [illegible] [illegible]. Femora černohnědá, přední na konci žlutavá. Přední [illegible] žlutavé, [illegible] a zadní černohnědé, na konci žlutavé. Tarsy všecky žlutavé. Přední [illegible] [illegible] [illegible] [illegible] zahnutým zubem. Na předním tarsu [illegible] není [illegible]. Křídla [illegible] zbarvena jako u samice. [illegible] na článcích abdomenu není [illegible] [illegible] na zadním kraji jako u samice druhu předešlého. Délka těla 0·9 mm. — Jeden exemplář nalezen.

Exempláře tyto sbíral jsem v červnu v [illegible] polních [illegible] [illegible] u Hradce Králové.

Körperfarbe schwarz. Die Vorderschenkel haben am Ende einen [illegible] [illegible] [illegible] Zahn, neben welchem ein Höcker steht, auf dessen Ende [illegible]

* [illegible] Sitz.-Ber. d. [illegible] [illegible]

Borste sich befindet. An den Vordertarsen keine Höckerchen. Beine, Ober- und Unterflügel sind ähnlich wie bei der vorhergehenden Art gefärbt. Die Behaarung der Flügeladern ebenfalls dieselbe wie bei der Art *phalerata*; Gestalt und Farbung der Fühler jedoch wie bei der folgenden Art. Körperlänge 1·5 mm.

♂.

Körperfarbe schwarzbraun. Erstes Fühlerglied graubraun, 2. gelblich, schwach braun getrübt, 3. gelblich, das 4. unten gelblich, oben gegen das Ende zu graubraun; die folgenden Glieder ebenfalls graubraun. Die Schenkel schwarzbraun, die vorderen am Ende gelblich. Vordertibien gelblich, Mittel- und Hintertibien schwarzbraun, am Ende gelblich. Alle Tarsen gelblich. Vordertibien am Ende unten mit einem mächtigen gekrümmten Zahn versehen. Am Vordertarsus unten keine Höckerchen. Flügel ähnlich wie beim Weibchen gefärbt. Die Abdominalsegmente haben an der Bauchseite keine Zapfen wie bei der vorhergehenden Art. Körperlänge 0·9 mm.

Vorkommen: Im Juni in beiden Geschlechtern auf Blüten. — Fundort: Böhmen.

25. Physopus ulicis Hald.*)

Tab. V., fig. 61.

1836. *Thrips Ulicis* Haliday, Entomolog. Magazine, str. 446.
1836. — Burmeister, Handb. d. Entomologie, II, pag. 414.
1843. *Odontothrips ulicis* Amyot et Serville, Ins. Hémiptères, pag. 643.
1852. *Thrips* — Haliday, Walker: Homopt. ins. of Brit. Museum, pag. 1108.; tab. VII., fig. 43. et 44.
1852. — *Loti* Idem, ibidem.
1852. — *Ulicis* Heeger, Sitzungsb. d. Akad. d. Wiss., Wien, VIII, pag. 130 tab. XVIII. (špatné! — schlecht!).
1878-79. *basalis* Reuter, Diagn. öfv. nya Thysanopt. f. Finland, pag. 13.

♀.

Barva těla černohnědá, často černá. Hlava trochu širší než delší. První čl. tykadel kratší než 2., stejně však široký; 3. jest delší druhého a ke konci hrdlovitě se zužuje; 4. jest podobného tvaru, mírněji však ke konci zúžený, 3., 4. a 6. čl. jsou skoro stejně dlouhé, 5. mnohem kratší než předcházející. Stylus dlouhý, druhý jeho článek delší než prvý. K 6. čl. přiléhá dole veliká elliptičná, v předu prošpičatělá, světlá šupinka. Tykadla černohnědá, 2. čl. na konci, 3. čl. celý žlutý, 4. žlutý, slaběji nebo silněji šedohnědě zkalený. Prothorax jest delší než hlava. Na zadních rozích jsou dvě dlouhé

*) Doklad ve sbírce musejní, praep. č. 19. — Sammlung des böhmischen Landesmuseums, Praep. Nr. 19.

1 *

ohnuty. Prvni pár noh jest značně ztlustlý. Přední tibie mají na konci dole otupělý dolů zahnutý zub, který však jest menší než u druhů předcházejících. Vedle tohoto zubu vzniká se též malý hrbol zakončený [illegible] jednou štětinou. Přední tarse mají ke konci dole dva malé ostré hrbolky, [illegible] vedle sebe stojící tak, že dívajíce se ze strany, vidíme toliko jeden. Všecka femora a tibie černohnědé, přední tibie žluté nahoře a dole úzce [illegible] žluté, [illegible] tibie celé černohnědé, tarsy všecky žluté. Žáky v [illegible] křídlo podobně obrvené jako u druhů předcházejících, mezera však před předním [illegible] chloupy na [illegible] jest značně menší. Hořejší křídlo jest až po začátek spodní žilky [illegible] kořenu jest tmavé, od počátku spodní žilky až na konec jest křídlo [illegible] černohnědé zbarveno. [illegible] křídla jest [illegible] ke konci nepatrně zbarvené. Délka těla 1·3 mm.

dosud nepopsaný.

Menší než ♀. Tělo tmavě černohnědé. Tykadel 1. a 3. čl. žlutavé, prvni článek bývá trochu hnědě zkalený, 4. někdy celý žlutavý, jindy jen dole žlutavý, nahoře však ke konci světle hnědý, následující všecky světle černohnědé. Křídla jsou podobně jako u samičky zbarvena, od polovice však do konce trochu méně zbarvena, špička křídla jest opět tmavší. Nohy jsou utvořeny a zbarveny jako u samice. Přední nohy také ztlustlé. Zub na koncích tibií jest též zde přítomen, jakož i hrbolek se štětinou na konci vedle něho a dva ostré hrbolky dole před koncem tarsí. Někdy jsou střední a zadní tibie na samém konci žlutavé. Čtvrtý až 7. čl. abdomu dole nemají na zadním kraji uprostřed onoho výběžku jako samci druhu *phalerata*.

Vyskytuje se v obou pohlavích od května do srpna v drnu. Mimo to žije v různých květech, zvláště v papilionaceích, v kopretině a v jetelích. Někdy nalézáme je též na nízkých rostlinách nekvetoucích v počtu dosti značném.

Čechy: Mnichov, Hradec Králové, Třebechovice, Turnov, Jilemnice, U Branné, [illegible], Habernbach, Sobotka, Skuhrova, Písek, Chotěboř, Vinecká, Jindř. Hradec, Dubá.

—o—

Körperfarbe schwarzbraun oder schwarz. Kopf etwas mehr breit als lang. Erstes Fühlerglied kürzer als das 2., jedoch gleich breit, das 3. ist länger als das 2. und gegen die Enden zu halsförmig verengt, das 4. durch geformt, jedoch massiger verengt, das 5. [illegible] Glied und gleich lang, das 7. viel kürzer als das vorhergehende, 8. Glied lang, [illegible] zweites Glied länger als das erste. Am 4. Gliede unten befindet sich eine grosse elliptische, vom zugespitzte lichte Schuppe. Fühler schwarzbraun, das 2. Glied am Ende, das 3. ganz gelb, das 4. gelb, schwächer oder stärker graubraun getrübt. Prothorax länger als der Kopf. Mit einem Hinterecken je zwei langen Borsten. Erstes Beinpaar bedeutend verdickt. Vordertibien am Ende unten mit einem starken, nach unten gekrümmten Zahn bewaffnet, der jedoch kleiner ist als bei der vorhergehenden Art. Neben diesem Zahn befindet sich noch ein kleiner Höcker, auf dessen Spitze eine starke Borste steht. Vordertarsus unten mit zwei kleinen scharfen Höckerchen versehen, welche dicht neben einander stehen, so dass wir, wenn wir sie von der Seite betrachten, nur eins derselben wahrnehmen. Alle Schenkel schwarzbraun; Vordertibien gelb, oben und unten schmal grau getrübt, die übrigen Tibien ganz schwarzbraun; alle Tarsen gelb. Längsadern im Oberflügel ähnlich beborstet wie bei der vorhergehenden Art, jedoch ist die Lücke vor den zwei letzten Borsten auf der Hauptader bedeutend kleiner. Oberflügel bis zum Anfang der Nebenader weiss, die Wurzel selbst jedoch dunkel; vom Anfange der Nebenader bis zum Ende ist der Oberflügel stark graubraun getrübt. Unterflügel hell und nur gegen das Ende zu unbedeutend getrübt. Körperlänge 1·3 mm.

(noch unbeschrieben).

Kleiner als das ♀. Körper dunkel graubraun. Erstes bis 3. Fühlerglied gelblich; erstes Glied oft etwas braun getrübt, das 4. manchmal ganz gelblich, zuweilen nur unten gelblich, oben jedoch gegen das Ende zu licht graubraun; alle folgenden Fühlerglieder licht graubraun. Flügel ähnlich wie beim Weibchen gefärbt, von der Mitte an bis zum Ende jedoch etwas lichter; die Flügelspitze ist wieder dunkler. Gestalt und Farbe der Beine wie beim Weibchen. Vorderbeine ebenfalls verdickt. Auch der Zahn auf den Enden der Vordertibien ist hier vorhanden, ebenso wie der Höcker mit der Borste auf seiner Spitze neben ihm und die zwei scharfen Höckerchen unten am Tarsus. Manchmal sind die Mittel- und Hintertibien am äussersten Ende gelblich. Das 4.—7. Abdominalsegment unten ohne Zapfen wie bei den Männchen der Art *phalerata*.

Vorkommen: Von Mai bis August in beiden Geschlechtern in Rasen, zuweilen in verschiedenen Blüten. — **Fundorte**: England (Haliday), Finnland (Reuter), Böhmen.

26. **Physopus inconsequens** nov. sp.*)

♀.

Barva těla žlutošedá až šedohnědá; pterothorax bývá červenohnědý neb temně žlutohnědý. Při světlejších exemplářích bývají hlava a konec abdomenu nejtmavšími částmi. Hlava trochu delší než širší. Oči dosti značně vykrojené. První článek tykadel velmi silný a jen trochu kratší než 2., 3. čl. delší a 4. málo kratší než 3., 5. velmi malý, 6. kratší než 3. Stylus krátký, tlustý, kuželovitý, ze dvou stejně dlouhých článků

*) Doklad ve sbírce musejní praep. č. 20. — Sammlung des böhmischen Landesmuseums, praep. Nr. 20.

[illegible]

[illegible]

[illegible]

[illegible]

[illegible]

ihren Ursprung nimmt, stehen bei dieser Art 4 Borsten (manchmal bis 6), hinter welchen eine grössere oder kleinere Lücke folgt, durch eine oder zwei Borsten unterbrochen; gegen das Ende der Hauptader zu befinden sich noch 2—7 Borsten. Die Nebenader gleichmässig der ganzen Länge nach mit Borsten besäet. Oberflügel bedeutend gelbgrau getrübt, am Grunde lichter. Unterflügel sehr schwach grau angehaucht. Körperlänge 1·3 mm.

♂ unbekannt.

Vorkommen: Im April und Mai auf der Unterseite der Blätter von *Aesculus hippocastanum* und in verschiedenen Blüten stellenweise zahlreich. — Fundorte: Böhmen, Pest.

27. Physopus primulae Halid.*)

Tab. V., fig. 62.

1836. *Thrips Primulae* Haliday. Entomolog. Magazine, pag. 449.
1836. — *decora* Idem, ibidem.
1836. — *Primulae* Burmeister. Handb. d. Entomologie II. pag. 415.
1836. — *decora* Idem, ibidem, pag. 416.
1843. *Taeniothrips primulae* Amyot et Serville. Ins. Hémiptères, pag. 644.
1843. — *decora* Idem, ibidem.
1852. *Thrips Primulae* Haliday. Walker: Homopt. ins. of Brit. Museum, pag. 1109.
1852. — *decora* Idem, ibidem.

♀.

Barva těla černohnědá až černá; výjimkou jest pterothorax aneb celé tělo světlejší. Hlava delší než širší, oči značnou měrou vykoulené. Tykadel první čl. velmi silný a jen trochu kratší než 2., 3. mnohem delší než tento, ke konci hrdlovitě se zužující, 4. málo kratší než 3., ke konci méně zúžený, 5. velmi malý, 6. kratší než 3., stylus dlouhý, tenký, o dvou skoro stejných článcích. Barva tykadel: první dva čl. černohnědé, konec druhého a třetí čl. žlutý, 4. od polou šedo- až černohnědý, do polou žlutý až žlutohnědý; ostatní články černohnědé. Prothorax hlavy trochu kratší. Na zadních rozích dvě dlouhé štětiny. Femora černohnědá, přední na konci často žlutá; přední tibie žluté, často z počátku slabě, vždy pak nahoře a dole úzce hnědě zkalené; ostatní tibie černohnědé, na konci a na samé basi žluté. Hor. křídla jsou za první třetinou zúžena a značně nahoru prohnutá, špičatá. Na oné části hlavní žilky, pod níž začíná žilka vedlejší, nalézáme u druhu tohoto, rovněž jako u druhu předcházejícího, čtyři chlupy, kdežto

*) Doklad ve sbírce musejní, praep. č. 21. — Sammlung des böhm. Landesmuseums, Praep. Nr. 21.

[illegible] Délka těla 1.3–1.5 mm.

Var. nov. *adusta*. [illegible]

[illegible]

[illegible]

[illegible] *Leucojum vernum* [illegible] *Anemone nemorosa*, *Corydalis cava*, *Viola*, *Oxalis acetosella*, *Stellaria holostea*, *Fragaria* a *Monotropa hypopitys*. [illegible] Var. *adusta* [illegible]

Čechy: Praha [illegible] sv. Prokopa [illegible] Třebechovice, Opočno, [illegible]

[illegible]

unter welcher die Nebenader ihren Ursprung nimmt, finden wir bei dieser Art, ebenso wie bei der vorhergehenden, vier Borsten, wogegen hier bei anderen Thysanopteren nur 3 Borsten zu sein pflegen. Die Nebenader der ganzen Länge nach mit Borsten besaet. Oberflügel vom Grunde bis zum Anfang der Nebenader weiss, dann graubraun getrübt, und zwar an der Basis und gegen das Ende sehr stark, in der Mitte viel schwächer. Vor der Spitze befindet sich manchmal ein länglicher heller Fensterfleck. Unterflügel am Grunde hell, dann grau getrübt, am Ende noch dunkler. Körperlänge 1·3—1·5 mm.

Var. (nov.) **adusta.** Kopf und Thorax rothbraun, schwach bis stark grau getrübt. Abdomen licht gelbbraun, mit einem grauen Anflug; die beiden letzten Glieder schwarz.

(noch unbeschrieben).

Viel kleiner als das ♀. Färbung des Körpers, der Fühler, der Beine und der Flügel dieselbe. Das 3.—7. Abdominalsegment unten mit je einer sehr langen, lichten, in der Mitte verengten Vertiefung.

Vorkommen: Weibchen in den ersten Frühlingsblumen schon im März. Beide Geschlechter bis August. — Fundorte: England (Haliday), Böhmen.

28. **Physopus distincta** (nov. sp.[1])

♀.

Barva těla úplně černá. Tělo mohutné. Hlava trochu delší než širší, oči značnou měrou vykoulené. Za očima jest hlava hrutá. První čl. tykadel velmi silný a jen trochu kratší než 2., 3. značně delší než prvé dva články dohromady, úzký, ke konci hrdlovitě se zúžující, 4. trochu kratší než 3., podobného tvaru, 5. krátký, poměrně však delší než u druhu *primulae* a *inconsequens*, 6. jen o trochu kratší než 3., stylus dlouhý, 2. čl. jeho tenčí a patrně delší prvého. Barva tykadel: 1. a 2. čl. černohnědé, konec druhého, 3. a 4. žluté, 5. do polou žlutý, od polou černohnědý, 6. černohnědý, na basi žlutý, stylus celý černohnědý. Prothorax hlavy trochu kratší. Na zadních jeho rozích po dvou dlouhých chlupech smyslových. Nohy štíhlé. Všecka femora černá, všecky tibie žluté, vně slabě hnědě zkalené, tarsy žluté. Křídla úzká, špičatá. Obě žilky stejnoměrně mnohými chlupy posety. Hoř. křídla na samé basi tmavá, před basí až k počátku vedlejší žilky bílá, ostatní část velmi silně, a to zvl. z počátku a na konci, sedohnědě zkalená. Dolejší s velmi slabým sedohnědým nádechem, na konci trochu silnějším; žilka jejich jest černohnědá. Délka těla 1·3 mm.

[1]) Doklad ve sbírce autorově.

[illegible]

[illegible]

Körper [illegible] schwarz [illegible]. Kopf etwas [illegible]. Augen [illegible] hervorgequollen. [illegible] der Kopf [illegible]. Fühlerglied [illegible] zwei [illegible] 2. [illegible] 4. etwas kürzer [illegible] bei den Arten *primulae* und *inconsequens* [illegible] 3. [illegible] 2. Glied [illegible] 1. [illegible] 2. Glied schwarzbraun [illegible] 2. [illegible] 5. bis zur Mitte [illegible] von der Mitte an schwarzbraun [illegible] schwarzbraun. Prothorax etwas kürzer als der Kopf [illegible] zwei kurze Borsten. [illegible] Schenkel [illegible] braun [illegible] Borsten besetzt. [illegible] und zwar besonders [illegible] und gegen das Ende [illegible] am Ende etwas dunkler. [illegible] Körperlänge 1·3 mm.

[illegible] unbekannt.

Vorkommen: [illegible] Pflanzen. — Fundort: Böhmen.

2. Physopus ulmifoliorum Halid.

Taf. V, Fig. 65.

[illegible] *Thrips ulmifoliorum* Haliday, Entomol. Magazine, pag. 447.
[illegible] *Physopus* [illegible] Amyot et Serville, Hist. Hémiptères, pag. 645.
[illegible] *Thrips* [illegible] Haliday-Walker, Homopt. Ins. of Brit. Museum, pag. 1114.
[illegible] *Sericothrips* Reuter, [illegible] Thysanopt. [illegible] pag. 14.
[illegible] *Euthrips consocialis* [illegible] pag. 125.

[illegible]

♀.

Barva těla žlutá až světle hnědožlutá; prothorax nahoře na disku, pterothorax mezi křídly a abdomen nahoře, jen pokud je křídly pokryt, tmavě šedě zkalen, poslední dva kroužky celé, nahoře i dole, černošedé. Hlava jest širší než delší a nazad se trochu zúžuje. Vrásky na týle jsou hustě stěsnány. První čl. tykadel značně kratší druhého, 3. delší než 2. a 4. Pátý čl. jest značně kratší než předcházející a přiléhá širokou plochou k následujícímu článku, tvoře s ním jaksi celek. Stylus dlouhý, 2. čl. jeho značně delší prvého. Barva tykadel: 1. čl. žlutavý, někdy trochu šedě zkalený, 2. šedý, 3. žlutavý a slabě, ke konci silněji šedě zkalený, 4. tmavošedý, na basi světlejší, ostatní černošedé. Prothorax as tak dlouhý jako hlava. Zadní rohy se dvěma dlouhými chlupy. Mimo to nalézají se na zadním kraji jeho na každé straně ještě dva chlupy vnější slabší, vnitřní silnější. Nohy žlutavé až světle hnědožluté, femora a tibie vně slabě šedě zkalené. Křídla dosti silně žlutavošedá, na basi sotva světlejší. Žilky bývají obyčejně nezřetelné, někdy však velmi patrné. Hoř. žilka má na konci dva chlupy, dolejší je po celé délce chlupy poseta. Dva poslední články abdom. mají dlouhé, tuhé a tmavé chlupy. **Délka** těla 0·9—1·2 mm.

Var. (nov.) **obscura.** Celé tělo nahoře i dole hnědošedé. Tykadla celá tmavá, jen 1. a 3. čl. (časem i 4.) trochu, někdy sotva světlejší. Jindy jsou 1. a 2. čl. šedé, 3. žlutavý, 4. žlutavý, slabě šedě zkalený, ostatek tykadla černý. Všecka femora a všecky tibie hnědošedé a na konci (zvl. tibie) žlutavé. Křídla značně šedě zkalená.

Var. **bicolor** m. Hlava a celý thorax žlutohnědý, abdomen černý. První čl. tykadel šedý, 2., 5., 6. čl. a stylus černé, 3. čl. žlutavý, 4. žlutavý, slabě šedě zkalený.

Var. (nov.) **annulicornis.** Trochu menší než typická forma. Barva těla světle žlutá, nahoře místy velmi slabě šedě zkalená. Tykadel 1. čl. žlutavý, prosvítavý, druhý světle šedý, ostatní černé, 3., 4. a 5. na basi bílé. Šestý čl. jest na samé basi zúžený, následkem čehož netvoří s pátým článkem celek jako u formy typické.

♂ (nově objevený).

Menší, značně světlejší než ♀, žlutavý, nahoře slabě šedě zkalený, abdomen bělavý. Tykadel čl. 1., 2. i 3. bývají bělavé, 2. někdy slabě, 3. jen na konci a následující celé šedě zkalené; 4. bývá světlejší. Šestý čl. tykadla jest poměrně delší než u samice. Zúžení hlavy nazad jest ještě patrnější než u ♂.

Žije v létě na lístcích (obyčejně na horejší straně) vrb, topolu černého, olší, bříz, dle Halidaye jilmu a dle Targ.-Tozzettiho na keřích lískových. Též pod korou vrbovou a olšovou jsem ji zastihl. Samce nalézal jsem v srpnu. Samice přezimují pod korou stromů, na kterýchž v létě žijí a částečně též v drnu neb mechu pod nimi.

Var. *obscura* vyskytuje se dosti zhusta mezi formou typickou. Var. *bicolor* a *annulicornis* [illegible] jsem po jednom exempláři u Hradce Králové v srpnu.

Čechy: Hradec Králové, Opočno, Jindř. Hradec (Dušek).

Körperfarbe gelb bis licht braungelb. Prothorax oben auf dem Discus, Pterothorax zwischen den Flügeln und Abdomen oben nur soweit es von den Flügeln bedeckt ist, dunkel grau getrübt, die letzten zwei Segmente ganz oben und unten schwarzgrau. Kopf mehr breit als lang, nach hinten etwas verengt. Die Runzeln auf dem Hinterkopfe dicht gedrängt. Das 1. Fühlerglied bedeutend kürzer als das 2., das 3. länger als das 2. u. 4. Das 5. ist bedeutend kürzer als das vorhergehende und legt sich an das folgende Glied mit breiter Fläche an, so dass es mit ihm ein Ganzes bildet. Stylus lang, sein 2. Glied bedeutend länger als das erste. Fühlerfärbung: 1. Glied gelblich, manchmal etwas grau getrübt, 2. grau, 3. gelblich und schwach, gegen das Ende stärker grau getrübt, das 4. dunkelgrau, am Grunde lichter, die übrigen schwarzgrau. Prothorax etwa so lang wie der Kopf, seine Hinterecken mit zwei langen Borsten versehen. Ausserdem befinden sich auf seinem Hinterrande jederseits noch zwei Borsten, die äusseren sind schwächer, die inneren stärker. Beine gelblich bis licht braungelb, die Schenkel und die Tibien aussen schwach grau getrübt. Flügel ziemlich stark gelblichgrau, am Grunde kaum lichter. Die Adern pflegen gewöhnlich undeutlich zu sein, zuweilen jedoch kenntlich. Die Hauptader im Ende mit zwei Borsten besetzt, die Nebenader der ganzen Länge nach mit Borsten versehen. Die zwei letzten Abdominalsegmente mit langen starken und dunklen Borsten. Körperlänge 0·9–1·2 mm.

Var. nov. **obscura.** Der ganze Körper oben und unten braungrau. Die Fühler ganz dunkel, nur das 1. und 3. Glied, zuweilen auch das 4. etwas, manchmal kaum lichter. [illegible] 1. u. 2. Glied grau, das 3. gelblich, das 4. gelblich, schwach [illegible] die übrigen Glieder schwarz. Alle Schenkel und alle Tibien braungrau [illegible] Flügel bedeutend grau getrübt.

Var. **bicolor** m. Kopf und der ganze Thorax gelblich, Abdomen schwarz. [illegible] 2.–5. [illegible] und der Stylus schwarz, das 3. Glied [illegible] gelblich, schwach grau getrübt.

Var. nov. **annulicornis.** Etwas [illegible] als die typische Form. Körperfarbe [illegible] Fühler [illegible] gelblich [illegible] das 3. [illegible] am Grunde weiss [illegible] Wurzel [illegible] mit dem vorhergehenden [illegible] typischen Form der Fall [illegible]

♂ (neu entdeckt).

Kleiner, bedeutend lichter als das ♀, gelblich, oben schwach grau getrübt. Abdomen weisslich. Erstes, 2. u. 3. Fühlerglied pflegen weisslich zu sein, das 2. manchmal schwach, das 3. nur am Ende und die folgenden ganz grau getrübt; das 4. ist oft lichter. Das 6. Fühlerglied ist verhältnismässig länger als beim Weibchen. Die Verengung des Kopfes rückwärts ist noch deutlicher als beim Weibchen.

Vorkommen: Weibchen während der warmen Jahreszeit auf Blättern (gewöhnlich auf der Oberseite) von Weiden, Schwarzpappeln, Erlen, Birken nach Haliday auch von Ulmen und nach Targioni-Tozzetti auf Haselnüssen. Männchen im August. Weibchen überwintern unter Baumrinde und theilweise im Rasen und Moos. Fundorte: England (Haliday), Finnland (Reuter), Sicilien (Targioni-Tozzetti), Böhmen.

30. **Physopus pini** nov. sp.*)

♀.

Barva těla tmavě šedohnědá až černohnědá. Hlava trochu širší než delší, na samé basi dosti značně zaškrcená. Tváře vypouklé. První čl. tykadel kratší než 2., 3. článek trochu delší než tento, 3. a 4. čl. skoro stejně dlouhé, 5. tak široký jako 4., avšak značně kratší; 6. trochu delší než 3. Stylus krátký, tlustý, o dvou skoro stejně dlouhých článcích. Třetí a 4. článek jsou ke konci trochu zúžené. Barva tykadla: 1. a 2. článek šedohnědé, 2. na konci žlutavý, 3. žlutavý, nahoře ku konci obyčejně slabě šedohnědě zkalený, 4., 5., 6. čl. a stylus černohnědé, 4. někdy na basi dole žlutavý. Prothorax as tak dlouhý jako hlava, se zadními rohy zaokrouhlenými. Na předních rozích není dlouhých chlupů, na zadních dva. Mimo tyto chlupy má prothorax na svém zadním okraji na každé straně ještě 3 malé chloupky, z nichž třetí jest nejdelší. Přední femora na konci a uvnitř žlutavá, vně šedohnědá, střední a zadní na obou koncích žlutá, uprostřed široce šedohnědá. Všechny tibie žluté, před basí dosti široce slabě šedohnědě zkalené, tarsy žluté. Hlavní žilka má ve druhé polovině tři chlupy, z nichž prvý bývá od ostatních dvou trochu oddálen. Vedlejší žilka po celé své délce jest řídce chlupy poseta. Hoř. křídla jsou slabě žlutavě zkalená, uprostřed ještě světlejší a na basi skoro čirá. Dol. křídla čirá. Abdomen jest na konci tenkými nedlouhými chlupy opatřen. Délka těla 0·9 mm. Třináct exempl. nalezeno.

♂. Nebyl posud objeven.

Třásněnku tuto nalezal jsem od dubna do září na jehlicí mladých smrčků a mimo to jednotlivě v různých květech a na nízkých nekvetoucích rostlinách.

Čechy: Hradec Králové, Třebechovice, Opočno, Vrchlabí, Liberec.

---

*) Doklad ve sbírce musejní, praep. č. 23. — Sammlung des böhmischen Landesmuseums, Praep. Nr. 23.

Körperfarbe dunkel graubraun bis schwarz[illegible]. Kopf etwas mehr breit als lang [illegible] Die Wangen [illegible] Fühlerglied [illegible] 2. das 3. etwas länger als das vorhergehende, das 4. [illegible] lang wie das [illegible] jedoch bedeutend kürzer [illegible] etwas länger als das erste. Stylus kurz [illegible] Das [illegible] Fühlerglied [illegible] 1. u. 2. Glied graubraun, 2. am Ende gelblich, 3. gelblich, oben gegen das Ende gewöhnlich schwach graubraun [illegible] schwarzbraun, das 4. manchmal an der Basis [illegible] Prothorax etwa so lang wie der Kopf, mit abgerundeten Hinterecken, welche mit zwei langen Borsten versehen sind (Vorderecken ohne dieselben). [illegible] Hinterrand [illegible] mit drei kleinen Härchen besetzt, von denen das dritte am längsten ist. Die Vorderschenkel am Ende und innen gelblich, sonst graubraun, die mittleren und hinteren auf beiden Enden gelb, in der Mitte breit graubraun. Alle Schienen gelb, vor dem Grunde [illegible] breit schwach graubraun getrübt, die Tarsen gelb. Die Hauptader ist in ihrer zweiten Hälfte mit drei Borsten versehen, von denen die erste von den übrigen zwei etwas entfernt zu sein pflegt. Die Nebenader der ganzen Länge nach spärlich mit Borsten besetzt. Oberflügel schwach gelblich getrübt, [illegible] noch lichter, am Grunde [illegible] hell. Unterflügel hell. Abdomen am Ende mit dünnen, recht langen Borsten besetzt. Körperlänge 0.9 mm.

♂ unbekannt.

Vorkommen: Selten und einzeln auf jungen Fichtennadeln, vier Exempl. fand ich ausserdem auf Blättern [illegible] Pflanzen und drei waren (wohl nur zufällig) auf [illegible]. — Fundort: Böhmen.

31. Physopus Fričí nov. sp.*)

♀

Barva těla [illegible] olivová, [illegible] ke konci tmavší a na konci skoro černohnědá. [illegible] Hlava skoro tak dlouhá jako široká, [illegible] Tykadla poměrně kratší než u předcházejících druhů. První čl. [illegible] kratší druhého, 2., 3. a 4. čl. skoro stejně dlouhé, 5. málo kratší [illegible] 2. [illegible] delší prvého. Barva tykadla: 1. čl. žlutavý, [illegible] 2. čl. [illegible] na konci [illegible], 3. a 4. čl. žluté, velmi [illegible] Prothorax as tak dlouhý jako

*) [illegible] Dr. Ant. Frič [illegible]

hlava. Na jeho zadních rozích po dvou nedlouhých chloupcích; na zadním kraji pak po každé straně 4 chloupky, první nejmenší, poslední největší. Pterothorax jest poměrně menší než u druhů předcházejících. Ostny na zadních tibiích jsou mnohem slabší než u ostatních druhů toho rodu. Femora šedě olivová, jen přední ke konci trochu světlejší. Přední tibie žlutavé, po obou stranách slabě šedě zkalené, ostatní tibie šedě olivové, na konci žlutavé. Tarsy žlutavé. Hor. křídla žlutavošedě zkalená. Hlavní žilka v druhé polovině se třemi chlupy, z nichž první od dvou ostatních jest oddálen. Poslední články abdomenu opatřeny jsou silnými ostnitými chlupy postranními. Na 8. čl. uprostřed po obou stranách jest hrbolek, který zde, podobně jako u druhu *robusta*, jest dosti nápadný. Délka těla 0·9 mm. — Dva exempl. nalezeny.

♂. Nebyl posud objeven.

Třásněnku tuto sbíral jsem v květnu a v červnu v květech lesních u Hradce Králové.

♀.

Körperfarbe grau olivengrün, Abdomen gegen das Ende zu dunkler, am Ende fast schwarzbraun. Es kann jedoch der Körper auch ganz graubraun und das Abdomen gegen das Ende zu schwarzbraun sein. Kopf fast so lang wie breit, nach hinten etwas verengt. Fühler verhältnismässig kürzer als bei den vorhergehenden Arten. Ihr erstes Glied bedeutend kürzer als das zweite; dieses, das 3. u. 4. fast gleich lang, das 5. nicht viel kürzer. Stylus ziemlich lang, sein 2. Glied nur wenig länger als das erste. Fühlerfärbung: 1. Glied gelblich, grau getrübt, 2. dunkelgrau, am Ende gelblich, 3. u. 4. Glied gelb, sehr schwach grau angeflogen, das 5. gelblich, ebenfalls mit schwachem grauen Anflug, das 6. dunkelgrau an beiden Enden lichter, der Stylus dunkelgrau. Der Rüssel sehr kurz, abgerundet. Prothorax etwa so lang wie der Kopf. Auf seinen Hinterecken je zwei nicht lange Borsten; ausserdem befinden sich auf seinem Hinterrande jederseits 4 Härchen, von denen das erste am kleinsten, das letzte am grössten ist. Pterothorax verhältnismässig kleiner als bei den vorhergehenden Arten. Die Stachelhaare auf den Hintertibien sind viel schwächer als bei den anderen Arten dieser Gattung. Schenkel grau olivengrün, nur die vorderen am Ende etwas lichter. Vordertibien gelblich, beiderseits schwach grau getrübt, die übrigen Tibien grau olivengrün, am Ende gelblich. Tarsen gelblich. Oberflügel gelblichgrau getrübt. Die Hauptader in ihrer zweiten Hälfte mit drei Borsten, von denen die erste von den beiden anderen entfernt ist. Die letzten Abdominalsegmente sind mit ungewöhnlich starken Seitenborsten besetzt. Auf dem 8. Segmente befindet sich beiderseits (wie bei *Ph. robusta*) ein ziemlich auffallender Höcker. Körperlänge 0·9 mm.

♂ unbekannt.

Vorkommen. Im Mai und Juni in Waldblüten. — Fundort. Böhmen.

52. Physopus frontalis nov. sp.*)

Tab. V. fig. 64.

Hlava vzadu hnědočerná, [illegible] v předu světle hnědá až červenožlutá. Thorax hnědočerný, zadeček černohnědý až k[illegible] černý. Hlava trochu širší než delší, do[illegible] trochu rozšířená. Přední očko [illegible] velmi malé a zadní stávají se někdy nezřetelnými. Se[illegible] všecky. První čl. tykadel velmi útlý, trochu užší než druhý a [illegible] kratší [illegible] čl. delší než 2. a ke konci hruškovitě zúžený 4. as tak dlouhý jako 3. ke konci [illegible] hruškovitě zúžený. 5. čl. kratší, 6. delší než 3. Stylus velmi dlouhý, tenký, 2. čl. [illegible] delší než první. Barva tykadel: 1. a 2. čl. šedohnědé, 1. trochu světlejší než 2. [illegible] žlutý, ke konci [illegible] zkalený, 4. žlutavý, ke konci neb již od polou šedohnědý, 5. as v první třetině žlutý, ostatek šedohnědý, 6. čl. šedohnědý, [illegible] šedohnědý. Chloupky na článcích tykadelních, zvl. na 2. a 3. velmi útlé a černé. Prothorax trochu delší než hlava. Na jeho zadních rozích po dvou dlouhých chloupcích [illegible]. Pterothorax [illegible] as tak dlouhý jako prothorax. Přední femora [illegible] šedohnědá, ostatní černohnědá. Všecky tibie a tarsy žluté. Křídla [illegible]. Zadeček silně chlupatý, na konci dlouhými tenkými štětinami opatřený. Délka [illegible] mm. [illegible] Jediný exemplář nalezen.

Nebyl posud objeven.

Tento [illegible] jsem [illegible] v [illegible] a [illegible] též [illegible] Králové [illegible] v okolí [illegible] Hradce [illegible]

—o—o—

Kopf hinten dunkelbraun, zwischen den Augen und vorn licht braun bis rothgelb. Thorax [illegible]. Abdomen [illegible] bis ganz schwarz. Kopf etwas mehr breit als lang, [illegible] erweitert. Das vordere Nebenauge ist winzig und die hinteren werden zuweilen [illegible]. Das erste Fühlerglied sehr [illegible] etwas dicker als das 2. [illegible] kürzer, das 3. Glied länger als das 2. und gegen das Ende zu birnförmig verengt, das 4. etwa so lang wie das 3., gegen das Ende zu [illegible] verengt, das 5. kürzer, das 6. länger als das 3. Stylus sehr lang, dünn, sein 2. Glied länger als das erste. Fühlerfarbe: 1. und 2. Glied graubraun, das 1. etwas lichter als das 2., das 3. gelb, [illegible] gegen das Ende zu [illegible], das 4. [illegible] gegen das Ende zu oder schon von der Mitte an graubraun, das 5. etwa

*) [illegible]

im ersten Drittel gelb, übrigens graubraun, das 6. graubraun, am Grunde gelb, der Stylus graubraun. Die Borsten auf den Fühlern (hauptsächlich am 2. u. 3. Gliede) sehr stark und schwarz. Prothorax etwas länger als der Kopf. Auf seinen Hinterecken je zwei lange Borsten. Pterothorax nur etwa so lang wie der Prothorax. Vorderschenkel duster gelbbraun, die übrigen schwarzbraun. Alle Tibien und Tarsen gelb. Die Flügel verkümmern zu unbedeutenden Stummeln. Abdomen stark borstig, am Ende mit langen dünnen Haaren besetzt. Körperlänge 0·9 mm.

♂ unbekannt.

Vorkommen: Im Rasen, das ganze Jahr hindurch. Fundort: Böhmen.

33. Physopus pilosa nov. sp.*)

Tab. V., fig. 65.

♀.

Barva těla a noh kalně žlutá, thorax nahoře slabě šedě zkalený. Jindy jest barva těla a noh světle žlutá, prothorax a abdomen ke konci žlutohnědé. Chlupy na těle (zvl. na abdomenu) silné, odstávající a velmi tmavé. Hlava jest širší než delší. Očka velmi zakrnělá. Místo nich nalézáme dvě nebo tři nepravidelné skvrnky červeného pigmentu. První čl. tykadel krátký, 2. čl. mnohem delší, nejširší v celém tykadle, 3. čl. delší než předcházející, 4. trochu kratší než 3., 5. kratší než 4., 6. as tak dlouhý jako třetí. Stylus dlouhý, tenký, skoro jen o 0·3 kratší než 6. čl.; 2. čl. jeho maličko delší než první. Barva tykadel: První čl. žlutavý, nezkalený, 2. žlutavý, slabě šedě zkalený, 3. as do polou žlutavý, od polou šedě zkalený, ostatní černošedé. Prothorax trochu delší než hlava. Na zadních rozích po dvou dlouhých chlupech. Kromě nich má zadní okraj jeho na každé straně tři chloupky, z nichž je prostřední nejdelší. Pterothorax jest kratší než prothorax. Křídel jen rudimenta, pterothorax nepřesahující. Délka těla 0·7 mm. Dva exempl. nalezeny.

Barva těla mdle žlutavá. Chlupy na těle čiré a na abdomenu značně odstávající. Očka nelze rozeznati. Tykadla trochu štíhlejší než u samičky, zvl. 6. čl. ke konci značněji zúžen. Barva tykadel: 1. a 2. čl. čiré, 3., 4. a 5. čl. žlutavé, na konci slabě žlutošedě zkalené a na samé basi čiré. Šestý čl. do polou žlutavý, od polou slabě žlutošedě zkalený, 7. a 8. čl. žlutošedé. Pterothorax as tak dlouhý jako prothorax, málo širší. Křídel jen velmi nepatrná rudimenta. První čl. abdom. skoro tak dlouhý jako 2. Délka těla 0·6 mm. — Jediný exempl. objeven.

*) Doklad ve sbírce autorově.

Poznámka. Není vyloučeno možnosti, že tento sameček náleží jinému velmi blízkému druhu, jehož samice posud neznáme.

Třásněnka tato žije velmi pořídku v drnech kde ji [illegible]. Samice nalezl jsem [illegible].

Čechy: Hradec Králové. Na pokraji lesa u Nového Hradce Král.

Färbung des Körpers und der Beine trübgelb. Thorax oben schwach grau angeflogen. Auch kann die Farbe des Körpers und der Beine lichtgelb sein, wobei der Prothorax und das Abdomen gegen das Ende zu gelbbraun sind. Borsten am Körper (hauptsächlich am Abdomen) stark, abstehend und sehr dunkel. Kopf mehr breit als lang. Ocellen sehr verkümmert. An ihrer Stelle finden wir zwei oder drei nur [illegible] Pigmentfleckchen. Erstes Fühlerglied kurz, 2. Glied viel länger, am breitesten im ganzen Fühler, das 3. länger als das vorhergehende, das 4. etwas kürzer als das 3., das 5. kürzer als das 4., das 6. etwa so lang wie das dritte. Stylus lang, dünn, [illegible] kürzer als das 6. Fühlerglied, sein 2. Glied wenig länger als das erste. Fühlerfärbung: 1. Glied gelblich, nicht getrübt, 2. gelblich, schwach grau getrübt, das 3. etwa bis zur Mitte gelblich, von der Mitte an grau angeflogen, die übrigen Glieder schwarzgrau. Prothorax etwas länger als der Kopf. Auf seinen Hinterecken je zwei lange Borsten. Außerdem hat sein Hinterrand jederseits drei Härchen, von denen das mittlere am längsten ist. Pterothorax kürzer als der Prothorax. Flügel zu Stummeln verkümmert, die den Pterothorax nicht überragen. Körperlänge 0·7 mm.

Körperfarbe [illegible] Borsten am Körper hell und am Abdomen [illegible] Ocellen [illegible] Fühler etwas schlanker als bei den Weibchen [illegible] gegen das Ende zu mehr [illegible] 2. Glied [illegible] schwach [illegible] an der Wurzel [illegible] Mitte gelblich, von der Mitte an schwach [illegible] Pterothorax etwas [illegible] wie der Prothorax [illegible] Körperlänge 0·[illegible] mm.

[illegible] Mundteile [illegible]

[illegible] Bei Hradec Králové [illegible]

8. GENUS RHAPHIDOTHRIPS (Nov. gen.) *)

Očka přítomna. Tykadla osmičlenná. Pátý čl. jejich jest v předu uťatý a přiléhá těsně k široké basi šestého článku, takže spolu s ním tvoří dvoučlenný celek. Stylus o dvou velmi tenkých článcích o stejném průměru a neobyčejně dlouhý, takže délka jeho přesahuje něco málo délku 5. a 6. čl. dohromady. Makadla maxillarní trojčlenná. Prothorax hlavy málo delší, nazad trochu rozšířený; na zadních rozích jeho po dvou chlupech smyslových; na předních rozích není takových chlupů. Nohy bezbranné. Křídla u samic obyčejné, u samců vždy zakrnělá. Jsou-li u samic přítomna, jsou dosti krátká a mají tvar podobný jako u rodu předcházejícího. Mezi třásněmi na předním okraji horních křídel nalézají se kratší silné brvy.

Ocellen vorhanden. Fühler achtgliedrig. Ihr fünftes Glied ist vorne abgestutzt und legt sich mit breiter Fläche an die breite Basis des folgenden Gliedes an. Beide Glieder bilden demnach zusammen ein zweigliedriges Ganzes. Stylus aus zwei sehr dünnen Gliedern zusammengesetzt und ausserordentlich lang, so dass seine Länge diejenige des 5. und 6. Gliedes zusammen ein wenig überragt. Maxillartaster dreigliedrig. Prothorax wenig länger als der Kopf, nach hinten etwas erweitert; auf seinen Vorderecken keine, auf seinen Hinterecken je zwei lange Borsten. Beine wehrlos. Flügel bei den Weibchen gewöhnlich, bei den Männchen immer verkümmert. Wenn bei den Weibchen vorhanden, sind sie ziemlich kurz und in Gestalt jenen der vorhergehenden Gattung ähnlich. Zwischen den Fransen am Vorderrande des oberen Flügelpaares befinden sich kürzere, starke Borsten.

34. **Rhaphidothrips longistylosa** nov. sp. **)

Tab. VI., fig. 70.

♀.

Barva těla velmi tmavě červenohnědá. Hlava trochu delší než širší; nazad trochu rozšířena; oči jsou trochu vykoulené. Očka tvoří rovnostranný trojúhelník. První článek tykadel kratší než 2., avšak právě tak široký; 2., 3., 4. a 6. čl. vespolek skoro stejně dlouhé; 3. čl. má krátkou úzkou stopku, 4. čl. a 5. mají stopky velmi krátké a široké. 5. čl. jest značně kratší než 4., jest v předu uťatý a přiléhá těsně k široké basi šestého článku; tento ke konci poznenáhla se zúžuje. Stylus neobyčejně dlouhý a tenký. Barva tykadel: 1., 2., 5., 6. čl. a stylus šedě červenohnědé; 5. čl. na basi někdy žlutý, 3. a 4. žluté, nahoře slabě, jindy silněji zkalené. Všecka femora jsou velmi tmavě červenohnědá

*) ῥαφίς jehla, Nadel.

**) Doklad ve sbírce musejní praep. č. 25. — Sammlung des böhmischen Landesmuseums Praep. Nr. 25.

[illegible] tmavé zbarvená. [illegible] jsou tmavé [illegible] [illegible] Konec [illegible] zlatavé. [illegible] [illegible] tenkými dlouhými chlupy opatřen. Délka [illegible] 1·1 mm.

FORMA MACROPTERA. Hlavní [illegible] v druhé polovině [illegible] chlupy v [illegible] vzdálenostech [illegible]. [illegible] po celé délce [illegible] chlupy [illegible] [illegible] zkalená [illegible]. Pterothorax o něco [illegible] než prothorax. [illegible] mesothorax [illegible]. Dva exempl. nalezeny.

FORMA BRACHYPTERA. Křídel [illegible] rudimenta, pterothorax nepřesahující [illegible] prothorax [illegible] jako u formy dlouhokřídlé. Sedm exempl. nalezeno.

[illegible] Tato tykadla a nohy [illegible] zbarveny. Křídel jen [illegible] nepřesahující. Konec abdomenu dlouhými tenkými chlupy opatřen. [illegible] 7 [illegible] po jedné velmi dlouhé úzké, na koncích rozšířené, světle [illegible] exempl. nalezen.

Třásněnka tato žije na nekvetoucích rostlinách lučních a v drnu. Krátkokřídlou formu nalezl jsem od dubna do srpna. Dlouhokřídlou formu sbíral jsem jen v srpnu, v kteréžto době [illegible] samce jsem zastihl.

Čechy: Hradec Králové, [illegible], Milešovka, Jind. Hradec (Duda).

Körperfarbe [illegible] dunkel rothbraun. Kopf etwas mehr lang als breit, nach hinten etwas erweitert. [illegible] hervorgequollen. Erstes Fühlerglied kürzer als das 2. und [illegible] 2. [illegible] 4. und 6. Glied untereinander fast gleich [illegible] mit einem kurzen [illegible] das 4. und 5. [illegible] kürzer [illegible] 5. Glied bedeutend kürzer als das 4. [illegible] vorne [illegible] und [illegible] wird gegen das Ende zu allmählich [illegible] Fühlerglied 1., 2., 5., 6. Glied und [illegible] 5. Glied [illegible] 3. und 4. Glied [illegible] Alle [illegible] sehr dunkel rothbraun, die Vorder[illegible] dunkel [illegible] Die übrigen Glieder dunkel [illegible] Ende [illegible] — [illegible] alle [illegible] [illegible] Körperlänge 1·1 mm.

FORMA MACROPTERA. Hauptmerkmal [illegible] zweiten Hälfte mit [illegible] [illegible] ganzen Länge nach [illegible]

Borsten besäet. Oberflügel stark gelblichgrau getrübt, am Grunde vollkommen hell. Unterflügel schwach grau getrübt, ihre Längsader dunkel. Pterothorax etwas länger und breiter als der Prothorax. Vorderecken des Mesothorax vorstehend.

FORMA BRACHYPTERA. Flügel zu Rudimenten verkümmert, die den Pterothorax nicht überragen. Die Dimensionen des Pterothorax wie bei der langflügeligen Form.

Bedeutend kleiner als das ♀. Körper, Fühler und Beine ähnlich gefärbt. Flügel rudimentär. Abdomenende mit langen dünnen Borsten versehen. Das 3.–7. Abdominalsegment hat unten je eine sehr lange, dünne, auf den Enden erweiterte lichte Vertiefung.

Vorkommen: Die kurzflügelige Form von April bis August auf nichtblühenden Wiesenpflanzen und im Rasen. Die langflügelige Form und die Männchen im August. — Fundort: Böhmen.

9. GENUS OXYTHRIPS m.*)

Očka u obou pohlaví přítomna. Tykadla osmičlenná (stylus dvoučlenný), poměrně značně kratší a zavalitější než u rodu *Physopus*. Stylus jest dosti dlouhý, vždy však značně kratší než 6. čl. Makadla maxillarní o třech článcích. Prothorax trochu až značně delší než hlava; na zadních rozích jeho po jednom neb dvou chlupech smyslových; na předních rozích není takových chlupů. U některých druhů ukončeny jsou přední tarsy obou pohlaví malým nehýtkem. Křídla přítomna, tvaru obvyklého; jen u druhu *firma* scházejí u samic často, u samců vždy. Brvy mezi třásněmi na přední části žilky okružní jsou (na rozdíl od rodu *Physopus*) slabé. Abdomen jest ke konci značně zúžen; u samic druhu *hastata* jest 10. čl. velmi dlouhý, rourovitý, takže upomíná poněkud na rod *Belothrips*. Samci mají nahoře na 9. čl. abdomenu dva páry velmi krátkých a obyčejně velmi silných ostnů, z nichž přední jest mohutnější než zadní.

Ocellen bei beiden Geschlechtern vorhanden. Fühler achtgliedrig (Stylus zweigliedrig), verhältnismässig bedeutend kürzer und gedrungener als bei der Gattung *Physopus*. Stylus ziemlich lang, jedoch bedeutend kürzer als das 6. Glied. Maxillartaster dreigliedrig. Prothorax etwas bis bedeutend länger als der Kopf; auf seinen Vorderecken ohne Borste, auf seinen Hinterecken mit je zwei oder einer langen Borste. Bei manchen Arten sind die Vordertarsen am Ende mit einer kleinen Kralle versehen. Flügel vorhanden, ihre Gestalt wie bei den vorhergehenden zwei Gattungen; nur bei der Art *firma* fehlen sie bei den Weibchen oft, bei den Männchen immer. Die Wimpern zwischen den Fransen am Vor-

*) Ὀξύς = ostrý, spicatý, spitzig.

[illegible]

5. Oxythrips hastata m.

[illegible]

[illegible]

Var. **bicolor** [illegible]

[illegible]

[illegible]

♂ nově objevený.

Trochu menší než ♀. Tělo žlutavé, nahoře slabě šedě zkalené. Nohy žlutavé, všecka femora a všecky tibie vně trochu šedě zkalené. Tykadla a křídla zbarvena jako u samice. Uspořádání chlupů na žilkách totéž. Na 4.—6. čl. abdom. dole po jedné malé, skoro kruhovité, dosti nezřetelné prohlubině.

Několik exemplářů tohoto druhu nalezl jsem na mladém jehličí smrkovém; po jednom exempláři sbírán v květu borovice (Duda), vstavače a v drnu. Obě pohlaví přezimují pod mechem a spadaným listím. — Var. *bicolor* chytil jsem v několika exempl. na nekvetoucích rostlinách v červnu.

Čechy: Praha: V lese mezi Krčí a Kundraticemi. Hradec Králové (zde též var. *bicolor*). Jind. Hradec (Duda).

♀.

Kopf und Prothorax gelblich, Pterothorax licht braungelb. Abdomen gelblich, gegen das Ende zu braungrau. Kopf etwas mehr breit als lang, nach vorne etwas verengt. Erstes Fühlerglied kürzer als das 2., dieses, das 3., 4. u. 5. untereinander fast gleich lang. Der Stylus um 0·4 kürzer als das 6. Fühlerglied; sein zweites Glied bedeutend länger als das erste. Fühlerfärbung: 1. u. 2. Glied gelblich, das 3. ebenfalls gelblich, oben mit einem schwachen grauen Anflug, die übrigen stark grau getrübt. Prothorax deutlich länger als der Kopf. Vor seinen Hinterecken je eine lange Borste. Vordertarsus am Ende ohne Kralle. Beine gelblich, manchmal alle Schenkel und Tibien aussen etwas grau getrübt. Oberflügel ganz schwach gelbgrau gefärbt. Hauptader in ihrer zweiten Hälfte mit fünf von einander etwa gleich entfernten Borsten versehen. Nebenader mit etwa 13 Borsten besetzt. Das letzte Abdominalsegment sehr lang, röhrenförmig, fast dreimal so lang wie das vorletzte. Körperlänge 0·9 mm.

Var. **bicolor** Reut. sp. Kopf und Thorax gelb mit schwach braunem oder rothem Ton. Das ganze Abdomen schwarzgrau. Fühlerfärbung: 1.—4. Glied gelblich, 3. schwach, 4. stark grau getrübt, die übrigen schwarzgrau. Beine gelblich, aussen mit schwach grauem Anflug. Körper mächtiger; seine Länge 1·1 mm.

Bemerkung. Reuter (Diagn. öfv. nya Thysanoptera f. Finland. S. 15 u. 16) betrachtet diese Varietät als eine Art der Gattung *Belothrips*. Ich bin jedoch überzeugt, dass der erwähnte Autor sie nur mit Hinsicht auf das röhrenförmige letzte Abdominalsegment zu jener Gattung brachte, und dass er das zweite Kennzeichen, welches der Gattung *Belothrips* zukommt, nämlich die ungewöhnliche Länge des Stylus, welche bei dieser Gattung der des sechsten Fühlergliedes fast gleichkommt, nur irrthümlich für sein einziges, wie es scheint, getrocknetes Exemplar angibt. Dass Reuters Exemplar trocken [illegible] war. [illegible] einer Anzahl [illegible] welche [illegible] des Kopfes [illegible] von dem [illegible] kaum zweimal mehr breit als lang ist [illegible] *Bolothrips* [illegible] Kopfe.

[illegible]

Etwas kleiner [illegible]. Der Körper [illegible] oder etwas [illegible] Fühler und der Flügel wie beim Weibchen. Die Stellung der Borsten auf den Adern ebenfalls [illegible] 6 [illegible] Verhältnis.

Vorkommen: Auf jungen Fichtennadeln, in verschiedenen Blüten und auf nicht blühenden Pflanzen. Beide Geschlechter überwintern unter Moos und dergl. [illegible] Böhmen.

36. Oxythrips ajugae nov. sp.*)

Tab. V. fig. 67.

[illegible]

Barva těla běložlutá, pterothorax jest někdy světle hnědožlutý. Abdomen u [illegible] thorax bývá nahoře stále [illegible] a to zvl. na posledních dvou článcích. Hlava trochu širší než delší, za očima po obou stranách obloukem rozšířena. První čl. tykadel značně [illegible] než druhý, 2., 3. a 4. čl. mezi sebou skoro stejně dlouhé. Stylus [illegible] o 1/4 kratší než 6. čl. [illegible] druhý čl. trochu tenčí a značně delší než první. Barva tykadel: 1., 2. a 3. čl. jsou žlutavé, 4. a následující hnědé až černošedé; často [illegible] Prothorax trochu delší než hlava. Na zadních jeho rozích po jednom dlouhém chlupu. Všecky ostatní chlupy na prothoraxu nepatrné. Nohy žlutavé. Přední tarsy ukončeny jsou malým [illegible]. Horní křídla celá žlutavě zkalena. Hlavní žilka má v druhé své polovině tři chlupy. Vedlejší [illegible] devět nebo deset chlupy. Poslední článek abdomenu sotva delší než předposlední [illegible] značně užší než u druhů předcházejících. Délka těla 0·8 mm.

[illegible] nalezeno.

Var. **bicolor**. Hlava a thorax [illegible] žluté, abdomen nahoře i dole tmavé [illegible] Ve zbarvení [illegible] jest [illegible] *bicolor* druhu *hastata*. [illegible] Horní křídla [illegible] zkalena. Délka 0·84 mm.

[illegible] nalezeno.

*) [illegible] 27. [illegible] 1894 [illegible] No. 2.

Menší než ♀, běložlutavý, pterothorax žlutý. Zřídka kdy jest tělo kromě hlavy nahoře velmi slabě šedě zkaleno. Oba páry krátkých ostnů nahoře na 9. čl. abdom. nejsou tak silné jako u ostatních druhů toho rodu. — Třináct exempl. nalezeno.

Třásněnka tato žije obyčejně v květech zběhovce a výjimkou též na mladém jehličí smrkovém. Samice nalézal jsem (zároveň s var. *bicolor*) v květnu a červnu, samce v květnu.

Čechy: Hradec Králové: V lese hradeckém. Opočno: V háji Chropotíně. Peruc.

♀.

Körperfarbe weissgelb; Pterothorax zuweilen licht braungelb. Das Abdomen (selten auch der Thorax) pflegt oben schwach grau getrübt zu sein, und zwar hauptsächlich auf den zwei letzten Segmenten. Kopf etwas mehr breit als lang, hinter den Augen stark gewölbt. Erstes Fühlerglied bedeutend kürzer als das zweite; das 2., 3. u. 4. Glied fast gleich lang. Stylus nur etwa um 0·4 kürzer als das 6. Fühlerglied. Sein zweites Glied etwas dünner und bedeutend länger als das erste. Fühlerfärbung: 1., 2. u. 3. Glied gelblich, das 4. und die folgenden braun- bis schwarzgrau, oft ist jedoch schon das dritte Glied, hauptsächlich gegen das Ende, schwach grau getrübt. Prothorax etwas länger als der Kopf. Auf seinen Hinterecken je eine lange Borste. Alle übrigen Borsten am Prothorax winzig klein. Beine gelblich. Vordertarsen am Ende mit einer kleinen Kralle. Oberflügel schwach gelblich getrübt. Hauptader in ihrer zweiten Hälfte mit drei Borsten. Nebenader mit neun oder zehn Borsten besetzt. Letztes Abdominalsegment kaum länger als das vorletzte und viel weniger verengt als bei der vorhergehenden Art. Körperlänge 0·8 mm.

Var. **bicolor**. Kopf und Thorax hochgelb, Abdomen oben und unten dunkel grau. (In der Färbung sehr ähnlich der Varietät *bicolor* der Art *hastata*.) Gestalt mächtiger als die der Stammform. Oberflügel schwach graugelblich getrübt. Körperlänge 1 mm.

♂.

Kleiner als das ♀, weissgelblich. Pterothorax gelb. Selten ist der Körper, den Kopf ausgenommen, oben sehr schwach grau getrübt. Beide Paare kurzer Dornen oben auf dem 9. Abdominalsegmente sind schwächer als bei den übrigen Arten dieser Gattung.

Vorkommen: Gewöhnlich in den Blüten von *Ajuga*, einzeln auch auf jungen Fichtennadeln. Die Weibchen im Mai und Juni, die Männchen im Mai. — Fundort: Böhmen.

35. Oxythrips firma (n. sp.)[*]

[illegible]

♀.

[illegible]

FORMA MACROPTERA. [illegible]

FORMA BRACHYPTERA. [illegible]

♂.

[illegible]

[illegible]

[illegible]

[*] [illegible]

als das 2., dieses ist das breiteste Glied im ganzen Fühler und ist etwa so lang wie das 3.; das 4. Glied ist länger als das 3.; das 5. Glied bedeutend kürzer als das 4.; der Stylus lang, dünn, sein 2. Glied länger als das erste. Fühlerfärbung: 1. Glied und das 2., dieses mit Ausnahme des Endes, graubraun, das 2. am Ende und das ganze 3. gelblich, das 4. gelblich, grau getrübt, das 5., 6., 7. u. 8. dunkelgrau. Das mittlere Glied der Maxillartaster ist ungewöhnlich kurz. Prothorax bedeutend länger als der Kopf, hinten breiter als vorn und auf den beiden Hinterecken mit je zwei langen Borsten. Vorderbeine verdickt. Vordertarsen am Ende mit einer kleinen Kralle versehen. Schenkel schwarzbraun, die vorderen am Ende lichter bis gelb. Vordertibien gelb, aussen und innen sehr schmal und schwach getrübt, die Mittel- und Hintertibien schwarzbraun, am Ende gelb; alle Tarsen gelb. Körperlänge 0·9 mm.

FORMA MACROPTERA. Flügel schmal, die oberen graugelb getrübt, am Grunde bedeutend lichter. Beide Adern gleichmässig mit vielen langen Borsten besetzt. Unterflügel hell, gegen das Ende zu etwas getrübt. Pterothorax bedeutend länger und breiter als der Prothorax.

FORMA BRACHYPTERA. Flügel rudimentär. Pterothorax nur etwa so lang wie der Prothorax.

♂.

Viel kleiner als das ♀. Farbe des Körpers, der Fühler und Beine dieselbe. Vorderbeine noch mehr verdickt. Flügel rudimentär. Pterothorax verhältnissmässig kürzer und schmäler als beim kurzflügeligen Weibchen. Abdomen breit; sein 3.—7. Segment unten mit je einer schmalen, sehr langen, in der Mitte verengten lichten Vertiefung.

Vorkommen: Im April und Mai im Rasen. — Fundort: Böhmen.

38. Oxythrips parviceps nov. sp.*)

Tab. VI., fig. 72.

♀.

Barva těla šedohnědá až žlutohnědá, v tomto pádě šedě zkalená, někdy černohnědá. Pterothorax jest tmavě žlutohnědý s šedým náletem. Hlava velmi malá, značně širší než delší, nazad zúžená. První čl. tykadel značně kratší než 2., 2. a 3. čl. skoro stejně dlouhé, 1. patrně delší; 5. trochu kratší než 3.; 6. čl. trochu delší než 4.; stylus dlouhý, 2. jeho čl. trochu delší a tenčí než prvý. Barva všech článků tykadelních černohnědá (ani 3. čl. není světlejší). Prothorax jest značně širší a delší než hlava. Nazad se rozšiřuje. Na zadních jeho rozích po dvou chloupech. Pterothorax jest delší a širší než

*) Doklad ve sbírce musejní, praep. č. 29. — Sammlung d. böhmischen Landesmuseums Praep. Nr. 29.

18*

[illegible] [illegible] [illegible] [illegible] ke konci žilky. [illegible] Délka těla 0·8 mm.

Nebyl posud objeven.

Třásněnku tuto nalezl jsem od května do počátku listopadu jednotlivě v různých květech, v množství však v květech vřesových.

Čechy: Hradec Králové, Třebechovice, Turnov [illegible], Vrchlabí, Krkonoše. Na [illegible] nad Malým stavem, [illegible], Hradec [illegible].

Körperfarbe graubraun bis gelbbraun, in diesem Falle grau getrübt, zuweilen schwarzbraun. Pterothorax dunkel gelbbraun mit grauem Anflug. Kopf sehr klein, bedeutend mehr breit als lang, nach hinten verengt. Erstes Fühlerglied bedeutend kürzer als das 2., dieses und das 3. fast gleich lang, das 4. deutlich länger, das 5. etwas kürzer als das 3., das 6. etwas länger als das 4. Stylus lang, sein zweites Glied etwas länger und dünner als das erste. Farbe des ganzen Fühlers schwarzbraun. Prothorax bedeutend breiter und länger als der Kopf, nach hinten erweitert. Auf seinen Hinterecken je zwei Borsten. Pterothorax länger und breiter als der Prothorax. Schenkel gelbgrau, die vorderen innen gegen das Ende zu gelblich. Vordertibien gelblich, oben und unten schwarzgrau getrübt. Mittel- und Hintertibien gelbgrau, an der Wurzel gewöhnlich gelblich, [illegible] [illegible] [illegible] und gegen das Ende zu immer gelblich. Alle Tarsen licht. Flügel [illegible] [illegible]. An der Hauptader befinden sich auf jener Stelle, unter welcher die Nebenader ihren Ursprung nimmt, [illegible] [illegible] [illegible] Borsten, in ihrer zweiten Hälfte stehen [illegible] Borsten, von denen die erste von den übrigen zwei bedeutend entfernt ist. Die Nebenader ist [illegible] der ganzen Länge nach mit zahlreichen Borsten versehen. Oberflügel [illegible] [illegible] [illegible] [illegible] [illegible] [illegible] [illegible] ein kleiner [illegible] Fleck [illegible]. [illegible] [illegible] Körperlänge 0·8 mm.

[illegible]

Vorkommen: Vom Mai bis Anfang November einzeln in verschiedenen Blüten, [illegible] [illegible] [illegible] [illegible] [illegible] *Calluna*. Fundort: Böhmen.

10. GENUS PACHYTHRIPS m.*)

Celé tělo, zvl. však abdomen vyniká šířkou. Oči trochu vykoulené. Očka schází. Tykadla osmičlenná, poměrně delší než u rodu předcházejícího. Stylus velmi dlouhý, kratší však než článek šestý. Makadla maxillarní o třech článcích. Prothorax trochu delší než hlava; na zadních jeho rozích po jednom chlupu smyslovém. Pterothorax kratší než prothorax, avšak širší. Nohy zavalité, bezbranné. Křídel přemaká rudimenta. První článek abdomenu jest zřetelně od pterothoraxu oddělen a jest tak široký jako tento. Poslední článek jeho jest značně zúžený a zašpičatělý. Samci mají na devátém článku abdom. nahoře dva páry velmi krátkých, silných ostnů, z nichž přední jest mohutnější než zadní.

Der ganze Körper, hauptsächlich jedoch das Abdomen durch betrachtliche Breite ausgezeichnet. Augen etwas vorgequollen. Ocellen fehlen. Fühler achtgliedrig, verhältnismässig länger als bei der vorhergehenden Gattung. Stylus sehr lang, jedoch kürzer als das 6. Fühlerglied. Maxillartaster dreigliedrig. Prothorax etwas länger als der Kopf; auf seinen Hinterecken je eine Borste. Pterothorax kürzer als der Prothorax, jedoch breiter. Beine gedrungen, wehrlos. Flügel zu überaus kleinen Rudimenten verkümmert. Das erste Abdominalsegment ist deutlich vom Pterothorax getrennt und ist so breit wie dieser. Das letzte Abdominalsegment ist stark verengt und zugespitzt. Die Männchen haben auf dem 9. Segmente oben zwei Paar sehr kurzer, starker Dornen, von denen das vordere mächtiger ist als das hintere.

39. Pachythrips subaptera Halid.**)

Tab. VI., fig. 73. et 74.

1836. *Thrips subaptera* Haliday, Entomolog. Magazine, pag. 450.
1836. — — Burmeister, Handb. d. Entomologie, II., pag. 416.
1843. *Tmetothrips subaptera* Amyot et Serville, Ins. Hémiptères, pag. 645.
1852. *Thrips subaptera* Haliday, Walker: Homopt. ins. of Brit. Museum, pag. 1114.

Barva těla leskle černá, zřídka černohnědá. Hlava širší než delší, nazad trochu rozšířená. Tykadla mají články krátké, zavalité. První článek jejich kratší než druhý a trochu širší než tento; 3. čl. delší než druhý, 3. a 4. skoro stejně dlouhé, 5. mnohem kratší, 6. čl. delší než třetí, stylus tenký, 2. jeho čl. značně delší prvého. Barva tykadel

*) παχύς = tlustý, dick.
**) Doklad ve sbírce musejní, praep. č. 30. — Sammlung des böhm. Landesmuseums, Praep. Nr. 30.

[illegible] pak [illegible] a stylus jsou černé, 3. [illegible] ... světle [illegible] někdy žluté, [illegible] žlutě. Všecky [illegible] černé, všecky tibie žluté až [illegible] světle [illegible] trochu [illegible] zkalené. Délka těla 1.1 mm.

[illegible]

Mandibule [illegible] Barva těla černá neb černohnědá. Tykadla podobné [illegible] jako u samičky. Nohy taktéž bezkřídlé [illegible] podobná jako u samičky, [illegible] na konci [illegible] Na 3. [illegible] 7. [illegible] [illegible] dlouhé světle [illegible] Dva exempláře [illegible]

[illegible] tato žije [illegible] rok v drnu [illegible] někdy [illegible] rostlinky [illegible] v červenci.

[illegible] Hradec Králové, [illegible] městech v okolí [illegible] Hradce [illegible]

Körperfarbe glänzend schwarz, selten schwarzbraun. Kopf nicht breiter als lang, nach hinten etwas erweitert. Fühlerglieder kurz, gedrungen. Das 1. kürzer als das 2. und etwas breiter als dasselbe, das 3. länger als das 2., das 3. u. 4. fast gleich lang, das 5. [illegible] kürzer, das 6. länger als das 3., Stylus dünn, sein 2. Glied bedeutend länger als das erste. Fühlerfarbe: 1. u. 2. Glied, dann das 6. und der Stylus schwarz, das 3., 4. u. 5. [illegible] Alle Schenkel schwarz, alle Tibien [illegible] am Grunde etwas graubraun getrübt. Körperlänge 1.1 mm.

[illegible] entdeckt.

[illegible] kürzer und schwächer als das ♀. Körperfarbe schwarz oder schwarzbraun. Fühler ähnlich [illegible] wie beim Weibchen. Beine ebenfalls [illegible] Farbe der Beine ähnlich wie beim Weibchen, Vorderschenkel jedoch am Ende [illegible] Auf [illegible] Abdominalsegmente [illegible] eine schmale, sehr lange [illegible]

Vorkommen: Weibchen das ganze Jahr hindurch im Rasen und [illegible] im [illegible] Männchen im [illegible] Fundorte: [illegible] Böhmen.

II. GENUS ANAPHOTHRIPS [illegible]

[illegible] krátké [illegible] [illegible] [illegible] [illegible] [illegible] [illegible] *corpus* [illegible] [illegible]

[illegible]

býti devítičlenným. Makadla maxillarní o třech článcích. Prothorax as tak dlouhý jako hlava. Nohy bezbranné. Křídla pravidlem jsou přítomna. Jen druh *virgo* jest obyčejně bezkřídlý. Brvy mezi třásněmi na předním okraji hořejších křídel jsou překrátké. Chloupky na žilkách jsou tenké, obyčejně velmi krátké a nepatrné. Chloupky na konci abdomenu jsou velmi slabé a krátké, jen druhy *virgo* a *sordida* mají na zadním okraji 9. čl. několik silných krátkých chlupů. Samci mají obyčejně nahoře na devátém článku abdom. dva páry velmi krátkých, silných ostnů, z nichž přední jest mohutnější než zadní. Druhy sem náležející nejsou k skákání způsobilé.

Ocellen vorhanden. Körper nur mit kurzen Härchen besetzt; auch am Ende des Abdomen und auf den Hinterecken des Prothorax gibt es keine längeren Borsten. Fühler achtgliedrig, beide Stylusglieder ziemlich lang. Bei der Art *virgo* hat das sechste Fühlerglied vor dem Ende eine schiefe Querwand, so dass die Fühler neungliedrig zu sein scheinen. Maxillartaster dreigliedrig. Prothorax etwa so lang wie der Kopf. Beine wehrlos. Flügel regelmässig vorhanden. Nur die Art *virgo* ist gewöhnlich flügellos. Die Wimpern zwischen den Fransen am Vorderrande der Oberflügel sind überaus kurz. Die Borsten auf den Adern sind dünn und gewöhnlich sehr kurz und unscheinbar; ebenfalls sind die Borsten am Abdomenende sehr kurz und dünn; nur bei den Arten *virgo* und *sordida* sind die Borsten, welche sich am Hinterrande des 9. Abdominalsegmentes befinden, kurz und stark. Die Männchen haben gewöhnlich auf dem 9. Abdominalsegmente oben zwei Paar sehr kurzer, starker Dornen, von denen das vordere mächtiger als das hintere ist. Die her gehörenden Arten haben kein Springvermögen.

40. **Anaphothrips ferruginea** nov. sp.*)

♀.

Barva těla šedě žlutohnědá, pterothorax méně šedě zkalený. Hlava trochu širší než delší, před basí náhle poněkud se rozšiřující. První článek tykadel velmi krátký, 2. značně delší a širší, 3. čl. delší než 2. a 4. Stylus dlouhý, jen o 0·4 kratší než 6. čl. Druhý čl. stylu delší a tenčí než prvý. Barva tykadel: 1. a 2. čl. hnědošedé, 2. na konci žlutavý, 3. žlutavý, někdy ku konci trochu tmavě zkalený, 4., 5., 6., 7. a 8. černošedé, 4. čl. na basi někdy trochu světlejší. Nohy jsou dosti zavalité. Přední femora jsou žlutavá a vně, kromě konce, šedě zkalená, střední a zadní buď celá žlutošedá, aneb někdy ku konci světlejší. Přední tibie žlutavé, vně velmi úzce šedé, střední a zadní žlutavé, po obou stranách, zvl. však vně, šedě zkalené, na konci celé žlutavé; tarsy žlutavé.

*) Doklad ve sbírce musejní, praep. č. 31. — Sammlung des böhmischen Landesmuseums, Praep. Nr. 31.

Hořejší křídla slabě zlatavě zkalená. Hlavní žilka má v druhé své polovině tři nepatrné štětinky, vedlejší žilka jich má 6 neb 7. Zvláštností této žilky jest, že v posledním pětině křídla se ztrácí úplně, kdežto hlavní teprv blízko konce zaniká. Délka těla 0·9 mm. — Jediný exempl. nalezeno.

Značně menší než ♀, stejně však zbarvený, jen pterothorax ještě světlejší, skoro limonožlutý. Abdomen dosti široký, na konci zaokrouhlený. Na spodní straně článků abdominálních není zřetelných prohlubin. Na vedlejší žilce jsou jen čtyři chloupy. — [illegible] exempl. nalezeny.

Třásněnka tato sbírána u Peruce v květnu v obou pohlavích. Několik exempl. nalezl jsem mezi travou lesní a jeden v květu od *Polygala amara*.

Körperfarbe grau röthlich gelbbraun. Pterothorax weniger grau getrübt. Kopf etwas mehr breit als lang, hinten plötzlich etwas erweitert. Erstes Fühlerglied sehr kurz, das 2. bedeutend länger und breiter, das 3. länger als das 2. u. 4. Stylus lang, nur um 0·4 kürzer als das 6. Glied, sein 2. Glied länger und dünner als das erste. Fühlerfärbung: 1. u. 2. Glied braungrau, das 2. am Ende gelblich, das 3. gelblich, manchmal gegen das Ende zu etwas dunkel getrübt, das 4., 5., 6. Glied und der Stylus schwarzgrau, das 4. Glied am Grunde zuweilen etwas lichter. Beine ziemlich gedrungen. Vorderschenkel gelblich und dessen, mit Ausnahme des Endes, grau getrübt. Mittel- und Hinterschenkel entweder ganz gelbgrau oder manchmal gegen das Ende lichter. Vordertibien gelblich, aussen sehr schmal grau. Mittel- und Hintertibien gelblich, jederseits, besonders jedoch aussen, grau getrübt, am Ende ganz gelblich. Tarsen gelblich. Oberflügel schwach gelblich getrübt. Die Hauptader hat in ihrer zweiten Hälfte drei winzige Borsten, die Nebenader hat 6, manchmal 7 solche Borsten. Dieselbe verliert sich im letzten Fünftel der Flügellänge, wogegen die Hauptader erst in der Nähe des Flügelendes aufhört. Körperlänge 0·9 mm.

Bedeutend kleiner als das ♀, jedoch von gleicher Färbung, nur der Pterothorax noch lichter, fast limonengelb. Abdomen ziemlich breit, am Ende abgerundet. Auf der Unterseite der Abdominalsegmente keine deutlichen Vertiefungen. Auf der Nebenader nur vier solche Borsten.

Vorkommen: im Mai in beiden Geschlechtern zwischen Gras und in den Blüten von *Polygala amara*. — Fundort: Böhmen.

11. **Anaphothrips similis** nov. sp.*)

♀.

Barva celého těla tmavě šedohnědá. Hlava trochu širší než delší a před basí náhle poněkud se rozšiřující. Tykadla podobná co do tvaru i co do zbarvení tykadlům druhu předcházejícího, avšak články jejich jsou zavalitější a 3. i 4. čl. jsou skoro stejně dlouhé. Všecka femora tmavě šedohnědá; přední tibie žlutavé, vně silněji, uvnitř slabě šedě zkalené, ostatní tibie šedohnědé, na konci žlutavé, na samé basi trochu světlejší. Hořejší křídla jsou šedožlutě zkalená, před basí s malým okrouhlým čirým okénkem. Hlavní žilka má v druhé své polovině tři chlupy, vedlejší po celé své délce 8 chlupů. Chlupy na žilkách jsou silnější než u druhu předcházejícího. Také zde, jako u tohoto, ztrácí se žilka vedlejší v poslední pětině křídla úplně, kdežto hořejší teprv blízko konce zaniká. Délka těla 1 mm. — Jediný exempl. nalezen.

♂. Nebyl posud objeven.

Třásněnka tato sbírána na vrcholu Milešovky v květnu.

♀.

Körperfarbe dunkel graubraun. Kopf etwas mehr breit als lang und hinten etwas erweitert. Fühler ähnlich gefärbt und gebildet wie bei der vorhergehenden Art, die Glieder jedoch gedrungener und das 3. u. 4. fast gleich lang. Alle Schenkel dunkel graubraun. Vordertibien gelblich, aussen stärker, innen schwach grau getrübt, die übrigen Tibien graubraun, am Ende gelblich, an der Wurzel etwas lichter. Oberflügel graugelb getrübt. Die Hauptader trägt in ihrer zweiten Hälfte drei Borsten, die Nebenader ihrer ganzen Länge nach 8 Borsten. Die Borsten auf den Adern sind stärker als bei der vorhergehenden Art. Die Nebenader verliert sich auch hier im letzten Fünftel der Flügellänge. Körperlänge 1 mm.

♂ unbekannt.

Vorkommen: Im Mai. — Fundort: Böhmen.

12. **Anaphothrips armata** nov. sp.**)

♀. Nebyla posud objevena.

♂.

Barva těla zelenavě tmavošedá, hlava nejtmavší. Tato jest širší než delší. Články tykadel krátké, zavalité. První čl. jest značně kratší a trochu širší než 2., 3. čl. trochu delší než tento, 4. trochu kratší než 3., 5. kratší než 4., 6. trochu delší než 3., s hlu-

*) Doklad ve sbírce autorově.

[illegible] mívá tmavý [illegible] 2. jeho článek delší než první. Barva tykadel: 1. čl. nápadně tmavý, černohnědý, konec členu 2. [illegible] 4. a 5. čl. žlutavé, 2. a 5. slabě šedě zkaleny, 6. čl. a stylus černohnědé. Přední femora vně tmavošedá, uvnitř žlutavá, střední a zadní tmavošedá, na obou koncích světlejší. Tibie žlutavé, přední vně a uvnitř velmi slabě zkalené, střední a zadní žlutavé, vně a uvnitř trochu více šedě zkalené. Tarsy všechny žlutavé. Křídla široká. Žíly v horních křídlech velmi jemnými krátkými chloupky opatřeny. Hlavní žilka má ve své druhé polovině 2 neb 3 chlupy, vedlejší žilka po celé své délce 7 neb 8; před posledním jest větší mezera. Horní křídla jsou velmi slabě žlutavě zkalena, dolejší čirá. Ostny na 9. čl. abdomenu jsou velmi silné. Na 5. a 6. čl. jeho dole nalézá se po jednom velkém světlém elliptickém prohloubení. Délka těla 0·6 mm.

Jediný exemplář nalezen v květech u Peruce v květnu.

♂ unbekannt.

♀.

Körperfarbe ziemlich dunkelgrau. Kopf der dunkelste Theil. Derselbe ist mehr breit als lang. Fühlerglieder kurz, gedrungen. Erstes Glied bedeutend kürzer und etwas breiter als das 2., das 3. etwas länger als das vorhergehende, das 4. etwas kürzer als das 3., das 5. kürzer als das 4., das 6. etwas länger als das 3. Stylus ziemlich lang, sein zweites Glied länger als das erste. Fühlerfärbung: 1. Glied auffallend dunkel, schwarzbraun, [illegible] schwarz, 2., 3., 4. und 5. Glied gelblich, 2. und 5. schwach grau getrübt, das 6. Glied und der Stylus schwarzgrau. Vorderschenkel aussen dunkelgrau, innen gelblich. Mittel- und Hinterschenkel dunkelgrau, auf beiden Enden lichter. Tibien gelblich, die vorderen aussen und innen sehr schwach getrübt, die mittleren und hinteren gelblich, aussen und innen etwas stärker grau getrübt. Alle Tarsen gelblich. Flügel breit. Adern der Oberflügel mit sehr kurzen dünnen Härchen besetzt. Die Hauptader hat in ihrer zweiten Hälfte zwei oder drei Härchen, die Nebenader ihrer ganzen Länge nach 7 oder 8; vor dem letzten befindet sich eine grössere Lücke. Oberflügel sehr schwach gelblich getrübt, Unterflügel hell. Die Dornen oben auf dem 9. Abdominalsegmente sehr stark. Auf dem 5. und 6. Segmente unten je eine grosse, lichte, elliptische Vertiefung. Körperlänge 0·6 mm.

Vorkommen: Im Mai in Blüten. — Fundort: Böhmen.

13. **Anaphothrips euphorbiae** nov. sp.*)

♀.

Barva těla tmavě šedě černohnědá. Hlava černohnědá, [illegible] tělo černohnědé. Hlava [illegible] než delší, vzadu trochu rozšířená. Články tykadel dosti krátké,

*) [illegible]

zavalité. První čl. značně kratší než 2., 3. trochu delší než tento, 4. trochu kratší než 3.; 5. jest kratší než 4. a přiléhá dosti širokou plochou k šestému; tento čl. as tak dlouhý jako 3. Stylus velmi dlouhý, tenký, 2. čl. jeho delší prvého. Barva tykadel: 1. a 2. čl. tmavě šedohnědé, 3. a 4. žlutavé, 5. žlutavý, šedě zkalený, 6. čl. a stylus černé. Nohy zavalité. Všecka femora tmavě šedohnědá. Přední tibie žlutavé, nahoře a dole úzce tmavošedé, střední a zadní tmavošedé na obou koncích žlutavé, tarsy žlutavé. Křídla široká. Hlavní žilka má v druhé své polovině 3 chloupky, z nichž jeden jest od obou ostatních oddálen; žilka vedlejší jest po celé délce poseta chlupy, které jsou ke konci řídké. Hor. křídla slabě žlutošedě zkalená, dolejší čirá. Délka těla 0·9 mm. Dvacet pět exempl. nalezeno.

Značně menší a slabší než ♀. Barva těla tatáž. Tykadel 1. čl. šedohnědý, 2., 3., 4. a 5. žlutavé, 5. ke konci šedě zkalený, 6. čl. a stylus šedohnědé. Femora šedohnědá; tibie a tarsy žluté, ony vně slabě šedohnědě zkalené. Na 3.—6. čl. abdomenu nalézá se dole po jedné dlouhé, dosti široké, uprostřed trochu stažené, světlé prohlubině. Jediný exempl. objeven.

Třásněnka tato nalezena v dubnu a květnu na květech od *Euphorbia cyparissias* a jeden exempl. též na květech od *Taraxacum*. Samce chytil jsem v květnu.

Čechy: Hradec Králové. Třebechovice: V lese pod Vys. Újezdem.

♀.

Körperfarbe dunkel grau rothbraun, Kopf schwarzbraun, selten der ganze Körper schwarzbraun. Kopf mehr breit als lang, nach hinten etwas erweitert. Fühlerglieder ziemlich kurz, gedrungen. Erstes Glied bedeutend kürzer als das 2., das 3. etwas länger als das vorhergehende, das 4. etwas kürzer als das 3.; das 5. ist kürzer als das 4. und legt sich mit ziemlich breiter Fläche an das 6. Glied an; dieses etwa so lang wie das 3. Stylus sehr lang, dünn, sein 2. Glied länger als das erste. Fühlerfärbung: 1. u. 2. Glied dunkel graubraun, das 3. u. 4. gelblich, das 5. gelblich, grau getrübt, das 6. und der Stylus schwarz. Beine gedrungen. Alle Schenkel dunkel graubraun. Vordertibien gelblich, oben und unten schmal dunkelgrau. Mittel- und Hintertibien dunkelgrau, auf beiden Enden gelblich. Tarsen gelblich. Flügel breit. Die Hauptader hat in ihrer zweiten Hälfte 3 kleine Borsten, von denen die erste von den beiden übrigen entfernt ist; die Nebenader der ganzen Länge nach mit Borsten besetzt, welche gegen das Ende zu dünn stehen. Oberflügel schwach gelbgrau getrübt, Unterflügel hell. Körperlänge 0·9 mm.

Bedeutend kleiner und schwächer als das ♀. Körperfarbe dieselbe. Erstes Fühlerglied graubraun, 2., 3., 4. u. 5. gelblich, dieses gegen das Ende grau getrübt, das 6. Glied

[illegible]

Vorkommen: Die Weibchen im April und Mai gewöhnlich in den Blüten von *Euphorbia cyparissias*. Die Männchen im Mai. — Fundort: Böhmen.

15. Anaphothrips virgo m.

Taf. II, fig. 31. Taf. VI, fig. 75—77.

1835. *Thrips obscura* Haliday, Entom. Magaz., pag. 447.

1843. *Physopus obscurus* Amyot et Serville, Hist. Hémiptères, pag. 645.

1852. *Thrips obscura* Haliday, Walker, Homopt. ins. of Brit. Museum, pag. 1107, tab. VI, fig. 8.

Haliday uvádí tento druh pod jménem *Thrips obscura* Müll. [illegible] *T. discolor* [illegible] *obscura* [illegible] *virgo*, [illegible]

[illegible]

FORMA BRACHYPTERA. Křídel jen rudimenta pterothorax nepřesahující. Jediný exemplář z nalezených měl křídla přes první článkv abdominální prodloužená. Pterothorax není nápadně kratší než u formy dlouhokřídlé.

♂. Nebyl posud objeven.

Třásněnka tato žije po celý rok hojně v drnu. V letě mimo to nalézáme ji často na nekvetoucích nízkých rostlinách, na listech stromů a jednotlivě v různých květech. Také někdy vyskytuje se v květenstvích trav a v klasech obilných, ba i na přesličce. Od dubna do října jest valná většina těchto třásněnek opatřena dlouhými křídly; přezimující pak skoro všecky jsou krátkokřídlé. Samce nikdy jsem nenalezl. Jest tudíž jisto, že tento druh, jako mnohé jiné, rozmnožuje se v několika generacích po sobě parthenogeneticky.

Čechy: Praha, Hradec Králové, Třebechovice, Opočno, Krkonoše, Vrchol Sněžky, Malé Sněžné březno, Bouda prince Jindřicha, Liberec, Písek (Vařečka).

Körperfarbe gelb bis licht braungelb, ausnahmsweise gelbbraun. Kopf etwa so lang wie breit, nach vorn verengt, zwischen den Augen in derselben Richtung etwas verlängert. Erstes Fühlerglied bedeutend kürzer als das 2., das 3. länger als das vorhergehende, das 4. etwas kürzer als das 3., das 4. u. 5. gleich lang, das 6. länger als das 3. Stylus lang, sein zweites Glied dünner und nicht viel länger als das erste. Das 6. Glied am Ende des dritten Viertels seiner Länge mit einer schiefen, nach aussen geneigten Scheidewand, so dass die Fühler neungliedrig zu sein scheinen. Fühlerfärbung: erstes Glied hell, 2. Glied gelblich und ausser dem Ende schwach grau getrübt, das 3. und 4. gelblich, schwach grau getrübt, das 4. zuweilen am Ende grau bis dunkelgrau, das 5. etwa bis zur Mitte gelblich, grau getrübt, hinter der Mitte grau bis schwarzgrau, oder ganz grau, das 6. Glied und der Stylus grau bis schwarzgrau. Mesothorax mit vorragenden Vorderecken. Beine gelblich, aussen schwach bis sehr schwach grau getrübt. Abdomen am Ende oben mit nicht langen starken Borsten versehen. Körperlänge etwa 1 mm.

FORMA MACROPTERA. Körper regelmässig oben mit graubraunen Flecken versehen, welche Zeichnungen bilden. Flügel ziemlich gebogen, stumpf. Die Härchen auf den Adern der Oberflügel spärlich, unregelmässig gestellt und winzig. Die Hauptader hat in ihrer zweiten Hälfte 2 oder 3 solche Härchen; auf der Nebenader ist ihre Zahl grösser, jedoch sehr unstät. Beide Flügelpaare sind schwach graugelblich getrübt.

FORMA BRACHYPTERA. Flügel zu Rudimenten verkümmert, welche den Pterothorax nicht überragen; ausnahmsweise sind sie über die ersten Abdominalsegmente verlängert. Pterothorax nicht auffallend kürzer als bei der langflügeligen Art.

unbekannt.

Bemerkung. Haliday führt diese Art unter dem Namen *Thrips obscura* Müll. an. Müller (Zoologiae danicae Prodromus, S. 96) bezeichnet jedoch mit diesem Namen (*Thrips obscura flavescens, elytris pallidis, oculis abdominisque annulis nigris*) eine andere, und zwar meiner Meinung nach jene Art, welche Haliday *T. discolor* nennt. Ich erlaube mir daher für unsere Art den Namen *virgo* vorzuschlagen, und zwar wegen der bei ihr zweifellos vorkommenden parthenogenetischen Vermehrung und weil außerdem der Name *obscura* auf eine lichte Art keineswegs passt.

Vorkommen. Weibchen das ganze Jahr hindurch häufig im Rasen, im Sommer oft auf nichtblühenden Gewächsen und einzeln in Blüten. Von April bis October sind fast alle Weibchen langflügelig, die überwinternden Exemplare fast alle kurzflügelig. Kein Männchen unter tausenden von Weibchen! — Fundorte: England (Haliday), Böhmen.

15. **Anaphothrips sordida** nov. sp.*

♀.

Barva žlutavá, tělo nahoře velmi slabými, šedými skvrnami kresby tvořícími, ozdobeno. Hlava širší než delší, do předu nezúžena. Tváře dosti značně vypouklé. První čl. tykadel jest značně kratší než 2., 3. čl. delší než 2., 4. trochu kratší než 3., 5. čl. patrně kratší než 4., 6. delší než 3. a bez přehrádky. Stylus dlouhý, tenký, 2. čl. jeho značně delší než první. Barva tykadel: 1. čl. skoro čirý, 2. bělavý neb žlutavý a kromě konce velmi slabě šedě zkalený, 3. hnědošedý, na basi žlutavý, slabě šedě zkalený, 4., 5., 6. čl. a stylus hnědošedé, 4. čl. někdy trochu světlejší. Mesothorax má přední rohy vyčnívající. Nohy jsou žlutavé, více slabě šedožluté neb jen temněji žlutě zkalené. Chloupky na podélných žilkách hořejšího křídla jsou sice krátké a slabé, ale mnohem patrnější než u druhu předcházejícího. Na konci hoř. žilky jsou 2, na dolejší žilce pak jest [illegible]. Hoř. křídla jsou slabě šedožlutavě zkalená, dolejší z počátku čirá, ke konci slabě šedožlutavé. Abdomen opatřen na konci nahoře nedlouhými, silnými chlupy. Druhý až 8. čl. jeho mají nahoře uprostřed po dvou krátkých chloupcích. Délka těla 0·8 mm.

Dosti vzácný, množství exempl. nalezeno.

Zdá se [illegible] Sahlbergova [illegible] [illegible] exempl. [illegible]

[illegible]

Druh tento nalezl jsem v květnu a červnu v drnu a několik exempl. (mezi nimi jednoho samce) v květech.

Čechy: Hradec Králové: U Pouchova a v háji Oulišti u Piletic.

♀.

Farbe gelblich; der Körper oben mit sehr blassen, Zeichnungen bildenden Flecken geziert. Kopf mehr breit als lang, nach vorn nicht verengt, Wangen ziemlich gewölbt. Erstes Fühlerglied bedeutend kürzer als das 2., das 3. länger als das vorhergehende, das 4. etwas kürzer als das 3., das 5. deutlich kürzer als das 4., das 6. länger als das 3. und ohne Scheidewand. Stylus lang, dünn, sein zweites Glied bedeutend länger als das erste. Fühlerfärbung: 1. Glied fast klar, das 2. weisslich oder gelblich und, das Ende ausgenommen, sehr schwach grau getrübt, das 3. braungrau, am Grunde gelblich, schwach grau getrübt, das 4., 5., 6. und der Stylus braungrau, das 4. Glied manchmal etwas lichter. Vorderecken des Mesothorax vorstehend. Beine gelblich, aussen schwach graugelb oder nur dunkler gelb getrübt. Die Härchen auf den Adern der Oberflügel sind wohl sehr kurz und dünn, jedoch viel deutlicher als bei der vorhergehenden Art. Am Ende der Hauptader befinden sich zwei solche Härchen, auf der Nebenader sechs. Oberflügel schwach graugelblich getrübt. Unterflügel anfangs hell, gegen das Ende zu schwach graugelblich. Abdomen am Ende mit kurzen starken Borsten versehen. Auf dem 2.—8. Segmente oben in der Mitte je zwei kurze Borsten. Körperlänge 0·8 mm.

♂.

Bedeutend kleiner und schwächer als das ♀. Körperfarbe dieselbe. Die safrangelben Hoden scheinen durch. Das 9. Abdominalsegment oben ohne Dornen.

Vorkommen: Weibchen im Mai und Juni im Rasen und einzeln in Blüten. Männchen im Juni. — Fundort: Böhmen.

12. GENUS APTINOTHRIPS HALID.*)

Tělo úzké, skoro lysé. Hlava delší než širší, mezi očima do předu v tupý výběžek prodloužená. Oči jsou malé, očka scházejí. Tykadla osmičlenná (stylus dvoučlenný). U variety *connaticornis* druhu *Apt. rufa* schází stylus, takže jest tykadlo jen šestičlenné. Makadla maxillarní o třech článcích, z nichž první jest nejdelší. Prothorax jest kratší než hlava a nazad trochu se rozšiřuje; na zadních rozích jeho není chlupů smyslových. Nohy jsou krátké. Femora značně rozšířená, tibie na samé basi úzké, načež

*) Ἄπτην, ηνος — neletavý, nicht fliegend (Aptenothrips).

posedlou velmi značně se rozšiřují. Tarsy jsou široké. Křídel ani nejmenší rudimentů. Chloupky na konci abdomenu nedlouhé a velmi tenké. Samci mají dle Halidaye na 9. čl. zadečku uprostřed dva ostny. — Druhy sem náležející pohybují se zvolna, nejsou způsobilé ku skákání a drážděny bývše hadovitě se vinou.

Poznámka. Gmelin l. c. p. 2224, Burmeister, Amyot a Serville domnívali se nepravem, že za typové tohoto rodu jsou asi larvy.

Körper schmal, fast kahl. Kopf mehr lang als breit, zwischen den Augen nach vorn in einen stumpfen Fortsatz verlängert. Augen klein, Ocellen fehlen. Fühler achtgliedrig (Stylus zweigliedrig). Bei der Varietät *connaticornis* der Art *Apt. rufa* fehlt der Stylus, so dass der Fühler nur sechsgliedrig erscheint. Maxillartaster aus drei Gliedern zusammengesetzt, von denen das erste am längsten ist. Prothorax kürzer als der Kopf und nach hinten etwas erweitert; auf seinen Hinterecken befinden sich keine Borsten. Beine kurz. Schenkel bedeutend erweitert, Tibien auf dem Grunde sehr schmal, sonst ungewöhnlich breit, Tarsen ebenfalls breit. Flügel vollkommen verkümmert. Die Härchen am Abdominalende kurz und sehr dünn. Die Männchen haben nach Haliday auf dem 9. Segmente oben in der Mitte zwei Dornen. — Die hier gehörenden Arten bewegen sich langsam und haben kein Sprungvermögen, gereizt, winden sie sich schlangenartig.

16. Aptinothrips rufa Gmel.*)

Tab. II., fig. 17. Tab. VI., fig. 78. et 79.

1764 „*Der rothe Blasenfuss*" v. Gleichen, Das Neueste aus dem Reiche d. Pflanzen, tab. 16., fig. 6. et 7.

1788 *Thrips rufa* Gmelin, Caroli a Linné Systema Nat. pag. 2224.

179[illegible] — Nicholson, Journ. of Nat. Phil., tab. 8., fig. 1.

1836 (*Aptinothrips*) *rufa* Haliday, Entomol. Magazine, pg. 445.

1852 — Haliday-Walker, Homopt. ins. of Brit. Museum, pg. 1103, tab. V., fig. 5.–11.

1887 *Aptinothrips rufa* Lindeman, Bull. Soc. Imp. d. Natur. d. Moscou, pag. 319, pg. 320., fig. 11.

1891 — *stylifera* Trybom, Entomol. Tidskrift, pag. 45.

*) [illegible] Lindemanova [illegible] Trybom [illegible]

jsou velmi krátké, podlouhle kulaté. První čl. velmi široký a nízký, značně kratší než 2., avšak trochu širší, částečně pod výběžkem čelním skrytý. 2. článek bankovitý, velmi široký, na úzké stopce. Třetí, 4. a 5. čl. asi stejně dlouhé, asi stejně široké, trochu kratší než 2. čl., na krátkých stopkách. 6. čl. delší než 2. a užší. Stylus dosti dlouhý, 2. čl. jeho jest tenčí a trochu delší než prvý. Tykadla žlutavá, 4. a 5. čl. na konci slabě šedohnědě zkalené, 6. čl. as do půlou nezkalený, od půlou šedohnědý, stylus šedohnědý. Velmi zřídka jsou zkaleniny na článcích tykadelních bledé. Výjimkou jest 3. čl. ke konci slabě šedý, 4. čl. kromě base, 5. celý, 6. celý a stylus šedohnědé až černohnědé. Pterothorax málo delší než hlava, delší než prothorax a málo širší než tento. Přední rohy mesothoraxu vyčnívající. Délka těla 0·8 mm.

Var. **connaticornis** m. Šestý čl. tykadla a stylus srůstají v jeden celek, na němž nelze rozeznati hranic článků, z nichž se skládá. Spojené tyto tři články jsou na basi žlutavé, jinak šedohnědé.

Dle Halidaye bledě žlutý; abdomenem jeho prosvítají šafránová varlata; předposlední článek abdom. má před koncem uprostřed dva ostny.

Druh ten jest jedním z nejhojnějších. Mezi tisíci exempl., které jsem zkoumal, nenalezl jsem ani jediného samce; jest tudíž jisto, že rozmnožuje se třásněnka tato pravidlem parthenogeneticky. Žije po celý rok v drnu, mimo to v létě hojně v květenstvích nejrůznějších trav a někdy i v klasech obilných (vyjímaje oves). V květech jiných rostlin ji není. — Var. *connaticornis* jest hojnější než forma typická.

Čechy: Praha. Mukařov. Hradec Králové. Třebechovice. Opočno. Turnov. Krkonoše: Po celém hřebenu v mechu a drnu; na vrcholu Sněžky v množství. Jablonec. Liberec. Solnice. Hory Orlické. Milešovka. Pernc. Jind. Hradec (Duda). — Na Helgolandě a v okolí Berlína prosíval jsem ji z drnu.

— ⁓ —

\+

Körperfarbe licht braungelblich. Das äusserste Abdomenende ist graubraun bis schwarz; ebenfalls schwarz ist die Spitze des Rüssels. Kopf nach hinten etwas erweitert. Fühlerglieder sehr kurz, länglich kugelig. Erstes Glied sehr breit und kurz, bedeutend kürzer als das 2., jedoch etwas breiter, theilweise unter dem Stirnfortsatz verborgen, das 2. Glied napfförmig, sehr breit, mit kurzem, schmalem Stiele. Das 3., 4. u. 5. Glied etwa gleich lang, etwas kürzer als das 2., kurz gestielt; das 6. länger und schmäler als das 2. Stylus ziemlich lang, sein zweites Glied dünner und etwas länger als das erste. Fühler gelblich, das 4. u. 5. Glied am Ende schwach graubraun getrübt, das 6. Glied etwa bis zur Mitte licht, von der Mitte an graubraun, Stylus [illegible] Ausnahmsweise ist das [illegible] Glied gegen das Ende blassgrau, das 1. Glied am Vorderrande seines Grundes, das ganze [illegible] und der Stylus graubraun bis schwarzbraun. Prothorax [illegible] Kopf länger als der Prothorax und wenig breiter als derselbe. Vorderecken des Mesothorax vorstehend. Körperlänge 0·8 mm.

Var. **connaticornis** m. Das sechste Fühlerglied und der Stylus sind in ein Ganzes zusammengewachsen, an dem man nicht die Grenzen der Glieder, aus welchen es entstanden ist, unterscheiden kann. Dieses zusammengewachsene Glied ist am Grunde gelblich, übrigens graubraun.

Nach Haliday [illegible] durch die Abdomenwandungen scheinenden [illegible] Hoden durch; das 9. Abdominalsegment hat oben in der Mitte unweit vom Hinterrande zwei Dornen.

Vorkommen: Sehr häufig im Rasen das ganze Jahr hindurch, im Sommer auch zahlreich in Grasblüten. Var. *connaticornis* häufiger als die Stammform. Unter vielen Tausenden von Weibchen fand ich kein Männchen. — Fundorte: England (Haliday), Moskau (Jacobson?), Böhmen, Berlin, Helgoland (Uzel), Schweden (Trybom).

47. Aptinothrips nitidula Hal.

1836. *Thrips (Aptinothrips) nitidula* Haliday, Entomol. Magaz., pag. 446.
1837. — Haliday, Entomol. Magaz., pag. 446.
1852. — Haliday, Walker: Homopt. ins. of Brit. Museum, pag. 1105.

Haliday (anno 1836): „Prothorax aequilatus, ocelli nulli nec alae; antennae articulis 6 apice attenuatis, absque stylo articulato. — Fem. Testacea, abdominis [illegible] [illegible] — [illegible] smaller than *Apl. rufa*. England.“

Haliday (anno 1837): „Shorter than *Thr. rufa*, dusky chestnut with the eyes and [illegible] of the abdomen darker; the antennae (except the 6th joint) with the shanks and feet paler.“

Haliday (anno 1852): „[illegible] abdominis [illegible] fuscis. Long. [illegible] lin.“

18. GENUS BELOTHRIPS HALIDAY[1]

Oči [illegible] Tykadla [illegible] oba články stylu nedvojené [illegible] [illegible] 2 kráte než [illegible] Makadla maxillarní o třech článcích, [illegible] [illegible] Prothorax trochu delší než hlava [illegible] [illegible] Nohy bezbranné. Křídla [illegible] [illegible] křídla [illegible] v poměru k [illegible]

[1] [illegible] Walker [illegible]

úzká. Brvy mezi třásněmi na předním okraji hořejšího křídla jsou překrátké (podobné jako u rodu *Anaphothrips*). Abdomen úzký, 8. čl. se stranami nazad sbíhavými. Dva poslední články abdom. značně zúžené; poslední tvoří dlouhou tenkou rouru. Na konci obou posledních článků jsou slabounké průhledné chloupky. Samci mají konec těla tupý.

Ocellen vorhanden. Fühler achtgliedrig, beide Glieder des Stylus ungewöhnlich lang und dünn. (Der ganze Stylus nur etwa um 0·2 kürzer als das 6. Glied.) Maxillartaster dreigliedrig; Labialtaster verkümmert. Rüssel schmal und scharf. Prothorax etwas länger als der Kopf; auf seinen Hinterecken keine längeren Borsten. Beine wehrlos. Flügel bei beiden Geschlechtern vorhanden, von üblicher Form, nur die unteren im Verhältnis zu den oberen sehr schmal. Die Wimpern zwischen den Fransen am Vorderrande der Oberflügel winzig (ähnlich wie bei der Gattung *Anaphothrips*). Abdomen schmal, die Seiten des 8. Segmentes nach hinten convergierend. Die zwei letzten Abdominalsegmente bedeutend verengt; das letzte bildet eine lange dünne Röhre. Am Ende der zwei letzten Glieder dünne durchsichtige Härchen. Männchen mit stumpfem Abdomenende

48. **Belothrips acuminata** Halid.*)

Tab. II., fig. 10.; Tab. VI., fig. 80.

1836. *Thrips (Belothrips) acuminata* Haliday, Entom. Magazine., pag. 1115.
1836. — *acuminata* Burmeister, Handb. d. Entomologie, II, pag. 416.
1843. *Belothrips* — Amyot et Serville, Ins. Hémiptères, pag. 645.
1852. *Thrips (Belothrips) acuminata* Haliday, Walker: Homopt. ins. of Brit. Museum, pag. 1115.

Barva těla tmavě červenohnědá, pterothorax a první články abdomenu mají někdy žlutý odstín. Tělo jen velmi nepatrnými chloupky opatřeno. Hlava trochu širší než delší, s tvářemi nevypouklými. První čl. tykadel značně kratší než 2., 3. čl. nejužší v celém tykadle, trochu delší než 2., 4. čl. trochu kratší než třetí, 5. jest značně kratší než 4 a má, jako oba předcházející, krátkou úzkou stopku; na konci jest velmi široký. Šestý článek as tak dlouhý jako 3., široký, na samé basi zúžený. Druhý čl. stylu bývá trochu kratší prvého. Barva tykadel černá, 3. čl. na samé basi žlutavý. Pterothorax delší a širší než prothorax. Přední rohy mesothoraxu vyčnívající. Nohy zavalité, zvláště přední femora a tibie rozšířené; na basi jsou všecky tibie velmi zúžené, tarsy nápadně štíhlé

*) Doklad ve sbírce musejní, praep. č. 36. — Sammlung des böhmischen Landesmuseums. Praep. Nr. 36.

[illegible] Barva těla jest [illegible] neb [illegible] červenohnědá [illegible] [illegible] přední [illegible] [illegible] [illegible] [illegible] [illegible] [illegible] tmavé [illegible] [illegible] pak na konci [illegible] [illegible] Chloupky [illegible] [illegible] [illegible] krátké. Hlavní žilka má v druhé polovině [illegible] [illegible] [illegible] [illegible] chloupky [illegible] žilka má [illegible] 9 chloupků po celé [illegible] [illegible] [illegible] [illegible] [illegible] [illegible] [illegible] [illegible] [illegible] [illegible] [illegible] [illegible] [illegible] [illegible] [illegible] [illegible] [illegible] [illegible] [illegible] okénkem. Dol[illegible] [illegible] [illegible] [illegible] [illegible] žilka [illegible] jest tmavá. Délka těla 1 mm.

[illegible] [illegible] [illegible] [illegible] [illegible] a [illegible] červenohnědý [illegible] těla [illegible] má [illegible] [illegible] [illegible] Zcela [illegible] tykadel [illegible] a [illegible] [illegible] [illegible] [illegible] Abdomen na konci tupý [illegible] [illegible] [illegible] [illegible] [illegible] [illegible] [illegible] [illegible] [illegible] [illegible] [illegible] která jest v předu [illegible] v zadu pak [illegible] [illegible].

Vzácný [illegible] [illegible] [illegible] [illegible] nalezl jsem jen jednou v polovici [illegible] u [illegible] Králové [illegible] [illegible] za [illegible] [illegible] a to mezi trávou (11 ex.). [illegible] [illegible] nalezl [illegible] v květech od *Rosa spinosissima*.

->-<-

[illegible]

Körperfarbe dunkel rothbraun. Prothorax und die ersten Abdominalsegmente [illegible] [illegible] [illegible] [illegible]. Der Körper mit nur unbedeutenden Härchen versehen. Kopf etwa [illegible] breit [illegible] [illegible] mit recht gewölbten Wangen. Erstes Fühlerglied bedeutend kürzer [illegible] [illegible] 2., das 3. am [illegible] im ganzen Fühler, etwas länger als das 2., das 4. etwas kürzer als das 3., das 5. bedeutend kürzer als das 4. und ebenso wie die zwei [illegible] [illegible] mit kurzen [illegible] Stiele versehen; auf dem Ende ist es sehr breit. Das 6. Glied etwa [illegible] [illegible] [illegible] [illegible] breit, an der Wurzel verengt. Das 2. Stylusglied [illegible] unbedeutend kürzer [illegible] als das erste. Fühlerfarbung schwarzbraun, 3. [illegible] an der Wurzel oft [illegible] [illegible] [illegible] [illegible] Mesothorax kürzer und breiter als der Prothorax. Ver[illegible] [illegible] [illegible] Metathorax [illegible] [illegible] [illegible] [illegible] hauptsächlich die Vorderschenkel [illegible] [illegible] erweitert [illegible] [illegible] [illegible] [illegible] [illegible] sehr verengt. Tarsen [illegible] [illegible] und [illegible] [illegible] der [illegible] [illegible] oder [illegible] rothbraun, die Tarsen und die [illegible] [illegible] [illegible] die [illegible] [illegible] und [illegible] [illegible] dunkel gefärbt. [illegible] [illegible] [illegible] [illegible] [illegible] [illegible]. Die Härchen auf den Flügeladern sind ziemlich [illegible] [illegible] [illegible]. Die Hauptader [illegible] in der zweiten Hälfte drei von einander entfernte [illegible] [illegible] Nebenader 9 [illegible] [illegible] [illegible] [illegible] [illegible] [illegible] Oberflügel [illegible] [illegible] [illegible] [illegible] [illegible] [illegible] Unterflügel [illegible] [illegible] [illegible] [illegible] [illegible] [illegible] Körperlänge 1 mm.

Etwas kleiner als das ♀, geflügelt und auch rothbraun; der Körper oben in der Mitte mit gelblichem Ton. Farbe der Fühler, Beine und Flügel dieselbe wie beim Weibchen. Abdomen am Ende stumpf; auf dem 3.—7. Segmente unten je eine sehr grosse, vorn runde, hinten ziemlich gerade lichte Vertiefung.

Vorkommen: Im Mai zwischen Gras. Nach Haliday in den Blüten von *Rosa spinosissima*. — Fundorte: England (Haliday), Böhmen.

14. GENUS DICTYOTHRIPS. (Nov. gen.)*)

Tělo síťkované. Hlava jen trochu širší než delší, do předu poněkud zúžená. Očka přítomna, sblížena. Tykadla osmičlenná (stylus dvoučlenný). Makadla maxillarní tříčlenná. Prothorax as tak dlouhý jako hlava; na zadních rozích jeho není chlupů smyslových, za to však po jedné bradavce. Křídla nedosahují u samic konce těla, u samců však až k němu se prodlužují. V první čtvrtině jsou značně rozšířená a zakončují se (na rozdíl od druhu následujícího) obvyklým způsobem. Žilka okružní dokonale lemuje hořejší křídlo. Žilka vedlejší odvětvuje se od žilky hlavní asi v prvé třetině její délky. Na obou podélných žilkách hořejšího křídla jsou přemalé chloupky. Přední část žilky okružní ozdobena jest krátkými třásněmi. Brv mezi nimi není. Poslední článek abdomenu jest velmi malý a čtyřmi krátkými, dosti silnými chlupy opatřený; předposlední článek má čtyři ostěnky přímo do zadu namířené.

Körper mit netzförmiger Structur. Kopf nur ein wenig mehr breit als lang, nach vorn etwas verengt. Ocellen vorhanden, einander genähert. Fühler achtgliedrig (Stylus zweigliedrig). Maxillartaster dreigliedrig. Prothorax etwa so lang wie der Kopf; auf seinen Hinterecken keine Borsten; dafür jederseits eine kleine Warze. Flügel reichen bei den Weibchen nicht bis zum Körperende, bei den Männchen verlängern sie sich jedoch bis zu demselben. Im ersten Viertel ihrer Länge sind sie bedeutend erweitert und enden (im Gegentheil zur folgenden Gattung) auf übliche Weise. Die Ringader umsäumt vollkommen den Oberflügel. Die Nebenader zweigt (manchmal undeutlich) von der Hauptader etwa im ersten Drittel ihrer Länge ab. Die beiden Längsadern des Oberflügels sind mit winzigen Härchen besetzt. Der vordere Theil der Ringader ist mit kurzen Fransen geziert. Wimpern zwischen ihnen nicht vorhanden. Das letzte Abdominalsegment ist sehr klein und mit vier kurzen, ziemlich starken Borsten versehen; das vorletzte Segment hat vier kleine Stachelborsten, welche direct nach hinten gewendet sind.

*) Δίκτυον — síť, Netz.

19. Dictyothrips betae nov. sp.*)

Tab. VI., fig. 81—83.

♀.

Barva těla žlutá, thorax se slabým červenavým odstínem. Všecky tykadelní články jsou hustě kroužkované. První čl. značně kratší a užší než 2., 3. čl. úzký a značně delší než předcházející, 4. kratší než 3., 5. kratší než 4. Stylus dosti dlouhý, tenký, 2. jeho článek trochu delší než 1. Barva tykadel: 1. a 2. čl. žlutavé, 3., 4. a 5. takéž žlutavé, nahoře, zvl. ku konci slabě hnědě zkalené, 6. čl. a stylus černé. Pterothorax jest delší a širší než prothorax. Nohy slabě síťkované. Přední trochu ztluštělé. Přední femora mají na konci vně malý zoubek (ohrnutý ostrý okraj). Barva noh jest žlutavá. Hoř. křídla jsou slabě hnědožlutě zkalena, na basi mnohem slaběji, na konci silněji. Abdomen opatřen jest v zadu černými, krátkými a dosti silnými štětinami. Délka těla 0·8 mm. — Jediný exempl. nalezen.

Menší než samice, jinak jí velmi podoben tvarem i zbarvením. Jediný exempl. objeven.

Třásněnka tato žije na chrastě cukrovky. — Samici nalezl jsem v srpnu u Jílovice nedaleko Třebechovic, samce v červenci u Pouchova blíže Hradce Králové.

♀.

Körperfarbe gelb, Thorax mit schwachem rothem Ton. Alle Fühlerglieder sind dicht geringelt. Erstes Glied bedeutend kürzer als das 2., das 3. schmal und bedeutend länger als das vorhergehende, das 4. kürzer als das 3., das 5. kürzer als das 4. Stylus ziemlich lang, dünn, sein zweites Glied etwas länger als das erste. Fühlerfärbung: 1. u. 2. Glied gelblich, 3., 4. u. 5. ebenfalls gelblich, oben, besonders gegen das Ende zu, schwach braun getrübt, das 6. Glied und der Stylus schwarz. Pterothorax länger und breiter als der Prothorax. Beine mit schwacher netzförmiger Structur. Die vorderen etwas verdickt. Die Vorderschenkel am Ende aussen mit einem kleinen Zahne (der umgebogene scharfe Rand). Farbe der Beine gelblich. Oberflügel schwach braungelb getrübt, im Grunde viel schwächer, am Ende stärker. Körperlänge 0·8 mm.

Kleiner als das Weibchen, sonst demselben sehr ähnlich in Gestalt und in Färbung.

Vorkommen: Im Juli und August auf den Blättern der Runkelrübe.

Fundort: [illegible] Böhmen.

*) [illegible]

15. GENUS DENDROTHRIPS. (Nov. gen.) *)

Tělo zavalité, nikoliv síťkované. Hlava o 0·4 až dvakrát širší než delší, oči veliké do předu značně vyčnívající. Očka u obou pohlaví přítomná, daleko od sebe vzdálená, před nimi jest hlava prohloubená, před prohlubinou, t. j. mezi tykadly, opět zvýšena. Tykadla nápadně krátká, osmičlenná (stylus dvoučlenný). Šestý článek jejich má obyčejně před koncem šikmou přehradku, takže tykadla zdají se býti devítičlennými. Makadla maxillarní o dvou článcích; makadla labialní velmi krátká. Prothorax asi tak dlouhý jako hlava, obyčejně více než dvakrát širší než delší; na zadních rozích jeho po jednom krátkém slabším neb silnějším ostnu. Přední a střední nohy jsou zavalité. Zadní pár jest značně delší než ostatní a k zručnému skákání způsobilý tím, že kyčle jeho opírají se o veliké, uvnitř hrudi umístěné péro. Zadní tibie ukončují se dole dvěma ostěnky a zadní tarsy mají jeden krátký silný osten. Účel těchto ostnů jest zajisté ten, aby třásněnka při skoku lépe jimi mohla se odrážeti. Křídla jsou velmi dlouhá a přesahují konec těla. Hořejší jsou v prvé čtvrtině široká, pak se zúžují a zůstávají úzkými až na konec. Dolejší okraj jejich jest přímý a hořejší ohýbá se k němu, což jest tvar křídla u třásněnek neobvyklý. Žilka okružní jest tím pamětihodnou, že neobrubuje přední okraj křídla, nýbrž že běží pod okrajem, nechávajíc úzkou část jeho přečnívati. Kromě žilky okružní jsou tu ještě dvě žilky podélné. Hořejší vychází z base křídla a přibližuje se v místech, kde křídlo počíná se zúžovati, k žilce okružní, načež běží vedle této až do konce. Zúženou částí křídla probíhá pod ní ještě jedna slabá žilka, nad níž nalézá se jednoduchá řada bodů. Přední i zadní okraj křídel jest třásnitý. Na přední části žilky okružní není kratších brv. Na konci předních křídel třásně scházejí. Přední třásně vycházejí na hořejších křídlech z úzké mezery mezi přední okružní žilkou a hořejší žilkou podélnou. Dolejší křídla jsou velmi úzká a mají jednu hlavní žilku, vycházející z kořene jejich; nedaleko kořene vzniká jiná slabá žilka, která běží nad ní a jest zvláště z počátku málo vyznačená. Poslední článek abdomenu jest velmi malý. Druhý až 8. čl. jeho opatřeny jsou nahoře uprostřed párem sblížených chlupů; 9. čl. má na zadním okraji čtyři rovné, dosti dlouhé, silné chlupy. Poslední článek opatřen velmi tenkými a krátkými chloupky. Samci jsou menší a světlejší než samice, tvar křídel, žilkování jejich, tvar tykadel, noh i ozbrojení těchto totéž jako u samic.

Körper gedrungen, ohne netzförmige Structur. Kopf um 0·4 bis zweimal mehr breit als lang. Augen gross, nach vorn stark hervorgequollen. Ocellen bei beiden Geschlechtern vorhanden, weit von einander entfernt; vor ihnen ist der Kopf vertieft, vor der Vertiefung, das ist zwischen den Fühlern, erhöht. Fühler auffallend kurz, achtgliedrig (Stylus zweigliedrig). Ihr sechstes Glied hat gewöhnlich vor dem Ende eine schiefe Querwand, so dass der Fühler neungliedrig zu sein scheint. Maxillartaster zweigliedrig.

*) Δένδρον = strom, Baum.

[illegible] sehr kurz. Prothorax etwas schmäler als der Kopf, gewöhnlich mehr als zweimal so breit als lang. Mit einem Hinterwinkel je ein kurzer dünner oder stärkerer Stachel. Vorder- und Mittelbeine [illegible]. Hinterbeine bedeutend länger als die übrigen und durch eine am Thorax liegende Chitinfeder (Taf. VI. Fig. 86), an die sich ihre Hüften stützen, zum gewandten Springen besonders befähigt. Hintertarsen mit einem kurzen starken Stachel versehen. Flügel sehr lang, die Körperende überragend. Oberflügel schmal, im ersten Viertel stark erweitert. Eine bei den Thysanopteren ungewöhnliche Gestalt erhalten sie dadurch, dass sich ihr Vorderrand am Ende zu dem durchaus gerade verlaufenden Unterrande biegt (Taf. II. Fig. 15). Die Ringader ist dadurch merkwürdig, dass sie einen schmalen Theil des Vorderrandes [illegible], indem sie unter ihm verläuft. Zwischen den beiden Längsadern im Oberflügel befindet sich eine Reihe von Punkten. Vorder- und Hinterränder der beiden Flügelpaare sind mit Fransen versehen. Zwischen den Fransen am Vorderrande der Oberflügel befinden sich keine Wimpern. Am Ende der Oberflügel fehlen auch die Fransen. Die vorderen Fransen am Oberflügel entspringen aus der Flügelfläche zwischen dem vorderen Theil der Ringader und der oberen Längsader. Die Unterflügel sind sehr schmal und haben eine Längsader, die aus ihrer Wurzel entspringt; unweit von der Wurzel entsteht eine zweite Längsader, welche über der erwähnten Ader verläuft; sie ist hauptsächlich anfangs wenig ausgedrückt. Das letzte Abdominalsegment ist sehr klein. Das 2.—8. Segment ist oben in der Mitte mit je einem Paare nahe an einander stehender Borsten versehen; das 9. Segment hat am Hinterrande vier gerade, ziemlich lange und starke Borsten. Das letzte Segment ist mit sehr dünnen und kurzen Härchen besetzt. Die Männchen sind kleiner und lichter als die Weibchen; die Gestalt der Flügel, der Verlauf der Adern, die Form der Fühler und Beine wie bei denselben.

53. **Dendrothrips tiliae** nov. sp.*)

Tab. II. fig. 15; Tab. VI., fig. 84.—86.

(1773. *T. fasciata L.?* *Thrips atra, alis fasciis tribus transversis albis, antennis annulo albo.* De Geer, Mém. p. serv. à l'hist. d. Insectes. Tome III. pag. 11.)

Č.

Barva [illegible] černá až černohnědá, prothorax [illegible] s černou kresbou, která obyčejně [illegible] tmavou skvrnou, uprostřed často přerušenou [illegible] černá skvrnka [illegible] se rozkládají. Přes celé ab-

*) [illegible]

domen jde nahoře uprostřed světlá stuha, kterou přikrývají křídla, jsou-li složena. Dole jest abdomen světlejší, velmi často šedobělavý. Někdy jsou hlava a pterothorax žlutohnědé, šedě zkalené, a abdomen jest nahoře bělavý, slaběji neb silněji šedivý. Hlava dvakrát širší než delší. Tykadla jen o 0·2 delší než šířka hlavy. 1. čl. jejich značně kratší než 2. Tento jest baňkovitý, skoro kulatý; 3., 4. a 5. čl. mezi sebou as stejně dlouhé, vesměs trochu kratší a značně užší než 2.; 6. čl. málo delší než předcházející, na basi jest nejširší, načež pozvenáhla značně se zúžuje; před koncem má šikmou přehrádku. 7. a 8. čl. dohromady mnohem kratší než 6., mezi sebou skoro stejně dlouhé. Barva tykadel: 1. čl. tmavošedý až černohnědý, 2., 6., 7. a 8. čl. černohnědé, 3., 4. a 5. čl. žluté. Pterothorax jest mnohem širší a delší než prothorax. Nohy jsou černošedé, femora zvl. přední a zadní, na samé basi bílá, všecky tibie, zvl. zadní, ke konci po obou stranách taktéž bílé, všecky tarsy bělavé. Hor. křídla jsou bílá a mají tři černé stuhy, z nichž jedna zaujímá kořen křídla, druhá uprostřed něho se nalézá a třetí před koncem; konec pak jest také černý. Jsou-li křídla složena, mají světlé části jejich podobu tří bílých okrouhlých skvrn. Dolejší křídla jsou as uprostřed a ke konci velmi slabě šedě zkalená, jinak čirá. Délka těla 0·7 mm.

Značně menší (0·5 mm) a světlejší než ♀. Barva hlavy žlutošedá, prothorax bílý se slabými kresbami, někdy bez kreseb, pterothorax šedě žlutohnědý, abdomen žlutý neb bělavý, slabě neb silněji šedě zkalený. Stuhy na křídlech slabší. Nohy slabě šedé; femora na basi, tibie ke koncům a tarsy bílé. Tykadla bělavá, slabě šedě zkalená, 2., 6. čl. a stylus silněji.

Překrásný tento druh žije od dubna do září na listech křovitých lip, a to místy v množství převelikém. Také na listech olšových a šeříkových časem se zdržuje. Samce nalézal jsem velmi četně v srpnu a září.

Čechy: Praha: V Cibulce. Tam zastihl jsem již dne 11. dubna samičku, jež kladla vajíčko, majíc kladélko zapuštěné do listu šeříkového právě se rozvíjejícího. Hradec Králové: V lese hradeckém i novohradeckém a v háji Ouliští u Piletic. Opočno: V bažantnici mochovské v neobyčejném množství. Milešovka.

♀.

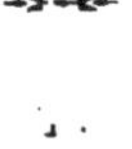

Körperfarbe schwarz- bis graubraun. Prothorax weiss mit einer schwarzen Zeichnung, welche gewöhnlich darin besteht, dass der Hinterrand mit einer dunklen Binde umsäumt ist, die, inmitten oft unterbrochen, beiderseits nach vorn einen kurzen Ausläufer entsendet, vor dem ein schwarzes Fleckchen steht. Zuweilen finden wir auf dem Prothorax nur zwei nach hinten divergierende Streifen. Oben geht über das Abdomen in der Mitte eine lichte Binde, welche die Flügel, wenn sie zusammengelegt sind, bedecken. Unten [illegible] Antennen [illegible] als oben [illegible] grauweiss [illegible] ist der Kopf und der Prothorax gelbbraun, grau getrübt, und das Abdomen oben weisslich, schwächer oder stärker grau angehaucht. Kopf zweimal mehr breit als lang. Fühler nur um 0·2 länger als die Kopfbreite; ihr 1. Glied bedeutend kürzer als das 2. Dieses ist napfförmig, fast rund; das 3., 4. u. 5. Glied untereinander etwa gleich lang und durchschnittlich etwas kürzer und bedeutend schmäler als das 2.; das 6. Glied wenig länger als das vorhergehende, gegen das Ende zu bedeutend verengt, vor dem Ende mit einer schiefen Querwand; das 7. u. 8. Glied zusammen viel kürzer als das 6., untereinander fast gleich lang. Fühlerfärbung: 1. Glied dunkelgrau bis schwarzbraun, das 2., 6., 7. u. 8. ganz schwarzbraun, das 3., 4. u. 5. gelb. Pterothorax viel breiter und länger als der Prothorax. Beine schwarzgrau; Schenkel, hauptsächlich die vorderen und hinteren, an der Wurzel weiss; alle Tibien, hauptsächlich die hinteren, gegen das Ende zu ebenfalls weiss; alle Tarsen weisslich. Oberflügel sind weiss und haben drei schwarze Querbänder, von denen die eine die Wurzel des Flügels einnimmt, die andere in seiner Mitte verläuft und die dritte vor dem Ende sich befindet. Das Flügelende ist ebenfalls schwarz. Wenn die Flügel zusammengelegt sind, bilden ihre lichten Oberflügelpartien drei rundliche weisse Flecke. Die Unterflügel sind etwa in der Mitte und gegen das Ende zu schwach grau getrübt, sonst hell. Körperlänge 0·7 mm.

♂.

Bedeutend kleiner (0·5 mm) und lichter als das ♀. Kopf gelbgrau, Prothorax weiss mit schwachen Zeichnungen, welche auch fehlen können. Pterothorax grau gelbbraun. Abdomen gelb oder weisslich, schwach oder stärker grau getrübt. Die Flügelbinden lichter. Beine schwach grau gefärbt, Schenkel am Grunde, Tibien gegen das Ende und Tarsen weiss. Fühler weisslich, schwach grau getrübt, 2.–6. Glied und der Stylus stärker.

Vorkommen. Von April bis September auf Eichenblättern, seltener auf Erlen- und Eschenblättern. Männchen im August und September. — Fundort: Böhmen.

54. **Dendrothrips Degeeri** nov. sp.*

Tab. VI, fig. 87.

♀.

Hlava [illegible] prothorax [illegible] prothoraxu [illegible] Pterothorax [illegible] abdomen [illegible] prothorax [illegible] pterothorax [illegible]

* [illegible]

Tykadla jen as o 0·2 delší než šířka hlavy, ve tvaru podobná tykadlům druhu předcházejícího (také přehrádka v 6. čl. jest přítomna), jen 3., 4. a 5. čl. jsou poněkud kratší a tlustší. První, 3., 4. a 5. čl. šedé, 4. z nich nejsvětlejší, 2., 6. článek a stylus černošedé. Barva noh šedohnědá, přední tibie ke konci po obou stranách bělavé, střední tibie na konci dole taktéž bělavé, zadní femora na basi a zadní tibie ke konci bílé. Hořejší křídla silně žlutošedě zkalená, na basi mnohem světlejší a zde na předním okraji skoro čirá; šupinka celá žlutošedá. Dolejší křídla slabě šedě zkalená, žilka tmavá. Délka těla 0·8 mm.

♂. Značně menší a světlejší než ♀. Barva těla světle žlutá. Tykadel 1. a 2. článek běložluté, 3.—6. čl. a stylus šedé, někdy 3., 4. a 5. čl. bělavé, jen na konci šedé. Křídla slabě šedě zkalená. Nohy běložluté. Šafránová varlata prosvítají. Výjimkou jsou tělo, nohy a první dva články tykadel bílé, ostatek tykadla tmavošedý; křídla zůstávají slabě šedě zkalenými.

Třásněnka tato žije po celý rok pod korou stromů, zvláště vrb, topolů, dubů, bříz a hrušek; mimo to pak v létě na listech kaštanu koňského v počtu někdy značném, dále na listech lipových, olšových, šeříkových a jasanových. Samci vyskytují se četně v srpnu.

Čechy: Hradec Králové; Ve Věkoši. Opočno: u Mezrice a v bažantnici Mochově.

—>—<—

♀.

Kopf und Abdomen graubraun. Augen weisslich umsäumt. Prothorax weisslich mit graubraunen Zeichnungen, welche denen der vorhergehenden Art ähnlich sind. Pterothorax grau gelbbraun. Zuweilen ist der Kopf und das Abdomen graugelblich, der Prothorax gelblich, seine Zeichnungen grau; der Pterothorax bleibt grau gelbbraun. Kopf zweimal mehr breit als lang. Fühler nur etwa um 0·2 länger als die Kopfbreite, in der Form ähnlich denjenigen der vorhergehenden Art (auch die Querwand im 6. Glied ist vorhanden), nur ist das 3., 4. u. 5. Glied etwas kürzer und dicker. Das 1., 3., 4. u. 5. Glied grau (das 4. lichter), das 2., 6. Glied und der Stylus schwarzgrau. Farbe der Beine graubraun. Vordertibien gegen das Ende zu beiderseits weisslich, Mitteltibien am Ende unten ebenfalls weisslich, Hinterschenkel am Grunde und Hintertibien gegen das Ende weiss. Oberflügel stark gelbgrau getrübt (ohne Binden), am Grunde viel heller und hier am Vorderrande fast hell; die Schuppe gänzlich gelbgrau gefärbt. Unterflügel schwach grau getrübt, die Langsader dunkel. Körperlänge 0·8 mm.

♂. Bedeutend kleiner und lichter als das ♀. Korperfarbe lichtgelb. Erstes und zweites Fühlerglied weissgelb, die übrigen grau, manchmal das 3., 4. u. 5. Glied [illegible] grau [illegible] schwach [illegible] Beine [illegible] durch [illegible] der Körper [illegible] und die ersten [illegible] dunkelbraun.

Vorkommen: Das ganze Jahr hindurch unter der Rinde verschiedener Bäume, [illegible] im Sommer auf verschiedenen Baumblättern, vorzüglich auf denen der Rosskastanie. Männchen im August. — Fundort: Böhmen.

52. Dendrothrips saltatrix nov. sp.*

Tab. VI, fig. 88.

Hlava, prothorax i abdomen žlutavohnědé, [illegible] ke konci žlutý. Pterothorax žlutý [illegible] Na hlavě [illegible] Hlava [illegible] delší [illegible] šířka hlavy. [illegible] Barva tykadel: 1., 3. a 4. čl. žlutavé, 2. žlutavý [illegible] 5., 6., 7. čl. [illegible] černé. Prothorax asi tak dlouhý jako hlava a málem dvakrát širší než delší [illegible] Pterothorax [illegible] širší a delší než prothorax. Nohy žlutavé [illegible] Křídla [illegible] abdomenu [illegible] Délka těla 0.7 mm.

[illegible]

[illegible] Hradec Králové [illegible]

♀.

Kopf, Prothorax und Abdomen gelblichweiss, dieses gegen das Ende zu gelb, Pterothorax gelb, selten weissgelblich. Oben auf dem Körper befinden sich graue Zeichnungen, von denen besonders jene auf dem Prothorax auffällt, indem sie mehr oder weniger einer Krone ähnelt. Kopf etwa um 0·4 mehr breit als lang. Fühler um 0·5 länger als die Kopfbreite. Fühlerform dieselbe wie bei der Art *tiliae*, nur ist das 1. Glied etwas länger, und das 6. Glied hat keine Querwand. Fühlerfärbung: 1., 3. u. 4. Glied gelblich, 2. gelblich, stark grau getrübt, das 5., 6., 7. Glied und der Stylus schwarz. Prothorax etwa so lang wie der Kopf und fast zweimal so breit als lang; auf seinen Hinterecken je ein starker Stachel. Pterothorax bedeutend breiter und länger als der Prothorax. Beine gelblich, theilweise grau getrübt, und zwar: alle Schenkel in der Mitte, die Vorder- und die Mitteltibien aussen und schwach auch innen; die Hinterbeine sind fast ungetrübt. Flügel überreichen das Abdomenende bedeutender als bei beiden vorhergehenden Arten. Die Nebenader im Oberflügel ist undeutlich. Die Oberflügel sind stark gelbgrau getrübt, am Ende lichter; ihre erweiterte basale Partie ist in der vorderen Hälfte fast klar; auch die Schuppe ist in der ersten Hälfte klar, in der zweiten jedoch grau. Unterflügel sehr schwach grau getrübt, ihre Hauptader dunkel. Körperlänge 0·7 mm.

♂.

Bedeutend kleiner als das ♀. Farbe des Körpers, der Fühler und Beine ebenso wie bei demselben, auch ähnliche Zeichnungen sind vorhanden. Flügel dunkelgrau (ausser am Grunde vorn, wo sie hell sind). Die safrangelben Hoden scheinen durch.

Vorkommen: In beiden Geschlechtern im Mai und August auf Erlenblättern. Im Winter fand ich Weibchen unter der Rinde der verschiedensten Bäume. Fundort: Böhmen.

16. GENUS PROSOPOTHRIPS. (Nov. gen.*)

Tělo síťkované. Hlava jest širší než delší, za očima vypouklá. Po každé straně její nalézá se malý hrbol s chloupkem. Oči jsou vykrojené. Mezi nimi v předu na hlavě jsou dva hrboly. Očka nejsou přítomna. Tykadla osmičlenná (stylus dvoučlenný). Makadla maxillární o třech článcích. Prothorax jest značně delší než hlava. Na zadních rozích jeho není chlupů smyslových. Nohy jsou krátké a velmi zavalité, bezbranné. K[illegible] nejjemnější rudimenta. Chloupky na konci těla jsou velmi nepatrné.

Körper mit netzförmiger Structur. Kopf mehr breit als lang, hinter den Augen gewölbt und jederseits mit einem Höcker versehen, an dessen Spitze ein Härchen sich

*) Προσωπεῖον = škraboška, Maske.

[illegible]

33. Prosopothrips Vejdovskyi nov. sp.

Tab. II. fig. 9. Tab. VI. fig. 85.

[illegible]

[illegible]

[illegible]

kürzer und breiter als der Prothorax. Mesothorax und Metathorax sehr deutlich von einander getrennt. Vorderschenkel schwarz. Vordertibien licht gelbbraun, am Grunde aussen dunkel getrübt; Vordertarsen und die ganzen Mittel- und Hinterbeine gelbbraun. Erstes Abdominalsegment kurz; das 9. Segment weit in das 8. eingeschoben. Hinterränder der Abdominalsegmente oben gezähnt. Körperlänge 0·8 mm.

♂ unbekannt.

Vorkommen: Das ganze Jahr hindurch im Waldrasen. — Fundort: Böhmen.

17. GENUS HELIOTHRIPS HALID.*)

Tělo, zvláště hlava a prothorax silně síťkované. Hlava širší než delší, hrbolatá, do zadu trochu rozšířená, mezi očima do předu v ostrý hrb prodloužená. Tváře nevypouklé, uprostřed sedlovitě stažené. Oči nevykoulené, nýbrž jen do předu vyčnívající. Očka přítomna. Tykadla osmičlenná. Stylus dvoučlenný, 2. jeho článek mnohem delší než prvý, vlasovitý, as tak dlouhý jako 3. čl. tykadla a na konci ještě tenčím krátkým vláskem opatřený. Na 3.—6. čl. tykadel nalézá se na vnější straně po jednom čípku čichovém. Makadla maxillarní o dvou článcích, z nichž druhý jest mnohem delší prvého. Prothorax značně kratší než hlava, hrbolatý, uprostřed trochu stažený; na zadních rozích jeho není chlupu ani ostnu. Nohy bezbranné. Křídla přítomna a nesíťkovaná. Hořejší silně nahoru prohnutá; na basi jsou široká, za první čtvrtinou se však značně zúžují a zůstávají zúženými až ke konci, kdež jsou zaokrouhlená. Kromě žilky okružní jest zde podélná žilka, která se rozděluje na konci prvé třetiny ve dvě větve, z nichž hořejší běží až do konce křídla těsně vedle přední části žilky okružní, dolejší pak těsně vedle její zadní části. Na žilkách jsou krátké, sporé chloupky (tak zvláště na hořejším rameni žilky podélné). Přední okraj hořejších křídel opatřen jest tenkými dosti dlouhými třásněmi; kratších brv mezi nimi není. Dolejší křídla jsou úzká a na basi též rozšířená. Chlupy na konci abdomenu jsou velmi slabé a světlé. Rozmnožování děje se obyčejně parthenogeneticky.

Körper, hauptsächlich der Kopf und der Prothorax mit tiefer netzförmiger Structur. Kopf mehr breit als lang, uneben, nach hinten etwas erweitert, zwischen den Augen vorne mit einem scharfen Höcker versehen. Wangen nicht gewölbt, inmitten sattelförmig eingeschnürt. Augen nicht hervorgequollen, sondern nur vorstehend. Ocellen vorhanden. Fühler achtgliedrig. Stylus zweigliedrig, sein 2. Glied viel länger als das 1., haarförmig, etwa so lang wie das 3. Fühlerglied und am Ende mit einem noch dünneren, kurzen Härchen versehen. Am 3.—6. Fühlergliede befindet sich aussen je ein Geruchszapfen

*) ἥλιος = slunce, Sonne; jméno nevhodné; willkürlich gewählter Name.

[illegible]

54. Heliothrips haemorrhoidalis Bouché.

Tab. VI, fig. 90—92.

1833 *Thrips haemorrhoidalis* Bouché, Naturg. d. schädl. Gartenins., pag. 206.
1836 *Heliothrips Adonidum* Haliday, Entomolog. Magazine, pag. 443.
1836 — *haemorrhoidalis* Burmeister, Handb. d. Entomolog. II, pag. 412.
1838 — — Burmeister, Genera Insectorum (Kolorované vyobrazení. — Colorierte Abbildung).
1843 — — Amyot et Serville, Ins. Hémiptères, pag. 644.
1852 — — Haliday-Walker, Homopt. ins. of Brit. Museum, pag. 1092, tab. VI, fig. 13.
1852 — — Heeger, Sitzungsb. d. Akad. d. Wiss., Wien IX, pag. 473, tab. XVII.
1855 *Thrips* — Brehm?, Stettiner Entomolog. Zeitung, pag. 513.
1882 — — Frič, Přírodopis živočišstva, pag. 113 (vyobrazení).
1886 *Heliothrips adonidum* Cameron, Transact. Natur. Hist. Soc. Glasgow, pag. 300.
1891 — *haemorrhoidalis* Reuter, Thysanopt. i Finska orangerier, pag. 164 et 165.

[illegible]

delší než širší; 3., 4. a 5. čl. na basi úzké, ku konci však kyjovitě se rozšiřující a postupně kratší a kratší; 6. čl. na basi široký, značně kratší než 3., ano i kratší než 5., 7. čl. tenký, o polovinu kratší než 6. Barva tykadel: 1.—5. čl. žlutavé, první dva slabě šedohnědě zkalené, 6. čl. černošedý, na basi světlý, 7. a 8. žlutavé, velmi slabě šedě zkalené. Pterothorax značně širší a delší než prothorax. Přední rohy mesothoraxu vyčnívající. Nohy zavalité, celé žlutavé. Hor. křídla žlutavá, na basi světlejší. Dolejší křídla taktéž žlutavá, slabě šedě zkalená, s žilkou tmavou. Devátý čl. abdomenu prodloužený, kuželový; jest nejdelším článkem vůbec; 10. čl. velmi úzký, značně kratší než předcházející. Délka těla 1·2 mm.

Var. **abdominalis** Reut. Hlava a thorax černohnědé, abdomen šedě žlutavohnědý. První čl. abdom. celý a 2.—5. po stranách úzce slabě (jen 2. silněji) šedohnědě zkalené.

♂.

Objeven Heegrem (L. č. 63.), avšak nepopsán.

Třásněnka tato byla zavlečena z cizích krajů do našich skleníků, kdež zdržuje se na spodní straně listů různých rostlin a někdy značně škodí. Var. *abdominalis* vyskytuje se dosti zhusta mezi formou typickou.

Čechy: Praha (prof. Řezník), Hradec Králové, Hořice.

♀.

Körperfarbe schwarzbraun, Kopf etwas lichter, die zwei letzten Abdominalsegmente ganz, und das 8. in der Mitte röthlich gelbbraun. Fühler sehr dünn u. lang. Ihr erstes Glied kürzer und schmäler als das 2., dieses napfförmig, nicht viel länger als breit; das 3., 4. u. 5. Glied auf dem Grunde schmal, gegen das Ende jedoch keulenförmig erweitert und jedes etwas kürzer als das vorhergehende; das 6. Glied auf dem Grunde breit, bedeutend kürzer als das 3., und sogar etwas kürzer als das 5.; das 7. dünn, um die Hälfte kürzer als das 6. Fühlerfärbung: 1.—5. Glied gelblich, die ersten zwei schwach graubraun getrübt, das 6. schwarzgrau, am Grunde licht, das 7. u. 8. gelblich, sehr schwach grau angeflogen. Pterothorax bedeutend breiter und länger als der Prothorax. Die vorderen Ecken des Mesothorax vorragend. Beine gedrungen, gelblich. Oberflügel gelblich, am Grunde heller. Unterflügel ebenfalls gelblich, schwach grau getrübt, ihre Ader dunkel. Das neunte Abdominalsegment verlängert, konisch, am längsten. Das 10. Segm. sehr schmal, bedeutend kürzer als das vorhergehende. Körperlänge 1·2 mm.

Var. **abdominalis** Reut. Kopf und Thorax schwarzbraun, Abdomen grau gelblichbraun. Erstes Abdominalsegment ganz, das 2.—5. an den Seiten schmal schwach (nur das 2. stärker) graubraun getrübt.

[illegible] entdeckt, jedoch nicht beschrieben.

[illegible] Auf der [illegible] Pflanzen in unseren [illegible] — Fundorte: [illegible] (Walker, Cameron), Deutschland [illegible] Bremi, Jordan, Bohls), Wien (Heeger, Löw), Finnland (Reuter), Nord-[illegible] (Wellington, Pergande), Böhmen.

[illegible] Heliothrips femoralis Reut.

1891. *Heliothrips femoralis* Reuter, Thysanoptera i finska orangerier, pag. 165.

[illegible] thorax [illegible] abdomen apice excepto nigro-[illegible] antennis pedibusque rufo-ferrugineis, [illegible] femoribus quatuor posterioribus [illegible] oculis ultra latera capitis haud prominulis; antennis [illegible] 3—5 [illegible] quam duplo longiore; [illegible] lateribus [illegible] rotundato, [illegible] lineatibus, basi solum leviter [illegible] apice extremo fasciolaque supra quartam apicalem [illegible] margine externo [illegible] dense et longe ciliatis, ciliis marginis interni [illegible] venis parum elevatis, setosis, longitudinali in tertia basali [illegible] venis apicalibus parallelis, vena brevi basali interiore [illegible] Long. [illegible] mm.

[illegible] PARTHENOTHRIPS [illegible]

[illegible] hlava a prothorax [illegible] Hlava [illegible] než [illegible] Oči značně vykloněné. Tváře [illegible] Tykadla [illegible] kromě prvých dvou článků velmi tenká. [illegible] tak dlouhý jako 6. čl. tykadla a na konci ještě [illegible] Na 3. [illegible] 6. článku po dvou od sebe oddělených [illegible] Makadla maxillární o dvou článcích, z nichž druhý jest značně delší než prvý. Prothorax [illegible] než hlava, [illegible] do zadu se rozšiřuje, na zadních svých [illegible] Nohy [illegible] Křídla jsou velmi široká [illegible] konec abdomenu. Hořejší mají podobu [illegible] a mají kromě žilky okružní jen jednu žilku podélnou. Tato vysílá [illegible] krátké [illegible] k přední části žilky okružní [illegible] Tato žilka jest po

[illegible]

celé dělce chlupy poseta. Přední část žilky okružní jest opatřena silným, krátkým brvami; třásní mezi nimi není. Zadní okraj křídla ozdoben jest dlouhým třásněm. Za onou krátkou šikmou žilkou jsou hořejší křídla náhle trochu stažená. Dolejší křídla jsou ke konci nahoru prohnutá. Dva poslední články abdomenu jsou u samic značně zúžené. Chlupy na konci abdomenu jsou slabé a světlé. Druh sem náležející jest k skákání způsobilý.

Der Körper, hauptsächlich der Kopf und der Prothorax, mit tiefer netzförmiger Structur. Kopf mehr breit als lang, zwischen den Augen vorn mit einem Höcker; ganz hinten halsförmig verengt. Die Augen bedeutend hervorgequollen. Die Wangen gewölbt. Ocellen vorhanden. Fühler siebengliedrig, ausser den ersten zwei Gliedern sehr dünn. Stylus eingliedrig, haarförmig, so lang wie das 6. Fühlerglied und am Ende mit einem noch dünneren Härchen von gleicher Länge versehen. Am 3.—6. Gliede je zwei von einander getrennte Geruchszapfen. Maxillartaster zweigliedrig, ihr zweites Glied bedeutend länger als das erste. Prothorax bedeutend kürzer als der Kopf, uneben, nach hinten erweitert, auf seinen Hinterecken mit je einem nicht langen geflügelten Stachel. Beine wehrlos. Flügel sehr breit und sehr lang, so dass sie das Abdomenende überragen. Die oberen haben die Form eines Küchenmessers, ihre Structur ist netzförmig, und sie besitzen ausser der Ringader nur eine Längsader. Dieselbe entsendet hinter dem ersten Viertel ihrer Länge einen kurzen schiefen Ast zum vorderen Theil der Ringader, wendet sich nachher zum Hinterrand des Flügels und läuft parallel mit ihm. Diese Ader ist der ganzen Länge nach mit Borsten besetzt. Der Vorderrand des Flügels ist mit kurzen starken Wimpern versehen; Fransen sind hier nicht vorhanden. Hinter jenem kurzen schiefen Ast ist der Oberflügel plötzlich etwas zusammengezogen. Die Unterflügel sind gegen das Ende zu aufwärts gebogen. Die zwei letzten Abdominalsegmente sind bei den Weibchen bedeutend verengt. Die Borsten am Abdomenende sind schwach und licht. Die her gehörige Art hat ein Springvermögen.

56. **Parthenothrips dracaenae.** Heeg.*)

Tab. II., fig. 12.—14.; Tab. VI., fig. 93.

1852. *Heliothrips Dracaenae* Heeger, Sitzungsb. d. Akad. d. Wiss., Wien, pag. 365. (V separatním otisku pag. 3., tab. I. Separatabdruck: pag. 3; tab. I.)

1858. *Thrips* — Regel, Bull. phys.-math. Acad. St. Petersb., pag. 632., fig. 4. et 5.

1888. *Heliothrips* — Jordan, Zeitschr. f. wiss. Zool. 47. Jahrg.

1891. — Reuter, Thysanopt. i finska orangerier, pag. 166.

*) Doklad ve sbírce musejní, praep. č. 12. — Sammlung des Landesmuseums, Praep. Nr. 12.

Hlava a thorax hnědožlutavé s postranní tmavou čarou, někdy šedě zkalené. Abdomen [illegible] černošedý, posledních tří článků žlutohnědé. Očka vpředu na hlavě blízko vedle sebe seskupena. První čl. tykadel umístěn jest v rýžce [illegible] a jest kratší [illegible] než 2., tento jest baňkovitý, poněkud delší než širší. 3. a 4. čl. velmi úzké [illegible] ke konci poznenáhlu kyjovitě se rozšiřující [illegible] čtvrtinu zaškrcené, mezi sebou skoro stejně dlouhé, kroužkované. 5. čl. trochu kratší, taktéž úzké [illegible] ke konci se rozšiřující, na konci však [illegible], též kroužkovaný. 6. čl. značně kratší než 5. Barva tykadla žlutavá, 6. a 7. čl. šedohnědé, [illegible] na basi trochu světlejší. Pterothorax značně širší a delší než prothorax. Nohy jsou [illegible]. Přední [illegible] slabě hnědožlutavé, uprostřed poněkud šedě zkalené. Střední a zadní černohnědé [illegible] a na konci slabě hnědožlutavá, všecky tibie a tarsy světle hnědožlutavé. [illegible] křídla jsou bílá a mají dvě tmavé příčné stuhy. První jest užší a nalézá se [illegible] na konci první třetiny křídla. Druhá, širší, dosti [illegible] jest na konci druhé třetiny jeho. Mezi druhou stuhou a koncem křídla znamenáme ještě na předním kraji slabou skvrnu. Žilky jsou na oněch částech, kde leží ve stuhách neb ve skvrně, černošedé. Pod onou skvrnou na hořejším okraji křídla, trochu [illegible] žilka [illegible] okrouhlá na malém místě dosti tmavá. Délka těla 1 mm.

Var. nova **concolor**. Barva celého těla, i abdomenu, slabě neb silněji hnědožlutavá. Hlava a thorax po stranách taktéž s tmavou čarou.

Dle Heegera (l. c. 66) [illegible] žlutohnědý.

[illegible] tato byla do našich skleníků rostlinami z cizích zemí zavlečena. Žije [illegible] spodní straně listů nejrůznějších rostlin a škodí někdy značně. Var. *concolor* nalezena mezi formou typickou v několika exemplářích.

Čechy: Praha (prof. Bezunk), Hradec Králové, Jindř. Hradec, [illegible].

Kopf und Thorax braungelb mit einer dunklen Seitenlinie, manchmal grau getrübt. Abdomen dunkel- bis schwarzbraun, die letzten drei Segmente gelbbraun. Ocellen [illegible] Das 1. Fühlerglied sitzt in einem seichten Napfe und ist kürzer und [illegible] als das 2. [illegible] napfförmig, nicht viel länger als breit; das 3. und 4. Glied [illegible] gegen das Ende allmählich keulenförmig erweitert, am [illegible] das 5. Glied etwas kürzer [illegible] gegen das Ende zu erweitert, jedoch mit dem [illegible] das 6. Glied bedeutend kürzer als das dritte. Fühlerfärbung gelblich, das 6. u. 7. Glied graubraun, jenes am Grunde etwas lichter. Pterothorax bedeutend breiter und länger als der Prothorax. Beine mit netzförmiger Structur. Vorderschenkel schwach braungelblich, in der Mitte etwas grau getrübt. Mittel- und Hinterschenkel schwarzbraun, am Grunde und am Ende schwach braungelblich, alle Tibien und Tarsen ebenfalls licht braungelblich. Die Oberflügel sind weiss und haben zwei dunkle Querbinden. Die erste ist stärker und befindet sich hinter der Gabel, d. i. am Ende des ersten Drittels der Flügellänge. Die zweite Querbinde ist schief, ziemlich undeutlich und liegt am Ende ihres zweiten Drittels. Zwischen der zweiten Binde und dem Flügelende nehmen wir am Vorderrande noch einen schwachen Fleck wahr, und schief unter ihm eine Trübung der Längs- und Ringader. Körperlänge 1 mm.

Var. (nov.) **concolor**. Farbe des ganzen Körpers lichter oder dunkler braungelblich (die letzten Abdominalsegmente ebenso gefärbt). Kopf und Thorax an den Seiten ebenfalls mit einem schwarzen Strich.

*

Nach Heeger gelbbraun.

Vorkommen: In unseren Glashäusern auf der Blattunterseite vieler Pflanzen, aus fremden Ländern verschleppt. Schaden manchmal bedeutend. — Fundorte: Wien (Heeger, v. Frauenfeld), Finnland (Reuter), St. Petersburg (Regel), Deutschland (Jordan, Bohls), Nordamerika (bei Washington Pergande), Böhmen.

19. GENUS THRIPS (L.).*)

Očka přítomna. Tykadla sedmičlenná (stylus jednočlenný). Makadla maxillarní o třech článcích. Prothorax pravidlem o něco delší hlavy; na zadních jeho rozích po dvou dlouhých smyslových chlupech. Přední nohy jsou pravidlem bezbranné; jen u druhu *calcarata* opatřeny jsou přední tarsy dlouhým, tenkým, ohnutým zubem. Křídla obyčejně přítomna, jen někdy scházejí; jsou dosti široká, a žilka okružní na předním kraji křídla jest opatřena dlouhými třásněmi a kratšími tuhými brvami. Druhy sem náležející jsou k skákání způsobilé.

—><—

Augen vorhanden. Fühler siebengliedrig (Stylus eingliedrig). Maxillartaster dreigliedrig. Prothorax regelmässig etwas länger als der Kopf; auf seinen Hinterecken je zwei lange Borsten. Vorderbeine regelmässig wehrlos; nur bei der Art *calcarata* sind die Vordertarsen mit einem langen, dünnen, gebogenen Zahn bewaffnet. Flügel gewöhnlich vorhanden; sie sind ziemlich breit und ihr Vorderrand ist mit langen Fransen besetzt, zwischen denen sich kürzere steife Borsten befinden. Die hier gehörenden Arten haben ein Sprungvermögen.

*) Θρίψ, červ ve dřevě žijící. Holzwurm (bei Theophrastı).

57. Thrips physopus L.*)

Tab. VI. fig. 94 – 99. Tab. X. fig. 172.

1746 *Thrips elytris glaucis, corpore atro.* Linné, Fauna Svecica, Edit. I. pag. 220.

1761 *Thrips physapus.* Linné, Fauna Svecica, pag. 266.

1764 *Thrips elytris glaucis corpore atro.* Geoffroy, Histoire abrégée d. Ins. pag. 385.

1767 *Thrips physapus.* Linné, Systema Naturae, pag. 743.

1776 *Thrips fusca, nigricans, elytris glaucis.* Müller, Zoologiae danicae Prodromus, pag. 96.

1780 *Thrips physapus.* Schäffer, Elementa entomologica, pag. 127.

1781 Schrank, Enumeratio Ins. Austriae indig., pag. 296 et 298.

1781 Fabricius, Species Insectorum, pag. 396.

1787 Fabricius, Mantissa Insectorum, pag. 320.

1788 — Gmelin, Caroli a Linné Systema Nat., pag. 2222.

1789 Berkenhout, Synopsis of Nat. Hist. of Gr. Britain and Ireland, pag. 122.

1789 de Villers, Car. Linnaei Entomologia.

1794 — Fabricius, Entomologia systematica, pag. 228.

1802 Stew. Elements of Nat. Hist., pag. 111.

1803 Fabricius, Systema Rhyngotorum, pag. 313.

1806 Turton, A General System of Nature, pag. 716.

1806 — — Shaw, General Zoology, pag. 199, tab. 63.

1821 Wood, Illustr. of the Linn. Genera of Ins., pag. 118, tab. 42.

1836 Haliday, Entomological Magazine, pag. 448.

1836 Burmeister, Handb. d. Entomologie, II. pag. 415.

1843 Amyot et Serville, Ins. Hémiptères, pag. 644.

1852 Haliday, Walker, Homopt. ins. of Brit. Museum, pag. 1111, tab. VI. fig. 7.–11.**)

1878-79 Reuter, [illegible] Thysanopt. i Finland, pag. 6.***)

*

Barva celku černohnědá, [illegible]

[illegible]

[illegible]

4. a 5. čl. žlutavé, 5. obyčejně na samém konci trochu zkalený, 6. do polou žlutavý, od polou černohnědý, 7. černohnědý. Výjimkou jest 4. a zvl. 5. čl. ke konci tmavý a 6. čl. jen na basi světlý. Prothorax nepatrně delší hlavy; na jeho zadním okraji nalézají se kromě dlouhých chlupů smyslových ještě na každé straně čtyři malé chloupky. Nohy černohnědé, všecky tarsy a přední tibie běložlutavé, tyto z počátku po obou stranách, zvl. vně, trochu hnědě zkalené. Hlavní žilka v hořejším křídle ke konci se třemi chlupy stejně od sebe vzdálenými anebo s prvním trochu oddáleným. Vedlejší s četnými chlupy. Hořejší křídla silně šedě neb šedohnědě zkalená, na basi světlejší a před samou vidlicí s velikým čirým místem. Dolejší křídla jsou dosti čirá. Délka těla 1·2 mm.

Var. (nov.) **adusta**. Hlava a thorax jsou žlutohnědé, více nebo méně šedě zkalené. Abdomen světle šedožlutý, na konci černý.

♂ (dosud nepopsaný).

Značně menší než ♀. Barva těla buď černohnědá aneb běložlutavá, při čemž jest thorax žlutý. U tmavých samců jsou tykadla a nohy podobně zbarveny jako u samic; u světlých jsou první tři články tykadel celé žlutavé, 4. a 5. taktéž žlutavé, na samém konci však tmavé, 6. do polou žlutavý, od polou tmavošedý, 7. tmavošedý, nohy celé žlutavé. Křídla přítomna. U tmavých nalézá se na spodní straně 3.—7. čl. abdom. po jedné bílé podélné prohlubině. U světlých jsou tyto prohlubiny ještě delší a uprostřed trochu staženy; na světlé půdě však nejsou tak zřetelnými.

Třásněnka tato žije od jara do podzimu v nejrůznějších květech a jest po druhu *Physopus vulgatissima* nejhojnější. Vyskytuje se někdy v úžasném množství. Tak nalezl jsem květy od *Tragopogon pratensis* v háji mezi Krčí a Kundraticemi jimi téměř naplněné. Kromě květů lučních a lesních obývá také květy zahradní, avšak nikdy ve větším počtu. Pokud se jiných pěstovaných rostlin týče, vyskytuje se, ač ne hojně, v květech jabloní, lnu a brambor. Na obilí je řídká; nalezl jsem jen několik exemplářů v klasech pšeničných. Přezimuje pod spadaným listím, v seschlých květenstvích a v drnu. Samce nalezl jsem od počátku dubna až do polovice listopadu, a sice světlé i tmavé v stejném asi množství. Var. *adusta* nalézá se dosti zhusta mezi formou typickou.

Vyskytuje se po celé naší vlasti a stoupá až na vrchol Sněžky, kdež dosti hojně žije v sporých květech. Kromě toho zvláště hojně nalezl jsem ji v květech v Malém Sněžném březnu, okolo Boudy prince Jindřicha, na stráních nad Malým stavem a kolem Obří boudy. — Z Pešti mi byla s květinami zaslána.

♀.

Körperfarbe schwarzbraun, Pterothorax jedoch oft dunkel gelbbraun. Kopf mehr breit als lang, nach hinten deutlich verengt. Erstes Fühlerglied bedeutend kürzer als das zweite; das 3. u. 4. untereinander fast gleich lang, das 5. bedeutend kürzer. Fühler-

Fühler: 1. u. 2. Glied graubraun, 3., 4. u. 5. Glied gelblich, das 5. gewöhnlich am äussersten Ende etwas getrübt, das 6. bis zur Mitte gelblich, von der Mitte an schwarzbraun, das 7. schwarzbraun. Ausnahmsweise ist das 4. und hauptsächlich das 5. Glied gegen das Ende dunkel und das 6. nur am Grunde licht. Prothorax unbedeutend länger als der Kopf; auf seinem Hinterrande befinden sich ausser den langen Seitenborsten noch jederseits vier kleine Härchen. Beine schwarzbraun, alle Tarsen und die Vorderschienen weissgelblich, diese aber jederseits, hauptsächlich aussen, etwas braun getrübt. Die Hauptader im Oberflügel gegen das Ende zu mit drei Borsten, die von einander etwa gleich entfernt sind, oder die erste etwas weiter von den übrigen abstehend. Die Nebenader mit zahlreichen Borsten besetzt. Oberflügel stark grau oder graubraun getrübt, am Grunde lichter, Unterflügel ziemlich hell. Körperlänge 1·2 mm.

Var. nov. **adusta**: Kopf und Thorax gelbbraun, mehr oder weniger grau getrübt. Abdomen licht graugelb, am Ende schwarz.

♂ (noch unbeschrieben).

Bedeutend kleiner als das ♀. Körperfarbe entweder schwarzbraun oder weissgelblich, wobei der Thorax gelb ist. Bei den dunklen Männchen sind die Fühler und die Beine ähnlich wie bei den Weibchen gefärbt, bei den lichten Männchen sind die ersten drei Fühlerglieder gelblich, das 4. und 5. ebenfalls gelblich, am äussersten Ende jedoch dunkel, das 6. bis zur Mitte gelblich, von der Mitte an dunkelgrau, das 7. dunkelgrau; die Beine gelblich. Flügel vorhanden. Auf der Unterseite des 3.–7. Abdominalsegmentes befindet sich je eine weisse längliche Vertiefung. Bei den lichten Männchen sind diese Vertiefungen etwas länger als bei den dunklen, jedoch viel weniger deutlich.

Vorkommen: Die ganze warme Jahreszeit hindurch in allerlei Blüten in beiden Geschlechtern. Die dunklen Männchen ebenso häufig wie die lichten. Die Weibchen überwintern unter abgefallenem Laub, in trockenen Blütenständen und im Rasen. — Fundorte: Alle Localitäten anzuführen, wo diese Art angeblich gefunden wurde, ist unrathsam, da sehr oft die verschiedensten Arten unter dem Namen *Thrips physapus* angeführt wurden. England (Haliday), Finnland (Reuter), Deutschland (Bohls), Böhmen (Uzel).

58. Thrips communis nov. sp.*)

Tab. VI, fig. 100.

[illegible]

*) [illegible]

Hlava trochu širší než delší, se stranami vypouklými, nazad nezúžená. První čl. tykadel kratší než druhý, tento článek, pak 3. a 4. mezi sebou skoro stejně dlouhé, 5. čl. jen trochu kratší než 4., 7. čl. krátký, na basi široký, často tupý. Tykadla jsou u bledých exemplářů následovně zbarvena: 1. čl. čirý, ostatní kalně žlutavé; 3. ne vždy, 4. a 5. ke konci, 6. a 7. celé šedě zkalené. Čím tmavší se stává tělo, tím jsou také tmavší tykadla, při čemž se i první čl. trochu zakaluje, ač zůstává stále průsvitným; druhý pak a 6. i 7. jsou nejtemnějšími. Na zadním okraji prothoraxu nalézáme kromě dlouhých chlupů smyslových na každé straně (podobně jako u následujících osmi druhů) ještě tři malé chloupky. Barva noh jest při exemplářích nejsvětlejších bělavá, bez místních zkalenin. Čím tmavší se však barva těla stává, tím tmavšími též jsou nohy, a tím zřetelněji lze na nich pozorovati místní zkaleniny, které jsou následující: přední femora jsou v zadu i uprostřed zkalená; střední a zadní jsou zkalená celá, kromě špičky, přední tibie pak po obou stranách, střední a zadní v první polovině, kromě base. Hlavní žilka má v druhé své polovině pravidlem čtyři chlupy, z nichž první dva a poslední dva jsou sblíženy. U bledých exemplářů jsou hořejší křídla velmi slabě žlutavě zkalená; u tmavších přistupuje slabé šedé zkalení, k němuž ještě slabý neb silnější hnědý nádech se přidává. U kořene jsou hořejší křídla vždy značně světlejší, ne však čirá. Délka těla 0·8 mm.

Var. **annulicornis**. Zkalení 3.—5. čl. tykadla na konci jest velmi silné a náhlé, takže tykadlo uprostřed zdá se býti kroužkovaným.

Var. **pulla**. Abdomen stává se u této variety tmavším a tmavším, až úplně zčerná; po něm ztmaví poznenáhla hlava a posléze prothorax, ano tyto části nabývají barvy tmavohnědé až černohnědé. Pterothorax při tom pravidlem jest žlutohnědý. Místní zkaleniny noh jak u formy typické jsou udány, vystupují zde velmi patrně; někdy však, a to u nejtmavších exemplářů, ztmavějí celé nohy. První čl. tykadel jest nejsvětlejší, šedý, nepatrně průsvitný, ostatní černošedé, jen třetí kromě konce a čtvrtý na basi žlutavé. Hořejší křídla jsou kromě světlejší base hnědošedá neb šedohnědá. Šestý článek tykadla jest delší, ostřejší a na basi užší než u formy typické, čímž blíží se druhu následujícímu. Hlavní žilka má v druhé své polovici obyčejně tři chlupy.

♂.

Hlava a abdomen žlutobílé, thorax žlutý. První dva články tykadel bílé, [illegible] 4. a 5. světlé, na konci šedě (3. velmi slaběji) zkalené, 6. čl. jest šedý [illegible] neb do polou bílý, 7. jest celý šedý. Křídla přítomna.

Třásněnka tato žije od března do listopadu v nejrůznějších květech, obyčejně jednotlivě. Některé květy však obzvláště miluje, a tam nalézáme ji v množství někdy převelikém. Jsou to především květy lilkovitých (*Solanum tuberosum, dulcamara, nigrum, Lycium barbarum, Hyoscyamus niger*) a květy [illegible] pak *Erythraea centaurium, Eupatorium cannabinum, Valeriana officinalis* [illegible]

[illegible] *[illegible]* [illegible] v květinách různých [illegible] různých [illegible] [illegible] *Papaver somniferum Onobrychis sativa Linum usitatissimum* [illegible] [illegible] pěstovaného [illegible] [illegible] pod [illegible] [illegible] Na Helgolande [illegible] Var. *annulicornis* [illegible] Var. *pallida* vyskytuje se všude po Čechách mezi [illegible] krkonošských [illegible] však [illegible]

-❧-

[illegible]

Körperfarbe blassgelb, gelbgrau oder gelbgrün bis licht graubraun, selten weiss [illegible] Thorax regelmässig stärker gelb gefärbt. Die Borsten am Körper sind [illegible] Kopf etwas mehr breit als lang, mit gewölbten Wangen, nach hinten nicht verengt. [illegible] Fühlerglied kürzer als das 2. [illegible] das 3. u. 4. untereinander [illegible] [illegible] 5. Glied nur etwas kürzer als das 4., das 7. Glied kurz, auf dem Grunde breit, [illegible] Die Fühler sind bei lichten Exemplaren folgendermassen gefärbt: 1. Glied [illegible] trüb gelblich, das 3. (nicht immer), das 4. u. 5. gegen das Ende, das 6. u. 7. ganz grau getrübt. Je dunkler der Körper wird, desto dunkler werden auch die Fühler, wobei sich auch das erste Glied etwas trübt, obwohl es immer durchscheinend bleibt; das 2., 6. u. 7. Glied sind dann am dunkelsten. Am Hinterrande des Prothorax [illegible] sich ausser den langen Borsten noch jederseits ebenso wie bei den folgenden [illegible] Arten drei kleine Härchen. Die Farbe der Beine ist bei den lichtesten Exemplaren [illegible] ohne locale Trübungen. Je dunkler jedoch die Körperfärbung wird, desto dunkler werden auch die Beine, und desto deutlicher treten die localen Trübungen hervor. Es sind [illegible] die Vorderschenkel hinten in der Mitte dunkel, die Mittel- und Hinterschenkel [illegible] lichte Spitze stark getrübt, die Vorderschienen jederseits, die Mittel- und Hinter[illegible] Hälfte mit Ausnahme der Basis dunkel. Die Hauptader im Ober[illegible] in ihrer zweiten Hälfte regelmässig mit vier Borsten versehen, von denen die [illegible] zwei und die letzten zwei einander genähert sind. Bei lichten Exemplaren sind die [illegible] schwach gelblich getrübt, bei den dunkleren tritt eine schwache graue [illegible] der sich noch ein schwächerer oder stärkerer brauner Ton zugesellt. [illegible] Oberflügel immer viel lichter [illegible] Körperlänge 0·8 mm.

Var. **annulicornis**. Die Trübung des 3.–5. [illegible] am Ende ist sehr stark [illegible] der Fühler in der Mitte geringelt erscheint.

Var. pulla. Das Abdomen trübt sich bei dieser Varietät immer mehr und mehr bis es vollkommen schwarz wird; nachher werden auch der Kopf und endlich der Prothorax immer mehr dunkel bis dunkelbraun und schwarzbraun. Der Pterothorax ist dabei regelmässig gelbbraun. Die localen Trübungen der Beine treten hier, so wie sie bei der Stammform angegeben wurden, sehr deutlich hervor; zuweilen werden jedoch, bei sehr dunklen Exemplaren, die ganzen Beine ebenfalls dunkel. Erstes Fühlerglied am lichtesten, grau, wenig durchscheinend, die übrigen schwarzgrau, nur das dritte ausser dem Ende und das vierte am Grunde gelblich. Die Oberflügel sind ausser dem lichteren Grunde braungrau oder graubraun. Das 7. Fühlerglied ist länger, schärfer und am Grunde schmaler als bei der Stammform, wodurch diese Varietät sich der folgenden Art nähert. Die Hauptader hat in ihrer zweiten Hälfte gewöhnlich drei Borsten.

Kopf und Abdomen gelbweiss, Thorax gelb. Die ersten zwei Fühlerglieder weiss, das 3. auf dem Ende sehr schwach, das 4. u. 5. stärker grau getrübt, das 6. ist grau, auf dem Grunde oder bis zur Mitte weiss, das 7. ganz grau. Flügel vorhanden.

Vorkommen: Die Weibchen von März bis November in den verschiedensten Blüten, hauptsächlich jedoch in jenen der Solanaceen und der Umbelliferen. Die Männchen von April bis August häufig, im September und October selten. Die Weibchen überwintern in trockenen Blütenständen, unter abgefallenem Laube und im Rasen. — Fundorte: Böhmen, Helgoland (Uzel), Finme, Pest.

59. Thrips major nov. sp.*)

Podobá se druhu předcházejícímu, a to zvl. tmavé jeho varietě. Postava jeji jest však značně mohutnější, zbarvení těla vždy velmi tmavé, zbarvení noh a křídel světlejší, tykadla štíhlejší, 7. čl. jejich ještě delší a tenčí; hlavní žilka pak má v druhé své polovině vždy jen tři chlupy. — Barva těla černohnědá. Hlava trochu širší než delší se stranami vypouklými, nazad nezúžená. Pátý čl. tykadel jen o něco málo kratší než 4., dva prvé články tykadel tmavé, 3. světlý, 4. ke konci zkalený, 5. kromě base tmavý, 6. a 7. taktéž tmavé. Nohy jsou dosti světlé; femora žlutavá, vně uprostřed zkalená, zřídka tmavá, na obou koncích světlejší; přední tibie obyčejně celé světlé, střední a zvl. zadní vně uprostřed zkalené. Jindy jsou všecka femora tmavá, na obou koncích světlejší. Tarsy jsou světlé. Křídla světlá, na basi skoro čirá. Délka těla 1 mm.

*) T. major, vzhledem k druhu předcházejícímu, [illegible] Art. — Doklad ve sbírce musejní, praep. č. 46. — Sammlung [illegible] Praep. Nr. 46.

Var. **adusta.** [illegible] zbarvena [illegible] dva články [illegible] zbarveny [illegible] dva první články [illegible] stylus [illegible]

Var. **gracilicornis.** [illegible] formy typické. Nohy velmi [illegible] však [illegible]

[illegible] *communis* [illegible]

[illegible] v krajinách výše položených [illegible] od května [illegible] od *Sambucus nigra*, *Senecio nemorensis*, *Eupatorium cannabinum* a [illegible] od *Solanum dulcamara*, jež značně poškozuje. [illegible] v suchých květenstvích a pod kůrou stromovou.

Čechy: [illegible] Králové, [illegible], Opočno, Trutnov, [illegible] Maršov. V Krkonoších [illegible] Sněžky, v Malém Sněžném [illegible] na [illegible] nad [illegible] [illegible] pod [illegible], Častolovice, [illegible] u Skuhrova, Milešovka, [illegible] Kuběrn, [illegible] v květech od *Senecio nemorensis*! Var. *adusta* [illegible] na Sněžce [illegible]. var. *gracilicornis* [illegible] u [illegible] [illegible] u Perače.

[illegible]

Die [illegible] Art [illegible] einer dunklen Varietät [illegible] Ihre Gestalt ist [illegible] die Körperfarbe immer sehr dunkel, die Färbung der Beine und der Flügel [illegible] die Fühler schlanker, ihr 7. Glied noch länger und dünner, die Hauptader [illegible] ihrer zweiten Hälfte immer mit drei Borsten. [illegible] Körperfarbe schwarz-[illegible] Kopf etwas mehr breit als lang [illegible] Wangen gewölbt, nach hinten [illegible] nicht [illegible] Das 5. Fühlerglied [illegible] wenig kürzer als das 4. [illegible] die ersten zwei Glieder [illegible] 4. [illegible] zu getrübt, das 5. ausser dem Grunde [illegible] 7. [illegible] Beine [illegible] Schenkel gelblich, aussen in der Mitte [illegible] dunkel [illegible] Vorderschienen gewöhnlich licht, die [illegible] Mitte getrübt. Zuweilen sind alle [illegible] an beiden Enden [illegible] Die [illegible] Körperlänge [illegible] mm.

Var. **adusta.** Kopf, Prothorax [illegible] getrübt, die [illegible] schwach gelblichbraun. Fühler [illegible] zwei ersten Glieder [illegible] das 5. [illegible] und der Stylus

Var. **gracilicornis.** Fühler dünner als bei der Stammform. Beine sehr licht. Oberflügel ziemlich dunkel getrübt, auf dem Grunde bedeutend heller.

Klein, blass und sehr ähnlich dem Männchen der Art *communis*, jedoch leicht nach den beim Weibchen angegebenen Kennzeichen zu unterscheiden.

Vorkommen: In verschiedenen Blüten und auf der Unterseite der Blätter von *Solanum dulcamara*. Weibchen von Mai bis September, Männchen von Juni an. Die Weibchen überwintern in trockenen Blütenständen und unter Baumrinde. — Fundort: Böhmen.

60. Thrips sambuci Heeg.*)

1854. *Thrips Sambuci* Heeger, Sitzungsb. d. Akad. d. Wiss., Wien, pag. 369. (V separatním otisku str. 7.; tab. II. — Separatabdruck: S. 7, Taf. II.)

♀.

Podobá se druhu předcházejícímu, od něhož ji lze ihned rozeznati dle světlého 5. čl. tykadla a dle stehen tmavých. — Barva těla žlutohnědá. Hlava jest trochu širší než delší, se stranami vypouklými, nazad nezúžená. Pátý čl. tykadel tak dlouhý jako čtvrtý. Dva první čl. jsou tmavé, 3., 4. a 5. žluté, tento ke konci velmi slabě zkalený, 6. a 7. tmavé. Femora jsou celá tmavá, přední a střední tibie bělavé, na basi tmavé, zadní tibie tmavé, ke konci bělavé, všecky tarsy bělavé. Hlavní žilka v hoř. křídle má ke konci obyčejně 2 chlupy, někdy tři. Hořejší křídla jsou temněji zkalená než u druhu předcházejícího, basis jejich jest čirá. Chlupy na konci abdomenu jsou slabší. Délka těla 1 mm.

♂.

Velmi světlý. První čl. tykadel čirý, 2. bílý, 3.—5. žlutavé, 6. šedý, na basi světlejší. Hlavní žilka na konci pravidelně se třemi chlupy. — Podobá se značně samcům druhu *communis*, rozeznává se však od nich třetím až pátým článkem tykadelním nezkaleným, sedmým ostrým i tenkým a třemi chlupy (ne čtyřmi) na konci hlavní žilky.

Třásněnka tato žije od počátku dubna až do září na listech od *Sambucus nigra*; jednou nalezl jsem ji též na *Samb. racemosa*. Dle Jordana vyskytuje se také na listech lipových a jasanových. Samce sbíral jsem v září. Samice přezimují pod spadaným listím a ve skulinách kůry.

*) Doklad ve sbírce musejní, praep. č. 47. — Sammlung des böhmischen Landesmuseums, Praep. Nro 47.

[illegible]

Der vorhergehenden Art ähnlich, von der sie jedoch leicht nach dem hellen 2. Fühlerglied und nach den dunklen Schenkeln zu unterscheiden ist. — Körperfarbe gelbbraun. Kopf etwas mehr breit als lang, nach hinten nicht verengt, seine Wangen sind gewölbt. Drittes Fühlerglied so lang wie das vierte. Die zwei ersten Fühlerglieder sind dunkel, das 3., 4. u. 5. gelb, die aber gegen das Ende zu sehr schwach getrübt, das 6. u. 7. dunkel. Alle Schenkel dunkel, die Vorder- und Mittelschienen weisslich, am Grunde dunkel, die Hinterschienen dunkel, gegen das Ende zu weisslich, alle Tarsen weisslich. Die Hauptader gegen das Ende gewöhnlich mit zwei, zuweilen mit drei Borsten. Die Oberflügel mehr als bei der vorhergehenden Art getrübt, am Grunde klar. Die Borsten am Abdomenende schwächer. Körperlänge 1 mm.

♂ Sehr licht. Erstes Fühlerglied klar, das 2. weiss, das 3.—5. gelblich, das 6. grau, am Grunde lichter. Die Hauptader am Ende regelmässig mit drei Borsten. — Ähnelt stark den Männchen der Art *communis*, unterscheidet sich jedoch von ihnen durch das ganz lichte dritte bis fünfte Fühlerglied, durch das scharfe und dünne 7. Glied und durch [illegible] Borsten am Ende der Hauptader.

Vorkommen: Die Weibchen von Anfang April bis September hauptsächlich an den Blättern von *Sambucus nigra*. Die Männchen im September. Die Weibchen überwintern unter abgefallenem Laube und unter Baumrinde. — Fundorte: Wien (Heeger), Deutschland, England, Böhmen, Helgoland (Uzel).

64. Thrips salicaria nov. spec.

♀

Podobá se poněkud druhu předcházejícímu, lze jej však dobře rozeznati dle zbarvení [illegible] 3.—5. článku tykadel. — Barva těla černohnědá. Hlava trochu širší [illegible] Barva tykadel: první dva články černé, 3. [illegible] 6. a 7. černé. Nohy [illegible] a zadní tibie černohnědé, na konci žluté, všecky tarsy žluté. Hlavní žilka ke konci vždy se třemi chlupy. Hor. křídlo tmavě zkaleno, zvl. hned za koncem prvé třetiny a ke konci. Basis jeho skoro úplně čirá. Chlupy na konci abdomenu jsou mohutnější a tmavší než u druhu *sambuci*. Délka těla 1·1 mm.

♂. Nebyl posud objeven.

Třásněnku tuto nalezl jsem v zimních měsících hlavně pod korou vrb, zřídka též pod korou bříz, moruší a švestek; v dubnu pak zastihl jsem jediný exemplář na mladých výhoncích divokého chmele.

Čechy: Hradec Králové: Na několika místech v okolí.

—⋟—⋞—

♀.

Ähnelt etwas der vorhergehenden Art, man unterscheidet sie jedoch von ihr nach der abweichenden Körperfarbe und nach dem dunklen 5. Fühlergliede (von *T. major* nach der abweichenden Beine- u. Flügelfarbe). — Körperfarbe schwarzbraun. Kopf etwas mehr breit als lang, seine Wangen gewölbt; nach hinten ist er nicht verengt. Die Runzeln auf dem Hinterhaupte sind parallel und verbinden sich nicht so oft miteinander wie bei der Art *sambuci*. Das 5. Fühlerglied nur um wenig kürzer als das vierte, vorn abgestutzt. Fühlerfärbung: die ersten zwei Glieder schwarz, das 3. gelb, das 4. ebenfalls gelb, sehr schwach getrübt, das 5. schwarz, an der Wurzel hell, das 6. u. 7. schwarz. Beine etwas gedrungener und viel bestimmter gefärbt als bei der vorhergehenden Art. Alle Schenkel schwarzbraun, die Vordertibien gelb, aussen und innen sehr schwach graubraun getrübt, die Mittel- und Hintertibien schwarzbraun, am Ende gelb, alle Tarsen gelb. Die Hauptader gegen das Ende immer mit drei Borsten besetzt. Oberflügel dunkel getrübt, hauptsächlich im Anfang des zweiten Drittels seiner Länge und gegen das Ende zu. Auf dem Grunde fast vollkommen klar. Die Borsten am Abdomenende sind stärker und dunkler als bei der Art *sambuci*. Körperlänge 1·1 mm.

♂ unbekannt.

Vorkommen: Im Winter hauptsächlich unter Weidenrinde. Im April fand ich ein Exemplar auf jungen Trieben des wilden Hopfens. — Fundort: Böhmen.

62. Thrips valida nov. sp.*)

♀.

Jest podobná oběma druhům předcházejícím, od nichž se však na první pohled rozeznává pátým článkem tykadla, jenž jest malinký, značně kratší než čtvrtý, a tělem

*) Doklad ve sbírce musejní, praep. č. 19. — Sammlung des böhmischen Landesmuseums, Praep. Nr. 19.

[illegible] — Barva těla černohnědá, dva poslední články abdomu nejsou tmavší než ostatní tělo. Hlava poněkud širší než dlouhá, se stranami vypouklými, nazad nezúženými. Tykadla jsou poněkud zavalitá. První článek jejich jest tmavý, druhý světlý, na basi [illegible], 3. světlý, 4. taktéž světlý, ke konci zkalený, 5. [illegible] pak světlý, od půlky zkalený, 6. tmavý, na basi světlejší, 7. tmavý. Všecka [illegible] tmavé [illegible] přední často na samém konci světlejší. Přední tibie světlé, po [illegible] trochu zkalené, střední a zadní tmavé, ke konci světlejší. Všecky tarsy světlé. Hlavní žilka ke konci se třemi chlupy. Hořejší křídla jsou trochu zakalena, a to od počátku druhé třetiny a ke konci značněji. Na basi jsou světlejší. Dolejší křídla jsou ke konci nepatrně zkalena. Poslední článek abdomu značně zúžený. Délka těla 1·2 mm.

Menší a trochu světlejší než ♀. — Barva těla tmavě žlutohnědá, dva poslední články abdomu nejsou nápadně tmavšími. Křídla přítomna. Na 3.–7. čl. abdomu dole po jednom malém bílém okrouhlém puntíku. Čtvrtý a 5. čl. tykadel jsou jen slabě zkaleny, 6. čl. skoro do půlky světlý.

[illegible] tato žije od května do září v různých květech a časem i v drnu. Samce nalezl jsem v červnu.

Čechy: Praha, Makarov, Hradec Králové, Třebechovice, Stará Paka, [illegible], [illegible], [illegible], [illegible], Písek, [illegible], Prales boubínský.

Ähnelt den beiden vorhergehenden Arten, von denen man sie jedoch sofort nach dem winzigen 5. Fühlerglied, welches viel kürzer ist als das vorhergehende, und nach der [illegible] Körpergestalt unterscheiden kann. — ♀. Körperfarbe schwarzbraun, die zwei letzten Abdominalsegmente nicht dunkler als der übrige Körper. Kopf deutlich [illegible] breiter als lang, nach hinten nicht verengt, seine Wangen sind gewölbt. Fühler etwas [illegible]. Ihr erstes Glied dunkel, das 2. licht, am Grunde jedoch und beiderseits [illegible] getrübt, das 3. licht, das 4. ebenfalls licht, gegen das Ende zu getrübt, das 5. [illegible] von der Mitte an getrübt, das 6. dunkel, am Grunde lichter, das 7. dunkel. Alle Schenkel dunkel, die vorderen oft am äussersten Ende lichter. Die Vorder[illegible] etwas getrübt, die Mittel- und Hinterschienen dunkel, gegen das Ende lichter. Alle Tarsen licht. Die Hauptader [illegible] gegen das Ende zu mit drei Borsten [illegible] und zwei im Anfang des zweiten Drittels und gegen das Ende [illegible]. Am Grunde sind sie lichter. Unterflügel am Ende unbedeutend getrübt. [illegible] stark verschmälert. Körperlänge 1·2 mm.

♂.

Kleiner und etwas lichter als das ♀. Körperfarbe dunkel gelbbraun, die zwei letzten Abdominalsegmente sind nicht auffallend dunkler. Flügel vorhanden. Auf dem 3.—7. Abdominalsegmente unten je ein kleiner weisser Punkt. Das 4. u. 5. Fühlerglied nur schwach getrübt; das 6. Glied fast bis zur Mitte licht.

Vorkommen: Weibchen von Mai bis September in verschiedenen Blüten und zuweilen auch im Rasen. Männchen im Juni. — Fundort: Böhmen.

63. Thrips adusta nov. sp.*)

♀.

Rozeznává se od druhu předcházejícího ihned dvěma posledními články abdomenu, které mají černou barvu, kdežto tělo jinak je hnědožluté neb žlutohnědé. Také postava jest značně menší. — Hlava trochu širší než delší, se stranami vypouklými, nazad nezúžena. Pátý čl. tykadla malinký, značně kratší než čtvrtý. Barva tykadel: první dva články tmavé, 2. na konci světlý, 3. celý žlutavý, 4. žlutavý, v poslední třetině (zvl. nahoře) tmavý, 5. do polou žlutavý, od polou tmavý, 6. a 7. tmavé, onen na basi světlejší. Všecka femora ke konci pravidlem světlejší, přední tibie žlutavé, jen vně šedě zkalené, střední tibie na samé basi a v druhé polovici, zadní tibie na samé basi a ke konci světlé. Hlavní žilka ke konci se třemi chlupy. Hoř. křídla jsou tmavěji zkalená než u druhu předcházejícího, a to zvl. ke konci. Basis křídla jest dosti čirá. Délka těla 1 mm.

Var. **nigra**. Hlava a abdomen jsou černé, pterothorax černohnědý. Tykadla jsou podobně zbarvena jako u formy typické. Všecka femora a střední i zadní tibie černé. Všecky tarsy a přední tibie žlutavé, tyto vně šedě zkalené. — Jediný exempl. nalezen.

♂.

Sotva světlejší než samice, dva poslední články abdomenu tmavé. Křídla přítomna. Na 3.—7. čl. abdom. dole po jednom malém bílém okrouhlém puntíku.

Třásněnka tato jest hojná od dubna do června v obou pohlavích v různých květech, zvláště v květech od *Ranunculus ficaria* a *Taraxacum officinale*.

Čechy: Praha, Čerčany (Bubák), Hradec Král., Opočno, Jaroměř, Turnov, Jablonec, Milešovka, Peruc, Slané, Unhošť (Vařečka), Prachatice, Prales Boubínský.

*) Doklad ve sbírce musejní, praep. č. 50. — Sammlung des böhmischen Landesmuseums, Praep. Nr. 50.

Von der vorigen Art sofort zu unterscheiden nach den zwei letzten Abdominalsegmenten, welche schwarz sind, während der übrige Körper braungelb oder gelbbraun ist. Auch die Gestalt ist bedeutend kleiner. Der Kopf etwas mehr breit als lang, nach hinten nicht verengt, am Scheitel gewölbt. Das 6. Fühlerglied winzig, bedeutend kürzer als das vierte Fühlerglied; die ersten zwei Glieder dunkel, das 2. am Ende licht, das 3. ganz gelblich, das 4. gelblich, im letzten Drittel (hauptsächlich oben) dunkel, das 5. bis zur Mitte gelblich, von der Mitte an dunkel, das 6. u. 7. dunkel, jenes am Grunde lichter. Alle Schenkel gegen das Ende zu etwas lichter, die Vorderschienen gelblich, nur an [illegible] getrübt, die Mittelschienen an der Wurzel und in der zweiten Hälfte, die Hinterschienen an der Wurzel und gegen das Ende zu licht. Die Hauptader in ihrer zweiten Hälfte mit drei Borsten. Die Oberflügel sind dunkler getrübt als bei der vorhergehenden Art und zwar hauptsächlich gegen die Spitze zu. Ihre [illegible] Körperlänge 1 mm.

Var. **nigra.** Kopf und Abdomen schwarz, Pterothorax schwarzbraun. [illegible] wie bei der Stammform. Alle Schenkel und die Mittel- und Hinterschienen schwarz. Alle Tarsen und die Vorderschienen gelblich, diese aussen grau getrübt.

Kaum lichter als das Weibchen, die zwei letzten Abdominalsegmente dunkel. Flügel vorhanden. An den 3.–7. Abdominalsegmenten unten je ein kleiner weisser Punkt.

Vorkommen: Häufig von April bis Juni in beiden Geschlechtern in verschiedenen Blüten und hauptsächlich in jenen von *Ranunculus ficaria* und *Taraxacum officinale*. — Fundort: Böhmen.

64. Thrips flava Schr.*)

1776. *Thrips flava alis albidis* Schrank, Beyträge zur Naturgesch. pag. 31, tab. I. fig. 25 et 26.
1781. *Thrips flava* Schrank, Enumeratio Insect. Austriae indig. pag. 297.
1781. *melanopa* Ibidem, ibidem pag. 298.
178[illegible]. *Urticae* Fabricius, [illegible] pag. 397.
18[illegible]. Fabricius, [illegible] pag. 320.
18[illegible]. [illegible] Systema [illegible] pag. 222.
18[illegible]. de Villers, C. Linnaei Entomologia [illegible]

*) [illegible] Sammlung des böhmischen [illegible] Nr. [illegible]

1794. *Thrips Urticae* Fabricius. Entomologia Systematica, pag. 229.
1803. — — Fabricius. Systema Rhyngotorum, pag. 313.
1806. — — Turton. A General System of Nature, pag. 716.
1836. — Haliday. Entomolog. Magazine, pag. 448.
1836. — Burmeister. Handb. d. Entomologie, pag. 415.
1843. — Amyot et Serville. Ins. Hemiptères, pag. 644.
1852. — Haliday. Walker: Homopt. ins. of Brit. Museum, pag. 1113, tab. VII., fig. 7. et 8.
1878–79. — Reuter. Diagn. öfv. nya Thysanopt. f. Finland, pag. 6.
1882. *Solanacearum* (Widgalm). Portschinsky. (Překlad [Übersetzung] jeho práce v časop.: Revue Mens. d'Ent. St. Pétersb., pag. 11.)

♀.

Tělo nádherně žluté, thorax (někdy celé tělo) s odstínem do červena. Chlupy na těle a křídlech velmi tmavé. Hlava trochu širší než delší, se stranami vypouklými, nazad nezúžená. První čl. tykadel kratší než 2., 3. a 4. stejně mezi sebou dlouhé. 5. článek značně kratší než předcházející, směrem k basi se zúžující. Barva tykadel: první tři čl. běložluté, 3. často na konci slabě šedě zkalený, 4. čl. as do polou běložlutý, od polou silně šedě až černošedě zkalený, 5. čl. skoro do dvou třetin běložlutý, v poslední třetině náhle černošedý (velmi charakteristické!), 6. a 7. čl. černošedé, často na basi světlejší a někdy zde až žlutavý. Nohy celé běložluté, nijak nezkalené. Hlavní žilka v hor. křídle má v druhé své polovici tři chlupy, z nichž prvý jest od ostatních dvou oddálen. Hor. křídla jsou slabě žlutavošedě zkalená, na basi světlejší. Délka těla 1·2 mm.

Var. (nov.) **obsoleta.** Rozměry těla menší než u formy typické, zbarvení její jest však podobné, jen bledší; thorax i abdomen jsou kromě toho často nahoře slabě šedě zkaleny a chlupy na těle a křídlech jsou světlejší. Tykadla podobně zbarvená jako u formy typické. Varieta tato blíží se typické formě druhu *communis*, rozeznává se však od ní štíhlejším a poměrně delším tělem a zvl. štíhlejšími tykadly, pátým článkem jejich značně kratším než čtvrtý a sedmým článkem na basi ne tak širokým, dále vždy jen třemi chlupy na druhé polovině hlavní žilky v hořejším křídle a také barvou těla obyčejně světlejší.

♂.

Bělavý, thorax slabounce žlutavý; tykadla podobně zbarvena jako u ♀. Křídla přítomna. Chlupy na těle světlé. Dole na několika článcích abdom. nalézají se velmi nezřetelné pískotovité prohlubiny.

Třásněnka tato žije v obou pohlavích od dubna do září v nejrůznějších květech a objevuje se časem ve velikém množství: tak v květech od *Cornus mas* (kvetoucí [illegible] Sv. Prokopa [illegible] *Monotropa hypopitys, Pulsatilla pratensis, Vicia faba, Calluna vulgaris, Epilobium angustifolium, Humulus lupulus* [illegible] *Sesleria coerulea* [illegible]

[illegible] Na Krkonoších [illegible]

[illegible]

Körper [illegible] der Thorax [illegible] der ganze Körper [illegible] rothem [illegible] Kopf etwas mehr breit als lang [illegible] Erstes Fühlerglied kürzer als das 2. [illegible] Fühlerfarbung [illegible] das 4. Glied etwa bis zur Mitte weissgelb [illegible] das 5. Glied [illegible] im letzten Drittel plötzlich schwarzgrau [illegible] Die ganzen Beine weissgelb, nicht getrübt. Die Hauptader in ihrer zweiten Hälfte mit drei Borsten [illegible] Die Oberflügel [illegible] Körperlänge 1·2 mm.

Var. nov. *obsoleta*. Körper [illegible] als bei der typischen Form, [illegible] der Thorax und das Abdomen [illegible] auf dem Körper und den Flügeln [illegible] Stammform [illegible] *communis* [illegible] Körper und besonders durch [illegible] Fühlerglied [illegible] der Hauptader und endlich auch durch die gewöhnliche [illegible] Körperfarbe.

[illegible] Thorax [illegible] Abdomen [illegible] Mitte [illegible]

Vorkommen: In beiden Geschlechtern von April bis September in den verschiedensten Blüten, zeitweise in grossen Mengen. Zuweilen auch in Grasähren und auf Blättern. **Fundorte:** England (Haliday), Finnland (Reuter), Deutschland (Jordan), bei Berlin (Uzel), Böhmen. Var. *obsoleta*: Böhmen, Pest.

65. Thrips alni nov. sp.*)

♂.

Tělo světle zelenavě žluté, chlupy na těle a na křídlech velmi tmavé. Hlava trochu širší než delší, se stranami vypouklými, nazad nezúžená. První čl. tykadel kratší než 2., 4. čl. nepatrně kratší než 3., 5. čl. kratší než předcházející, v předu utatý, takže přiléhá širokou plochou k článku šestému; 7. čl. poměrně delší než u druhu předcházejícího. První tři články tykadla jsou běložluté, ostatní celé černé; třetí bývá někdy na konci nahoře velmi slabě šedě zkalený. Nohy celé žlutavé, nezkalené. Hlavní žilka v hor. křídle má v druhé své polovině tři chlupy skoro stejně od sebe vzdálené. Hor. křídla jsou slabě žlutavošedě zkalená, na basi světlejší. Chlupy na abdomenu, zvláště na jeho konci, mohutnější než u druhu předcházejícího. Délka těla 0·8 mm. Dvacet sedm exempl. nalezeno.

♀.

Zelenavě žlutavý; tykadla právě tak zbarvená jako u samce. Křídla přítomna. Chlupy na těle tmavé. — Čtyři exempl. nalezeny.

Třásněnka tato zdržuje se na mladých listech olšových. Sbírána v srpnu v obou pohlavích. Čechy: Opočno: V bažantnici Mochově.

♂.

Körper licht grünlichgelb, die Borsten auf ihm und auf den Flügeln sehr dunkel. Kopf etwas mehr breit als lang, mit gewölbten Wangen; nach hinten ist er nicht verengt. Erstes Fühlerglied kürzer als das 2., das 4. Glied unbedeutend kürzer als das 3., das 5. kürzer als das vorhergehende, vorn breit und abgestutzt, so dass es sich mit breiter Fläche an das 6. Glied anlegt; 7. Glied verhältnismässig länger als bei der vorhergehenden Art. Die ersten drei Fühlerglieder sind weissgelb, die übrigen schwarz, das 3. pflegt zuweilen auf dem Ende oben sehr schwach grau getrübt zu sein. Beine gelblich, ungetrübt. Die Hauptader hat in ihrer zweiten Hälfte drei Borsten, welche fast gleich von einander entfernt sind. Die Oberflügel sind schwach gelblichgrau getrübt, auf dem Grunde lichter.

*) Doklad ve sbírce musejní, praep. č. 53. — Sammlung des böhmischen Landesmus. Praep. Nr. 53.

Die Borsten auf dem Abdomen (hauptsächlich auf seinem Ende) mächtiger als bei der vorhergehenden Art. Körperlänge 0·8 mm.

Grundfarbe des [illegible] Fühler ebenso wie beim Weibchen gefärbt. [illegible] vorhandenen Borsten auf dem Körper dunkel.

Vorkommen: Im August auf jungen Eichenblättern in beiden Geschlechtern. [illegible], Böhmen.

66. Thrips albopilosa nov. sp.*)

♀.

Celé tělo žlutavé, velmi slabě šedě zkalené; chlupy na těle i na křídlech bílé. Hlava trochu širší než delší, se stranami sotva vypouklými, nazad nezúžená. Články tykadel zavalitější než u druhu *flava*. První čl. jejich kratší než 2., 4. patrně kratší než 3., 5. jen trochu kratší než předcházející, v předu utatý, takže přiléhá dosti širokou plochou k článku šestému. 7. čl. poměrně delší než u druhu předcházejícího a poměrně značně delší než u druhu *flava*. První a třetí čl. žlutavé, 2. žlutavý, slabě šedě zkalený, 4. žlutavý, na konci velmi slabě šedý, 5. do polou žlutavý, od polou tmavošedý, 6. a 7. tmavošedé [illegible] do polou žlutavý. Nohy celé žlutavé, nezkalené. Hlavní žilka v horním křídle nese v druhé polovici tři chlupy, z nichž jest první od obou ostatních velmi značně oddálen. Horní křídla jsou velmi slabě žlutavě zkalená. Chlupy na konci abdomenu nedlouhé, velmi tenké, bílé. Délka těla 0·9 mm. [illegible] exempl. nalezeno.

[illegible] posud objeven.

Čechy: Hradec Králové.

—•—

♀.

Der ganze Körper gelblich, sehr schwach grau getrübt. Borsten auf dem Körper und den Flügeln weiss. Kopf etwas breiter als lang, seine Wangen kaum gewölbt, nach hinten nicht verengt. Fühlerglieder gedrungener als bei der Art *flava*. Das erste Glied kürzer als das 2., das 4. deutlich kürzer als das 3., das 5. nur etwas kürzer als das vorhergehende, vorn abgestutzt, so dass es sich mit ziemlich breiter Fläche an das 6. [illegible] anlegt. Das 7. Glied verhältnissmässig länger als bei der vorhergehenden Art und verhältnissmässig bedeutend länger als bei der Art *flava*. Erstes und drittes Glied

*) [illegible]

gelblich, das 2. gelblich, schwach grau getrübt, das 4. gelblich, auf dem Ende sehr schwach grau, das 5. bis zur Mitte gelblich, von der Mitte an dunkelgrau, das 6. u. 7. dunkelgrau, jenes manchmal fast bis zur Hälfte gelblich. Beine gelblich, nicht getrübt. Die Hauptader ist in ihrer zweiten Hälfte mit drei Borsten versehen, von denen die erste von den übrigen zwei sehr stark entfernt ist. Die Oberflügel sind sehr schwach gelblich gefärbt. Die Borsten am Abdomenende sind nicht lang, sehr dünn und weiss. Körperlänge 0·9 mm.

♂ unbekannt.

Fundort: Böhmen.

67. Thrips angusticeps nov. sp.*)

Tab. VI., fig. 101. et 102.

♀.

Barva těla šedohnědá až černohnědá, pterothorax světlejší. Hlava malá, asi tak dlouhá jako široká, s tvářemi sotva vypouklými, do předu nepatrně zúžená. První čl. tykadel trochu kratší než 2., avšak asi tak široký. 2., 3. a 4. čl. skoro stejně dlouhé, 3. a 4. trochu vřetenovité, 6. čl. rozšířený, 7. čl. velmi krátký, na basi široký. V barvě jsou tykadla proměnlivá. První čl. jest vždy tmavý, 2. čl. někdy žlutavý, jindy na basi a po obou stranách šedě zkalený neb kromě konce celý tmavý, 3. světlý, žlutavý, 4., 5., 6. a 7. často černošedé neb tmavošedé, 4. čl. a někdy i 5. bývají šedožlutavé. Nohy šedohnědé, přední tibie žluté, na basi zkalené, ostatní tibie šedohnědé, jen na konci více neb méně světlé, tarsy žlutavé. Prothorax má na zadním okraji kromě dlouhých chlupů smyslových ještě 4 malé chloupky na každé straně. Délka těla 0·9 mm.

FORMA MACROPTERA. Hoř. křídla žlutavě zkalená, na basi světlejší. Hlavní žilka má v druhé své polovici obyčejně pět, někdy šest chlupů, vedlejší žilka jest po celé délce chlupy opatřená.

FORMA BRACHYPTERA. Křídel jen rudimenta pterothorax nepřesahující aneb jen málo přesahující. Tento jest poměrně kratší než u formy dlouhokřídlé.

♂.

Trochu menší než samice a jen málo světlejší. Na spodní straně 3., 5., 6. a 7. čl. abdom. nalézá se po jedné podélné bílé prohlubině; na 4. čl. jest uprostřed dole jen malinká bílá tečka. Křídla jsou přítomna.

Třásněnka tato žije v květech od *Trifolium pratense*, *Armoracia rusticana*, *Centaurea cyanus*, *Melandryum pratense*, *Agrostemma githago*, *Linum usitatissimum*. Také na pšenici a ječmeni jsem ji zastihl, ač velmi pořídku. Pan prof. *Duda*

*) Doklad ve sbírce musejní, praep. č. 55. — Sammlung des böhm. Landesmuseums, Praep. Nr. 55.

[illegible] je na [illegible] hromadokvětých. V dubnu a květnu nalezal jsem samice formy krátkokřídlé, v červnu a v červenci samice formy dlouhokřídlé. Samci objevují se v červnu.

Čechy: Praha, [illegible] Hradec Král. [illegible] Turnov [illegible]

♀.

Körperfarbe graubraun bis schwarzbraun, Pterothorax lichter. Kopf klein, etwa so lang als breit, seine Wangen kaum gewölbt. Das 1. Fühlerglied etwas kürzer als das 2. und etwa doppelt breiter, das 2., 3. u. 4. Glied untereinander fast gleich lang, das 3. u. 4. etwas spindelförmig, das 6. erweitert, das 7. sehr kurz, auf dem Grunde breit. Die Fühlerfarbe veränderlich. Erstes Glied immer dunkel, das 2. manchmal gelblich, zuweilen am Grunde und beiderseits grau getrübt oder ganz dunkel, das Ende ausgenommen; das 3. Glied licht, gelblich, das 4., 5., 6. u. 7. oft schwarzgrau oder dunkelgrau; das 4. Glied und manchmal auch das 5. pflegen graugelblich zu sein. Die Beine graubraun, die Vordertibien gelb, auf dem Grunde getrübt, die übrigen Tibien graubraun, nur auf dem Ende mehr oder weniger licht, die Tarsen gelblich. Der Prothorax ist an seinem Hinterrande ausser mit den langen Seitenborsten noch jederseits mit vier kleinen Härchen besetzt. Körperlänge 0·9 mm.

FORMA MACROPTERA. Oberflügel gelblich, auf dem Grunde lichter. Die Hauptader ist in ihrer zweiten Hälfte gewöhnlich mit fünf, manchmal mit sechs Borsten versehen, die Nebenader ist der ganzen Länge nach mit Borsten besäet.

FORMA BRACHYPTERA. Flügel zu Rudimenten verkümmert, die den Pterothorax nicht oder wenig überragen. Dieser verhältnissmässig kürzer als bei der langflügeligen Art.

♂.

Etwas kleiner als das ♀, und [illegible] lichter. Auf der Unterseite des 3., 5., 6. u. 7. Abdominalsegmentes je eine längliche weisse Vertiefung, auf dem 4. Segmente ist in der Mitte ein winziger weisser [illegible] vorhanden.

Vorkommen: In verschiedenen Blüten, und zwar die kurzflügeligen Weibchen im April und Mai, die langflügeligen [illegible] Juli, die Männchen im Juni. — Fundort: Böhmen.

[illegible] Thrips linaria nov. sp.*)

♀.

[illegible]

[illegible]

*) [illegible]

značně zúžený, 7. dosti dlouhý a přišpičatělý. Barva tykadel černošedá, 2. čl. ke konci a třetí celý bělavý. Prothorax patrně delší než hlava. Na zadním okraji jeho nalezají se kromě chlupů smyslových ještě na každé straně tři malé chloupky. Nohy tmavší než tělo, černé, jen přední tibie žlutavé, vně tmavě zkalené; všecky tarsy žlutavé. Hlavní žilka v hoř. křídle na konci se třemi chlupy, vedlejší s mnohými. Hor. křídla dosti silně šedohnědě zkalená, u kořene trochu světlejší. Před basí uprostřed s podélným čirým okénkem. Dolejší křídla na basi a na konci slabě zkalená. Délka těla 0·9 mm. — Šest exempl. nalezeno.

♂. Nebyl posud objeven.

Třásněnka tato žije v červenci a v srpnu nehojně na květech lnu Čechy: Hradec Králové; U Malšovic. Třebechovice: U Jilovice.

♀.

Körperfarbe schwarzgrau bis fast schwarz. Kopf deutlich mehr breit als lang. Fühlerglieder kurz; das 1. Glied kürzer als das 2., das 3. u. 4. fast gleich lang, das 5. kürzer als das 4., das 6. gegen das Ende zu bedeutend verengt, das 7. ziemlich lang und zugespitzt. Fühlerfärbung schwarzgrau, das 2. Glied gegen das Ende zu und das dritte ganz weisslich. Prothorax deutlich länger als der Kopf. Auf seinem Hinterrande befinden sich ausser den langen Sinnesborsten noch jederseits drei kleine Härchen. Beine dunkler als der Körper, schwarz, nur die Vordertibien gelblich, aussen dunkel getrübt; alle Tarsen gelblich. Die Hauptader auf ihrer zweiten Hälfte mit drei, die Nebenader der ganzen Länge nach mit vielen Borsten besetzt. Die Oberflügel ziemlich stark graubraun getrübt, auf dem Grunde etwas lichter. Die Unterflügel auf dem Grunde und auf dem Ende schwach getrübt. Körperlänge 0·9 mm.

♂ unbekannt.

Vorkommen: In Flachsblüten nicht häufig im Juli und August. — Fundort: Böhmen.

69. Thrips minutissima L.*)

Tab. VI., fig. 103.

1761. *Thrips minutissima* Linné, Fauna Svecica, pag. 266.
1767. — — Linné, Systema Naturae, pag. 743.
1776. Müller, Zoologiae danicae Prodromus, pag. 96.
1781. — — Schrank, Enumeratio Ins. Austriae indig., pag. 297.

*) Doklad ve sbírce musejní, praep. č. 57. — Sammlung des böhmischen Landesmuseums, Praep. Nr. 57.

 25

1781 *Thrips minutissima* Fabricius, Species Insectorum pag. 396.
1787 Fabricius, Mantissa Insectorum pag. 320.
1788 Gmelin, Caroli a Linné Systema Nat. pag. 2222.
1794 Fabricius, Entomologia Systematica pag. 229.
1802 Stew., Elements of Nat. Hist. pag. 114.
1803 Fabricius, Systema Rhyngotorum pag. 314.
1806 Turton, A General system of Nature pag. 717.
1836 Haliday, Entomolog. Magazine pag. 449.
1843 Amyot et Serville, Ins. Hémiptères pag. 644.
1852 Haliday, Walker, Homopt. ins. of Brit. Museum pag. 1112.

♀.

Barva těla bledožlutavá, pterothorax žlutohnědý, někdy jest celé tělo tmavější. Hlava o něco širší než delší, nazad trochu rozšířená, strany její značně vypouklé. Články tykadel krátké, zavalité, první čl. značně kratší než druhý, 3. a 4. mezi sebou skoro stejné, 5. delší 4., užší než předcházející, 6. značně kratší, 7. velmi krátký, ne [illegible] široký. Barva tykadel: 1., 2. a 3. čl. žlutavé, někdy 3. čl. na konci nahoře trochu temněji zkalený, 4., 5., 6. a 7. šedohnědé. Prothorax jen málo delší hlavy. Femora šedožlutá, přední na konci i uvnitř běložlutá, ostatní na konci trochu světlejší; střední a zadní tibie šedožluté, na konci běložluté, přední tibie běložluté, vně zpočátku šedě zkalené. Hlavní žilka [illegible] v druhé své polovině obyčejně osm chloupků, vedlejší jest po celé své délce chloupky posetá. Horní křídla šedožlutě zkalená, ke konci slaběji, u kořene dosti čirá. Délka ♀ c. 0.9 mm.

♂ (nově objevený).

Samec menší a světlejší než ♀. Křídla přítomna. Na 2.—7. čl. abdominu dole po celé [illegible] světlé [illegible].

Tato [illegible] častěnka žije v květech od *Fragaria vesca* a *Prunus cerasus*, ojediněle též v jiných květech [illegible] od *Pirus malus*. Ve větším počtu nalezl jsem jej též na [illegible] od *Aesculus hippocastanum*. Dle Halidaye zdržuje se také v [illegible] Jordana na polích [illegible] bramborových. Samce i samici objevuji [illegible] v [illegible] květnu.

Čechy: Praha, [illegible], Třebechovice, [illegible], Újezd, Vrchol Milešovky, [illegible], [illegible] Hájek, [illegible].

Kopf und Abdomen [illegible], Pterothorax gelbbraun, zuweilen ist der ganze Körper dunkler. Kopf um etwas mehr breit als lang, nach hinten etwas erweitert, seine

Wangen bedeutend gewölbt. Fühlerglieder kurz, gedrungen; erstes Glied bedeutend kürzer als das 2., das 3. u. 4. untereinander fast gleich lang, das 4. breiter als das vorhergehende, das 5. bedeutend kürzer; das 7. sehr kurz, auf dem Grunde breit. Fühlerfärbung: 1., 2. u. 3. Glied gelblich, manchmal das 3. auf dem Ende oben etwas dunkler getrübt; das 4., 5., 6. u. 7. graubraun. Prothorax nur wenig länger als der Kopf. Schenkel graugelb, die vorderen auf dem Ende und innen weissgelb, die übrigen auf dem Ende etwas lichter, die Mittel- und Hintertibien graugelb, auf dem Ende weissgelb, die Vordertibien weissgelb, anfangs aussen grau getrübt. Die Hauptader ist in ihrer zweiten Hälfte gewöhnlich mit acht Borsten besetzt; die Nebenader ist der ganzen Länge nach mit Borsten besäet. Die Oberflügel schwach graugelb getrübt, gegen das Ende zu stärker, auf dem Grunde ziemlich klar. Körperlänge 0·9 mm.

♂ (neu entdeckt).

Viel kleiner und lichter als das ♀. Flügel vorhanden. Auf dem 2.—7. Abdominalsegmente unten je eine lange, schmale, lichte Vertiefung.

Vorkommen: Beide Geschlechter im April und Mai in einigen Blütenarten, zuweilen auf der Unterseite von Blättern, und nach Haliday auch im Getreide. — Fundorte: England (Haliday), Deutschland (Jordan), Böhmen.

70. **Thrips calcarata** nov. sp.*)

Tab. VI., fig. 104.

♀.

Barva těla šedožlutá, pterothorax někdy šedohnědý. Hlava tak dlouhá jako široká, s tvářemi vypouklými, nazad nerozšířená. Oči vykoulené. První čl. tykadel mohutný, tak dlouhý a trochu širší než 2., 3. čl. trochu delší než tento. 4. a 5. čl. postupně kratší, 6. čl. široký. Barva tykadel: 1. a 2. čl. tmavé, 2. na konci světlejší, 3. světlý, 4. trochu zkalený, 5., 6. a 7. tmavošedé. Prostřední článek makadel maxillarních jest nejkratším. Přední tarsy mají dlouhý, tenký, ohnutý zub. Zadní nohy jsou velmi dlouhé. Všecka femora, kromě konců, tmavá; tibie přední světlé, po obou stranách s tmavou čarou, ostatní tibie, kromě konce a samé base, tmavé zkalené; tarsy světlé. Hlavní žilka ke konci se třemi chlupy, z nichž první od obou ostatních jest oddálen. Vedlejší žilka s četnými chlupy. Hor. křídla jsou trochu žlutošedě zkalena, na basi čirá. Délka těla 0·9 mm. — Šest exempl. nalezeno.

*) Doklad ve sbírce musejní, praep. č. 58. — Sammlung des böhmischen Landesmuseums, Praep. Nr. 58.

[illegible] posud [illegible].

[illegible] *Mercurialis perennis* a *Sesleria coerulea*.

[illegible]

♀.

Körperfarbe [illegible] Prothorax zwischen [illegible] Kopf so lang wie breit [illegible] nicht erweitert [illegible] Wangen gewölbt. Augen hervorgequollen. Erstes Fühlerglied [illegible] etwas breiter als das 2., das 3. etwas länger als das vorhergehende, das 4. u. 5. stufenweise kürzer, das 6. breit. Fühlerfärbung: 1. u. 2. Glied [illegible] auf dem Ende heller, das 3. licht, das 4. etwas getrübt, das 5., 6. u. 7. dunkelgrau. Das mittlere Glied der Maxillartaster am kürzesten. Vordertarsen mit einem langen, dünnen, [illegible] Zahn bewaffnet. Hinterleib sehr lang. Alle Schenkel [illegible] dunkel, die Vordertibien licht, jederseits mit einem schwarzen Strich, die übrigen Tibien ausser auf dem Ende und [illegible] auf der Wurzel, dunkel getrübt, die Tarsen licht. Die Hauptader in ihrer zweiten Hälfte mit drei, die Nebenader ihrer ganzen Länge nach mit vielen Borsten besetzt. Die Oberflügel etwas gelblich getrübt, auf dem Grunde [illegible]. Körperlänge [illegible] mm.

♂ unbekannt.

Vorkommen: Im Mai an den Blüten von *Mercurialis perennis* und *Sesleria coerulea*. [illegible] Böhmen.

43. Thrips viminalis nov. sp.*)

♀.

[illegible] Prothorax [illegible]

*) [illegible]

žilka ve druhé své polovině se třemi chlupy, z nichž první jest od obou ostatních oddálen. Hor. křídla značně šedohnědé zkalená, na počátku druhé třetiny a ke konci ještě silněji, na basi čirá. Délka těla 0·9 mm.

Menší než ♀, sotva světlejší, hor. křídla jeho bledší. Na spodní straně 3.—6. čl. abdom. po jedné světlé okrouhlé prohlubině.

Třásněnka tato žije na listech vrbových a topolových (*Populus nigra*), a to místy v značném množství. Také zdržuje se pod korou vrbovou. Samice i samci nalezeni v srpnu.

Čechy: Třebechovice: Pod Vys. Újezdem. Opočno: U Mezřice.

⁂

♀

Körperfarbe schwarzbraun. Kopf etwa so lang wie breit, seine Wangen gewölbt. Das erste Fühlerglied sehr kurz, so breit wie das 2., das 3. u. 4. untereinander fast gleich lang, das 5. nur etwas kürzer als das vorhergehende, das 7. verhältnismässig lang. Fühlerfärbung: 1. u. 2. Glied schwarzgrau, dieses gegen das Ende zu lichter, das dritte gelblich, das 4. ebenfalls gelblich, gegen das Ende zu schwach getrübt, das 5. schwarzgrau, am Grunde gelblich, das 6. u. 7. ebenfalls schwarzgrau. Prothorax länger als der Kopf. Alle Schenkel schwarzbraun, die vorderen am äussersten Ende lichter, manchmal gelblich, die mittleren und hinteren ganz auf der Wurzel licht. Die Vordertibien gelblich, jederseits etwas getrübt, die Mittel- und Hintertibien schwarzbraun, oft ganz auf der Wurzel etwas lichter, gegen das Ende zu licht gelblich. Die Tarsen ebenfalls gelblich. Die Hauptader in ihrer zweiten Hälfte mit drei Borsten versehen, von denen die erste von den übrigen zwei entfernt ist. Die Oberflügel bedeutend graubraun getrübt, am Anfang des zweiten Drittels und gegen das Ende zu noch stärker, am Grunde klar. Körperlänge 0·9 mm.

Kleiner als das ♀, kaum lichter, seine Oberflügel blasser. Auf der Unterseite des 3.—6. Abdominalsegmentes befindet sich je eine lichte runde Vertiefung.

Vorkommen: Im August in beiden Geschlechtern auf Weiden- und [illegible] auf Schwarzpappelblättern. — Fundort: Böhmen.

72. Thrips longicollis nov. sp.*)

♀

Tělo menší a slabší než u druhu předcházejícího. Barva těla šedohnědá. Hlava asi tak dlouhá jako široká, se stranami značně vypouklými. Tykadla mají dosti krátké

*) Doklad ve sbírce autorově.

[illegible] široké [illegible]. První jest velmi krátký a tak široký jako 2., 3. a 4. čl. mezi sebou [illegible] dlouhé, 5. značně kratší, 7. čl. poměrně dlouhý. Barva tykadel: 1. a 2. čl. [illegible], 3. a 4. žluté, 5. taktéž žlutý, ale šedě zkalený, zvl. ke konci, 6. a 7. žlutošedé. Prothorax v poměru k hlavě o něco delší než obyčejně. Nohy šedohnědé, tarsy a přední tibie celé, přední femora na samém konci žlutavé. Hlavní žilka v druhé své polovici se třemi chlupy, z nichž první jest od obou ostatních oddálen, vedlejší po celé své délce s četnými chlupy. Obě křídla celá šedohnědě zkalená, jen na basi se světlým místem. Délka těla 0·7 mm.

Nebyl posud objeven.

Jediný exemplář, který mám, prosíván z drnu v srpnu u Vys. Újezda nedaleko Třebechovic.

♀.

Körper kleiner und schwächer als bei der vorhergehenden Art. Körperfarbe graubraun. Kopf etwa so lang wie breit, seine Wangen bedeutend gewölbt. Fühlerglieder ziemlich kurz und breit. Das 1. ist sehr kurz und so breit wie das 2., das 3. u. 4. untereinander fast gleich lang, das 5. bedeutend kürzer, das 7. verhältnismässig lang. Fühlerfärbung: 1. u. 2. Glied gelbgrau, 3. u. 4. gelb, das 5. ebenfalls gelb, schwach grau getrübt, hauptsächlich gegen das Ende zu, das 6. u. 7. gelbgrau. Prothorax im Verhältnis zum Kopfe etwas länger als gewöhnlich. Beine graubraun, die Tarsen und die Vordertibien ganz, die Vorderschenkel am äussersten Ende gelblich. Die Hauptader in ihrer zweiten Hälfte mit drei Borsten, von denen die erste von den beiden übrigen entfernt ist, die Nebenader ihrer ganzen Länge nach mit zahlreichen Borsten besetzt. Die ganzen Oberflügel graubraun getrübt, nur auf dem Grunde mit einem hellen Fleck. Körperlänge 0·7 mm.

♂ unbekannt.

Vorkommen: Im August im Rasen. — Fundort: Böhmen.

73. Thrips nigropilosa nov. sp.*)

Tab. VI. fig. 105. et 106.

♀.

Barva těla v celku neb žlutá. Výjimkou jest celé tělo více nebo méně šedě zkaleno. Veškeré chlupy na těle jsou dlouhé, silné a černé. Hlava o něco širší než delší. První čl. tykadel [illegible] kratší a slabší než 2., tento mohutný, 3. a 4. mezi sebou

*) [illegible] Sammlung des böhmischen Landesmuseums.

skoro stejně dlouhé; 5. málo kratší, 7. čl. poměrně dlouhý. Barva tykadel: 1. čl. čirý, 2. žlutavý, 3. taktéž žlutavý, více nebo méně šedě zkalený, na konci silněji, 4. silně šedě zkalený, na basi slaběji, 5., 6. a 7. černošedé. Prothorax o něco hlavy delší. Délka těla 0·8 mm.

FORMA MACROPTERA. Hoř. křídla slabě žlutavě zkalená. Hlavní žilka má v druhé své polovině dva chlupy.

FORMA BRACHYPTERA. Křídla jsou buď tak zkrácená, že nepřesahují pterothorax, nebo dosahují jen čtvrtého čl. abdom. Pterothorax jest trochu kratší než u formy dlouhokřídlé.

Var. **laevior**. Nahoře na abdomenu jsou chlupy velmi slabé. Křídla jsou zkrácená a sahají jen až ke čtvrtému čl. abdom.

Značně menší než ♀. 1.—3. čl. tykadel světlé, 4., 5. a 6. šedé, na basi světlé. Křídel jen rudimenta pterothorax nepřesahující. Na 3.—7. čl. abdom. dole po jedné piškotovité, dosti nezřetelné prohlubině.

Třásněnka tato žije po celý rok v drnu lučním i lesním. V zimě vyskytuje se jen forma krátkokřídlá, mezi níž jsou jednotlivé exempláře, jichž rudimenta křídel dosahují až k čtvrtému čl. abdom. Od dubna do listopadu vylézají mnohé exempláře na rozličné rostliny nekvetoucí, a též jednotlivě v květech se vyskytují. Mezi nimi již od dubna nalézáme některé dlouhokřídlé, jichž počet značně vzroste v měsíci srpnu, načež rychle mizejí, takže počátkem září zaniknou úplně, a přes zimu do dubna zase jen krátkokřídlé samice se objevují. Samce nalezl jsem ve dvou exempl., a sice jednoho v polovici srpna a druhého 18. září.

Čechy: Praha: V Divoké Šárce. Hradec Králové. Třebechovice. Opočno. Jaroměř. Krkonoše: Na Sněžce nedaleko Obří boudy. Liberec.

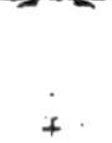

Farbe des Körpers und der Beine gelb. Ausnahmsweise ist der ganze Körper mehr oder weniger grau getrübt. Alle Borsten auf dem Körper sind lang, stark und schwarz. Kopf etwas mehr breit als lang. Erstes Glied etwas kürzer und dünner als das 2., dieses mächtig; das 3. u. 4. untereinander fast gleich lang, das 5. wenig kürzer, das 7. verhältnismässig lang. Fühlerfärbung: 1. Glied klar, das 2. gelblich, das 3. ebenfalls gelblich, mehr oder weniger grau getrübt, am Ende stärker, das 4. stark grau getrübt, am Grunde schwächer, das 5., 6. u. 7. schwarzgrau. Prothorax etwas länger als der Kopf. Körperlänge 0·8 mm.

FORMA MACROPTERA. Die Oberflügel schwach gelblich getrübt. Die Hauptader in ihrer zweiten Hälfte mit zwei Borsten.

FORMA BRACHYPTERA. Flügel entweder so verkürzt, dass sie den Pterothorax nicht überragen, oder sie reichen nur bis zum 4. Abdominalsegment. Pterothorax etwas kürzer als bei der langflügeligen Form.

Var. laevior. Die Borsten oben auf dem Abdomen sehr schwach. Die Flügel reichen bis zum 4. Abdominalsegment.

Behorent kleiner als das 1.—3. Fühlerglied, das 4., 5. u. 6. am Grunde heller. Die Flügel zu Rudimenten verkümmert, die den Pterothorax nicht überragen. Auf dem 3.—7. Abdominalsegmente unten je eine ziemlich lange, in der Mitte verengte, undeutliche Vertiefung.

Vorkommen. Weibchen das ganze Jahr hindurch im Rasen. In der wärmeren Jahreszeit viele Exemplare auch auf verschiedenen nichtblühenden Pflanzen und einzeln in Blüten. Darunter einige (die meisten im August) kurzflügelig. Männchen im August und September. — Fundort: Böhmen.

74. Thrips discolor Hal.*

1776 *Thrips obscura flavescens, elytris pallidis, oculis abdominisque annulis nigris.* Müller, Zoologiae danicae Prodromus, pag. 96.
1788 Gmelin, Caroli a Linné Systema Nat., pag. 2223.
1836 *discolor* Haliday, Entomolog. Magazine, pag. 449.
1836 *pallens* Idem, ibidem, pag. 450.
1836 Burmeister, Handb. d. Entomologie II, pag. 416.
1843 *discolor* Amyot et Serville, Ins. Hemiptères, pag. 644.
1843 *Euchothrips pallens* Idem, ibidem, pag. 645.
1852 *Thrips discolor* Haliday, Walker, Homopt. Ins. of Brit. Museum, pag. 1112.
1852 *pallens* Idem, ibidem, pag. 1115.

Hlava a thorax okrově až hnědožluté, celý abdomen lesklé černý. Hlava sotva širší než delší. Očka sice přítomna, avšak bez pigmentu a tudíž nezřetelná. První čl. tykadel jest neobyčejně krátký, též druhý ..., pak 3. a 4. mezi sebou skoro stejně ... 7. čl. poměrně dlouhý. Barva: všechny 1. čl. světlý, někdy se slabým sedým ..., 2. ... na konci světlý, 3. světlý s sedým nádechem, zvl. ke konci, 4. sedý, ... 6. a 7. tmavé. Prothorax nepatrně hlavy delší. Barva noh

* [illegible]

bývá skoro stejnoměrně žlutavá, často však jsou femora před bási, a to zvl. zadní, šířeji neb úžeji šedě zkalená. Délka těla 0·8 mm.

FORMA MACROPTERA (= *T. discolor* Halid.) Hořejší křídla trochu prohnutá. Hlavní žilka se čtyřmi chlupy nad místem kde začíná žilka vedlejší, a se dvěma na svém konci. Vedlejší jest stejnoměrně po celé své délce chlupy posetá. Hoř. křídla jsou slabě žlutavě zkalená.

FORMA BRACHYPTERA (= *T. pallens* Halid.). Křídel jen rudimenta pterothorax nepřesahující. Tento značně kratší a užší než u formy dlouhokřídlé.

♂.

Dle Halidaye světlejší než samice.

Forma krátkokřídlá této třásněnky žije v drnu, kdež jsem ji nalézal v květnu, srpnu a listopadu. V srpnu sbíral jsem též formu dlouhokřídlou. Tato dle Halidaye vyskytuje se na křižokvětých (asi náhodou).

Čechy: Hradec Králové, Třebechovice, Opočno: V háji Chropotíně.

♀.

Kopf und Thorax ocher- bis braungelb, das ganze Abdomen glänzend schwarz. Kopf kaum mehr breit als lang. Ocellen wohl vorhanden, jedoch ohne Pigment und infolge dessen undeutlich. Das erste Fühlerglied ziemlich mächtig, kürzer als das zweite, dieses, dann das 3. u. 4. untereinander fast gleich lang, das 7. verhältnismässig lang. Fühlerfärbung: 1. Glied licht, manchmal schwach grau angehaucht, das 2. dunkel, am Ende licht, das 3. licht, mit grauem Anflug, hauptsächlich gegen das Ende zu, das 4. grau, das 5. dunkel, am Grunde lichter, das 6. und 7. dunkel. Prothorax unbedeutend länger als der Kopf. Die Färbung der Beine pflegt fast gleichmässig gelblich zu sein; oft sind jedoch die Schenkel, und zwar hauptsächlich die hinteren, breiter oder schmäler grau getrübt. Körperlänge 0·8 mm.

FORMA MACROPTERA (= *T. discolor* Halid.). Die Oberflügel etwas gebogen. Die Hauptader über der Stelle, wo die Nebenader ihren Ursprung hat, mit vier, und am Ende mit zwei Borsten besetzt. Die Nebenader ist gleichmässig der ganzen Länge nach mit Borsten versehen. Die Oberflügel sind schwach gelblich getrübt.

FORMA BRACHYPTERA (= *T. pallens* Halid.). Die Flügel zu Rudimenten verkümmert, die den Pterothorax nicht überragen. Dieser bedeutend kürzer und schmäler als bei der langflügeligen Form.

Nach Haliday lichter als das Weibchen.

Vorkommen: Im Rasen. Die kurzflügelige Form fand ich im Mai, August und November, die vollflügelige Form im August. — Fundorte: Dänemark (Müller), England (Haliday), Böhmen.

75. Thrips dilatata nov. sp.*)

♀

Barva těla černá, pterothorax tmavohnědý. Chlupy na těle [illegible] a dlouhé. Hlava [illegible] než dlouhá. Oči hrubě vykrouženy. První článek tykadel kratší než 2., skoro právě tak silný jako 2. [illegible] Barva tykadel šedohnědá, 3. až 4. žlutavý. Femora černohnědá, přední tibie žlutavé, po obou stranách tmavě zkalené, ostatní tibie černohnědé, na konci žlutavé, tarsy celé žlutavé. Abdomen [illegible] v tomto rodu. Délka těla 0·9—1 mm.

FORMA MACROPTERA. Horní křídla šedohnědě zkalená, na basi čirá, ke konci poznenáhla užší. Hlavní žilka ke konci se [illegible] chlupy, od sebe skoro stejně vzdálenými.

FORMA BRACHYPTERA. Křídla jen rudimenta, pterothorax nepřesahující. Tento [illegible] než u formy dlouhokřídlé.

♂

Menší než ♀, barva světlejší. Křídla jen rudimenta. Pterothorax krátký. Na 3. až 7. článku [illegible] na zadní straně po jedné [illegible] prohloubené.

[illegible] v drnu lesním i zdržuje se někdy v květech, [illegible] od *Pedicularis palustris*. Formu krátkokřídlou nalezl jsem v květnu a červnu, formu dlouhokřídlou v květnu a září. Samce sbíral jsem v červnu a srpnu.

Loc.: Hradec Králové, Na [illegible], Třebechovice, U Vys. Újezda, Vrchlabí, U [illegible] u [illegible] Hradec, [illegible].

—o—

Farbe des Körpers schwarz, der Pterothorax dunkelbraun. Borsten auf dem Körper [illegible] Kopf [illegible] breiter als lang. Augen etwas hervorgequollen. Erstes Fühlerglied kürzer als das 2., fast ebenso stark als das 2., 3. und 4. Glied [illegible] Fühlerfarbe [illegible] das 3. Glied [illegible] Schienen [illegible] die Vorderbeine [illegible] übrigen

*) [illegible] Sitzung der [illegible]
[illegible]

Tibien schwarzbraun, am Ende gelblich; die Tarsen gelblich. Abdomen breit, am breitesten im ganzen Genus. Körperlänge 0·9—1 mm.

FORMA MACROPTERA. Die Oberflügel graubraun getrübt, auf dem Grunde klar, gegen das Ende zu allmählich lichter. Die Hauptader in ihrer zweiten Hälfte mit drei Borsten, welche von einander fast gleich entfernt sind.

FORMA BRACHYPTERA. Flügel zu Rudimenten verkümmert, die den Pterothorax nicht überragen. Dieser ist verhältnismässig kürzer und schmäler als bei der langflügeligen Form.

♂.

Kleiner als das ♀ und kaum lichter. Flügel rudimentär. Pterothorax kurz. Auf dem 3.—7. Abdominalsegmente unten je eine lange, in der Mitte zusammengezogene, weisse Vertiefung.

Vorkommen: Im Waldrasen und zuweilen in Blüten (hauptsächlich von *Pedicularis palustris)*. Kurzflügelige Weibchen fand ich im Mai und Juni, langflügelige im Mai und September. Männchen im Juni und August. — Fundort: Böhmen.

76. Thrips Klapáleki nov. sp.*)

Tab. VI., fig. 107.

♀.

Tělo mohutné, barvy černé. Hlava trochu delší než širší; oči vykoulené. Tykadla silná a dlouhá. První dva články jejich skoro stejné délky, první článek však širší než 2.; 3. a 4. čl. taktéž mezi sebou skoro stejně dlouhé, na basi a na konci zúžené, 5. nejslabší, značně kratší než předcházející, 7. poměrně dlouhý. Barva tykadel: 1. a 2. čl. černohnědé, 2. na konci žlutavý, 3. také žlutavý, někdy, zvl. nahoře, šedě zkalený, 4.—7. šedohnědé, 4. na basi a na konci světlý. Prothorax jest o něco kratší než hlava. Pterothorax poměrně kratší než u ostatních zástupců tohoto rodu. Femora černohnědá. Přední tibie žlutavé, na samé basi a po stranách trochu tmavě zkalené, střední as do polou černohnědé, od polou žlutavé, zadní celé černohnědé, jen špička jejich žlutavá. Tarsy celé žlutavé. Křídla jsou krátká, prohnutá, hořejší značně šedohnědě zkalená, na basi čirá. Hlavní žilka má ke konci tři chlupy, z nichž jeden jest od obou ostatních více vzdálen; vedl. žilka s četnými chlupy. Abdomen na konci značně zúžený. Délka těla 1·3 mm. — Šest exempl. nalezeno.

♂. Nebyl posud objeven.

Vzácný ten druh sbíral jsem v květnu na lukách, rozkládajících se na úpatí Milešovky, a to v květech od *Orchis sambucina*.

*) Dovolil jsem si nazvati tento druh dle pana professora F. Klapálka v T[illegible] Doklad ve sbírce musejní, praep. č. 63. — Sammlung des böhmischen Landesm[illegible], Nr. 63.

Körper [illegible] schwarz. Kopf etwas [illegible] Augen hervorgequollen [illegible] Das erste [illegible] die [illegible] jedoch breiter [illegible] 2 [illegible] 3 [illegible] an dem Grunde und [illegible] bedeutend kürzer [illegible] das [illegible] 1. u. 2. Glied schwarzbraun, das 2. am Ende gelblich [illegible] die beiden Enden ausgenommen [illegible] am Grunde und am Ende licht. Prothorax um etwas [illegible] der Kopf. Prothorax [illegible] kürzer als bei den übrigen Arten [illegible] schwarzbraun. Die Vorderschienen gelblich, an der Wurzel und an den Seiten etwas dunkel [illegible] Mittelschienen etwa bis zur Mitte schwarzbraun, von der Mitte an [illegible] Hinterschienen ganz schwarzbraun, nur ihre Spitze gelblich. Die Tarsen gelblich [illegible] bedeutend graubraun getrübt, an dem Grunde [illegible] Die [illegible] zu mit [illegible] Borsten besetzt, von denen die erste von den [illegible] die Nebenader mit zahlreichen Borsten versehen. Abdomen [illegible] Körperlänge 1·5 mm.

[illegible] unbekannt.

Vorkommen: Im Mai an den Blüten von *Orchis sambucina*. — Fundort: Böhmen.

77. Thrips fuscipennis Hal.

1836. *Thrips fuscipennis* Haliday, Entom. Magazine, pag. 446 [illegible] — ohne Beschreibung.

1852. [illegible] Haliday, Walker, Homopt. insects of Brit. Museum, pag. 1111.

Haliday (anno 1852): „[illegible] vel fusco-testacea, abdomine ultra basin obscuriore [illegible] Rumice etc.“

26. GENUS BALIOTHRIPS Uzel.

[illegible] Prothorax [illegible]

dlouhých smyslových chloupech. Přední nohy bezbranné. Křídla přítomna, přední napříč černě stuhovaná, ostatně jako u rodu předcházejícího utvořena. Samci dle Halidaye jsou bezkřídlí.

-:-

Augen vorhanden. Fühler siebengliedrig, ihr 5. Glied auf dem Ende abgestutzt, so dass es sich mit breiter Fläche an das 6. Glied anlegt; der Stylus ist eingliedrig. Maxillartaster zweigliedrig. Prothorax wenig länger als der Kopf, hinten etwas breiter als vorn; auf seinen Hinterecken je zwei lange Sinnesborsten. Vorderbeine wehrlos. Flügel vorhanden, die vorderen schwarz gebändert, übrigens wie bei dem vorhergehenden Genus. Die Männchen sind nach Haliday flügellos.

78. Baliothrips dispar Halid.*)

Tab. VII., fig. 108. et 109.

1836. *Thrips dispar* Haliday. Entomol. Magazine. pag. 449.
1836. — *brevicornis* Idem. ibidem.
1836. — *dispar* Burmeister. Handb. d. Entomologie. II. pag. 416.
1836. — *brevicornis* Idem. ibidem.
1843. *Taeniothrips dispar* Amyot et Serville. Ins. Hémiptères. pag. 644.
1843. — *brevicornis* Idem. ibidem.
1852. *Thrips dispar* Haliday. Walker: Homopt. ins. of Brit. Museum. pag. 1113.

-:-

Barva těla černá, pterothorax hnědý. Hlava jen trochu širší než delší. Oči poněkud vykoulené. První čl. tykadel kratší než 2., 4. a 5. mezi sebou skoro stejně dlouhé, 3. trochu delší. Barva tykadel: 1. a 2. čl. černé, 2. ke konci světlejší, 3. světlý, 4. šedě zkalený, 5., 6. a 7. černé. Všecka femora černá. Tibie žlutavé, na basi, zadní skoro do polou, černé. Tarsy žlutavé. Hlavní žilka ke konci se třemi chlupy, z nichž první jest více nebo méně od ostatních vzdálen; žilka vedlejší četnými chlupy stejnoměrně poseta. Hor. křídla jsou světlá, v druhé a v poslední čtvrtině tmavě zkalena; před špičkou nalézá se někdy na tmavé půdě podélné více nebo méně světlé místo. Dolejší křídla jsou čirá a v druhé a poslední čtvrtině slabě zkalená. Abdomen vzadu značněji zúžený a zašpičatělý. Délka těla 0·9 mm.

Barva těla dle Halidaye černohnědá; tykadla bledá, na basi a na konci tmavá, nohy bledé, přední a střední femora na basi a zadní, kromě konce, tmavá; křídel jen rudimenta.

*) Doklad ve sbírce musejní, praep. č. 64. — Sammlung des böhmischen Landesmuseums, Praep. Nr. 64.

Třásněnku tuto chytil jsem (10 exemplářů) v srpnu u Opočna do všeho [illegible], kterou smýkal jsem po nekvetoucích rostlinách. Dle Halidaye nalézá se v klasech od *Festuca fluitans* a jiných travin na podzim.

Kopf, Prothorax und Abdomen schwarz, Pterothorax braun. Kopf nur etwas mehr breit als lang. Augen etwas hervorgequollen. Erstes Fühlerglied kürzer als das 2., das 4. u. 5. untereinander fast gleich lang, das 3. etwas länger. Fühlerfärbung: 1. u. 2. Glied schwarz, das 2. gegen das Ende lichter, das 3. licht, das 4. grau getrübt, das 5., 6. u. 7. schwarz. Alle Schenkel schwarz. Tibien gelblich, am Grunde, die hinteren fast bis zur Hälfte schwarz. Tarsen gelblich. Die Hauptader gegen das Ende zu mit drei Borsten besetzt, von denen die erste von den übrigen zwei mehr oder weniger entfernt ist; die Nebenader mit zahlreichen Borsten gleichmässig besetzt. Die Oberflügel licht, in dem zweiten und letzten Viertel dunkel; vor der Spitze befindet sich manchmal auf dunklem Boden ein mehr oder weniger lichter länglicher Fleck. Die Unterflügel hell, im zweiten und letzten Viertel schwach getrübt. Abdomen hinten ziemlich stark verengt und zugespitzt. Körperlänge 0·9 mm.

Körperfarbe nach Haliday schwarzbraun, Fühler blass, am Grunde und am Ende dunkel. Beine blass, die Vorder- und Mittelschenkel am Grunde und die Hinterschenkel, das Ende ausgenommen, dunkel. Flügel rudimentär.

Vorkommen. Im August auf nichtblühenden Pflanzen. In England nach Haliday im Herbst auf *Festuca fluitans* und anderen Grasarten. Fundorte: England (Haliday), Böhmen.

21. GENUS SMINYOTHRIPS. (Nov. gen.)[1]

Oči [illegible] přítomna. Tykadla sedmičlenná, stylus jednočlenný. Makadla maxillární o třech článcích. Lištna, obklopující nahoře zadní okraj hlavy, jest uprostřed přerušena. Prothorax o [illegible] jako hlava, na zadních rozích jeho po dvou chloupcích smys[illegible]. Přední [illegible] u obou pohlaví na konci dole se dvěma [illegible] zuby opatřené. Křídla u samic i samců přítomna, podobně utvořena jako u rodu *Thrips*, jen brvy na [illegible] [illegible] [illegible] kratší, než [illegible] se nalézající, jsou [illegible] [illegible] [illegible] [illegible] [illegible] polovic.

[1] [illegible]

Ocellen vorhanden. Fühler siebengliedrig (Stylus eingliedrig). Maxillartaster dreigliedrig. Die Leiste, welche den Hinterrand des Kopfes oben umsäumt, ist in der Mitte unterbrochen. Prothorax etwas länger als der Kopf; auf seinen Hinterecken je zwei Sinnesborsten. Vordertibien am Ende unten bei beiden Geschlechtern mit zwei gebogenen Zähnen bewaffnet. Flügel beim Weibchen und beim Männchen vorhanden, ähnlich wie bei dem Genus *Thrips* gebildet, nur sind die Wimpern, welche sich am Vorderrande der Oberflügel zwischen den Fransen befinden, schwach, und zwar hauptsächlich jene, welche auf seiner äusseren Hälfte stehen.

79. **Sminyothrips biuncinata** nov. sp.*)

Tab. VII., fig. 110.

♀.

Barva těla šedožlutá, hlava někdy tmavší. Tato skoro právě tak dlouhá jako široká, se stranami dosti rovnými. Očka všecka skoro stejně veliká. Druhý čl. tykadel sotva delší než 1., 3. trochu delší než 2., 4. trochu kratší než předcházející, 5. kratší než 4., na konci ufatý. Barva tykadel žlutavá, 1., 2. a 4. čl. slaběji, 5., 6. a 7. silně šedě zkalené. Druhý článek jest na konci žlutavý; výjimkou jest celý žlutý a jen na basi trochu šedě zkalený. Přední tibie na konci dole se dvěma krátkými zoubky vedle sebe. Tyto jsou v předu před koncem chloupkem opatřeny. Nohy kromě tarsu, předních tibií a konců tibií ostatních žlutošedé, tmavší než tělo. Přední tibie žlutavé, vně značněji, uvnitř slaběji šedě zkalené; konce tibií ostatních a tarsy žlutavé. Chlupy na žílkách slaboučké. Hlavní žílka má ke konci tři chloupky, z nichž první jest od obou ostatních oddálen. Vedlejší žílka jest četnými chloupky posetá. Hořejší křídla jsou slabě žlutavě zkalená. Abdomen jest ke konci značně zúžený. Délka těla 0·8 mm. — Sedm exempl. nalezeno.

♂.

Trochu menší než ♀, téže barvy. Na břišní straně 3.—7. čl. abdom. nalézá se po jedné elliptické světlé prohlubině. Druhý čl. tykadla jest skoro celý žlutavý, jen na basi slabě šedě zkalený. — Jediný exempl. objeven.

Třásněnka tato nalezena v květech pryšcových na lukách královehradeckých v květnu.

♀.

Körperfarbe graugelb. Kopf manchmal dunkler. Dieser fast ebenso lang wie breit, seine Wangen kaum gewölbt. Alle Ocellen fast gleich gross. Das 2. Fühlerglied kaum

*) Doklad ve sbírce musejní, praep. č. 65. — Sammlung des böhmischen Landesmuseums, Praep. Nr. 65.

[illegible] Fühlerglied [illegible] ist etwa länger als das vorhergehende und das folgende, das 5. kürzer als das 4.; auf der Aussenseite sitzt [illegible]. 1., 2. u. 4. Glied schwächer, 5., 6. u. 7. stärker grau getrübt. Das 2. Glied ist am Ende gelblich, ausnahmsweise ist es ganz gelblich und nur am Grunde etwas grau getrübt. Vordertibien am Ende unten mit zwei kurzen Zähnchen, die gegeneinander [illegible] gewendet(?) sind. Dieselben sind vorn vor dem Ende mit einem Häkchen versehen. Beine, die Tarsen, die Vordertibien und die Enden der übrigen Tibien ausgenommen, [illegible] wie der Körper. Die Vordertibien gelblich, an den Seiten einen schwachen grauen [illegible]. Die Enden der übrigen Tibien und die Tarsen gelblich. Die Borsten auf den Adern sind schwach. Die Hauptader hat in ihrer zweiten Hälfte drei kleine Borsten, von denen die erste von den übrigen zwei entfernt ist. Die Nebenader mit vielen Borsten besetzt. Die Oberflügel schwach gelblich getrübt. Abdomen gegen das Ende zu verengt. Körperlänge 0·8 mm.

Etwas kleiner als das ♀ und ebenso gefärbt. Auf der Bauchseite des 3.—7. Abdominalsegmentes befindet sich je eine elliptische lichte Vertiefung. Das 2. Fühlerglied immer fast ganz gelblich, nur am Grunde schwach grau getrübt.

Vorkommen: Im Mai in den Blüten von *Euphorbia*. — Fundort: Böhmen.

80. Sminyothrips bilineata nov. sp.*)

Tab. VII. fig. 111.

Barva těla tmavě žlutošedá, chlupy na něm slabší než u druhu předcházejícího. Hlava trochu širší než delší, se stranami poněkud vypouklými. Přední očko o polovinu menší než zadní. Tykadla s články krátkými, okrouhlými; 1. a 2. čl. mezi sebou skoro stejně dlouhé, 3. a 4. tak dlouhý jako 2. [illegible]. Barva tykadel: 1. čl. a 4. žlutošedé, 5., 6. a 7. černošedé, 2. nejsvětlejší, žlutavý, jen na bázi a po obou stranách velmi slabě šedě zbarvený, 3. čl. žlutavý s šedým nádechem. Prothorax trochu delší než u druhu předcházejícího. Přední tibie na konci dole se dvěma [illegible] ohnutými zuby, jež jsou [illegible] před koncem opatřeny. Všecky tarsy a přední tibie žlutavé, tyto po obou stranách [illegible] šedě zbarveny. Přední femora žlutošedá, ostatní femora [illegible]. Chlupy na žilkách [illegible]. Hlavní žilka [illegible] tři [illegible]. Vedlejší žilka [illegible] chlupy posetá. [illegible] Abdomen [illegible] 0·[illegible] mm. [illegible]

♂. Nebyl posud objeven.

Třásněnku tuto nalezl jsem v květnu mezi travou na Milešovce.

Körperfarbe dunkel gelbgrau; die Borsten auf dem Körper stärker als bei der vorhergehenden Art. Kopf etwas mehr breit als lang, seine Wangen etwas gewölbt. Das vordere Nebenauge um die Hälfte kleiner als die beiden hinteren. Fühlerglieder kurz, rundlich; 1. u. 2. Glied fast gleich lang; das 3. etwa so lang wie das 2. u. 4. Fühlerfarbe: 1. u. 4. Glied gelbgrau, das 5., 6. u. 7. schwarzgrau, das 2. am lichtesten, gelblich, nur am Grunde und jederseits sehr schwach grau getrübt, das 3. gelblich mit grauem Anflug. Prothorax etwas länger als bei der vorhergehenden Art. Die Vordertibien auf dem Ende unten mit zwei ziemlich starken, gebogenen Zähnen bewaffnet, welche vorn vor dem Ende mit einem Härchen versehen sind. Alle Tarsen und die Vordertibien gelblich, diese jederseits etwas grau getrübt. Vorderschenkel gelbgrau, die übrigen und die Mittel- u. Hintertibien fast schwarzgrau. Die Oberflügel gelbgrau getrübt, am Grunde lichter. Die Borsten auf den Adern ziemlich stark. Die Hauptader in ihrer zweiten Hälfte mit drei Borsten besetzt, von denen die erste von den beiden übrigen entfernt ist. Die Nebenader mit zahlreichen Borsten versehen. Körperlänge 1 mm.

♂ unbekannt.

Vorkommen: Im Mai in Rasen. — Fundort: Böhmen.

22. GENUS STENOTHRIPS. (Nov. gen.)*)

Tělo velmi úzké. Hlava o čtvrtinu delší než širší. Očka přítomna. Tykadla sedmičlenná (stylus jednočlenný). Makadla maxillarní o dvou článcích, z nichž druhý jest skoro dvakrát delší prvého; je zřejmo, že povstal srůstem dvou článků. Prothorax as tak dlouhý jako hlava, na zadních jeho rozích po dvou chlupech smyslových. Nohy bezbranné. Křídla podobně utvořená jako u rodu *Thrips*, jen o něco užší; u obou pohlaví přítomná. Desátý čl. abdom. jest nahoře rozčísnutý.

Körper sehr schmal. Kopf um ein Viertel mehr lang als breit. Ocellen vorhanden. Fühler siebengliedrig (Stylus eingliedrig). Maxillartaster zweigliedrig; ihr zweites Glied fast zweimal so lang als das erste und offenbar aus zwei ursprünglichen Gliedern zu-

*) Στενός = úzký, schmal.

[illegible] angewachsen. Prothorax etwa so lang wie der Kopf, [illegible] Hinterecken je zwei Borsten. [illegible] *Thrips* [illegible] etwas [illegible]. Die 10 Abdominalsegmente [illegible].

81. Stenothrips graminum nov. sp.*

Tab. II. fig. 16.

♀.

Barva těla žlutavě šedá až světle sedohnědá; hlava a konec abdomenu jsou tmavší [illegible]. Hlava [illegible]. První čl. tykadel [illegible] 3. a 4. čl. mezi sebou skoro stejně dlouhé, 5. [illegible] 7. [illegible]. Barva tykadel: dva první články žlutavé, [illegible] třetí žlutavý, [illegible] 4., 5., 6. a 7. černošedé, 4. [illegible]. Na zadním okraji prothoraxu nalézá se kromě delších chlupů [illegible] na každé straně ještě pět malých chloupků. Femora žlutavošedá, tibie žlutavé, [illegible] tarsy žlutavé. Hořejší křídla slabě žlutošedě zkalená, [illegible] před koncem uprostřed s podélným čirým okénkem. [illegible] tři chlupy, z nichž jeden od ostatních dvou jest oddálen; [illegible] po celé své délce četnými chlupy [illegible]. Na konci abdomenu jsou [illegible] chlupy. Délka těla 0·9 mm.

[illegible]: barva těla i nohou světlejší; hlava a konec abdomenu jsou nejšedivější [illegible]. Na [illegible] straně 7. čl. abdom. nalézá se pojedné okrouhlé světlé podélné [illegible].

Poznámka: Tento druh celým svým vzhledem upomíná poněkud na [illegible] *Limothrips cerealium*, rozeznává se však od něho hlavně tykadly sedmičlennými [illegible] koncem abdomenu [illegible].

[illegible] v květenství trav lučních a v klasech obilných. V [illegible] jest [illegible] v pšenici [illegible] nalézti [illegible] v červnu a v červenci.

Čechy: Praha, Mukařov, Hradec Králové, [illegible], Hrad. [illegible].

[illegible]

♀.

Körperfarbe gelblichgrau bis licht graubraun; der Kopf und das Abdomenende dunkler, oft ziemlich stark graubraun. Das Hinterhaupt ist mit zahlreichen, dicht gedrängten Runzeln versehen. Erstes Fühlerglied kürzer und schwächer als das 2., das 3. u. 4. untereinander fast gleich lang, das 5. etwas kürzer, das 7. ziemlich lang, oft stumpf. Fühlerfärbung: die ersten zwei Glieder gelblich, schwach grau getrübt, das dritte gelblich, ungetrübt, das 4., 5., 6. u. 7. schwarzgrau, das 4. unten manchmal etwas lichter. Am Hinterrande des Prothorax befinden sich ausser den längeren Borsten jederseits noch fünf kleine Härchen. Schenkel gelblichgrau. Tibien gelblich, die mittleren und die hinteren am Grunde etwas grau getrübt. Tarsen gelblich. Die Oberflügel schwach gelbgrau getrübt, am Grunde kaum heller. Die Hauptader in ihrer zweiten Hälfte mit drei Borsten versehen, von denen die erste von den übrigen zwei entfernt ist; die Nebenader ihrer ganzen Länge nach mit zahlreichen Borsten besetzt. Auf dem Abdomenende schwache Borsten. Körperlänge 0·9 mm.

♂.

Kleiner als das ♀; die Farbe des Körpers und der Beine lichter, der Kopf und das Abdomenende am dunkelsten. Auf der Unterseite des 3.—7. Abdominalsegmentes befindet sich je eine rundliche, lichte Vertiefung.

Bemerkung. Diese Art erinnert durch ihre Gestalt etwas an Halidays *Limothrips cerealium*, unterscheidet sich jedoch von ihr hauptsächlich durch siebengliedrige Fühler (der Stylus ist eingliedrig), durch stets geflügelte Männchen und durch ein unbedorntes Abdomenende bei beiden Geschlechtern.

Vorkommen: Beide Geschlechter im Juni und Juli in den Blütenständen der Wiesengräser und in Getreideähren. In der Gerste manchmal in überaus grosser Menge, auch im Hafer zeitweise häufig; im Weizen und Korn selten. — Fundort: Böhmen.

23. GENUS BOLACOTHRIPS. (Nov. gen.)*)

Tělo úzké. Hlava delší než širší, mezi očima do předu prodloužena. Očka jsou velmi zakrnělá aneb scházejí úplně. Tykadla sedmičlenná (stylus jednočlenný). Makadla o třech článcích. Sosák jest tupý, dolejší pysk na konci zaokrouhlený. Prothorax as tak dlouhý jako hlava, na zadních rozích po dvou chlupech smyslových. Nohy bezbranné, krátké a široké. Křídel ani nejmenší rudimenta. Abdomen opatřen jest v druhé polovici po stranách dosti dlouhými chlupy; na konci abdomenu jsou tyto chlupy velmi tenké a dlouhé. Druh sem náležející není k skákaní způsobilý.

*) Βωλαξ = drn, Rasen.

[illegible]

82. Bolacothrips Jordani nov. spec.

Tab. VII. fig. 112.

[illegible]

Nebyl posud objeven.

[illegible]

[illegible]

21. GENUS DREPANOTHRIPS. (Nov. gen.*)

Očka přítomna. Tykadla jen šestičlenná, poněvadž hranice mezi šestým a sedmým článkem jejich není zřetelna. Makadla maxillarní o třech článcích. Sosák jest dosti ostrý. Prothorax o málo delší než hlava; na zadních rozích jeho po dvou chloupech smyslových. Nohy bezbranné. Křídla přítomna a tvaru obvyklého. Chloupky na konci abdomenu jsou slabé a krátké. U samců jest 9. článek abdomenu ozbrojen na každé straně velmi dlouhým, srpovitě prohnutým černým přívěskem; 10. čl. jeho má podobu krátké roury.

Ocellen vorhanden. Fühler nur sechsgliedrig, weil die Grenze zwischen dem 6. Glied und dem Stylus undeutlich ist. Maxillartaster dreigliedrig. Der Rüssel ziemlich scharf. Prothorax wenig länger als der Kopf; auf seinen Hinterecken je zwei Borsten. Beine wehrlos. Flügel vorhanden und von üblicher Form. Auf dem Abdomenende schwache und kurze Härchen. Das 9. Abdominalsegment bei den Männchen jederseits mit einem langen, sichelförmig gebogenen schwarzen Chitinanhang bewaffnet; das 10. Segment ist kurz, röhrenförmig.

83. Drepanothrips Reuteri nov. sp.**)

Tab. VII., fig. 113. et 114.

♀.

Barva těla bledě žlutá neb běložlutá, pterothorax světle hnědožlutý neb žlutavý, nohy běložluté, celé tělo mimo to nahoře slabě šedě skvrnité. Hlava trochu širší než delší, oči dosti vykouleně. První čl. tykadla kratší než 2., tento, pak 3. a 4. mezi sebou skoro stejně dlouhé, 5. trochu delší. Barva tykadel: 1. čl. šedý, 2. a 3. světle, 4., 5. a 6. tmavošedé. Pterothorax málo širší než prothorax. Hor. křídla slabě žlutošedě zkalená. Hlavní žilka v druhé polovině se třemi chlupy od sebe skoro stejně vzdálenými; vedlejší po celé své délce jen čtyřmi chlupy opatřená. Délka těla 0·6 mm. — Dosti značné množství exempl. nalezeno.

♂. Trochu menší než ♀. Na 9. čl. abdom. dva srpovité přívěsky; 10. čl. má podobu krátké rourky.

Třásněnka tato žije na listech stromových, zvl. lísek, dubu a buku. Samice nalezl jsem v srpnu a září, jediného samce v září.

Čechy: Hradec Králové, Třebechovice: Pod Vys. Újezdem.

*) Δρέπανον = srp, Sichel.

**) Dovolil jsem si druh tento nazvati dle pana prof. Dr. O. M. Reutera v Helsingforsu. — Doklad ve sbírce musejní, praep. č. 68. — Sammlung des böhmischen Landesmuseums, Prag, Nr. 68.

Kopf, Prothorax und Abdomen bis auf den weissgelben Pterothorax licht braungelb oder gelblich. Bei ganz weissgelben ist der ganze Körper ausserdem oben schwach grau gefleckt. Kopf etwa mehr breit als lang, die Augen ziemlich hervorgequollen. Erstes Fühlerglied kürzer als das 2., dieses, dann das 3. und 4. untereinander fast gleich lang, das 5. etwas länger. Fühlerfarbe: 1. Glied weiss, das 2. und 3. licht, das 4., 5. und 6. dunkel. [illegible] Pterothorax wenig breiter als der Prothorax. Oberflügel schwach gelblich getrübt. Die Hauptader in ihrer zweiten Hälfte mit drei Borsten versehen, die von einander weit entfernt sind; die Nebenader ist [illegible] mit vier Borsten besetzt. Körperlänge 0.6 mm.

Etwas kleiner als das ♀. Am 9. Abdominalsegmente zwei schuppenförmige Anhänge, das 10. Segment kurz, röhrenförmig.

Vorkommen: Auf den Blättern verschiedener Bäume, hauptsächlich der Eiche, der Buche und der Haselnuss. Weibchen im August und September, Männchen im September. — Fundort: Böhmen.

25. GENUS PLATYTHRIPS (n. g.)

Tělo velmi široké. Očka scházejí. Tykadla sedmičlenná (s vlasem jednočlenným). Makadla maxillární o dvou článcích. Prothorax je tak dlouhý jako hlava, na zadních rozích jeho po dvou chloupech smyslových. Nohy bezzbrané. Křídel ani nejmenší rudimenta. Abdomen je nahoře velmi tuhými chlupy opatřen. Desátý jeho článek jest nahoře rozštěpený.

Körper sehr breit. Ocellen fehlend. Fühler siebengliedrig (Stylus eingliedrig). Maxillartaster zweigliedrig. Prothorax etwa so lang wie der Kopf, auf seinen Hinterecken je zwei Sinnesborsten. Beine wehrlos. Flügel vollkommen fehlend. Abdomen mit [illegible] sehr steifen Borsten besetzt. Sein zehntes Segment oben aufgeschlitzt.

84. Platythrips tunicata Halid. **)

Tab. III, fig. 21.

1852. *Thrips tunicata* Haliday, Walker, Homopt. insects of Brit. Museum, pag. 1115.

*) [illegible]

**) [illegible]

♀.

Hlava, thorax a poslední dva články abdomenu hnědožluté; ostatní články abdominální černé. Výjimkou jest první z nich světlejší. Hlava širší než delší, mezi očima do předu prodloužená. První čl. tykadel značně kratší než druhý, avšak právě tak široký, 3. a 4. čl. k oběma koncům zúžené, mezi sebou skoro stejně dlouhé, 5. na konci jen nepatrně se zúžující, málo kratší. Tykadla tmavošedá, 1. čl. a 2., aneb jen konec tohoto, žlutohnědé, slabě šedě zkalené. Nohy hnědožluté, přední buď nezkalené, aneb jejich femora vně a tibie z počátku se slabým šedým nádechem; střední femora kromě obou konců a střední tibie kromě konce slabě hnědě zkalené; zadní nohy nejtmavší: femora tmavohnědá až černohnědá, tibie světle hnědé, ke konci žlutohnědé. Dle Halidaye jsou někdy zadní nohy celé hnědé. Délka těla 0·8—1 mm. — Značné množství exempl. nalezeno.

♂. Nebyl posud objeven.

Třásněnka tato žije v létě v květech lesních, zvl. od *Galium* (také Haliday nalezl ji na *Galium mollugo*) a přezimuje v drnu.

Čechy: Hradec Králové, Jind. Hradec: Za židovským hřbitovem (Duda).

♀.

Kopf, Thorax und die letzten zwei Abdominalsegmente braungelb; die übrigen Segmente schwarz. Ausnahmsweise ist das erste Abdominalsegment lichter. Kopf mehr breit als lang, zwischen den Augen nach vorn erweitert. Das erste Fühlerglied bedeutend kürzer als das zweite, jedoch ebenso breit, das 3. u. 4. Glied gegen beide Enden zu verdünnt, untereinander fast gleich lang, das 5. auf dem Ende nur unbedeutend verengt, wenig kürzer. Fühler dunkelgrau, das 1. u. 2. Glied, oder nur sein Ende, gelbbraun, schwach grau getrübt. Beine braungelb, die vorderen entweder nicht getrübt, oder ihre Schenkel aussen und ihre Tibien am Grunde mit schwachem grauem Anflug; die Mittelschenkel, die beiden Enden ausgenommen, und die Mitteltibien, ausser dem Ende, schwach grau getrübt; die Hinterbeine am dunkelsten: die Schenkel dunkelbraun bis schwarzbraun, die Tibien lichtbraun, gegen das Ende zu gelbbraun. Nach Haliday sind die Hinterbeine manchmal ganz braun. Körperlänge 0·8—1 mm.

♂ unbekannt.

Vorkommen: Im Sommer in Waldblumen, hauptsächlich in *Galium* (schon Haliday), im Winter in Rasen. — Fundorte: England (Haliday), Deutschland (Bohls), Böhmen.

POPISY DRUHŮ TEREBRANTIŮ, JICHŽ PŘÍSLUŠNOST RODOVOU NEBYLO LZE STANOVITI.

BESCHREIBUNGEN DER TEREBRANTIENARTEN, DEREN GATTUNGSZUSTÄNDIGKEIT NICHT FESTGESTELLT WERDEN KONNTE.

[illegible] *Thrips* [illegible]

[illegible] *Thrips* [illegible]

[illegible] Thrips ericae Hal.

1836. *Thrips Ericae* Haliday, Entomol. Magazine, pag. 448.

1852. [illegible] Haliday, Walker, Homopt. [illegible] of Br. Museum, pag. 1114.

Haliday [illegible] 1852 [illegible] *Ericae Tetralix* [illegible]

[illegible]

[illegible] Thrips striaticeps [illegible]

[illegible] *Thrips striaticeps* [illegible]

[illegible]

mas larga que ancha, guarnecida de estrias transversales muy pronunciadas las unas contra las otras. Antenas con sus dos primeros artículos pardos, el tercero amarillo, pero un poco mas oscurecido en su extremidad; el cuarto de un testáceo tirando a moreno, y los siguientes enteramente pardos como los primeros. Protórax un poco convexo, muy finamente estriolado transversalmente. Alas levemente ahumadas, poco transparentes, con un pequeño viso de amarillo en su base. Patas negras finamente pestañadas, con las piernas anteriores solas de un testaceo tirando á moreno, los muslos muy poco hinchados. Abdómen medianamente ensanchado, negro y guarnecido lateralmente de pelos largos y tiesos. — Esta especie se encuentra en las plantas en las cordilleras de Coalle.

87. Thrips rugicollis Blanch.

1851. *Thrips rugicollis* Blanchard, Hist. fis. y polit. de Chile. Zool. VI. pag. 149.

T. niger, capite striolato; antennis fuscis; prothorace striolato, profunde lateque transversim sulcato; alis infuscatis, longis, fimbriatis; pedibus nigris, tibiis anticis fuscis. Long. 1 lin. ¼. — Cuerpo ancho, enteramente negro. Cabeza larga estriada transversalmente, pero con las estrias menos apretadas que en la especie precedente (*T. striaticeps*). Antenas tirando á moreno. Protórax ancho estriolado transversalmente, y que presenta un hondo sulco irregular que le hace parecer divido en tres rodetes. Alas muy ahumadas guarnecidas de franjas sumamente largas. Patas negras un poco peludas, con las piernas anteriores pardas. Abdómen muy ancho y velludo. — Esta especie difiere notablemente de la precedente por su protórax, por la anchura de su abdómen y por las alas mas ahumadas, los muslos anteriores mas hinchados. Parece encontrarse en las mismas localidades.

88. Thrips femoralis Blanch.

1851. *Thrips femoralis* Blanchard, Hist. fis. y polit. de Chile. Zool. VI. pag. 150.

T. sat angustus, niger, capite striolato, areolato; antennis fuscis, prothorace laevi, nitido, vix striolato, medio foveolato posticeque sulcato; alis infuscatis; pedibus nigris, tibiis anticis flavo-rufis, femoribus valde inflatis. Long. 1 lin. — Cuerpo bastante angosto, enteramente negro y brillante. Cabeza muy estriada, formando las estrias un enrejado areolado. Antenas que tiran á moreno. Protorax espeso, convexo, delicadamente estriolado, brillante, con un hoyuelo ancho en el medio, y atras un sulco transversal. Alas ahumadas franjeadas. Patas negras, muslos anteriores muy gruesos, muy hinchados, piernas anteriores de un amarillo tirando a encarnado. Abdomen alargado, parallelo, poco ensanchado, ciliado lateralmente. — Esta especie se distingue facilmente de las precedentes (*T. striaticeps*, *T. rugicollis*) por su coselete mas estrecho, mas [illegible] Se encuentra en la provincia de Valdivia (Chile).

89. Thrips annulicornis Blanch.

1851 *Thrips annulicornis* Blanchard, Hist. fis. y polit. de Chile, Zool. VI, pag. 150.

[illegible]

90. Thrips tibialis Blanch.

1851 *Thrips tibialis* Blanchard, Hist. fis. y polit. de Chile, Zool. VI, pag. 151.

[illegible]

[illegible] *Chirothrips*. — [illegible] *Chirothrips* [illegible]

91. Thrips laevicollis Blanch.

1851 *Thrips laevicollis* Blanchard, Hist. fis. y polit. de Chile, Zool. VI, pag. 151.

[illegible]

taceis. Long. 1 lin. — Esta especie se parece mucho á la precedente (*T. tibialis*), pero se distingue fácilmente de ella por la coloracion de sus antenas y de sus patas, y sobre todo por el conselete. Cabeza estrecha, muy larga, estriada transversalmente. Antenas pardas con su segundo artículo, la mayor parte del tercero y los tres últimos testáceos. Protórax convexo, muy liso por debajo con borde posterior rebajado, aplastado y delicadamente estriado. Alas nulas. Patas de un pardo negruzco con todos los muslos hinchados, pero sobre todo las anteriores. Las piernas testáceas, las anteriores provistas de una espina corta junto á su estremidad. — Esta especie fué hallada en San Carlos de Chiloé (Chile).

92. Thrips Benseleri v. Frauenf.

1836. *Thrips Benseleri* v. Frauenfeld. Verhandl. Zool.-bot. Gesellsch., Wien, pag. 800.

»Ganz bleich lehmfarbig. Kopf sammt Vorderbrust etwas länger als der Theil, woran die Flügel sitzen, schmäler als letzterer, besonders nach vorne zu. Die Fühler 6-, respective 8gliedrig, da das oberste zugespitzte Glied 2 deutliche Trennungslinien zeigt. 1. und 2. verkehrt, kuglich abgestutzt. 1. gleich lang wie breit, 2. fast 2 Mal so lang als das 1., das 3. fast 1½ so lang als das 2., unten dünn, im letzten Drittel stark gebaucht, dann wieder dünner, 4. und 5. gleich lang, kaum kürzer als das 3., mitten verdickt, das 6. am Grunde angeschwollen, fast doppelt so lang als das vorhergehende, endet spitz, und ist 2 Mal abgetheilt. Fühler und Thorax sind gross beborstet. Augen dunkel. Die schmalen schwertförmigen Oberflügel haben an der Wurzel, etwas vor der Mitte und am letzten Drittel ihrer Länge einen rundlichen schwarzen, zusammen also 3 Paar Flecken. Der Aussenrand ist mit einer Reihe weitschichtiger Borsten besetzt, die Flügelfläche mit 2 Reihen. Am Innenrande stehen doppelt so lange dichte steife Haare. Länge 1·2 mm.« Auf im Garten im Freien gebautem Kukuruz. Wien.

93. Thrips flavicornis Reut.

1878-79. *Thrips flavicornis* Reuter. Diagn. öfv. nya Thysan.-pl. f. Finland, pag. 13.

»Piceus, nitidulus; capite longitudine duplo latius, oculis magnis fortiter granulatis; antennis capiti et pronoto aeque longis, totis dilute flavis, articulo secundo crasso tertio—sexto inter se subaequalibus, sexto quinto haud latiore et stylo distincte longiore, hoc distincte bi-articulato; pronoto capite parum latiore, lateribus leviter rotundatis, disco postice bifoveolato; mesonoto pronoto latiore et hoc duplo breviore; alis anticis griseis, margine antico triseriatim ciliatis, serie nempe plurium longarum, alia mediocrium et adhuc alia pallidarum breviorum, margine postico longe ciliatis, disco [illegible] *Thr. vulgatissima* [illegible] *Thr. physopoda* [illegible]

94. Thrips tritici Osborn.

1888. *Thrips tritici* Osborn. The Canadian Entomologist, pg. [illegible]

Male: length .75–.80 mm.; width .20 mm. Female, length 1.10–1.20 mm.; width .25 mm. Color yellow, thorax tinted with orange; antennae with dusky annulations. Head in front above nearly square, eyes occupying anterior angles. Antennae approximate at base; joint 2, apical half of 4 and 6, dusky; joints 3 and 5 dusky at apex, the antennae appearing annulated under low power of microscope. Head, thorax and abdomen with few stiff hairs. Legs concolorous with body, all the tibiae with two spines at distal end; distal joint of tarsi a little dusky, proximal joint of hind tarsi with two spines. Wings narrow, hyaline, fringes whitish, anterior wings have costal fringe of shorter cilia than posterior ones, and the ciliae are intermixed with shorter, stiffer, spiny hairs, which at base replace the fringe. Two rows of blackish spines on upper surface of wing corresponding to subcostal and median veins. Posterior wings with no discal spines, cilia of anterior edge shorter and more spiny than those of posterior. Both wings have numerous rows of very minute hairs on the surface. The males are shorter and smaller than females, with wings reaching beyond the tip of the abdomen instead of nearly to it, and there are some strong spines near the tip of the abdomen. United States.

Třásněnka tato nemá se soujmenným druhem Fitchovým (l. c. 62) nic společného, podobá se však značně evropskému druhu *Thrips flava* Schr. — Osborn's Art hat mit Fitch's gleichnamiger Art nichts gemeinschaftliches, ähnelt jedoch bedeutend der europäischen *Thrips flava* Schr.

95. Thrips striata Osborn.

1888. *Thrips striata* Osborn. The Canadian Entomologist, pg. 155.

Female. Length 1.15 mm. Width .25 mm. Whitish with yellow and blackish markings. Head rounded in front, apparently marked with transverse striae and dusky border posteriorly. Antennae approximate, whitish at base, gradually becoming more dusky toward the apex, where they are nearly black. Eyes large, rather near together and well upon vertex. Thorax with elongated dusky patches forming a broken subdorsal stripe each side; on the prothorax these extend latero-cephaled and are broken into spots; abdominal segments 1—6 are dusky on tergum, except at the sides, seventh has dusky spot in centre, apex slightly dusky and surrounded with black spines; thorax and abdomen tinged with yellow at the sides. Hairs scarce and fine, except at end of abdomen. Legs concolorous with body, with dusky patches on dorsal aspect of femora and tibiae, sparsely set with fine hairs. Wings unmarked, fringe and spines wanting at base of costal border, no discal spines; both wings covered with very minute hairs. United States (Ames, Iowa).

II. Subordo TUBULIFERA Halid.

Tykadla vždy osmičlenná. Maxilla maxillarní i labialní jsou o dvou článcích, z nichž první je velmi krátký. Oceli chybějí jen druhům *Trichothrips caespitis* a *semicaeca* a bezkřídlé formě druhu *Trichothrips pedicularia*. Prothorax do předu značně se zužuje, takže má tvar lichoběžníku. Přední femora samců často velmi rozšířená a plochá. Oba páry křídel skoro stejně veliké, téměř blanité, dlouhými a na okraji kolkolem stejnoměrně tenkými [illegible] ozdobené. Obyčejně jsou křídla bez žilek, někdy však jde středem první jejich poloviny tenká holá žilka. V klidu jsou všecka čtyři křídla na abdomenu uložena tak, že ve druhé polovici své délky přes sebe jedno leží pod druhým i velmi tolikož celý povrch jednoho křídla (Tab. VII, fig. 142). Mnohé druhy jsou pravidelně bezkřídlé. Poslední článek abdomenu (tubus apicalis) má podobu rourovitou, a to u samic i samců. Otvor pohlavní nalézá se dole mezi devátým a desátým článkem. Samice nemají zvláštního kladélka. Tělo jest zploštělé, abdomen široký, na base nezúžený. K tomuto podřadu náležejí největší ze známých třásněnek. Pohyby tubulifer jsou velmi volné. Neskáčou nikdy. Žijí obyčejně pod korou a v dřevu, zřídka v květech.

Poznámka. Samce rozeznáváme od samice dle postavy menší a užší, dle předních dolních obyčejně rozšířenějších, dle pravidelně větších zubů na předním tarsu, někdy dle zvláštních výrostků na článcích abdominalních a konečně velmi spolehlivě dle velikého výrostku, který se nalézá pod otvorem genitalním na base desátého čl. abdomenu dole (Tab. VII, fig. 140). Samici, jež tohoto výrostku nemá, poznáme neomylně dle malé chlupovité [illegible], jež [illegible] kolmo rovnoběžně s osou těla na zadním dolejším okraji devátého článku [illegible] (Tab. VII, fig. 139).

Fühler immer achtgliedrig. Maxillar- und Labialtaster zwei- oder dreigliedrig, der erste Glied sehr kurz. Ocellen fehlen nur den Arten *Trichothrips caespitis*, *T. semicaeca* und der flügellosen Form von *T. pedicularia*. Prothorax nach vorn bedeutend verengt, trapezförmig. Die Vorderschenkel der Männchen oft sehr erweitert, flach. Beide Flügelpaare fast gleich gross, [illegible] häutig, [illegible] an den Rändern ringsum mit langen Wimpern [illegible]. Die Flügel [illegible] gewöhnlich ohne Adern, nicht selten zuweilen durch [illegible] In der Ruhe sind alle vier Flügel [illegible]

mengelegt, dass sie sich in der zweiten Hälfte ihrer Länge vollkommen decken, und man infolge dessen nur die ganze Fläche eines einzigen Flügels wahrnimmt (Taf. VII, Fig. 142). Viele Arten sind regelmässig flügellos. Das letzte Abdominalsegment (tubus apicalis) ist röhrenförmig, und zwar bei beiden Geschlechtern. Die Genitalöffnung befindet sich unten zwischen dem neunten und zehnten Segmente. Die Weibchen haben keine besondere Legeröhre. Der Körper ist platt, das Abdomen breit, auf dem Grunde nicht verengt. Zu dieser Unterordnung gehören die grössten der bekannten Thysanopteren. Die Bewegungen der Tubulifera sind sehr langsam. Sie springen nie. Ihr Leben fristen sie gewöhnlich unter Rinde oder im Rasen, ausnahmsweise (secundär, nachdem sich ihr Körper dem Leben unter Rinde etc. angepasst hat) in Blüten.

Bemerkung. Die Männchen unterscheiden sich von den Weibchen durch kleinere und schmälere Gestalt, durch gewöhnlich sehr erweiterte Vorderschenkel, durch in der Regel grössere Zähne auf dem Vordertarsus und manchmal durch besondere Anhängsel der Abdominalsegmente; endlich erkennt man sie sehr verlässlich nach einem grossen halbkreisförmigen Ausschnitt, welcher sich unter der Genitalöffnung auf dem Grunde des 10. Abdominalsegmentes unten befindet (Taf. VII, Fig. 140). Die Weibchen, welche keinen solchen Ausschnitt besitzen, erkennen wir leicht nach einem kleinen Chitinstäbchen, welches vertical (parallel mit der Körperachse) auf der Mitte des Hinterrandes der Ventralseite des 9. Abdominalsegmentes steht (Taf. VII, Fig. 139).

3. FAM. Phloeothripidae.
(= TUBULIFERA HALID.)

Amyot a Serville (l. c. 54.) rozdělili čeleď *Tubulifera* na tři rody, totiž na *Hoplothrips*, *Haplothrips* a *Phloeothrips*. Prvé dva rody nelze zachovati, poněvadž zakládají se na omylech. Rod *Hoplothrips* jest takto charakterisován: Strany hlavy rovnoběžné, přední stehna ozbrojena zubem na vnitřní straně. Z druhů, které sem jsou zařaděny, má však toliko jeden takový zub. Znaky pro rod *Haplothrips* jsou: strany hlavy rovnoběžné, přední nohy neozbrojené.« Sem náleží toliko druh Burmeisterův *albipennis* (= *Anthothrips statices* Halid.), u něhož, jak jsem přesvědčen, Burmeister malinký zoubek (u samice), na předním tarsu se nalézající, přehlédl. — Také Halidayovo rozdělení (l. c. 61.) této čeledi na *Apterae* (očka a křídla scházejí) a na *Heteropterae* (očka přítomna, křídla scházejí aneb jsou přítomna) jest nevhodné, poněvadž jeden a tentýž druh (*Trichothrips pedicularia*) může někdy očka a křídla míti, jindy pak obojích postrádati. — I Heegrovo rozdělení její v *Aptera* a *Elytoptera* z podobných důvodů jest nevhodné.

Naše *Tubulifera* tvoří, pokud jsem je sám zkoumal, dohromady jednotnou čeleď. Myslil jsem dříve, že nutno rozeznávati rody, jichž druhy mají sosák v přední straně

[illegible] Tab. IV, fig. 51 [illegible] maxillární [illegible] Tab. IV, fig. 50 [illegible] *Zygothrips minuta* [illegible] *Anthothrips* [illegible] *Cephalothrips* a *Trichothrips* [illegible]

Die zu *Tubulifera* [illegible] zu [illegible] eine einheitliche [illegible]. Man kann wohl zwei Gruppen von Arten unterscheiden, nämlich die, deren Rüssel auf dem Ende breit [illegible] und deren Maxillartaster [illegible] (*Megalothrips*, *Cryptothrips*, *Anthothrips*, *Cephalothrips*, *Trichothrips*) und jene, deren Rüssel lang und gegen das Ende zu bedeutend verengt ist und deren Maxillartaster schlank sind (*Phloeothrips*, *Acanthothrips*, *Liothrips*, *Poecilothrips*). Die Gattung *Zygothrips* verbindet jedoch beide Gruppen, [illegible] die Fühler und [illegible] der Gattung *Anthothrips* der ersten Gruppe [illegible] sehr ähneln, obwohl ihr Vertreter einen zwar sehr kurzen jedoch bedeutend verengten Rüssel besitzt. Die Gattungen *Cephalothrips* und *Trichothrips* neigen sich ebenfalls etwas zu der anderen Gruppe hin, da ihre Oberlippe in eine kurze Spitze verlängert ist, welche die breit abgerundete Unterlippe überragt.

26. GENUS MEGALOTHRIPS Uzel.

Postava mohutná. Sameček je kratší než samice a [illegible] abdom [illegible]. Hlava skoro dvakrát delší než širší, válcovitá [illegible] jest v předu [illegible]. Maxillární makadla [illegible] dvěma [illegible] čípky [illegible]. Maxillární [illegible] též dva čípky [illegible]. [illegible] Křídla [illegible] Nohy [illegible]

[illegible]

M [illegible]

Gestalt mächtig. Das Männchen schmäler als das Weibchen; sein 6. Abdominalsegment ist mit einem langen, seitwärts abstehenden, röhrenförmigen Anhange versehen. Kopf fast zweimal so lang als breit, walzenförmig. Rüssel kurz, bis zum Ende des 2. Drittels des Prosternum reichend, vorn breit gerundet; die Oberlippe stumpf. Maxillartaster mit zwei langen Sinneszapfen und drei kürzeren Tastborsten versehen. Labialtaster ebenfalls mit zwei Geruchszapfen ausgestattet. Prothorax etwa um die Hälfte kürzer als der Kopf. Flügel entweder vorhanden oder fehlend. Dieselben zeichnen sich dadurch aus, dass sie in ihrer ersten Hälfte schmäler sind als in der zweiten, weiter durch verhältnismässig ziemlich kurze Fransen und durch eine dünne Ader, welche von der Wurzel bis zur Hälfte läuft. Beine schlank, Vorderschenkel bei beiden Geschlechtern kaum oder nur wenig verdickt. Tarsen bei Männchen und Weibchen wehrlos. Tubus etwa so lang wie der Kopf, bei den Männchen am Grunde jederseits mit einer anliegenden Schuppe.

96. Megalothrips lativentris Heeg.*)

Tab. III., fig. 20., 22. et 23.; Tab. VII., fig. 115.—117.

1852. *Phloeothrips lativentris* Heeger, Sitzungsb. d. Akad. d. Wiss., Wien, IX, pag. 479.; tab. XVIII.**)

1878-79. — *longispina* Reuter, Diagn. öfv. nya Thysanopt. f. Finland, pag. 8.

1878-79. — *tibialis* Idem, ibidem, pag. 9.

1880. — *longispina* Reuter, Thysanoptera fennica, pag. 8.

1880. — *tibialis* Idem, ibidem, pag. 10.

*) Doklad ve sbírce musejní, praep. č. 70. — Sammlung des böhmischen Landesmuseums, Praep. Nr. 70.

**) Popis a obraz tohoto druhu jest rovněž tak jako ostatní popisy a obrazy Heegerovy nepřesný. Tykadla, hlava a tubus jinak zde popsány jsou a jinak vykresleny. Rourovité přívěsky na abdomenu samce udány jsou na čtvrtém segmentu (v pravdě nalézají se na šestém). Omyl tento vysvětluje se tím, že Heeger čítá první malý segment abdominální k mesothoraxu a druhý segm. abdom. že má za metathorax.

Wie die Beschreibungen und Abbildungen der Thysanopteren von Heeger überhaupt ungenau sind, so ist es auch die Beschreibung und die Abbildung dieser Art. Die Ungenauigkeit ist hier sogleich daraus zu erkennen, dass Heeger die Form und Farbe der Fühler anders beschreibt und anders abbildet, dass er neun (anstatt acht) Glieder im Fühler beschreibt und zeichnet, dass er den Kopf als „beinahe walzig“ und den Tubus als „fast walzig, nur gegen das Ende etwas verschmälert“ beschreibt, sie jedoch beide vor dem Ende recht beträchtlich erweitert abbildet etc. Was die röhrenförmigen Anhänge, angeblich auf dem vierten Abdominalsegmente, anbelangt, so ist die falsche Angabe und Zeichnung ihrer Lage darauf zurückzuführen, dass Heeger die kleine Rückenschiene des ersten Abdominalsegmentes als Theil des Mesothorax und das zweite Abdominalsegment als Metathorax betrachtet, so dass ihm dadurch das 6. Segment, welches die Anhänge trägt, zum vierten wird. Dass er die grossen Zipfel auf dem 4. (anstatt auf dem 3.) und die kleinen auf dem 5. (anstatt auf dem 1.) Abdominalsegmente, vom hinteren Ende gezählt (den Tubus mitgezählt), zeichnet, ist leicht daraus erklärlich, dass er die Schuppen, welche sich beiderseits an der Basis des Tubus befinden, als ein besonderes Segment angesehen hat. Um die 10 Abdominalsegmente, welche er bei anderen Thysanopteren sah, zu erreichen, schaltet er ein Segment zwischen [illegible] den Anhängen und das mit den kleinen Zipfeln versehene fälschlich ein.

1. *Phl. tibialis* Reut.

Barva těla černá. Hlava o 0·7 delší než široká*). Za očima [illegible] zúžena. [illegible] jsou malé, očka přítomna, [illegible] nezřetelná. Tykadla skoro dvakrát hlavy delší. Třetí článek o 0·1 delší než první dva dohromady, na konci kyjovitě [illegible]. 4. čl. kyjovitý, o 0·1 kratší než třetí, a článek kyjovitý [illegible] než předcházející [illegible] zúžený [illegible] 8. [illegible] mezi sebou [illegible] velmi tenký. Barva tykadel: 1. a 2. čl. černé, 3. [illegible] hnědožlutý, na konci dále zkalený, 4. též barvy, na [illegible] tmavý, a do polou hnědožlutý, od polou černý, 6. černý, na samé basi hnědožlutý, 7. a 8. celé černé. Prothorax o 0·1 hlavy kratší. Nohy dlouhé [illegible]. Přední femora nejsou ztluštělá, zadní velmi dlouhá. Tarsus předních noh bez zubu. Všecky tibie a tarsy hnědožluté, přední femora celá černá, střední a zvláště zadní na basi [illegible], na samém konci jen trochu hnědožlutá. Tubus skoro o 0·1 delší než hlava, na povrchu opatřen jest [illegible] chloupky. Délka těla 2·5—3 mm.

FORMA MACROPTERA [illegible]. Křídla úplně vyvinuta.

FORMA BRACHYPTERA. Křídla jsou rudimentární, pterothorax nepřesahující.

2. *Phl. longispina* Reut.

Trochu menší než 1. Křídla zakrnělá. Na 6. čl. abdomenu, nahoře na kraji po obou stranách velmi dlouhý, od těla nahoru a trochu na stranu odstávající rourovitý výrostek, zakončený tuhým chloupkem. Sedmý čl. abdomenu opatřen jest po obou stranách uprostřed ostrým [illegible] čípkem. 8. článek má čípky podobné, ale větší. Tubus tak dlouhý jako [illegible], v první čtvrtině obklopen jest po obou stranách jedním lupínkem, přívěskem to devátého článku abdomenu.

Třásněnka tato vyskytuje se po celý rok pod spadaným listím, rostlinnými odpadky a mechem ve světlých hájích. Forma dlouhokřídlá jest velmi vzácná.

Čechy: Praha: V lese mezi Krčí a Kundraticemi. Hradec Králové: V háji na Zámečku [illegible] Holice, Chvojno [illegible] Hradec [illegible]

---

1. *Phl. tibialis* Reut.

Körperfarbe schwarz. Kopf um 0·7 mehr lang als breit**), hinter den Augen und am Grunde ein wenig verengt. Augen klein. Ocellen vorhanden, jedoch undeutlich. Fühler fast zweimal länger als der Kopf. Das 3. Glied um 0·1 länger als die beiden ersten zusammen, am Ende keulenförmig verdickt, das 4. Glied keulenförmig, um 0·1 kürzer als das

*) Délka hlavy [illegible] od [illegible] očí [illegible] až k zadnímu okraji hlavy.

**) Die Kopflänge [illegible] von [illegible] der Augen bis zum Hinterrande [illegible]

3., das 5. keulenförmig, etwas kürzer als das vorhergehende, das 6. am Grunde verengt, das 7. u. 8. untereinander etwa gleich lang, dieses sehr dünn. Fühlerfärbung: 1. u. 2. Glied schwarz, das 3. braungelb, am Ende schwach getrübt, das 4. ebenso gefärbt, am Ende jedoch dunkel, das 5. bis zur Hälfte braungelb, von der Hälfte an schwarz, das 6. schwarz, an der Wurzel braungelb, das 7. u. 8. schwarz. Prothorax um 0·4 kürzer als der Kopf. Beine lang und schlank. Vorderschenkel unbedeutend verdickt; Hinterschenkel sehr lang. Vordertarsus zahnlos. Alle Tibien und Tarsen braungelb; die Vorderschenkel ganz schwarz, die Mittel- und hauptsächlich die Hinterschenkel am Grunde breiter, am äussersten Ende nur schmal braungelb. Tubus fast um 0·1 länger als der Kopf, mit zahlreichen dünnen Härchen besetzt. Körperlänge 2·5—3 mm.

FORMA MACROPTERA (neu entdeckt). Flügel vollkommen entwickelt.

FORMA BRACHYPTERA. Flügel zu Rudimenten verkümmert, die den Pterothorax nicht überragen.

♂ (= *Phl. longispina* Reut.).

Etwas kleiner als das ♀. Flügel rudimentär. Am 6. Abdominalsegmente oben am Vorderrande beiderseits ein sehr langer, vom Körper abstehender, röhrenförmiger Anhang, auf dessen Ende ein kleines Härchen steht. Das 7. Abdominalsegment ist jederseits in der Mitte mit einem kleineren, das 8. daselbst mit einem grösseren scharfen Zipfel versehen. Tubus ebenso lang wie beim Weibchen; an seiner Basis jederseits mit einer anliegenden Schuppe versehen, welche ein Anhängsel des 9. Abdominalsegmentes ist und bis zum ersten Viertel der Tubuslänge reicht.

Vorkommen: Das ganze Jahr hindurch unter abgefallenem Laubwerk, Pflanzenabfällen und Moos in lichten Hainen. — Fundorte: Wien (im J. 1818 Ritter v. Goldegg, später Heeger), Finnland (Reuter), Böhmen.

97. Megalothrips Bonannii nov. sp.*)

Tab. III., fig. 19.

♀. Nebyla posud objevena.

♂.

Barva těla černá. Hlava málem o 0·8 delší než širší se stranami skoro rovnoběžnými, jen uprostřed trochu vypouklá. Oči malé. Očka přítomna, avšak těžko spatřitelná. Tykadla o 0·6 delší než hlava. První dva články skoro stejně dlouhé, třetí trochu delší než první dva dohromady, kyjovitý, 4. takléž kyjovitý, o 0·2 kratší než 3., 8. na basi zúžený. Barva tykadel: 1., 2., 6., 7. a 8. článek černé, 3. žlutý, na samém konci černohnědý, 4. žlutý, za polovinou černý, 5. černý, na basi žlutý. Prothorax asi

*) Doklad ve sbírce autorově.

[illegible]

[illegible]

[illegible]

Körperfarbe schwarz. Kopf [illegible] um 0·8 mehr lang als breit [illegible] in der Mitte etwas gewölbt. Augen klein. Ocellen vorhanden [illegible] Fühler um 0·6 länger als der Kopf. Die ersten zwei Glieder [illegible], das 3. etwas kürzer als die ersten zwei zusammen, keulenförmig, das 4. ebenfalls keulen[illegible] um 0·2 kürzer als das 3., das 8. am Grunde verengt. Fühlerfarbe: 1., 2., 6., 7. und 8. Glied schwarz, das 3. gelb, auf der äussersten Spitze schwärzlich, das 4. gelb, hinter der Mitte schwarz, das 5. schwarz, am Grunde gelb. Prothorax etwa um die Hälfte kürzer als der Kopf. Beine sehr lang und schlank. Vorderschenkel etwas verdickt. Farbe der Beine schwarz, [illegible] Flügel vollkommen entwickelt, etwas [illegible]. Abdominalsegmente in der Mitte plötzlich erweitert, das 6. Segment [illegible] am Vorderrand jederseits mit einem sehr langen, vom Körper [illegible]wärts und etwas nach oben abstehenden [illegible] Anhang versehen, welcher auf dem Ende ein weisses Höckerchen trägt; das 7. Segment ist jederseits vor dem Ende in einen kleinen [illegible] Zipfel erweitert. Tubus etwa um 0·2 kürzer als der Kopf, am Grunde ungefähr um 0·7 breiter als vor dem Ende, auf der Spitze selbst plötzlich mehr verdünnt [illegible] mit zerstreuten langen Haaren besetzt. Körperlänge 4 mm, somit ist diese Art die [illegible] unter allen bekannten europäischen Thysanopteren.

Vorkommen: Das einzige Exemplar, welches ich besitze, habe ich im December [illegible] Böhmen.

5. Genus CRYPTOTHRIPS [illegible]

[illegible]

[illegible]

hořejší pysk. Makadla maxillární jsou opatřena čtyřmi chloupky hmatavými různé délky. Makadla labiální mají jeden neb dva čípky čichové a několik krátkých chloupků hmatavých. Prothorax o 0·2 až 0·5 kratší než hlava. Křídla jsou u samic téhož druhu někdy přítomna, obyčejně však scházejí. Jsou v prvé polovině užší než v druhé. Samci jsou vždy bezkřídlí. Přední femora u samců značně ztluštělá. Přední tarsy jsou u samic bezbranné, u samců však ozbrojené silným zubem. Tubus jest u samců na basi obklopen z každé strany jedním lupínkem.

Kopf um 0·2 bis 0·5, ausnahmsweise zweimal (*C. nigripes* Reut.) mehr lang als breit. Rüssel kurz, bis zur Mitte des Prosternum reichend, vorn breit gerundet; die Oberlippe stumpf. Maxillartaster mit vier Tastborsten von verschiedener Länge versehen. Labialtaster mit einem oder zwei Geruchszapfen und einigen kurzen Tastborsten besetzt. Prothorax um 0·2 bis 0·5 kürzer als der Kopf. Flügel bei den Weibchen derselben Art manchmal vorhanden (feminae disseminantes), gewöhnlich jedoch fehlend. Dieselben sind in der ersten Hälfte schmäler als in der zweiten. Männchen immer flügellos. Vorderschenkel bei den Männchen bedeutend verdickt. Vordertarsen bei den Weibchen wehrlos, bei den Männchen jedoch mit einem starken Zahne bewaffnet. Tubus der Männchen am Grunde jederseits mit einer anliegenden Schuppe versehen.

98. **Cryptothrips nigripes** Reut.

1880. *Phloeothrips nigripes* Reuter, Thysanoptera fennica, pag. 11.

Nigra, nitida; capite latitudine duplo longiore, praesertim postice transversim convexo; oculis sub-rotundis; antennis nigris, articulis tertio—sexto oblongo-triangularibus, illo quarto vix longiore et tribus ultimis conjunctis sat multo breviore, pallide flavente; pedibus totis nigris. Long. 2 mm. — Caput latitudine circiter duplo longius, praesertim basin versus transversim convexum et apicem versus leniter declive, lateribus rectis, parallelis, seriebus duabus pilarum brevium e granulis omnium minutissimis nascentibus, disco transversim subtiliter aciculato-strigosum. Oculi superne visi sub-rotundati, quartam partem anticam laterum capitis vix occupantes. Ocelli tres. Antennae albido-pubescentes, capite tantum paullo longiores, nigrae; articulo primo parvulo capitis latitudine fere 1/3 breviore, secundo crasso primo paullo longiore, apice picescente; tertio secundo circiter dimidio longiore et latitudine capitis interoculari fere aeque longo, oblongo-triangulari, pallide luteo-flavo, articulo quarto tertio vix breviore, quinto et sexto sensim brevioribus, duobus ultimis conjunctis huic longitudine aequalibus, septimo sexto circiter 1/3 angustiore, octavo septimo aeque longo gracillimo. Pronotum capite fere duplo brevius, trapeziforme, apice basique marginatum, basi longitudine duplo latius, disco utrimque prope latera foveolis duabus, anteriore et posteriore, hac majore, angulisque posticis impressis, margine [illegible] Pterygodum [illegible] basique [illegible] Reuter.

69. Cryptothrips lata nov. sp.*)

Tab. III, fig. 24; Tab. VII, fig. 118—122.

♀

Barva těla černá. Hlava o 0·4 delší než širší, tváře její rovnoběžné, jen vzadu nepatrně se rozšiřující. Oči malé, vpředu vyčnívající. Očka velmi těžko spatřitelná. Tykadla jsou o 0·6 delší než hlava. První dva články jejich jsou mezi sebou skoro stejně dlouhé, 3. čl. jest tak dlouhý jako první dva dohromady, od base ke konci se rozšiřující, na konci náhle zúžený. 4. čl. trochu kratší než 3. Barva tykadel černá, 3. čl. celý žlutý nebo na samém konci trochu zkalený, 4. černohnědý. Makadla maxillarní jsou opatřena čtyřmi hmatavými chlupy. Makadla labialní mají krátký čípek článkový, který nedaleko base jejich vyrůstá a k nim přiléhá, mimo to nalézáme zde tři hmatavé chlupy. První pár kusadel ukončen dvěma výběžky, z nichž delší jest na vnitřní straně nepatrně zubatý. Prothorax skoro o 0·5 kratší než hlava. Přední femora jsou roztroušenými, dosti dlouhými chlupy opatřena. Barva noh černá, jen tarsy černohnědé. Abdomen široký. Tubus o 0·3 kratší než hlava, na konci náhle značněji zúžený, na basi as o 0·5 širší než před koncem. Délka těla 1·7 mm. — Čtyři exempl. nalezeny.

FORMA MACROPTERA. Křídla jsou úplně vyvinuta.

FORMA BRACHYPTERA. Křídel jen rudimenta, pterothorax nepřesahující.

♂

Trochu menší než ♀. Přední femora silnější než u této, a přední tarsus opatřen silným zubem. — Dva exempl. nalezeny.

Třásněnku tuto sbíral jsem v zimě pod kůrou švestkovou, vrbovou a morušovou u Hradce Králové. Na několika místech v okolí.

*) [illegible] 71. — Sammlung des böhmischen Landesmuseums. Prag. N. 41.

♀.

Körperfarbe schwarz. Kopf um 0·4 mehr lang als breit; seine Wangen parallel, nur hinten unbedeutend gewölbt. Augen klein, vorstehend. Ocellen sehr schwer wahrnehmbar. Fühler um 0·6 länger als der Kopf. Ihre ersten zwei Glieder untereinander fast gleich lang; das 3. Glied etwa so lang wie die ersten zwei zusammen, von der Basis an gegen das Ende zu erweitert, am Ende jedoch plötzlich verengt; das 4. Glied etwas kürzer als das 3. Fühlerfärbung schwarz, das 3. Glied ganz gelb oder am äussersten Ende etwas getrübt, das 4. schwarzbraun. Maxillartaster mit vier Tastborsten. Labialtaster mit einem kurzen Geruchszapfen, welcher unweit von seiner Basis steht und an denselben sich anlehnt; ausserdem befinden sich hier noch drei Tastborsten. Die Mandibeln haben am Ende zwei Fortsätze, von denen der längere auf der Innenseite überaus fein gezahnt ist. Prothorax fast um 0·5 kürzer als der Kopf. Die Vorderschenkel mit zerstreuten, ziemlich langen Borsten besetzt. Farbe der Beine schwarz, nur die Tarsen schwarzbraun. Abdomen breit. Tubus um 0·3 kürzer als der Kopf, am Ende plötzlich bedeutender verengt; am Grunde etwa um 0·5 breiter als vor dem Ende. Körperlänge 1·7 mm.

FORMA MACROPTERA. Flügel vollkommen entwickelt.

FORMA BRACHYPTERA. Flügel zu Rudimenten verkümmert, die den Pterothorax nicht überragen.

♂.

Etwas kleiner als das ♀. Die Vorderschenkel mehr verdickt, und der Vordertarsus mit einem starken Zahn versehen.

Vorkommen: Im Winter unter Pflaumen-, Weiden- und Maulbeerrinde; Sommeraufenthalt unbekannt. — Fundort: Böhmen.

100. **Cryptothrips augusta** nov. sp.*)

Tab. VII., fig. 123. et 124.

♀.

Barva těla černá. Tělo užší než u ostatních zástupců tohoto rodu. Hlava skoro o 0·5 delší než širší, na basi krkovitě zúžená. Tykadla dvakrát delší hlavy. Třetí článek o 0·3 kratší než prvé dva dohromady, velmi slabý, 4. čl. o 0·3 delší než předcházející, 5. as tak dlouhý jako 4. Tykadlo černé, 3. čl. žlutohnědý, šedě zkalený. Prothorax o 0·4 kratší hlavy. Pterothorax jen trochu delší než prothorax. Přední femora zcela nepatrně stlustlá, bez delších chlupů. Nohy černé, všecky tarsy a nejzazší konce všech tibií (i předních) žluté. Tibie jsou mimo to na samé basi trochu světlejší. Křídel jen rudimenta. Tubus o 0·4 kratší hlavy, na basi skoro dvakrát širší než na konci. Délka těla 1·6 mm.

*) Doklad ve sbírce autorově.

Nebyl posud popsán.

[illegible] ... sbírce [illegible] ... [illegible] ...
[illegible] ... [illegible] ...

♀.

Körperfarbe schwarz. Der Körper schmäler als bei den übrigen Arten dieser Gattung. Kopf [illegible] als breit, am Grunde [illegible]. Fühler zweimal länger als der Kopf. Das 3. Glied um 0·3 kürzer als die ersten zwei Glieder zusammen, [illegible] schwach, das 4. Glied um [illegible] länger als das vorhergehende, das 5. etwa so lang wie das 4. Die Fühler schwarz, das 3. Glied gelbbraun, [illegible]. Prothorax um 0·1 kürzer als der Kopf. Pterothorax nur etwas kürzer als der Prothorax. Die Vorderschenkel unbedeutend verdickt, ohne [illegible]. Beine schwarz, alle Tarsen und die äussersten Enden aller Tibien, auch der vorderen, gelb. Die Tibien ausserdem an der Wurzel etwas heller. Flügel rudimentär. Tubus um 0·1 kürzer als der Kopf, am Grunde fast zweimal breiter als am Ende. Körperlänge 1·6 mm.

♂ unbekannt.

Vorkommen: Im August unter Weidenrinde. — Fundort: Böhmen.

101. Cryptothrips Icarus nov. sp.*)

Tab. VII., fig. 125. et 126.

♀.

Barva těla tmavohnědá až černohnědá. Hlava o 0·3 delší než širší, za očima a vzadu trochu zúžená. Tykadla dvakrát delší hlavy. Druhý čl. trochu delší než prvý, 3. skoro tak dlouhý jako prvé dva dohromady, z úzké base poznenáhla se rozšiřující, 4. skoro tak dlouhý jako 3., více kyjovitý. Barva tykadel: 1. čl. černohnědý, 2. na basi tmavý, pak žlutý, 3. a 4. žluté, tento na konci zkalený, 5. hnědošedý kromě samé base, 6., 7. a 8. taktéž hnědošedé. Makadla labiální opatřena jen jedním dosti dlouhým, [illegible] a čtvrtým kratším článkem [illegible]. Prothorax o 0·3 hlavy kratší. [illegible] ... delším článkem opatřena. Nohy všecky tmavohnědé [illegible] ... úplně schází. Abdomen [illegible] rozšířený. Tubus o 0·? kratší než hlava, na basi dvakrát širší [illegible]. Délka těla 2·—2·4 mm.

*) [illegible] ... 72 ... [illegible] ... Landesmuseums, [illegible]

Menší než samice. Přední femora nejsou více ztlustlá než u ♀. Na předním tarsu tenký zub. Nohy tmavěji zbarveny. Lupínky obklopují z obou stran asi první třetinu tubu.

Var. **pallipes.** ♀. Nohy mnohem světlejší než u typické formy, žluté, femora a tibie velmi slabě, zřídka silněji hnědě zkalené, ke konci světlé. — ♂. Přední femora více ztlustlá než u ♀. Přední nohy hnědožluté, střední a zadní žluté, femora nezkalená, tibie přes první polovinu hnědě zkalené.

Třásněnka tato žije po celý rok v obou pohlavích na lukách i v lesích v drnu. Samci jsou řidší. Var. *pallipes* vyskytuje se po různu mezi formou typickou.

Čechy: Praha, Liberec, Hradec Král., Třebechovice, Opočno, Jindř. Hradec (Duda).

♀.

Körperfarbe dunkelbraun bis schwarzbraun. Kopf um 0·3 mehr lang als breit, hinter den Augen und am Grunde etwas verengt. Fühler zweimal länger als der Kopf. Ihr 2. Glied etwas länger als das 1., das 3. fast ebenso lang wie die ersten zwei zusammen, vom engen Grunde an gegen das Ende zu allmählich erweitert, das 4. fast von gleicher Länge, mehr keulenförmig. Fühlerfärbung: 1. Glied schwarzbraun, das 2. am Grunde dunkel, sonst gelb, das 3. u. 4. gelb, dieses am Ende getrübt, das 5. braungrau, die lichte Wurzel ausgenommen, das 6., 7. u. 8. ebenfalls braungrau. Labialtaster mit einem ziemlich langen und mächtigen Geruchszapfen und mit vier kürzeren Tastborsten versehen. Prothorax um 0·3 kürzer als der Kopf. Vorderschenkel ziemlich erweitert und mit zerstreuten längeren dünnen Borsten besetzt. Alle Beine dunkelbraun, die ganzen Tarsen und die Schenkel u. Tibien gegen das Ende zu lichter. Die Flügel fehlen vollkommen. Das Abdomen vor seinem Ende erweitert. Tubus um 0·3 kürzer als der Kopf, am Grunde zweimal breiter als am Ende. Körperlänge 2—2·4 mm.

♂.

Kleiner als das Weibchen. Vorderschenkel nicht mehr erweitert als bei demselben. Am Vordertarsus ein dünner Zahn. Beine dunkler gefärbt. Die Schuppen am Grunde des Tubus reichen etwa bis zu seinem ersten Drittel.

Var. **pallipes.** ♀. Beine viel lichter als bei der Stammform, gelb, Schenkel und Tibien sehr schwach, selten etwas stärker braun getrübt, gegen das Ende zu licht. ♂. Vorderschenkel mehr erweitert als beim Weibchen. Vorderbeine braungelb, Mittel- und Hinterbeine gelb, ihre Schenkel nicht getrübt, ihre Tibien bis hinter die erste Hälfte braun getrübt.

Vorkommen: Das ganze Jahr hindurch in beiden Geschlechtern im Wald- und Wiesenrasen. — Fundort: Böhmen.

102. Cryptothrips dentipes Reut.

Tab. IV, fig. [illegible] Tab. VII, fig. 127

1880 *Phloeothrips dentipes* Reuter, [illegible], 12

[illegible]

FORMA MACROPTERA [illegible]

FORMA APTERA [illegible]

[illegible]

[illegible]

[illegible]

[illegible]

[illegible]

[illegible]

etwas kürzer als das 3. Fühlerfärbung schwarz, das 2. Glied, den Grund ausgenommen und das 3., mit Ausnahme der äussersten Spitze, gelb. Von den auf den Maxillartastern befindlichen Tastborsten ist eine bedeutend verdickt und durchsichtig. Labialtaster mit zwei kurzen, am Ende gekrümmten Geruchszapfen versehen. Prothorax um 0·3 kürzer als der Kopf. Die Vorderschenkel bedeutend erweitert, ohne längere Borsten, schwarzbraun, am Ende und innen braungelb; die Vordertibien braungelb, aussen, das Ende ausgenommen, dunkel getrübt, die Vordertarsen gelb; die Mittel- und Hinterbeine schwarz, die Wurzeln und Spitzen ihrer Tibien und ihre Tarsen braungelb. Tubus so lang wie der Kopf, am Grunde fast zweimal so breit als am Ende. Körperlänge 2·1 mm.

FORMA MACROPTERA (neu entdeckt). Flügel vollkommen entwickelt.

FORMA APTERA. Flügel vollständig verkümmert. Pterothorax deutlich schmäler als bei der geflügelten Form.

♂ (neu entdeckt).

Etwas kleiner als das ♀. Am Vordertarsus ein ziemlich starker, etwas gebogener Zahn. Vorderschenkel bedeutend erweitert, dunkler als beim Weibchen; die Mittel- und Hintertibien an der Wurzel und an der äussersten Spitze düster braungelb. Sonst sind die Beine ähnlich wie beim Weibchen gefärbt.

Vorkommen: Das ganze Jahr hindurch im Moos und im Rasen in Wäldern und auf Wiesen. — Fundorte: Finnland (Reuter), Böhmen.

103. Cryptothrips bicolor Heeg.*)

1852. *Phloeothrips bicolor* Heeger, Sitzungsb. d. Akad. d. Wiss., Wien. IX. pag. 477.; tab. XVIII.

1889. — Uzel. Vesmír. ročník XVIII., str. 259.

♀.

Barva těla černá, jen prothorax jest hnědožlutý. Hlava skoro o 0·2 delší než širší, do zadu se zúžující a na basi krkovitě stažená; má vůbec podobu hlavy druhu předcházejícího. Tykadla dvakrát delší hlavy, ve tvaru taktéž podobná tykadlům druhu předešlého. Třetí čl. jejich od tenké base ke konci poznenáhla se rozšiřuje a jest o 0·2 kratší než prvé dva dohromady. 4. i 5. skoro tak dlouhé jako 3. a podobného tvaru. Barva tykadel: 1. čl. černohnědý, 2.—5. žluté, tento ke konci tmavě zkalený, 6., 7. a 8. černé. Makadla labialní opatřena jsou jedním dosti dlouhým, mohutným čípkem čichovým a čtyrmi kratšími chlupy hmatavými. Prothorax as o 0·2 kratší než hlava. Přední [illegible]

*) Doklad ve sbírce musejní, præp. č. 71. — Samml. d. böhmischen Landesmus., Praep. Nr. 71.

Vorkommen: Das ganze Jahr hindurch in beiden Geschlechtern im Wald- und Wiesenrasen. Im August fand ich ein geflügeltes Weibchen (femina dissenmans) auf einer Blüte. — **Fundorte:** Wien (im J. 1808 Ritter v. Goldegg, später Heeger), Böhmen.

28. GENUS ANTHOTHRIPS m.*)

Hlava nemnoho delší než širší. Tykadla nezcela dvakrát tak dlouhá jako hlava. Sosák jest krátký, sahá do poloviny prosterna a jest v předu široce zaokrouhlený; hořejší pysk jest tupý. Makadla maxillarní jsou opatřena čtyřmi chlupy hmatavými. Makadla labialní s jedním dlouhým zakřiveným čípkem čichovým. Prothorax tak dlouhý jako hlava. Křídla jsou u obou pohlaví vždy přítomna a vyznamenávají se tím, že jsou uprostřed značně zúžená, čímž nabývají podoby protáhlé podešve. Přední femora u samců značně ztlustlá. Přední tarsy jsou u samic ozbrojeny velmi malým zoubkem, u samců pak zubem mohutným a jen výjimkou malým. Tubus nemá u samců na basi lupinku.

Kopf nicht viel mehr lang als breit. Fühler nicht ganz zweimal so lang wie der Kopf. Rüssel kurz, bis zur Mitte des Prosternum reichend, vorn breit gerundet; die Oberlippe ist stumpf. Maxillartaster mit vier Tastborsten. Labialtaster mit einem langen gebogenen Geruchszapfen versehen. Prothorax so lang wie der Kopf. Flügel bei beiden Geschlechtern immer vorhanden und dadurch ausgezeichnet, dass sie in der Mitte bedeutend verengt sind und somit gestreckten Sohlen ähnlich werden. Vorderschenkel bei den Männchen bedeutend erweitert. Vordertarsen bei den Weibchen mit einem sehr kleinen, bei den Männchen mit einem mächtigen und nur ausnahmsweise kleinen Zahn bewaffnet. Die Basis des Tubus bei den Männchen ohne Schuppen.

101. Anthothrips statices Hald.**)

Tab. III., fig. 26.; Tab. VII., fig. 128.—130.

1691. (Bez jména. — Ohne Namen.) Bonanni, Observ. circa viventia etc. I. pag. 384.; tab. XII., fig. 38.
1836. *Phloeothrips statices* Haliday, Entomol. Magazine, pag. 442.
1836. — Burmeister, Handb. d. Entom., II., pag. 409.
1843. *Hoplothrips* — Amyot et Serville, Ins. Hemipteres, pag. 640.
1852. *Phloeothrips* — Haliday, Walker: Homopt. ins. of Brit. Museum pag. 1099.; tab. VIII., fig. 7.

*) ἄνθος = květ, Blüte.

**) Doklad ve sbírce musejní, praep. č. 75. — Sammlung des Böhmischen Landesmuseums, Praep. Nr. 75.

1862 *Phloeothrips flavipes* Heeger [illegible] Akad. d. W. [illegible] Wien IX pag. 12[illegible]
[illegible] XXI [illegible] Abbildung [illegible]
1862 *dilatata* [illegible] pag. 128 [illegible] XXII
1880 [illegible] Thysanoptera [illegible] pag. 22
1887 *armata* [illegible] Soc. Imp. [illegible] Moscou pag. [illegible]

Barva [illegible] 0·2 [illegible] Hlava [illegible] 0·75 [illegible] hlavy. Články [illegible] než prvé dva dohromady [illegible] Barva [illegible] Nohy černé [illegible] a zelenavý [illegible] Tělo [illegible] 0·2 [illegible] hlavy [illegible] Délka [illegible] 1·6 [illegible] 1·8 mm.

[illegible] zubem na tarsu [illegible]

[illegible] v květech [illegible] a lesních [illegible] v květech od *Chrysanthemum leucanthemum* a [illegible] v květech od *Armeria maritima* [illegible] V zimě nalezl jsem je [illegible] pod [illegible] kůrou. [illegible] od května do července.

[illegible] Po celém království [illegible] a také na [illegible] Malého Sněžného [illegible] pod Malým [illegible] Z Pešti [illegible]

[illegible]

Körperfarbe [illegible] schwarz, die [illegible] Kopf um 0·2 mehr [illegible] Wie [illegible] etwas [illegible] 0·75 [illegible] Kopf [illegible] Die 3 [illegible] kürzer als die ersten [illegible] und unter allen am [illegible] schwarz [illegible] nur die 3. Glied ist gelblich [illegible] Vorderschenkel etwas erweitert.

Vordertarsen mit einem kleinen Zähnchen bewaffnet. Beine schwarz, die Vordertarsen und die Vordertibien gegen das Ende zu und beiderseits düster graugelb, die Mittel- und Hintertarsen dunkler bis grauschwarz. Flügel graubraun getrübt, gegen das Ende zu oder nur an den Spitzen klar. Tubus um 0·2 kürzer als der Kopf, walzenförmig, nur an der Wurzel etwas verdickt. Körperlänge 1·6—1·8 mm.

Wenig kleiner als das Weibchen. Vorderschenkel bedeutend erweitert, der Zahn am Vordertarsus mächtig. Vordertibien, ausser dem dunklen Grunde, gelb.

Vorkommen: Im Sommer in allerlei Wiesen- und Waldblüten; oft massenhaft in jenen von *Chrysanthemum leucanthemum* und (nach Haliday) von *Armeria maritima*. Überwinternde Weibchen fand ich unter abgefallenem Laube und morscher Rinde. Die Männchen leben im Mai, Juni und Juli. — Fundorte: England (Haliday), Wien (Heeger), Finnland (Reuter), Moskau (Lindeman), Deutschland (Jordan, Bohls; bei Berlin Uzel), Böhmen, Pest.

105. Anthothrips distinguenda nov. sp.*)

♀.

Na první pohled podoben druhu předcházejícímu. — Barva těla leskle černá. Hlava jest trochu kratší a zavalitější než u druhu *statices*, v předu nejširší, takřka utatá, se stranami již od očí obloučkem do zadu sbíhavými. Tykadla utvořená podobně jako u druhu předcházejícího. Barva jejich jest černá, 3. čl. celý a 4., 5. a 6. do prvé třetiny čistě žluté. Čl. 4., 5. a 6. jsou mimo to ke konci trochu světlejší než uprostřed. Přední femora poněkud více stlustlá než u druhu *statices*; přední tarsy s malým zoubkem. Nohy černé, střední a zadní tarsy šedožluté neb čistě žluté, přední tarsy celé a přední tibie ke konci a na stranách čistě žluté. Křídla úplně čirá, jen na samé basi hnědě zkalená. Tubus o 0·26 kratší hlavy, kuželký, na basi skoro o 0·8 silnější než na konci. Délka těla 1·6—1·8 mm.

♂. Nebyl posud objeven.

Třásněnka tato žije v létě v květech, v zimě ukrývá se pod korou.

Čechy: Jind. Hradec, v srpnu na květech od *Scabiosa arvensis* 12 exempl. (Duda). Hradec Králové: U Farářství, v prosinci pod korou vrbovou (2 exempl.).

---

*) Doklad ve sbírce musejní, praep. č. 76. — Sammlung des böhmischen Landesmuseums Praep. Nr. 76.

♀.

Körper einfarbig glänzend schwarz. Kopf etwas kürzer und schlanker als bei der vorhergehenden Art, vorn am breitesten, [illegible] Wangen etwas gewölbt und schon von den Augen an nach hinten convergierend. Fühler ähnlich gebildet wie bei der vorigen Art. Ihre Farbe schwarz, das 3. Glied ganz, das 4., 5. u. 6. im ersten Drittel rein gelb. Das 4. [illegible] Glied [illegible] Ende zu etwas lichter. Vorderschenkel [illegible] nicht erweitert als bei der Art *statices*, die Vordertarsen mit einem kleinen Zähnchen bewaffnet. Beine schwarz, die Mittel- und Hintertarsen graugelb oder rein gelb, die Vordertarsen ganz und die Vorderschienen gegen das Ende zu und an den Seiten rein gelb. Flügel vollkommen klar, nur an der Wurzel braun getrübt. Tubus um 0·26 kürzer als der Kopf, konisch, am Grunde um 0·8 stärker als am Ende. Körperlänge 1·6–1·8 mm.

♂ unbekannt.

Vorkommen: Im Sommer in Blüten, im Winter unter Rinde. — Fundort: Böhmen.

106. Anthothrips aculeata Fabr.*)

Tab. VII, fig. 131.

1803 *Thrips aculeata* Fabricius, Systema Rhyngotorum, pag. 312.
1836 *Phloeothrips aculeata* Haliday, Entomol. Magazine, pag. 441.
1836 — — Burmeister, Handb. d. Entom. II, pag. 409.
1836 — *albipennis* Idem, ibidem, pag. 410.
1843 *Haplothrips aculeata* Amyot et Serville, Ins. Hémiptères, pag. 640.
1843 *Haplothrips albipennis* Idem, ibidem, pag. 640.
1852 *Phloeothrips* — Haliday, Walker, Homopt. ins. of Brit. Museum, pag. 1100.
1862 — *aculeata* Heeger, Sitzungsb. d. Akad. d. Wiss., Wien, VIII, pag. 121, tab. XIV.
1872 *Thrips frumentarius* Beling, Verhandl. Zool.-bot. Gesellsch. Wien, XXII, pag. 651.
1876 — — Szaniszló, Erdélyi muzeum, Kolozsvár, 21.
1878–79 *Phloeothrips pallicornis* Reuter, Diagn. [illegible] Thysanopt. f. Finland, pag. [illegible]
1880 *Thrips frumentarius* Szaniszló, Verhandl. Zool.-bot. Gesellsch. Wien, XXIX.
1880 *Phloeothrips pallicornis* Reuter, Thysanoptera fennica, pag. 23.

*) [illegible]

1885. *Thrips frumentarius* Werner: Körnicke u. Werner, Handb. d. Getreidebaues, Bonn.

1887. *Phloeothrips frumentaria* Lindeman. Bull. Soc. Imp. Nat. Moscou, pag. 325.; pag. 329., fig. 15. et 16.

♀.

Barva těla černohnědá až červenohnědá, zřídka černá. Tělo menší a slabší než u obou druhů předcházejících. Tvar hlavy jako u druhu *statices*. Tykadla o 0·75 delší hlavy a tvaru podobného jako u zmíněného druhu, jen 4. čl. jest zde obyčejně zřetelně delší než třetí a ne tak široce zaokrouhlený. Zbarvení tykadel proměnlivé: 1. čl. černý, 2. šedohnědý až černý, na konci žlutavý, 3. žlutavý, na konci tmavý (zřídka celý žlutý), někdy též basis jednoho nebo dvou následujících světlá, jinak tykadlo světle šedé, šedohnědé až černošedé. Časem bývají články: 3., 4. a 5. celé šedožlutavé, a výjimkou bývá 6. jen o něco tmavší. Za živa aneb na suchých exempl. jsou tykadla v celku světlejší. Přední femora nemnoho stluštlá a přední tarsy s malým, někdy přemalým zoubkem. Nohy tmavé, všecky tarsy, pak přední tibie kromě base šedožluté až čistě žluté. Křídla zcela čirá, jen na samé basi hnědě zkalená. Tubus o 0·4 kratší hlavy, směrem k basi vždy širší a širší, na samé pak basi náhle ještě rozšířený a tam o 0·8 širší než na konci. Délka těla 1·4 mm.

♂.

O málo menší samice. Přední femora velmi značně stluštlá, zub na tarsu mohutný, výjimkou jen malý.

Třásněnka tato žije v létě ve velikém množství v nejrůznějších květech lučních, lesních i zahradních, v květenství nejrůznějších trav, zvl. v kukuřici, třtině a v bojínku; též na žitě, pšenici, ječmeni a ovse v počtu často úžasném se vyskytuje; dále objevuje se na mladých větvičkách smrků, jednotlivě také v drnu, na listech rozličných rostlin a stromů, i na houbách kloboukatých, výjimkou též někdy pod zpuchřelou korou. V zimě zalézá pod kůru, do suchých květenství nejrůznějších rostlin, do drnu, mechu a pod spadané listí. Samci objevují se pořídku v červnu a počátkem července.

Čechy: Po celém království ve velikém množství rozšířena. Také všude po Krkonoších lze ji v květech nalézti. Na vrcholu Sněžky žije v drnu.

♀.

Körperfarbe schwarzbraun bis rothbraun, selten schwarz. Körper kleiner und schwächer als bei den zwei vorhergehenden Arten. Form des Kopfes wie bei der Art *statices*. Fühler um 0·75 länger als der Kopf und ähnlich gestaltet wie bei der eben erwähnten Art, nur ist das 4. Glied gewöhnlich deutlich länger als das 3. und nicht so

[illegible]

[illegible]

[illegible]

207. Anthothrips nigra (Osborn).

1888. *Phloeothrips nigra* Osborn, [illegible] p. 154.

[illegible] Ames, Iowa.

Tato třásněnka podobá se značně našemu druhu *statices*, není-li s ním totožna. — Diese Art ähnelt sehr unserer *A. statices*, und ist vielleicht mit ihr identisch.

29. GENUS ZYGOTHRIPS. (Nov. gen.)*)

Hlava velmi málo delší než širší. Tykadla as dvakrát hlavy delší. Sosák sahá do poloviny prosterna; hořejší i dolejší pysk jsou ke konci zúžené a tupé. Makadla maxillarní dlouhá, štíhlá a opatřená čtyrmi chlupy hmatavými. Prothorax skoro o 0·4 kratší než hlava. Křídla jsou u samic přítomna a mají, uprostřed jsouce značně zúžena, podobu protáhlé podešve; u samců jsou zakrnělá. Přední femora u obou pohlaví sotva ztlustlá. Přední tarsy u samic bezzubé, u samců s malým ostrým zoubkem. Tubus jest na basi u samců z každé strany obklopen lupínkem.

Kopf nur sehr wenig mehr lang als breit. Fühler etwa zweimal länger als der Kopf. Der Rüssel reicht bis zur Mitte des Prosternum; Ober- und Unterlippe gegen das Ende zu verengt, stumpf. Maxillartaster lang, schlank und mit vier Tasthaaren besetzt. Prothorax fast um 0·4 kürzer als der Kopf. Flügel bei den Weibchen vorhanden, in der Mitte verengt und infolge dessen gestreckt sohlenförmig; bei den Männchen verkümmert. Vorderschenkel bei beiden Geschlechtern kaum erweitert. Vordertarsen bei den Weibchen wehrlos, bei den Männchen mit einem kleinen scharfen Zähnchen bewaffnet. Tubus bei den Männchen am Grunde jederseits mit einer anliegenden Schuppe versehen.

108. Zygothrips minuta nov. sp.**)
Tab. VII., fig. 132. et 133.

♀.

Barva těla černá. Hlava nazad trochu zúžena. Tykadla as dvakrát delší hlavy. První čl. kratší druhého, 3. as tak dlouhý jako předcházející, slaboučký, 4. značně silnější, široce zaokrouhlený, 8. na basi velmi široký. Barva tykadel: 1. čl. černohnědý, 2. žlutý, na basi a po obou stranách tmavý, 3. žlutavý, následující všechny šedožlutavé, 7. a 8. poněkud tmavě zkalené. Makadla labialní mají jeden dlouhý zakřivený a jeden velmi krátký čípek smyslový. Všecka femora černohnědá, všecky tarsy žluté; tibie taktéž žluté, přední však na basi, střední as do polou a zadní do dvou třetin silněji nebo slaběji hnědě zkalené. Křídla čirá, jen na samé basi zkalená. Tubus as o 0·3 kratší hlavy, na basi skoro dvakráte tak silný jako na konci. Délka těla 1·1 mm.

*) Zygon = článek spojovací, Verbindungsglied.
**) Doklad ve sbírce autorově.

 31*

Křídla zakrnělá. Tubus na basi z každé strany obklopen jedním lupínkem, přesahujícím první jeho třetinu.

Ze tří exemplářů, o nichž vím, které mám, nalezen jeden v létě pod korou vrbovou, druhý v zimě pod korou lipovou a třetí na květu od *Sorbus aucuparia*.

Čechy: Libořice, U Hohenelbu, Hradec Králové, Lobechovice, U Jilovice.

—∞—

♀

Körperfarbe schwarz. Kopf nach hinten etwas verengt. Fühler etwa zweimal so lang als der Kopf. Das erste Glied kürzer als das zweite, das 3. etwa so lang wie das vorhergehende, schwächlich, in seiner ersten Hälfte verengt, das 4. bedeutend stärker, breit gerundet, das 8. am Grunde sehr breit. Fühlerfärbung: 1. Glied schwarzbraun, das 2. gelb, am Grunde und jederseits dunkel, das 3. gelblich, alle folgenden graugelblich, das 7. u. 8. schwach dunkel getrübt. Labialtaster mit einem langen gekrümmten und einem sehr kurzen Sinneszäpfchen versehen. Alle Schenkel schwarzbraun, alle Tarsen gelb, die Tibien ebenfalls gelb, die vorderen jedoch am Grunde, die mittleren etwa bis zur Mitte und die hinteren in den ersten zwei Dritteln stärker oder schwächer braun gefärbt. Flügel klar, nur an der Wurzel getrübt. Tubus etwa um 0·3 kürzer als der Kopf, am Grunde fast zweimal so stark als am Ende. Körperlänge 1·1 mm.

Flügel verkümmert. Tubus am Grunde jederseits mit einer anliegenden Schuppe, die sein erstes Drittel überragt, versehen.

Vorkommen: Im Sommer fand ich ein Exempl. unter Rinde und ein Exempl. auf einer Blüte von *Sorbus aucuparia*, im Winter unter Rinde. — Fundort: Böhmen.

20. GENUS CEPHALOTHRIPS [illegible]

[illegible] prothorax. [illegible] prodloužený [illegible] Maxilla maxillární [illegible]

—∞—

[illegible]

Kopf bedeutend mehr lang als breit, dick, viel länger als der Prothorax. Rüssel kurz, bis zur Mitte des Prosternum reichend; Oberlippe in eine kurze stumpfe Spitze auslaufend, welche die breit gerundete Unterlippe überragt. Maxillartaster mit vier Tastborsten besetzt. Flügel vollkommen fehlend. Beine kurz, gedrungen. Vordertarsen bei den Weibchen mit einem winzigen Zähnchen versehen.

109. **Cephalothrips monilicornis** Reut.*)

Tab. VII., fig. 134. et 135.

1880. ***Phloeothrips monilicornis*** Reuter, Thysanoptera fennica, pag. 21.

♀.

Barva těla černá. Hlava skoro o 0·4 delší než širší, velmi zavalitá, uprostřed trochu rozšířená, k oběma koncům pozvenáhla poněkud se zúžující. Oči veliké. Tykadla jsou jen o 0·5 delší než hlava. Třetí čl. jejich trochu kratší a slabší než 2., 4. trochu delší a mocnější než třetí, 5. skoro téže délky jako 3.; 6., 7. a 8. tvoří dohromady celek. Barva tykadel: 1. a 2. čl. černé, 6., 7. a 8. černohnědé, 3., 4. a 5. žlutohnědé, na obou koncích žlutavé. Makadla labiální mají jeden dlouhý a jeden krátký čípek smyslový. Prothorax o 0·4 kratší hlavy, velmi úzký, i v zadu jen o malinko širší než tato. Pterothorax jest jen tak široký jako hlava a trochu delší než prothorax; nazad se poněkud zúžuje. Přední femora poněkud ztlustlá. Barva noh černá, konce tibií a tarsy žluté. Tubus o 0·4 kratší hlavy. Délka těla 1·1 mm.

♂. Nebyl posud objeven.

Čechy: Jind. Hradec: V lese nad Skrejchovem (Duda).

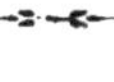

♀.

Körperfarbe schwarz. Kopf fast um 0·4 mehr lang als breit, sehr gedrungen, in der Mitte ein wenig erweitert, nach vorn und hinten allmählich etwas verengt. Augen gross. Fühler nur um 0·5 länger als der Kopf. Ihr 3. Glied etwas kürzer und schwächer als das 2., das 4. etwas länger und mächtiger als das vorhergehende, das 5. fast ebenso lang wie das 3., das 6., 7. u. 8. bilden zusammen ein Ganzes. Fühlerfärbung: 1. u. 2. Glied schwarz, das 6., 7. u. 8. schwarzbraun, das 3., 4. u. 5. gelbbraun, an beiden Enden gelblich. Labialtaster mit einem langen und einem kurzen Sinneszapfen versehen. Prothorax um 0·4 kürzer als der Kopf, sehr schmal, auch hinten nur wenig breiter als der Kopf. Pterothorax nur so breit wie der Kopf und etwas länger als der Prothorax;

*) Doklad ve sbírce autorově.

[illegible]

[illegible] GENUS TRICHOTHRIPS [illegible]

[illegible]

[illegible]

[illegible] Trichothrips pedicularia Halid. [illegible]

Tab. II fig. [illegible] Tab. VII fig. 136 et 137

[illegible] *Phloeothrips pedicularia* Haliday, Entomol. Magazine [illegible] 444

[illegible] *flavipes* Idem [illegible] pag. 442

[illegible] *pedicularia* Burmeister, Handb. d. Entomol. II [illegible]

[illegible]

1836. *Phloeothrips flavipes* Idem, ibidem, pag. 109.
1843. *Hoplothrips* Amyot et Serville, Ins. Hémiptères, pag. 640.
1852. *Phloeothrips pedicularia* Haliday, Walker, Homopt. Ins. of Brit. Museum, pag. 1098.
1880. *apicalis* Reuter, Thysanoptera fennica, pag. 25.

♀.

Tělo velmi široké. Tykadla trochu více než dvakrát hlavy delší. První článek nejmohutnější, 2. as tak dlouhý jako první, 3. čl. as o 0·3 kratší než první dva dohromady, od velmi úzké base ke konci značně rozšířený, na konci opět náhle zúžený, 4. as tak dlouhý jako předcházející, 8. na basi zúžený. Sosák dosahuje zadního okraje prosterna. Prothorax delší než hlava. Nohy krátké. Přední femora značně ztlustlá, přední tarsy s dlouhým tenkým zubem. Barva noh žlutá. Přední femora někdy na basi s šedým nádechem, střední a zadní často šedě zkalená, na konci neb ke konci světlá. Tubus jest trochu kratší než hlava a často basí vězí v 9. čl. abdom., jsa zde ještě jednou tak tlustý jako na konci. Délka těla as 1·4 mm.

♂.

Nemnoho menší samice. Přední femora velice ztlustlá, někdy až tak široká jako hlava. Přední tarsus s dlouhým silným zubem.

FORMA MACROPTERA. ♀ i ♂. — Křídla úplně vyvinutá. Tělo červenohnědé. Hlava hnědošedá, konec abdomenu žlutý. Tykadla žlutavá, kromě dvou prvních článků (a někdy i 1., zřídka 2.) šedě až tmavošedě zkalená. Očka zřetelná. Hoř. křídla šedožlutě zkalená, před basí světlá. Tubus jest žlutý, před kořenem však úžeji nebo šířeji hnědošedě zkalený.

FORMA APTERA. ♀ i ♂. — Křídel ani nejmenší rudimenta. Tělo červenohnědé. Hlava žlutá až červenožlutá, abdomen ke konci žlutý. Tykadla světlejší než u formy okřídlené. Oči menší. Očka obyčejně nezřetelná. Tubus zbarven jako u předcházející formy.

Třásněnka tato žije ve společnostech pod zpuchřelou korou různých stromů, zvláště bříz, topolů, jeřábů, a ráda zdržuje se v okolí polyporů.

Čechy: Praha: V Cibulce. Perue. Čerčany: V lese u Lštění (Bubák).

♀.

Körper sehr breit. Fühler etwas mehr als zweimal so lang als der Kopf. Das 1. Glied am mächtigsten, das 2. etwa so lang wie das 1., das 3. etwa um 0·3 kürzer als die ersten zwei zusammen, von sehr dünner Basis gegen das Ende zu bedeutend erwieder, am Ende sich jedoch wieder [illegible] verengt, als [illegible] etwa so lang, wie das vorhergehende, das 8. am Grunde sehr verengt. Der Rüssel reicht zum Hinterrande des Prosternum. Prothorax [illegible] als der Kopf. [illegible] kurz. Vorderschenkel bedeutend erweitert. Vordertarsen mit einem kurzen dünnen Zahne bewaffnet. Farbe der Beine gelb. Vorderschenkel manchmal am Grunde mit grauem Anfluge. Mittel- und Hinterschenkel oft grau getrübt, am Ende [illegible] die Enden licht. Tubus etwas kürzer als der Kopf und [illegible] 9. Abdominalsegment, etwas eingeschnürt, am Grunde noch einmal so dick als am Ende. Körperlänge etwa 1·1 mm.

[illegible]

Nicht viel kleiner als das Weibchen. Die Vorderschenkel ungewöhnlich erweitert, manchmal fast so breit wie der Kopf. Vordertarsen mit einem langen starken Zahn bewaffnet.

FORMA MACROPTERA (♀, ♂)[*]. — Flügel vollkommen entwickelt. Körper röthlbraun. Kopf braungrau, das Abdominalende gelb. Fühler gelblich, die zwei ersten Glieder ausgenommen, und zuweilen auch das 3., selten das 2. [illegible] grau bis dunkelgrau getrübt. Ocellen deutlich. Oberflügel graugelb angehaucht, am Grunde licht. Tubus gelb, vor der Wurzel jedoch schmaler oder breiter braungrau getrübt.

FORMA APTERA (♀, ♂)[*]. — Flügel vollkommen verkümmert. Körper rothbraun, Kopf gelb bis rothgelb, Abdomen gegen das Ende zu gelb. Fühler lichter als bei der geflügelten Form. Augen kleiner. Ocellen gewöhnlich undeutlich. Tubus so gefärbt wie bei der vorhergehenden Form.

Vorkommen: In Gesellschaften unter morscher Rinde verschiedener Bäume (besonders Birken, Pappeln und Vogelbeeren), und zwar mit Vorliebe in der Nähe von Polyporen. — Fundorte: England (Haliday), Finnland (Sahlberg), Böhmen.

111. Trichothrips caespitis nov. sp.*)

[illegible]

Barva těla tmavohnědá, jen hlava jest žlutá. Tvar těla jest mnohem štíhlejší než u druhu *pedicularius*. Tvar hlavy jako u [illegible]. Také tykadla jsou podobně utvořena a zbarvena. [illegible] jest [illegible] značně širší. Oči jsou nezřetelné. Sosák [illegible] polovice prosterna. Prothorax o něco delší hlavy. Přední femora málo [illegible] tarsech jest [illegible] tenký. Křídla scházejí úplně. Tubus trochu kratší než hlava. Délka [illegible] 0·9 mm. — [illegible] exemp. nalezeny.

*) [illegible] Sammlung des böhmischen Landesmuseums, Prag [illegible]

♂.

Trochu užší a menší než ♀, přední femora o něco více ztluštělá než u této. Křídla scházejí taktéž úplně. — Jeden exempl. nalezen.

Třásněnku tuto prosíval jsem v zimě z drnu na pasekách lesních

Čechy: Hradec Králové: V lese hradeckém i novohradeckém.

♀.

Körperfarbe dunkelbraun, nur der Kopf gelb. Körpergestalt viel schlanker als bei der Art *pedicularia*. Die Form des Kopfes und der Fühler, sowie die Farbe der letzteren ähnlich wie bei derselben; nur ist das 8. Fühlerglied am Grunde breiter. Ocellen undeutlich. Der Rüssel reicht nur etwa bis zur Mitte des Prosternum. Prothorax etwas länger als der Kopf. Vorderschenkel wenig erweitert; der Zahn auf den Vordertarsen klein und dünn. Flügel vollkommen fehlend. Tubus etwas kürzer als der Kopf. Körperlänge 0·9 mm.

♂.

Etwas schmäler und kleiner als das ♀, die Vorderschenkel ein wenig mehr als bei demselben erweitert. Flügel ebenfalls vollkommen fehlend.

Vorkommen: Im Winter im Waldrasen; hier ohne Zweifel auch im Sommer. — Fundort: Böhmen.

112. Trichothrips semicaeca nov. sp.*)

♀.

Barva těla šedě žlutavá, prothorax černohnědý neb šedohnědý a tubus kromě světlé base černý. Oči velmi malé, poměrně nejmenší mezi všemi třásněnkami vůbec. Očka scházejí úplně. Tykadla více než dvakrát hlavy delší. První až 3. čl. jejich žlutavé, ostatní hnědočerné. Sosák dosahuje k zadnímu okraji prosterna. Prothorax delší hlavy. Přední femora značně rozšířená, na předních tarsech dlouhý tenký zub. Nohy žlutavé, všecka femora slabě šedě zkalená. Křídla scházejí úplně. Tubus právě tak dlouhý jako hlava, na basi ještě jednou tak široký jako na špičce. Délka těla 1·3 mm. — Sedm exempl. nalezeno.

♂.

Menší (0·9—1·1 mm) a zavalitější než ♀. Též bezkřídlý a bez oček. Přední femora jsou nezkalená a více rozšířená než u ní, a zub na předních tarsech jest mohutnější. — Tři exempl. sbírány.

Třásněnka tato nalezena v březnu pod korou březovou u Věkoše, nedaleko Hradce Králové.

*) Doklad ve sbírce musejní, praep. č. 80. — Sammlung des böhmischen Landesmuseums, Praep. Nr. 80.

♀.

Körperfarbe grau gelblich. Prothorax schwarzbraun oder graubraun und der Tubus, den hellen Grund ausgenommen, schwarz. Augen sehr klein, verhältnissmässig die kleinsten unter allen Thysanopteren. Ocellen vollkommen fehlend. Fühler mehr als zweimal länger als der Kopf. Das 1.—3. Glied gelblich, die übrigen braunschwarz. Der Rüssel reicht bis zum Hinterrande des Prosternum. Prothorax länger als der Kopf. Die Vorderschenkel bedeutend erweitert, auf den Vordertarsen ein kurzer dünner Zahn. Beine gelblich, alle Schenkel schwach grau getrübt. Flügel vollkommen fehlend. Tubus ebenso lang wie der Kopf, am Grunde nochmal so breit als am Ende. Körperlänge 1·3 mm.

♂.

Kleiner (0·9—1·1 mm) und gedrungener als das ♀. Ebenfalls flügellos und ohne Ocellen. Die Vorderschenkel sind nicht getrübt und mehr erweitert als bei demselben, und der Zahn auf den Vordertarsen ist mächtiger.

Vorkommen: Unter Birkenrinde. — Fundort: Böhmen.

113. Trichothrips ulmi Fabr.

1781. *Thrips ulmi* Fabricius, Species Ins., pag. 396.
1787. — — Fabricius, Mantissa Ins., pag. 320.
1788. — — Linné (Gmelin), Systema Naturae, Ed. XIII., pag. 2223.
1794. — — Fabricius, Entomol. System., pag. 229.
1803. — — Fabricius, Systema Rhyngotorum, pag. 313.
1806. — — Turton, A General System of Nature, pag. 716.
1836. *Phloeothrips Ulmi* Haliday, Entomol. Magazine, pag. 444.
1836. — — Burmeister, Handb. d. Entomol., II, pag. 409.
1837. — — Haliday, Entom. Magaz. Additional Notes, pag. 445.
1852. — — Haliday, Walker, Homopt. ins. of Brit. Museum, pag. 1098, tab. V., fig. 1—4., tab. VI., fig. 1.

Haliday (anno 1836): Ocelli nulli. — Capitis lateribus parallelis. — Piceo-niger, antennarum articulo 3io toto, sequentibus basi flavo-pallidis, tibiis basi apiceque, anticis tota tarsisque ferrugineis, femoribus anticis incrassatis, pollice in utroque sexu distincto. — Var. β. Nana, cruribus subflavescentibus. — Var. γ. Subaptera. — Var. δ. Subaptera [illegible]. — The male is much shorter than the female, with the fore thighs twice as large, and the thumb, or tooth on the inside of the fore foot, [illegible] very thick. — Inhabits under the bark of old trees feeding on [illegible].

Haliday (anno 1837.): Larva much depressed, white; the head, a bilobed spot on the prothorax, the last two segments of the abdomen and a lateral spot on the preceding one, black. A few black dots on the thorax. Antennae black, with the base pale. Pupa white, with a few red dots on the thorax, and in the place of the simple eyes. Sometimes a faint reddish tinge in parts of the abdomen.

Haliday (anno 1852.): »Subaptera, nigro-picea, pectore dilutius piceo, antennarum articulo tertio toto, sequentibus basi pallide flavis, tibiis basi et apice, anticis totis tarsisque ferrugineis, ♂, ♀. Tum fem. alata, alis anticis extus laevissime flavicantibus. Larva depressa alba, capite, antennis, prothoracis macula biloba, abdominis apice nigris. Hab. sub cortice arborum exsiccato, praesertim *Ulmi*, gregaria. Long. fem. 1½ lin., mar. 1 lin. England.«

114. **Trichothrips pini** Halid.

1837. *Phloeothrips Pini* Haliday, Entom. Magaz. Additional Notes, pag. 145.
1839. *Thrips aptera* Dufour, Annales d. Scienc. Nat., 11, tab. VIII., fig. 8.
1840. *Fungi* Zetterstedt, Ins. lapponica, pag. 312.
1852. *Phloeothrips Pini* Haliday, Walker: Homopt. ins. of Brit. Museum, pag. 1099.; tab. VIII., fig. 33.

Haliday (anno 1837.): *Phl. Ulmi* simillima, sed magis elongata. Mas subapterus; fem. subaptera, vel alata, elytris extrorsum infumatis. — The eggs are milky, or bluish white, about [illegible] of an inch in length, by [illegible] diameter. They are cylindric, with each end equally rounded, thus differing from those of *Phl. statices*. They are attached in loose clusters to the bark, and hardened by a gummy wash, soluble in water, by the application of which they are detached, and become flaccid. The larva is longer and less depressed than that of *Phl. Ulmi*; of a red flesh colour, with the head and feet paler; the body is thickly freckled with bright red on a paler ground, which produces the general tint. The last two segments of the abdomen are black; also the antennae, which have the base pale. Very young larvae are of a dirty watery tint, with the antennae and tail black. The antennae are then proportionally larger; the abdomen small and attenuate, the hairs of the body very long and conspicuous. The pupa is very pale flesh colour, the red dots being fewer; the head whitish, with a reddish patch in the middle; the legs and last two segments of the abdomen white; the fore-thighs very little thickened. The pterothecae were very small in those examined, which would probably have produced subapterous individuals, these being the most numerous. The perfect insect exceedingly resembles the last species (*Phl. Ulmi*), but is longer, a female of *Phl. Ulmi* measuring [illegible] of an inch in length, by [illegible] in breadth; while one of *Phl. Pini*, scarcely so broad, was [illegible] in length. The fore-thighs, besides, are less thickened, which difference is particularly observable in comparing the males. The winged females [illegible] the upper pair being brownish [illegible] brown. [illegible]

[illegible] 1852 [illegible] *Pini sylvestris* [illegible] (*Phl. Ulmi*) [illegible]

115. Trichothrips copiosa nov. sp.*

Tab. IV. fig. 62. Tab. VII. fig. 138—140.

[illegible]

FORMA MACROPTERA. [illegible]

FORMA APTERA. [illegible]

[illegible]

* [illegible]

Poznámka. *Trich. copiosa* rozeznává se od obou předcházejících druhů na první pohled svými žlutými tibiemi, od druhu *Trich. Ulmi* mimo to zvl. larvou bílou a červeně kropenatou.

Třásněnka tato žije po celý rok v obou pohlavích ve velkých společnostech pod zpuchřelou korou vrb, švestek, bříz a olší. Forma okřídlená vyskytuje se ojediněle mezi formou bezkřídlou.

Čechy: Hradec Králové: Na několika místech v okolí. Mezi různým hmyzem, panu prof. Dudovi z Laponska zaslaným, byl též jeden exempl. druhu tohoto.

♀.

Körperfarbe graubraun, der Kopf am dunkelsten, der Pterothorax oben und der ganze Thorax unten gelblichbraun. Fühler fast zweimal länger als der Kopf, gedrungen. Das 3. Glied etwa um 0·2 kürzer als die ersten zwei zusammen, das 4. etwa so lang wie das 3., jedoch etwas stärker; das 3.—6. Glied gedrungen keulenförmig. Fühlerfärbung: 1. Glied schwarzbraun, manchmal graubraun, das 2. gelb, an der Wurzel und zu beiden Seiten schmal dunkel getrübt, das 3. gelb, das 4., 5. u. 6. ebenfalls gelb, in ihrer zweiten Hälfte jedoch etwas grau getrübt, das 6. u. 7. ganz grau. Zuweilen ist der ganze Fühler vom 4. Glied an ziemlich stark grau getrübt. Der Rüssel reicht nur bis zur Mitte des Prosternum. Prothorax ebenso lang wie der Kopf. Vorderschenkel bedeutend erweitert, auf den Vordertarsen ein sehr langer dünner Zahn. Alle Schenkel graubraun, alle Tibien und Tarsen gelb. Tubus ebenso lang wie der Kopf, am Grunde nochmal so breit als an der Spitze, seine beiden Enden lichter gefärbt. Körperlänge 2·1 mm. — Larven weiss, fein roth gesprenkelt. Kopf und zwei Flecke auf dem Prothorax schwach grau getrübt; die letzten zwei Abdominalsegmente dunkelgrau. Die Nymphen durchscheinend weisslich und sparsam roth gesprenkelt. Sie kriechen ebenso wie die Larven.

FORMA MACROPTERA. Flügel vollkommen entwickelt. Durch ihre Mitte zieht sich gewöhnlich ein gelbbrauner Längsstreif; die Oberflügel sind ausserdem im letzten Viertel ganz getrübt.

FORMA APTERA. Flügel vollkommen verkümmert.

♂.

Kleiner und gedrungener als das ♀, immer flügellos, seine Vorderschenkel viel mehr erweitert und der Zahn auf den Vordertarsen mächtiger. Die Enden der Vorderschenkel gelbbraun.

Bemerkung: *Trich. copiosa* unterscheidet sich von den beiden vorhergehenden Arten auf den ersten Blick durch ihre ganz gelben Tibien, von der Art *Ulmi* ausserdem durch ihre weissen, roth gesprenkelten Larven.

Vorkommen. Das ganze Jahr hindurch in beiden Geschlechtern in grossen Gesellschaften auf einigen Weiden, Pflaumen-, Birken- und Erlenrinde. Die geflügelte Form kommt nur vereinzelt vor. — Fundorte: Böhmen, Lappland.

42. GENUS PHLOEOTHRIPS HALID.*)

Hlava trochu delší než širší, na stranách s několika malými bradavkami, z nichž každá jest ostenkem ukončena; v předu se zužuje. Tykadla dvakrát delší hlavy. Sosák jest špičatý a skoro se mesosterna dotýká. Horní pysk jest trnem zakončen. Makadla maxillární jsou dlouhá a dosti štíhlá. Ze čtyř chlupů hmatavých na nich se nalézajících jest jeden velmi krátký. Makadla labiální dlouhým, ven vyhnutým čichovým čípkem opatřena, kolem něhož vyčnívají tři delší chlupy hmatavé. Křídla u samců i samic vždy přítomna. Přední tarsy u obou pohlaví ozbrojeny zubem. Tubus samců u kořene bez šupin.

Kopf etwas mehr lang als breit, auf seinen Wangen mit einigen sehr kleinen Wärzchen, von denen jedes mit einem winzigen Stachel versehen ist, vorn ist er verengt. Fühler zweimal länger als der Kopf. Der Rüssel spitzig und fast bis zum Vorderrand des Mesosternum reichend. Die Oberlippe in einen Stachel verlängert. Maxillartaster lang und ziemlich schlank. Von den vier auf ihnen befindlichen Tastborsten ist eine sehr kurz. Labialtaster mit einem recht langen, nach aussen gebogenen Geruchskolben versehen, um welchen drei längere Tastborsten herumstehen. Flügel bei Männchen und Weibchen immer vorhanden. Vordertarsen bei beiden Geschlechtern mit einem Zahn bewaffnet. Tubus bei den Männchen am Grunde ohne Schuppen.

116. Phloeothrips coriacea Halid.**)

Tab. IV. fig. 29; Tab. VII. fig. 111 et 112.

1836. *Phloeothrips coriacea* Haliday, Entomol. Magazine, pag. 442.
1839. — Burmeister, Handb. d. Entom. II. pag. 410.
1843. — Amyot et Serville, Ins. Hemiptères, pag. 640.
1852. Haliday, Walker, Homopt. Ins. of Brit. Museum, pag. 1100, tab. VI. fig. 2.
1852. *Ulmi* Heeger, Sitzungsb. d. Akad. d. Wiss. Wien, VIII. pag. 128, tab. XX.
1852. Idem, ibidem IX. pag. 484.
1880. *similima* Reuter, Thysanoptera fennica, pag. 18.

*) φλοιός = kůra, Borke.
**) [illegible] Sammlung des böhmischen Landesmuseums, Prag N. [illegible]

♀

Hlava o 0·2 delší než širší, v předu nepatrně zúžená, v zadu značně krkovitě stažená. Oči veliké, jen o 0·6 kratší než hlava. Třetí čl. tykadel dlouhý, kyjovitý, skoro o 0·2 delší než prvé dva dohromady a skoro o třetinu delší čtvrtého; tento a 5. i 6. vřetenovité. Barva tykadel: 1. čl. černý, 2. tmavěji nebo světleji (zvl. ke konci) hnědý, 3. hnědožlutý, na konci někdy velmi slabě zkalený, následující tmavé, na basi vždy úžeji a úžeji hnědožluté, jen osmý celý tmavý. Prothorax as o 0·2 hlavy kratší. Přední femora krátká, značně stlustlá. Přední tarsy opatřeny silným zubem, který však ve velikosti poněkud kolísá. Všecka femora černohnědá, všecky tarsy a přední tibie hnědožluté, tyto obyčejně na samé basi a zřídka též uprostřed vně slabě hnědě zkalené, střední a zadní tibie černohnědé, na obou koncích hnědožluté. Hořejší křídla jsou slabě žlutavě zkalená a mají před polovinou světle šedohnědou skvrnu; dolejší na zadním okraji s velmi slabým šedým nádechem. Tubus tak dlouhý jako hlava, na samé basi as o 0·7 širší než na konci. Délka těla 2·3 až skoro 3 mm.

♂ (nově objevený).

Trochu menší a slabší než ♀ a nemá stlustlejších předních stehen. Zuby na tarsech jsou v celku větší než u samice, avšak též ve velikosti kolísají. Prothorax jest trochu kratší než u ní.

Třásněnka tato žije ve velikých společnostech pod korou hrušek, topolů, vrb, jabloní, olší, dubu, buku, moruší, bříz, švestek a též jehličnatých stromů. Samci jsou velmi řídcí, avšak vyskytují se po celý rok.

Čechy: Hradec Králové. Jind. Hradec (Duda).

♀

Kopf um 0·2 mehr lang als breit, vorn unbedeutend verengt, hinten halsförmig zusammengezogen. Augen sehr gross. Das dritte Fühlerglied lang, keulenförmig, beinahe um 0·2 länger als die ersten zwei zusammen und fast um ein Drittel länger als das 4., dieses und das 5. spindelförmig. Fühlerfärbung: 1. Glied schwarz, das 2. dunkler oder lichter (hauptsächlich gegen das Ende) braun, das 3. braungelb, am Ende manchmal sehr schwach getrübt, die folgenden dunkel, am Grunde immer schmäler und schmäler braungelb, nur das 8. ganz dunkel. Prothorax etwa um 0·2 kürzer als der Kopf. Vorderschenkel kurz, bedeutend erweitert. Vordertarsen mit einem starken Zahn bewaffnet, welcher jedoch in der Grösse etwas variert. Alle Schenkel schwarzbraun, alle Tarsen und die Vordertibien braungelb, die letzteren gewöhnlich an der Wurzel und selten auch aussen in der Mitte schwach braun getrübt, die Mittel- und Hintertibien [illegible] auf beiden Enden [illegible] schwach [illegible] und vor der Mitte [illegible] versehen. Unterflügel am Hinterrande mit [illegible]. Fühler [illegible] Kopf [illegible] der Wurzel etwa um 0·7 breiter [illegible] Körperlänge 2·5 [illegible]

[illegible] entdeckt.

[illegible] schwarzer [illegible] die Vorderseite [illegible] breiter als [illegible] Die Zähne auf den Vordertarsen [illegible] mächtiger [illegible] Prothorax verhältnismässig etwas kürzer.

Vorkommen: [illegible] Birken, Pappeln, Weiden, Apfel- [illegible] Bäumen, Maulbeer-, Birken-, Pflaumenbäumen [illegible] jedoch das ganze Jahr [illegible] Hradec Králové, Wien [illegible] Böhmen.

117. Phloeothrips minor nov. sp.*

Tab. VII. fig. [illegible]

♀.

Barva těla černohnědá. Hlava [illegible] podobná hlavě druhu [illegible] o 0·1 [illegible] delší než širší, vpředu málo zúžená, na bocích [illegible] stažená. Na stranách hlavy jsou v malém počtu rozroztroušeny bradavky, na nichž stojí slabý ostének, který jest tak dlouhý jako bradavka sama. Třetí článek tykadel patrně delší než prvé dva dohromady, ky- jovitý [illegible] rovněž jako 5. [illegible] 7. skoro téže délky jako předcházející. První dva články tykadel černé, druhý na konci žlutý, všecky ostatní žluto- [illegible] Prothorax [illegible] o 0·1 kratší hlavy. Přední femora [illegible] tarsy předních noh s velmi malým ostrým zoubkem. Barva noh černohnědá, konce všech [illegible] Tubus [illegible] o 0·1 kratší hlavy, skoro všude s [illegible] Délka těla 1·7 mm.

Nebyl posud objeven.

Jediný exemplář, který jsem nalezl v [illegible] pod [illegible] kůrou [illegible] Čechy: Hradec Králové, U Věkoš.

⁂

♀.

Körperfarbe schwarzbraun. Kopf [illegible] in Gestalt ähnlich demjenigen der [illegible] Art, um 0·1 mehr lang als breit, vorn wenig verengt, am Grunde [illegible] zusammengezogen. Auf den Wangen befindet sich eine geringe Anzahl Körner

Wärzchen, von denen jedes mit einem gleich langen kleinen Stachelchen versehen ist. Das 3. Fühlerglied deutlich länger als die ersten zwei zusammen, keulenförmig, das 4. um 0·3 kürzer als das 3. und sowie das 5. spindelförmig. Die ersten zwei Fühlerglieder schwarz, das 2. am Ende gelb, alle übrigen gelbgrau, nur das 3. am Grunde lichter. Prothorax etwa um 0·4 kürzer als der Kopf. Vorderschenkel verdickt. Vordertarsen mit einem sehr kleinen scharfen Zahne bewaffnet. Farbe der Beine schwarzbraun, die Enden aller Tibien und die Tarsen gelb. Oberflügel am Hinterrande in der Mitte sehr schwach graugelb getrübt. Tubus kaum um 0·1 kürzer als der Kopf, mit fast überall gleichem Durchmesser. Körperlänge 1·7 mm.

♂ unbekannt.

Vorkommen: Das einzige Exemplar, welches ich besitze, wurde im Feber unter morscher Weidenrinde gesammelt. — Fundort: Böhmen.

118. **Phloeothrips parva** nov. sp.*)

Tab. III., fig. 27.; Tab. VII., fig. 144.

♀.

Barva těla hnědočerná. Hlava zavalitá, sotva o 0·2 delší než širší, do předu i do zadu poněkud zúžená a na basi trochu krkovitě stažená. Na stranách jejích jsou porůznu roztroušeny malé bradavky, prodlužující se v silný ostének, jenž jest delší než bradavky samy. Třetí článek tykadel jest sotva kratší než první dva dohromady; z velmi úzké base značně se rozšiřuje, na konci však zase náhle se úží; 4. čl. jest tak dlouhý a podobně utvořený jako předcházející. Barva tykadel: 1. a 2. čl. černé, 3.—6. šedohnědé, na basi žluté, 3. a 4. též na konci trochu světlejší, 7. a 8. celé tmavé. Prothorax o 0·35 hlavy kratší. Přední femora značně ztlustlá, přední tarsy velmi malým zoubkem ozbrojeny. Všecka femora černohnědá, tarsy žluté, tibie taktéž žluté, střední a zadní kromě obou konců šedě zkalené. Křídla se slabým žlutohnědým nádechem, ke konci čirá. Tubus as o 0·3 hlavy kratší, na basi značně rozšířený. Délka těla 1·3 mm.

♂. Nebyl posud objeven.

Jediný exemplář, který mám, sesmykán s nekvetoucích rostlin.
Čechy: Třebechovice: Pod Vys. Újezdem.

—

♀.

Körperfarbe braunschwarz. Kopf gedrungen, kaum um 0·2 mehr lang als breit, nach vorn und nach hinten etwas verengt und am Grunde etwas halsförmig zusammen-

*) Doklad ve sbírce autorově.

gezogen. Seine Wangen mit einigen zerstreuten Wärzchen besetzt, von denen jedes mit einem etwas längeren starken Stachelchen versehen ist. Das 3. Fühlerglied kaum kürzer als die ersten zwei zusammen, am Grunde sehr eng, dann bedeutend erweitert, am Ende jedoch wieder plötzlich verengt; das 4. Glied ebenso lang und ähnlich geformt wie das vorhergehende. Fühlerfärbung: 1. u. 2. Glied schwarz, das 3.–6. graubraun, am Grunde gelb, das 3. u. 4. ebenfalls am Ende etwas lichter, das 7. u. 8. ganz dunkel. Prothorax um 0·35 kürzer als der Kopf. Vorderschenkel bedeutend verdickt, Vordertarsen mit einem sehr kleinen Zahne bewaffnet. Alle Schenkel schwarzbraun, die Tarsen gelb, die Tibien ebenfalls gelb, die mittleren und hinteren, die beiden Enden ausgenommen, grau getrübt. Flügel schwach gelbbraun angehaucht, gegen das Ende zu klar. Tubus etwa um 0·3 kürzer als der Kopf, am Grunde bedeutend erweitert. Körperlänge 1·3 mm.

♂ unbekannt.

Vorkommen. Das einzige Exemplar, welches ich besitze, wurde von nichtblühenden Pflanzen geketschert. — Fundort: Böhmen.

119. Phloeothrips annulipes Reut.

1880. *Phloeothrips annulipes* Reuter, Thysanoptera fennica, pag. 19.

»Nigra, sat nitida, supra cum femoribus sublaevis; capite latitudine tantum paullo majore quam [illegible] longiore, deplanato, lateribus submuricatis, antice nonnihil angustato, oculis ovalibus; antennis capite et pronoto brevioribus, articulis sat brevibus, tertio secundo tantum circiter [illegible] longiore, obconico, duobus ultimis simul sumtis vix longiore, secundo apice, tertio dimidio basali, quarto et quinto basi, hoc angustissime, pallidius flavo-testaceis; femoribus totis nigris, tibiis piceo-nigris, basi et apice sat late nec non tarsis basi flavo-testaceis. Long. 1[illegible] mm.« Caput latitudine vix magis quam [illegible] longius, deplanatum, lateribus leviterque rotundatis, apicem versus leviter angustatum, pilis lateralibus brevibus, rigidis paucis e granulis parvulis nonnihil exsertis nascentibus, disco nitidum, subtilius transversim aciculatum. Oculi oblongiusculi, fere [illegible] anticas laterum capitis occupantes. Antennae capite cum pronoto breviores, nigrae, articulo secundo apice anguste testaceo, tertio obconico et secundo [illegible] circiter [illegible] longiore, quarto etiam obconico, tertio paullo breviore, sed apice hoc distincte latiore, quinto quarto paullulum breviore, subovali, sexto [illegible] duobus ultimis conjunctis secundo longitudine aequalibus, ultimo gracili, [illegible] penultimo fere aeque longo, articulo tertio dimidio basali, quarto parte basali [illegible] quinto et [illegible] sexto basi angustissime flavo-testaceis, articulis omnibus pilis [illegible]. Pronotum trapeziforme, capite circiter [illegible] brevius, angulis basalibus setis [illegible] disco sublaevi. Mesonotum pronoti basi parum latius. Alae [illegible] Abdomen lateribus aequaliter ro-

rotundatum, tubo apicali segmentis tribus praecedentibus simul sumtis longitudine subaequali, angulis apicalibus segmenti octavi flavo-testaceis; segmentis 1—7 utrimque setis biseriatis pallidis sat longis instructis, quarum setis series interioris ad discum dorsi vergentibus. Pedes piceo-nigri, femoribus anticis sat incrassatis, muticis*), tibiis omnibus basi et apice sat late pallidius flavo-testaceis, tarsis testaceis, apice picescentibus. — Tantum individuum unicum D. Schulman in sacellano Artsjo paroeciae Orimattila invenit.«

33. GENUS ACANTHOTHRIPS m.**)

Hlava značně delší než širší; na stranách jejích nalézá se několik malých bradavek, z nichž každá krátkým, do předu namířeným ostěnkem je opatřena. Tykadla skoro dvakrát hlavy delší, čípky smyslové na nich velmi dlouhé. Sosák jest spičatý a skoro se mesosterna dotýká; hoř. pysk hrotem zakončen. Makadla maxillarní dlouhá a štíhlá. Makadla labialní s velmi krátkým, na vnější stranu ohnutým čípkem smyslovým, kolem něhož jsou rozestaveny tři delší chlupy hmatavé. Křídla u obou pohlaví vždy přítomna. Přední femora u samcův i samic před koncem uvnitř s ostrým zubem***), jenž jest u oněch menší, u těchto větší. U samců nejsou přední femora širší než u samic. Na předním tarsu u samic silný, u samců slabší zub (úkaz to u třásněnek neobvyklý). Tubus nemá u samců na basi lupinku.

Kopf bedeutend mehr lang als breit; auf seinen Wangen befinden sich einige zerstreute kleine Wärzchen, von denen jedes mit einem kurzen, nach vorn gerichteten Stachelchen versehen ist. Fühler fast zweimal so lang als der Kopf, die Sinneskolben auf ihren Gliedern sehr lang. Der Rüssel ist spitzig und erreicht fast den Vorderrand des Mesosternum; die Oberlippe ist in einen Stachel verlängert. Maxillartaster lang und schlank. Labialtaster mit einem sehr kurzen, nach aussen gebogenen Sinneskolben, um den herum drei längere Tastborsten stehen. Flügel bei beiden Geschlechtern immer vorhanden. Die Vorderschenkel bei den Männchen und Weibchen vor dem Ende innen mit einem†) scharfen Zahne bewaffnet, der bei jenen kleiner, bei diesen grösser ist. Bei den Männchen sind die Vorderschenkel nicht mehr erweitert als bei den Weibchen. Die Vordertarsen bei den Weibchen mit einem starken, bei den Männchen mit einem schwachen Zahne versehen. Der Tubus bei den Männchen am Grunde ohne Schuppen.

*) Velmi malý zoubek byl asi u jediného objeveného exempláře přehlédnut. — Der sehr kleine Zahn wurde wohl bei dem einzigen untersuchten Exemplar übersehen.

**) Ἄκανθα — trn, Dorn.

***) Burmeister udává, že přední femora mají dva zuby. Pokládá zajisté vnitřní ostré zakončení stehen za zub druhý.

†) Nach Burmeister befinden sich auf den Vorderschenkeln zwei Zähne. Sonst fasst dieser Autor das innere scharfe Vorderschenkelende als zweiten Zahn auf.

120. **Acanthothrips nodicornis** Reut.*)

Tab. IV. fig. 28. — Tab. VII. fig. 145.

1836. *Phloeothrips Ulmi* Burmeister, Handb. d. Entomol. II. pag. 409.
1839. " *coriacea* Burmeister, Genera Insectorum (Kolorované vyobrazení. — Colorirte Abbildung.)
1843. *Hoplothrips corticis* Amyot et Serville, Hist. Hémiptères pag. 640.
1880. *Phloeothrips nodicornis* Reuter, Thysanoptera fennica, pag. 16.

♀.

Barva těla černá. Na 3.—8. čl. abdom. nahoře na předních rozích po jedné bílé skvrně. Hlava o 0·4 delší než širší, se stranami skoro rovnoběžnými a jen na samé basi trochu kolovitě zúžena. Na stranách hlavy nalézají se mezi bradavkami ostenky ukončenými, celkem zrnečka bez chloupků. Třetí čl. tykadel jest o 0·2 delší než prvé dva dohromady, kyjovitý. 4. čl. taktéž kyjovitý, oba na konci však zase značně zúžené, 5. a 6. čl. vřetenovité, čtvrtý a pátý čl. mezi sebou skoro stejně dlouhé, oba trochu kratší než třetí. Barva tykadel: 1., 2., 7. a 8. čl. černé, 3. žlutý, před koncem (na ztluštělé části) více nebo méně zkalený, 4., 5. a 6. tmavé, na basi a na konci hnědožluté. Prothorax asi o 0·3 hlavy kratší. Přední femora značně rozšířena. Všecka femora černá, přední tibie hnědožluté kromě samé base a poslední třetiny více černohnědě zkalené, střední a zadní černé, na konci a na samé basi hnědožluté. Tarsy všecky hnědožluté. Hořejší křídla velice slabě žlutavě zkalena, jen s výjimkou uprostřed trochu silněji; dolejší čirá. Tubus asi o 0·1 kratší než hlava, na basi skoro dvakrát širší než na konci. Délka těla 2·4 mm.

♂ (nově objevený).

Menší a slabší než ♀. Zrnečka u samce mezi bradavkami na hlavě se nalézající, scházejí. Zuby na předních stehnech a tarsech jsou slabší. Přední tibie jsou černé, jen na konci žlutohnědé.

Třásněnka tato žije ojediněle pod zpuchřelou korou vrb, osyk, topolů, bříz, švestek, hrušek atd. Jednou nalezena na květu od *Solanum dulcamara*, jindy (Reuterem) na listu lipovém. Samec objevuje se velmi pozdě.

Čechy: Hradec Králové, Jind. Hradec (Dudal).

♀.

Körperfarbe schwarz. Auf den Vorderecken des 3.—8. Abdominalsegmentes oben je ein weisser Fleck. Der Kopf um 0·4 mehr lang als breit, seine Wangen parallel und

*) Doklad ve sbírce [illegible] Sammlung des böhmischen Landesmuseums, [illegible]

nur ganz am Grunde etwas halsförmig zusammengezogen. Auf den Seiten des Kopfes befinden sich zwischen den mit kleinen Stacheln versehenen Wärzchen zahlreiche Körnchen. Das 3. Fühlerglied um 0·2 länger als die ersten zwei zusammen, keulenförmig, das 4. ebenfalls keulenförmig, beide am Ende jedoch wieder bedeutend verengt, das 5. und 6. spindelförmig, ihre Enden abgestutzt. Das 4. u. 5. Glied untereinander fast gleich lang; beide etwas kürzer als das 3. Fühlerfärbung: das 1., 2., 7. u. 8. Glied schwarz, das 3. gelb, vor seinem Ende (auf dem verdickten Theile) mehr oder weniger getrübt, das 4., 5. u. 6. dunkel, am Grunde und am Ende braungelb. Prothorax etwa um 0·3 kürzer als der Kopf. Vorderschenkel bedeutend erweitert. Alle Schenkel schwarz, die Vordertibien braungelb, die Wurzel und das letzte Drittel ausgenommen, aussen schwarzbraun getrübt, die Mittel- und Hintertibien schwarz, am Ende und an der Wurzel braungelb. Alle Tarsen braungelb. Oberflügel sehr schwach gelblich getrübt, ausnahmsweise inmitten etwas stärker; Unterflügel klar. Tubus etwa um 0·1 kürzer als der Kopf, am Grunde fast zweimal so breit als am Ende. Körperlänge 2·4 mm.

♂ (neu entdeckt).

Kleiner und schwächer als das ♀. Die Körnchen, welche sich bei den Weibchen zwischen den Wärzchen am Kopfe befinden, fehlen. Die Zähne auf den Vorderschenkeln und Vordertarsen sind schwächer. Vordertibien schwarz und am Ende gelbbraun.

Vorkommen: Einzeln unter morscher Weiden-, Zitterpappel-, Schwarzpappel-, Birken-, Pflaumen-, Birnen- und Erlenrinde. Männchen selten. — Fundorte: Deutschland (Burmeister), Finnland (Reuter), Böhmen.

34. GENUS LIOTHRIPS m. *)

Hlava o 0·2 až 0·3 delší než širší; strany její bez bradavek. Tykadla as dvakrát delší hlavy. Sosák jest špičatý a skoro se mesosterna dotýká; hoř. pysk hrotem zakončen. Makadla maxillarní jsou dlouhá, štíhlá a mají čtyři chlupy hmatavé. Makadla labialní opatřena jedním kratším, tupým a jedním delším, ostrým čípkem smyslovým. Křídla přítomna. Přední tarsus u samic bezzubý.

Kopf um 0·2 bis 0·3 mehr lang als breit; seine Wangen ohne Wärzchen. Fühler etwa zweimal so lang als der Kopf. Der Rüssel ist spitzig und erreicht fast den Vorderrand des Mesosternum; die Oberlippe in einen Stachel verlängert. Maxillartaster lang, schlank und mit vier Tastborsten besetzt. Labialtaster mit einem kürzeren, stumpfen und einem längeren, scharfen Sinneszapfen versehen. Flügel vorhanden. Vordertarsen bei den Weibchen wehrlos.

*) λεῖος = hladký, nedrsný, totiž na stranách hlavy; glatt, nicht rauh, nämlich an den Wangen.

121. Liothrips hradecensis nov. sp.*

Tab. VII., fig. 116.

♀

Barva těla černá. Hlava nejvíce o 0·3 delší než širší, s stranami skoro rovnoběžnými. Tykadla skoro dvakrát hlavy delší. Třetí článek jejich tenký, as tak dlouhý jako prvé dva dohromady, na basi jest velmi úzký a ke konci pozvolna se rozšiřuje; 4. čl. poněkud kratší a silnější než předcházející. Barva tykadel: 1. a 2. čl. černé, tento na samém konci žlutý; 3. celý žlutý; 4. a 5. taktéž žluté, na konci slabě hnědě zkalené; 6. as do půli žlutý, od poloviny tmavohnědý; 7. a 8. černé. Prothorax as o 0·3 hlavy kratší. Přední femora dosti dlouhá, sotva ztluštělá. Všecka femora černá, přední tibie celé žluté, střední a zadní černé, na konci náhle žluté; všecky tarsy žluté. Tubus as o 0·2 kratší než hlava. Délka těla 2·1 mm.

♂ Nebyl posud objeven.

Jediný exemplář, který mám, nalezen v září na spodní straně listu od *Heracleum sphondylium*.

Čechy: Hradec Králové; Na hradbách pevnostních.

-⊃~⊂-

♀

Körperfarbe schwarz. Kopf fast um 0·3 mehr lang als breit, seine Wangen beinahe parallel. Fühler fast zweimal so lang als der Kopf. Ihr 3. Glied etwa so lang wie die zwei ersten zusammen, am Grunde sehr dünn, gegen das Ende zu allmählich erweitert; das 4. Glied etwas kürzer und stärker als das vorhergehende. Fühlerfärbung: 1. u. 2. Glied schwarz, dieses an der Spitze gelb; das 3. ganz gelb; das 4. u. 5. ebenfalls gelb, am Ende schwach braun getrübt; das 6. etwa bis zur Mitte gelb, von der Mitte an dunkelbraun; das 7. u. 8. schwarz. Prothorax etwa um 0·3 kürzer als der Kopf. Vorderschenkel ziemlich lang, kaum verdickt. Alle Schenkel schwarz, die Vordertibien ganz gelb, die Mittel- und Hintertibien schwarz, am Ende plötzlich gelb. Alle Tarsen gelb. Tubus etwa um 0·2 kürzer als der Kopf. Körperlänge 2·1 mm.

♂ unbekannt.

Vorkommen: Das einzige Exemplar, welches ich besitze, habe ich im September auf der Unterseite eines Blattes von *Heracleum sphondylium* gefunden. — Fundort: [illegible]

122. **Liothrips setinodis** Reut.

Tab. VII., fig. 147.

1880. ***Phloeothrips setinodis*** Reuter. The Scottish Naturalist. V. pag. 340.

♀.

Barva těla černá. Hlava o 0·2 delší než širší, se stranami skoro parallelními. Tykadla dvakrát hlavy delší, podobná tykadlům druhu předcházejícího. Třetí čl. jejich tenký, as tak dlouhý jako prvé dva dohromady, na basi velmi úzký, ke konci pozneenáhla se rozšiřující. 4. kratší a silnější než třetí, 8. neobyčejně krátký; 4.—6. čl. na konci stlustlé. Barva tykadel žlutá, 1. čl. však černý, 2. na basi černohnědý a 8. hnědý. Prothorax o 0·3 hlavy kratší. Přední femora dosti stlustlá, kratší než u druhu předcházejícího. Všecka femora černá, přední tibie a všecky tarsy žluté, střední a zadní tibie černé, na konci žluté. Křídla čirá, hořejší na samé basi zkalená. Tubus skoro o 0·2 kratší než hlava, na basi skoro dvakrát tak široký jako na konci. Délka těla $2^{1}/_{3}$—$2^{2}/_{3}$ mm.

Var (nov.) **pragensis.** Postava menší, délka těla jen 1·5—1·8 mm. Druhý článek tykadel celý žlutý a osmý obyčejně slabě hnědošedě zkalený, někdy však tmavohnědý. Všecky tibie po celé své délce čistě žluté. Jinak jako forma typická. — Třináct exempl. nalezeno.

♂. Nebyl posud objeven.

V Čechách sbíral jsem jen varietu toho druhu (v lese mezi Krčí a Kundraticemi u Prahy), a sice v létě na spodní straně listu dubových, v zimě pod mechem.

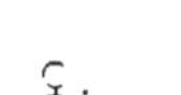

♀.

Körperfarbe schwarz. Kopf um 0·2 mehr lang als breit, seine Wangen fast parallel. Fühler zweimal länger als der Kopf, ähnlich denjenigen der vorhergehenden Art. Ihr 3. Glied dünn, etwa so lang wie die zwei ersten zusammen, am Grunde sehr schmal, gegen das Ende zu allmählich erweitert, das 4. kürzer und stärker als das 3.; das 4.—6. Glied am Ende verdickt. Fühlerfärbung gelb, das 1. Glied jedoch schwarz, das 2. am Grunde schwarzbraun und das 8. braun. Prothorax um 0·3 kürzer als der Kopf. Vorderschenkel ziemlich verdickt und kürzer als bei der vorhergehenden Art. Alle Schenkel schwarzbraun, die Vordertibien und alle Tarsen gelb, die Mittel- und Hintertibien schwarz, am Ende gelb. Flügel hell, die oberen am Grunde getrübt. Tubus fast um 0·2 kürzer als der Kopf, am Grunde beinahe zweimal so breit als am Ende. Körperlänge $2^{1}/_{3}$—$2^{2}/_{3}$ mm.

*) Doklad ve sbírce musejní, praep. č. 84. — Sammlung des böhmischen Landesmuseums. Praep. Nr. 84.

Var. [illegible] nov.: **pragensis.** [illegible] Körperlänge [illegible] 1·5—1·8 mm. Das zweite [illegible] gelb und das [illegible] gewöhnlich schwach bräunlich [illegible] getrübt, manchmal [illegible] Alle Tibien [illegible] ganzen Länge [illegible] 1·5 [illegible] Sommer [illegible]

[illegible]

Vorkommen: Im Sommer auf der [illegible] der [illegible]blätter [illegible] im Walde [illegible] in Böhmen [illegible] Schottland [illegible] Mähren, Moravia [illegible] Böhmen [illegible] *pragensis*.

[illegible] GENUS POECILOTHRIPS. [illegible]

Hlava [illegible] prothorax [illegible] Tykadla jsou [illegible] Makadla [illegible] stehla a [illegible] Makadla [illegible] Kadel jen [illegible] bezzubý.

-> <-

Kopf [illegible] lang als breit, bedeutend länger als der schmale Prothorax. Fühler nur um 0·5 [illegible] als der Kopf. Der Rüssel sehr verengt und so lang, dass er den Vorderrand des Mesosternum erreicht. Die Oberlippe in einen Stachel verlängert. Maxillartaster [illegible] und mit vier Tastborsten besetzt. Labialtaster mit einem sehr kurzen, [illegible] Sinneszapfen versehen, um den herum drei längere [illegible] stehen. [illegible] rudimentär. Vordertarsen bei den Weibchen wehrlos.

12. **Poecilothrips albopicta** nov. sp.[**]

Tab. III. fig. 25. Tab. IV. fig. 30.

[illegible]

Barva těla [illegible] Nahoře [illegible] hrudi a dvou [illegible] článku [illegible] Hlava [illegible] 0·35 delší než [illegible] delší než 2 [illegible] ke konci [illegible] trochu kratší než 0·5. Články tykadla [illegible]

[illegible]

vůbec zavalitě. První čl. jest černý, ostatní kromě třetího černošedé, třetí celý a 4., 5. i 6. na basi žlutavé. Prothorax o 0·4 hlavy kratší. Přední femora trochu ztluštělá. Všecka femora černá, tibie taktéž černé, na basi a na konci žlutavé, všecky tarsy žluté. Tubus o 0·4 hlavy kratší, na basi o 0·5 širší než na konci. Délka těla 1·3 mm.

♂. Nebyl posud objeven.

Jediný exemplář této třásněnky, který mám, nalezen v lednu pod zpuchřelou korou lipovou.

Čechy: Hradec Králové: Ve stromořadí kolem města.

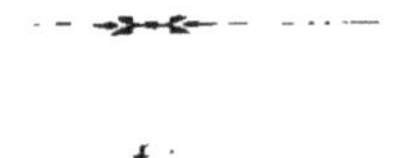

♀.

Körperfarbe rothbraun. Oben auf den Seiten des Thorax und der ersten zwei Abdominalsegmente zieht sich ein schneeweisses, oft unterbrochenes Band; ausserdem sind die Hinterecken des Kopfes weiss und am 4.—8. Abdominalsegmente befindet sich in den Vorderecken je ein schneeweisser Fleck; am 3. Abdominalsegmente sind diese Flecke undeutlich. Kopf etwa um 0·35 mehr lang als breit, nach hinten etwas verengt. Das 3. Fühlerglied etwas länger als das 2., am Grunde eng, gegen das Ende zu bedeutend erweitert und am Ende selbst wieder verengt, das 4. etwas kürzer als das 3. Fühlerglieder im allgemeinen gedrungen. Erstes Glied schwarz, die übrigen, das dritte ausgenommen, schwarzgrau, dieses ganz und das 4., 5. u. 6. am Grunde gelblich. Prothorax um 0·4 kürzer als der Kopf. Vorderschenkel etwas verdickt. Alle Schenkel schwarz, die Tibien ebenfalls schwarz, am Grunde und am Ende gelblich, alle Tarsen gelb. Tubus um 0·4 kürzer als der Kopf, am Grunde um 0·5 breiter als am Ende. Körperlänge 1·3 mm.

♂ unbekannt.

Vorkommen: Das einzige Exemplar, welches ich besitze, entdeckte ich im Jänner unter morscher Lindenrinde. — Fundort: Böhmen.

36. GENUS IDOLOTHRIPS Halid.[1]

Haliday (anno 1852): Ocellus anterior remotus ab basi antennarum, haustellum basin prosterni attingens, palpi labiales papilliformes, alae anticae vena unica obsoletiore dimidiata, aut abbreviata. Caput longissimum teres, abdomen excavatum. Antennae graciles, thoracis latitudinem triplo aut quadruplo superantes, prothorax inaequalis tuberculatus; metatarsi inermes. Statura procera; tribeneis et ultra

[1]) Εἴδωλον = obraz, modla (přeneseně) podoba mrtvoly; Bild, ein gespenstiges Schattenbild eines Todten.

124. Idolothrips marginata Hald.

1852. *Idolothrips marginata* Haliday. Walker, Homopt. ins. of Brit. Museum, pag. 1096.

Abdomen segmento penultimo [illegible] longiore quam latitudine [illegible] lateribus [illegible] muticum. — Nigra, abdominis maculis lateralibus thoraceque [illegible], antennis [illegible] articulis apice [illegible] et extremo tibiis [illegible] femoribus anticis nigris, vel basi [illegible]. — New Holland (Darwin). — Nach Haliday vielleicht ein ♀.

125. Idolothrips spectrum Hald.

1852. *Idolothrips spectrum* Haliday. Walker, Homopt. ins. of Brit. Museum, pag. 1097, tab. VI, fig. 5.

Abdomen longissimum, segmentis penultimo oblongo, lateribus denticulatum, tubulo [illegible] et [illegible]. — Abdominis lateribus valide 7-dentatis, denticulis spina, [illegible] seta [illegible] terminatis, segmento penultimo [illegible] apicali bispinoso; maxima [illegible] inter Physapoda facile princeps. Long. [illegible] — New-Holland (Darwin). — [illegible] — Nach Haliday vielleicht ein ♂. Die grösste bekannte Art (fast 1 cm lang).

126. Idolothrips lacertina Hald.

1852. *Idolothrips lacertina* Haliday. Walker, Homopt. ins. of Brit. Museum, pag. 1097.

Abdomen longissimum, segmento penultimo oblongo, lateribus denticulatum, [illegible] et [illegible]. — Abdominis lateribus subtilius denticulatis, denticulis [illegible] penultimo apice [illegible]. Praecedente (*Id. spectrum*) [illegible]. — New-Holland (Darwin). — Nach Haliday vielleicht ein ♀.

127. Idolothrips Schotti Heeg.

1852. *Thrips Schottii* Heeger. Sitzungsb. d. Akad. d. Wiss. Wien, VIII, pag. [illegible], tab. XXIII.

[illegible]

erhoben, mit grossen Pusteln, fast 1/4 so lang als der Kopf; Nebenaugen keine. Fühler fein fadenförmig, unbehaart, achtgliederig, nochmal so lang als der Kopf; erstes und zweites Glied gleich, kurz, so kurz als das achte; drittes und viertes, jedes viermal so lang als das zweite; fünftes und sechstes 1/4 kürzer als das vierte; siebentes nur halb, achtes nur 1/3 so lang als das sechste. Vorderbrust-Abschnitt fast glockenförmig gewölbt, halb so lang, am Vorderrande 1/4 breiter als der Kopf, abgerundet, Hinterrand gerade, um die Hälfte breiter als der vordere; Mittelbrust-Abschnitt 1/6 breiter, 1/4 so lang als voriger, der Hinterrand flach gebogen, an den Seiten zur Spitze verschmälert; Hinterbrust-Abschnitt fast nur so lang als die Schienen und so breit als lang; an den Seiten des Vorderrandes sind die zwei halbrunden dünnhornigen Platten, so lang als der Kopf breit, gegen den Hinterrand eine schildchenartige, hinten ausgebogene schwache Erhöhung, und der Hinterrand gerade abgeschnitten. Flügel: die vorderen halb so lang als Brustkasten und Hinterleib zusammen, alle sehr schmal, kaum 1/10 so breit als lang, gleichbreit, gerade, blass, bräunlich gelb, nicht dicht, aber sehr fein behaart, ganz mit Haaren umfranset, welche doppelt so lang als die Flügel breit sind; aus der Wurzel ziehet sich eine gerade Längsader bis gegen die Mitte der Flügellänge, wo sie in eine Spitze ausläuft. Die Hinterflügel fast nur halb so lang als der Hinterleib, 1/5 kürzer als die Vorderflügel. Beine schwarz mit rothbraunen Borsten besetzt, nur die Fussglieder dunkelbraun. Vorder- und Hinterbeine gleichlang, halb so lang als der Hinterleib, die mittleren aber 1/4 kürzer; Schenkel der Vorderbeine nur halb so lang als das ganze Bein, verkehrt keulenförmig, an der Wurzel 1/3 so dick als lang, am Knie kaum 1/3 so breit als die Keule; innen gerade, aussen am Knie eingebogen; Schienen 1/8 kürzer als die Schenkel, spindelförmig, am Vorderrande nach innen mit einem langen, dünnen, gebogenen Dorn bewaffnet; Füsse nur 1/4 so lang als die Schienen, halb so dick als lang; Schenkel der Mittelbeine 1/4 kürzer als die vorderen, gegen die Mitte verdickt, 1/6 so dick als lang; die Schenkel der Hinterbeine, der Form nach, den mittleren gleich, nur 1/3 länger und verhältnissmässig stärker; Schienen beider Paare an Grösse wenig unterschieden, an Form gleich, fast spindelförmig gegen die Mitte verdickt, Vorderrand gerade und etwas erweitert; Füsse 1/4 so lang als die Schienen, halb so dick als lang. Hinterleib, wie oben bemerkt, nochmal so lang als die Hinterflügel, gegen die Mitte 1/4 so dick als lang, glatt, spindelförmig, mit wenigen Borsten; erster bis dritter Abschnitt wenig unterschieden, fast 1/3 kürzer als breit, vierter und fünfter um 1/4, sechster um 1/3 länger als der dritte; siebenter und achter halb so lang als der sechste, neunter nur halb so lang als der dritte, fünfter bis neunter allmählich bis zur Afterröhre verschmälert; Afterröhre so lang als der sechste Abschnitt, schmal kegelförmig, 1/4 so dick als lang, mit vier Borsten am Hinterrand. Brasilien (Schott).

128. **Idolothrips Halidayi** Newm.

1856. *Idolothrips Halidayi* Newman, Transact. of the Entomol. Soc. London III pag. 265.

„N[illegible] [illegible], antennae [illegible] flavo, [illegible] apiceque [illegible] capite [illegible] cylindraceo [illegible] [illegible] [illegible], [illegible], [illegible] tarsis [illegible] flavo; abdomine valde elongato, pedetentim [illegible], segmento apicali cylindraceo, [illegible]. Corp. long. 2·5 mm. [illegible] 2 mm. — Head three times as long as broad, cylindrical, pitchy black, eyes large, lateral, oblong, seated at the anterior extremity of the head; antennae very slender, 8-jointed, the first and second joints robust, [illegible] [illegible] externally, black, the apex of the second tinged with yellow; the third very slender, longer than those next following and pale yellow; fourth, fifth and sixth [illegible] [illegible] [illegible] externally and pale transparent yellow, tipped with black; seventh rather shorter, [illegible], and entirely black; eighth extremely slender, [illegible] very acute, and entirely black. Prothorax broader than long; anterior and posterior margins straight, anterior as broad as the head, posterior double that breadth; lateral margins sloped diagonally from the anterior margin half way to the posterior, but as regards their posterior half, straight and parallel; [illegible] with wide [illegible] [illegible] and [illegible] uniform in breadth with the base of the prothorax. Abdomen very long, gradually tapering to an acute point, which is armed with a few bristles; the thoracic segments and abdomen are black and [illegible]. Wings nearly transparent, but with a [illegible] smoky tinge at the base; they have a median [illegible] [illegible] [illegible] almost immediately to divide, and to be lost in the costal and posterior [illegible] [illegible] which are fringed with long, [illegible] black hairs. Legs rather short, femora very [illegible] [illegible] externally, black and [illegible]; tibiae bright yellow; tarsi 2-jointed, [illegible] [illegible] [illegible], the apical joint short, [illegible] brown. — Hab. Mysore [illegible] [illegible] [illegible] of a piece of *Anacardium*.

POPISY DRUHŮ TUBULIFER, JICHŽ PŘÍSLUŠNOST RODOVOU NEBYLO LZE STANOVITI.

BESCHREIBUNGEN DER TUBULIFERENARTEN, DEREN GATTUNGS-ZUSTÄNDIGKEIT NICHT FESTGESTELLT WERDEN KONNTE.

[illegible] *Phloeo-thrips* [illegible]

—

[illegible] Gattungen [illegible]

Beschreibungen keine Erwähnung von den Charakteren, welche die fixierten Gattungen kennzeichnen, geschieht. Ich zähle sie infolge dessen unter dem Gattungsnamen *Phloeothrips* s. l. auf.

129. Phloeothrips annulicornis Halid.

1836. *Phloeothrips annulicornis* Haliday. Entomol. Magazine, pag. 443.
1836. — — Burmeister, Handb. d. Entom., II. pag. 410.
1843. — — Amyot et Serville, Ins. Hémiptères, pag. 640.
1852. — — Haliday, Walker, Homopt. ins. of Brit. Museum, pag. 1101.
1860. — *Halidayi* Kolenati, Wiener Entomol. Monatschr., IV. pag. 390.

Haliday (anno 1836.): »Ocellis tribus. — Capitis lateribus antrorsum convergentibus, inermibus. — In the general proportions, intermediate between *Phl. Ulmi* and *Phl. Statices*. The antennae short; the intermediate joints pale, but all tipped with brown; the fore shanks and the feet dull ferruginous; the fore thighs thick, and the thumb as in *Phl. Ulmi*, fem. Long. 1 lin.

130. Phloeothrips subtilissima Halid.

1852. *Phloeothrips subtilissima* Haliday. Walker: Homopt. ins of Brit. Museum, pag. 1100.

Metatarsus anticus muticus (in fem.?). — Nigra, antennarum flagello nisi apice tarsisque pallide ferrugineis, tibiis anticis nisi basi ferrugineis, alis subhyalinis; fem.? — *Phl. Statices* aequalis satis distincta. Caput antice magis rotundato-attenuatum, postice tantum subtilissime transversim aciculatum, inter oculos laevissimum; antennae medio haud crassiores; alae dimidio interiore laevius flavicante ciliis vix fuscis nisi cum congesto visantur. Tubus analis paulo brevior videtur. Long ? — lin. — Hab. sub cortice, sat agilis; in gallis Quercus. England (F. Walker).

131. Phloeothrips anacardii Newm.

1855. *Phloeothrips Anacardii* Newman. Transact. of the Entomol. Soc. London, III. pag. 266.

Nigerrima, glaberrima; capite paullum elongato, cylindraceo, pedunculato; antennis geniculatis, [illegible] basi apiceque nigris; abdomine vix elongato, lateribus rectis, [illegible] ad apicem parallelis, tunc obliquis, in segmento apicali brevi, cylindraceo desinentibus; alis diaphanis, [illegible], fuscociliatis; femoribus perpaullum incrassatis; tarsis [illegible]. Corp. long. ·175 unc. Mandibul. ·15 unc. — Head more than twice as long as broad, cylindrical piceous black, having at the anterior extremity two very conspicuous bright ocelli seated between the large, conical, ovoid, compound eyes. Antennae very slender, 8-jointed, the first and second joints robust and distinctly constricted at the base, incrassated at the apex, the apex of the second yellow; third extremely slender, twice as long as the second and pale straw-coloured; fourth, fifth and sixth of equal length, but all rather shorter than the third, convex, pyriform, straw-coloured, tinged with brown externally; seventh lanceovate, shorter than the preceding three, black, with short slender black [illegible]. Thoracic segments nearly as described in *Idolothrips Halidayi*. Abdomen rather robust, its sides parallel to near the apex, when it diminishes rapidly, terminating in a short cylindrical apical segment. Wings without rays, hyaline, with long brown cilia. Legs black, with straw-coloured tarsi; all other parts black and shining. Hab. Mysore ([illegible]) feeds on the leaves of a species of *Anacardium*.

132. Phloeothrips stenomelas Wlk.

1859. *Phloeothrips stenomelas* Walker, Annals and Mag. of Nat. Hist., pag. 224.

Ater, antennis concoloribus, capite glabro, thorace striis transversis, abdomine lineari apice lanceolato. — Deep black. Antennae submoniliform. Head smooth, nearly as long as the thorax, which is transversely striated. Abdomen linear, lanceolate at the tip. Legs thick. Length 1½ lin. Ceylon.

133. Phloeothrips parvipennis Reut.

1880. *Phloeothrips parvipennis* Reuter, Thysanoptera fennica, pag. 14.

Castaneo-ferrugineus, nitidus, subaeneus, capite pronoto vix longiore et latitudine [illegible] [illegible] lateribus [illegible] rugulis [illegible], oculis subrotundis, circiter quartam partem [illegible] capitis [illegible], antennis [illegible] articulis tertio [illegible] quinto apicem versus [illegible] clavatis [illegible] [illegible] [illegible] ut etiam secundo [illegible] [illegible] [illegible] flavo-testaceis, tertio duobus ultimis [illegible] [illegible] [illegible] [illegible] [illegible] [illegible] [illegible] [illegible] [illegible] [illegible] [illegible] [illegible] [illegible] apice tibiis tarsisque [illegible] [illegible] [illegible] [illegible] [illegible] articulo primo apice [illegible] [illegible] [illegible] [illegible] [illegible] [illegible] [illegible] [illegible] [illegible] circiter 2½ [illegible] [illegible] [illegible] [illegible] [illegible] [illegible] [illegible] circiter quartam partem apicalem laterum capitis occupantes. Ocelli tres. Antennae capiti et pronoto simul sumtis longitudine aequales, articulo primo nigro, secundo hoc paullo graciliore et breviore, flavo-testaceo, tertio toto testaceo, spatio interoculari parum breviore, a basi gracili apicem versus clavato-incrassato, ipso apice sub-constricto, ejus clava articulo secundo aeque crasso; articulis quarto et quinto etiam obconicis, piceis, quarto dimidio et quinto triente basali flavo-testaceis, articulo sexto basin versus leviter gracilescente, ipsissima basi testacea, septimo ovali, ultimo aciculato-acuminato; quarto tertio aeque longo, quinto et sexto sensim paullo brevioribus, septimo sexto circiter ¼ breviore, octavo septimo etiam circiter ¼ breviore; articulis 3—8 densius pallido-ciliatis. Pronotum capitis fere longitudine, trapeziforme, lateribus leviter rotundatum, disco apicem versus sat declive, posterius medio foveola oblonga instructum, sublaeve, castaneo-fuscum, angulis posticis testaceis (an specimen immaturum?). Pterygonotum pronoti longitudine, laeve, castaneum, disco medio latius flavo-ferrugineum. Alae anticae brevissime squamiformes, ferrugineae, pterygonoto magis quam duplo breviores, posticae vix distinguendae. Abdomen laeve, lateribus aequaliter rotundatis, segmento secundo tertio longiore, reliquis longitudine subaequalibus, tubo apicali segmentis duobus ultimis longitudine aequali, apice setoso; limbo abdominis seriebus duabus setarum albidarum, quarum interna pilis versus discum vergentibus; abdomen castaneo-fuscum, angulis omnium segmentorum basalibus latissime apiceque tubi apicalis flavo-ferrugineis. Femora picea, apice flavo-ferruginea, antica crassissima, crassitie capitis latitudini posticae sub-aequali, inermia; posteriora gracilia, postica capiti vix aeque longa, intermedia his circiter ¼ breviora. Tibiae flavo-ferrugineae, anticae unicolores, posteriores medio picescentes. Tarsi toti flavo-ferruginei, anticorum articulo primo intrinsecus fortiter uncinato. — Unicum individuum in paroecia Yläne legit Dr. J. Sahlberg.

134. **Phloeothrips albosignata** Reut.

1883. *Phloeothrips bigemmata* Costa, Geo-fauna sarda (2), pag. 71. (bez popisu — ohne Beschreibung).
1884. — *albosignata* Reuter, Revue d'Entomol., III, pag. 290.
1885. — — Costa, Geo-fauna sarda (4), pag. 12.

Reuter anno 1884 l. c.: Nigra, nitida, margine apicali metanoti fasciaque basali segmenti primi dorsalis ad angulos retrorsum dilatata nec non macula laterali triangulari segmenti quinti dorsalis abdominis albis; antennis articulo tertio ipso apice excepto, quarto ultra medium basique quinti albido-flaventibus; tarsis basi obscure ferrugineis; capite longissimo, versus apicem angustato, mutico, antennarum articulo tertio tribus sequentibus simul sumtis parum breviore, alis nullis; tarsis anticis maris intrinsecus articulo primo valde dentato-producto. Long. ♂ 3 mm., ♀ 3 mm. — Corpus nigrum, nitidum. Caput thorace, segmento primo dimidioque secundo abdominalibus simul sumtis

[illegible]

Sardinia (Costa), Algeria: Tlemcen (Marmottan).

135. Phloeothrips angustifrons Bergroth.

1888 *Phloeothrips angustifrons* Bergroth, Comptes rend. Soc. Entomol. Belg., p. XXX.

[illegible]

versus sensim incrassato, dein nonnihil attenuato, articulis quinto sexto imprimisque septimo subadpresse longiuscule argenteo-pilosis, fusiformibus, quinto quarto longitudine subaequali, sexto quinto paulo breviore, septimo quinto subaequilongo; pronotum trapeziforme, dimidia longitudine capitis paulo brevius, apice capite haud latius, lateribus subrectis, prope apicem et basin setis nigris paucissimis munitis, disco paulo inaequali; mesonotum pronoto plus quam duplo brevius, disco subtiliter transverse rugoso, tuberculis duobus obtusis et inter haec fovea impressa praedito; alae ensiformes, nervo crasso medio longitudinali percurrente instructae, fimbriis fusco-testaceis, alis anticis dilute luteo-albidis, fasciis duabus indeterminate fuscis notatis, nervo fuscescente in dimidio basali pilas tres validas erectas crassas capitulatas e papillis nascentes inter se longius distantes gerente, alis posticis albidis, nervo obscuriore; abdomen lineare, e segmento octavo apicem versus attenuatum, segmentis longitudine subaequalibus, ultimo tamen penultimo distincte breviore, tribus ultimis prope angulum apicalem parce longiuscule pilosis, ultimo praeterea ibidem pilis perpaucis ceteris multo longioribus et apicem tubi apicalis longe superantibus ornato, tubo apicali segmento antecedenti dimidio longiore, apice longe parce piloso; femora antica valde incrassata. Long. 3 mm. — Patria: Brazilia meridionalis (Blumenau, in provincia Sanctae Catharinae: Dr. Fritz Müller).

PŘÍVĚSEK.

ANHANG.

V následujícím sestaveny jsou ony druhy třásněnek, které byly od jednotlivých autorů nedostatečně popsány, takže není možno je opět poznati. Následkem toho dovoluji si navrhnouti, aby byly příště ignorovány.

Im Folgenden hat der Verfasser jene Arten zusammengestellt, welche von den einzelnen Autoren unzureichend beschrieben wurden, so dass es nicht möglich ist, sie wieder zu erkennen. Infolge dessen erlaubt er sich anzurathen, sie fernerhin zu ignoriren.

Thrips juniperina L.

1744 *Physapus fuscus, alis albicantibus.* De Geer, K. Swenska Wetensk. Acad. Handl. V. pag. 3, tab. 1, fig. 2.

1746 *Thrips elytris niveis, corpore fusco.* Linné, Fauna Svecica, Editio I., pag. 221.

1761 *Thrips juniperina* Linné, Fauna Svecica, pag. 266.

1767 Linné, Systema Naturae, pag. 743.

1773 *Thrips griseo-fusca, oculis nigris, alis albescentibus.* De Geer, Mém. p. serv. à l'hist. d. Insectes, pag. 10, tab. 1, fig. 5; Goeze, III, pag. 7.

1777 *Thrips juniperina* Goeze, Entom. Beyträge, pag. 348.

1781 Schrank, Enumeratio Insect. Austriae indig., pag. 298.

1781 Fabricius, Species Insectorum, pag. 396.

1787 Fabricius, Mantissa Insectorum, pag. 320.

1788 Gmelin, Caroli a Linné Systema Nat., pag. 2223.

1789 Berkenhout, Synopsis of Nat. Hist. of Gr. Britain and Ireland, pag. 122.

1789. *Thrips juniperina* de Villers, Car. Linnaei Entomologia.
1794. — — Fabricius, Entomologia Systematica, pag. 228.
1802. — — Stew, Elements of Nat. Hist., pag. 114.
1803. — — Fabricius, Systema Rhyngotorum, pag. 313.
1806. — — Turton, A General System of Nature pag. 716.

Linné (anno 1761.): »Thrips elytris niveis, corpore fusco.

Thrips paradoxa L.

175 *Thrips paradoxa* Linné, Amoenitates academicae, 6, pag. 401.
1767. — — Linné, Systema Naturae, pag. 743.
1781. — — Schrank, Enumeratio Ins. Austriae indig., pag. 298.
1788. — — Gmelin, Caroli a Linné, Systema Nat., pag. 2222.

Linné (anno 1767.): »T. fusca, alis abbreviatis, antennis pectinatis, fissilibus, aliformibus. Insectum valde singulare. Habitat in China.«

Thrips ranunculi Schr.

1763. (Bez jména. — Ohne Namen.) Scopoli, Entomologia Carniolica, pag. 141.
1781. *Thrips Ranunculi* Schrank, Enumeratio Ins. Austriae indig., pag. 298.

Schrank: »Thrips Ranunculi, nigra, alis albidis, segmentis abdominalibus margine rufis.«

Thrips variegata Gmel.

1764. *Thrips variegata* v. Gleichen, Das Neueste aus dem Reiche d. Pflanzen, pag. 22.; tab. 21., fig. 6. et 7. (1788, Gmelin, Syst. Nat., pag. 2224.).

Thrips leucanthemi Schr.

1763. (Bez jména. — Ohne Namen.) Scopoli, Entomologia Carniolica, pag. 141.
1781. *Thrips leucanthemi* Schrank, Enum. Ins. Austriae indig., pag. 298.

Scopoli: »In flore *Bellidis majoris*, copiosissima, nigra tota; antennarum articulis basi albidis, tibiis anticis crassioribus, compressis.«

Schrank: »Breitfüssiger Blasenfuss. Thrips nigra, alis albidis; tibiis anticis compressis dilatatis albis.«

Thrips conica Esler

1863 *Thrips conica* [illegible] Systema [illegible] pag. 312

[illegible] Habitat in America [illegible] Corpus [illegible]

Thrips cynorrhodi Hal.

1836 *Thrips cynorrhodi* Haliday, Entomolog. Magazine, pag. 448
1843 *Physapus* [illegible] Amyot et Serville, Ins. Hemipteres, pag. 645
1852 *Thrips* [illegible] Haliday, Walker, Homopt. insect. of Brit. Museum pag. 1110

Haliday anno 1836: [illegible] Extra [illegible] Antennae [illegible] Smaller [illegible] the style of antennae [illegible] Common in the flowers of wild roses.

Thrips grossulariae Hal.

1836 *Thrips grossulariae* Haliday, Entomolog. Magazine, pag. 448

Haliday [illegible] Extra [illegible] Antennae [illegible] Elytra fusca [illegible] Common [illegible]

Thrips corymbiferorum Hal.

18[illegible] *Thrips corymbiferorum* Haliday, Entom. Magazine, pag. 449
18[illegible] [illegible] *corymbiferorum* Amyot et Serville, Ins. Hemipteres, pag. 644
1852 [illegible] *corymbiferorum* Haliday, Walker, Homopt. ins. of Brit. Museum pag. 1112

Haliday anno 1836: [illegible] Extra [illegible] Antennae [illegible] Elytra [illegible] in the flowers of *Corymbiferae* [illegible] in the Botanical garden [illegible]

Haliday anno 1852: [illegible]

Thrips livida Halid.

1836. *Thrips livida* Haliday, Entomological Magazine, pag. 449.

Haliday: »Tibiae et tarsi inermes. — Elytra linearia, unicolora, basi tantum pallidiora. — Antennae stylus perbrevis, articulis vix discretis. — Elytra testacea (aut pallida?). — In flowers of *Ulex Europaea*, very rare.«

Thrips persicae Halid.

1837. *Thrips Persicae* Haliday, Entomolog. Magazine, pag. 146.

Haliday: The larva is entirely light yellow, not unlike that of *Thr. ulmifoliorum*, but without the small spines at the tail. — A small species, found on the diseased leaves of peach-trees.«

Thrips ochracea Westw.

1839. *Thrips ochraceus* Westwood, Introduction to the modern classific. of Insects, II.

Thrips picipes Zett.

1840. *Thrips picipes* Zetterstedt, Insecta lapponica, pag. 313.

Zetterstedt: Nigra, nitida; hemelytris subulatis fuscis, basi albidis, pedibus rufo-piceis, tarsis pallidis. Long. ¹/₃ lin. — Minutissima, vix ¹/₃ lin. longa. Antennae breviusculae, filiformes, pubescentes, nigrae, basi pallidae. Corpus nigrum, nitidissimum, glabrum. Abdomen subconvexum, lateribus parum pilosum. Anus acutus, stylo vero parum elongato, parce piloso, apice vix setigero. Hemelytra longitudine abdominis, subulata, margine ciliata, tota fuscata, basi alba. Alae angustissimae, albidae. Pedes validi, rufescentes, femoribus saturatioribus, tarsis pallidis. Femora antica reliquis non crassiora. — Habitat in Lapponia boreali rarissime. In floribus pratensibus Lapponiae meridionalis passim inventa.

Thrips olivaria Tamburin.

1842. *Thrips olivarius* Tamburin, Mémoire sur le Thrips oliv. etc., Draguignan.

Phloeothrips tristis Halid.

1852. *Phloeothrips tristis* Haliday, Walker: Homopt. ins. of Brit. Museum, pag. 1098.

Haliday: Alae et ocelli desunt. — Nigra, nitida, antennarum articulo tertio albido, metatarso mutico. Long. 1 lin.

Phloeothrips mali Fitch

1856 *Phloeothrips Mali* Fitch. Report on the noxious insects of New York, pag. 104.

Fitch: This insect measures only six hundredths of an inch in length and one hundreth in width. It is polished and shining, and of a blackish purple color. Its antennae which are rather longer than the head and composed of eight nearly equal joints have the third joint of a white color. The abdomen is concave on its upper side, and is furnished with a conical tube at its tip which has a few bristles projecting from its apex. The wings when folded are linear, silvery white, and as long as the abdomen; they are pressed closely upon the back, spreading asunder at their bases, and appear like an elongated white V-shaped mark. Viewed from above, the head is of a square form, longer than wide. The first segment of the thorax is well separated from the second, is broadest at its base, and gradually tapers to its anterior end, where it is as wide as the head. The following segment is the broadest part of the body and square, with its length and breadth equal. United States: New-York. — Gnawing into young apples?

Thrips tritici Fitch.

1856 *Thrips Tritici* Fitch. Report on the noxious ins. of New-York, pag. 304, et pag. 308., fig. a—f.

Dle vykresů jest patrno, že tu spleten jest jakýsi zástupce tubulifer s nějakou třásněnkou terebrantní.

Aus den Zeichnungen geht hervor, dass hier ein Vertreter der *Tubuliferen* mit einem der *Terebranten* vermengt wurde.

Aeolothrips trifasciata Fitch

1856 *Coleothrips trifasciata* Fitch. Report on the nox. insects of New-York, pag. 308, fig. 2.

Fitch: Length 0.07. It is of a black color, polished and shining, with the third joint of its antennae white, and its wings black or dark smoky brown, with three broad white bands, whereof one is upon the base, another across the middle, and the third, which is somewhat narrower, upon the tip. The wings show two longitudinal veins [illegible] were [illegible] them [illegible] nor could I discover any [illegible] The fore legs are larger than the others, and [illegible] of the species I have examined, [illegible] from the front of the head [illegible] and are composed of only five principal joints, of which the two first are short, and a third thicker than the others, which are long and cylindrical, the last one gradually tapering to a slender point, its apical portion being divided into small indistinct segments. This species is common upon wheat « — New-York.

Phloeothrips caryae Fitch.

1857. *Phloeothrips caryae* Fitch, Report (II.) on the noxious ins. of New-York, pag. 127.

In hickory galls, food?

Limothrips poaphagus Comstock.

1875. *Limothrips poaphagus* Comstock, A Syllabus of a Course of Lectures etc.

Nominalní druh. — Nominalart.

Phloeothrips*) fasciata Butler.

1876. *Aptinothrips (!!) fasciatus* Butler, Annals and Mag. of Nat. Hist. No. 101., pag. 412.

Butler: Blackish piceous, glabrous; wings hyaline; bases of antennal joints, eyes, ocelli, and five broad abdominal bands crystalline white; frons fulvous; antennae 7-jointed, basal joint conical, the second to fourth obconical, fifth to seventh fusiform; the terminal joint terminating in an acute point; head rounded, truncate in front and behind, with a central obtuse carina and an oblique stria behind each eye. Length 3 millims. Rodriguez; coll. by Gulliver.

Thrips lini Ladureau.

1877. *Thrips lini* Ladureau, Assoc. franç. p. l'avanc. d. Sciences, pag. 953., fig. 99.

Znaky vytknuté týkají se třásněnek vůbec.

Die angeführten Kennzeichen beziehen sich auf die Thysanopteren überhaupt.

Thrips croceicollis Costa.

1884. *Thrips croceicollis* Costa, Geo-fauna sarda (2), pag. 71.

Nominalní druh. — Nominalart.

*) s. l.

Phloeothrips brunnea Jordan

1888. *Phloeothrips brunnea* Jordan, Zeitschr. f. wiss. Zool., 47.

Thrips asperulae Jordan

1888. *Thrips asperulae* Jordan, Zeitschr. f. wiss. Zool., 47.

ZÁVĚREČNÉ POZNÁMKY.
SCHLUSSBEMERKUNGEN.

Chceme-li studovati třásněnky, je nutno, jak již na str. 15. řečeno, zkoumati je v preparatu mikroskopickém. Připojme zde ještě některé pokyny. Tekutina, v níž třásněnky [illegible] výhodně ohledáváme, jest glycerin nebo líh (tento však rychle se vypařuje, pročež musí býti během zkoumání ustavičně pipetou nahrazován). Krycí sklíčko nesmí tuze těsně ke sklu objektivnímu přiléhati, aby jemná tato zvířátka nebyla smáčknuta a deformována. Toho uvarujeme se, když pod sklíčko to s jedné strany vsuneme špendlík, jímž snadno můžeme tlak jeho regulovati.

Rozměry jednotlivých částí těla je naprosto nutno měřiti mikrometrem (v okuláru), poněvadž odhad okem může velmi klamati. Při měření hlavy musíme vždy přihlížeti k tomu, zda-li není vtažena do předohrudi, a při měření článků abdominálních se přesvědčiti, zda-li nejsou vsunuty částečně jeden do druhého, což se někdy velikou měrou stává. Pravidelně však se tělo třásněnek po smrti v lihu rozestoupením se jednotlivých článků značně prodlouží, při čemž se světlé spojovací blány objeví. Odměřujíce délku těla, musíme k tomuto nepřirozenému prodloužení jeho míti zřetel. Spolehlivě mohou býti měřeny jen živé třásněnky uměle ochlazené (aby se nepohybovaly), což hodlám příště prováděti, abych nabytými přesnými čísly nahraditi mohl přibližné délky těla, v této monografii udané.

Tvar a strukturu křídel, tykadel a noh můžeme jen tenkrát spolehlivě posuzovati, když je oddělíme od těla a ohledáváme je pod jistým tlakem (aby všecky části přišly do jedné roviny). Chceme-li ústroje ústní a makadla přesně zkoumati, musíme hlavu zvířete jehlami pozorně odejmouti, čímž se sosák, který na hlavě zůstává viseti, stává zrakům našim přístupným. Očka ohledáme někdy teprve tenkrát, když jsme byli hlavu v silném roztoku drasla žíravého vařili, což též velmi se odporučuje ke studiu jemných struktur chitinu.

Konečně podotýkám ještě, že milerád zodpovím dotazy ke třásněnkám se vztahující, a že určím materiál mi zaslaný.

Will man verlässlich Thysanopteren bestimmen, so ist es nothwendig, wie schon auf S. 16 erwähnt wurde, sie in einem Tropfen Glycerin auf dem Objectträger unter dem Mikroskope zu untersuchen. Man kann wohl auch Spiritus dazu verwenden, ist jedoch gezwungen, [illegible] während der Beobachtung, weil er stark verdünstet, fortwährend mit Hilfe einer Pipette zu ersetzen. Natürlich muss man über den Tropfen Flüssigkeit, in dem sich die kleinen Insecten befinden, ein Deckgläschen legen, dasselbe jedoch gehörig stützen, damit es sich nicht allzu eng an den Objectträger anlegt und dadurch das Object breit drückt. Vor diesem Umstande ist sehr zu warnen, denn es werden dadurch die Formen des Körpers stark verändert. Hingegen ist ein sehr schwacher Druck, den man durch eine von einer Seite unter das Deckgläschen geschobene Nadel regulieren kann, recht zweckmässig, ja sogar erforderlich, da er den Körper gleichsam in eine Ebene bringt, ohne ihn zu deformieren. Die Dimensionen der einzelnen Theile sind unbedingt mit dem Ocularmikrometer zu messen, da ein Abschätzen mit dem Auge zu grossen Irrthümern führen kann. Die verhältnismässigen Längen werden nach folgendem Beispiel angegeben. Ist der Kopf [illegible]

[illegible] Kopf [illegible] Kopf [illegible] Kopf [illegible] Körper [illegible]

[illegible] Will man [illegible]

[illegible] Fransenflügler [illegible] Fransenfliegen [illegible]

[illegible]

II. ČÁST PALAEONTOLOGICKÁ.

II. PALAEONTOLOGISCHER THEIL.

ÚVODNÍ POZNÁMKY.

EINLEITENDE BEMERKUNGEN.

Fossilní třásněnky posud nalezeny byly pouze v útvaru třetihorním. Ze starších vrstev útvaru tohoto popsáno bylo několik druhů Oustaletem (L. č. 103.) a jedna dávno před tím Heerem, a to z lomu u Aix v jižní Francii, jejichž sádrovce náležejí do vyššího eocénu a vyznamenávají se bohatou zkamenělou florou. Tři druhy dále popsány byly Mengetem z jantaru (do spodního oligocénu počítaného), smůly to dávnověkých konifer, které rostly v lesích skandinavských, odkudž k jižním břehům moře baltického splaveny byly. V mladším útvaru třetihorním nalezeny byly četné zbytky vymřelých třásněnek v dolech hnědouhelných u Rottu, nedaleko Bonnu, vrstvách to, náležejících do stupně aquitanského (dle K. Mayera) a dle staršího rozdělení do svrchního oligocénu. Z naleziště tohoto popsal v. Schlechtendal 12 druhů. Ze stupně tortonského či öningenského (dříve do hořejšího miocénu počítaného) popsáno několik druhů od Öningen v jižním Badensku, kterežto místo přebohatou faunou hmyzu z nejrůznějších řádů se vyznamenává. Konečně známy jsou také fossilní třásněnky ze severoamerického útvaru třetihorního (Utah, Fossil Canon, Chagrin Valley), z něhož Scudder (L. č. 88. a 100.) popsal tři druhy. Ač posud nám jsou třásněnky jen z třetihor známy, není pochybnosti, že již dávno před tím vyvinuty byly. Ba jest možno, že již v prvohorách (aspoň v útvaru kamenouhelném) byly differencovány, neboť tenkráte z předku našeho hmyzu rovnokřídlého již homoptera se byla vyvinula, jak z nalezených křísů a svítilek nepopiratelně na jevo vychází. Víme pak, že třásněnky z těch přechodních tvarů mezi orthoptery a homoptery se odvozují (viz Část systematickou), jež sice mají již znaky, valnou většinou homopterům náležející, avšak přece některé vlastnosti orthopter si zachovaly (zvl. v ústrojích ústních). Že nenalezli jsme posud třásněnek jinde než v třetihorách, jest snadno pochopitelno, uvážíme-li, že hmyz vůbec ve vrstvách zemských velmi pořídku se zachoval, poněvadž žije většinou na suchu, kde mrtvoly jeho setlely neb jinými živočichy sežrány byly, a že jen tenkráte zbytky jejich udržeti se mohly, když dostaly se do bahna, kde ihned novou vrstvou jeho pokryty byly. Jen velikou náhodou dostává se pak petrefakt ten do rukou znalce, který nad to velmi snadno přehlédne hmyz tak drobný, jako jsou třásněnky. Proto tedy jen z několika málo nalezišť jsou známy, ač snad na květnatých lučích

[illegible]

O FOSSILNICH DRUZICH TŘÁSNĚNEK.

UBER FOSSILE THYSANOPTERENARTEN

[illegible]

[illegible]

srostem tří menších částí, což však při zkamenělém objektu může snadno státi se nezřetelným. Místo rodu *Palaeothrips* jest tedy v soustavě mezi oběma jmenovanými rody recentními.

Rod *Lithadothrips*, tímtéž autorem ze Sev. Ameriky popsaný, má hlavu širokou, okrouhlou, oči veliké. Tykadla jeho jsou štíhlá, osmi- neb devítičlenná; články jejich válcovité. Prothorax tak široký jako hlava. Křídla jsou špatně zachována, avšak přece tak, že na základě jich může příslušenství toho rodu do skupiny *Coleoptrata* býti zjištěno. Nohy jsou štíhlé a podobné nohám rodu *Palaeothrips*; zdá se, že byly hojně chlupy opatřeny. Jediný druh *L. vetusta* jest 1·7 mm dlouhý. — S c u d d e r nalezl dva exempláře toho druhu a praví, že rozeznávají se od sebe značně ve tvaru abdomenu. Tento jest prý u jednoho široký a vřetenovitý, na konci trochu prodloužený a tam několika chlupy opatřený. Druhý má strany abdomenu rovné a konec jeho široce zaokrouhlený. Patrně jest prvý exemplář samice, druhý samec.

K recentnímu rodu *Melanothrips* řadí S c u d d e r jistý druh třásněnek, jehož zbytky jsou velmi neúplně zachované, a jejž jmenuje *M. extincta*. Praví o něm, že má hlavu malou, napřed zúženou, a že jeho tykadla jsou velmi dlouhá. Z křídla zachovala se jen přední část žilky okružní, nesoucí podobné chlupy jako druh *Palaeothrips fossilis*, a část jedné z žilek podélných. Délka těla obnášela 2·2 mm.

Ostatní třásněnky fossilní vřaděny byly do recentních rodů *Phloeothrips*, *Thrips* a *Heliothrips*. Z těch hodláme věnovati větší pozornosť druhům, jež v. S c h l e c h t e n d a l z hnědého uhlí u Rottu popsal, poněvadž, jak již praveno, máme tytéž vrstvy v Čechách, a tudíž tytéž druhy by zde nalezeny býti mohly. Kromě toho pak lze druhy v. S c h l e c h t e n d a l o v y dobře posuzovati, ježto jsou podrobně popsány a pečlivě vykresleny.

Zbytky třásněnek z naleziště toho jsou dosti dobře zachovány, jak ukazují vyobrazení jejich, z nichž některá jsem vybral a v O b r a z 1. sestavil. — S c h l e c h t e n d a l popsal v celku dvanáct druhů, z nichž jeden zařaďuje do rodu *Phloeothrips*, sedm do rodu *Thrips* v šir. slova smyslu a čtyři do rodu *Heliothrips*. Pokud se tohoto posledního rodu týče, dálo se přiřadění některých třásněnek k němu jen ohledem na jejich mřížkovanou strukturu chitinu, což zdá se autoru samému znakem nepodstatným býti, a to tím více, poněvadž není vyloučena možnosť, že zmíněná struktura povstala teprv při zkamenění. — Všecky druhy byly okřídlené a křídla jejich zachovala se zvláště tenkráte dobře, když nebyla přiložena k tělu třásněnky, nýbrž volně ve vrstvě ležela. Tykadla celkem zachovala se špatně, takže, jak autor praví, jen v málo případech mohou popisy jejich poněkud nároky činiti na správnosť. Tím také vysvětlují se bizarní tvary některých vykreslených tykadel (Obr. 1., fig. 6. a 7.). Očka lze spatřiti jen zřídka a vždy jen nedokonale. Metascutellum čítá v. S c h l e c h t e n d a l mylně k střednohrudi, čímž vykládá se jeho tvrzení, že metathorax jest slaběji vyvinut než mesothorax. — Vykresy v. S c h l e c h t e n d a l o v y představují skoro veskrze samice (jen druh *clypeata* jest snad sameček), což snadno si vysvětlíme, považme-li, že je u třásněnek vždy mnohem více

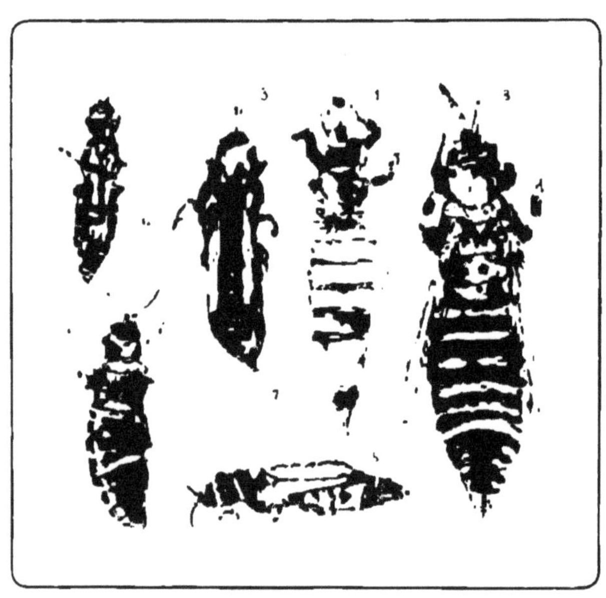

rohy zakulacené. Zadní okraj mesoscutella tvořil nízký oblouk. Druhý až osmý čl. abdomenu opatřeny byly po každé straně nahoře okrouhlou jamkou a zřetelnou rýhou pod předním okrajem. Poslední články na zadním kraji brvité. Kladélko zřetelné. Přední femora byla trochu ztlustlá. Křídla dosti široká a opatřená, je-li pozorování správno, dvěma podélnými žilkami, celým křídlem se táhnoucími. Délka těla 1·8 mm. Zdá se, že tento druh byl svého času velmi hojným.

Thrips (s. l.) *longula* měla dle v. Schlechtendala tělo dlouhé, štíhlé a hlavu tak širokou jako dlouhou. Prothorax byl o málo širší než delší a v délce asi hlavě se vyrovnával; nazad trochu zúžený. Mesoscutellum malé, jeho zadní okraj tvořil vysoký oblouk, do předu otevřený. Pterothorax veliký. Poslední články abdomenu byly vzadu brvité. Prohlubin na článcích abdominalních nebylo. Délka těla 1·8 mm.

Thrips (s. l.) *pennifera* měla hlavu o dvě třetiny širší než delší, v předu zaokrouhlenou, nazad se rozšiřující. Prothorax byl značně širší než hlava a skoro dvakrát širší než delší. Zadní okraj mesoscutella rovný. Křídla velmi úzká a do kola dlouze třásnitá. Tykadla byla štíhlá, nepřipouštějí však, jak autor praví, žádné určité představy; jen tolik lze poznati, že jejich 1. čl. byl mnohem delší než 2., jenž byl právě tak dlouhý jako článek třetí. Délka těla 1·3—1·5 mm.

Thrips (s. l.) *brevicrentris* měla hlavu podoby polokoule. Tykadla (Obr. 1., fig. 7.) skládala se ze sedmi článků, z nichž měly 2. a 4. stejnou délku a byly kratší než 3. Články tykadla utrpěly asi značných deformací při zkamenění. Prothorax byl delší než hlava a do předu trochu se rozšiřoval. Přední jeho rohy ostré a zadní, na nichž nalézalo se po dvou dlouhých chloupcích, zaokrouhlené. Zadní okraj mesoscutella tvořil oblouk. Abdomen byl zavalitý a sotva delší než hlava a thorax dohromady. Křídla byla úzká, krátká a velmi řídkými, dosti dlouhými třásněmi opatřená. Délka těla as 1 mm.

Thrips (s. l.) *minima* měla tělo malé a úzké. Hlava a prothorax dohromady prý tvořily dosti pravidelný kruh (myslím, že jest to asi deformace tlakem způsobená). Abdomen byl úzký. Dlouhá křídla taktéž velmi úzká. Nohy byly krátké a zavalité. Z tykadel (Obr. 1., fig. 6.) zachovalo se jen prvých pět článků. První, 2., 4. a 5. čl. byly mezi sebou stejně dlouhé a každý z nich kratší než článek třetí. První článek stál v prohloubeném na konci výstupku hlavy a měl podobu pohárovitou; 4. čl. byl neobyčejně ztlustlý. Délka těla 0·9 mm.

Thrips (s. l.) *pygmaea* (Obr. 1., fig. 2.) měla hlavu okrouhlou, o [illegible] širší než delší. Prothorax byl tak dlouhý jako hlava a měl snad nahoře uprostřed podélnou rýhu. Část zadního okraje mesoscutella, mezi kořeny křídel se nalézající, měla podobu vysokého oblouku. Kořeny hořejšího a dolejšího páru křídel byly od sebe značně vzdáleny. Abdomen jen o málo delší než hlava a thorax dohromady. Hořejší křídla měla dvě žilky podélné, z nichž, dle výkresu, každá celé křídlo prostupovala. Délka těla as 1·2 mm.

Thrips [illegible] *capito* [illegible] Tykadla [illegible] Mesothorax [illegible] metathorax [illegible] Delka [illegible] mm.

Lithadothrips cucullata [illegible] Tab. [illegible] Schlechtendalem [illegible] rodu *Heliothrips* [illegible] znaky. [illegible] Prothorax vzadu zaokrouhlen [illegible] *cucullata* [illegible] Proto [illegible] Neb [illegible] Zadni [illegible] Abdomen byl stroky. Predni a [illegible] nohy [illegible] jejich femora [illegible] dvakrat tak dlouhy jako [illegible] Zadni nohy [illegible] chlupate, delsi a silnejsi nez ostatni. [illegible] tarsu byl opatren [illegible] ktere jevi [illegible] tvar kulaty, brzy podlouhly, a [illegible] pro drobnost [illegible] jejichz pritomnost vsak nemi [illegible] pozorovati na tomtez miste tarsu jak u samic tak u samcu. Tento [illegible] Schlechtendalem pozorovany [illegible] zoubkum [illegible] na tomtez miste objevuji (Tab. V, fig. 15 [illegible]). Tykadla [illegible] byti osmiclennymi [illegible] clanku nelze [illegible] spolehlive popsati. Delka tela 1.1 [illegible] 1.6 mm. [illegible] tento druh ke [illegible] *Lithadothrips* [illegible] na jeho prothorax, ktery jest [illegible] jako [illegible] hlava [illegible] tykadla a [illegible] chlupy opatrene. Kridla [illegible] zastupce [illegible] [illegible] Krome toho [illegible] Schlechtendalem [illegible] pozorovany [illegible]

Phlaeothrips longipes [illegible] Schlechtendalem [illegible] *Heliothrips* [illegible] opatřenou. Prothorax není dosti dobře zachován; přece však na něm lze rozeznati, že byl širší než hlava a trochu širší než delší. Abdomen velmi široký. Tykadla pozůstávala ze dvou krátkých článků basálních, z nichž byl první miskovitý a velmi krátký, druhý pak více bankovitý. Následující články, jichž počet nedá se přesně určiti, byly dlouhé a válcovité. Prostřední články na konci trochu rozšířené. Přední femora neobyčejně ztlustlá, přední tibie taktéž ztlustlé. Střední femora tak dlouhá jako přední, méně však rozšířená. Zadní nohy neobyčejně dlouhé, takže délkou skoro abdomenu se vyrovnaly, jejich ztlustlá stehna dvakrát delší stehen středních. Z křídel zbylo jen několik chlupů. Délka těla 1·8 mm. Příslušnost toho druhu ke Scudderově rodu *Palaeothrips* pokládal již v. Schlechtendal za pravděpodobnou, a teprve okolnost, že křídla se nezachovala, bránila mu v přiřadění jeho k rodu zmíněnému. Já sám pevně přesvědčen jsem, že druh v. Schlechtendalův patří mezi *Coleoptrata*, a to sice pro tvar těla, pro tvar noh i pro tvar tykadel, a že tudíž i křídla, která scházejí, zajisté měla podobu obvyklou u této čeledi.

Thrips (s. l.) *clypeata* (Obr. 1., fig. 3.), v. Schlechtendalem opět nepravem k rodu *Heliothrips* přiřaděná, měla bezpochyby hlavu až po oči pokrytou prodlouženou předohrudí, jež byla silně klenutá, a jejíž přední rohy byly zaokrouhlené a zadní v osten vybíhající. Zadní okraj prodlužoval se mimo to uprostřed v trojhranný cíp. Pronotum bylo na disku i na okrajích chlupy poseto. Mesothorax dosti mohutně vyvinut. Jeho zadní okraj nahoře dvakrát hluboce vykrojen; ve vykrojeních nalézaly se kořeny hořejšího páru křídel. Abdomen měl strany rovnoběžné. Dle toho zdá se býti exemplář objevený samečkem, a to tím spíše, že nelze spatřiti stopy po kladélku. Křídla jsou dlouhá, dvěma žilkami podélnými prostoupena. Nohy krátké. Na tykadlech nelze ničeho určitého poznati. Délka těla 1·7 mm.

Thrips (s. l.) *Frechi* (Obr. 1., fig. 1.), v. Schlechtendalem v rod *Heliothrips* zařaděna, měla hlavu širší než delší. Prothorax byl taktéž značně širší než delší a o málo delší než hlava. Tykadla trochu delší pronota a skládala se z osmi velmi zavalitých a širokých článků. Poslední dva (stylus) byly velmi malé a tenké. U tohoto druhu jest abdomen tak dobře zachován, že lze na něm rozeznati všech deset článků, z nichž prvý jest z polovice v zadohrudi skrytý. Hořejší křídla prostoupena byla dvěma žilkami podélnými, chloupky posázenými. Přední jejich okraj opatřen kratšími třásněmi, zadní delšími. Nohy krátké a dosti zavalité. Délka těla 1·4 mm.

Ukončivše výpočet podstatných znaků druhů v. Schlechtendalových, podotýkáme, že tvar hlavy a předohrudi jest velmi těžko u fossilních druhů spolehlivě popsati; neboť části tyto mohou tlakem značně býti deformovány, jak to nejlépe vidíme u třásněnek v praeparátech mikroskopických, na něž jsme neopatrně přitlačili krycí sklo. Ještě sluší vytknouti, že mají druhy od Böttu popsané úplně ráz recentních v Evropě žijících třásněnek; jen *Thrips capito* a *T. clypeata* se od nich odchylují.

[illegible]

[illegible]

Résumé des palaeontologischen Theils.

In diesem Theile hat der Verfasser die wichtigsten der bis jetzt bekannt gewordenen Thatsachen über fossile Thysanopteren zusammengefasst und kritische Bemerkungen beigefügt.

Fossile Thysanopteren wurden bis jetzt nur aus den verschiedenen Tertiärbildungen von Heer, Oustalet, Menge, Scudder und v. Schlechtendal beschrieben, und zwar aus den Gypsen von Aix in Süd-Frankreich, aus dem preussischen Bernstein, den Süsswassermergeln von Oeningen, aus den Brüchen von Utah, Fossil Canon und Chagrin Valley in Nord-Amerika und aus dem Braunkohlengebirge von Rott bei Bonn.

Die bis jetzt bekannten fossilen Arten gehören den beiden Unterordnungen der recenten Thysanopteren an und sind einestheils Vertreter ausgestorbener Gattungen (*Palaeothrips, Lithadothrips* und *Calothrips*), anderestheils wurden sie zu den recenten Gattungen *Phloeothrips, Melanothrips, Thrips* und *Heliothrips* gereiht.

Die von Scudder aus Nord-Amerika beschriebene Gattung *Palaeothrips* zeichnet sich durch Flügel, welche vollkommen jenen der recenten Gattung *Melanothrips* (Taf. V, Fig. 39) ähneln, aus. Ihre Fühler sind jedoch ähnlich wie bei der recenten Gattung *Rhipidothrips* nov. gen. (Taf. V, Fig. 43) gebildet.

Von der Art *Lithadothrips vetusta* (welche ebenso wie die Gattung *Palaeothrips* zu der Familie *Aeolothripidae* gehört) beschreibt Scudder zwei Exemplare und bemerkt, dass sie sich von einander bedeutend in der Form des Abdomens unterscheiden. Dieser ist bei dem einen Exemplar breit, spindelförmig, auf dem Ende etwas verlängert und hier mit einigen Haaren besetzt. Das andere Exemplar hat die Seiten des Abdomens parallel und sein Ende breit gerundet. Ohne Zweifel war das erste Exemplar ein Weibchen, das zweite ein Männchen.

Den ersten Vertreter der Familie *Phloeothripidae* beschrieb v. Schlechtendal aus der oben erwähnten Rotter Braunkohle. Die übrigen 11 fossilen Arten, welche er von dort beschreibt, rechnet er einestheils zu der Gattung *Thrips*, anderestheils zu der Gattung *Heliothrips*.

Wir erlauben uns hier einige Bemerkungen über die Arbeit v. Schlechtendals (Nr. 156) zu machen; auch nahmen wir uns die Freiheit, einige seiner sorgfältig ausgeführten Zeichnungen im 2. Textbild auf Seite 288 wiederzugeben.*)

*) Für die Erlaubnis, diese Abbildungen aufnehmen zu dürfen, bin ich der Redaction der Zeitschrift für Naturwissenschaften in Halle a. S., in welcher v. Schlechtendals Abhandlung über fossile Thysanopteren erschienen ist, zu besonderem Dank verpflichtet.

[illegible] *Heliothrips* [illegible] *Idolothripiden* [illegible]

[illegible] S. 288 der vollendeten Monographie [illegible] Form des Kopfes und die Prothorax [illegible] Das Mesonotum [illegible] Metathorax [illegible]

[illegible] Arten *Thrips* [illegible] und *Thrips* [illegible] Taf. III [illegible] 6, Taf. IV [illegible] 2 [illegible] Metanotum [illegible] S. 20 [illegible] 25.

[illegible] *Heliothrips* [illegible] *Lithadothrips* [illegible] Prothorax [illegible] *Idolothripiden* [illegible]

[illegible]

am Hinterrande jedoch lange Fransen. Ausserdem kann man auf v. Schlechtendals Zeichnung zwei Längsadern erkennen. Von den Queradern ist nur eine (undeutlich) zu sehen, und zwar jene, welche die vordere Längsader mit dem vorderen Theil der Ringader verbindet. Die „zwei kleinen, bald rund, bald länglich erscheinenden Körperchen“, welche v. Schlechtendal auf dem zweiten Tarsalglied findet, und deren Bedeutung er nicht feststellen konnte, sind offenbar die bei den recenten Gattungen *Rhipidothrips* und *Aeolothrips* auf derselben Stelle bei beiden Geschlechtern vorkommenden Gebilde (Taf. V. Fig. 47, *e*).

Herrn v. Schlechtendals Art *Heliothrips longipes* gehört zur Gattung *Palaeothrips*, wie derselbe selbst vermuthet. Obwohl die Flügel sich nicht erhielten, lässt sich doch die Zuständigkeit dieser Art zu den *Aeolothripiden* behaupten, und zwar wegen der allgemeinen Körperform und wegen der Form der Beine und der Fühler.

Fast alle aus der Rotter Braunkohle beschriebenen Thysanopteren haben vollkommen den Charakter der recenten in Europa lebenden Arten; nur ist zu bemerken, dass ihr Körper durchschnittlich etwas grösser war. Die Arten *Thrips capito* und *Thrips clypeata* allein weichen von der gewohnten Form ab, und zwar die erste durch den mächtigen Mesothorax, welcher die Fühlerwurzeln ungewöhnlich nach hinten verdrängt, und durch zwei auffallend starke, mit einem Bogen untereinander verbundene Vertiefungen oben auf jedem Abdominalsegmente, die zweite durch eine besondere Gestalt des Prothorax, die den europäischen Arten vollkommen fremd ist. Ähnliche Verhältnisse werden wir vielleicht mit der Zeit bei exotischen Arten wiederfinden.

III. ČÁST ANATOMICKÁ.

III. ANATOMISCHER THEIL.

ÚVODNÍ POZNÁMKY.

EINLEITENDE BEMERKUNGEN.

V této části podávám obraz anatomie třásněnek, spojiv výsledky svých prací anatomických s údaji staršími. Druhy, na nichž jsem hlavně poměry anatomické sledoval, jsou z coleoptrat *Aeolothrips fasciata*, ze stenopter *Thrips physopus*, *T. flava*, *Physopus vulgatissima*, z tubulifer *Trichothrips copiosa* nov. sp. a *Anthothrips aculeata* i *statices*. Při pracích těch používal jsem také methody řezů seriových, a to zvláště k sestrojení nervové soustavy v hlavě a v hrudi, k sestrojení ženských ústrojů pohlavních s receptaculem a žlazou mazovou, částečně také ke studiu ústrojů ústních, kladélka a kostry chitinové. Při studiu soustavy vzdušnic dobrých služeb prokázal mi glycerin, do něhož jsem zvíře za živa ponořil. Konečně podotýkám, že všecka fakta, u nichž není jméno nějakého pozorovatele výslovně uvedeno, jsou podána na základě vlastních zkušeností. — K jednotlivým článkům připojil jsem údaje historické.

INTEGUMENT.

DAS INTEGUMENT.

Pancíř chitinový jest u třásněnek poměrně pevný. Povrch jeho jest obyčejně přejemnými rovnoběžnými vráskami opatřen, které více nebo méně spolu splývají. Na těle bývají tyto vrásky zvláště zřetelné, a často bývá z nich jedna hlubší, tudíž značně patrnější než ostatní (Tab. V., fig. 53.). Jindy tvoří síť, která nejvíce vyniká na hlavě, na hrudi a na nohách. Rody, jichž druhy mají síťkovaný a následkem toho nelesklý chitin, jsou: *Heliothrips*, *Parthenothrips*, *Prosopothrips* a *Dictyothrips*. — Blány, které spojují pancíře chitinové, jsou obyčejně sesíleně přejemnými a velmi četnými body chitinovými, neb krátounkými, v řadách postavenými lištničkami, aneb konečně, a to zvl. na hrudi tubulifer, drobnými, mnohobokými, chitinovými ploškami.

Zbarvení chitinu jest obyčejně tmavé, zřídka světlé. Barva hnědá a její různé světlejší a tmavější odstíny a různé kombinace se žlutou, červenou a černou barvou převládají. Často nalézáme též barvu žlutou v nejrůznějších odstínech, mnohdy, a to zvl. na pterothoraxu, s odstínem červeným. Také barva bílá u některých samců se objevuje. Tito bývají vůbec bledšími než samice, ač to není nikterak pravidlem. Někdy jsou tmavšími

[illegible] *Heliothrips haemorrhoidalis*, *Platythrips tunicata*, *Aeolothrips albicincta* [illegible] *Thrips* [illegible] *Aeolothrips albicincta* [illegible] *Platythrips tunicata* [illegible] *Thrips* [illegible] *Thrips minutissima*, *T.* [illegible] *T. flavicornis* [illegible] *Physopus vulgatissima var. albicornis* [illegible] *Megalothrips Bonannii*, *Cryptothrips lata* [illegible] *Cryptothrips icarus var. pallipes* a *Trichothrips pedicularius* [illegible]

[illegible] *Physopus vulgatissima* a *Melanothrips fusca* [illegible]

[illegible] *Sericothrips staphylinus* [illegible]

[illegible] VIII [illegible]

podobu nádoby, jejíž okraj utvořen jest okrajem týlním a okrajem čelním. Zvláštní té podoby dosáhla hlava okolností, že plocha čelní ohnula se přes přední její okraj na dolejší její stranu a tlačila kužel ústní před sebou, až jej více nebo méně pod prothorax zatlačila. Hrdelní plocha, za ústrojí ústními u jiného hmyzu se nalézající, zakrněla, takže z ní nezbylo více než přemalá spojovací blána mezi kuželem ústním a prosternem (Tab. VIII., fig. 148., *g*). Na předním okraji hlavy, to jest na rozhraní mezi plochou temenní a čelní, nalézají se facettované oči. Mezi nimi umístěna jsou tykadla, jejichž základní články od sebe odděluje malá vyvýšenina předního okraje hlavy o dvou cípech. Obě tyto prodlužují se do zadu v malou trojhrannou plošku, jež jest od čela slabou chitinovou lištnou oddělena (Tab. IX., fig. 161., *u*). Stluštělý čelní okraj hlavy vchlipuje se u terebrantií na každé straně dovnitř, a to směrem k oku. U některých druhů dosahuje levá vchlipenina zadního okraje jeho (Tab. IX., fig. 161., *s*), pravá pak dospěje sice někdy až k oku, ztrácí však vždy souvislost s okrajem čelním (*t*). U tubulifer mají tyto vchlipeniny podobu malých chitinových kliček, a pozorujeme je vždy as uprostřed mezi okem a okrajem čela. Kromě těchto vchlipenin nalézáme ještě jiné, které s okrajem tímto souvisí, a o které základní kus štětinovitých kusadel prvého páru se opírá. Tyto výtvory trásnětkám terebrantiálním schází. Okraj čelní jest u tubulifer symmetrický, u terebrantií však vybíhá na levé straně do předu v ostrý úhel, jenž směřuje k oku a na svém hrotu má nahoře popsanou vchlipeninu (Tab. IX., fig. 161., *r*).

HRUĎ. Prothorax jest volně pohyblivý; mesothorax a metathorax spolu srůstají; celku říkáme pterothorax. — Prothorax přiléhá v předu těsně k hlavě; jest pravidlem širší než tato a obyčejně asi tak dlouhý neb jen málo delší, v řídkých jen případech přesahuje délka jeho značně délku hlavy, jako ku př. u zástupců rodu *Chirothrips*. U tohoto rodu a u všech tubulifer rozšiřuje se prothorax čím dále do zadu tím více, takže vzadu jest značně širší než hlava. V tomto případě tedy má tvar lichoběžníku. Jinak má však tvar čtyřúhelníku s rohy zaokrouhlenými. Po obou stranách za prostředkem vchlipuje se často chitinový pancíř, takže povstávají krátké ostré bodce, dovnitř prothoraxu namířené, které slouží k upevnění svalů. Také zadní okraj má někdy po každé straně takový bodec; jindy pak jen střed jeho chitinovou vchlipeninou jest opatřen. Spodní strana prothoraxu (prosternum) má první pár noh a jest u terebrantií blanitá, u tubulifer však má tenké chitinové pláty (Tab. VIII., fig. 148., *i*). Pterothorax jest u okřídlených druhů terebrantií značně delší a širší než prothorax; u bezkřídlých pak jest často jen as tak dlouhý a sotva širší. Jsou-li samci nějakého druhu, jehož samice jsou dlouhokřídlé, krátkokřídlí, mají pterothorax značně užší a kratší než tyto; nelze tedy souditi ze zmenšeného pterothoraxu krátkokřídlého samce na krátkost křídel samice, jak Jordan se domnívá. Když však samice jest, byť i jen výjimkou neokřídlena, scházejí křídla pravidlem také samci. Výjimkou v tom ohledu jest jen druh *Sericothrips staphylinus*, u něhož nalézáme kromě krátkokřídlých samců též některé okřídlené. Tito ovšem odpovídají samicím okřídleným.

[illegible] Výjimku od tohoto pravidla [illegible] *Rhaphidothrips longistylosa*. [illegible] pterothorax [illegible] pterothorax [illegible] Tab. VIII, fig. 148 [illegible] fig. 149 [illegible] Tab. VIII, fig. 148 [illegible] fig. 149 [illegible] Tab. VIII, fig. 148 [illegible] fig. 151 [illegible] Tab. VIII, fig. 148 [illegible] fig. 151 [illegible] Kromě toho [illegible] *Aeolothrips fasciata* [illegible] Tab. VIII, fig. 151 [illegible] *Parthenothrips dracaenae*. [illegible] Tab. VIII, fig. 150 [illegible] Tab. III, fig. 20 [illegible] Tab. VIII, fig. 148 [illegible] Tab. VIII, fig. 151 [illegible] Tab. VIII, fig. 149 [illegible] fig. 150 [illegible] Kromě [illegible] fig. 150 [illegible] dají se k hrudi na stranách mesoscutella, dolejší křídla pak na stranách metascutella. Zadní kraj metasterna jest dále nazad posunut než zadní kraj metanota. Zbývající část metathoraxu pokrývá dorsalní deska prvého článku abdominalního, kdežto spodní jeho deska jest obyčejně velmi úzká (Tab. VIII., fig. 151., *f*) aneb daleko pod metasternum posunutá (Tab. VIII., fig. 148., *f*). K dorsalní desce přirůstá obyčejně z každé strany malá ploška (Tab. VIII., fig. 149., *h*), která odpovídá postranním destičkám článků následujících.

ABDOMEN. — Tento skládá se z desíti kroužků. Dorsalní deska prvního kroužku, jak již řečeno, prikrývá vzadu hruď. Kroužek ten jest obyčejně kratším než druhý. U samců coleoptrat jest však velmi prodloužený a značně delší než článek druhý. Tento a následujících pět článků bývají skoro stejné délky a stejně utvořeny. Poslední tři články abdomenu jsou ke konci vždy užší a užší. U tubulifer a velmi zřídka též u terebrantií (*Oxythrips hastata* [Tab. V., fig. 66.] a *Belothrips acuminata* [Tab. II., fig. 10.]) jest poslední článek abdom. rourovitý. U tubulifer spojuje se hořejší deska kroužku s deskou dolejší úzkou blanou. Postranních destiček tu není. U třásněnek terebrantialních nalézáme obyčejně dvě (Tab. X., fig. 170., *g*), někdy též tři destičky postranní, které jsou často na zadním okraji zoubkované, a někdy částečně mezi sebou neb s deskou hřbetní srůstají. U samic třásněnek terebrantialních schází třem posledním článkům deska břišní, poněvadž tam kladélko se nalézá. Zadní okraj 8. čl. abdom. bývá u terebrantů často krátce a velmi hustě obrvený. Jindy jsou zadní okraje článků abdominalních na břiše (u *Sericothrips staphylinus*) neb na hřbetě (u *Prosopothrips Vejdovskýi*) vykrajované zubaté. Poslední článek břišní jest u některých rodů (*Limothrips*, *Chirothrips*, *Stenothrips*, *Platythrips*) nahoře rozčísnut. Různé přívěsky na abdomenu třásněnek mají význam sekundérních charakterů pohlavních, a promluvíme o nich na příslušném místě. Z chlupů, na abdomenu se nalézajících, často vynikají, jak již praveno, svou délkou a mohutností ty, které se na posledních dvou článcích nalézají. U tubulifer jest nahoře na článcích abdominalních po každé straně jeden silný chlup, ke středu článku směřující, který slouží k upevnění křídel, na hřbetě složených. Podobný účel mají u některých druhů terebrantů dva sblížené chlupy uprostřed hřbetní strany jednotlivých článků abdom. (tak u druhů rodu *Dendrothrips* [Tab. II., obr. 15.], *Dictyothrips* atd.).

ÚSTROJE POHYBU.

ORGANE DER LOCOMOTION.

NOHY.

BEINE.

Noha třásněnek (Tab. V., fig. 38.) skládá se ze silné kyčle, z jednočlenného příkyčlí (trochanter, Tab. VIII., fig. 151., *t*), ze silného stehna, z tibie a z tarsu pravidlem dvoučlenného. Přední nohy jsou o něco kratší, zadní o něco delší než střední. Přední [illegible] s předními [illegible]. Přední [illegible] velmi zřetelně. U [illegible] (Tab. II. fig. 18.). Zpravidla jest [illegible] [illegible] V jediném případě, u druhu *Acanthothrips nodicornis*, opatřeny jsou [illegible] (Tab. IV. fig. 51.) [illegible] rodu *Chirothrips* (Tab. I. fig. 2.) [illegible] u druhu *Dictyothrips reticulatus* jest [illegible] zub. [illegible] u druhu *Aptinothrips rufa* (Tab. II. fig. 17.) a [illegible] *Aeolothrips*. V tomto případě [illegible] velmi [illegible]. [illegible] jest [illegible] Z [illegible] rodu *Sericothrips* [illegible] dva zuby [illegible] *Physopus phalerata*, [illegible] *ulicis* [illegible]. Na konci [illegible] Zuby [illegible] na konci [illegible] První článek [illegible] Druhý článek [illegible] tarsus, který [illegible] U [illegible] druhu *Physopus ulicis* na dolejší straně [illegible] a [illegible] druhu *Physopus robusta* a *inconsequens* [illegible] zoubkem, u druhu *Oxythrips ajugae* a *O. firma* [illegible] *Thrips calcarata* [illegible] U druhu [illegible] *Rhopalothrips*. *Aeolothrips* opatřen jest [illegible] Druhý článek [illegible] zubech [illegible] jest u druhu [illegible] *Rhopalothrips* [illegible] [illegible]

[illegible] Larvy mají [illegible] Na Tab. VIII. fig. 152. [illegible] 155. vidíme konce nohy larvy druhu *Trichothrips copiosa* [illegible] [illegible] do zadu (na obr. 153. ve směru šipky), pohne zajisté v tom případě oběma rameny obruče, které jsou ke kůži přirostlé, a tudíž rozevrou se i drápky, které také s kůží jsou v těsném spojení, a kolem pevného bodu (c) se otáčejí. Čím pak toto zatáhnutí jest silnější, tím více se drápky rozevrou, a tím více roztáhne se kožní lalok, mezi drápky se nalézající. Zároveň pak vnikne do laloku toho množství jisté tekutiny a napne ho tak, že vezme na sebe podobu měchýřku vodou naplněného. Tento měchýřek má na konci prohlubinu (fig. 155., *a*), kterouž přissává se k předmětům, na něž byl vtlačen. Tekutinu vylučuje veliká žláza, nalézající se částečně v holeni, částečně v stehnu (fig. 156.). Když jest tarsus nečinný (fig. 152.), vyteče veškerá tekutina z váčku, a tento se do vrásek složí. — Jordan, který poměry ty sledoval u larvy svého druhu *Phloeothrips brunnea*, tvrdí, že každá obruč přikládá se jedním koncem na výběžek drápku (*d*), čímž přímo drápky obručemi prý se rozevírají (ač také poznamenává, že se to kromě toho děje též prostřednictvím kůže, k níž jak konec tyče chitinové, tak i drápky jsou přirostlé). To zajisté jest malý omyl, který snadno lze vysvětliti z fig. 153. Tam totiž zdá se skutečně, jakoby obruče na výběžek drápku se upevňovaly. Pohled však se strany (fig. 154.) snadno nás přesvědčí o pravém stavu věci. Tekutinu váček naplňující považuje *Jordan* za krev, ač i připouští, že by mohla býti výměškem nějaké žlázy; tu však nenalezl. — U dospělých třásněnek jsou poměry tytéž jako u larev, jen méně zřetelné. Chitinová tyč rozšiřuje se tu obyčejně v chitinovou plošku, z níž jde mnoho chitinových vláken do laloku kožního.

Ke konci dlužno zmíniti se ještě o zvláštním péru u rodu *Dendrothrips*, v pleurothoraxu ukrytém (Tab. VI., fig. 86.), o něž zadní nohy při skoku se opírají.

Již Bonanni (L. č. 1.) pozoroval, že třásněnky mají nohy zakončené průhledným měchýřkem, jejž přitlačují, rozšířivše ho, na předměty, po kterých lezou a tak na nich lpějí. Degeer pak (L. č. 2.) soudil, že měchýřek onen vylučuje nějakou lepkavou hmotu; někdy však zdálo se mu prý, že vidí vydutou blanku, která jeví brzy menší, brzy větší prohlubinu, dle toho, jestliže slaběji neb silněji na povrch předmětu je tlačena. R. 1761. právem tvrdil Sulzer (L. č. 5.), že noha třásněnek zakončena jest kromě měchýřkem ještě dvěma drápky. R. 1764. praví Geoffroy (L. č. 9.), že chodidlo třásněnek skládá se ze dvou článku, z nichž druhý proměněn jest v puchýřek. R. 1773. opakuje Degeer (L. č. 11.) svoje pozorování dřívější a dodává, že vydutý měchýřek snad lpí na předmětech podobným způsobem jako baňka k pouštění krve na kůži lidské. R. 1780. praví Goeze (L. č. 18.) v jedné z poznámek, které přidává k překladu práce Degeerovy z r. 1773., že měchýřek třásněnek působí právě tak jako měchýřek na nohách roztočů, *Acarus coleoptratorum* zvaných, jimž se tato zvířátka přissávají k hladkému povrchu brouků, na nichž cizopasí. R. 1836. považuje Burmeister (L. č. 45.) měchýřek třásněnek za přissavku. R. 1838. (L. č. 50.) vyobrazuje tentýž autor měchýřek ten od druhu *Heliothrips haemorrhoidalis*, *Chirothrips manicata* (u toho kreslí dva drápky k měchýřku přiložené), *Thrips physopus* a *Acanthothrips nodicornis* a nazývá ho areola, plan-

části tato acetabulum coxotorum; někteří ho však nikdy pravě. R. 1874 vyobrazuje Tozzetti (l. c. 98) nohu s měchýřkem od druhu *Thrips physopus* a vkreslil též drápky a měchýřku přiléhající. R. 1888 konečně podal Jordan (l. c. 162) pravdě dost přiměřený popis chodidla třásněnek i jeho funkce, zvoliv k tomu druh *Aeolothrips fasciata* a druh *Phloeothrips brunnea* i larvy jeho.

KŘÍDLA.

FLÜGEL.

Křídla třásněnek jsou velmi úzká a dlouhá. U Terebrantií jsou hořejší křídla zpravidla užší a o něco delší než křídla dolejší, u Tubulifer jsou oba páry velmi stejně bývají. Tubulifera a Coleoptrata mají křídla po celé své délce skoro stejně široká a na konci zaokrouhlená. Některé rody Tubulifer (zvl. rod *Anthothrips*) mají oba páry křídel uprostřed zúžené, takže podoby podešve nabývají. Terebrantia vykazují křídla na basi dosti široká, nedaleko za basí se však zúžují a zůstávají v tom stavu až do přišpičatělého konce. Jediný rod *Parthenothrips* má křídla po celé délce skoro stejně široká. Hořejší i dolejší křídla všech třásněnek mají na basi pravidelně malou šupinku od plochy křídla oddělenou (Tab. VI. fig. 97. *h*).

Žilky v křídlech jsou u třásněnek velmi sporé. Hořejší křídla mají u Terebrantií kromě žilky okružní obíhající je kol do kola, ještě dvě žilky podélné a nejvýše pět žilek příčných. U Coleoptrat (Tab. V. fig. 39.) vycházejí obě žilky podélné z base a leží vedle sebe až do konce křídla, kdež každá zvlášť vyúsťuje do žilky okružní. Tyto dvě žilky spojuje asi uprostřed křídla krátká žilka příčná. Hořejší žilku podélnou i spojují s přední částí žilky okružní dvě žilky příčné, a to na konci první a druhé třetiny délky křídla. Dolejší žilku podélnou pojí se zadní částí žilky okružní u rodu *Melanothrips* taktéž dvě žilky příčné právě pod příčnými žilkami hořejšími stojící. U ostatních rodů coleoptrat však též jen žilka v druhé třetině se nalézající patrna. Zadní pár křídel nemá okružní žilky. Z podélné žilky nalézáme u coleoptrat někdy jen zbytek na basi křídla. U Stenopter (Tab. VI. fig. 97.) vychází hořejší hlavní žilka taktéž z kořene křídla, dolejší vedlejší však vzniká teprv asi v první třetině délky jeho a přikládá se k ní více nebo méně zřetelně pomocí šikmé žilky příčné. Obě žilky podélné běží pak rovnoběžně obyčejně až před konec křídla, kdež se ztrácejí, někdy s žilkou okružní se nespojujíce. U druhu *Parthenothrips dracaenae* (Tab. II. fig. 12.) ohýbá se hlavní žilka zvláštním způsobem za místem, kde se k ní přikládá žilka vedlejší, nahoru a spojuje se s žilkou okružní. U druhu *Heliothrips haemorrhoidalis* rozděluje se žilka podélná, vycházející z kořene, na konci první třetiny ve dvě větve, z nichž hořejší běží až do konce křídla těsně vedle přední části žilky okružní, dolejší pak těsně vedle zadní její části. U druhu *Sericothrips staphylinus* jest jen hlavní žilka vyvinuta (Tab. V. fig. 52.). Příčné žilky ovšem všech Stenopter vůbec velmi zřetelné; jedna z nich spojuje hlavní žilku s přední části žilky okružní as v prvé třetině délky křídla a druhá za jeho polovinou (Tab. VI., fig. 97, *f*, *g*). O třetí jsme se již nahoře zmínili. Dolejší křídla nemají žilky okružní a pravidlem probíhá jen toliko jedna žilka podélná; jen u rodu *Dendrothrips* dvě, z nichž hořejší jest slabá. Tubulifera nemají žilek okružních na křídlech vůbec; na basi hořejšího i dolejšího jejich páru nalézáme jen zbytek jediné žilky podélné, který však někdy až poloviny křídla dosahuje (u *Megalothrips Bonannii* a *Idolothrips Schotti* i *angustifrons*). — Šupinka na basi křídel třásněnek terebrantiálních, o níž jsme se již zmínili, jest na předním páru opatřena žilkou, která ji obrubuje kol do kola. Vedle vnitřní části této žilky běží mělká rýha. Na šupince zadních křídel mizí žilka ji lemující obyčejně docela, takže šupinka jen rýhou od plochy křídla jest oddělena. U tubulifer mění se šupinka na zadních křídlech v přívěsný lalůček.

Okraje křídel třásněnek vyznamenávají se tím, že ozdobeny jsou dlouhými tenkými třásněmi. U tubulifer jsou oba páry křídel na obou okrajích stejnoměrně hustými třásněmi posety; před koncem zadního okraje hořejších křídel stojí třásně ty ve dvou řadách. U stenopter jsou zadní okraje křídel velmi dlouze třásnité; u hořejších křídel jsou třásně po dvou sblížené. Přední okraje hořejších křídel opatřeny jsou třásněmi o něco kratšími, mezi nimiž obyčejně stojí krátké tuhé brvy. Na dolejších křídlech jest přední okraj poset u všech terebrantií krátkými řídkými třásněmi. U coleoptrat scházejí třásně na předním okraji hořejších křídel docela; u rodu *Melanothrips* a *Rhipidothrips* nalézáme tam jen tuhé brvy. U tubulifer vycházejí třásně z plochy křídla pod okrajem, u terebrantií však stojí na žilce okružní. Jen u rodu *Dendrothrips* vycházejí z mezery mezi žilkou okružní (která však zde běží pod předním okrajem) a hořejší žilkou podélnou. Třásně zajisté slouží k tomu, aby povrch křídla zvětšily a tím při letu měrou větší o vzduch opříti se mu pomáhaly. V klidu nezaujímají velikého místa, jsouce vedle křídel složeny.

Žilky podélné jsou v hořejších křídlech krátkými, tuhými, jen výjimkou přemalými chlupy opatřeny, a sice tak pravidelně, že rozestavení a počtu jejich lze užíti za znak systematický. Obyčejně jest hlavní žilka u stenopter opatřena na onom místě, pod nímž vzniká žilka vedlejší, třemi chlupy (velmi zřídka čtyřmi neb pěti), které jsou od chlupů sousedních v pravo i v levo mezerou odděleny. Hlavní žilka bývá pak až ke konci křídla někdy stejnoměrně chlupy poseta, obyčejně však má uprostřed jeden a ke konci dva chlupy (výjimkou jen dva neb čtyři). Vedlejší žilka bývá po celé své délce chlupy poseta. Podélná žilka v křídlech dolejších jest jen na basi několika chlupy opatřena. Coleoptrata mají obě žilky podélné tuhými chlupy posety. Žilky příčné jsou nahé.

Porovnání žilek v křídlech třásněnek s žilkami jiného hmyzu nemůže ještě správně provedeno býti, poněvadž neznáme téměř žádných z přečetných dle mého domnění rodů krajin mimoevropských, které zajisté rozvětvením svých žilek odchylným ukážou nám snad časem cestu, kterou se v tom ohledu bráti máme. Redtenbacher a Jordan tvrdí, že hořejší žilka podélná v křídle rodu *Aeolothrips* odpovídá žilce v křídle šídel, jež sluje mediana, a dolejší žilce rovnokřídlých, která se nazývá vena interno-media.

Ona žilce, která leží na vnitřní straně úponky, zdá se, že vpravdě odpovídá žilce rovnokřídlých, zvané vena anal.

Celý povrch křídel u všech třásnokřídlých terebrantních jest pokryt velice hustě přejemnými jehličkami. U druhu *Parthenothrips dracaenae* jsou křídla podobně síťkována jako povrch jeho těla. — Také slušno zmíniti se zde o háčkovitém přístroji na basi dolního křídla u některých třásnokřídlých se vyskytujícím, jenž slouží k zachycení křídla hořejšího za tím účelem, aby obě křídla při letu vespolek pevně souvisela. — U rodu *Aeolothrips* nalézá se nad kořenem hořejšího křídla silná šupinka chitinová, která přílišnému obrácení jeho zabraňuje.

V klidu jsou křídla u Terebrantií složena tak, že hořejší leží na těle vedle sebe, čárou ku konci od sebe se vzdalujíce; pod každým pak křídlem hořejším leží příslušné křídlo dolejší. U Tubulifer leží všecka čtyři křídla v klidu tak, že ve druhé polovici své délky přes sebe jedno druhým jest kryto (Tab. VII, fig. 112).

U některých druhů zakrňují křídla v jednom neb obou pohlavích tou měrou, že pterothorax nepřesahují aneb jen málo, velmi zřídka až k čtvrtému článku abdomenu jej přesahují. Takové pahýlky křídel zobrazeny jsou na Tab. VI., fig. 105 a 106. Na hořejším takto zakrnělém křídle lze spatřiti šupinku úplně vyvinutou a též žilku okružní, pahýlek obrubující. U malého poměrně počtu druhů scházejí křídla úplně, takže ani nejmenších zbytků nelze spatřiti, tak kupř. u rodu *Aptinothrips*, *Prosopothrips* a u bezkřídlé formy druhu *Aeolothrips albocincta*.

SVALY.

MUSCULATUR.

Celé tělo prostoupeno jest četnými svaly, z nichž zvláště mnohé jsou umístěny v hrudi, kdež slouží k pohybu noh a buď přímo neb nepřímo k pohybu křídel. Mnohé z nich upínají se na konce vchlípenin chitinových, o nichž jsme nahoře promluvili, a na zadní okraj mesoscutella, kdež jejich chitinové konce tvoří tak zvané diaphragma. Mezi tímto a předním okrajem mesoscutella napnuty jsou dle Jordana dva páry nepřímých svalů letacích, vnitřní mohutnější a vnější slabší. V metathoraxu svaly ty zakrňují. Jiné svaly prostupují hruď ve směru kolmém. V abdomenu vynikají zvláště četné krátké svaly, které pojí vždy dva za sebou následující články a vtahování jednoho do druhého umožňují. Také kladélko samiček jest mnohými svaly opatřeno, jež většinou umístěny jsou v předposledním článku abdominálním.

SOUSTAVA NERVOVÁ.

NERVENSYSTEM.

Soustava nervová jest u třásnokřídlých velmi koncentrována, a to sice u Tubulifer měrou ještě větší než u Terebrantií. Podrobně studována byla Jordanem na druhu

Parthenothrips dracaenae. Já sám pak zvolil jsem si z tubulifer druh *Trichothrips copiosa*, jehož soustavu nervovou v následujících řádcích popíši, a vytknu pak rozdíly mezi oběma zmíněnými druhy, zástupci to obou podřádů třásněnek.

Trichothrips copiosa má poměrně veliký mozek (Tab. VIII., fig. 157., *b*) tvaru podlouhlého, který v předu vysýlá dvé mohutné krátké větve k očím (*a*), nahoře tři krátké tenké větve ke třem očkům a dole dvé větve k tykadlům. Vzadu vycházejí z něho dvé commissury, které mezi sebou uzavírají jícen a tvoří tak kruh jícnový. Dále vcházejí do zauzliny podjícnové, která však zde tvoří se zauzlinou prothorakalní jednou hmotu (*d*). Tato má tvar hruškovitý a vysýlá v předu po jednom nervu (*e*) do prvého páru noh. Ze zauzliny prothorakalní vychází jediná lichá velmi krátká a tlustá commissura. Zauzlina mesothorakalní (*f*) jest značně kratší než prothorakalní, má tvar sploštilý, jest napřed vykrouženа a vysýlá v předu na každé straně po jednom nervu do horejších křídel (*g*) a uprostřed po jednom do druhého páru noh (*h*). Zauzlina metathorakalní (*i*) jest asi tak dlouhá jako předcházející, avšak o něco hmotnější, a přikládá se k ní širokou plochou, takže commissury mezi oběma zauzlinami není. As uprostřed vychází z ní na každé straně jeden nerv, který jde do dolejších křídel (*j*) a vzadu na každé straně jiný, jdoucí do zadního páru noh (*k*). Následující objemná zauzlina (*l*) povstala srůstem všech zauzlin abdominalních a posunula se do hrudi, kdež velmi širokou plochou přiléhá k zauzlině metathorakalní, tvoříc takto s ní a se zauzlinou mesothorakalní jednou hmotu nervovou, na kteréž meze tří velikých zauzlin, z nichž povstala, jen zaškrcením se prozrazují. Ze zauzliny abdominalní vycházejí po každé straně dva sblížené nervy a vzadu tlustý provazec nervový, který se táhne celým abdomenem až na konec těla, před nímž se dělí ve dvé větve. Provazec ten vysýlá v ruzných mezi sebou vzdálenostech po každé straně sedm nervu, které brzy dělí se ve dví. Nervy pravé strany vycházejí z provazce poněkud níže než nervy na straně levé. Obě větve pak, ve které se provazec před koncem rozděluje, vysýlají jeden nerv na vnitřní stranu (*9*), a pokud jsem mohl pozorovati, dva (*10, 11*) na stranu vnější.

Soustava nervová třásněnek terebrantialních liší se od téže soustavy tubulifer především tím, že koncentrace její není tak veliká. Zauzlina metathorakalní spojena jest se zauzlinou mesothorakalní, jakož i se zauzlinou abdominalní krátkou commissurou. Zauzlina abdominalní pak neleží v hrudi, nýbrž v prvých třech článcích zadku. Jiný rozdíl spočívá v tom, že provazec nervový, vycházející ze zauzliny abdominalní, táhne se až na konec těla, nerozděliv se ve dvé větve a stávaje se čím dál tím užším. V stejných vzdálenostech mimo to vysýlá v každém článku abdominalním po jednom páru nervu.

R. 1852. viděl Haliday (L. č. 61.) poprvé soustavu nervovou třásněnek a píše o ní, že skládá se ze čtyř stěsnaných zauzlin a z jednoduchého snad provazce nervového. Výkres soustavy nervové druhu *Phloeothrips* (= *Trichothrips*) *pini*, jejž Haliday podává (Tab. VIII., fig. 1.), jest maličký a velmi nejasný. Lze tu spatřovati šest stěsnaných zauzlin a lichý provazec nervový.

USTROJE SMYSLOVÉ.

SINNESORGANE.

USTROJE HMATU.

TASTWERKZEUGE UND TASTORGANE.

tečné spojení pátého a šestého článku nalézáme též u druhu *Physopus ulmifoliorum* a *Baliothrips dispar* (Tab. VII., fig. 108.). Pokud se tvaru článků týče, sluší ještě poznamenati, že u druhu *Chirothrips manicata* prodlužuje se druhý článek na vnější stranu v trojhranný široký zub (Tab. V., fig. 49.), u druhu *Limothrips denticornis* podobně utvořen jest článek třetí (Tab. I., fig. 8.). — Coleoptrata mají tykadla devítičlenná. V rodu *Melanothrips* (Tab. V., fig. 35.) jsou všecky články v délce ne příliš rozdílné. Poslední dva jsou nejkratšími a nejužšími. V rodu *Rhipidothrips* (Tab. V., fig. 43.) jest třetí článek nejdelším z celého tykadla, a poslední tři srůstají v jediný celek, na němž však zřetelně lze spatřovati hranice článků, z nichž se skládá. V rodu *Aeolothrips* (Tab. V., fig. 46.) jsou třetí a čtvrtý článek neobyčejně dlouhé, válcovité, a pět posledních článků srůstá v mohutný celek se zřetelnými hranicemi jednotlivých částí, z nichž první jest as tak dlouhá jako ostatní dohromady. — Nepravidelnosti v tvaru článků tykadelních jsou velmi hojné. Často srůstají na tykadle jedné strany dva až tři články v jedinou objemnou hmotu, jindy mění se dvoučlenný stylus v malý nečlánkovaný přívěsek. U druhu *Aeolothrips fasciata* a *albocincta* jest úplný srůst posledních pěti článků dosti obyčejný.

Vlastními ústroji hmatavými na tykadlech jsou četné chlupy, které buď jsou porůznu na nich rozestaveny, aneb tvoří před koncem jednotlivých článků kruh. U rodu *Parthenothrips* a *Heliothrips* prodlužuje se konec stylu v neobyčejně dlouhý hmatavý vlásek. V rodu *Dendrothrips* nalézá se na šestém článku jeden ohnutý silný a dlouhý chlup hmatavý, který dosahuje skoro konce tykadla.

Po tykadlech jsou hlavním sídlem hmatu makadla. Makadla maxillarní jsou vždy značně delší než makadla labialní, kterážto u rodu *Dendrothrips* a *Belothrips* skoro úplně zakrňují. U tubulifer jsou oba páry makadel dvoučlenné. První článek jejich jest velmi krátký. U terebrantií jsou makadla maxillarní dvou- neb tříčlenná, makadla labialní pravidlem dvou-, a jen u rodu *Aeolothrips* a *Rhipidothrips* čtyřčlenná. Tříčlenná makadla maxillarní mají rody: *Chirothrips*, *Sericothrips*, *Physopus*, *Raphidothrips*, *Oxythrips*, *Pachythrips*, *Anaphothrips*, *Aptinothrips*, *Belothrips*, *Dictyothrips*, *Prosopothrips*, *Thrips*, *Sminyothrips*, *Bolacothrips*, *Drepanothrips* a všecka coleoptrata; dvoučlenná makadla mají rody: *Limothrips*, *Dendrothrips*, *Heliothrips*, *Parthenothrips*, *Baliothrips*, *Stenothrips* a *Platythrips*. Jest-li makadlo tříčlenným, bývají obyčejně všechny tři články stejně dlouhé. V rodu *Aptinothrips* jest první článek značně delší než ostatní dva, a u druhu *Oxythrips firma* jest prostřední neobyčejně malý. Makadlo maxillarní dvoučlenné má u rodů *Limothrips* a *Dendrothrips* oba články asi stejně dlouhé, u rodu *Heliothrips*, *Parthenothrips*, *Baliothrips*, *Stenothrips* a *Platythrips* jest však druhý článek značně delší než prvý, a zřejmě na něm lze znamenati, že povstal srůstem dvou článků. Tubulifera mají druhý článek makadel maxillarních na konci pravidlem čtyřmi chlupy hmatavými opatřený; u terebrantií stojí pak na konci jejich tři až pět, zřídka více takových chlupů. Kromě toho nalézá se ještě na basi posledního neb i článku neb několik brv, jeden chloup hmatavý. Velmi dlouhý chlup téže druhu stojí u třásněnky *Aeolothrips fasciata* na konci prvého článku makadla maxillárního. Makadla labiální jsou u všech třásněnek ukončena několika nestejnými podobnými chlupy.

Z chlupů hmatavých na ústrojích ústních se nalézají ještě výkojky, které umístěny jsou na hořejším pysku. Je tu jich obyčejně šest, někdy i více. Spodní pysk opatřen jest též několika takovými chlupy. I maxilly mají některé ojedinělé. — Na samém konci dolejšího pysku stojí u terebrantií po každé straně otvoru ústního větší počet průhledných trnečků (Tab. IX., fig. 161), které se dle Bohlse (l. c. 167) prodlužují dovnitř pysku v chuťovou rourku. Snad také tyto útvary, ačkoliv nemají podobu hmatavých ústrojů, jež na rypáku much nalézáme, a jež Leydig zobrazil*).

Také ostatní tělo třásněnek jest opatřeno značným počtem chlupů hmatavých, tak především na zadním a někdy i na předním okraji prothoraxu a na konci těla. Mnohé z těchto chlupů bývají u některých druhů tubulifer paličkami ukončeny (Tab. III., fig. 20, Tab. IV., fig. 28). Podobné chlupy na těle i ukončených larev (Tab. II., fig. 13 a nymf (fig. 14) jsou často paličkami nebo trychtýřky zakončené a důležito je za hmatavé chlupy považovati.

ÚSTROJE CHUTI.

GESCHMACKSORGANE.

Bohls (l. c. 167) nalezl na spodní (vnitřní) straně hořejšího pysku přícnou řadu pozůstávající z osmi sekundárních prohlubin v chuťovou, z nichž v každé trčí průhledný čípek. Čípky tyto jsou ve spojení s vlákny nervovými, vycházejícími ze dvou malých ganglií, jež pod mozkem se nalézají. O tomto ústrojí mysli zmíněný autor, že by snad mohl býti ústrojím chuti, což jest velmi pravděpodobno.

ÚSTROJE ČICHU.

GERUCHSORGANE.

Sídlem čichu jsou tykadla a makadla. U tubulifer nalézáme na třetím až sedmém článku tykadelním po každé straně před koncem jeden oblouky průhledný čípek, který za čichový důležito považovati. Největší jsou tyto čípky u druhu *Acanthothrips nodicornis* (Tab. VII., fig. 115 atd.). Z třásněnek terebrantních má rod *Chirothrips* na vrcholu třetího a čtvrtého článku (Tab. V., fig. 49, fig. 50) a rod *Heliothrips* na třetím až sedmém článku po jednom čichovém čípku. Většina ostatních rodů má na třetím až šestém článku tykadla po jednom dvojramenném průhledném čípku čichovém, který se ...

*) L[illegible] chez les [illegible] animaux et principalement chez les insectes. [illegible] Paris 18[illegible] pl. [illegible] fig. 24.

překrátké tlusté stopce ve světlé prohlubině nedaleko konce jednotlivých článku. Na třetím a čtvrtém článku jsou tyto čípky nepoměrně větší než na následujících dvou. Na třetím nalézá se útvor ten na hořejší straně jeho, na čtvrtém dole. Největší takové čípky má druh *Thrips Klapáleki* (Tab. VI., fig. 107.). Rod *Parthenothrips* opatřen jest podobně jako tubulifera čípky čichovými od sebe oddělenými. Coleoptrata čípku těch nemají. Makadla maxillarní jsou jen u některých tubulifer a u rodu *Aeolothrips* na konci čípky čichovými opatřena. U rodu *Megalothrips* jsou dva takové čípky (Tab. VII., fig. 115.), u druhu *Cryptothrips dentipes* jeden. U rodu *Aeolothrips* stojí na konci makadla maxillarního taktéž jen jeden, a to velmi krátký čípek čichový (Tab. IX., fig. 161.). Na makadlech labialních vyskytují se čípky tyto častěji. Všecka tubulifera mají po jednom (Tab. VII., fig. 120.) nebo dvou (Tab. VII., fig. 116.) takových čípcích, kteréžto jsou často zakřivené (Tab. IV., fig. 30.). Rod *Aeolothrips* má taktéž dva, a sice velmi krátké (Tab. IX., fig. 161.); rodu *Melanothrips* scházejí. Stenoptera nemají, pokud vím, na makadlech žádných čípku čichových.

ÚSTROJE ZRAKU.

SEHORGANE.

Oči nalézají se v předu na hlavě na hraně mezi temenem a čelem. Jen výjimkou (u rodu *Chirothrips* a *Idolothrips*) bývají více do zadu posunuty. Mají podobu buď kulatou, nebo ledvinitou (na př. u rodu *Megalothrips*). U rodu *Aeolothrips* sahají dadaleko na spodní stranu hlavy (Tab. IX., fig. 161.). Skládají se z četných složitých oček, jichž rohovky jsou značně vypouklé, takže oko má vzhled maliny. Jednotlivá složitá očka nejsou v celém oku vždy tak těsně směstnána, že tvoří šestiboká políčka, nýbrž stávají se někdy na pokraji oka a v dolejší části jeho, která nalézá se na čele, řidčími, takže se mezi sebou ani nedotýkají (Tab. IX., obr. 161.) U některých druhu (tak zvl. u *Sericothrips staphylinus*, *Physopus primulae*, *distincta*, *inconsequens* a *Parthenothrips dracaenae*) jsou oči značně vykoulené. U rodu *Trichothrips*, a to zvláště u druhu *semicaeca*, jsou velmi malé a jen z nepatrného počtu oček složitých se skládají. Úplně slepých třásněnek není.

Očka jednoduchá jsou obyčejně přítomna a nalézají se na temeni hlavy mezi očima na rozích trojúhelníka, jehož vrchol jest obrácen do předu. Jsou opatřena množstvím červeného pigmentu, který nahromaděn jest na straně obrácené ke středu trojúhelníka. U rodu *Aptinothrips*, *Prosopothrips*, *Platythrips*, u druhu *Trichothrips semicaeca*, dále u samců rodu *Chirothrips a Limothrips* scházejí úplně. U ostatních druhu rodu *Trichothrips* a u druhu *Physopus nigriventris*, *frontalis*, *pilosa* a *Bolacothrips Jordani* více nebo méně zakrňují. Někdy, když již rohovka očka jednoduchého zmizela úplně, nalézáme ještě zbytky pigmentu. Pozoruhodno jest, že všude tam, kde očka scházejí aneb kde jsou zakrnělá, není křídel

USTROJE SMYSLOVÉ NEZNAMÉHO ÚČELU.
SINNESORGANE VON UNBEKANNTER FUNCTION.

Prvotním ústrojem je dlouhá úzká šupinka, která jedním okrajem přirůstá na spodní straně osmého článku tykadla a v předu v špičku je prodloužena. Nalézá se u druhů *Physopus ulicis* a *phalerata* (Tab. V., fig. 58.). [illegible] zvláštní ústroj smyslový spatřujeme u rodu *Aeolothrips*. Na třetím a čtvrtém článku tykadelním jest totiž v druhé polovině dlouhá hluboká rýha, chitinu prostá a pokrytá světlou blanou. U téhož rodu nalézá se ještě na šestém článku tykadla malé okrouhlé [illegible]. Konečně nalezl Bütschli ([illegible]) u tubulifer dvě [illegible] prohlubiny na jazýčku, z nichž v každé [illegible] dlouhá [illegible] štětina, která na každé straně z cípku jazýčka vyčnívá. Účel těchto přístrojů nedovede se vysvětliti.

USTROJE ZAŽIVACÍ.
VERDAUUNGSORGANE.

Zažívací roura počíná ústy, která leží na vrcholu kužele ústního a končí řití na špici posledního článku abdominálního. Rozeznáváme na ní tři části, totiž střevo přední (jícen), střevo prostřední (žaludek) a střevo zadní.

Počátek střeva předního leží v kuželi ústním, který utvořen jest ústrojím ústním. O částech těchto hodláme obšírně pojednati, poněvadž právě ony nejvíce charakterisují hmyz třásnokřídlý, jakožto řád, a velmi zajímavými se stávají tím, že na nich lépe než kdekoli jinde sledovati můžeme postup, kterým ústroje sací vznikají z kousavých spojením totiž [illegible] obou těchto druhů kusadel v jedno. Nejprve popíšeme krátce k vůli všeobecné orientaci podobu ústrojí ústních, načež přikročíme k důkladnějšímu ohledávání jednotlivých částí.*)

Sosák třásněnek neboli kužel ústní, jak jej pro jeho podobu kuželovitou nazýváme, nalézá se, jak již dříve praveno, více nebo méně, někdy úplně pod předohrudí, takže zdá se býti připevněn k této. Tak je tomu u tubulifer (Tab. VIII., fig. 148.). V klidu jest sosák [illegible] přitažen k prosternu a leží mezi kyčlemi prvního páru noh, u tubulifer v prohlubině [illegible]. Délka sosáku u jednotlivých rodů značnou měrou se mění. Obyčejně sahá [illegible] prosterna, zřídka dosahuje konce jeho, jakž tomu jest ku př. u rodu *Bacillothrips*. Též tvar jeho jest rozdílný. U většiny rodů třásněnek terebrantních jest sosák [illegible], u [illegible] ku př. u rodu *Aeolothrips* a *Rhipidothrips*, tenký a ostrý. U tubulifer mají taktéž některé rody krátký, široký a tupý sosák (*Megalothrips*, *Cryptothrips*, *Anthothrips*, *Zygothrips*, *Cephalothrips* a *Trichothrips*), u jiných pak jest [illegible] dlouhý a ostrý (*Phloeothrips*, *Acanthothrips*, *Liothrips*, *Bacillothrips*). V [illegible] jest kužel [illegible] pomocí svých [illegible] kolmo na osu těla postaven.

*) [illegible]

Velikou pohyblivosť sosáku umožňuje měkká světlá blána (Tab. VIII., fig. 148., *d*, Tab. IX., fig. 161., *bl*), která na basi jeho se rozprostírá a spojuje ho s chitinovou kostrou částí sousedních, a to v předu s okrajem čela (*r*), po stranách s okrajem prodloužených tváří (*u*) a vzadu s prosternem. Plášť kužele ústního složen jest ze čtyr částí. V předu (když sosák je vzpřímen) nalézá se trojhranný hořejší pysk (*a*), po každé jeho straně široká kusadla druhého páru (maxillae, *b*) s jedním párem makadel, a dole široký spodní pysk (labium) s druhým párem makadel. Spodní pysk ze všech částí měrou největší zúčastňuje se při tvorbě pláště. Na konci rypáku nalézá se otvor ústní, kterým mohou vymrštěna býti kusadla prvního páru (mandibulae, *f*), jež u třásněnek leží uvnitř pláště, a jež mají podobu velmi dlouhých štětin. Kromě toho nalézá se ještě v dutině pláště jeden lichý, velmi silný bodec (*m*), který leží na její levé straně a na své basi se rozšiřuje v desku (*n*). Tento útvor, jenž bodcem ústním budeme nazývati, jest pro třásněnky velmi charakteristický, neboť nevyskytuje se u žádného jiného hmyzu. — Poznavše tak povšechně podobu sosáku, obraťme se již k důkladnějšímu popisu částí, z kterých se skládá.

Hořejší pysk (labrum, Tab. IX., fig. 161., *a*) má podobu vysokého trojúhelníka a pamětihodným jest tím, že basis jeho jest nesymmetrickou. U třásněnek terebrantiálních prodlužuje se totiž pravá její strana skoro až k okraji čela, kdežto levá od něho se oddaluje. U tubulifer pak (Tab. IV., fig. 30., fig. 31.), kde celá basis hořejšího pysku jest mnohem bližší okraji čelnímu než u podřádu druhého, nesouměrnosť jeví se tím, že roh na levé straně base jest hluboce vykrojen. Ke konci se labrum značně zužuje a končí buď tupě (u všech terebrantií a z tubulifer u rodu *Megalothrips*, *Cryptothrips*, *Anthothrips* a *Zygothrips*), aneb ohýbají se okraje jeho dozadu a tvoří tak dlouhý, dutý, na konci otevřený hrot (Tab. IV., fig. 30.). Krátce před koncem jest pysk u terebrantií na malou vzdálenosť po celé šířce blánitým a světlým, na konci pak má úzkou blánitou obrubu (Tab. IX., fig. 161.)

Druhý pár kusadel (maxillae, Tab. IX., fig. 161., *b*) přikládá se ke stranám hořejšího pysku, s nímž jest pevně spojen. Každé kusadlo má tvar trojúhelníka. Blána, která jeho basi spojuje s prodlouženými tváře, jest velmi úzká. Maxilly nedosahují konce hoř. pysku, nýbrž ztrácejí se před ním z povrchu kužele ústního a vnikají do jeho dutiny, kdež dle Bohlse pevně se spojují se stranami jazyka (glossa). Nedaleko base kusadla a rovnoběžně s ní táhne se někdy zřetelná příčná rýha, kterou Jordan považuje za hranici mezi dvěma částmi, které u kusadel druhého páru hmyzu jiných jsou zřetelně odděleny. Části ty slují cardo a stipes Malac. třetí to část kusadla, zakrňují zde úplně. Asi uprostřed má každá maxilla své makadlo, které stojí na okrouhlém blánitém světlém místě (Tab. IV., fig. 30.), jež u terebrantií prodlužuje se až k basi kusadla (Tab. IX., fig. 161.).

Spodní pysk (labium) tvoří zadní stěnu pláště kužele ústního a obrubnými kraji svými pevně přiléhá k okrajům druhého páru kusadel. Nelze na něm spatřovati švů, které by poukazovaly k tomu, že srostl z levé a pravé strany. Za to hranicemi od sebe ostatními jsou část jeho: submentum (Tab. IV. fig. 30, e), mentum (Tab. IV. fig. 50, d; Tab. IX. fig. 161, e) a ligula (Tab. IX. fig. 161, c). Tyto hranice jsou nejpatrnější u rodu *Aeolothrips*, kdež pozůstávají ze silných a poměrně širokých spojovacích lišt (d). Mentum má na svém konci, a sice často na světlém blánitém místě (Tab. IX. fig. 161, g) drobný pár makadel (lm). U rodu *Aeolothrips* prodlužuje se nahoře po každé straně v tenký dlouhý výběžek (f), který přikládá se na okraj otvoru ústního. Ligula skládá se ze dvou částí. Vnější z nich, jež jest na konci blánitá (c), obklopuje otvor ústní ze zadu a ze stran a přikládá se nahoře okrajem svým na konec hořejšího pysku. Tuto část považuje Bohls za srostlé pravý jazyk a vnější sánice paraglossae, které uvnitř uprostřed na zadní stěně pod otvorem ústním mají podlouhlý chitinový otvor, jenž dle Bohlse někdy na konci jest dvouklaný. Tento otvor jest dle téhož spojovací jazyk pro vnitřní sánice. [illegible] Dvouklaný konec jeho ukazuje na srůst z pravé a z levé poloviny. Jazyk má nahoře uprostřed podélný žlábek, který prý tvoří spodní polovinu roury, do níž ústí se žlázy slinné. Ještě sluší podotknouti, že dolejší pysk má právě tak jako hořejší mimo vnější také vnitřní stěnu čili dvojité dno, kteráž jest u onoho blánitou, u tohoto chitinovou.

Prostor, který uzavírají mezi sebou ústroje ústní, plast kužele tvořící, vyplněn jest dle Bohlse velikým čtyřhranným chitinovým roubíkem, jehož přední stěna přechází v zadní stěnu jícnu a zadní ve vnitřní stěnu spodního pysku. Jest to tak zvaný hypopharynx. Zúžený konec jeho sahá skoro až k otvoru ústnímu. Přední jeho plocha má dle zmíněného autora dlouhý žlábek, který pokryt jest vnitřní plochou hořejšího pysku, takže tvoří uzavřenou rourku, jež přímo souvisí s jícnem, čili jest počátkem roury zažívací. Konečně pokrývá dle Bohlse část zadní plochy hypopharynxu jazyk a tvoří tak že žlábek na jazyku se nalézající taktéž rourku, jež prodlužuje se až k ústu, kde zadní plocha hypopharynxu přechází ve vnitřní stěnu dolejšího pysku. Tam, dle popisu Bohlseova, ústí i do zmíněné roury lichý vývod žláz slinných, a sice skrze malý drobný chitinový vývod, jehož světlost svaly se buď otvírá neb uzavírá. Slinná rourka končí [illegible] jsou tvořeny zároveň s ústím nedaleko před ústy.

Pravé pak kusadlo (Tab. IX. fig. 161, j) proměněno jest u Třásněnek v bodavé štětiny, podobně jako u mnohého jiného hmyzu. Každá z těchto štětin skládá se ze dvou částí: z basální chitinové pochvy (h) a z vlastní štětiny bodavé (j). Chitinová pochva jest [illegible] na hořejším konci polokulovitě, počíná s ostatním prodloužením [illegible] u základu [illegible] spojena [illegible] úzkého výběžku [illegible] okraje [illegible]. Na [illegible] štětiny bodavé. V [illegible] jest pak [illegible] do předu [illegible] okraj [illegible] však [illegible] štětiny [illegible] nízkým [illegible] a konec [illegible] štětiny [illegible] více neb méně k sobě přiblížené*), načež se do kužele ústního stáčejí. Když třásněnka štětiny ty vymrští, postaví se dle Bohlse chitinové páky kolmo na stěnu čelní, takže tvoří se štětinami bodavými úhel pravý. Dle téhož autora netvoří chitinová páka a štětina dohromady morfologický celek, což jest zřejmým, uvážíme-li, že u všech ostatních hmyzu skládá se první pár kusadel jen z jediného kusu. Páku dlužno považovati za dlouhou vchlípeninu chitinové kostry vnější, ač kloubem s ní spojena jest. Jakožto přesvědčivý důkaz, že páka není částí kusadla, uvádí Bohls přítomnosť některých svalů, které ji spojují s druhým párem kusadel. Mezi jednotlivými kusadly za sebou následujícími však u žádného hmyzu nemáme příkladu takového spojení. — Bodavé štětiny mají po celé své délce hluboký žlábek, a sice na straně vnitřní. Když štětiny ty z otvoru ústního vystoupí (což děje se za pomocí svalů, jdoucích k basalní páce), přiloží se dle Halidaye a Bohlse jedna na druhou a žlábky jejich vytvoří uzavřenou rourku ssavou. Každá z obou štětin bodavých pohybuje se dle posledně jmenovaného autora v dlouhé rourovité dutině, vzniklé vchlípením ektodermu. U tubulifer jsou obě roury následkem značně prodloužených štětin taktéž velmi dlouhé; podepřeny jsou u některých druhů pod týlem silnou příčkou chitinovou, která obě roury spojuje. Příčka ta jest zvláště u rodu *Anthothrips* velmi patrnou. V kuželu ústním přikládají se zmíněné roury k pravé a levé straně hypopharynxu.

Bodec ústní (epipharynx, Tab. IX., fig. 161., *m*; fig. 162.). Velmi silný tento bodavý nástroj hmyzu třásnokřídlého zaviňuje nesouměrnosť jejich ústrojů ústních. Leží totiž na levé straně v dutině pláště a jest u obou podřádů třásněnek jinak utvořen. U terebrantií připevňuje se jeho kořen, v dutou desku rozšířený, pomocí ostrého přívěsku na okraj čela tam, kde vzniká vchlípenina chitinová, směřující k levému oku (*o*). Ty poměry lze dobře pozorovati skrze prusvitavou blánu spojovací (*bl*), pod níž base bodce ústního leží. Celý ústroj stáčí se pak v nízkém oblouku k otvoru ústnímu, v němž se dosti tupou špičkou zakončuje. Nedaleko za rozšířenou částí basalní přikládá se bodec ústní k levé straně požeráku, jenž dle Bohlse přijímá ho do zvláštní hluboké vchlípeniny. Když minul požerák, přikládají se k němu, obklopujíce jej: hořejší pysk, levé kusadlo druhého páru a hypopharynx. Basalní rozšířenina má okrouhlý otvor (Tab. IX., fig. 162., *c*), jímž vstupuje do ní mohutný sval (na fig. 161. vynechaný). U tubulifer zúčastňuje se tato rozšířenina při tvorbě pláště kužele (Tab. IV., fig. 30., *o*), vkládajíc se do vykrouženě části na levé straně kořenu hořejšího pysku. Od vnitřní strany této desky ohýbá se bodec nejdříve do předu, načež za krátko v oblouku stáčí se směrem k ústům. Konec bodce vystoupí z úst jednak tím, že celý rypák zatlačí se do zadu, což následkem blánité jeho base jest snadným, a jednak tím, že zakřivení jeho dle Bohlse tlakem požeráku se vyrovnává. — Jordan však právem považuje bodec ústní za epipharynx.

*) U rodu *Megalothrips, Cryptothrips* i *Anthothrips* jsou bodavé štětiny na týle dosti oddálené; u rodu *Trichothrips, Phloeothrips, Acanthothrips* velmi sblížené. Pozoruhodno jest, že první skupina má hořejší pysk veskrze tupý, druhá skupina veskrze ostrý.

[illegible] dolejších zatočkách [illegible] jehož okraj s hořejším pyskem a [illegible].

Zbývá nám ještě promluviti o požeraku, jehož zadní stěna jest proměněna v silnou [illegible] chitinovou, do níž přechází, jak již nahoře řečeno, přední stěna hypopharynxu. Přední stěna požeraku jest značně tenčí a přechází ve vnitřní (zadní) stěnu hořejšího pysku. Na ústroj ten přikládá se dle Bohlse jeden pár mohutných svalů, jejichž druhý konec připevňuje se na zadním okraji očí. Smrštěním těchto svalů stává se celý kužel [illegible] na podélnou osu těla.

Sání děje se následujícím způsobem. Třásněnka vyhledavši vhodné místo pomocí [illegible] hmatových na dolejším pysku a čípků čichových na makadlech, navrtá je bodcem [illegible]. Do otvoru takto vzniklého zapustí obě štětinky bodavé, žlábky na sebe přiložené. Tak povstane rourka, kterou vystupuje šťáva do otvoru ústního již tak zvanou kapillaritou. Odtud pak požerakem čerpá se do počátku zažívací roury. Přední tenká stěna požeraku opatřena jest totiž dle Bohlse mohutným svalem, který smrštěním svého jeho značně rozšíří, čímž vzduch se zředí, následkem toho vystupuje tam tekutina puzena jsouc větším tlakem vzduchu okolního. Hermetického uzavření dosahuje počátek zažívací roury [illegible] že měkké části, ukončující hořejší i dolejší pysk, pevně k povrchu potravy se přikládají. Za požerakem pak uzavírá se roura zažívací dle Bohlse v okamžiku [illegible] kruhovým svalu.

V následujících řádcích vytkneme cestu, kterou se bralo studium ústrojí ústních třásněnek od počátku. — R. 1761 viděl Sulzer (l. c. 5.) na spodní straně hlavy třásněnky zvětšeny jsa slunečním mikroskopem na šest stop, dvě vejčité vyvýšeniny (bezpochyby přední kyčle) a mezi nimi hluboký žlábek. Dvě léta později viděl Scopoli (l. c. 6.) zajisté již rypáček třásněnek, neboť počítá je do svého řádu *Proboscidea*, jenž vyznamenává [illegible] ohnutým sosákem. R. 1764 mluví Geoffroy (l. c. 9.) o malé podélné kůmce dole na hlavě, [illegible] ve které by prý mohla kousadla ukryta býti. R. 1767 praví Linné (l. c. 10.), že třásněnky mají rypáček [illegible] položený. R. 1773 pozoroval De Geer (l. c. 11.), že hlava dole prodloužena [illegible] předohruď, a že má na konci [illegible] kratičký, kuželovitý, tupý rypáček, na němž stojí několik malých z článků [illegible] a který někdy až k předním nohám zasahuje. Na konci rypáčku viděl též malou [illegible], což zajisté byl konec bodce [illegible]. R. 1829 rozeznal Straus-Dürckheim (l. c. 35.) na rypáčku třásněnek mezi [illegible] R. 1836 [illegible] Haliday (l. c. 43.) následující pozorování: [illegible]

[illegible]

velmi krátkým. Hořejší pysk má podobu klínu, aneb jest trojhranný. Mandibulae jsou štětinovité a opatřené na své basi naduřeninou; zdá se, že spojují se s cípkem maxill, pod nimmž leží; ke konci přikládají se k sobě a tvoří rourku o dvou chlopních. Haliday také již pozoroval, že okraj čelní jest nesouměrný. Burmeister téhož roku (L. č. 45.) potvrzuje mnohé údaje Halidayovy a mylně soudí, že makadla labialní u tubulifer spojena jsou vespolek blanou. Blána tato jsou paraglossae, které mezi oněmi makadly leží, s nimi však nesrůstají. R. 1839. prostudoval tentýž autor (L. č. 50.) ústroje ústní druhu *Chirothrips manicata*, *Heliothrips haemorrhoidalis* a *Acanthothrips nodicornis* a podává četná vyobrazení, předmětu toho se týkající. V celku nepíše však nic nového, co by jakousi důležitosť mělo. Nesouměrnosť ústroju ústních nepozoroval. Domnělé kusadlo prvého páru, jež kreslí, jest všude lichý bodec ústní. Nesprávný svůj dřívější názor o makadlech labialních tubulifer, blanou srostlých, výkresem opravuje. R. 1852. objasnil Haliday (L. č. 61.) své dřívější výklady o ústrojích ústních třásněnek mnohými výkresy (Tab. V., fig. 2. *b*, *c*; fig. 11. *a*; fig. 13. *b*, *c*, *d*. — Tab. VI., fig. 1. *a*—*h*; fig. 13. *a*; fig. 14. *a*—*g*; fig. 15. *a*, *b*, *c*, *h*, *i*, *k*. — Tab. VII., fig. 31.—37. — Tab. VIII., fig. 23.—35.), které jsou však maličké a nezřetelné. O tubuliferech poznamenává, že kusadla prvého páru jsou do předu stočená, a že mohou býti dále vymrštěna než u terebrantií. Pozoruhodno je, že bodec ústní, neznaje jeho asymmetrickou polohu, považuje za jazyk (lingua). R. 1888. popsal Jordan ústroje ústní v celku dosti správně a četnými výkresy, druhu *Parthenothrips dracaenae* a *Idolothrips brunnea* se týkajících, výklad svůj objasnil. R. 1891. prostudoval Bohls ústroje tyto a na základě řezů seriových doplnil neb opravil leckteré údaje Jordanovy, týkající se hlavně hypopharynxu, slinné rourky a požeráku, a vzájemnou polohu jednotlivých částí v rypáku dobře vyložil. V téže době napsal též Angličan Garman o ústrojích ústních třásněnek velmi krátkou zprávu, k níž připojil jeden výkres.

Další průběh roury zažívací popíšeme pro každý z obou podřádů třásněnek zvlášť, poněvadž v tom ohledu poněkud mezi sebou se liší.

U tubulifer sahá jícen (Tab. IX., fig. 163., *a*) až do počátku zadohrudí, jest tenkostěnný, bledý, a okraje jeho podélných řas jsou zkadeřené; ke konci trochu se rozšiřuje (*b*). — Střevo prostřední čili žaludek skládá se ze dvou odstavců. Přední odstavec (*c*) jest nejmohutnější částí v celém střevě a bývá u některých druhů jen as dvakrát delší než širší, u jiných však délka jeho vyrovná se skoro pateronásobné šířce. Jest buď tvaru vejčitého, aneb jest válcovitý a k oběma koncům zúžený. Vzadu prodlužuje se v krátkou stopku. Druhý odstavec středního střeva (*d*) jest na počátku as tak široký jako přední odstavec uprostřed (*e*); v předu však jest značně prohlouben. Za rozšířeným počátkem dosti náhle se zužuje, ke konci pak poznenáhla opět dosti značně jest rozšířen (*f*). Zadní střevo počíná malou kulatou naduřeninou (*g*), do které ústí se žlázy malpighické (*h*). Tenké střevo (*i*) jest velmi krátké, jen as tři- až čtyřikrát delší než [illegible]. Tlusté střevo (g) jest velmi objemné, vřetenovité a velmi úzkou rourkou zakončené.

U terebrantií jest jícen (Tab. IX., fig. 164 oe) delší a sahá až do počátku abdomenu. Jest podobně vytvořený jako u skupiny předcházející, jen na konci jest o něco více rozšířený (bs). Střední střevo jest se poměrně značně delším než u tubulifer. Přední odstavec jeho (v) jest u některých druhů (Aeolothrips) velmi zřetelně od zadního oddělen, jest nejširší částí celého střeva a má podobu protáhlého zámotku bource hedvábného. U jiných druhů (Thrips flava a Parthenothrips dracaenae) jest vpředu nejširším, nazad pak více a více se zužuje a přechází pozvolna do odstavce druhého, jenž vždy po celé délce má stejný průměr (d) a jen na konci trochu se rozšiřuje (e). — Zadní střevo má u některých druhů (Thrips a Parthenothrips) na samém počátku [illegible] ztlustěnou, do níž ústí se žlázy malpighické, u jiných druhů (Aeolothrips) takové ztlustění není. Tenké střevo jest u některých druhů poměrně o něco delší než u tubulifer (u rodu Aeolothrips [h] a Thrips), u jiných rovněž velmi krátké. Tlusté střevo (l) jest objemný však ke konci velmi značně zúžený.

U obou podřadů jest střevo tak dlouhé, že musí se v kličku složiti. U tubulifer tvoří zadní odstavec středního střeva malou zatáčku. Tentýž odstavec u terebrantií ohýbá se do předu až k basi abdomenu, načež teprv přímo k řiti se obrací. Konečník u živých třásněnek neustále čile se stahuje a roztahuje.

R. 1852 popisuje Haliday prvý střevo třásněnek a praví, že tubulifera mají střední střevo od předního jícnu hlubokou rýhou odškrcené, že přední část téhož střeva (»proventriculus«) jest hruškovitá a zřetelně od zadní části oddělena, a že tenké střevo jest sotva delší svého průměru. U terebrantií pak, že přechází přední část středního střeva pozvolna v zadní jeho část, a že tenké střevo jest mnohokráte svého průměru delší. Haliday také již udává, že střevo tubulifer jest o polovici delší než tělo, střevo terebrantií však dvakrát delší než tělo. K popisu přidává výkresy střeva druhů Aptinothrips rufa (Tab. VII., fig. 19), Thrips (= Physopus) vulgatissima (Tab. VII., fig. 20 a 21), Thrips obscura (= Anaphothrips virgo, Tab. VII., fig. 26), Limothrips cerealium (Tab. VII., fig. 24), Sericothrips staphylinus (Tab. VII., fig. 22) a rodu Phloeothrips (= Trichothrips, Tab. VIII., fig. 6).

Do dutiny střeva vcházejí vývody mnohých žláz. U samic tubulifer a též u terebrantií [illegible] dva páry těchto žláz, u samců tubulifer tři. Větší z obou párů má u samic tubulifer tvar vaku (Tab. IX., fig. 163 k, Tab. VIII., fig. 158). Obsah jejich jest [illegible] zrnitý [illegible] velká jádra. Vývod žláz tohoto páru [illegible]. Druhý pár (Tab. IX., fig. 163 l, Tab. VIII., fig. 159) jest značně menší [illegible] rozdělena. Stěny jejich jsou [illegible] několik větších a několik [illegible] (Tab. VIII., fig. 159 [illegible]). Tyto žlázy okrouhlé jsou tenkou nitkou (*d*). U samců druhu *Trichothrips copiosa* nov. sp. nalezl jsem kromě těchto žláz ještě jeden pár (Tab. IX., fig. 163., *m*), ze všech nejdelší, válcovitý, směrem k ústí pozvenáhla se zúžující. Obsah těchto žláz jest prostoupen jemnějšími a hrubšími zrnky a rozdělen patrnými hranicemi na veliké buňky, z nichž každá obsahuje mimo jmenovaná zrnka veliké jádro (Tab. VIII., fig. 160.). Středem žlázy táhne se dutina velmi nepravidelně zaškrcovaná a naplněná čirou látkou, neobyčejně silně světlo lámající.

U terebrantií jsou oba páry žláz slinných mezi sebou velmi rozdílné. Kratší z nich (Tab. IX., fig. 164., *h*) podobá se u některých druhů (*Aeolothrips*) značně většímu páru žláz u samic tubulifer, konec jejich jest však zašpičatělý. Druhý pár (*i*) jest velice dlouhý a tenký a sahá až do druhé polovíny abdomenu, kdež připevňuje se k stěnám předního odstavce žaludku (*k*). Touto žlazou po celé délce její táhne se jemný kanálek, který v malé ztluštenině žlázy (*j*) před ústím jejím trochu se rozšiřuje. U jiných druhů (*Thrips flava*, *Parthenothrips dracaenae*) nalézáme sice také tyto dlouhé nitkovité žlázy slinné, koncem k žaludku přirostlé, prvý pár však má jiný tvar. Kolem ústřední dutiny rozestaveno jest totiž několik velikých buněk s velikými jádry, která tvoří krátký měchýřek, jenž umístěn jest buď na konci hrudi neb na počátku abdomenu. Tenký, nitkovitý vývod jeho jest následkem toho velmi dlouhý.

Vývody obou párů slinných žláz jedné strany spojují se v jednu chodbičku, která opět splyne dle Bohlse před samým ústím do chitinové slinné baňky s chodbičkou, vytvořenou vývody obou žláz strany druhé.

R. 1852. viděl Haliday poprvé žlázy slinné u třásněnek a píše o nich, že skládají se ze dvou tvarem různých párů, jejichž vývody jsou nitkovité. Výkresy jeho, které se žláz těchto týkají (Tab. VII., fig. 16.; fig. 19. *h*, *i*; fig. 22. *h*; fig. 25.; fig. 26. *h*; Tab. VIII., fig. 17. *m*; fig. 18.—22.), jsou částečně neurčitými.

ÚSTROJE OBĚHU KRVE.

KREISLAUFSORGANE.

Srdce jest u třásněnek velmi krátké a má podobu malého váčku, k oběma koncům zúženého. Leží buď celé v osmém článku abdominálním, aneb jednou polovinou v článku sedmém, druhou v osmém. Jest jen as tak dlouhé jako jediný článek zadku. V předu vystupuje z něho aorta, kterou Jordan sledoval až do hrudi. Pozorujeme-li nějakou třásněnku pod mikroskopem v glycerinu, lze velmi dobře rychlý tlukot přemalého srdéčka pozorovati.

Haliday r. 1836. udává, že krev larev i dospělého hmyzu druhu *Anthothrips statices* jest červená. To však jest omyl. Červený pigment, který ho klamal, leží u mnohých larev tubulifer i dospělého hmyzu v tělese tukovém, v němž sám Haliday r. 1852. nalezl více neb méně četná, v klubíčka shluklá zrnka barvy krvavé. Já pozoroval jsem také světlé kuličky tukového tělesa poseté nesčíslnými, přemalými, červenými zrníčky, která jevila čilý brownický pohyb.

USTROJE DYCHACÍ.

ATHMUNGSORGANE.

[illegible] *Thrips physopus* [illegible]

přijímá ono slepé rameno na konci ještě velmi krátkou a tenkou, samostatnou vzdušnici (a), kterou také Jordan již viděl. Zde máme dobrou příležitost zastihnouti přírodu takřka v tvoření. Není vše hotové v těle živočichu, mnohé se mění; ovšem poznenáhla, během tisíciletí. Tak i zde před námi leží práce nedokončená. Patrně vedly jednou slepá ramena i obě vzdušnice k otvorům dýchacím, na dotyčných článcích abdominálních se nalézajícím, které však již se nezachovaly. — Otvor dýchací na osmém článku abdominálním (7) vysílá nazad vzdušnici (8), která v obou posledních článcích těla zřetelně se rozvětvuje. Obě stigmata toho článku spojena jsou příčkou (z), která opisuje oblouk do předu obrácený. U některých tubulifer nejsou obě stigmata příčkou spojena, nýbrž obě hlavní větve vzdušnic v článku sedmém.

Stigmata jsou obyčejně okrouhlá a mají na svém povrchu množství světlejších skvrn, z nichž každá opatřena jest dírkou. Skvrny zmíněné pocházejí dle Jordana od malých dutin, dírkou se světem zevnějším spojených. Uprostřed pak nalézá se otvor hlavní, kterým otvírá se vzdušnice na venek. Vaku vzduchových u třásněnek není, jak to již Haliday r. 1852. poznamenává.

ÚSTROJE VYMĚŠOVACÍ.

EXCRETIONSORGANE.

Žlaz malpighických, ústrojů to vyměšovacích hmyzu, nalézáme u třásněnek dva páry, jak již Haliday r. 1852. poznal. U tubulifer a terebrantií ústí se každá ze čtyř žláz malpighických do střeva samostatně. U coleoptrat (*Aeolothrips*) však (Tab. IX., fig. 164.) spojují se obě žlázy jedné strany (*f*), v jediné přímce ležící, ve společný vývod (*g*), na přímku tu kolmý. Průběh žláz malpighických má zde tedy podobu písmena H. U tubulifer (Tab. IX., fig. 163.) jsou obě přední žlázy obyčejně o něco kratší než obě zadní. Oba páry bývají mělkými zaškrceninami rozděleny v četné komůrky. Obsah žláz malpighických naplněn jest množstvím malých hnědých zrníček, produktu to vyměšování. Středem jejich po celé délce vine se úzká chodbička.

ÚSTROJE POHLAVNÍ.

GESCHLECHTSORGANE.

Ústroje tyto jsou u obou podřádů třásněnek dosti různě vytvořeny, a bude tudíž vhodno popsati je pro každý zvláště.

Samčí ústroje tubulifer (Tab. IX., fig. 165.) skládají se ze dvou varlat (*a*) a dvou párů žlaz přídavných (*e*, *f*). Každé varle jest celistvou hmotou, k oběma koncům zúženou. V zrnitém obsahu jeho vidíme jednotlivé buňky, z nichž se tvoří chámy, jež naplňují střed varlete, kdež jsou seskupeny ve svazky. Vývod každého varlete (vas deferens, *b*) jest as dvakrát delší než toto a nedaleko za svou basí (*c*) a před koncem (*d*) se rozšiřuje. Světlost jeho [illegible] ... [illegible] *Tri-chothrips copiosa* nov. sp. a *Phloeothrips brunnea* [illegible] ... *Anthothrips statices* a *ambulans* [illegible] ... Tab. VII. fig. 130 [illegible] ... Haliday r. 1852 [illegible] ... *Phloeothrips* a *Trichothrips* (Tab. VIII. fig. 9—11).

[illegible] (Tab. X. fig. 267) [illegible] ... *Trichothrips copiosa* nov. sp. [illegible] ... *Phloeothrips brunnea* [illegible] ... *Trichothrips copiosa* [illegible] ...

a sedmým kroužkem abdominalním. Žlázy mazové tubulifera nemají. U některých druhů (ku příkladu *Trichothrips copiosa*, *Acanthothrips nodicornis* atd.) jsou vždy dvě a dvě rourky vaječné distalním koncem k sobě přirostlé. Z toho společného zakončení vychází po jedné tenké nitce (Endfaden; Tab. X., fig. 167., *k*), která brzy spojuje se s nitkou sousedního páru rourek vaječných. Společná nitka (*l*) připevňuje se na zadní konec většího z obou párů žláz slizných (*m*), jak to již Haliday r. 1852. (l. c. 61.; Tab. VII., fig. 16.) poznal. Nitkami těmi, jakby sem tam opatřenými, navzájem drží se tedy slizné žlázy i vaječníky v poloze stálé. U jiných druhů (*Anthothrips statices* a *aculeata*) jsou všecky čtyři rourky vaječné každého vaječníku distalními konci spojeny. Z tohoto společného místa pak vychází jen jediná nitka. — R. 1852. praví již Haliday, že vaječníky třásněnek vůbec jsou prstovitě rozložené, a že mají po čtyřech rourkách vaječných o mnohých komůrkách; kreslí je od druhu *Phloeothrips* (= *Anthothrips*) *statices* a *Phloeothrips* (= *Trichothrips*) *pini* (Tab. VIII., fig. 12. a 13.).

Samčí ústroje terebrantií (v tom ohledu zkoumal jsem zvl. druhy: *Thrips physopus*, *Physopus vulgatissima* a *Aeolothrips fasciata*) složeny jsou ze dvou varlat (Tab. IX., fig. 166., *a*) a jen z jednoho páru žláz přídavných (*f*), jak již Haliday r. 1852. poznal a od druhu *Limothrips cerealium* vykreslil (Tab. VII., fig. 1., 4. a 5.). Varlata mají buď podobu protáhle hruškovitou, aneb jsou k oběma koncům zúžená. Barva jejich jest hnědá až pomerančová, následkem čehož prosvítají abdomenem. Vývod jejich (*b*) jest buď jen tak dlouhý jako varle samo, aneb o něco delší. Na konci někdy (u *Thrips physopus*, *c*) dosti značně se rozšiřuje. Ductus ejaculatorius (*e*), do něhož vývody varlat se ústí, jest na basi značně, někdy neobyčejně rozšířený (*d*). Do této rozšířeniny jeho ústí se jediný pár žláz přídavných (*f*), které svou velikostí často překonávají varlata. Tvar jejich jest podlouhle vejčitý. Kolem ústřední jejich dutiny jest rozestavena jedna vrstva velmi objemných buněk žlaznatých. Vývod těchto žláz jest velice krátký. Ductus ejaculatorius ústí se do apparatu pyjového, jenž jest mezi oběma posledními články abdominalními vychlipitelný. Pyj jest chitinový osten, k němuž se z každé strany přikládá jedna chitinová pochva (Tab. V., fig. 54., *a*). Všechny tři části běží, jsou-li vychlípeny, pod posledním článkem abdomenu (který nemá desky břišní) až na špičku jeho, kdež koncem svým nahoru jsou ohnuty. Pochvy pyje jsou někdy háčkem zakončeny (tak u druhu *Physopus robusta*; Tab. V., fig. 56., *a*). Jordan míní, že výtok chámu neděje se pyjí, nýbrž vychlipitelným hebkým chámovodem, a že pyj i jeho pochvy slouží jen k vedení tohoto ústroje.

Samičí ústroje terebrantií (Tab. X., fig. 168.) jsou podobně vytvořeny jako u tubulifer. Také zde pozůstává každý vaječník ze čtyř rourek vaječných (*a*), které na každé straně ústí se do vejcovodu (*c*), na konci pohárovitě rozšířeného (*d*). Oba vejcovody spojují se brzy v jeden vejcovod (*e*), jenž vchází do kladélka, vyčnívajícího mezi osmým a devátým článkem abdominalním. Rourky vaječné nesestávají nikdy distalním svým [illegible] *th*. [illegible] *Aeolothrips fasciata* [illegible] *Physopus atrata* (Tab. X, fig. [illegible]) [illegible] *th* [illegible] *Thrips physopus* a *communis* [illegible] (Tab. X, fig. 168 [illegible]) [illegible]

[illegible] pravené kladélko (Tab. X, fig. [illegible]) [illegible] (Tab. X, fig. [illegible] *a*, *b*) [illegible] (Tab. X, fig. 170 [illegible]) [illegible] (Tab. X, fig. 170, *d*) [illegible] (Tab. X, fig. 171 [illegible]) [illegible] *g* [illegible] *th* [illegible] (Tab. X, fig. 170 *f*) [illegible]

Chce-li třásněnka položiti vajíčko do dužniny listové, vychlípí své kladélko, které pak na osu těla skoro kolmo stojí, a tlačí je ostrou špičkou proti povrchu listu. Tím vznikne otvor, kterým proniká kladélko vždy hlouběji, vydatně při tom si pomáhajíc svými ostře jako pila ozubenými chlopněmi, které svaly se uvádějí v pohyb střídavě vpřed a vzad. Předním párem hýbá sval na konci stluštělého zadního okraje předních chlopní se nalézající (fig. 171., *f*). Když tento sval se smrští, pohybují se dotčené chlopně vzad, když popustí, vpřed. U zadních chlopní jsou poměry jiné. Když zde smrští se svaly, jež jimi hýbají, a jež se přikládají na konec vnějšího stluštělého okraje silné desky (*g*), nahoře popsané, tu působí deska tato jako páka, jejíž podporný bod jest tam, kde spočívá ve vykroužené chitinové opoře, tlačíc vkloubený do ní přední okraj zadního páru chlopní vpřed. Zpětný pohyb děje se zvláště svalem (proti svalu, o němž právě byla řeč, působícím), který přikládá se na konec vnitřního (nestluštělého) okraje oné desky, při čemž zase deska chitinová jako páka působí. Ještě sluší podotknouti, že kladélko stenopter jest prohnuto dolů, kladélko coleoptrat nahoru.

R. 1836. viděl Haliday poprvé kladélko terebrantií. Praví, že je sploštělé, že skládá se ze čtyř chlopní, že je ukryto ve skulině devátého a desátého článku abdomenu, a že osmý článek tohoto jest dole rozčísnut. Téhož roku Burmeister právem podotýká, že jest 8. čl. abdominální dole jen vykrojený. Tentýž autor podává r. 1839 (L. č. 50.) vyobrazení kladélka a jeho částí od druhu *Heliothrips haemorrhoidalis* a *Chirothrips manicata*. Poznal již, že obě přední chlopně vycházejí z osmého článku abdom., obě zadní pak z devátého, že chlopně jedné strany spolu sice pevně souvisí, že však podle sebe mohou se pohybovati. Také již viděl chitinové opory kladélka, avšak nezřetelně. R. 1854. vyobrazil Heeger (L. č. 66.) kladélko druhu *Parthenothrips dracaenae*, avšak ne dosti správně. Kreslí již chitinovou desku, s níž na jedné straně spojen jest stluštělý okraj dolejší chlopně, a jež na druhé straně přiléhá kloubem k dlouhé chitinové opoře. R. 1888. vyobrazuje Jordan kladélko od *Parthenothrips dracaenae*

SEKUNDÁRNÍ ZNAKY POHLAVNÍ.

SECUNDÄRE GESCHLECHTSCHARAKTERE.

Samci třásněnek terebrantiálních liší se od samiček především nedosahujíce [illegible] délky, rozměry těla menšími, zadkem všude stejně širokým a tupě zakončeným, zbarvením často světlejším a pohyby čilejšími. Zuby, které u několika druhů [illegible] tohoto na konci předních tibií stojí, jsou u obou pohlaví stejně vyvinuty. Také stluštělá přední stehna, jak je u některých druhů nalézáme, nejsou výhradným majetkem jednoho pohlaví. U mnohých druhů, jejichž samice jsou dlouhokřídlé, jsou samci opatřeni jen rudimenty křídel, pterothorax nepřesahujícími. U třásněnek terebrantiálních platí rovněž jako u tubulifer pravidlo, že druhy, které vykazují samice někdy dlouhokřídlé, jindy krátkokřídlé, mají samce vždy krátkokřídlé. Jedinou výjimkou u terebrantií jest *Serico-*

thrips staphylinus a u tohoto *Trichothrips pedicularius* u nichž obě pohlaví mají někdy křídla úplně vyvinutá, kdežto jindy jsou u obou zkrácena nebo úplně zakrnělá. Samci rodu *Chirothrips* a *Limothrips* liší se od svých samic tím, že nemají oček. Největší počet sekundárních znaků pohlavních mají samci na abdomenu. U rodu *Chirothrips*, *Sericothrips*, u většiny druhů rodu *Physopus*, dále u rodu *Rhaphidothrips*, *Oxythrips*, *Pachythrips*, *Anaphothrips*, *Belothrips* a *Thrips* mají obyčejně 3.—7. (zřídka 4.—6., 4.—7. neb 3.—6.) článek abdominalní dole po jedné světlé prohlubni (Tab. VI. fig. 90.), která jest buď okrouhlá neb eliptičná anebo páskovitě napříč protažená. Samcům druhu *Physopus phalerata* scházejí na článcích abdominalních dole světlé prohlubeniny, za to však prodlužuje se 4.—7. čl. na zadním kraji na břišní straně uprostřed v malý okrouhlý čípek (Tab. V. fig. 64.). U druhu *Physopus robusta* (Tab. V. fig. 56. b.) a *aspera* mají samci na osmém článku abdominalním na obou stranách po jednom silném dosti dlouhém, odstávajícím trnu. Samci rodu *Oxythrips* (Tab. VI. fig. 75. a.), *Pachythrips* a *Anaphothrips* jsou opatřeni na devátém článku abdominalním dvěma páry velmi krátkých silných ostnů, z nichž přední jest mohutnější než zadní. Rod *Drepanothrips* má samečky ozbrojené na devátém článku abdomenu na každé straně velmi dlouhým, srpovitě prohnutým černým přívěskem (Tab. VII. fig. 114. a.). Desátý článek jeho má podobu krátké roury. Samci druhu *Limothrips denticornis* jsou na zadních rozích devátého článku abdom. opatřeni jedním dosti dlouhým ostnem a uprostřed nahoře jedním párem sblížených mohutných trnů, ostře zakončených (Tab. VI. fig. 51.). Zadní okraj téhož článku jest lemován klikatou lištnou. — Samci [illegible] mají první článek abdomenu značně prodloužený a nahoře dvěma podélnými kýly opatřený (Tab. V. fig. 40.). U rodu *Melanothrips* jest tento článek skoro sedmkrát delší než následující. U druhu *Aeolothrips fasciata* má samec nahoře na devátém článku abdom. černou trojramennou desku (Tab. V. fig. 18. d.), po obou stranách téhož článku dvojhrotý výtvor [illegible] a na 4. a 5. č. abdom. nahoře po dvou malých [illegible]. U druhu *Rhipidothrips gratiosa* nalézáme na místě dvojhrotého výtvoru na každé straně devátého článku jen nepatrný hrbolek. Konec abdomenu jest u samců terebrantií vždy tupý, což zvláště nápadno jest u těch druhů, jichž samice [illegible] prodloužený, jako rod *Pachythrips*, *Oxythrips* (zvl. druh *hastata*) a především rod *Belothrips*. U druhu *Physopus vulgatissima* (Tab. V. fig. 53.) a *brunneicornis* jest konec abdomenu u samečků opatřen velmi tuhými chlupy, kdežto u samiček [illegible] jsou chlupy tyto [illegible].

Samci tubulifer liší se od svých samic postavou menší a užší. Přední stehna samečků jsou obyčejně značně silnější; u rodu *Megalothrips*, *Zygothrips* a *Acanthothrips* [illegible] u obou pohlaví stejně silná. U druhu *Phl. coriacea* jsou u samců [illegible] než u samic, a zub na předním tarsu jest ponejvíce mohutnější [illegible] rodu *Acanthothrips* [illegible] nápadný zub na předním tarsu u samic slabší než u samců. [illegible] rodu *Cryptothrips* a *Zygothrips*, u kterých samice na předním tarsu nemají zubu, jest tento u samců přítomen. Samci rodu *Megalothrips* mají na šestém článku abdominálním nahoře na kraji po obou stranách velmi dlouhý, od těla nahoru a trochu na stranu odstávající rohovitý výrostek, zakončený hrbolkem neb chloupkem (Tab. III., fig. 19., fig. 22.). Mimo to jest u samců druhu *Megalothrips Bonannii* pátý kroužek abdomenu na stranách uprostřed náhle rozšířený, a sedmý opatřen jest po obou stranách malým ostrým cípkem (Tab. III., fig. 19.). Tento cípek nalézá se také u samců druhu *Megalothrips lativentris* (fig. 22.), u nichž mimo to ještě osmý článek má podobný cípek, větší. V rodu *Megalothrips*, *Cryptothrips* a *Zygothrips* přikládá se u samců k desátému článku abdominálnímu (tubus) na basi po každé straně jeden lupínek (fig. 22., *b*), který sahá as do prvé třetiny jeho délky. Samce všech Tubulifer poznáme konečně velmi spolehlivě dle velikého výkrojku, který se nalézá pod otvorem genitálním na basi desátého článku abdominálního dole (Tab. VII., fig. 140., *a*), a o němž Jordan mylně se domnívá, že u obou pohlaví se nalézá. Samice poznáme tedy dle nedostatku onoho výkrojku a pak ještě neomylně dle malé chitinové tyčinky, jež stojí kolmo na zadním dolejším okraji devátého čl. abdom. uprostřed (Tab. VII., fig. 139., *a*).

Résumé des anatomischen Theiles.

In diesem Theile entwarf ich ein Bild der Anatomie der Thysanopteren, indem ich die früheren Entdeckungen, von deren Richtigkeit ich mich durch eigene Studien zu überzeugen suchte, hauptsächlich jene Halidays, Jordans und, was die Mundwerkzeuge anbelangt, Bohls mit den Resultaten meiner eigenen Untersuchungen verband. Das Ganze vervollständigte ich mit geschichtlichen Daten, welche ich den einzelnen wichtigeren Organen beifügte.

Ein übersichtliches Bild der Anatomie dieser Ordnung enthalten die Abbildungen der vorliegenden Monographie hauptsächlich auf Taf. VIII, IX u. X; ich weise auf dieselben und auf ihre deutschen Erklärungen hin. Besonders erlaube ich mir aufmerksam zu machen auf das stark concentrierte Nervensystem der *Phloeothripiden* (Taf. VIII, Fig. 157), auf die Drüse im Vorderbeine, welche wohl die nöthige Flüssigkeit zum Anheften der Haftblase absondert (Taf. VIII, Fig. 156), auf das dritte (am ersten) Paar von Speicheldrüsen, welches nur bei Männchen von *Phloeothripiden* (bis jetzt fand ich es nur bei *Trichothrips copiosa*) vorkommt, den Weibchen jedoch fehlt (Taf. IX, Fig. 163, *m*), auf die eigenthümliche Form der Malpighischen Gefässe von *Aeolothrips* (Taf. IX, Fig. 161), auf das Receptaculum seminis von *Phloeothripiden*, welches von Jordan anders beschrieben wird (Taf. X, Fig. 167), auf die vier Paar Stigmen bei den *Terebrantien*, von denen jenes auf dem Metathorax bis jetzt übersehen wurde (Taf. X, Fig. 172, 2), auf das Tracheensystem der *Terebrantien* (Taf. X, Fig. 172) und endlich auf die zwei Queradern am Oberflügel der *Thripiden*, welche die vordere Längsader mit dem vorderen Theil der Randader verbinden (Taf. VI, Fig. 97 *f*, *q*) und bis jetzt unberücksichtigt blieben.

IV. ČÁST VÝVOJEPISNÁ.

IV. ENTWICKLUNGSGESCHICHTLICHER THEIL.

VAJÍČKO.

EI

Vajíčka terebrantií mají obyčejně tvar bobovitý neb ledvinitý, jak již Haliday r. 1852. (L. č. 61.) poznamenává a od druhu *Thrips* (= *Physopus*) *atrata* kreslí (Tab. VII., fig. 17.). Tak utvořena jsou ku příkladu vajíčka druhu *Thrips physopus*, která poprvé viděl Uljanin (L. č. 98.). Vajíčka některých druhů jsou podélně kulatá (druhu *Heliothrips haemorrhoidalis* dle Heegra), neb podélně vejčitá (druhu *Parthenothrips dracaenae* dle téhož autora; L. č. 66.), neb skoro válcovitá (*Thrips sambuci*, tamtéž). Vajíčka druhu *Aeolothrips fasciata* jsou bobovitá, na dolejším konci však trochu tlustější a na hořejším šikmě uťatá. Již komůrky rourek vaječných u tohoto druhu mají podobný tvar (Tab. X., fig. 168.). Barva vajíček terebrantií jest zelenavě, žlutavě neb čistě bílá, a chorion jejich jest velmi tenký a průhledný. Zvláštní dírky ku vnikání chámu (micropyle) tu není. Délka těchto vajíček kolísá obyčejně mezi 0·2 a 0·3 mm.

Vajíčka tubulifer první viděl r. 1836. taktéž Haliday (L. č. 43.). *Anthothrips statices* má dle něho vajíčka válcovitá, na jednom konci zaokrouhlená a na druhém knoflíčkem opatřená. Vajíčka podobného tvaru viděl též Jordan (L. č. 162.) u jiných druhů a nalezl v onom knoflíčku dírku (micropyle). Vajíčka ostatních tubulifer, pokud jsou známa, jsou sice téhož tvaru, knoflíčku však nemají. Tak jest tomu u druhu *Trichothrips pini* dle Halidaye (L. č. 46.), u druhu *Phl. coriacea* dle Heegra (L. č. 63.) a u druhu *Trichothrips copiosa* nov. sp. Barva vajíček tubulifer bývá hnědá neb žlutohnědá (dle Jordana), jindy bělavá (tak u druhu *Trichothrips copiosa*) neb modravě bílá (dle Halidaye). *Phl. coriacea* má dle Heegra z počátku barvu červenavě bílou a později světle červenou. — Chorion jejich jest dosti silný a málo (u *Trichothrips pedicularia* dle Uljanina více) průhledný. Délka vajíček větších druhů jest as (u *Trichothrips copiosa*) 0·54 mm. a šířka jejich 0·2 mm.

Pod chorionem vajíčka třásněnek rozprostírá se dle Uljanina tenká a těžko spatřitelná blanka žloutková (Obr. 2., A. b. ž.), tvoříc vak naplněný kuličkami žloutkovými (ž.) šedé barvy. Na vajíčkách z těla mateřského vyňatých vidíme jádro v podobě světlé skvrny (n.).

VÝVOJ VAJÍČKA.

EMBRYONALENTWICKLUNG.

[illegible]

[illegible] *Thrips physopus* [illegible]

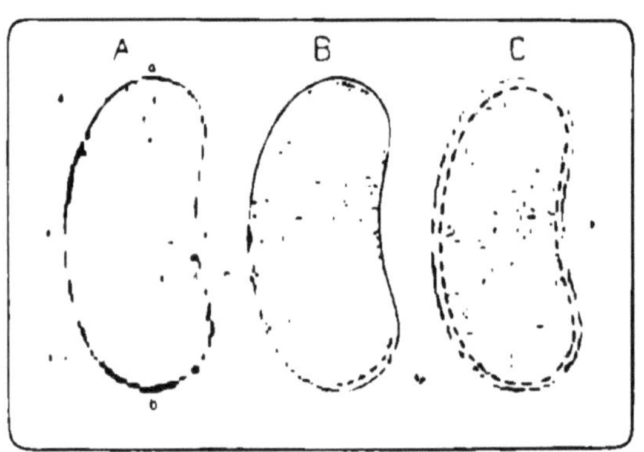

[illegible]

[illegible]

[illegible]

tenká stěna pozůstává z plochých buněk a slove amnion (*am.*), a jejíž ventrální ztluštělá stěna představuje nám proužku zárodečnou (*p. z.*), z níž během času tělo hmyzu se vyvine. Tato proužka vchlipuje se čím dál tím více dovnitř žloutku (Obr. 4., *G*), až dostane se do něho celá, načež přeroste otvor, kterým vchlipování se dálo, blastodermem, a amnion tvoří pak s proužkou zárodečnou uzavřený vak, tak zvaný vak amnionový (*H, v. am.*).

Mezi vchlipováním děly se na proužce zárodečné samé důležité změny. Nejprve objevila se podélná rýha, táhnoucí se středem proužky a dělící tuto na dvě souměrné části. Tato rýha není nic jiného než ústí velice protáhlého blastoporu. Střední úzké pole proužky zárodečné klesá totiž po celé své délce pod niveau svého okolí, když pak dosáhlo určité hloubky, zavrou se nad ním sousední vrstvy, takže pole se vchlipivší objeví se vespod. Tato část vchlípená jest základem entodermu a mesodermu, kdežto vrstva ji pokrývající jest základem ectodermu.

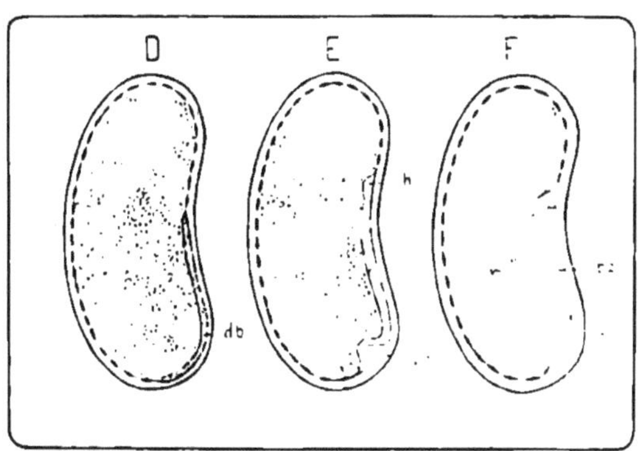

Obraz 3. VÝVOJ VAJÍČKA TŘÁSNĚNEK. II. (Schematisováno dle výkresů Uljaninových.)*) *d. b.*, deska břišní, *vch.*, vchlipenina její, *h.*, laloky hlavové, *d. a.*, dutina amnionová, *am.*, amnion, *p. z.*, proužka zárodečná.

Na přední konec proužky zárodečné, hlavě budoucího zárodku odpovídajícím, jeví se již záhy postranní výrůstky, tak zvané hlavové laloky (Obr. 3., *E, F, h*). Těsně za nimi po čase začíná tvoření se tykadel (Obr. 4., *G, t*) a dále za nimi spatřiti lze již základy tří párů kusadel (*md.*, mx_1, mx_2). Na budoucí hrudi pak znamenáme tři páry malých, rychle však vzrůstajících přívěsků, základy to noh. — V tu dobu počíná se jeviti na předním konci vajíčka ztloustnutí blastodermu neboli serosy, jak jej po uzavření se dutiny amnionové pojmenujeme, které záleží v tom, že jednotlivé buňky mění svou podobu, stávajíce se z plochých kulatými (*G, s. s.*).

*) EMBRYONALENTWICKLUNG DER THYSANOPTEREN. II. (Schematisiert nach Uljanins Zeichnungen.) *d. b.*, Bauchplatte, *vch.*, Einstülpung derselben, *h.*, Kopflappen, *d. a.*, Amnionhöhle, *am.*, Amnion, *p. z.*, Keimstreif.

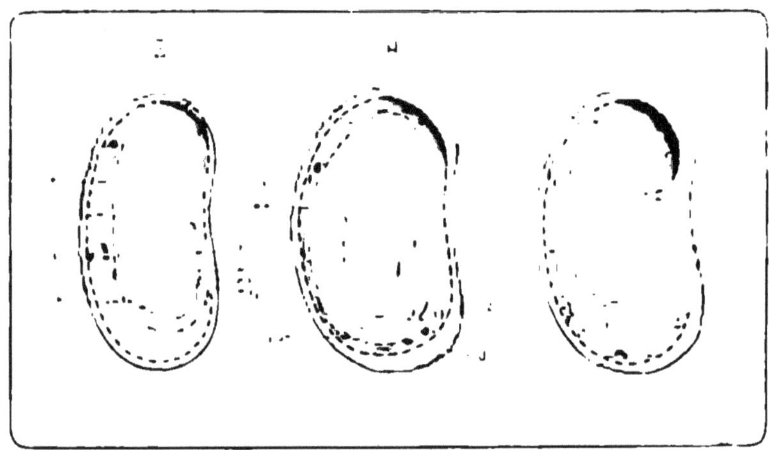

decně. Hlava ubírá se k přednímu konci vajíčka, a proužka zárodečná přiloží se k ventrální straně jeho. Amnionová dutina stává se tím menší a menší (Obr. 5. *J, z. d. a.*), až zmizí docela. Obrat zárodku děje se velmi rychle, takže za 10—15 minut jest dokonán.

Amnion a serosa ohraničují nyní dohromady v podobě vaku žloutek, na hřbetě zárodku se nalézající. Serosa mezi tím se poznenáhla zkracuje, její ztluštěnina, o níž dříve promluveno, stává se větší a větší (*H, J*), načež se však rychle resorbuje (*K, r. s., L, z. s.*). Zbylá část serosy a amnion zúčastňují se dle Uljanina na tvorbě hřbetní části těla. Spíše však zdá se, dle analogie s hmyzem jiným, že serosa a amnion jsou jen provisorními přikrývkami hřbetu, a že později zanikají. Hřbetní stranu vytvoří si

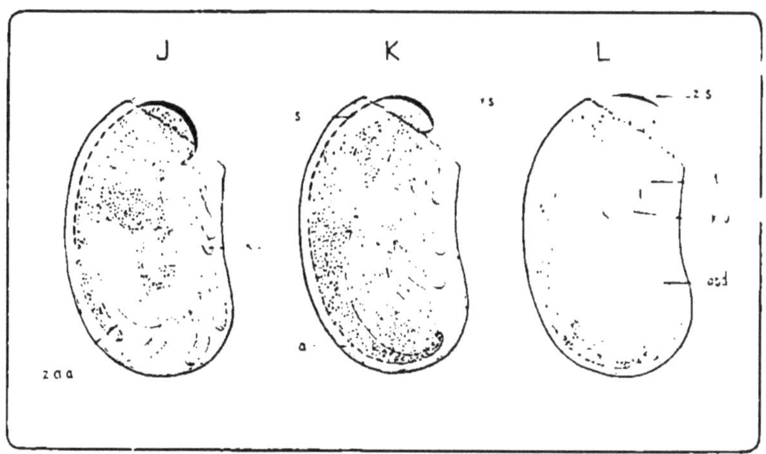

Obraz 5. VÝVOJ VAJÍČKA TŘÁSNĚNEK. IV. (Schematisováno dle výkresů Uljaninových.)*) — *z. d. a.*, zbytek dutiny amnionové, *k. u.*, základ kužele ústního, *a.*, amnion, *s.*, serosa, *r. s.*, resorbující se ztluštěnina serosy, *z. s.*, zbytek její, *t.*, tykadlo, *abd.*, abdomen.

pak proužka zárodečná sama, když byla tak se rozšířila, že kraje její na hřbetní straně se setkají. Tím celý zbývající žloutek dostává se dovnitř embrya (*L*), a sice do vyvíjejícího se prostředního střeva.

Postupem dalšího rozvoje tvoří se na povrchu zárodku tenká pokožka**) (Obr. 6., *M, p. e.*), těsně k tělu přiléhající. Zvláštností její jest, že vytvoří na místě, pod nímž

*) EMBRYONALENTWICKLUNG DER THYSANOPTEREN. IV. (Schematisiert nach Uljanins Zeichnungen.) — *z. d. a.*, Rest der Amnionhöhle, *k. u.*, Anlage des Mundkegels, *a.*, Amnion, *s.*, Serosa, *r. s.*, die abnehmende Verdickung der Serosa, *z. s.*, Rest derselben, *t.*, Fühler, *abd.*, Abdomen.

**) Podobně jako u roztočů (zvl. svilušek), kde ona pokožka slove apoderma neb [illegible] deutovum. Také Sommer nalezl tuto pokožku zuby opatřenou u olovnatky (*Macrotoma plumbea* (Linn.) Tullb. (Zeitschr. f. wiss. Zool., Bd. XLI, pag. 709).

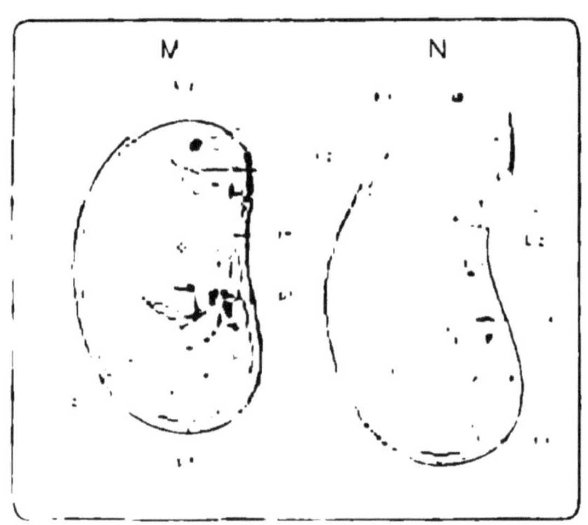
M
N

vajíček mšic nastaly některé modifikace. Bylo by velmi zajímavo zvěděti, zda podobné modifikace též objevují se u vajíček oněch třásněnek, jež pravidlem parthenogeneticky se rozmnožují (*Parthenothrips dracaenae*, *Heliothrips haemorrhoidalis*, *Anaphothrips virgo*, *Prosopothrips Vejdovskýi* etc.). Embryonální vývoj třásněnek poukazuje k tomu, že jest příbuznosť jejich s rhynchoty značně větší než s orthoptery. *Orthoptera* totiž, rovněž jako *Trichoptera*, *Lepidoptera*, *Diptera* a *Hymenoptera*, mají embryonální vývoj svůj zařízený dle typu jiného, dle něhož proužka zárodečná dostává se dovnitř vajíčka nikoliv vchlípením, nýbrž tím, že porostou ji rasy amniové.

LARVA.

LARVE

Larvy třásněnek jsou v celku podobny hmyzu dospělému. Hlava jejich jest poměrně velmi malá. Oči jsou taktéž malé a mají jen skrovný počet oček. Ocelly dle Jordana teprv po prvém svlékání se objevují. Oček jednoduchých larvy nemají. Tykadla jejich jsou volná, do předu namířená a mají vždy menší počet článků než u hmyzu dospělého. U larev tubulifer skládají se ze sedmi v délce nepříliš rozdílných článků. Larvy coleoptrat mají v tykadle taktéž sedm článků. U larev druhu *Aeolothrips fasciata* jsou prvé dva články krátké, 3. a 4. velmi dlouhé, 5. čl. taktéž dlouhý a na konci značně ztlustlý, 6. a 7. čl. velmi krátké. U larev stenopter jsou tykadla šestičlenná; první a druhý článek jsou krátké, třetí o něco delší, 4. a 5. tvoří dohromady mohutný a dlouhý celek, 6. čl. jest velmi úzký a krátký. Ústroje ústní jsou podobně utvořeny jako u dospělého hmyzu; jsou též k ssání přizpůsobeny. Mandibulae stáčejí se u larev tubulifer taktéž do předu až k očím, a bodec ústní jest u larev terebrantií také již připevněn na okraj čelní. Makadla maxillarní a labialní nemají často hranice mezi jednotlivými články tak zřetelné jako u hmyzu dokonalého. Pozoruhodno jest, že makadla maxillarní larvy druhu *Aeolothrips fasciata* mají všecky tři články asi stejně dlouhé (jak to již Haliday r. 1836. pozoroval), kdežto u dospělého zvířete jest třetí článek jejich velice zkrácený. Kužel ústní nedá se u larev rodu *Aeolothrips*, dle Halidaye, přiložiti k hrudi; larvy druhu *Parthenothrips dracaenae* však mohou, dle Heegra (L. č. 66.), tak činiti.

Hruď larev třásněnek skládá se ze tří od sebe velmi zřetelně oddělených kroužků, z nichž mesothorax a metathorax jsou velmi mohutné. Prothorax jest slabší a pravidelně do zadu rozšířený. Nohy jsou krátké, zavalité a nemají ani na tibiích, ani na tarsech zubů, které u dospělého hmyzu často nalézáme. Také předních jejich femora nikdy nejsou ztlustlá. Tarsus je vždy jednočlenným, a měchýřek na jeho konci se nalézající, jakož i chitinové páky a podpory uvnitř tarsu jsou podobně vytvořeny jako u dokonalého zvířete. Oba drápky, po obou stranách měchýřku stojící, jsou u tohoto obyčejně celou plochou k měchýřku přirostlé, kdežto u larev konce jejich volně odstávají.

43

[illegible]

[illegible] *Parthenothrips dracaenae* [illegible] *Aeo-lothrips* [illegible]

[illegible] *Heliothrips* [illegible] *Trichothrips pedicularius* [illegible] *copiosus* [illegible] Hlava, tykadla, dvě [illegible] Velmi mladé larvy [illegible] bývají bezbarvé. [illegible]

[illegible]

[illegible] *Heliothrips haemorrhoidalis*, *Phloeothrips coriaceus*, *Limothrips denticornis*, *Parthenothrips dracaenae* [illegible] *Thrips* [illegible] *Parthenothrips dracaenae* [illegible]

[illegible]

článku abdomenu. Larvy mají tedy o jeden pár otvorů dýchacích méně než dospělý hmyz, a prvý článek abdominální nemá stigmat jako u tohoto, za to však článek druhý.

První, kdo larvu třásněnky viděl, byl Linné, a to r. 1746 (L. č. 3). Byla to asi larva druhu *Anthothrips statices*, neboť měla barvu nachovou, hlavu, nohy a tykadla černavá, a velmi četně vyskytovala se v květech, vykracujíc si tam, jakoby dokonalým byla zvířátkem. R. 1836. popisuje Haliday larvu třásněnek, praví, že podobá se dospělému hmyzu, že má však měkké tělo se středohrudí a zadohrudí oddělenou, ústroje ústní že jsou skoro tytéž, tykadla a nohy kratší, jednoduchých oček že není, a oči že jsou zastoupeny očky složenými, jednotlivě rozestavenými. R. 1839. podávají Dufour (L. č. 49.) a Burmeister (L. č. 50.) prvá vyobrazení larev: Dufour od druhu *Thrips aptera* (= *Phloeothrips ulmi*), Burmeister od druhu *Heliothrips haemorrhoidalis*. Tento autor kreslí mimo to hlavu této larvy s kusadly. R. 1852. kreslí Haliday (L. č. 61.) larvy druhu *Phloeothrips* (= *Trichothrips*) *ulmi*, *Aptinothrips rufa*, *Melanthrips obesa* (= *Melanothrips fusca*), *Limothrips cerealium* a různé části larev druhů vyjmenovaných i některých jiných. R. 1852. a 1854. vyobrazuje Heeger larvy druhů *Phloeothrips coriacea*, *Parthenothrips dracaenae* a *Thrips sambuci*. R. 1874. kreslí Uljanin (L. č. 98.) jednu velmi mladou a jednu vyrostlou larvu druhu *Thrips physopus* a tvrdí neprávem, že prodělávají larvy třásněnek mnohonásobná svlékání. R. 1887. zobrazuje Lindeman (L. č. 153.) larvu druhu *Thrips secalina* nov. sp. (= *Limothrips denticornis* Halid.) a druhu *Phloeothrips frumentaria* Beling (= *Anthothrips aculeata* Fabr.). Třetí larvu, kterou vyobrazuje, a o které myslí, že by mohla býti larvou druhu *Chirothrips antennatus* Osborn (= *Ch. manicata* Halid.), jest larva druhu *Aeolothrips fasciata* L.

NYMFA.

NYMPHE.

Po třetím neb čtvrtém svlékání stává se larva nymfou, která vyznamenává se pochvami křídelními. Nymfa má dvě rozdílná mezi sebou stadia, z nichž mladší nazýváme pronymfou a starší nymfou v užším slova smyslu.

PRONYMFA. Toto stadium jest larvě dosti podobno; tím však zvláště od ní se liší, že na hrudi počínají vyrážeti malé pahýlky, které poznenáhla rostou do délky a dosahnou v tomto stadiu as třetího článku abdominálního. Jsou to pochvy, v nichž v následujícím stadiu křídla se utvoří. Tykadla jsou, podobně jako u larvy, volně pohyblivá a do předu namířená. Mezi oběma posledními články abdomenu dole povstane dle Jordana malá prohloubena, v níž lze pozorovati tři nádory. V prostředním z nich vytvoří se během času pyj a v postranních obě jeho pochvy. U pronymf, z nichž samice se vyvinou, pozorovati lze na osmém a devátém článku abdominálním dole po dvou pahýlcích, v nichž později čtyři chlopně kladélka se utvoří. Pahýly pronymfy nejsou [illegible] potravu [illegible] Jordana [illegible] pokožka [illegible]

Burmeister [illegible] r. 18[illegible] [illegible] prvnímu [illegible] a to [illegible] *Heliothrips haemorrhoidalis*. Haliday r. 1852 [illegible] nazval [illegible] detaily [illegible] druhu *Phloeothrips* [illegible] *Trichothrips ulmi*, *Aptinothrips rufa* a *Limothrips cerealium*. [illegible]

NYMFA. [illegible] pouze [illegible] přiložena jsou. [illegible] V jejich [illegible] [illegible] pokožky [illegible] Z[illegible] [illegible] pak [illegible] [illegible] II. [illegible] II. [illegible] některé nymfy [illegible] *Phloeothrips brunnea* [illegible] v tom [illegible] jest již značně větší než [illegible] femora [illegible] podobné vytvoření. [illegible] Chlopně [illegible] pak již [illegible] souvisí [illegible] Jordana [illegible] dvou kroužků [illegible] které [illegible] nějaký rozdíl od chlopní [illegible] Tak [illegible] druhu *Parthenothrips dracaenae* na [illegible] chlopy [illegible] ukončené [illegible] II. [illegible] II. [illegible] Nymfy [illegible] V tom případě [illegible] Phloeothrips [illegible] *Phloeothrips coriacea*. Barva nymf [illegible] Zajímavo [illegible] pokryty [illegible] *Parthenothrips dracaenae*, kterou Jordan [illegible] II. [illegible] [illegible] vzniku [illegible] hlava [illegible] [illegible]

Nymfa třásněnek byla objevena a vykreslena De Geerem r. 1773 (l. c. 11. Tab. 1., fig. 8.), a sice od nějakého zástupce Tubulifer. Autor tento viděl již tykadla nazpět ke stranám hlavy ohnutá i pochvy křídelné. R. 1836. popsuje Haliday nymfy několika druhů Terebrantií a praví o nich, že mají tykadla zpět na hlavu ohnutá, a že jsou v tomto stadiu mnohem lenivější než v ostatních. R. 1837. podává tentýž autor popis nymfy druhu *Phloeothrips ulmi*. R. 1839. vyobrazuje Dufour (l. c. 49.) nymfu druhu *Thrips aptera* (= *Trichothrips ulmi*). Téhož roku kreslí Burmeister (l. c. 50.) nymfu druhu *Heliothrips haemorrhoidalis* a mylně tvrdí, že živí se šťávami z listů. R. 1852. pozoroval Haliday (l. c. 61.) první, že nymfa nepřijímá potravy, a kreslí ji (zároveň se silněji zvětšenými detaily) od druhu *Phloeothrips* (= *Trichothrips*) *ulmi*, *Aptinothrips rufa* a *Limothrips cerealium*. Téhož roku (l. c. 63.) a r. 1854. (l. c. 66.) vyobrazuje Heeger nymfy druhů *Phloeothrips coriacea*, *Parthenothrips dracaenae* a *Thrips sambuci*. R. 1887. popsuje Lindeman nymfy druhu *Thrips secalina* (= *Limothrips denticornis*) a druhu *Phloeothrips frumentaria* (= *Anthothrips aculeata*). Tento spisovatel tvrdí asi neprávem, že nymfy některých třásněnek přijímají potravu.

DOSPĚLÁ TŘÁSNĚNKA.

IMAGO.

Třásněnka, která byla právě opustila pokožku nymfy a křídla svá i chlopně kladélka z příslušných pochev vytáhla, jest ještě velmi měkká a bledá. Taktéž pohlavní ústroje její nejsou ještě úplně vyvinuty. Teprv za 6 až 8 dní (?) jest dle Heegra třásněnka úplně vybarvená, její chitinové pancíře ztvrdly, chlopně kladélka se k sobě přiložily, oba postranní páry jejich známým způsobem se spojily, a ústroje pohlavní jsou k snoubení připraveny.

Třásněnka potřebuje k úplnému svému vývoji průměrně asi 50 dní. Za čtyři až pět dní po oplození klade mladá samička (dle Heegra u druhu *Heliothrips haemorrhoidalis*) první svoje vajíčka (pravidlem parthenogeneticky rozmnožující se třásněnka *Parthenothrips dracaenae* klade dle Jordana vajíčka již třetího dne po svlečení pokožky nymfy), a kruh, který příroda vytkla rozvoji třásněnek, jest uzavřen.

Uveďme zde ještě hlavní znaky, jimiž se dokonalá třásněnka od larev rozeznává. Obyčejně poznáme imago dle tří jednoduchých oček na temeni hlavy, jež larvám i nymfám scházejí, a dle přítomnosti křídel. Jsou však dosti četné druhy, jež i v dospělém stadiu ani oček ani křídel nemají. Tyto druhy byly někdy skutečně, ač neprávem, za larvy považovány (Burmeisterem, Amyotem i Servillem). Pro tento případ nutno jest připomenouti, že dospělá třásněnka má chitinovou kostru značně silnější, hladší a tmavší než larva, a že kostra ta vchlipuje se na určitých místech hrudi dovnitř, tvoříc bodce, na něž se svaly přikládají. Dále jsou zde již středohruď a zadohruď spojeny v jediný celek (pterothorax). Tykadla mají větší počet článků než u larev (stylus Terebrantií řádně jest

METAMORFOSA TŘASNĚNEK.

METAMORPHOSE

u dospělého hmyzu, a že i kusadla jsou tatáž, nezbývá než vraditi je mezi *Paurometabola*, ač proměna jejich ve dvou bodech od nich se odchyluje: jest totiž nymfa málo pohyblivá, ba někdy (dle Heegra) nehybná vůbec, a nepřijímá potravy. Třásněnky v tom ohledu řadí se k samcům coccid.

PARTHENOGENESIS U TŘÁSNĚNEK.

PARTHENOGENESE.

Pozorujeme často, že neoplozené samičky kladou vajíčka vývoje schopná, kterýžto úkaz zoveme samobřeznosti (parthenogenesis). Tento způsob rozmnožování jest u některých druhů třásněnek pravidlem; následujeť u nich množství parthenogeneticky se množících generací za sebou, které jsou pravidelně samice. Jen někdy vyskytne se malý počet samců, který řadu samiček oplodí, nestačí však na přemnohé jiné, kterézto dále parthenogeneticky se množí. Tak jest tomu u druhu *Parthenothrips dracaenae, Heliothrips haemorrhoidalis, Aptinothrips rufa* i *Limothrips denticornis* a zajisté též u druhu *Bolacothrips Jordani, Platythrips tunicata, Prosopothrips Vejdovskýi, Anaphothrips virgo* a jiných, u nichž jsou samci tak vzácni, že nebyli ještě nikdy nalezeni, ač samice jejich po celý rok se vyskytují, a od poslední z uvedených třásněnek všude ve velikém množství žijí. — Aby o parthenogenesi u třásněnek vlastníma očima se přesvědčil, isoloval Jordan jednu samici druhu *Parthenothrips dracaenae* a s velikou pílí vypěstoval z ní tři parthenogenetické generace.

Samobřeznost třásněnek jest jiného druhu než samobřeznosť některých motýlů (*Bombyx, Liparis*), žlabatek a mšic. U oněch motýlů jest parthenogenesis jen nahodilým zjevem, neboť jen tenkráte nastane, když ta neb ona samička náhodou nebyla oplozena. U mšic pak a žlabatek přistupuje k samobřeznosti heterogonie. Tam totiž následuje v pravidelné posloupnosti na jednu neb více generací, parthenogeneticky rozmnožených, generace, tvarem od předešlých se lišící a pozůstávající ze samců i samic, z jejichž oplozených vajíček opět parthenogeneticky se rozmnožující generace vychází.

Jordan vyslovuje domněnku, že u třásněnek po generacích letních, parthenogeneticky se vyvíjejících, následuje generace o dvou pohlavích, a že snad i zde jako u mšic vsunuje se mezi generace neokřídlené okřídlená generace téhož druhu, zjící na jiných místech. — Dovoluji si zde podati svá pozorování, která se těchto poměrů týkají.

U mnohých druhů, jež po celý rok se vyskytují, nalezal jsem taktéž v každé době, neb aspoň v teplém čase ročním, samce v takovém počtu, že vystačili zajisté oploditi většinu samic. Takové druhy jsou ku př. *Thrips physopus, T. flava, Physopus atrata, Ph. vulgatissima, Sericothrips staphylinus, Aeolothrips fasciata, Trichothrips copiosa* a zástupcové rodu *Cryptothrips*. U jiných druhů obcují se samičky s dostatečným samců na kratší neb delší čas. Tak ku př. *Physopus robusta* a *Ph. primulae*. U těchto dvou kategorií třásněnek nemůže ovšem býti řeči o parthenogenesi. Tato [illegible] se jen na [illegible], o nichž [illegible] se zmíníme, a kromě toho na druhy, jichž [illegible] [illegible] nedaleko [illegible] jsou, ne tak četné, aby všecky samice oplodili [illegible] u rodu *Anthothrips*. U druhů [illegible] nalezených jest tedy rozšířeno rozmnožování parthenogenetické, které u některých po celé roky může trvati, až [illegible] se do [illegible] generací parthenogenetických [illegible] generace, jež vyvíjí se z vajíček oplozených. Dále podotýkám, že [illegible] druhů, jichž samice by po celé léto [illegible] a jichž samci by se vyskytovali v některé době roční ve větším počtu, takže by [illegible] oplodili skoro všecky samice současně. Dle toho soudím, že u třásněnek, jichž se týče, nestřídá se určitý počet [illegible] generací parthenogenetických s generací, jež vznikla z oplozených vajíček, jak tomu jest u mšic.

Pokud se jednotlivých okřídlených samic týče, jež vyskytují se u některých druhů třásněnek skrytě v drnu nebo pod korou žijících, mezi generace samic neokřídlených, ohledně podotknouti, že ani v tom pravidelnosti nebývá, jak tomu je u mšic, že úkaz ten [illegible] u parthenogeneticky se rozmnožujících druhů (ku př. *Thrips [illegible]*) právě tak jako u druhů oboupohlavně se množících (ku př. *Sericothrips staphylinus*, rod *Cryptothrips* etc.), a že slouží křídla takové výjimečně okřídlené samice k rozšíření druhu [illegible] pozvolna se dějícímu podobně jako [illegible] u semen rostlinných [illegible]. Že v ohledu tom podobnosti mezi třásněnkami a mšicemi není, vysvítá nejlépe z toho, že okřídlené samice třásněnek nevyskytují se v určitém čase, nezdržují se [illegible] rostlinách ve větším počtu a po delší dobu, a že také kvetu zvláště nevyhledávají. Dovoluji si zde tyto samičky výjimečně okřídlené, druh zeměpisně rozšiřující, nazvati *Feminae disseminantes*.

Sem vztahuji se též úkazy, jež jsem pozoroval u druhů *Sericothrips staphylinus*, *Trichothrips pedicularia* a *Anaphothrips virgo*. U druhu prvého, v drnu žijícího, jenž vždy oboupohlavně se rozmnožuje, a jehož obě pohlaví pravidelně křídel nemají, stává se též někdy, že jak samci, tak samice opatřeni jsou dlouhými křídly. Tito tvorové okřídlení jak vyletí ze svých [illegible] také jen za účelem rozšíření druhu, neboť [illegible] okřídlených samic a samců [illegible] a [illegible] nepozoroval jsem, že by [illegible] v tom ohledu, nýbrž [illegible] je vždy [illegible]. Podobný [illegible], [illegible] pravidelně neokřídlení stávají se okřídlenými, jeví se též [illegible] rozmnožující se a pod korou žijící druhu *Trichothrips pedicularia*. [illegible] *Anaphothrips virgo*, jehož okřídlené samice po celé léto velice často se vyskytují, [illegible] zvláštnost, že na podzim stává se [illegible] krátkokřídlými a [illegible] ve velkém množství v drnu [illegible] vždy [illegible] větší počet exemplářů stává se [illegible] dlouhokřídlými [illegible] krátkokřídlé [illegible] [illegible] větší [illegible] [illegible] [illegible] rostliny [illegible] [illegible] [illegible] krátkokřídlé exempláře [illegible] [illegible] [illegible] v drnu [illegible] mičky kladou vajíčka, z nichž vyvíjejí se většinou okřídlené samice, žijící na rostlinách, které (parthenogeneticky) množí se až do podzimu; poslední generace jest pak zase krátkokřídlá a uchyluje se do zimních skrýší.

Ze všeho vidíme, že není ve sledu parthenogeneticky a oboupohlavně se rozmnožujících a okřídlených i neokřídlených individuí téhož druhu podobnosti mezi třásněnkami a mšicemi, u nichž často některé parthenogenetické generace náhle [illegible] se okřídleným a stěhují se na jiné rostliny (emigrantes), kdež se rozmnožují (alienicolae), a v následující generaci se vracejí na rostlinu původní (remigrantes). — Parthenogenesis třásněnek má ráz podobného úkazu u motýlů *Psyche* a *Solenobia*, a též (dle p. prof. Klapálka) chrostíka *Apatania*, u kterýchžto hmyzů, jejichž samci velmi zřídka se vyskytují, pozorováno množství parthenogenetických generací za sebou následujících.

Résumé des entwicklungsgeschichtlichen Theiles.

In diesem Theile wurde die Entwicklung der Thysanopteren vom Ei an bis zum vollkommenen Insect verfolgt. Um die Entwicklung im Ei selbst klar darzustellen, hat sich der Verfasser die Abbildungen aus Uljanins russischer Arbeit (Nr. 98), welche sich auf diesen Gegenstand bezieht, zu schematisieren (2—6. Textbild auf S. 351—358) erlaubt. Den einzelnen Abschnitten dieses Theiles wurden auch die betreffenden historischen Data beigefügt.

Hier wollen wir nur einige Erscheinungen, welche sich auf die parthenogenetische Fortpflanzung der Thysanopteren beziehen, etwas ausführlicher besprechen. Jordan (Nr. 162) spricht die Vermuthung aus, dass bei den Thysanopteren nach den Sommergenerationen, welche sich parthenogenetisch fortpflanzen, eine Generation von Männchen und Weibchen erscheine und dass sich vielleicht hier, ebenso wie bei den Blattläusen, zwischen die ungeflügelten Generationen eine geflügelte einschiebe, welche oft auf anderen [illegible]. Ich will meine Beobachtungen, welche sich auf diesen Gegenstand beziehen, hier anführen.

Bei vielen Arten, die das ganze Jahr hindurch vorkommen, fand ich ebenfalls [illegible] in der wärmeren Jahreszeit Männchen in solcher Anzahl, dass [illegible] im Stande waren, die [illegible] Mehrzahl der Weibchen zu befruchten. Solche Arten sind z. B. *Thrips physopus*, *T. flava*, *Physopus atrata*, *Ph. vulgatissima*, *Sericothrips staphylinus*, *Aeolothrips fasciata*, *Trichothrips copiosa* und [illegible] *Cryptothrips*. Von [illegible] Arten erscheinen die Weibchen [illegible] Männchen [illegible] kürzer [illegible] Zeit, so z. B. von *Physopus robusta* und *Ph. primulae*. [illegible] Anzahl von Männchen [illegible] Weibchen [illegible] sind die Arten *[illegible]*, *Heliothrips haemorrhoidalis*, *Aptinothrips rufa*, *Limothrips* [illegible] *Anaphothrips* [illegible] *Platythrips* [illegible] *Anthothrips* [illegible]

Männchen so selten sind, dass sie noch nie gefunden wurden, obwohl die Weibchen das ganze Jahr hindurch vorkommen und von der letzten der genannten Arten sogar überall in grosser Menge leben. Ausserdem setzen wir auch Parthenogenese bei Arten voraus, deren Männchen wohl viel häufiger, jedoch weit nicht so zahlreich sind, um alle Weibchen befruchten zu können (z. B. bei den Arten der Gattung *Anthothrips*). Bei den erwähnten Arten ist also die parthenogenetische Fortpflanzung verbreitet, welche bei manchen derselben ganze Jahre hindurch andauern kann, bis sich einmal zufällig zwischen die unzähligen parthenogenetischen Generationen eine Generation einschiebt, welche aus befruchteten Eiern entstand. Dazu bemerke ich, dass ich keine Art kenne, deren Weibchen das ganze Jahr hindurch leben, und deren Männchen nur in einer bestimmten Jahreszeit in grosser Menge auftreten würden, so dass sie im Stande wären, die grosse Mehrzahl der gleichzeitig lebenden Weibchen zu befruchten. Darnach schliesse ich, dass bei den bezüglichen Thysanopteren eine bestimmte Anzahl von parthenogenetischen (Sommer-) Generationen mit einer Generation aus befruchteten Eiern nicht regelmässig abwechseln.

Was die einzelnen geflügelten Weibchen anbelangt, die sich bei einigen versteckt im Rasen oder unter Rinde lebenden Arten, zwischen Generationen ungeflügelter Weibchen einschieben, so ist zu erwähnen, dass auch darin keine Regelmässigkeit wie bei den Blattläusen herrscht, und dass wir diese Erscheinung ebenso bei den parthenogenetisch sich vermehrenden Arten (z. B. *Thrips nigropilosa*), wie bei den zweigeschlechtlich sich fortpflanzenden (z. B. *Sericothrips staphylinus*, der Gattung *Cryptothrips* etc.) beobachten. Die Flügel eines solchen ausnahmsweise geflügelten Weibchens dienen zur Verbreitung der Art (die sonst sehr langsam vor sich geht), ähnlich wie der Pappus der Pflanzensamen, die der Wind fortträgt. Dass in dieser Hinsicht keine Ähnlichkeit zwischen Thysanopteren und Aphiden existiert, geht daraus hervor, dass die geflügelten Weibchen der Thysanopteren nicht zu bestimmter Zeit auftreten und sich nicht auf bestimmten Pflanzen in grösserer Anzahl und längere Zeit hindurch aufhalten (auch Blüten suchen sie nicht besonders auf). Ich nenne diese ausnahmsweise geflügelten Weibchen, welche die Art geographisch verbreiten, feminae disseminantes.

Hierher beziehen sich noch die Erscheinungen, welche ich bei den Arten *Sericothrips staphylinus*, *Trichothrips pedicularia* und *Anaphothrips virgo* beobachtete. Bei der ersten der genannten Arten, die im Rasen lebt, sich immer zweigeschlechtlich fortpflanzt, und deren beide Geschlechter regelmässig flügellos sind, geschieht es auch manchmal, dass sowohl die Weibchen, als auch die Männchen mit langen Flügeln versehen sind. Diese geflügelte Form verlässt ihre Verstecke auch nur zum Zwecke der Verbreitung der Art; denn ich fand nie geflügelte Weibchen und Männchen beisammen und beobachtete auch nicht, dass sie bestimmte Pflanzen aufsuchen, sondern ich fand sie immer umherirrend: die Weibchen, wohl um auf entfernten Stellen ihre Eier abzusetzen, die Männchen, wohl um entfernte Weibchen zu befruchten. Eine ähnliche Erscheinung da[illegible] nämlich beide Geschlechter, die in der Regel [illegible] sind, mitunter geflügelt werden, beobachten, wie auch bei der zweigeschlechtlich sich fortpflanzenden und unter Rinde lebenden Art *Trichothrips pedicularia*. — Die Art *Anaphothrips virgo*, deren geflügelte Weibchen das ganze Jahr hindurch, aber selten vorkommen, deren Männchen jedoch bis jetzt noch nicht entdeckt wurden, hat die Eigenthümlichkeit, dass sie, wenn der Herbst [illegible] schon [illegible] bemerkten, nur mit Flügelstummeln versehen auftritt und in solchem Zustande in grosser Menge unter Rasen überwintert. Im Frühjahre wird eine immer grössere Anzahl von Individuen [illegible], im Juni sind fast alle schon [illegible]. Dieselben befinden sich der grossen Mehrzahl nach (manchmal zugleich mit einer kleinen Anzahl [illegible] Exemplare) auf den verschiedensten Pflanzen, auf denen sie sich über den Sommer parthenogenetisch vermehren. Nur [illegible] selten finden wir einige kurzflügelige [illegible] das ganze Jahr hindurch im Rasen. Bei dieser Art legen also die überwinterten Weibchen Eier, aus denen sich grösstentheils geflügelte Weibchen entwickeln, welche auf Pflanzen leben. Die letzte Generation ist wieder kurzflügelig und begibt sich in die Winterquartiere.

Aus allem dem Gesagten ist es ersichtlich, dass es sowohl im Wechsel der parthenogenetisch und der zweigeschlechtlich sich fortpflanzenden, als auch der ungeflügelten und geflügelten Individuen keine Ähnlichkeit mit den Blattläusen gibt.

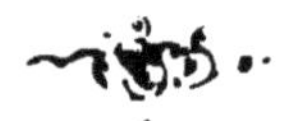

V. ČÁST BIOLOGICKÁ.

V. BIOLOGISCHER THEIL.

OBYDLI TŘÁSNĚNEK.

WOHNORTE DER THYSANOPTEREN.

Valná většina třásněnek žije v různých květech, jiné zdržují se na listech rostlin, opět jiné pod korou stromů a ostatní v drnu a mezi hnijícími látkami rostlinnými.

Třásněnky, které v květech žijí, patří většinou k terebrantiím. Z tubulifer obývají květy zástupcové rodu *Anthothrips*. Pokud vím, není žádných třásněnek, jež by se ve větším počtu stále výhradně v jednom druhu květů zdržovaly; obyčejně obývá jistý druh určitou řadu rozličných květů, dávaje však často některým z nich přednosť. Tak žije *Aeolothrips fasciata* v různých květech lučních, dává však vždy přednosť lnici (*Linaria vulgaris*); *Thrips adusta* dává přednosť pampelišce (*Taraxacum officinale*) před jinými květy, *Physopus pallipennis* blínu, *Ph. atrata* máku a koukolu, *Oxythrips ajugae* popenci, *O. parviceps* vřesu. Některé druhy nejsou nijak vybíravými a nalézáme je v květech nejrůznějších. Neznám květu, který by byl třásněnkám tak odporným, že by jím úplně pohrdaly. Také v květech od *Petasites officinalis* a *Hyoscyamus niger*, ve kterých Jordan nikdy třásněnek nenalezl, vyskytují se některé druhy, a to v oněch *Anaphothrips virgo* a *Physopus vulgatissima*, v těchto *Physopus pallipennis*, *atrata*, *vulgatissima*, *tenuicornis*, *Thrips communis* (ve velikém množství), *flava*, *Limothrips denticornis* a *Phloeothrips aculeata*. Třásněnkám zvláště milé jsou květy bylin: *Galanthus nivalis*, *Onobrychis sativa*, *Solanum tuberosum*, *Armeria vulgaris*, *Colchicum autumnale*, *Papaver somniferum*, *Agrostemma githago*, *Tragopogon pratense*, *Taraxacum officinale*, *Lycium barbarum*, *Valeriana officinalis*, *Eupatorium cannabinum*, *Beta vulgaris*, *Calluna vulgaris*, *Monotropa hypopitys*, *Salix fragilis*, *Armeria vulgaris* a *Chrysanthemum leucanthemum*. Květenství travin oblíbily si zvláště druhy: *Chirothrips manicata*, *Limothrips denticornis*, *Physopus tenuicornis*, *Stenothrips graminum*, *Aptinothrips rufa* a *Phloeothrips aculeata*. Mezi dospělými třásněnkami nalézáme v květech též množství larev, které však vždy hlouběji do nich zalézají. Nymfy jsou v květech, jakož i jinde velmi řídké a nevím jiného pro úkaz ten vysvětlení, než tu okolnosť, že třásněnky ve stadiu nymfy jen krátký čas žijí. Možno však je také, ač jsem to nikdy nepozoroval, že mnohé nymfy zalézají do země, podobně jak to udává Portschinsky u jistého druhu, na tabákových listech žijícího [illegible] *Thrips communis*, *Physopus ulmifoliorum*, *Dendrothrips* [illegible] *Parthenothrips dracaenae* [illegible] *Heliothrips haemorrhoidalis* [illegible] *femoralis* [illegible] *Heracleum sphondylium* [illegible] *Idolothrips* [illegible] *Physopus inconsequens*, *vulgatissima* [illegible] *Thrips flava*, *major*, *nigropilosa*, *minutissima* [illegible] *Limothrips denticornis*, *Anaphothrips virgo*, *Dendrothrips Degeeri* [illegible] *Physopus pini*, *vulgatissima*, *atrata*, *ulicis*, *Thrips* [illegible] *physopus*, *minutissima*, *Oxythrips hastata*, *ajugae*, *Aeolothrips fasciata* a *Phloeothrips aculeata*. [illegible] na *Equisetum arvense* [illegible] *Physopus atrata*, *vulgatissima*, [illegible] *Equisetum silvaticum* [illegible] *Anaphothrips virgo*, *Thrips flava* a *Aptinothrips rufa*. Na *Pteris aquilina* [illegible] *Thrips flava*, *Physopus pini* a *Oxythrips ajugae* [illegible] *Phloeothrips aculeata*, *Aptinothrips rufa* a *Physopus atrata* [illegible]

[illegible] *Physopus ulmifoliorum* [illegible]

[illegible] *Trichothrips ulmi*, *pini*, *copiosa*, *pedicularia*, *Phloeothrips coriacea* [illegible] *Megalothrips Bonannii*, *Cryptothrips lata*, *angusta*, *Trichothrips semicaeca*, *Acanthothrips nodicornis*, *Poecilothrips albopicta* [illegible] *Dendrothrips Degeeri*, *Thrips communis* [illegible]

[illegible] *Chirothrips Dudae*, *Limothrips* [illegible] *Sericothrips staphylinus*, *Physopus nigra*, *ulicis*, *phalerata*, [illegible] *frontalis*, *pilosa*, *Oxythrips* [illegible] *Pachythrips subaptera*, *Anaphothrips virgo*, *Prosopothrips Vejdovskyi*, *Thrips nigropilosa*, *discolor*, *dilatata*, *Belothrips* [illegible]

Jordani, *Aeolothrips albocincta*, *Aptinothrips rufa*) tak tubulifer (*Cryptothrips laurus*, *dentipes*, *bicolor*, *Trichothrips caespitis*). — Také pod spadaným listím a hnijícími látkami rostlinnými nalézáme některé druhy (tak *Megalothrips lativentris*, *Limothrips denticornis* a *Sericothrips staphylinus*).

Obydlí svoje opouštějí třásněnky za různými příčinami. Druhy, jež v květech žijí, jsou nuceny je opustiti, jakmile tyto odkvétají neb usvěd... a vyhledati si květů jiných. Tak nalézáme květy, které po senoseči v keřích zůstaly státi, často třásněnkami přeplněné. Po žních uchylují se třásněnky, které dosud v obilí žily, na jiné druhy obilí, ještě neposečené, neb na travíny aneb různé květy luční.

Že třásněnky letem dostávají se na nová svoje bydliště, toho nejlepším důkazem jest jejich přítomnost v květech na vodě vzplývajících (*Nuphar luteum*, *Potamogeton natans*, *Polygonum amphibium*), kdež i jejich potomstvo v podobě larev nalézáme. Také druhy, skryté pod korou, v drnu a pod listím žijící, opouštějí někdy svoje skrýše a vyhledávají jiných. Stěhující se exempláře bývají pravidlem samičky (u *Sericothrips staphylinus* také samci), které v novém obydlí svém nové pokolení zakládají. Zvláštností je, že tyto stěhovavé samičky (feminae disseminantes) jsou opatřeny křídly také u druhů, jež jinak křídel nemají.

V zajetí chováme (k vůli studiím anatomickým neb biologickým) nejsnáze třásněnky, v drnu, pod listím a pod korou žijící. Dáme větší množství látek, ve kterých žijí, do sklenice se širokým hrdlem a pevně ji zavážeme nějakou řídkou tkaninou, aby vzduch měl do ní volný přístup. Musíme pak toho dbáti, aby uvězněné třásněnky nevyschly; nutno jest tudíž obsah sklenice časem důkladně pokropiti. Třásněnky v květech žijící chováme v podobné sklenici, v níž však umístíme několik kvetoucích rostlin tak, že stopky jejich nastrkáme do malých úzkohrdlých lahviček, vodou naplněných, jichž hrdla kolem stopky pevně bavlnkou ucpeme, aby třásněnky nemohly k vodě proniknouti.

POTRAVA TŘÁSNĚNEK.

NAHRUNG.

O potravě třásněnek bylo již dosti napsáno. Jednotliví autoři udávali, že třásněnky živí se nektarem květů, zrnky pylovými, šťavami rostlinnými, plísní a konečně též šťavami zvířecími.

Že nektar třásněnky požívají, to pokládal za pravděpodobno Degeer (L. č. 11), k jehož mínění též Burmeister (L. č. 45) se přidával. Také Pergande (L. č. 127) má za to, že nektar jest hlavní stravou třásněnek. Žádný z těchto tří autorů však při ssání nektaru jich nezastihl.

Dále byla zrnka pylová za potravu třásněnek považována. První tvrdil to Newman (L. č. 42). Později pak Fernald (L. č. 136) nalezl prý květnový pyl v jejich zažívací rouře.

Že třásněnky [illegible] o životě [illegible] psal Linné r. 1767 (l. c. [illegible]), který [illegible] Později [illegible] De Geer, Schrank, Haliday, Burmeister, Heeger, [illegible], Osborn, Lindeman, Jordan, Bohls a mnoho [illegible] pozorování [illegible] O jejich [illegible] jak v přírodě [illegible] od *Sambucus nigra* a *Solanum dulcamara* [illegible] (Thripellenkör), [illegible] V květech [illegible] třásněnky dle Jordana (l. c. 1022) [illegible] jak jsem mohl pozorovati [illegible] dle [illegible] *Thrips lini* [illegible]

Třásněnky [illegible] jak Jordan [illegible] pozoroval. [illegible] O těchto třásněnkách [illegible] Haliday [illegible]

Některé třásněnky vyssávají [illegible]

[illegible] De Geer (l. c. 2) [illegible] „*Physopus fuscus alis albicantibus*“ [illegible] Linné [illegible] 1767 [illegible] že *Thrips physopus* [illegible] *Lotus corniculatus*, což De Geer r. 1773 [illegible] Haliday [illegible] 1852 [illegible] *Phloeothrips subtilissima* [illegible] *Euthrips consociata* [illegible] *Physopus ulmifoliorum* [illegible] *Phloeothrips coriaceus* [illegible] Schrank (l. c. 75) [illegible] *Lasioptera* [illegible] *Phyllo*[illegible] [illegible] Bohls [illegible] 1887 [illegible]

[illegible] Westwood [illegible]

následujícím pozorováním. Počátkem června nalezl několik dospělých třásněnek v nádorech, způsobených mšicí *Phylloxera caryaefoliae*, jak jsme se o tom již nahoře zmínili. Tyto nádory byly plny původních svých obyvatelů. Ku konci června pozoroval však, že tytéž nádory byly phylloxerou skoro opuštěny; za to však obsahovaly množství nymf třásněnek, které, jak se mu zdálo, první obyvatele buď vytlačily, nebo vyhubily. O něco později (L. č. 77.) podal týž pozorovatel jinou zprávu, předmětu našeho se týkající, ve které hledí vysvětliti úkaz, že často nádory much bejlomorek (*Cecidomyidae*) jsou prázdny. Myslí totiž, že asi třásněnky larvy oněch much sežraly. Pokud se týče třásněnek, jež na obilí žijí, domnívá se o nich, že jsou spíše přátely rolníkovými, než jeho nepřátely, neboť ničí asi vajíčka a larvy mouchy *Cecidomyia tritici*. Vůbec zastává se v této zprávě mínění, že třásněnky jsou z veliké části neb snad výhradně hmyzožravými. Nápadno však jest, že v ní nenalézáme ani jednoho fakta, které by hmyzožravosť třásněnek určitě dokazovalo. O něco později zastává se poznovu svého dřívějšího náhledu, a r. 1867. (L. č. 82.) oznamuje, že objevil více než dvacet případů, kdy třásněnky živily se larvami hmyzu, nádory rostlinné způsobujících. Dále vypravuje, že jeteli škodí larva malých dřepčíků (*Haltica*), mezi nimiž žijí také třásněnky, které bezpochyby je sežírají. Škody na jeteli však od rolníků tomuto poslednímu se přičítají. Také v květech od *Calystegia sepium*, v nichž žije množství larev jistého malého broučka (*Conotelus obscurus* Er.), nalezl třásněnky ve velikém počtu a nepokládá to za nemožné, že ony těmto slouží za potravu. Také Riley (L. č. 85.), mluvě o přirozených nepřátelech mšice révové v Sev. Americe, praví, že nejvíce ji hubí krvavě červená larva jakési černé třásněnky s bílými křídly, již popsal pod jménem *Thrips phylloxerae*. Ta líhne se z vajíček, položených do nádorů, způsobených onou mšicí. Roku 1888 oznamuje naproti tomu Osborn (L. č. 163.), že nikdy neviděl třásněnek na nádorech mšice révové, ač k tomu zvláště přihlížel. — Všecky tyto údaje, které jsme až posud probrali, nejsou dosti určité, takže nevylučují možnosť, že třásněnky ssály pouze šťávu nádorů. Roku 1882. však Pergande (L. č. 127.) uvádí prvé skutečné pozorování jejich masožravosti. On sám viděl v jednom případě, jak třásněnky požíraly roztoče *Tetranychus telarius* zvané, jež na platanech žijí. Z toho pak soudí, že také třásněnky, na jeteli v množství se vyskytující, asi živí se vajíčky a larvami mouchy *Cecidomyia leguminicola*, jichž je tam obyčejně hojnosť. Druhý autor, jenž třásněnky z masožravosti usvědčuje, a jenž při skutku je zastihl, jest Bohls. Koncem července pozoroval, že larvy jisté třásněnky, v květenstvích od *Stachys germanica* žijící, dokonce netráví život [illegible] vedle sebe, nýbrž navzájem se napadají(*), při čemž napadené zvíře vyhnuje z [illegible] stavu, která je má chrániti. Na poraněných soudružích neb na zabitých mouchách, jež položíme na květenství jimi obydlené, shromažďují se všecky larvy z nejbližšího okolí a setrvávají tam tak dlouho, až celé tělo vyssají. Skrze tvrdý chitin much nemohou prý ani proniknouti měkké jejich ústroje ústní, ssají tedy jen na ranách po odtržených nohách a vnikají poznenáhla dovnitř těla, když tělo vyssávati počaly. Jest prý však těžkou, zdali tyto hmyzy přece nežijí šťávami rostlinnými, stávajíce se snad jen náhodou masožravými. Tolik však prý jest, že dávají přednost šťávám zvířecím.

Uvážíme-li dále pohodlnost výživy a příležitost k tomu vlastně zmíněné, myslíme, že od pravdy daleko se nevzdálíme, tvrdíce částečně s Osbornem (l. c.) tolik, že třásněnky jsou valnou většinou býložravými, že však někdy, naskytne-li se jim sama příležitost, pohrouží rypáček svůj i do tavnaté dužniny mrtvého zvířete, a to na místech, kde již je raněno. Že by živá zvířata napadaly a chytaly, to není zajisté pravděpodobné; stavba jejich těla i ústrojí tomu odporuje; možno však ovšem, že často vyssají nějakou nehybnou larvu nebo zraněnou mšici, které jim odporu neklade. Pokud živení pylem a plísní se týče, neodpovídá to taktéž ssavým jejich ústrojím ústním, které jen hmoty více nebo méně tekuté mohou pojímati.

PŘEZIMOVÁNÍ TŘÁSNĚNEK.

WINTERQUARTIERE.

Druhy, které v létě v různých květenstvích žijí, zůstávají z části v nich také přes zimu, tak zvláště *Chirothrips manicata*, *Physopus vulgatissima*, *Thrips physopus*, *communis* a rod *Anthothrips*, aneb uchylují se do drnu, pod mech, pod spadané listí, neb zalézají do skulin kůry. Druhy, které na listech se zdržují, přezimují buď na zemi pod listím aneb v drnu a v mechu, jiné také v trhlinách kůry a mezi lišejníky na ní rostoucími, tak *Thrips sambuci* a *Physopus ulmifoliorum*. *Dendrothrips saltatrix* přezimuje jen v kůře. Druhy *Parthenothrips dracaenae* a *Heliothrips haemorrhoidalis*, v našich sklenících na listech žijící, nemají ovšem příčiny vyhledávati zimních skrýší a zdržují se na týchž místech po celý rok. Druhy, žijící v létě pod zpuchřelou korou, v drnu pod spadaným listím a hnijícími látkami rostlinnými, zůstávají zde ovšem také v zimě, jen druh *Sericothrips staphylinus* z malé části uchyluje se do seschlých květenství všelijakých rostlin. Obecné třásněnky skrývají se před zimou dle Lindemana (l. c. 153) v dutinách stromů.

Zvláštní úkaz ze života třásněnek, sem se vztahující, vypravuje Cornelius (l. c. 92): V krajinách na Dolním Rýně a v hrabství Mark stěhují se prý třásněnky na podzim v zástupech do domů a hledají tu pod čalouny, obrazy a ve skulinách úkryt před zimou. Poněvadž však zde nemohou skřehnouti a v tom stavu, spánku podobném, zimu přežíti, umírají prý veskrze hlady. V krajinách zimnějších jest toto stěhování se třásněnek známým úkazem, a stěhovavý druh jest snad *Chirothrips manicata*. Vše to dlužno ještě blíže zkoumati.

Některé z třásněnek, na krytých místech (zvláště pod korou) žijící, přezimují ve všech stadiích vývoje a za počasí jen poněkud teplejšího pohybují se i během zimy a přijímají dle Lindemana též potravu. Ostatní třásněnky přezimují buď jen jako dospělé samičky (velmi mnoho druhů), neb v obou pohlavích, tak většina tubulifer (*Chi-*

rothrips manicata, *Oxythrips hastata*, *Sericothrips staphylinus* a jiné neb jakožto larvy více nebo méně dospělé. Vaječek přezimujících jsem neviděl; Laduréau (l. c. 112) však tvrdí, že třásněnka na lnu žijící, kterou nazývá *Thrips lini*, klade zimní vajíčka. Výhradně jakožto larvy přespávají zimu patrně (často jsem jich v zimě neviděl) druhy, jež jen na kratší dobu v dospělém stavu v létě se objevují (tak př. *Thrips adusta* a *Stenothrips graminum*). Avšak také *Aeolothrips fasciata*, jenž po celé léto i podzim všude se nalézá a hlavně květy lnice až do prvních studených dnů obývá, hyne krátce před zimou, a jen larvy jeho (neb snad i vajíčka) jara se dočkávají. — Přezimující samičky třásněnek mají dle Jordana vaječníky zakrnělé a ne jinak vyvinuté než mouchy, samci však mají varlata naplněná chámem.

Z jara, když paprsky slunce jen poněkud prohřejí půdu a vyvolají první květy, také třásněnky se probudí k novému životu, takže některé z nich často již v březnu v prvních sněženkách, bledulích, jaternicích, sasankách, křivatcích, pampeliškách a chudobkách se vyskytují; sem patří *Physopus primulae*, *atrata*, *nervosa*, *vulgatissima*, *Thrips communis*, *Limothrips denticornis* a *Anthothrips aculeata*. Studené jaro nebo studeným větrům přístupné stanovisko je ovšem zdrží déle v jejich skrýších zimních, během dubna však, pokud vím, již všecky se probouzejí.

POHYBY TŘÁSNĚNEK.

BEWEGUNGEN.

Pohyby terebrantů jsou v celku dosti čilé. Zvláště druhy, které v květinách žijí, (tak především *Thrips*, *Physopus* a všechna coleoptrata) běhají rychle a létají snadno. Druhy na listech žijící mívají pohyby volnější; tak zvl. *Parthenothrips*, *Heliothrips*, *Dendrothrips*; druhy pak, v drnu se zdržující, bývají velmi lenivé; tak *Limothrips*, *Chirothrips*, *Prosopothrips*, *Platythrips*. Druh *Sericothrips staphylinus* ovšem činí výjimku, neúnavně těkaje z místa na místo, při čemž ustavičně mění směr cesty a přes tu chvíli se zastavuje (podobně jako brouček *Trichopteryx*). *Limothrips denticornis* dovede také pozpátku lézti.

Druhy, které jsou křídly opatřeny, létají veskrze a mohou směr letu svého samy říditi. V obratném letu především vynikají druhy v květech žijící, a to zvláště samečkové. V letu přistihl jsem je za dne i podvečer. Časem však, chtějíce dostati se jen o málo vpřed, neb unikajíce nepříteli, vzlétnou jen na krátko a opisují při tom křivku hadovitou, jak to již Sulzer (l. c. 5.) pozoroval.

Mnohé rody terebrantů dovedou též poskakovati; tak *Parthenothrips*, *Dendrothrips*, *Thrips*, *Physopus*, *Sericothrips*. Skok děje se několikerým způsobem. Z okřídlených některé skáčou za pomoci svých křídel, jak to již Szaniszlo (l. c. 116) a Jordan (l. c. 162) pozorovali. Skok, jejž jsem u druhu *Parthenothrips dracaenae* [illegible] Zprvu zvedne tato třásněnka přední a poslední pár noh do výše, takže stojí na prostředním a [illegible] ve vzduchu. Při tom ohýbá hlavu a abdomen značně nahoru, [illegible] abdomen opírá se o konce tuhých křídel, které se [illegible] prohnou v oblouk nahoru vypouklý. Náhle povolí třásněnka [illegible] a již mrštěna jest do výše [illegible] křídel, které opět rázem se narovnávají. Skokem tohoto druhu již Jordan podobným asi způsobem [illegible] rodu *Dendrothrips* děje se skok za pomoci dlouhých zadních noh [illegible] (Tab. VI., fig. [illegible]) [illegible] Ani okřídlené třásněnky skáčí podobně jako některé neokřídlené, ku př. *Sericothrips staphylinus* dle [illegible], Halidaye (l. c. [illegible]) a Lindemana (l. c. 153) tím způsobem [illegible] Nepravé jest tvrzení Burmeisterovo (l. c. [illegible]) již i Brauer (l. c. 1[illegible]) opakuje, že totiž některé třásněnky skáčí tak, že náhle narovnávají [illegible] konečky abdomenu. Některým třásněnkám pak, jak okřídleným, tak neokřídleným [illegible] Sem patří rody *Chirothrips*, *Limothrips denticornis*, *Prosopothrips*, *Platythrips*, *Aeolothrips* a *Aptinothrips*. [illegible]

[illegible] třásněnky. [illegible] a tím způsobem, že několikráte [illegible] složenými křídly nahoru a dolů.

Pohyby [illegible] vždy velmi volné a nemotorné. Okřídlené druhy [illegible] druhu *Phloeothrips coriacea* [illegible] Některé druhy [illegible] *Liothrips setinodis* [illegible] jak to již [illegible] pozoroval [illegible]

POHLAVNÍ ŽIVOT TŘÁSNĚNEK.

GESCHLECHTSLEBEN.

[illegible] druhu [illegible] *Physopus primulae* [illegible] *Aeolothrips* [illegible]

[illegible] pozoroval Heeger [illegible] *Heliothrips haemorrhoidalis*, *Limothrips denticornis* a *Phloeothrips coriacea* [illegible]

U terebrantií vystoupí při páření sameček na hřbet samičky, obejme její prothorax předními nohami a ohýbá abdomen se strany pod její abdomen tak, že poslední jeho kroužky stranou hřbetní dotýkají se břišní strany samičky. Tím vysvětluje se, proč penis a jeho pochvy ohnuty jsou nahoru, a také účel hákovitých přívěsků na devátém článku abdominálním u samečka druhu *Aeolothrips fasciata* stává se zřejmým; jest to totiž ústroj přidržovací. Kopulace trvá delší dobu. U Tubuliferí děje se páření podobným způsobem; sameček ohýbá však svůj abdomen tak pod abdomen samičky, že obě břišní strany se stýkají. Spojení pak netrvá tak dlouho a sameček může za krátký čas více samic oplodniti. V jednom případě oplodnil dle Jordana jediný sameček šest samic za čtvrt hodiny. Když na to byl zabit a rozřezán, seznáno, že jeho [illegible] do polou semenem naplněná.

KLADENÍ VAJÍČEK.

EIERABLAGE.

Několik dní po oplození položí samička třásněnek svoje první vajíčko. Samičky terebrantií udělají ostrým svým kladélkem do pletiva rostlinného malou skulinu, do níž vždy po jednom vajíčku vpraví. Druhy v květech žijící kladou je do vnitřní stěny [illegible] kalíšních, jak již Uljanin (l. c. 98) pozoroval, aneb dle Jordana také do stěn semeníku. V lístcích korunních upřečených vajíček nalezeno nebylo, což Jordan zcela přirozeně vykládá tak, že tyto brzy opadnou, a tudíž by i vajíčka nezmar [illegible], kdežto kalich a semeník dlouho po tom ještě šťavnatým zůstanou. Následkem poranění kladélkem vypne se povrch rostliny v lesklý hrbolek, ve kterém zřme, proti světlu se díváme, obyčejně jasnou terčku, lůžko to embryonální. Podobným způsobem kladou třásněnky na listech žijící vajíčka svá do parenchymu listového neb [illegible] jiným hmyzem způsobených, jak to Riley (l. c. 85) pozoroval. Mylné jest tvrzení Heegrovo, že druh *Thrips Kollari* (= *Limothrips denticornis*) [illegible] až šesti na spodní stranu listu podél jeho žeber, podobně jak to také [illegible] *Thrips sambuci* a *Heliothrips haemorrhoidalis*, jehož samičky, jak Bouché (l. c. 50) pozoroval, jak kladélkem do listu skuliny dělaly, a do nich [illegible]. Též mylná jest zpráva Farwicka (l. c. 108), který popisuje [illegible] druhu *Melanothrips obesa* (= *fusca*). Toto prý děje se na podzim a sice tak, že samička [illegible] lepuje svá četná (?) vajíčka na chlupy, nalézající se na [illegible] prvskvrnku. List takový vypadá prý jako [illegible] posypaný. Jordan [illegible] právem, že to nebyla vajíčka třásněnek, [illegible] Farwick viděl, [illegible]. Já sám nalezal jsem na stoncích a žebrech listových [illegible] které snad také mohly zavdati příčinu k Farwickovu [illegible]. Též velká [illegible] vajíčka s velikým otvorem ku vznikání [illegible], které Lindeman (l. c. 153) na [illegible] obilných viděl, nenáležejí třásněnce *Thrips secalina* (= *Limothrips denticornis*) [illegible]

[illegible]

[illegible]

[illegible]

SPOLEČNOSTI TRASNĚNEK.

GESELLSCHAFTEN

[illegible]

NEPRATELE TRASNENEK.

FEINDE

[illegible]

třásněnek, mezi lišejníky a v trhlinách kůry před zimou skrytých, požírají zejmena sýkory a druhy, pod korou žijící aneb před zimou pod ni se uchylující, padají za oběť datlům, kteří silným svým zobákem snadno zpuchřelou kůru odtrhávají.

Třásněnky obtěžovány jsou také některými cizopasníky. Tak velmi zhusta vídáme, jak veliká šestinohá larva nějaké svilušky (*Trombidium*) pevně se přidržuje těla nejrůznějších druhů, a to pravidelně měkké části za kyčlemi zadního páru noh. Také na larvách třásněnek se tato sviluška i pořídku vyskytuje. Barva tohoto cizopasníka jest červená, v lihu však úplně vybledne, a to jest snad příčinou, že nejeden autor (Comp. Haliday) mluví o bílém roztoči na třásněnkách cizopasícím. V dutině těla nalezl jsem u několika třásněnek množství převmalých nematodů a jejich vajíček. Tak napočítal jsem v jediném exempláři druhu *Thrips physopus* as 200 nematodů a tolikéž vajíček jejich. Vaječníky této třásněnky byly úplně oněmi červy sežrány.

Proti těm všem nepřátelům jsou třásněnky takřka bezbrannými. Jen jistý druh larev dle Bohlse (l. č. 167.) vylučuje z řiti jakousi ochrannou tekutinu. Nepozoroval jsem též, že by přizpůsobením se barvě květu, v nichž žijí, nějak se chránily, a nemohu potvrditi údaj Halidayův, že žlutý druh *Thrips flava* vyhledává zvláště žlutých květů. Jest také zcela přirozeno, že třásněnky na květech žijící nepřijímají zbarvení svého obydlí, neboť nežijí na květech, nýbrž v jejich vnitřku, a nemusí se tedy nepřítele vnějšího obávati. Natrhal jsem, abych o poměrech těch se poučil, plnou botanickou torbu nejrůznějších žlutých květů a nalezl jsem v nich třásněnky všech barev; ba nebylo ani žlutých třásněnek tolik jako jinak zbarvených. Zcela podobně měla se věc, když natrhal jsem jen květy červené a jindy jen bílé.

HORIZONTALNÍ A VERTIKALNÍ ROZŠÍŘENÍ TŘÁSNĚNEK.

HORIZONTALE UND VERTICALE VERBREITUNG.

O předmětu tom nedá se ovšem mnoho říci, poněvadž vědomosti naše v tom ohledu jsou ještě velmi kusé. Vždyť v Evropě samé byly třásněnky posud velmi málo sbírány, o jiných dílech světa ani nemluvě. Z toho mála, co posud známo, vychází na jevo, že jednotlivé druhy jsou po Evropě velice rozšířeny. Tak nalezeny byly některé na všech místech, kde bylo dosud hledáno. Nejlépe dokazuje stejnoměrné rozšíření jednotlivých druhů po Evropě okolnost, že z 53 druhů z ní dříve popsaných bylo jich 37 nalezeno též v Čechách. Druh *Chirothrips manicata* a dle Pergande druh *Thrips tabaci* má Evropa se Sev. Amerikou společný.

Z mimoevropských zemí jest posud jen 18 druhů známo, ač není pochybnosti, že tam též veliké množství třásněnek se nalézá, které však nedošly dosud povšimnutí pro své malé rozměry těla a zdánlivou neúhlednost. Zajímavým jest značné rozšíření rodu *Idolothrips* v tropických krajinách. Vyskytují se zástupcové toho rodu v Australii (*Id. marginata* Halid., *spectrum* Halid., *lacertina* Halid.), na Ceyloně (druh posud [illegible] *H. [illegible]* [illegible] *Schultz* [illegible]

[illegible] *Aptinothrips rufa* [illegible]

[illegible] *Heliothrips haemorrhoidalis*, *H. femoralis* a *Parthenothrips dracaenae* [illegible] *Thrips tabaci* [illegible]

[illegible] *Physopus* [illegible] *Thrips* [illegible] *Thrips communis* [illegible] *Thrips physopus* [illegible] *minus*, *major* a *Aptinothrips rufa*) byly tam velmi hojné. Vůbec tedy možno říci, že nejvyšší partie Krkonoš jsou na druhy chudy, počet však individuí že tam jest veliký. Zvláště nápadno jest, že pod drnem (jehož jsem dva pytle dal dopraviti domů, kdež jsem je důkladně prohledal) toliko dva druhy jsem nalezl (*Aptinothrips rufa* a *Anaphothrips virgo*).*)

*) Při této příležitosti dovoluji si mimochodem podotknouti, že jsem z celé Sněžky, zvláště pak z jižních svahů, prosíval (v září) plný pytel mechu a drnu v naději, že naleznu Steckerovo záhadné *Lubbocellum subtilium*, což se mi však dosud nepodařilo.

Résumé des biologischen Theiles.

In diesem Theile spricht der Verfasser von den Wohnorten der Thysanopteren, von ihrer Nahrung, ihren Winterquartieren, ihren Bewegungen (Gang, Kriechen, Springen), ihrem Geschlechtsleben, ihrer Eierablage, ihren Gesellschaften, ihren Feinden und von ihrer horizontalen und verticalen Verbreitung. Alle bemerkenswerten Beobachtungen der einzelnen Autoren wurden angeführt, untereinander theilweise verglichen, theilweise durch eigene Beobachtungen bestätigt, und auch neue Thatsachen hinzugefügt. Da es zu weit führen würde, den Inhalt der einzelnen Artikel anzugeben und einiges davon auch schon im systematischen Theile der vorliegenden Monographie enthalten ist, wollen wir nur die zwei letzten derselben, welche über die Feinde und die horizontale und die verticale Verbreitung der Thysanopteren handeln, wiedergeben.

Die Thysanopteren haben hauptsächlich zwischen den Insecten Feinde. In Nord-Amerika saugt sie nach Osborn (Nr. 165) die Wanze *Triphleps insidiosa* aus. Bei uns sah ich die Wanze *Triphleps minuta* L., welche in Blüten lebt, wie sie einzelne Thysanopteren mit ihrem Rüssel wie mit einer Lanze aufstach, und wie sie, nachdem sie sich ihrer Beute auf solche Weise versichert hatte, erst das Weite suchte. Nach Heeger werden die Thysanopteren durch die Käfer *Scymnus ater*, *Gyrophaena manca* und einige Fliegenlarven verfolgt. Nach demselben Autor stellen auch noch einige Arten kleiner Spinnen denselben nach. Viele Thysanopteren, die zwischen Flechten und in Rindenritzen vor der Kälte ihre Zuflucht suchten, werden von Meisen vertilgt, und die Arten, welche unter Rinde leben oder sich hier im Winter versteckt halten, fallen den Spechten und ähnlichen Vögeln zum Opfer, welche mit Hilfe ihres starken Schnabels leicht die morsche Rinde absprengen.

Die Thysanopteren werden auch durch [illegible] Parasiten belästigt. So sehen wir [illegible] wie sich die [illegible] sechsbeinige Larve eines *Trombidium* fest an den Körper der verschiedensten Arten (selten auch ihrer Larven) anheftet, und zwar regelmässig an die weichen Theile unter den Flügeln der [illegible]. Die Farbe dieses Parasiten [illegible] vollkommen gleich; dies ist vielleicht der Grund, dass [illegible] von einer [illegible] parasitischen Milbe auf dem Körper der Thysanopteren sprechen. In der Leibeshöhle fand ich bei einigen Arten eine Menge [illegible] Nematoden und ihrer Eier. So [illegible] ich in einem einzigen Exemplar der Art *Thrips physopus* etwa 200 Nematoden [illegible], ebensoviel [illegible]. Die Eierstöcke dieses Individuums waren von den Würmern vollkommen aufgezehrt.

Gegen alle diese Feinde sind die Thysanopteren sozusagen wehrlos. Nur eine Phloeothrips-Larve scheidet nach Bohls (Nr. 167) aus dem After eine Schutzflüssigkeit aus. Ich habe auch nicht bemerkt, dass sie sich durch Anpassung an die Farbe der Blüten schützen würden, und kann die Angabe Halidays, welcher behauptet, dass die gelbe Art *Thrips urticae* (= *flava*) besonders gelbe Blüten aufsucht, nicht bestätigen. Es ist auch ganz natürlich, dass die Blütenbewohner unter den Thysanopteren nicht die Färbung ihrer Umgebung annehmen, denn sie leben nicht auf den Blüten, sondern in denselben und müssen infolge dessen den Feind von aussen nicht fürchten. Ich pflückte, um mich über diese Verhältnisse zu informieren, eine volle Botanisierbüchse der verschiedensten gelben Blüten und fand darin Thysanopteren aller Farben, ja es waren andere als gelb gefärbte in Mehrheit. Ähnliches ergab sich, als ich rothe und als ich weisse Blüten in Menge untersuchte.

Was die horizontale Verbreitung der Thysanopteren anbelangt, so lässt sich davon freilich nicht viel sagen, weil unsere Kenntnisse in dieser Hinsicht noch sehr unvollständig sind. Es wurden ja die Thysanopteren in Europa selbst bis jetzt nur sehr wenig gesammelt! Aus dem Wenigen, was bis jetzt bekannt ist, geht hervor, dass einzelne Arten in ganz Europa verbreitet sind. So wurden einige an allen Orten, wo man bis jetzt Thysanopteren sammelte, aufgefunden. Am besten beweist die gleichmässige Verbreitung der einzelnen Arten in Europa der Umstand, dass ich von den 53 aus Europa bekannt gewesenen Arten 37 auch in Böhmen auffand. Die Art *Chirothrips manicata* und nach Pergande die Art *Thrips tabaci* hat Europa mit Nordamerika gemein. Wahrscheinlich noch manche andere!

Aus den aussereuropäischen Ländern sind nur 18 Arten bekannt, obwohl dort ohne Zweifel viele Thysanopteren leben, welche jedoch bis jetzt wegen ihrer Kleinheit und scheinbaren Unansehnlichkeit unbemerkt blieben. Interessant ist die grosse Verbreitung der Gattung *Idolothrips* in den Tropen. Es kommen nämlich Vertreter dieser Gattung in Australien (*Id. marginata* Halid., *spectrum* Halid., *lacertina* Halid.), auf Ceylon (eine noch unbeschriebene Art), in Ostindien (*Id. Halidayi* Newm.), in Brasilien (*Id. Schotti* Heeg.) und in Columbia (einige unbeschriebene Arten) vor.

Der Grund der grossen Verbreitung vieler Arten ist [illegible] zu suchen, dass die Thysanopteren wegen ihrer Leichtigkeit und ihrer [illegible] Flügel leicht durch den Wind hoch aufgehoben und ähnlich wie die mit einem Pappus versehenen Pflanzensamen über Berg und Thal fortgeführt werden können. Dies gilt von den geflügelten Arten. Wir wissen jedoch, dass auch unter den Arten, die gewöhnlich der Flügel entbehren, mitunter ein wanderndes geflügeltes Weibchen [illegible] das Resultat des entwicklungsgeschichtlichen [illegible], welche die Art weit verbreiten kann. In dieser Hinsicht ist den Thysanopteren das Vermögen [illegible]

[illegible] Wald [illegible] *Aptinothrips rufa* [illegible] Moosen [illegible] Zeit [illegible] *Phloeothripiden* [illegible] Wasser [illegible]

[illegible] *Heliothrips haemorrhoidalis, H. femoralis* und *Parthenothrips dracaenae* [illegible] Pflanzen [illegible] Verbreitung [illegible]

[illegible] *Physopus* [illegible] *Thrips major* [illegible] *Thrips communis* [illegible] *Anthothrips statices* [illegible] *Thrips physopus* [illegible] *Physopus pallipennis* [illegible] *Anaphothrips* [illegible] *Aptinothrips rufa* [illegible] *Limothrips denticornis* [illegible] *Aptinothrips rufa* [illegible] *Anaphothrips* [illegible]

VI. ČÁST OEKONOMICKÁ.

VI. OEKONOMISCHER THEIL.

ÚVODNÍ POZNÁMKY.

EINLEITENDE BEMERKUNGEN.

Škody třásněnkami způsobené jsou někdy značné; často však se přehánějí, a ještě častěji připisují se jim škody jiným hmyzem nadělané. Sestavíme v této části podstatné věci z jednotlivých zpráv, zájmů oekonomických se týkajících, v tom pořadí, v jakém za sebou uveřejňovány byly, a sice uvedeme je dle jednotlivých pěstovaných rostlin, na které se vztahují. Naše vlastní zkušenosti připojíme na příslušných místech. Vypočítáme také při jednotlivých rostlinách všecky druhy třásněnek, které jsme kdy na nich v Čechách nalezli, a o nichž předpokládáme, že mohou více nebo méně dotyčné rostlině škoditi. Nezmíníme se tedy o třásněnkách pod zpuchřelou korou jednotlivých pěstovaných stromů žijících, poněvadž zde nijaké škody nezpůsobují. Za to jmenujeme všecky druhy, v květech neb na listech se zdržující, i když v nepatrném množství se vyskytují a tudíž škody citelné nenadělají, a to sice z té příčiny, že mohou v jiném čase neb na jiném místě ve velikém množství se vyskytnouti a pak ovšem značně škoditi. Sestavení třásněnek dle rostlin, na kterých žijí, může také sloužiti ku snažšímu určení jednotlivých druhů. Dovoluji si ještě podotknouti, že jsem neohledal jen mimochodem některé pěstované rostliny, nýbrž že jsem věnoval té věci dlouhý čas, snášeje si od většiny vyjmenovaných rostlin plné botanické torby neb pevně uzavírající vaky, do nichž trhal jsem květy neb listy téže rostliny po celý den z nejrůznějších stanovisk, abych je večer nad bílým papírem vyklepával.

OBILÍ (ŽITO, PŠENICE, JEČMEN, OVES). CEREALIA.

Prvním, kdo škody třásněnek na obilí pozoroval, byl Linné. R. 1767 (L. c. 10) píše tento autor, že *Thrips physopus* způsobuje hluchost klasů žitných. První třásněnku v pšenici objevil v. Gleichen (L. c. 12), a sice byl to druh *Aptinothrips rufa*. Roku 1790 pojednává Bjerkander (L. c. 25) o jedné třásněnce, která ve Švédsku poškozovala vyrážející ječmen. O šest let později píše Kirby (L. c. 27) o třásněnce, která škodila pšenici v Anglii. Nazývá ji *Thrips physapus* a poznamenává, že samice její jest bezkřídlá. Haliday později poznal v ní druh nový, který nazval *Limothrips cerealium*. Tato třásněnka sedá dle Kirbyho v rýze zrn pšeničných a ssaje tam mléčnou šťávu jejich. Tím způsobem prý částečně neb v některých případech docela je vy-

Roku 1869. pojednává Cohn (L. č. 87.) mezi jinými též o škodlivé třásněnce *Thrips cerealium*. Roku 1870. zmiňuje se Lindeman o škodlivé činnosti třásněnek na obilí v okolí Moskvy.

R. 1872. popisuje Beling (L. č. 96.) třásněnku „*Thrips frumentarius*" (= *Anthothrips aculeata*) a líčí její škody na žitu, pšenici a ječmenu u Seesenu na Harzu způsobené. Činnost této třásněnky jevila se zprvu tím, že z klasů žitných, právě vymetaných, vypadávaly jednotlivé kvítky neb celé klásky, poněvadž byly jejich semeníky třásněnkami ohlodávány. U některých klasů jevily se škody hlavně na konci, u jiných uprostřed, u většiny pak na basi. Jednotlivé klasy ztratily až i polovinu svých kvítků, u jiných pak jen některé klásky přišly na zmar. Nejčastěji odpadalo nejspodnějších pět klásků a mohla tudíž škoda snadno býti přehlédnuta. Když pak později i pšenice se metala, objevily se také na ní třásněnky nadřečeného druhu, škoda však jimi zde způsobená nebyla tak značná jako na žitě a jevila se jiným způsobem. Pluchy i plevy napadených klásků neopadávaly totiž a změnily jen poněkud barvu, stavše se žlutějšími. Škody třásněnek bylo tedy v tomto případě zevně těžko znamenati; ještě nejsnáze bylo lze je zpozorovati dle toho, že poškozené kvítky trochu vylézaly. V červenci konečně také na metající se ječmen třásněnka ona se dostavila. Také zde dělo se poškozování tím, že následkem ssání na semeníku opadávala jednotlivá kvítka i se svými pluchami, takže jen plevy státi zůstaly. Když pak zrnka ječná počala tvrdnouti, dávaly se třásněnky do pluch, čímž však nijakých škod nezpůsobovaly. Ještě později stěhovaly se třásněnky do květů chrp a do květenství různých travin. Škody na žitu a pšenici způsobené obnášely asi jedno, místy i více procent výtěžku. Na obilí nalezl Beling také druh *Limothrips denticornis*, avšak jen v jednom exempláři. Druhu *Limothrips cerealium* nepozoroval.

R. 1875. podává Taschenberg (L. č. 99.) zprávu, že v roce předcházejícím vyskytlo se v Předních Pomořancích velmi mnoho třásněnek na žitě, takže jich v jednom klase 20—40 bylo nalezeno. Škoda, kterou způsobily, jevila se v tom, že prostředek klasů, jimi napadených, stal se hluchým. R. 1876. mluví Szaniszlo (L. č. 104.) o třásněnce *Thrips frumentarius* Beling (= *Anthothrips aculeata*), na obilí v Uhrách žijící. R. 1876. pojednává Dimitriewicz (L. č. 106.) o třásněnce *Limothrips cerealium*, poškozující žito v Uhrách. V této době asi byla dle Lindemana (L. č. 153.) pozorována škodlivá činnost třásněnek na obilí v Rusku, v gubernii charkovské. R. 1877. podává Becker (L. č. 109.) zprávu o škodách způsobených na žitě larvou (dle Beckera žlutavočervenou) třásněnky *Limothrips cerealium* na dolním Rýně, a to v okresu kempenském, zvláště pak v okolí Lobbericha. Tyto vyssávaly útly semeník a zaviněly, že mnohé klasy staly se na své dolejší části hluchými, když jednotlivé zaschlé kvítky buď zůstaly státi aneb opadaly. V jednotlivých klasech byly často tři, někdy pět, ba i osm a více larev, jež prý zapříčinily, že výtěžek o nemálo procentů ztenčen. Becker domnívá se, že asi mírná zima prospěla k rozmnožení tohoto hmyzu, který je v rolnictvu ...

[illegible] znám pod jménem [illegible]. [illegible] po-čátkem léta svoje vajíčka na klasy, načež [illegible] jejich [illegible]. Za 14—20 dní po [illegible] jsou [illegible] tak pokročilé, že [illegible] třásněnkami více napadeny. Proti [illegible] Beckerovým a zprávám Taschenbergovým z r. 1875 obrací se Kornicke (l. c. 110) [illegible], že zakrnělost nejspodnějších klásků v klasu jest jen zjevem [illegible], s nímž nemá hmyz co činiti. [illegible] pak jejich opadávání též po-[illegible], že nemohly býti třásněnkami ohlodány, [illegible] Becker [illegible], poněvadž tyto [illegible]. Proti tvrzení Taschenbergovu, že též třásněnky způ-sobují hluchost [illegible] zrn [illegible], obrací se Kornicke, připomínaje, že [illegible] zavdati pří-činu k mylnému náhledu, že jejich prostředek jest hluchý. Hluchost [illegible] na [illegible] zjevu [illegible]. Experimenty [illegible] při čemž zároveň [illegible] a ke-[illegible] larvy bejlomorky *Cecidomyia tritici* [illegible] případě [illegible].

[illegible] Teprve roku [illegible] podává [illegible] (l. c. 111) [illegible] *Thrips cerealium* [illegible] ve Slezsku [illegible] (l. c. 112) [illegible], že třásněnky (*Thrips lini*) [illegible] doba jeho květu [illegible] — [illegible] (l. c. 113) [illegible].

[illegible] *Phloeothrips* [illegible], *Aeolothrips statices*, *Limothrips denticornis* [illegible] *Thrips* [illegible] *Physopus vulgatissima* a *Thrips physopus* R. 1880 [illegible] *Thrips frumentarius* [illegible] *Aeolothrips* [illegible] *Aeolothrips* [illegible] (l. c.) [illegible].

množství se vyskytují, přece úroda citelně se neztenčuje; ba snad i přenášením pylu na bliznu stávají se užitečnými. R. 1883. popisuje Osborn (L. č. 131.) jednu třásněnku, ve Spojených státech na pšenici hojně se vyskytující, jež značně se podobá našemu druhu *Thrips flava*. Považuje ji za identickou s druhem *T. tritici*, Fitchem r. 1856. popsaným (!). R. 1884. podána jest v časopisu: Entomologisk Tidskrift, Stockholm, na str. 90., zpráva o třásněnce, která r. 1881. mladému osení velmi škodila. Téhož roku oznamuje se v časopisu: Sitzungsberichte der Naturforscher-Gesellschaft bei der Universität Dorpat, na str. 149., že vyskytla se larva jisté třásněnky, snad druhu *Limothrips cerealium*, v klasech zimní i letní pšenice. V tomto roce ještě objevily se dle Lindemana (L. č. 153.) třásněnky hojně v klasech žitných v Livonsku. R. 1885. pojednává Werner (L. č. 141.) o druzích *Limothrips cerealium* a *Thrips frumentarius* (*Anthothrips aculeata*) jakožto o škůdcích obilí. Téhož roku mluví též Ormerod (L. č. 143.) o škodlivé činnosti druhu *Limothrips cerealium* v Anglii. Asi v této době také zmiňuje se Packard (L. č. 145.) o škodách, jež působí severoamerický druh *Thrips striatus* na pšenici, což později má Osborn za omyl. R. 1886. byla dle Lindemana (L. č. 153.) pšenice na jižní Rusi, v gubernii tambovské, třásněnkami tou měrou navštívena, že skoro polovice klasů byla jimi více nebo méně poškozena.

Roku 1887. vydal Lindeman největší práci, pojednávající o škůdcích obilí z řádu hmyzu třásnokřídlého. Nadepsána jest: Die am Getreide lebenden Thrips-Arten Mittelrusslands (L. č. 153.). Autor jedná zde o pěti druzích na Rusi, zvláště v okolí Moskvy na obilí se vyskytujících. Jsou to *Thrips secalina*, *Phloeothrips frumentaria*, *Aptinothrips rufa* a *Phloeothrips armata*. *Thrips secalina* nov. sp. (= *Limothrips denticornis*!) žije na žitě, ječmenu a pšenici. Činnost její znamenati lze koncem května a začátkem června na žitě a v červenci na letní pšenici a ječmenu. Tato jeví se dvojím způsobem, jednak odumíráním a vadnutím konce klasu neb několika jeho konečných kvítků, jednak objevením se žlutých nebo bílých skvrn na hořejší pochvě listové. Uprostřed května objevuje se tato třásněnka někdy v ohromném množství na nevymetaném posud žitě a protlačuje se k nezralému klasu, ukrytému v pochvě hořejšího listu. Zde ssaje na ose jeho a tím odnímá šťávu všem výše položeným částem, takže tyto odumírají. To děje se v době, kdy plevy, pluchy a osiny nejsou ještě vyvinuty, čímž stává se, že poškozené části na vymetaném klasu berou na sebe podobu tenkých, bílých, všelijak skroucených a proplítajících se nití. Část klasu, jež leží pod napadeným místem osy, zůstává zdravou a vyvine se náležitě.*) Takovýto klas okreslil jsem z Lindemanovy práce a podávám ho na Obraze 7.**) Ssají-li třásněnky na

*) U Hradce Králové nalezl jsem počátkem června také jeden právě tak zpitvořený klas, avšak nechci nijak tvrditi, že byl opravdu třásněnkami zpitvořen.

**) Za laskavé dovolení, jež jsem k tomu od Société Impériale des Naturalistes de Moscou obdržel, budiž této společnosti, v jejímžto časopisu práce Lindemanova vyšla, vysloven zde můj obzvláštní dík.

mnohých květech opadnou jen tyto plevy, někdy zůstanou stát, kdežto ostatní části klasu normálně vyrostou. Rolníci považovali tyto škody za následek mrazu. Z vajíček, které samičky položily, vylíhnou se asi za 10 dní mladé larvy, ježto zůstanou pod pochvou horního listu i když klas se již vymetal. Následky jejich činnosti jeví se nyní ovšem jiným způsobem. Nasávajíce vnitřní stěnu pochvy listové na mnohých místech jsou příčnou vadnutí napadených částí, které dostávají světlou barvu a splývají ve

Obr. 7. ŽITNÝ KLAS DLE LINDEMANA TŘÁSNĚNKAMI POŠKOZENÝ
(Dle téhož autora.[1])

skvrny někdy až 6 cm dlouhé a často celý obvod pochvy zaujímají. Tyto skvrny nazývá Lindeman „Thrips-Flecke“. Asi po měsíci stávají se z larev nymfy, které, jak Lindeman udává, také potravy přijímají a po pěti neb šesti dnech v dospělé ... se proměňují. To děje se koncem června. V té době tedy objeví se zástupy do[illegible] [illegible] [illegible] [illegible] [illegible] pod druhý obal, a to [illegible] [illegible] [illegible] [illegible] deformace, které [illegible] žita nasávajíce podobným

[1] [illegible] NACH LINDEMAN DURCH THYSANOPTEREN BESCHÄDIGTE [illegible] [illegible] [illegible]

způsobem. Také larvy z vajíček jejich se vylíhnuvší žijí pod pochvou listovou a prozrazují se velkými světlými skvrnami na ní. V posledních dnech července a počátkem srpna vylétá třetí generace dospělých třásněnek, [illegible], avšak po nějakou dobu po polích se prohání, načež vyhledává již zimní skrýše, zalézajíc buď do rourek stébel a pod různé předměty na zemi ležící, jako kameny a kousky dřeva. Lindeman přesvědčil se pokusem (vážením), že klasy jednotlivých rostlin [illegible], na jejichž pochvách listových jevila se činnost třásněnek jen v [illegible] škody žádné. Za to jsou ovšem škody, jež třásněnky na klasech samých způsobily, citelné, poněvadž nezřídka byl počet jejich až přes polovici zkažených klasů velmi veliký. Jisto jest, že suché počasí škodlivou činnost jejich podporuje.

Phloeothrips frumentaria (= *Anthothrips aculeata*) žije na žitu, pšenici a ječmenu. Samečky tohoto druhu objevují se v druhé polovici května, kdy již žito se vymetalo, a shromažďují se na mladých jeho klasech, kdež rypáček svůj zapouštějí do měkkého ještě pletiva semeníku, vyssávají je a způsobují tím jejich vadnutí a opadávání, při čemž však plušky zůstávají státi, a tak škodlivou činnost třásněnek zrakům rolníka zakrývají. Během druhé polovice května a během celého června kladou samičky této třásněnky svoje červenavá vajíčka na klasy obilné, a sice nalepují je v hromádkách až 27 kusů čítajících mezi plušky neb na osu klasu. Mladé larvy vyssávají, podobně jako rodiče jejich, útlé semeníky. Během prvé polovice července mění se mladé larvy v nymfy a počátkem druhé polovice téhož měsíce objevují se zástupové dospělých třásněnek, jež opouštějí klasy žitné, které již zráti počínají, a stěhují se na mladé klasy pšeničné, kdež podobným způsobem vyssávají semeníky jako na žitě. V této činnosti pokračují i larvy z jejich vajíček se vylíhnuvší. Tyto žijí pak až do podzimu. Škody třásněnkou touto způsobené jsou neobyčejné. Napadené jimi klasy obsahovaly jen 6, 10 až 15 zrnek, kdežto zdravé klasy čítaly zrnek 60 až 85!

Lindeman myslí, že by zaorání strniště na podzim a [illegible] dalšímu rozmnožování obou těchto druhů třásněnek přítrž učinilo, poněvadž má za to, že přezimují ve strništích. Mimo to bylo by prý dobré strniště pak vypáliti a [illegible].

Kromě těchto dvou druhů nalezl Lindeman na obilí ještě druh *Aptinothrips rufa*, a to v druhé polovici června pod pochvou hořejšího listu [illegible], *Chirothrips antennatus* (= *Ch. manicata*) ke konci června v klasech žita i [illegible] a náhodou též jednou druh *Phloeothrips armata* nov. sp. (= *Anthothrips statices*), jinak na složnokvětých ve velikém množství žijící.

R. 1888 jedná Löw (l. c. 161) o poškozování pšenice třásněnkami v Rakousku. Téhož roku popisuje Jordan (l. c. 162) život obilných phloeothripsů (= *Anthothrips aculeata*) asi takto. Počátkem května dostavují se třásněnky tyto na mladé rostlinky žitné (v Německu) a vnikají k mladým klasům, kdež živí se ssáváním jak klasu, tak měkkého stébla. Na vymetaném klasu pozorujeme následkem toho, že jeho konec rovněž tak jako jeho basis, jsou více nebo méně poškozeny. Vajíčka svá kladou třásněnky tyto [illegible]

[illegible]

[illegible]

[illegible]

[illegible]

[illegible]

[illegible]

communis, *Aptinothrips rufa* v počtu ještě menším. *Thrips angusticeps*, *Physopus* [illegible] *Chirothrips manicata*, *Physopus atrata* a *vulgatissima* v počtu [illegible].

V klasech ovesných (*Avena* [illegible]) [illegible] *Stenothrips graminum* a *Anthothrips aculeata* v neobyčejném množství, *Physopus tenuicornis* [illegible] *Limothrips denticornis*, *Thrips communis*, *Aptinothrips rufa*, *Aeolothrips fasciata*, *Anaphothrips virgo* v počtu nevelikém a *Physopus vulgatissima* v [illegible].

Koukolem (*Agrostemma githago*) živí se hlavně *Physopus atrata* [illegible] téměř pokrývá mnohde rostlinky jeho, a *Physopus vulgatissima*, [illegible] se vyskytuje.

PROSO. PANICUM MILIACEUM L.

Na kvetoucím prosu nalezal jsem druh *Anthothrips aculeata* v neobyčejném množství, *Physopus vulgatissima*, *tenuicornis*, *Aeolothrips fasciata* v počtu nevelikém a *Thrips communis* zřídka.

KUKUŘICE. ZEA MAIS L.

Roku 1867. popsal v. Frauenfeld [illegible] 81.) druh *Thrips Benseleri*, nalezený u Vídně na kukuřici v zahradě pěstované.

Já sám sbíral jsem v květenství kukuřice druh *Anthothrips aculeata* v [illegible]likém počtu, *Physopus vulgatissima*, v dosti značném počtu, *Chirothrips manicata* a *Physopus pallipennis* zřídka. Na listech kukuřice nalezal jsem druh *Anthothrips aculeata* a *Physopus tenuicornis* v počtu nevelikém.

KVĚTENSTVÍ TRAV LUČNÍCH. GRAMINA PRATORUM.

Již roku 1790. mluví Bjerkander (l. c. 25) o škodách [illegible] vinách lučních ve Švédsku způsobených. Roku 1836. poznamenává Haliday (l. c. 45), že druhy *Aptinothrips rufa*, *Chirothrips manicata*, *Limothrips denticornis*, *Baliothrips dispar* žijí na travách v Anglii, a první z nich že [illegible] vyskytuje. Roku 1852. praví tentýž autor (l. c. 644), že *Thrips fuscipennis* [illegible] se na travinách. O škodách [illegible] v Dánsku [illegible] 1855 Schiøtte. Roku 1872. poznamenává Beling (l. c. 96), že *Thrips frumentarius* (= *Anthothrips aculeata*) zdržuje se v srpnu v květenství [illegible] na Harzu, kdež mnohé [illegible] vyssává, [illegible] 10% u obilí. Roku 1875. uveřejňuje Comstock (l. c. 202) [illegible] ke trávníce *Limothrips poaphagus* [illegible] v Severní Americe. Roku 1878. pojednává Reuter (l. c. 113) [illegible] ve Finsku v době senosece zbělé, zvadlé klasy, což pochází od toho, [illegible] nad horejším kolénkem neb nad předposledním [illegible]

CIBULE (ALLIUM CEPA)

l. c. 156.) Ať jsou to třásněnce dle Perganda taktéž *Thrips tabaci*, žijí na ostrovech bermudských na cibuli, kdež však, jak se zdá, jen málo škody způsobily. R. 1889. oznamuje Thaxter (l. c. 165.), že jistý druh (dle Perganda *T. tabaci*) poškodil značně cibuli ve Spojených státech (Connecticut) tím, že zavinoval odumírání listů, čímž rostlina ve vzrůstu byla zastavována. Od r. 1892. oznamují se ze Spojených států mnohé škody zaviněné třásněnkami (dle Perganda veskrze druhem *T. tabaci*) na cibuli, a sice Gillettem (l. c. 172.), (l. c. 174.), Bakerem (l. c. 174.), Smithem (l. c. 175.), Osbornem a Mallym (l. c. 184.) i Pergandem (l. c. 185.) z nejrůznějších států (California, Colorado, Columbia, Illinois, Jowa, New Jersey, New York, Ohio, Pennsylvania, Virginia). Škody jevily se hlavně tím, že vyssáté třásněnkami listy cibulové žloutly, hnědly a konečně seschly neb za vlhkého počasí vodnatěly.

PÓR. ALLIUM PORRUM L.

R. 1895. oznamuje Pergande (l. c. 185.), že mu zaslal L. Seifert z Hostýna třásněnky, jež tam velmi škodily póru. Má je za druh *Thrips tabaci*.

CHŘEST. ASPARAGUS OFFICINALIS L.

R. 1883. nalezl Osborn (l. c. 131.) třásněnky v květech chřestu v Sev. Americe.

CHMEL. HUMULUS LUPULUS L.

R. 1888. poznamenává Osborn (l. c. 163.), že roku předcházejícího nalezl ve státu Wisconsine v Sev. Americe na listech chmelových jistý druh třásněnek, o němž myslí, že je nový.

Já sám nalezl jsem na mladých výhoncích pěstovaného chmele u Lovosic několik exemplářů druhu *Thrips communis*. Na mladých výhoncích divokého chmele nalezal jsem druhy *Thrips flava* var. *obsoleta* v značném množství, *Physopus vulgatissima* v menším počtu a *Thrips communis* i *adusta* v počtu nepatrném. Z plodních šištic (hlaviček) divokého chmele vyklepal jsem veliké množství druhu *Thrips flava* a malý počet její variety (*obsoleta*) a konečně nemnoho exemplářů druhů *Thrips communis*, *Physopus atrata* a *vulgatissima*.

CUKROVKA. BETA VULGARIS L.

Na chrastí cukrovky nalezl jsem v malém počtu tu a tam jedince druhů *Physopus atrata*, *Thrips communis*, *Aeolothrips fasciata* a *Dictyothrips betae*. V květenství jejím vyskytují se *Thrips communis* ve větším množství a *Physopus atrata*, *vulgatissima* a *Aeolothrips fasciata* v počtu malém.

POHANKA. POLYGONUM FAGOPYRUM L.

[illegible]

[illegible]

OKURKA. CUCUMIS SATIVUS L.

[illegible]

MELOUN. CUCUMIS MELO L.

[illegible]

TOPINAMBUR. HELIANTHUS TUBEROSUS L.

[illegible]

SLUNEČNICE. HELIANTHUS ANNUUS L.

[illegible]

[illegible]

BRAMBOR. SOLANUM TUBEROSUM L.

[illegible]

borových. R. 1888. píše Lindeman (l. c. 158), že [illegible] druh *Thrips tabaci* na listech bramborových v Besarabii. R. 1895. [illegible] Pergande (l. c. 185) druh *Euthrips occidentalis*, který mu zaslal D. W. Coquillett z Kalifornie, kdež poškozoval listy bramborové.

Já sám shledal jsem v květech brambor velké množství druhu *Thrips communis* a *Physopus atrata*, dále dosti značné množství druhu *Physopus vulgatissima* a *Aeolothrips fasciata* a konečně malý počet druhu *Thrips physopus* a *flava*. — Na nati bramborové nalezl jsem druh *Thrips communis* v převelikém, [illegible] množství též druhy *Stenothrips graminum*, *Thrips angusticeps*, *Anthothrips statices*, *Physopus vulgatissima* a *Aeolothrips fasciata*.

RAJSKÉ JABLKO. SOLANUM LYCOPERSICUM L.

R. 1888 oznamuje Lindeman (l. c. 158), že rajská jablka byla třásněnkou *Thrips tabaci* v Besarabii značně poškozena.

TABÁK. NICOTIANA.

Škody na tabáku třásněnkami způsobené pozorovány posud jen v [illegible]. Po roce 1880. počal tabák v tamější krajině ve velkých rozměrech pěstovaný značně chřadnouti, ba hynouti docela. Komise, která [illegible] k [illegible], aby tam škody hmyzem révovým způsobené ohledávala, mimochodem zkoumala též pole tabáková v Besarabii a nabyla přesvědčení, že trpí třásněnkami. Člen komise, M. [illegible], pojmenoval dotčený druh, který mimo na listech tabákových nalezl též na [illegible] solanaceích, *Thrips solanacearum*.

R. 1882. byl v tamější končiny vyslán úředník ministerstva domén [illegible] J. Portschinsky, který přišel na základě svých zkoumání k náhledu, že třásněnky [illegible] při škodách na tabáku způsobených jen zcela podřízenou úlohu [illegible]. Pravou příčinou nemoci rostlin tabákových dlužno prý hledati v [illegible] pěstování jejich. Třásněnku na tabákových listech zjistil [illegible] druh *Thrips urticae* ([illegible] *T. flava*).

R. 1887. vyslán byl ministerstvem prof. Lindeman do Besarabie, [illegible] zkoumal příčiny škod na tabáku způsobených. Ukázalo se, že hlavním [illegible] larvy dvou brouků *Opatrum intermedium* Fisch. a *Pedinus femoralis* F., [illegible] způsobily odumírání jim napadených rostlin, k čemuž [illegible] třásněnky, a mimo tyto jiná pohroma, totiž záhadná [illegible]. Pokud se třásněnek týče, udává Lindeman, že může na [illegible] rostlině [illegible] žíti 200—700 larev jejich, aniž by bylo škod obzvláštních pozorovati. [illegible], když mnoho set [illegible] jich na jednotlivých listech ssaje, jest [illegible]. [illegible] škodlivé činnosti jeví se v podobě bělavých neb žlutavých, [illegible] skvrn [illegible].

[illegible] *Thrips tabaci* [illegible]

[illegible]

MAK. PAPAVER SOMNIFERUM L.

[illegible] *Physopus atrata*, [illegible] *Physopus vulgatissima* [illegible] *Thrips flava*, *communis*, *Physopus* [illegible], [illegible] *Aeolothrips fasciata*.

KŘEN. ARMORACIA RUSTICANA [illegible]

[illegible] *Physopus vulgatissima* [illegible] *Thrips flava* [illegible] *Aeolothrips fasciata*, *Physopus atrata* [illegible]

KARFIOL. BRASSICA OLERACEA L. BOTRYTIS L.

[illegible] *Thrips tabaci* [illegible]

[illegible] *Thrips communis* [illegible] *Physopus atrata* [illegible]

ZELÍ. BRASSICA OLERACEA L. CAPITATA L.

[illegible] *Thrips tabaci*.

[illegible] *Thrips communis* [illegible]

ORANŽOVNÍK. CITRUS AURANTIUM L.

[illegible] *Euthrips* [illegible] [illegible] *Heliothrips* [illegible]

BAVLNÍK. GOSSYPIUM.

Roku 1895. mluví Ashmead (l. c. 179.) o třech třásněnkách, jež nalezl v státu Mississippi na bavlníku. Jsou to *Thrips tritici* Fitch a *Phloeothrips mali* Fitch, které sídlejí v květech, kdež však vážných škod nenadělají, a konečně jistý druh, kteréhož prý viděl, jak živil se červcem *Aleurodes gossypii*. Nazývá ho *Thrips trifasciatus*. Roku 1895. oznamuje Pergande (l. c. 185.), že druh *Heliothrips cestri* (= *H. femoralis*) škodí bavlníku, ve sklenících u Washingtonu pěstovanému.

LEN. LINUM USITATISSIMUM L.

Roku 1875. podává Wittmack (l. c. 101.) zprávu o škodách třásněnek na lnu v Sasku způsobených. Roku 1877. pojednává Ladureau (l. c. 112.) o pohromách na lništích francouzských. V létech sedmdesátých objevila se totiž ve Francii, zvláště v jejích severních departementech, jistá velmi zlá nemoc lnu, při které mladé rostlinky svěsily své vrcholky, dostávaly skvrny, vadly a nevytvořivše květu poznenáhla odumíraly. Nemoc tuto zkoumal Ladureau a přišel k náhledu, že její příčinou jest nedostatek drasla v půdě, které se tato látka odjímá dlouhým pěstováním lnu na témže poli, čímž se rostlina, ježto k zdaru svému drasla potřebuje, seslabí; když pak přidruží se horké paprsky sluneční, vadne pod nimi takto zmalátnělý len a zajde před uzráním. Rolníci přičítají toliko žhavému slunci pohromu lnu a říkají následkem toho nemoci jeho »úžeh« (brulure). Mezi svými zkouškami nalézal Ladureau na lnu mnoho třásněnek, kterým z počátku pozornosti nevěnoval. Poněvadž však mu bylo nápadno, že vyskytovaly se ve velikém množství na polích úžehem stížených, kdežto na polích zdravých jich nebylo, obíral se roku 1877. důkladněji tím zjevem a nabyl přesvědčení, že tento malý hmyz jest vlastně pravou příčinou úžehu. Převeliké množství třásněnek ssaje totiž v nerozvitém vrcholku mladých rostlinek, kde právě je nejjemnější a nejšťavnatější pletivo, a tím vysvětlují se veliké skvrny na rozvíjejících se lístech. Rostlinka takto napadená nemůže vždy odolati ssavým třásněnkám, a to zvláště tenkráte, když není dosti pokročilá, a když nenalézá se v půdě dosti nerostných látek, které potřebuje. Brzy chřadne, hlavička její se sklání k zemi, neroste více a nedostává květu; když pak přijde jednoho dne neobyčejně horký paprsek slunce, zajde rostlinka zmořená docela.

Ladureau také pozoroval, že všecka lniště trpěla úžehem, která ležela ve směru větru, jenž vál předcházejícího roku ze kvetoucího lniště, nepříliš třásněnkami navštíveného (jinak by bylo nevykvetlo). Úkaz ten vysvětluje takto. Když len počná kvésti, nenalézají třásněnky na něm již tak měkkého a šťavnatého pletiva, jakého by si přály, a ohlíží se tedy po stravě jiné. Poněvadž však nemohou létati (obraz ⁂), ani pro svou nepatrnost cestu pěšky konati, vylezou na nejvyšší vrcholek rostlinky lnéné a čekají, až přijde vítr, načež rozepnou křídla a nechávají se unášeti. Silný vítr odnese je daleko, slabý jen na sousední pole. Nalezá-li se na novém bydlišti obilí, jak obyčejně bývá, [illegible] s nevyvinutými [illegible] klasy a pokračují ve své škodlivé činnosti, vyssávajíce nejjemnější části pletiva. Na podzim [illegible] pak se [illegible] svoje [illegible] Když pak druhého roku zaseje se na to místo len, vylézají mladé larvy z vajíček v zemi [illegible] a dávají se do něho. O pravdě toho [illegible] když [illegible] rostlinek vyklepáme nad bílým papírem, a tu bývá jest pokryt velikým množstvím larev.

Vzhledem k tomuto rozšiřování se třásněnek vzduchem odporoučí Ladureau postavení dosti vysokých plotů z pletené slámy zhotovených, které lnu třásněnky zachycují a nepropouštějí. Účinek těchto ochranných plotů jest velmi nápadný zvláště tam, kde len část některého [illegible] obklopovaly. Část tato jest pak, jak Ladureau a před ním již Cornelius se přesvědčili, [illegible], kdežto část druhá bývá někdy úplně [illegible].

Pravdivost svých tvrzení hleděl Ladureau dokázati pokusem. Zasel totiž v zahradě [illegible] plochu lnem. Když pak mladé rostlinky dosahovaly délky šest neb sedm centimetrů, rozdělil tu plochu ve dvě polovice slaměným plotem 1 m vysokým. Na jednu polovinu roztroušil několik kilogramů [illegible] rostlinek lněných, obsahujících množství třásněnek. Po pěti asi dnech počal nakažený len chřadnouti. Když pak jednoho dne přišlo velké horko, svěsily všecky rostlinky v obou polovinách své hlavičky. Do rána však byl len v zdravé polovici úplně zotaven, kdežto v nakažené části zůstaly hlavičky [illegible] a nezdvihly se více. Zdravá část pole dosáhla 65 cm délky a kvetla po celé ploše; nemocná však dosáhla nejvýše 40 cm délky a měla jen několik květů.

Z mnohých látek chemických, které Ladureau k zahubení třásněnek užíval, osvědčila se nejlépe velmi silně zředěná šťáva tabáková; dále odporoučí k pokusům ještě petrolej [illegible] s vodou smíchaný, a velmi slabý roztok kyseliny [illegible]. Kromě toho radí, aby rolníci nahrazovali draslo, [illegible] lnem odnímané, vhodně zhotoveným umělým hnojením, a aby po něm pěstovali na témže poli cukrovku neb brambory, kterých [illegible] pro tvrdost jejich pletiva, takže pak larvy z vajíček se [illegible] hladem hynou. Následujícího roku bezstarostně mohou opět zaseti len.

R. 1879 opakuje Ladureau (l. c. 111) svá pozorování dřívější a praví, že [illegible] larvy z vajíček položených do země třásněnkou *Thrips lini* Mhd. [illegible] v kořínkách lnu. Teprve dospělé [illegible] opouští zemi a živí se pak [illegible] len, oves a pohanka, kde [illegible] vyssáte [illegible] všecka [illegible].

Také u nás [illegible] v posledních letech [illegible] třásněnek na lnu [illegible]. V okolí Hradce Králové byly, jak jsem teprve letos se dozvěděl, [illegible] lnu [illegible] černé mušky téměř obsypány. [illegible] Podivno, že některá pole [illegible] úplně [illegible] středek k zapuzení třásněnek udávají sedláci dřevěný popel, jímž někteří pole svá poprašovali. Loňského (vlhkého) roku třásněnky na lnu se neobjevily.

Já sám nalézal jsem v květech lnu druhy *Physopus vulgatissima* a *Thrips communis* v dosti značném množství a druhy *Thrips linaria*, *Physopus atrata*, *Aeolothrips fasciata*, *Thrips physopus*, *angusticeps* a *Anthothrips aculeata* v menším počtu.

RÉVA VINNÁ. VITIS VINIFERA L.

Již Schrank (L. č. 15.) nalezl na spodní straně listu vinných třásněnku *Thrips flava*. Osten-Sacken (L. č. 75.), Walsh (L. č. 77., 79. a 82.) a Riley (L. č. 85.) pozorovali v Sev. Americe třásněnky na nádorech révy způsobených jednak bejlomorkou *Lasioptera vitis* O. S., jednak mšicí *Schizoneura vitifoliae* Fitch a jednak mšicí révovou (*Phylloxera*), a tvrdí, že tam požíraly larvy hmyzu nádory ty tvořících (viz o tom v Části biologické). R. 1885. uvádí se v časopise Bulletin Soc. Ent. Belg., XXIX (na str. 70.), že třásněnka *Heliothrips haemorrhoidalis* jest velmi škodlivá vínu ve sklenicích pěstovanému. R. 1888. poznamenává Osborn (L. č. 163.), že nalezl na listech vinných v Sev. Americe druh Fitchův *Phloeothrips mali*. Pokud se ničení mšice révové třásněnkami týče, poznamenává Jordan (L. č. 162.), že, ač k tomu (v Německu) přihlížel, nemohl takovou činnosť třásněnek potvrditi. Nalezl sice také larvy třásněnek na kořenech vína (jakož i na kořenech mnohých jiných rostlin), avšak na místech, kde mšice révové nebylo. Ba nezdá se mu ani, že by ony larvy zde šťavou z kořenů vinných se živily, nýbrž myslí (poněvadž je nalezl na podzim), že tu před zimou se ukrývaly. R. 1895. oznamuje Pergande (L. č. 185.), že druh *Heliothrips cestri* (= *H. femoralis*) škodí cizím druhům révy, ve sklenicích u Washingtonu chovaným.

KMÍN. CARUM CARVI L.

V květenství kmínu nalezl jsem v množství druh *Thrips communis* a pořídku druh *Anthothrips aculeata*.

PETRŽEL. — PETROSELINUM SATIVUM Hoffm.

Roku 1892. oznamuje Pergande (L. č. 185.), že v Columbii a ve Virginii (ve Spojených státech) objevovaly se třásněnky (dle něho *Thrips tabaci*) na listech petrželových.

MRKEV. — DAUCUS CAROTA L.

V květenství mrkve nalézal jsem v nevelikém počtu druh *Physopus vulgatissima*.

ANGREŠT. — RIBES GROSSULARIA L. etc.

V květech angreštu objevil Haliday (v Anglii) svůj druh *Thrips grossulariae*.

RYBIZ. RIBES RUBRUM L.

[illegible]

JAHODNÍK. FRAGARIA.

[illegible]

[illegible]

JETEL. TRIFOLIUM.

[illegible]

[illegible]

[illegible]

ÚROČNÍK. ANTHYLLIS VULNERARIA L.

V květech úročníku nalezl jsem druhy *Aeolothrips fasciata*, *Thrips communis*, *Physopus vulgatissima* v počtu nevelikém a druh *Anthothrips aculeata* v počtu nepatrném.

LIGRUS. ONOBRYCHIS VICIÆFOLIA Scop.

V květech ligrusu shledal jsem druh *Physopus vulgatissima* v převelikém množství, druhy *Thrips communis*, *Limothrips denticornis*, *Anthothrips aculeata* a *Aeolothrips fasciata* v počtu nevelikém, konečně druhy *Thrips flava* a *Physopus ulicis* v počtu nepatrném.

BOBY. PHASEOLUS VULGARIS L.

R. 1854. udává Heeger (L. č. 66.), že *Thrips sambuci* škodí listům bobů.

VIKEV. VICIA SATIVA (L.) Presl.

R. 1837. udává Haliday (L. č. 46.), že *Physopus phalerata* jest obyčejná v květech vikv seté v Anglii. R. 1852. (L. č. 61.) poznamenává tentýž autor, že též larvy onoho druhu ve více se zdržují.

Já sám nalezl jsem v květech viky hojně druh *Physopus vulgatissima*, v menším počtu druhy *Anthothrips aculeata*, *Thrips communis* a v počtu nepatrném druhy *Physopus atrata*, *Thrips flava* a *Aeolothrips fasciata*.

BOB SVIŇSKÝ. VICIA FABA L.

V květech bobu sviňského shledal jsem druh *Thrips flava* ve velikém množství, *Physopus vulgatissima* a *atrata* v počtu malém a *Aeolothrips fasciata* i *Thrips communis* v počtu nepatrném.

HRÁCH. PISUM SATIVUM Poir.

R. 1871. podává Müller (L. č. 94.) zprávu o třásněnkách, jež nezralému hrachu v Anglii škodily.

KVĚTINY ZAHRADNÍ. FLORES HORTORUM.

Již r. 1744. praví Degeer (L. č. 2.), že druh „*Physapus ater, alis albis*" (= *Physopus vulgatissima*) ve velikém množství vyskytuje se v létě na květinách zahradních. R. 1836. udává Haliday (L. č. 13.), že v Anglii *Physopus ulicis* zdržuje se někdy v květech od *Crocus susianus*, *Physopus vulgatissima* pak že žije přehojně v nejrůznějších květinách zahradních po celý rok, a že v jeho společnosti bývá *Thrips flava* a *minutissima*. R. 1854 připomíná Heeger (l. c. 66), že *Thrips sambuci* škodí bezům mladým. R. 1878 praví Reuter (l. c. 113), že *Thrips flava* ve Finsku v bílých [illegible] v neobyčejném množství se vyskytuje. R. 1888 udává Jordan (l. c. 612), že *Anthothrips aculeata* nalezne se v létě i na podzim vždy ve velikém množství v květenstvích složných zahradních [illegible] *Stachys germanica* a *intermedia*.

Též on nalezl jsem v květech zahradních druh *Physopus vulgatissima* v převeliké někdy množství, *Thrips communis* (také var. *pallida*) a *Physopus atrata* v značném počtu, druhy *Thrips flava*, *physopus* a *Limothrips denticornis* v menším množství i *Anthothrips aculeata*, *Thrips major* a *nigropilosa* v počtu nepatrném. R. 1895 oznamují Osborn a Mally (l. c. 184), že v Iowě ve Spojených státech vyskytuje se tou měrou dle Pergande *Thrips tabaci* na nejrůznějších květinách zahradních.

ROSTLINY VE SKLENICÍCH. PLANTAE IN CALIDARIIS.

Roku 1843 objevil Bouché (l. c. 40) třásněnku *Heliothrips haemorrhoidalis* škodící v teplých i studených sklenicích německých různým rostlinám, a vyslovuje domněnku, že druh ten pochází z Ameriky. Roku 1836 popisuje Haliday (l. c. 43) druh *Heliothrips adonidum* (= *H. haemorrhoidalis*), jenž byl nalezen Fr. Walkerem ve sklenicích anglických. Téhož roku zmiňuje se Burmeister (l. c. 15) o tom, že druh *Heliothrips haemorrhoidalis* zdržuje se ve sklenicích na spodní straně měkkých listů, zvláště mladých, a vyssává je tak, že vadnou a hynou. O škodách téhož druhu na rostlinách ve sklenicích anglických způsobených mluví též Westwood (l. c. 482). Roku 1852 udává Heeger (l. c. 65), že nalezl ho také ve sklenicích vídeňských ve velikém počtu a že tam zdržuje se na spodní straně mladých listů od *Ficus retusa* a *Begonia zebrina*, které následkem hojného vyssávání hynou. Dále praví, že též *Thrips Kollari* (= *Limothrips denticornis*) na oněch zmíněných rostlinách se objevuje a že podobně škodí jako *Heliothrips haemorrhoidalis*. Roku 1854 popisuje tentýž autor (l. c. 66) druh *Heliothrips* (= *Parthenothrips*) *dracaenae* a praví o něm, že žije v neobyčejném množství ve sklenicích vídeňských na spodní straně listů různých dracén a že způsobuje jejich vadnutí. Roku 1855 píše Bremi (l. c. 67) o škodách druhu *Heliothrips haemorrhoidalis*, jejž jmenuje »schwarze Fliege«. Roku 1858 udává Regel (l. c. 72), že *Parthenothrips dracaenae* v mnohých vyskytuje se při rostlinách v teplých sklenicích petrohradských, kdež značné škodí, a sice obzvláště dracénám. Roku 1867 zmiňuje se v. Frauenfeld (l. c. 84) o škodlivé činnosti třásněnek ve sklenicích vídeňských. Z několika druhů též tam se vyskytujících jsou *Heliothrips haemorrhoidalis* a *Parthenothrips dracaenae* nejhojnějšími. Zdá prý se pak, že jednotlivé druhy třásněnek na téže rostlině navzájem se vylučují. Podává také Frauenfeld neúplný seznam rostlin, jež obzvláště třásněnkami trpí. Jsou to *Cyanophyllum*, *Lasiandra*, *Staphidium*, *Octomeris*, *Centradenia*, *Eriocnema*, *Medinilla*,

Heterocentra, *Melastoma*, *Monochaetum*, *Dichorisandra*, *Cordyline*, *Pontederia*, *Amaryllis*, *Kämpferia*, *Costus*, *Curcuma*, *Maranta*, *Anthurium*, *Philodendron*, *Ficus*, *Coccoloba*, *Triplaris*, *Hargasseria*, *Hernandia*, *Rhopala*, *Conoclinium*, *Psychotria*, *Ixora*, *Hamelia*, *Cephaelis*, *Rondeletia*, *Galipea*, *Gardenia*, *Mussaenda*, *Parmentiera*, *Brunfelsia*, *Torenia*, *Thunbergia*, *Dipteracanthus*, *Stephanophysum*, *Ardisia*, *Araliaceae*, *Passifloreae*, *Malvaceae*, *Impatiens Jerdoni*, *Combretaceae*, *Jussieua*, *Cuphea*, *Jehlia*, *Psidium*, *Eugenia*. Roku 1882. poznamenává Pergande (L. č. 127.), že nalezl ve sklenicích zemědělského ústavu washingtonského v Spojených státech druh *Parthenothrips dracaenae*. Roku 1885 nalézáme v časopisu Bulletin Soc. Ent. Belg., XXIX. na str. 70., zprávu o třásněnce *Heliothrips haemorrhoidalis*, jež prý značné škody způsobila na vínu ve sklenicích pěstovaném. Roku 1886. zmiňuje se Cameron (L. č. 151.) o třásněnce *Heliothrips adonidum* (= *H. haemorrhoidalis*) ve Škotsku. Roku 1888. píše Jordan (L. č. 162.) o druzích *Heliothrips haemorrhoidalis* a *Parthenothrips dracaenae*, v německých sklenicích se vyskytujících. Praví o nich, že živí se tam listy prostřední tuhosti, a že opovrhují, jak se zdá, měkkými a šťavnatými rostlinami. Milují zvláště mladé palmy, dracény, fikus, kamelie a aspidistry, starší palmy, *Calla*, *Geranium* a *Coreus* nebývají jimi napadány. Listy třásněnkami vyssávané odumírají. Roku 1891. oznamuje Reuter (L. č. 168.), že nalezl ve finnských sklenicích tři druhy třásněnek, totiž: *Heliothrips haemorrhoidalis*, *femoralis* nov. sp. a *Parthenothrips dracaenae*. Roku 1895. popisuje Pergande (L. č. 185.) druh *Heliothrips cestrum* (= *H. femoralis*). Zaslán mu byl B. P. Mannem z Massachusettsu, kdež nalezen byl na *Cestrum nocturnum* ve sklenicích. Mimo to pozoroval ho Pergande sám ve sklenicích u Washingtonu, a to zvl. nadmíru četně na lístech od *Amaryllis*, jež značně poškozoval. Z jiných rostlin, na kterých tam žije, jmenuje zvláště: *Richardia aethiopica*, *Ficus grandiflora*, *F. elastica*, *Aralia*, *Gardenia*, *Phoenix*, *Dracaena*, *Hydrangea*, *Chrysanthemum*. Též na cizích druzích révy a na bavlnících ve sklenicích chovaných, jakož i na rozném plevelí se tam vyskytoval. Zde též děje se zmínka o tom, že druh *Heliothrips haemorrhoidalis* v Evropě a Sev. Americe jen ve sklenicích žijící, nalezen byl v Brasilii mimo na pěstovaných rostlinách také ve volné přírodě.

BOROVICE. PINUS SILVESTRIS L.

Na mladých borových větvičkách nalezl jsem druh *Chirothrips manicata* v nepatrném počtu, a z borového květu vyklepal pan prof. Duda druh *Oxythrips hastata*.

JEDLE. ABIES ALBA Mill.

R. 1878. udává Reuter (L. č. 113.), že *Aeolothrips limbata* (= *Ae. vittata*) vyskytuje se na mladých jedlích ve Finnsku. Také Jordan (L. č. 162.) udává, že druhy rodu *Aeolothrips* zdržují se na jehličnatých stromech.

[illegible]

[illegible] *Physopus vulgatissima* a *atrata*.

SMRK. ABIES PICEA [illegible]

[illegible] *Anthothrips aculeata* [illegible] *Physopus pini* [illegible] *Physopus vulgatissima* a *Thrips physopus* [illegible]

MODŘIN. ABIES LARIX [illegible]

[illegible] *Physopus vulgatissima* [illegible] *Thrips flava*, *minutissima* a *Physopus atrata* [illegible]

DUB. QUERCUS.

[illegible] (12 exempl.) a *Thrips flava* [illegible] *Physopus vulgatissima* a *Thrips communis* [illegible]

BUK. FAGUS SILVATICA L.

[illegible] *Anthothrips aculeata* [illegible]

HABR. CARPINUS BETULUS L.

[illegible] *Anthothrips aculeata* [illegible]

LISKA. CORYLUS AVELLANA L.

[illegible] *Thrips flava* [illegible] *Physopus ulmifoliorum*.

[illegible] *Physopus vulgatissima* [illegible] *Anthothrips aculeata*, *Drepanothrips Reuteri* a *Thrips communis* [illegible]

BŘÍZA. BETULA ALBA L.

[illegible] *Physopus ulmifoliorum*, *vulgatissima* a *Thrips physopus*.

OLŠE. ALNUS GLUTINOSA Gaertn.

Na listech olšových nalezl jsem druhy *Thrips alni, Physopus ulmifoliorum, vulgatissima, Dendrothrips tiliae, Degeeri* a *Anaphothrips virgo* v nevelikém množství a druhy *Anthothrips aculeata, Physopus tenuicornis, Limothrips denticornis* a *Dendrothrips saltatrix* v počtu nepatrném.

VRBA. SALIX.

Roku 1878. udává Reuter (L. č. 113.), že jeho druh *Thrips salicis* (= *Physopus ulmifoliorum*) ve Finsku vyskytuje se na vrbách.

Já sám sbíral jsem v jehnědách vrbových druh *Physopus vulgatissima* v převelikém množství a druhy *Thrips flava, Anthothrips aculeata, Physopus atrata* v počtu nepatrném. Na listech vrbových shledal jsem druhy *Physopus ulmifoliorum* a *Thrips viminalis* v značném počtu, druh *Physopus vulgatissima* v počtu menším (na zcela mladých, právě vyrážejících listech někdy ve velikém množství), a v nepatrném počtu druhy *Limothrips denticornis, Thrips physopus, communis* (též var. *pulla*) a *Physopus pallipennis*.

TOPOL. POPULUS.

V jehnědách topolových nalezl jsem druhy *Physopus inconsequens* v malém a druhy *Anthothrips aculeata, Thrips flava* a *minutissima* v nepatrném množství. Na listech topolových shledal jsem druh *Physopus ulmifoliorum* a *Thrips viminalis* v množství.

JILM. — ULMUS.

Roku 1888. udává Jordan (L. č. 162.), že viděl jisté třásněnky žíti na listech jilmových.

Já sám nalezl jsem na plodech jilmových druhy *Physopus vulgatissima, Anthothrips aculeata* a *Aeolothrips fasciata* v nepatrném počtu.

OLIVA. OLEA EUROPAEA L.

Roku 1834. podává Passerini (L. č. 41.) zprávu o jisté třásněnce, kterou za druh *Thrips physopus* považuje, a jež v Italii velice škodí olivám, na jejichžto listech se zdržuje. Později také Westwood (L. č. 48.) mluví o škodlivosti třásněnek na olivách. Roku 1842. zmiňuje se Tamburin (L. č. 53.) o škodách, jež jistá třásněnka na olivách ve Francii způsobila, a o prostředcích, jak by se daly zameziti. Roku 1880. nalézáme v časopisu: Bull. Soc. Entomolog. Ital., Vol. 12., Trim. 3., na str. 250., zprávu o dvou třásněnkách, poškozujících olivy. Jedna z nich popsána jest jakožto nový druh pod jménem *Phloeothrips oleae*, druhý pak jest neměčen. Roku 1886 zmiňuje se Targioni Tozzetti (l. c. 150), o tom, že trásněnka „*Euthrips coarctata*“ (= *Physopus ulmifoliorum*?) je jakožto larva hojná na kůře větví olivových na [illegible].

ŠEŘÍK. SYRINGA VULGARIS L.

V knize Nördlingerově z roku 1855 (l. c. 68) čteme, že nemocné listy šeříkové napadány bývají jistou velmi malou trásněnkou.

Na listech šeříkových zastihl jsem samičku druhu *Dendrothrips tiliae*, právě když kladla vajíčko. Mimo to nalezl jsem ještě na listech v nepatrném počtu druhy *Dendrothrips Degeeri*, *Thrips flava* a *Physopus vulgatissima*. V květech šeříku shledal jsem veliké množství druhu *Thrips flava*, četné též druh *Physopus vulgatissima*, v menším počtu druh *Thrips communis* a ve skrovném jen druhy *Physopus pallipennis*, *atrata*, *Thrips major* a *Aeolothrips fasciata*.

JASAN. FRAXINUS EXCELSIOR L.

R. 1888 poznamenává Jordan (l. c. 162), že nalezl druh *Thrips sambuci* na listech jasanových.

Já sám shledal jsem na listech těch druhy *Physopus vulgatissima* a *Dendrothrips Degeeri* v malém počtu.

LIPA. TILIA.

R. 1856 udává Heeger (l. c. 66), že *Thrips sambuci* škodí lipám.

Já nalezl jsem na listech lipových, zvl. na křovitých lipách, druh *Dendrothrips tiliae* v převelikém množství, druhy *Thrips flava*, *Dendrothrips Degeeri*, *Physopus vulgatissima* a *Thrips communis* v malém počtu a druhy *Thrips physopus*, *Anthothrips aculeata* a *Physopus atrata* v počtu nepatrném. V květu lipovém shledal jsem druhy *Thrips flava* [illegible] *obsoleta*, *Thrips communis*, *Physopus atrata* a *vulgatissima* v počtu menším.

KLEN. ACER PSEUDOPLATANUS L.

V květech klenových nalezl jsem druhy *Chirothrips manicata* a *Anaphothrips* [illegible] v počtu skrovném.

MLÉČ. ACER PLATANOIDES L.

V květech mléče nalezl jsem druh *Physopus inconsequens* v množství a druhy *Thrips flava* a *communis* poskrovnu.

KAŠTAN KOŇSKÝ. AESCULUS HIPPOCASTANUM L.

Na lístech kaštanu koňského sbíral jsem druhy *Dendrothrips Degeeri* a *Physopus inconsequens* ve velikém množství, druh *Thrips minutissima* v počtu malém a druhy *Thrips flava, communis, Anthothrips aculeata, Physopus vulgatissima* a *Anaphothrips virgo* v počtu nepatrném.

JABLOŇ. PIRUS MALUS L.

R. 1856. popisuje Fitch (L. č. 69.) jakousi třásněnku (*Phloeothrips mali*), která prý ve Spojených státech (New-York) nažírá nezralá jablka, načež tato opadávají. Autor však nevylučuje možnosť, že jablka nažrána byla jiným zvířetem, a že třásněnky přišly jen ssát šťávu, což jest pravděpodobnější. R. 1882. zmiňuje se Pergande (L. č. 127.) o tom, že nalezl v Sev. Americe (Washington) druh *Heliothrips haemorrhoidalis*, jenž žil v zahradě (bezpochyby přeletěl z nedalekých skleníků) na lístech jablkových. R. 1883. poznamenává Osborn (L. č. 131.), že pozoroval v Sev. Americe třásněnky v květech jablkových, a že 80% květů těch bylo poškozeno bodáním jejich, jež dálo se zvláště do pestíku. R. 1888. praví tentýž spisovatel (L. č. 163.), že škůdcem tím byl *Thrips tritici* Fitch.

Já sám nalezl jsem v květech jablkových druhy *Thrips minutissima* a *Physopus* v nevelikém množství a druhy *Thrips flava* a *Physopus vulgatissima* poskrovnu.

JEŘÁB. PIRUS AUCUPARIA Gärtn.

Na lístech jeřábových nalezl jsem v nepatrném počtu druh *Dendrothrips tiliae* a v květech jeho taktéž poskrovnu druhy *Physopus ulicis, Anthothrips statices* a jednou též druh *Zygothrips minuta*.

BROSKEV. PRUNUS PERSICA Belon

Roku 1837 udává Haliday (L. č. 46), že *Thrips persicae* vyskytuje se v Anglii na nemocných lístech broskvových.

MERUŇKA. PRUNUS ARMENIACA L.

Roku 1895. popsal Pergande (L. č. 185.) druh *Euthrips occidentalis*, jenž mu byl A. Crawem zaslán z Kalifornie, kdež napadal mladé lístky meruňkové a znetvoroval je.

ŠVESTKA. PRUNUS DOMESTICA L.

Roku 1883. praví Osborn (L. č. 131.), že žijí v Sev. Americe nějaké třásněnky v květech švestkových.

Já sám nalezl jsem v nich malý počet druhu *Physopus vulgatissima* a taktéž [illegible] druh *Thrips flava*.

TŘEŠNĚ. PRUNUS CERASUS L.

Roku 1885 pozorována [illegible] 13 [illegible] v Sev. Americe [illegible] v květech třešňových.

Já sám nalezl jsem v květech těch druh *Physopus inconsequens* v množství, druhy *Thrips minutissima*, *flava* a *Physopus vulgatissima* v [illegible] druh *Anthothrips aculeata* v počtu nepatrném.

STŘEMCHA. PRUNUS PADUS L.

Na [illegible] v květech střemchových nalezl jsem druhy *Thrips flava* a *communis* [illegible].

AKÁT. ROBINIA PSEUDACACIA L.

V květech akátových nalezl jsem druh *Physopus vulgatissima* v množství a druh *Thrips flava* a *communis* jen v malém počtu.

Résumé des oekonomischen Theiles.

In diesem Theile hat der Verfasser die Beobachtungen der Autoren über die Beziehungen der Thysanopteren zur Oekonomie nach den einzelnen cultivierten Pflanzen zusammengestellt und ferner die Arten aufgezählt, die er selbst auf den betreffenden Pflanzen in Böhmen gesammelt hat, und von denen man voraussetzen kann, dass sie mehr oder weniger schaden. Es wird also von den unter morscher Rinde einzelner cultivierten Bäume lebenden Arten keine Erwähnung gemacht, weil sie hier keinen bemerkenswerten Schaden verursachen. Dafür werden alle Arten angeführt, welche sich in Blüten oder auf Blättern aufhalten, auch wenn sie in geringerer Anzahl vorkommen und infolge dessen keinen merklichen Schaden verursachen, und zwar aus dem Grunde, weil sie zu einer anderen Zeit und auf einem anderen Orte in grösserer Anzahl auftreten und dann natürlich mehr schaden können. Die Zusammenstellung der vom Verfasser auf den einzelnen cultivierten Pflanzen in Böhmen gefundenen Thysanopteren, welche wir hier im Deutschen wiedergeben, kann auch zur leichteren Bestimmung der einzelnen Arten dienen. — Was die Zusammenstellung der Beobachtungen der Autoren selbst anbelangt, so erlauben wir uns den der böhmischen Sprache Unkundigen wenigstens auf die Namen der Autoren, ihre Schriften (auf die durch eine Zahl in der Klammer, welche sich auf den historischen Theil der vorliegenden Monographie bezieht, hingewiesen wird) und auf die einzelnen von ihnen behandelten Arten im böhmischen Texte aufmerksam zu machen, und hoffen, dass auch daraus einiger Nutzen für ihn entstehe.

Der Schaden, welchen die Thysanopteren verursachen, ist manchmal bedeutend; oft wird er jedoch übertrieben, und noch öfter wird ihnen der von anderen Insecten verursachte Schaden zugeschrieben. Es bleibt hier daher noch viel zu erforschen und viel zu widerlegen übrig.

VERZEICHNIS DER VOM VERFASSER IN BÖHMEN UNTERSUCHTEN CULTIVIERTEN PFLANZEN MIT DEN DIESELBEN BEWOHNENDEN THYSANOPTERENARTEN.*)

Kornähren: **Anthothrips aculeata, *Aptinothrips rufa, Physopus tenuicornis, Anaphothrips virgo, Limothrips denticornis, Chirothrips manicata, Physopus vulgatissima, Aeolothrips fasciata, Thrips communis, Stenothrips graminum.

*) Die mit einem oder zwei Sternchen versehenen Arten fand ich in grosser oder sehr grosser Anzahl; die übrigen sind nach der Stärke des Auftretens geordnet, so dass die zuerst angeführten die häufigeren, die zuletzt genannten die weniger häufigen und die selteneren sind.

Weizenähren: **Anthothrips aculeata, *Stenothrips graminum, *Thrips communis, Aptinothrips rufa, Physopus tenuicornis, [illegible] [illegible], T[illegible] angusticeps, Physopus [illegible], Limothrips denticornis, Aeolothrips vittata, Aeolothrips fasciata, Chirothrips manicata.

Gerstenähren: **Stenothrips graminum, *Anthothrips aculeata, *Physopus tenuicornis, *Limothrips denticornis, Aeolothrips vittata, Thrips communis, Aptinothrips rufa, Thrips angusticeps, [illegible], Chirothrips manicata, Physopus atrata, Ph. vulgatissima.

Haferähren: **Stenothrips graminum, **Anthothrips aculeata, *Physopus tenuicornis, Limothrips denticornis, Thrips communis, Aptinothrips rufa, Aeolothrips fasciata, Aeolothrips vittata, Physopus vulgatissima.

Panicum miliaceum (Blüten): **Anthothrips aculeata, Physopus vulgatissima, Ph. tenuicornis, Aeolothrips fasciata, Thrips communis.

Zea mais (Blüten): *Anthothrips aculeata, Physopus vulgatissima, [illegible], Physopus [illegible], [illegible] Anthothrips [illegible], Physopus tenuicornis.

Wiesengräser (Blüten): *Anthothrips aculeata, **Chirothrips manicata, **Aptinothrips rufa, *Stenothrips graminum, Thrips communis, Aeolothrips vittata, Physopus vulgatissima, Ph. tenuicornis, [illegible] [illegible], Limothrips denticornis, Thrips flava, Physopus [illegible], Ph. pallipennis, [illegible] [illegible].

Humulus lupulus (männliche und weibliche Pflanzen): Thrips communis [illegible] [illegible], *Thrips flava var. obsoleta, Physopus vulgatissima, Thrips communis, [illegible] [illegible] [illegible] [illegible] [illegible], Thrips flava, T. flava var. obsoleta, [illegible], Physopus [illegible], Ph. vulgatissima.

Beta vulgaris (Blüten): Physopus atrata, Thrips communis, Aeolothrips [illegible], [illegible] [illegible] (Blätter): Thrips communis, Physopus atrata, Ph. vulgatissima, Aeolothrips [illegible].

Polygonum fagopyrum: Aeolothrips [illegible], Physopus atrata, Ph. vulgatissima, Thrips communis.

Helianthus tuberosus: Thrips communis, [illegible] Physopus [illegible], Physopus [illegible].

Helianthus annuus (Blüten): Aeolothrips [illegible].

Solanum tuberosum (Blüten): **Thrips communis, *Physopus atrata, Physopus [illegible], Aeolothrips [illegible], Thrips physopus, T. flava [illegible], **Thrips communis, [illegible], Thrips [illegible], Anthothrips [illegible], Physopus vulgatissima, Aeolothrips [illegible].

Papaver somniferum (Blüten): **Physopus atrata, *Physopus vulgatissima, Thrips communis, Physopus tenuicornis, Anthothrips aculeata, Aeolothrips

Armoracia rusticana (Blüten): Physopus vulgatissima, Thrips flava, T. angusticeps, Aeolothrips fasciata, Physopus atrata, Phloeothrips aculeata.

Brassica oleracea β. botrytis: Thrips communis, Physopus atrata.

Brassica oleracea γ. capitata: Thrips communis.

Linum usitatissimum (Blüten): Physopus vulgatissima, Thrips communis, Thrips linaria, Physopus atrata, Aeolothrips fasciata, Thrips physopus, T. angusticeps, Anthothrips aculeata.

Carum carvi (Blüten): *Thrips communis, Anthothrips aculeata.

Daucus carota (Blüten): Physopus vulgatissima.

Ribes rubrum (Blüten): Thrips minutissima, Physopus vulgatissima.

Fragaria (Blüten): Physopus vulgatissima, Thrips minutissima, Physopus primulae.

Trifolium (Blüten): **Physopus ulicis, *Ph. vulgatissima, Anthothrips statices, Thrips angusticeps, T. communis, Anaphothrips virgo, Aeolothrips fasciata, Aptinothrips rufa.

Anthyllis vulneraria (Blüten): Aeolothrips fasciata, Thrips communis, Physopus vulgatissima, Anthothrips aculeata.

Onobrychis viciaefolia (Blüten): **Physopus vulgatissima, Thrips communis, Limothrips denticornis, Anthothrips aculeata, Aeolothrips fasciata, Thrips flava, Physopus ulicis.

Vicia sativa (Blüten): *Physopus vulgatissima, Anthothrips aculeata, Thrips communis, Physopus atrata, Thrips flava, Aeolothrips fasciata.

Vicia faba (Blüten): **Thrips flava, Physopus vulgatissima, Ph. atrata, Aeolothrips fasciata, Thrips communis.

Gartenblumen: **Physopus vulgatissima, *Thrips communis, Physopus atrata, Thrips flava, T. physopus, Limothrips denticornis, Anthothrips aculeata, Thrips major, T. nigropilosa.

Pinus silvestris (junge Zweige): Chirothrips manicata, (Blüten): Oxythrips hastata.

Abies alba (junge Zweige): Physopus vulgatissima, Ph. atrata.

Abies picea (junge Zweige): *Anthothrips aculeata, Oxythrips ajugae, O. hastata, Physopus pini, Ph. vulgatissima, Thrips physopus.

Abies larix: Physopus vulgatissima, Thrips flava, T. minutissima, Physopus ulicis.

Quercus (Blätter): Laothrips setinodis, Thrips flava, Physopus vulgatissima, Thrips communis var. pulla.

Fagus silvatica (Blätter): Anthothrips aculeata.

Carpinus betulus (Blätter): Anthothrips aculeata.

Corylus avellana (Blätter): Physopus vulgatissima, Anaphothrips virgo, Anthothrips aculeata, Drepanothrips Reuteri, Thrips communis.

Betula alba (Blätter): Physopus ulmifoliorum, Ph. vulgatissima, Thrips physopus.

Alnus glutinosa (Blätter): Thrips atra, Physopus ulmifoliorum, Ph. vulgatissima, [illegible] D. Degeeri, Aeolothrips vittata, Anthothrips aculeata, Physopus [illegible] [illegible] dentata, D. [illegible].

Salix (Blüten): Physopus vulgatissima, Thrips flava, Anthothrips aculeata, Physopus atrata; (Blätter): *Physopus ulmifoliorum, *Thrips [illegible], *Physopus vulgatissima, [illegible] Thrips [illegible], T. communis, Physopus [illegible].

Populus (Blüten): Physopus inconsequens, Anthothrips aculeata, Thrips flava, T. communis; (Blätter): *Physopus ulmifoliorum, *Thrips viminalis.

Ulmus (Blätter): Physopus vulgatissima, Anthothrips aculeata, Aeolothrips vittata.

Syringa vulgaris (Blätter): Dendrothrips [illegible], D. Degeeri, Thrips flava, Physopus [illegible]; (Blüten): **Thrips flava, *Physopus vulgatissima, Thrips communis, Physopus [illegible], Ph. atrata, Thrips minor, Aeolothrips fasciata.

Fraxinus excelsior (Blätter): Physopus vulgatissima, Dendrothrips Degeeri.

Tilia (Blüten): *Dendrothrips [illegible], Thrips flava, Dendrothrips Degeeri, Physopus vulgatissima, Thrips communis, T. physopus, Anthothrips aculeata, Physopus atrata; (Blätter): Thrips flava, T. communis, Physopus atrata, Ph. vulgatissima.

Acer pseudoplatanus (Blüten): Chirothrips manicata, Anaphothrips virgo.

Acer platanoides (Blüten): *Physopus inconsequens, Thrips flava, T. communis.

Aesculus hippocastanum (Blätter): Dendrothrips Degeeri, *Physopus inconsequens, Thrips [illegible], Thrips flava, T. communis, Anthothrips aculeata, Physopus vulgatissima, Anaphothrips virgo.

Pirus malus (Blüten): Thrips minutissima, T. physopus, T. flava, Physopus vulgatissima.

Pirus aucuparia (Blätter): Dendrothrips [illegible]; (Blüten): Physopus [illegible], Anthothrips statices, Zygothrips minuta.

Prunus domestica (Blüten): Physopus vulgatissima, Thrips flava.

Prunus cerasus (Blüten): Physopus inconsequens, Thrips minutissima, T. flava, Physopus vulgatissima, Anthothrips aculeata.

Prunus padus (Blätter): Thrips flava, T. communis.

Robinia pseudacacia (Blüten): *Physopus vulgatissima, Thrips flava, T. communis.

VII. ČÁST HISTORICKÁ.

VII. HISTORISCHER THEIL.

ÚVODNÍ POZNÁMKY.

V této části podám seznam všech spisů, v nichž o třásnenkách se jedná, pokud jsem mohl se o nich dověděti, a sice v chronologickém pořádku, při každé práci pak oznámím krátce, co nového obsahuje, a co je vůbec v ní pamětihodného. Účel této stati jest nejen ten, aby sloužila za ukazatele literárního, nýbrž aby též označovala cestu, kterou ubíralo se studium hmyzu třásnokřídlého od prvních dob až po dobu nejnovější. — U některých prací méně důležitých nepodařilo se mi přes všechnu námahu dopátrati se letopočtu (kde je letopočet v závorce, obnáší možný omyl nejvýše jeden rok); i prosím, aby mi nejistota z toho plynoucí laskavě odpuštěna byla, ješto to prvý pokus vůbec sestaviti úplnou literaturu třásněnek. — Práce hvězdičkou poznamenané prostudoval jsem sám, opatřiv si je z valné většiny kopií. V Praze nalezl jsem po knihovnách bohužel jen nepatrnou část literatury potřebné.

Č. 1.

*1691. Ph. Bonanni. Observationes circa viventia, quae in rebus non viventibus reperiuntur. Cum Micrographia Curiosa sive Rerum minutissimarum observationibus, quae ope Microscopii recognitae ad vivum exprimuntur. His accesserunt aliquot Animalium Testaceorum Icones non antea in lucem editae. Omnia Curiosorum Naturae Exploratorum Utilitati et Iucunditati expressa et oblata. Illustrissimo Domino D. Leoni Strozzae excellentissimi Ducis Strozzae filio. A patre Philippo Bonanni Societ. Jesu Sacerdote. Romae, Typis Dominici Antonii Herculis MDCXCI.

Spisovatel této knihy, jesuita Philippo Bonanni v Římě, jest objevitelem třásněnek. Faktum to upadlo však skoro úplně v zapomenutí, takže panuje domnění, že Degeer je objevil, jakož tento sám pevně věřil. Jen Geoffroy (Histoire abrégée d. Ins. Paris, 1764, T. I., str. 384.) ví o práci Bonannově, ač, jak se zdá, ani on sám ji neviděl, neboť píše v seznamu spisů použitých: Bonanni Micrographia, seu Animalia viva in vivis(¹). Jméno Bonanniho čteme pak ještě v Linneově Systema Naturae z r. 1767. (Vindobonae), na str. 687., a to při zmínce o měchýřcích třásněnek, na konci chodidla se nalézajících. — Pokládám za prospěšné prvou zmínku o třásněnkách v literatuře doslovně uvésti, poněvadž věc je důležitá a kniha, v níž jest obsažena, těžce přístupna.

Ve svém článku, Musca nadepsaném, praví Bonanni (Micrographia Curiosa, str. 52. a 53.) doslovně: Hanc observationem alia confirmat curiosissima, quam et sporadeo. Dum observarem Cyanum Turcicum, vulgo Fior d'ambretta ob odorem suavem, quem redolet, animadverti aliqua puncta nigerrima et pigro modo per folia discurrentia. Microscopio opposita apparuerunt Insecta mihi anonyma, quae exprimuntur num. 38. Erant constabant partibus, capite, dorso, ventre, post quem sequebantur septem annuli adnexa caudae. Sex pedibus erant praedita, quorum duo infimi ventri, quatuor reliqui Pectori, in articulos divisi, ut in figura exprimuntur. Caput binis antennis prominebat septem incisuris plexilibus. Dorso erant affixae duae alae in extremitatibus ita connexae, ut nunquam explicari possent. Membrana propterea carebant, sed et praeterea pilis tantum hirsutae, qui aliquando attollebantur ut in [illegible] Sed ad rem nostram. Quatuor priorum pedum extremitates ita efformatae erant, ut cucumeras simularent e membranula tenuissima compactas. His videbatur Animal applicando supra vitrum et quotiescumque repletum gemmaret tales cucumerulas dilatabat ponebatque iisdem vitri superficiem cui hoc modo adhaerescens [illegible] proinde videtur in quo modo humiles erant pedes ultimi utpote talibus pulvillis humectandis orbati et simul ac vitro impingerentur, illico propter levorem labebantur. Similes pedum lapsus notavi in Pediculis, Pulicibus, caeterisque huiusmodi insectis inter duo concava vitra inclusis, licet longos, aduncos, et firmis unguibus essent praedita. Experimentum sumat curiosus, ponendo aliquod huius generis supra laminam vitream perfecte levigatam, deinde si attollat vertatque, ut ea pars, in qua est animal, planum horizontale respiciat, videbit profecto Animal, sed haerebit diu musca, laminamque pro libito sine ruinae metu percurret. To jest: Slapeji tedy mouchy na predmetech nejen drapy, nybrž i trebas toho jest na hladkých plochách za pomocí lepkavého moku, který ze sliznatých podstavků na nohách se vytlačuje a mezi chloupky jejich se zadržuje. Toto pozorování potvrzuje pro velmi pečlivě provedené. Dívaje se na květinu Cyanus Turcicus v lidu Fior d'ambretta zvanou pro svou velmi příjemnou vůni, pozoroval jsem nějaké velmi tmavé body líknavě po lístcích korunních různo pobíhající. Když jsem je před mikroskop postavil, objevili se mi hmyzové jména neznající tak, jak obraz 38 ukazuje. Pozůstávali ze tří částí, z hlavy, z hrudi a z břicha, za nímž následovalo s připojeným ocasem sedm kroužků. Byli opatřeni šesti nohami, z nichž dvě nejzadnější s břichem se spojovaly, čtyři ostatní pak s hrudí na článků rozdělenou, tak jak to obraz znázorňuje. Z hlavy čněla dvě tykadla ze sedmi článků složená. Na hřbetu připevněna byla dvě křídla na koncích tak spojena, že nikdy se rozložiti nemohla. Blány neměly, pročež opatřena dlouhými a velmi tmavými chlupy, kteréžto někdy odstávaly jako na [illegible] Avšak k věci! Konce čtyř předních noh tak vytvořeny byly, že napodobovaly měchýřky z jemné blánky vytvořené. Těch užívalo zvíře, přikládaje je na sklo, [illegible] znovu lezlo, měchýřky ony rozšiřovalo a přitlačovalo je na povrch skla, [illegible] takto lpíc velmi rychle ku předu lezlo, při kterémžto pohybu byly zadní nohy neužitečné, ježto lepkavých podstavků vylučovacích neměly, a jakmile skla se dotkly, hned pro hladkost se smekaly. Podobné klouzání nohou pozoroval jsem u vší, blech a jiných toho způsobu hmyzu mezi dvě vydutá skla uzavřených, třeba dlouhým, ohnutým a silnými drápy byli opatřeni. Pokus nechť zvolí, kdo to zvěděti chce, tak, aby položil nějaké toho druhu zvíře na desku skleněnou dokonale hlazenou, pak jestliže ji zvedne a obrátí, takže ona část, na které je zvíře, rovinu vodorovnou zří, padá zajisté zvíře ono, avšak přilne dlouho moucha a přes desku dle chuti beze strachu před spadnutím poběhne.

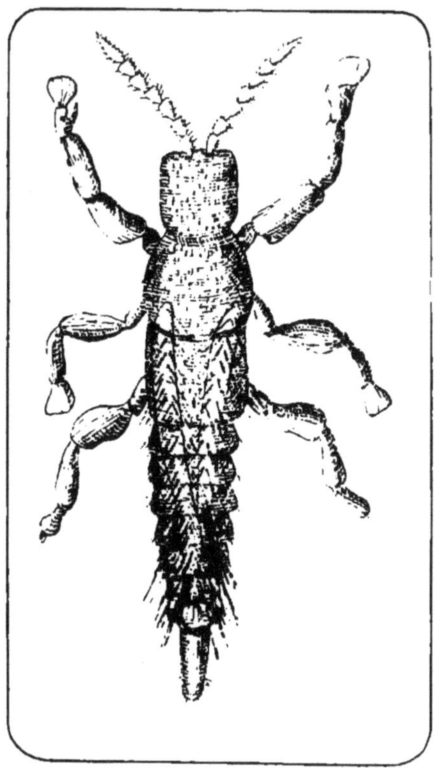

Obraz 8. PRVNÍ VYOBRAZENÍ TŘÁSNĚNKY Z R. 1691. (Dle objevitele třásněnek jesuity Bonanniho.)*)

Dovolil jsem si podati prvý obrázek třásněnky vůbec na vlas tak, jak jest vyobrazena na jedné tabuli díla Bonannova.**) Na téže tabuli vidíme první vyobrazenou třásněnku zároveň s křídlem mouchy a chodidlem jisté ještěrky, která dovede lézti po

*) DIE ERSTE ABBILDUNG EINES VERTRETERS DER THYSANOPTEREN AUS DEM JAHRE 1691. (Nach dem Entdecker der Thysanopteren, dem Jesuiten Bonanni.)

**) Druh Bonannim nakreslený jest najisto zástupce Tubulifer a sotva lze o tom pochybovati, že jest to samec druhu *Anthothrips statices*.

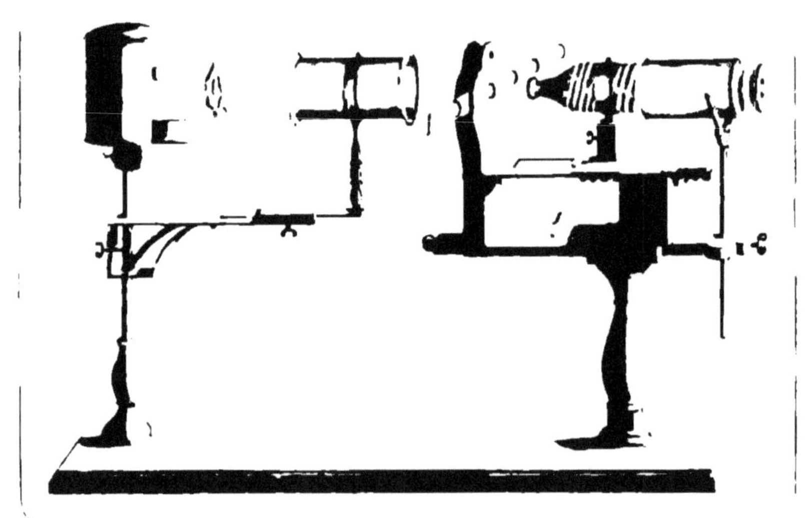

nalezl jsem rozličné rody hmyzu, které nemohou vraděny býti do žádného rodu posud známého, následkem čehož musí obdržeti nová jména. Takovým je hmyz, který popíši, a jejž nazývám Physapus. Připojená tabule ukazuje dva druhy toho hmyzu, nakreslené pomocí mikroskopu, neboť jsou tak malé, že bez pozornosti nelze jich spatřiti. Nejdříve podám všeobecný popis hmyzu, do tohoto nového rodu náležejícího, načež prikročím k popisu dvou jeho druhu.

Degeer svuj nový rod charakterisuje takto: Corpus elongatum, angustum. Clypeus duplex. Alae quatuor, abdomine angustiores. Pedes vesicula instructi. V dalším textu popisuje tělo třásněnek dosti správně a výklad svuj objasňuje pěti obrazy. Mezi jiným praví, že tykadlo třásněnek skládá se ze šesti článku, že šestý z nich jest nejdelší, nohy pak že ukončeny jsou malým blánitým měchýřkem, vylučujícím snad lepkavou hmotu, jejížto pomocí lépe na předmětech lpí. Z kořene hořejšího křídla vidí vycházeti žilku, která se brzy dělí ve dvé větve; na dolejším křídle pak pozoruje žilku jedinou. Ústroju ústních nespatřuje. Dále praví o třásněnkách, že lezou a skáčou hbitě, let jejich že však jest tak krátký, že muže považován býti za poskakování. Drážděny byvše vyzdvihují abdomen do výše.

Po všeobecné části popisuje Degeer dva druhy třásněnek. Prvému, dle zpusobu tehdejšího, dává jméno: „*Physapus fuscus, alis albicantibus*". Jaký to druh jest, nelze dnes říci, neboť jest popis jeho tuze kusý. Nalézá ho mezi lupinky malých nádoru na jalovci, podotýká však zvláště, že není jich puvodcem, nýbrž že se asi jen šťavou jejich živí. — Druhý druh nazývá: „*Physapus ater, alis albis*". Nalézá ho ve velikém množství po celé léto v květinách zahradních a lučních. Třásněnku tuto nazval později Haliday *Thrips (= Physapus) vulgatissima*.

Práci svou ukončuje Degeer těmito asi slovy: Bylo by si přáti, abychom nalezli větší druh tohoto hmyzu, na němž by lépe bylo lze zkoumati všecky jeho částky, neboť jest velice obtížno u tak malého hmyzu vše viděti. Ještě zbývá zvěděti, jakou asi mají proměnu; neboť že proměnu mají, jako veškeren létající hmyz, o tom pochyby není. To však není tak lehko vypátrati při tak nepatrných tvorech.

Č. 3.

*1746. Caroli Linnaei Fauna Svecica Lugduni Batavorum. Str. 220.

Slavný Karel rytíř Linné byl třetím mužem, jenž o třásněnkách se zmiňuje. Jméno *Physapus*, těmto zvířátkum Degeerem přidělené, mění v nadřečené práci ve *Thrips*, což u Řeku (θρίψ) znamenalo malého červíka, ve dřevě hryzajícího. Řekové užívali jména θρίψ v rodu mužském, Linné však užívá ho v rodu ženském. Ve své práci uvádí tři druhy. Ku dvěma druhum Degeerem objeveným přidává třetí nový. Jest to *Thrips elytris albis nigrisque fasciis, corpore atro* (= *Aeolothrips fasciata*). Degeeruv druh *Physapus ater, alis albis* stotožňuje Linné mylně s druhem, jejž nazývá: *Thrips elytris glaucis, corpore atro* (= *Thrips physapus*). Praví o něm, že ne [illegible] hmyzem, [illegible] rozeznal, [illegible] když pouhým okem jen dvě kulle rozeznati mohl. V květech heřmánku nalezl [illegible] larvy a [illegible], že to jest larva jeho. — Druhý De Geerův druh *Physapus fuscus alis albicantibus* překládá ve *Thrips elytris niveis corpore fusco*.

Č. 4.

1761. Caroli Linnaei Fauna Svecica. Stockholmiae. Str. 266.

V této práci užito jest již nové nomenklatury Linnéem [illegible] zavedené. [illegible] uvádí Linné svůj druh *Thrips elytris glaucis corpore atro* jako *Thrips physapus*, De Geerův druh *Physapus fuscus alis albicantibus* jako *Thrips juniperina*, svůj druh z r. 1746 *Thrips elytris albis nigrisque fasciis corpore atro* jako *Thrips fasciata*. Konečně podán jest [illegible] druh nový *Thrips minutissima* (*Thrips elytris corporeque glauco, oculis fuscis*).

Č. 5.

*1761. J. H. Sulzer. Die Kennzeichen der Insecten nach Anleitung des Königl. Schwed. Ritters und Leibarzts Karl Linnaeus durch XXIV Kupfertafeln erläutert und mit derselben natürlichen Geschichte begleitet. Zürich. Str. 83–85.

Doktor lékařství Jan Jindřich Sulzer podává nám zde všeobecný popis [illegible], který z většího části doslovně překlad z De Geerovy práce (č. 2). [illegible] takové zvířátko [illegible] jakkoli pod zvětšovacím sklem zkoumal, nemohl jsem přece rozeznati, zda má [illegible] neb [illegible], a to ani tenkrát, když jsem je pomocí [illegible] až na šest [illegible] zvětšil. Přece však více [illegible] k náhledu [illegible] Novým jest, že [illegible] skládající se ze tří dílů, z nichž [illegible] dvěma drápky a [illegible]. Podává také vyobrazení jedné [illegible] druh *Aeolothrips fasciata*. Zde poprvé užito jest německého [illegible].

Č. 6.

1763. J. A. Scopoli. Entomologia Carniolica exhibens Insecta Carnioliae [illegible] genera, species, varietates methodo Linnaeana. Vindobonae. Str. [illegible].

[illegible] Joannes Ant. Scopoli [illegible] v této práci [illegible] několik [illegible] jménem jen druh *Thrips physapus* L. [illegible] nalezl jest [illegible] jednu v květech od *Ranunculus palustris* (*T. fusca, raris pilis adspersa, antennis obscuris, abdomen [illegible], segmentis utrinque rufis*), druhou v květech od *Hypochoeris maculata* L. (*T. tota nigra, pedum unguiculis albidis, alis utrinque pilosis*), [illegible] *Bellis major*, *Chrysanthemum leucanthemum* (*T. nigra tota [illegible] alis [illegible] albidis, tibiis anticis crassioribus, compressis*).

Č. 7.

V této době vyšel také svazek díla Linnéova: Amoenitates academicae (1749—1790), obsahující (6. p. 401. n. 18) popis nového čínského druhu: *Thrips paradoxa* (fusca, alis abbreviatis, antennis pectinatis, fissilibus aliformibus), o němž soudím, že nepatří mezi třásněnky vůbec (částečně také o Gmelina (Č. 22) se opírajíc).

Č. 8.

Též do této doby snad spadá německý překlad Kästnerův Degeerovy práce o třásněnkách z roku 1744.

Č. 9.

*1764. E. L. Geoffroy, Histoire abrégée des Insectes, dans laquelle ces animaux sont rangés suivant un ordre méthodique. Tome premier. Paris. Str. 383, 386.

Doktor mediciny Etienne Louis Geoffroy popisuje zde tři druhy třásněnek. Jeden z nich jest rozhodně zástupcem Tubulifer. Jmenuje ho: *Thrips elytris albidis, corpore nigro, abdominali seta*; podává na tab. 7., obr. 6., jeho vykres a myslí, že to jest *Thrips juniperina* L., což jest omylem, jak již Goeze (Č. 18) poznamenává. V tykadle jeho vidí 7 článků. Druhá třásněnka jest dle něho *Thrips physapus* L. Třetí jest *Thrips* (= *Aeolothrips*) *fasciata* L.

Č. 10.

*1767. Caroli a Linné Systema Naturae. Editio XIII. Vindobonae. Tomus I. Pars II. Str. 687. a 743.

V této práci čteme, že třásněnky mají rypáček k hrudi zahnutý. O druhu *Thrips physapus* L. praví se, že způsobuje nádory květové na *Lotus corniculatus* (což později Degeer vyvrací), a že zaviňuje hluchosť klasů žitných. Nového druhu tu není.

Č. 11.

1773. Ch. De Geer. Mémoires pour servir à l'histoire des Insectes. Stockholm. III. Str. 1.—18.

V úvodu mluví De Geer o systematickém postavení třásněnek a přiřaďuje je ku hmyzu polokřídlému. Co se pak týče okolnosti, že Linné změnil jeho jméno *Physapus* ve *Thrips*, praví, že změna ta stala se z účelu mu neznámého, poněvadž mu však na jméně nezáleží, jen když zvíře, které ho nésti má, řádně se rozeznává, chce podržeti se pojmenování Linnéova, a to tím spíše, že již většině přírodníků z jeho slavných spisů jest známo, a že ho Geoffroy také podržel. — Vypočítav hlavní znaky třásněnek, dle něho na druhy jen málo četných, jedná o čtyřech třásněnkách zvláště, z nichž první jest *Thrips atra* etc. (Tab. I., obr. 1.), kterou již r. 1744. popsal (*Physapus vulgatissimus*). Opakuje zde svá dřívější slova a kromě toho praví o ní, že asi živí se medovou šťávou květů. Co se týče noh této třásněnky, zdá se mu někdy, jakoby pu-

částky ostatní, na konci chobotu se nacházející, se přimykala k předmětům, po kterých lezo. Aby zcela zvířátko dokonale pozoroval, je tak právě tak dlouho vodním mikroskopem, až se mu roku 1766 podařilo objeviti, že hlava pod předohrudí se prodlužuje a na konci této prodlouženiny že má tupý kuželovitý ... Také na něm pozoroval malé štětkovité přívěsky z článků složené, jež za makadla pravými prohlašuje. Konečně popisuje čtyry takového druhu třásněnky a podává jejich vyobrazení (Tab. I, obr. 4). První z nich že jest bledě žlutavá, že jest čtyřčlenná, a zadek že skládá se z devíti až deseti článků. — Druhá uvedená třásněnka (Tab. I, obr. 5) jest ta, kterou r. 1744 nazval *Physapus fuscus alis albicantibus*, a kterou Linné přikřtil ve *Thrips juniperina*. — Třetí třásněnkou jest *Thrips corticis nigra alis hyalinis arcis barbis longissimis antennis articulatis*. Myslí, že jest totožná s Geoffroyovou třásněnkou *Thrips elytris albidis corpore nigro abdominali seta*. R. 1748 nalezl celé společnosti mladých (Tab. I, obr. 8 a 10) pod korou olšovou. Hlava jejich byla obklopena na stranách prstencovitým temným, který tvořen byl, jak pravím, ... přiloženými tykadly, pokrytými světlou blanou. Abdomen skládal se ze sedmi až osmi článků. Byly bílé a červeně kropenaté. Některé exempláře měly k stranám hrudi přiložené pochvy křídlové, mnohým scházely. Z prvních vytvořily se třásněnky okřídlené, z druhých neokřídlené. Tuto přetvořování se z nymf v dospělý hmyz byl De Geer očitým svědkem. Zda mezi okřídlenými a neokřídlenými jest snad rozdíl v pohlaví, to prý rozhodnouti nemohl. — Čtvrtá třásněnka, kterou uvádí, jest *Thrips fasciata* L. Poněvadž však o ní praví, že jest jedna z nejmenších svého druhu, a že na hořejších křídlech má tři bílé skvrny, je možno, že měl před sebou třásněnku, kterou nazývám *Dendrothrips tiliae*.

Č. 12.

1764. v. Gleichen: Das Neueste aus dem Reiche der Pflanzen. Str. 13 a 14.

Autor vyobrazuje v této práci nový bezkřídlý druh „*der rothe Blasenfuss*", který Gmelin později (l. c. 2224) nazval *Thrips* (= *Aptinothrips*) *rufa* (Tab. 16., obr. 6 c, e) a pozoruje v kláscích pšeničných, a nový druh *Thrips variegata* (Tab. 21. obr. 6 a 7), nazvaný později Gmelinem *Thrips variegata*, na lnici (*Linaria*) nalezený.

Č. 13.

*1776. O. F. Müller: Zoologiae danicae Prodromus seu Animalium Daniae et Norvegiae indigenarum Characteres, Nomina et Synonyma etc. Havniae. Str. 96.

Dánský tajný rada, zoolog a botanik Otto Friedrich Müller uvádí zde známé druhy *Thrips juniperina* L., *T. physapus* L., *T. minutissima* L. a podává nový druh *Th. obscura flavescens, elytris pallidis, oculis abdominisque annulis nigris* (= *Thrips* [illegible] obr.).

Č. 14.

*1776. J. H. Sulzer: Abgekürzte Geschichte der Insecten. Nach dem Linnéischen System. Winterthur. Str. 112.

V této práci píše Sulzer, že také larvy třásněnek skáčou, což jest omylem. Popisuje a kreslí (Tab. XI., obr. 12.) novou třásněnku: *Thrips* (= *Melanothrips*) *fuscus*. Praví však, že jest to snad jen samička druhu *Thrips* (= *Aeolothrips*) *fasciata* L., jíž, kromě křídel, které nemají příčných stuh, jako vejce vejci se podobá. Mám za to, že to jest druh *Melanothrips obesa*, r. 1836. Halidayem popsaný.

Č. 15.

1776. F. Schrank, Beyträge zur Naturgeschichte. Str. 31.

Ředitel mnichovské botanické zahrady, doktor theologie, Frant. Schrank popisuje zde nový druh třásněnek: *T. flava, alis albidis* a praví o něm, že navštěvuje listy kopřivy, vína a lísky. Jeho výkres podává na Tab. I. (obr. 25. a 26.).

Č. 16.

1777. J. A. E. Goeze, Entomologische Beyträge. II. Aufl. Leipzig. Str. 346—351.

Zde uvádí pastor a dvorní diakonus Johann August Ephraim Goeze, promluviv o třásněnkách všeobecně, několik druhů Degeerem (Č. 11.) a Gleichenem (Č. 12.) popisovaných.

Č. 17.

1780. J. Ch. Schäffer, Elementa entomologica. 3. Aufl. Erlangen.

V této práci píše zoolog a botanik superintendent Jacob Christian Schäffer na str. 127. o třásněnce *Thrips physapus* L.

Č. 18.

*1780. J. A. E. Goeze, Des Herrn Baron Karl von Geer Abhandlungen zur Geschichte der Insekten, aus dem Französischen übersetzt und mit Anmerkungen herausgegeben. Dritter Band. Nürnberg. Str. 1.—11.

Goeze překládá zde Degeerovy Mémoires pour servir à l'histoire des Insectes. V poznámkách, k tomuto překladu Goezem přidaných, souhlasí tento úplně s náhledem Degeerovým, že třásněnky puchýřky svými na předměty, po kterých lezou, se přisávají, a praví o nich, že mají podobu puchýřku cmelíku (*Gamasus coleoptratorum*), jímž se tito podobně přidržují hladkého povrchu brouku, na němž cizopasně žijí. V jiné poznámce soudí Goeze, že okřídlené exempláře Degeerova druhu *Thrips corticis* dle analogie s jiným hmyzem, zvl. motýli, jsou samci, neokřídlené samicemi. To arci jest nesprávné, neboť víme, že tomu jest u třásněnek obyčejně naopak, ač i kromě okřídlených samic přicházejí neokřídlené.

Č. 19.

*1781. F. Schrank, Enumeratio Insectorum Austriae indigenorum. Augustae Vindelicorum.

Schrank uvádí v tomto pojednání [illegible] druhy: *Thrips physapus* L. (*T.* [illegible] *Aeolothrips fasciata* L.), *T. minutissima* [illegible] *T. flava* Schrank [illegible] *Thrips* [illegible] Scopoli [illegible] *Ranunculus palustris* [illegible] *Thrips Ranunculi*. [illegible] *Thrips melanopa* [illegible] *T. flava* [illegible] Schrank [illegible]

§. 20.

1781. J. C. Fabricius: Species Insectorum. Hamburgi et Kilonii. Tom. II. str. 396 a 397.

[illegible] entomolog 18. století Dr. Joh. Christ. Fabricius uvádí v práci této šest známých druhů třásněnek [illegible]: 1. *Thrips physapus* L., 2. *T. juniperina* L., 3. *T. Ulmi*, [illegible] De Geer [illegible] *Thrips corticis nigra, alis hyalinis* etc. (z r. 1773), 4. *T. minutissima* L., 5. *T. Urticae*, [illegible] Schrankův druh *T. flava*?, 6. *T.* (= *Aeolothrips*) *fasciata* L.

§. 21.

1787. J. Chr. Fabricius: Mantissa Insectorum sistens Species nuper detectas [illegible] synonymis, observationibus [illegible] emendationibus. Tom. II. Hafniae. str. 20[illegible]

V této práci podává Fabricius [illegible]

§. 22.

1788. J. F. Gmelin: Caroli a Linné Systema Naturae per Regna tria naturae [illegible] Species cum Characteribus, differentiis, synonymis [illegible] Editio [illegible] aucta, reformata. [illegible] Tom. I. Pars IV. str. 2222 a 2223.

[illegible] Gmelin [illegible] *Thrips* [illegible] *T. physapus* L. [illegible] *Thrips minutissima* L. [illegible] *T. juniperina* [illegible] *T. Ulmi* Fabr. [illegible] *T. Urticae* Fabr. [illegible] *T. flava* Schr. [illegible] *T.* (= *Aeolothrips*) *fasciata* L. [illegible] *T. fusca* [illegible] Müller [illegible] *T.* [illegible] Müll. [illegible] *T.* [illegible] *Aeolothrips* [illegible] *T. corrugata* Gmelin.

Č. 23.

1789. J. Berkenhout. Synopsis of the Natural History of Great Britain and Ireland. London. Str. 122. a 123.

M. Dr. J. Berkenhout uvádí ve své práci druhy *Thrips physapus* L., *T. juniperina* L. a *T.* (= *Aeolothrips*) *fasciata* L.

Č. 24.

1789. C. de Villers. Caroli Linnaei Entomologia. Lugduni. I. str. 564.—567.

Karel de Villers uvádí v této práci 10 známých druhů třásněnek a přidává k druhu *Thrips flava* Schr. poněkud delší popis.

Č. 25.

1790. C. Bjerkander. Om en Thrips, som skadar kornbroden. Kongl. Swenska Vetenskaps Academiens Nya Handlingar. Stockholm. Tom. 11. Str. 226.—229.

Clas Bjerkander pojednává zde ve švédské řeči o třásněnce (dle něho *Thrips physapus*), která poškozuje vyrážející ječmen a některé traviny.

Č. 26.

*1794. J. Ch. Fabricius. Entomologia Systematica Emendata et aucta. Secundum Classes, Ordines, Genera, Species adjectis Synonymis, locis, observationibus, descriptionibus. Hafniae. Tom. IV. Str. 228.

V práci této podává Fabricius téměř totéž jako ve svých dřívějších pracích: Spec. Ins. a Mant. Ins. Také zde uvádí jen šest druhů.

Č. 27.

1796. W. Kirby píše v časopisu Transactions of the Linnean Society. Vol. III., na str. 242. až 247. o třásněnce, která škodila pšenici v Anglii. Nazývá ji *Thrips physapus* L. a pozoroval, že samec její jest bezkřídlý. Haliday však r. 1836 poznal v ní druh nový, který nazývá *Limothrips cerealium*. Tato třásněnka sedá dle Kirbyho v rýze zrnek pšeničných a jest prý v Anglii nejhojnějším hmyzem na pšenici.

Č. 28.

1797. T. Marsham. Observation on the insect, that infested the corn in the year 1795. Transactions of the Linnean Society. Vol. III. Str. 242.—251. Tab. 22., fig. 5.—8.

Thomas Marsham mluví zde o třásněnce, jež poškozovala zrno roku 1795 v Anglii. Jmenuje ji *Thrips physapus*.

Č. 29.

1798. T. Marsham. Further observations on the wheat insects. Transactions of the Linnean Society. Vol. IV. Str. 224.—229.

Marsham zde mluví o škodách třásněnek na pšenici.

Č. 29 A.

1798. W. Kirby, History of Tipula Tritici and Ichneumon Tipulae, with some Observations upon other Insects that attend the Wheat. Transactions of the Linnean Society. Vol. IV. Str. 230—258.

Kirby pojednává zde mezi jiným též o třásněnce, kterou nazývá *Thrips physapus* L. a jež [illegible] v Anglii.

Č. 30.

[illegible] *Thrips* [illegible] *Aptinothrips rufa* [illegible]

Č. 31.

1802. Shaw, Elements of Natural History, being an Introduction to the Systema Naturae of Linnaeus. London and Edinburgh. II.

Shaw uvádí v této knize [illegible] druhy: *Thrips physapus* L., *T. juniperina* L., *T.* [illegible] = *Aeolothrips fasciata* L. a *T. minutissima* L.

Č. 32.

1803. J. Chr. Fabricius, Systema Rhyngotorum secundum ordines, genera, species, adiectis synonymis, locis, observationibus, descriptionibus. Brunsvigae.

[illegible] Fabricius [illegible] Syst. Ins. (Č. 20), Mant. Ins. (Č. 21), Entomol. Syst. (Č. 26) [illegible] *Thrips* [illegible] *Anthothrips aculeata* [illegible] *Thrips* [illegible] *T. Ulmi* [illegible]

Č. 33.

[illegible] 1805 [illegible] *Limothrips cerealium* Halid.

Č. 34.

[illegible] Systema Naturae [illegible]

[illegible] *Thrips Ulmi* [illegible] *T.* [illegible] *T. phy sapus* L., *T. juniperina* L., *T.* (= *Aeolothrips*) *fasciata* L., *T. variegata* v. Gleichen a *T. minutissima* L.

Č. 35.

1806. G. Shaw. General Zoology. Vol. 6. Insecta. Str. 199.

Dr. George Shaw uvádí v této knize druh *Thrips physapus* L. a vyobrazuje ho na Tab. 63.

Č. 36.

*1806. C. Duméril. Zoologie analytique ou Méthode naturelle de Classification des animaux, rendue plus facile à l'aide de tableaux synoptiques. Paris. Str. 268. a 269.

Med. Dr. a professor anatomie i physiologie A. M. Constant Duméril povýšil v této knize třásněnky z rodu na skupinu (familia), a to hmyzu polokřídlého, pod jménem *Vésiturses* ou *Physapodes*. Nalézáme tu jen velmi krátký všeobecný popis jejich. Poněvadž pak Amyot a Serville ve své práci z r. 1843 tvrdí, že třásněnky sluší jmenovati *Physopoda* dle Duméřila, dovoluji si proti tomu namítati, že Duméřilova obě jména, která současně klade, jsou francouzská, nikoliv latinská, a tudíž že na prioritu žádného práva nemají. Kromě toho pak Duméril ani blíže třásněnkami se nezaměstnává.

Č. 37.

1821. W. Wood. Illustrations of the Linnaean Genera of Insects. London.

Autor této práce uvádí na str. 118. druh *Thrips physapus* L. a vyobrazuje ho na Tab. 42.

Č. 38.

1829. Latreille: Cuvier. Règne animal. Paris. V. Str. 226.

Professor entomologie Pierre André Latreille uvádí ve svém zpracování hmyzu v díle Cuvierově: Règne animal (1817—1848) obsaženém, pozorování anatoma H. Strauss-Dürkheima, které mu tento oznámil. Strauss-Dürkheim zkoumal ústroje ústní třásněnek a viděl maxilly i palpy. Nerozeznal arciť, že maxilly jsou srostlé s hořejším i dolejším pyskem, a že tvoří s těmi částmi dohromady ssavý rypák, nýbrž domníval se, že jsou volné, a z té příčiny řadí třásněnky k orthopterům. Latreille nazývá náš hmyz v této práci „*Physapi*".

Č. 39.

*1829. J. F. Stephens. A Systematic Catalogue of British Insects, being an attempt to arrange all the hitherto discovered indigenous insects in accordance with their natural affinities. London. Str. 363.

James Francis Stephens vypočítává v této práci následujících 9 druhů třásněnek, a to bez popisu, toliko s připojením známé mu literatury o nich: *Thrips* (= *Anthothrips*) *aculeata* Fabr., *T. Ulmi* Fabr., *T. Urticae* Fabr. (= *T. flava*), *T. Physapus* L., *T. Juniperina* L., *T.* (= *Aeolothrips*) *fasciata* L., *T. variegata* v. Gleichen, *T.*

obscura Müll. a *T. discolor* a *T. minutissima* L. — Heeger [illegible] r. 1854 ze Stephensa. V tomto svém katalogu uvádí též nové druhy třásněnek, mezi nimiž také *Thrips sambuci* [illegible] popsán. [illegible] na místo [illegible] druhů v Stephensově katalogu [illegible].

Č. 40.

1865. P. F. Bouché: Naturgeschichte der schädlichen und nützlichen Garten-Insekten und die bewährten Mittel zur Vertilgung der ersteren. Berlin. I. Str. 206.

[illegible] P. Fr. Bouché popisuje zde nový druh třásněnek *Thrips* (= *Heliothrips*) *haemorrhoidalis*. Nalezl ho na různých rostlinách v teplých [illegible] a myslí, že pochází z Ameriky.

Č. 41.

1834. C. Passerini: Notizie sopra una specie d'Insetto del Gen. Thrips [illegible] Atti dell' Accademia dei Georgofili. Tom. XII.

Carlo Passerini mluví v této zprávě o velké škodlivosti [illegible] druhu třásněnek [illegible] a má ročně několik pokolení. Autor třásněnku [illegible] že to jest *Thrips physapus* L.

Č. 42.

*1835. E. Newman: Attempted Division of British Insects into Natural Orders. The Entomological Magazine. London. Vol. II. Art. XXXVII. Str. 379.

Edward Newman [illegible] nové rozdělení hmyzu. Třásněnky uvádí mezi „*Tetraptera Isomorpha*", [illegible] Natural Orders [illegible] *Thripsides* [illegible]. V krátkém popisu [illegible] že [illegible] složena z osmi článků, chodidla [illegible] dvoučlenná [illegible].

Č. 43.

1836. A. H. Haliday: An Epitome of the British Genera in the Order Thysanoptera with Indications of a few of the Species. The Entomological Magazine. London. Vol. III. Str. 439—455.

Tato práce jest [illegible] ze všech [illegible] o třásněnkách až po dnešní den [illegible] Alexander Henry Haliday, [illegible] entomolog, jenž [illegible] hmyzem [illegible] a zdržoval se dlouhý čas v Londýně [illegible] 1870 zemřel.

V [illegible] autor [illegible] třásněnek [illegible] a [illegible] o systemu[illegible] tickém postavení jejich. Vytkneme zde některé důležitější věci. — Pokud se ústrojů ústních týče, jest to, co o nich píše, skoro úplně správno. Blíže o tom zmínili jsme se v Části anatomické. Tykadla mají prý 8 neb 9 článků, avšak někdy se zdá, že jich jest jen 5 neb 6. Haliday poprvé též zmiňuje se o třech jednoduchých očkách, mezi očima se nalézajících. Pterothorax jest složen ze dvou článků, které jsou buď skoro stejně dlouhé, nebo jest první z nich kratší. Abdomen skládá se z desíti článků, z nichž prvý zakryt je dole zadohrudí. Dlouhé třásně na křídlech slouží k tomu, aby zvětšily plochu křídla při letu. Chodidlo jest dvoučlenné s puchýřkem na konci, bez drápku. Larvy mají mesothorax a metathorax zřetelný, ústroje ústní jejich jsou ústrojům ústním dospělého hmyzu velmi podobné, jednoduchých oček tu není a složené oči jsou zde nahrazeny seskupenými (conglomeratae). Nymfy podobají se dospělému hmyzu, avšak obaly údů jsou potažena blanou a křídla vězí v pochvách. Jejich tykadla jsou zpět k hlavě přiložená. Lezou sice také, ale jsou mnohem klidnější než larva a dospělý hmyz. Haliday objevil, že některé druhy třásněnek opatřeny jsou kladélkem (*Terebrantia*), jiné nikoliv (*Tubulifera*). Vajíčka těchto již také viděl. Co se potravy třásněnek týče, praví, že jsou to šťávy rostlinné. Některé prý objevují se v dospělé podobě jen na krátký čas, a to v čas květu té které rostliny, na níž žijí.

Rozdělení třásněnek, Halidayem podané, jest zcela nové a velmi přiměřené. Řád *Thysanoptera* dělí totiž na dvě Stirpes. První Stirps a zároveň Familia jsou *Tubulifera*, postrádající kladélka. Jediný rod sem náležející nazval *Phloeothrips*. Druhá Stirps jsou *Terebrantia*, mající kladélko (terebra). Tuto dělí ve dvě čeledi (familiae): ve *Stenelytra*, s křídly opatřenými jen podélnými žilkami, a s kladélkem dolů ohnutým, a ve *Coleoptrata*, s křídly opatřenými kromě podélných též příčnými žilkami, a s kladélkem nahoru zahnutým. *Stenelytra* rozděluje v rody *Heliothrips*, *Sericothrips*, *Thrips* a *Belothrips*. Rod *Thrips* zase v podrody (subgenera) *Chirothrips*, *Limothrips*, *Aptinothrips* a *Thrips* v užším smyslu; *Coleoptrata* pak v rody *Melanthrips* a *Aeolothrips*. Tento má podrody *Coleothrips* a *Aeolothrips* v užším smyslu. — Stirps *Tubulifera* má následující znaky: osm článků v tykadle, makadla maxillární o dvou článcích s prvním velmi krátkým, křídla bez žilek a v klidu skřížena a konečně poslední článek abdomenu u ♂ i ♀ tenký, rourovitý. Stirps *Terebrantia* pak má tyto znaky: devět (pro typo) článků v tykadle, makadla maxillární o třech článcích, a křídla se třemi podélnými žilkami. Dále poznamenává o nich, že skáčí, zadkem se odmršťujíce.

V celku popisuje Haliday 11 rodů (podrody v to počítaje) s 41 druhy. V následujícím uvádíme jména druhů Halidayových a jména v naší monografii užívaná.

1. Phloeothrips pedicularia Hal. — Trichothrips pedicularia Hal.
2. — aculeata Fabr. — Anthothrips aculeata Fabr.
3. — Ulmi Fabr. — Trichothrips ulmi Fabr.
4. — flavipes Hal. — Trichothrips pedicularia Hal.
5. — Statices Hal. = Anthothrips statices Hal.

6 Phloeothrips [illegible] Hood [illegible]
7 [illegible] Halid. [illegible]
8 Heliothrips Adonidum [illegible] — Heliothrips haemorrhoidalis Bouché
9 Sericothrips [illegible] Halid. [illegible]
10 Thrips (Chirothrips) [illegible] Halid. — Chirothrips [illegible] Halid.
11 [illegible] Halid. — Limothrips denticornis Halid.
12 [illegible] cerealium Halid. — Limothrips cerealium Halid.
13 [illegible] — Aeolothrips [illegible]
14 [illegible] Halid. — [illegible] Halid.
15 [illegible] Halid.
16 [illegible] Halid. — Physopus [illegible] Halid.
17 [illegible] — Anaphothrips [illegible] — [illegible] [illegible]
18 [illegible] Halid. — Physopus [illegible] Halid.
19 [illegible] Halid. — Physopus [illegible] Halid.
20 [illegible] Halid. — Physopus vulgatissima Halid.
21 [illegible] Halid. [illegible] nebyl dostatečně popsán*)
22 [illegible] Halid. [illegible] z těchž důvodů*)
23 [illegible] — [illegible] Physopus [illegible]
24 [illegible] Halid. [illegible]
25 [illegible] Halid. [illegible]
26 [illegible] — [illegible]
27 [illegible] Halid. [illegible] nebyl dostatečně popsán*)
28 [illegible]
29 [illegible] Halid. [illegible]
30 [illegible] dostatečně popsán*)
31 [illegible] Halid. — [illegible] Halid.
32 [illegible] Halid. — [illegible] Halid.
33 [illegible] Halid. — [illegible] Halid.
34 [illegible] Halid. — [illegible] Halid.
35 [illegible] Halid. — [illegible] Halid.
36 [illegible] Halid. — [illegible] Halid.
37 [illegible] Halid. — [illegible] Halid.
38 Melanothrips [illegible] Halid. — Melanothrips [illegible]
39 Aeolothrips [illegible] — Aeolothrips fasciata L.
40 [illegible] Halid. — Aeolothrips vittata Halid.

*) [illegible]

11. Aeolothrips (Coleothrips) albicincta Hald. = Aeolothrips albocincta Hald.

Č. 44.

1836. J. H. Curtis, British Entomology, being illustrations and descriptions of the genera of Insects found in Great Britain and Ireland. 1823—1840. London.

V této práci uvádí anglický malíř John H. Curtis na str. 748 druh Halidayův *Thrips dispar*.

Č. 45.

*1836. H. Burmeister, Handbuch der Entomologie. Berlin 1832—1847. II. Bd. 1835. Str. 404—418.

Med. a Phil. Dr. Hermann Burmeister, professor zoologie a ředitel Zoologického musea v Halle, výborný entomolog, počítá třásněnky v tomto díle mezi svůj nový řád *Gymnognatha*, tedy mezi hmyz s volnými kusadly, v kterémžto náhledu ho nejvíce podporuje přítomnost makadel, při čemž nepopírá příbuznost třásněnek s rhynchoty. Burmeister nazývá třásněnky *Physopoda*, kterézto jméno utvořil z Dumérilova jména francouzského *Physapodes* (viz Č. 36), formálně je opraviv. Co se ústrojí ústních týče, potvrzuje v celku pozorování Halidayova. Na noze vidí trochanter. Chodidlo, praví mezi jiným, končí se kožním lalůčkem či přísavkou, jíž za zvláštní článek nesmí se považovati. Drápky scházejí úplně. Desátý článek abdominální jest rourovitý, avšak správněji za pohlavní ústroj považovati se prý musí. Třásněnky živí se jen potravou rostlinnou, a ty, které v květech žijí, ssají asi nektar jejich. Jsou na druhy velmi četné, znaky generické jsou však málo rozmanité.

Burmeister přijímá rozdělení Halidayovo úplně a uvádí všecky druhy tímto autorem popsané, přidávaje k nim jeho diagnosy a jeho poznámky, jen mnohdy něco nepatrného mění neb doplňuje. K rodu *Phloeothrips* přidává druh *Phl. albipennis* (= *Anthothrips aculeata*) a pod jménem *Phl. coriacea* Halid. popisuje druh *Acanthothrips nodicornis*. O terebrantiích praví, že skáčou prý vymršťujíce se koncem abdomenu, který nejdříve dolů ohnou a rázem opět narovnávají. — Skupinu Halidayovu *Stenelytra* překřtívá Burmeister na *Stenoptera*, neboť jest jméno *Stenelytra* zadáno, bývši přiděleno Latreillem již skupině brouků. Halidayův druh *Heliothrips Adonidum* stotožňuje právem s Bouchéovým druhem *Thrips* (= *Heliothrips*) *haemorrhoidalis*, již dříve popsaným. Podrod Halidayův *Aptinothrips* vynechává, poněvadž soudí (neprávem), že zástupcové jeho jsou larvy, jimž scházejí jednoduchá očka, a ježto mají jen šest článků v tykadle. K podrodu *Chirothrips* přidává druh *longipennis* (= *Ch. manicata*).

Č. 46.

*1837. A. H. Haliday, Additional Notes on the Order Thysanoptera. The Entomological Magazine. London. Vol. IV. Str. 144—146.

V tomto článku uveřejňuje Haliday některé dodatky k práci své dřívější. [illegible] se o dvou [illegible] (*Coryphe*) a [illegible]. Pak praví, že [illegible] druhu *Phloeothrips Ulmi* [illegible] a popisuje larvu [illegible]. [illegible] popis [illegible] druhu *Phl. pini* (= *Trichothrips pini*) a [illegible]. Dále popisuje [illegible] larvu a [illegible] druhu *Thrips* (*Limothrips*) *cerealium*, [illegible] popis druhu *Aptinothrips nitidula*, [illegible] o larve druhu *Thrips phalerata* a [illegible] druhu, jejž nazývá *Thrips Persicae*, nemůž však popsati nepodává.

Č. 47.

*1837. Dr. W. F. Erichson podává referát o práci Halidayově (Č. 43) a vytýká spisovateli, že pojmenoval rody proti pravidlům Linnéovým (Philosophia Botanica § 225). Wiegmann's Archiv für Naturgeschichte. 3. Jahrg. Berlin. 2. Str. 332.

Č. 47 A.

1837. G. Dahlbom, Kort underrättelse om Skandinaviska Insekters allmännare skada och nytta. Lund. Str. 149.

Dahlbom [illegible] zde [illegible] obecné [illegible], která způsobuje na obilí [illegible] škody, jež mají za následek, že zrnka v obilí a ve klasy stávají se hluchými.

Č. 48.

1838—1840. J. O. Westwood, Introduction to the modern classification of Insects. London.

J. O. Westwood, [illegible] entomolog a [illegible] přírodovědeckých v Oxfordu, [illegible] v tomto svém díle jakožto [illegible] řád Ordo *Thysanoptera* mezi *Orthoptera* a *Neuroptera* [illegible] dle Halidaye. [illegible] popisy těchto škodlivost. [illegible] jako *Thrips ochraceus* [illegible]. V [illegible] případě jest kulturní *Heliothrips adonidum* Hal. a *H. haemorrhoidalis*. [illegible] (Č. 163) domnívá se, že [illegible] *Heliothrips* a *Parthenothrips dracaenae* Heeg.

Č. 49.

1839. L. Dufour, Description et figure d'une nouvelle espèce de Thrips. Annales des Sciences Naturelles. 2. Sér. Zoologie. Tome [illegible]. Str. 320—324.

[illegible] popisuje nový druh tásnokřídlých, který jest bezkřídlý a vyznamenává se [illegible] předních [illegible] [illegible] [illegible] bezkřídlý. Popisuje druh který Dufour nazývá *Thrips aptera*, jest nějaký *Phloeothrips* (Haliday [Č. 61.] tvrdí, že to jest jeho *Phl. pini*), a pochyy kradelné u nymf vysvětlí se snadno, když uvážíme, že dospělý hmyz u zástupců rodu *Phloeothrips* mívá kromě bezkřídlé formy, kterou Dufour toliko viděl, též formu okřídlenou, od níž jen nymfy nalezl.

Č. 50.

*1839. H. Burmeister, Genera Insectorum. Iconibus illustravit et descripsit H. Burm. Berolini. 1838.

V této skvostné práci, v níž mnoho hmyzu překrásně jest vymalováno, podává nám Burmeister obrázky tří třásněnek, výborně provedené a kolorované; také připojuje mnohé podrobné výkresy jednotlivých částí jejich. Třásněnky ty jsou: *Heliothrips haemorrhoidalis* Bouché, *Thrips longipennis* Burm. (= *Chirothrips manicata*) a *Phloeothrips coriacea* (= *Acanthothrips nodicornis*). Ke každému druhu vztahuje se článek latinsky sepsaný. Tuto Burmeisterovu knihu nenalézám citovanou, kromě v kompilaci Amyotové a Servillově (Č. 54.), v žádné pozdější práci o třásněnkách.

Pokud se ústrojů ústních týče, jest Burmeister prvním, který je vyobrazuje, a to ode všech tří vymalovaných druhů: od druhu *Heliothrips haemorrhoidalis* na Tabuli „Heliothrips“, obr. 2., 4. a 5., a na Tabuli „Phloeothrips“, obr. 10.—14.; od druhu *Thrips longipennis* na Tabuli „Thrips“, obr. 2.—7.; od druhu „*Phloeothrips coriacea*“ (= *Acanthothr. nodicornis*) na Tabuli „Phloeothrips“, obr. 3.—5. O studiích Burmeisterových v ohledu tom promluveno na příslušném místě v Části anatomické. Kladélko vyobrazuje Burmeister od druhu *Heliothrips haemorrhoidalis* (Tabule „Heliothrips“, obr. 6. a 7.) a od druhu „*Thrips longipennis*“ (Tabule „Thrips“, obr. 9.). Praví, že jím samičky nařezávají listy rostlin, a že kladou do těchto skulin svá vajíčka. Bližší zprávy o kladélku, jak Burmeister si ho představoval, viz v Části anatomické. Tarsus shledává u rodu *Heliothrips* jednočlenným (Tabule „Heliothrips“, obr. 3.), u rodu *Thrips* tříčlenným (Tabule „Thrips“, obr. 8. a 13.) a u rodu *Phloeothrips* (s. l.) dvoučlenným (Tabule „Phloeothrips“, obr. 6. a 7.). Měchýřek, na konci tarsu se nalézající, má také Burmeister za přissavku. — O tykadlech praví, že u rodu *Heliothrips* (Tabule „Heliothrips“, obr. 8.) a *Thrips* jsou osmičlenná, u rodu *Phloeothrips* (Tabule „Phloeothrips“, obr. 2.) devítičlenná. — Od rodu *Heliothrips* popisuje larvu, nymfu (t. j. pronymfu) a pupu (t. j. nymfu) a tvrdí neprávem, že pupa přijímá potravu. Larvu a nymfu od druhu *Heliothrips haemorrhoidalis* kreslí na Tabuli „Thrips“, obr. 10. a 12. — Od rodu *Phloeothrips* první vyobrazuje křídlo (Tabule „Phloeothrips“, obraz 15.).

Č. 51.

*1840. Rytíř J. W. Zetterstedt, Insecta lapponica descripta. Lipsiae. Str. 312. a 313.

Professor zoologie a botaniky rytíř Joh. Wilh. Zetterstedt neznal ještě studií Halidayových a Burmeisterových, takže čteme ještě v jeho krátkém všeobecném

Č. 52.

Č. 53.

Č. 54.

rod *Phloeothrips* s. str. (sem čítají druhy: *coriacea* Halid. a *annulicornis* Halid.). Halidayův druh *Phloeothrips pedicularia*, jenž jednoduchých oček ani křídel nemá, pokládají naši autoři ve shodě s Burmeisterem za larvu; praví však, že v případě, že by se mýlili, byl by zmíněný druh zástupcem čtvrtého rodu tubulifer. Rozdělení to jest patrně pochybené (viz též příslušné místo v části systematické). — Terebrantia dělí na *Stenoptera* (Burmeisterem opravené jméno Halidayovo: *Stenelytra*) a na *Coleoptrata* Halid. *Stenoptera* rozdělují na následující rody: *Heliothrips*, *Sericothrips*, *Chirothrips*, *Limothrips*, *Odontothrips*, *Physapus*, *Thrips*, *Taeniothrips*, *Tmetothrips*, *Belothrips*. Halidayovy rody *Heliothrips* a *Sericothrips* zachovali totiž i s druhy jejich. Podrod Halidayův *Chirothrips* povyšují na rod a čítají k němu druhy *manicata* Halid. a Burmeisterův druh *longipennis* (= *manicata*). Podrod Halidayův *Limothrips* povyšují taktéž na rod a počítají sem druhy *denticornis* Halid. a *physapus* Kirby (= *cerealium*). Halidayův podrod *Thrips* rozdělují v rody *Odontothrips**), *Physapus*, *Thrips*, *Taeniothrips**) a *Tmetothrips**), které mají tyto společné znaky: obě pohlaví jsou okřídlená, není žádných zvláštních štětin na posledním článku abdominálním. Rod *Odontothrips* (ὀδούς = zub) má tyto znaky: přední tibie a tarsy ozbrojeny jsou uvnitř širokým zubem. Sem čítají druhy *ulicis* Halid. a *phalerata* Halid. Rod *Physapus* (tím k platnosti přivádějí jméno již De Geerem zavedené): přední tibie a tarsy neozbrojeny. Stylus tykadel zřetelně dvoučlenný. Sem kladou druhy: *obscurus* Müll. (= *Anaphothrips virgo*), *ulmifoliorum* Halid., *atratus* Halid., *ater* De G. (= *vulgatissima*) a *cynorrhodi* Halid. Rod *Thrips* má tyto znaky: přední tarsy neozbrojeny. Stylus tykadel velmi krátký, články jeho stěží rozeznatelné. Sem řadí druhy: *grossulariae* Halid., *physapus* L., *fuscipennis* Halid., *ericae* Halid., *urticae* Fabr., *corymbiferarum* Halid., *minutissima* L., *discolor* Halid., *livida* Halid. Rod *Taeniothrips* (ταινία = stuha): přední tarsy neozbrojeny. Hořejší křídla s příčnými stuhami. Sem čítají druhy: *primulae* Halid., *decora* Halid. a *brevicornis* Halid. Rod *Tmetothrips* ([illegible] = [illegible] křídla): přední tarsy neozbrojené, oba páry křídel kratší než [illegible]. Sem kladou druhy: *subaptera* Halid. a *pallens* Halid. Halidayův rod *Belothrips* i s druhem *acuminata* Halid. autoři zachovali. Podrod Halidayův *Aptinothrips* rovněž jako Burmeister považují za larvy. Druhou čeleď terebrantií, *Coleoptrata* totiž, dělí naši autoři na rody *Melanothrips*, *Coleothrips* a *Aeolothrips*. Halidayův rod *Melanothrips* zachovali i s druhem jeho *obesa* Halid. Podrod Halidayův *Coleothrips* povýšili na rod a čítají sem druhy: *fasciata* L. a *vittata* Halid. Taktéž povýšili Halidayův podrod *Aeolothrips* na rod a kladou sem Halidayův druh *albocincta*.

Č. 55.

V té době tuším napsal Curtis v časopise Journal of the Royal Agricultural Society, Vol. VI. (str. 499), článek o třásněnkách, škodících žitu (*Thrips cerealium*).

*) Rody ty zakládají se na znacích nepodstatných.

[illegible] (*T. minutissima*) [illegible] (*T. ochraceum*) a [illegible] [illegible]. Autor podává [illegible] druhu *T. cerealium*.

Č. 56.

1847. v. Burow-Rieth [illegible] v časopise: Stettiner Entomologische Zeitung str. 377 [illegible] o škodě, kterou [illegible] druh třásněnek na obilí nadělal, [illegible] na zimním [illegible] [illegible] prostředek [illegible]. Jakým způsobem [illegible] třásněnky [illegible], nemohl autor pro nedostatek prostředků pozorováním dovoditi.

Č. 57.

1847. C. A. Dohrn: [illegible] Korn-[illegible] oder nicht? Stettiner Entomolog. Zeitung. 8. Jahrg.

C. A. Dohrn popírá [illegible] str. 377—381 [illegible] třásněnky [illegible].

Č. 58.

*1849. Dr. H. Schaum podává referát o práci v. Burow-Riethově (č. 56): Archiv für Naturgeschichte. 15. Jahrg. Berlin. 2. str. 315.

Č. 59.

*1851. E. Blanchard: [illegible]. Historia física y política de Chile segun documentos adquiridos en esta república durante doce años de residencia en ella y publicada bajo los auspicios del supremo gobierno por Claudio Gay. [illegible] Zoologia. Tomo [illegible]. Paris. Chile. str. 143—152.

Emile Blanchard, professor na Musée d'histoire naturelle v Paříži, napsal ve [illegible] článek o [illegible] v Gayově díle pro výzkum [illegible] republiky [illegible] třásněnek [illegible] *Tubulifera* [illegible] [illegible] literatury [illegible] [illegible] třásněnek [illegible] v Chili [illegible] [illegible] Tak Blanchard považuje [illegible] Hemiptera [illegible] [illegible] [illegible] *Tubulifera* Halid. a Thripides (*Terebrantia* Halid.).

[illegible] Blanchard [illegible] druhů [illegible] krátké [illegible] druhů pro [illegible]: 1. *Thrips straticeps*, 2. *Thrips rugicollis*, 3. *Thrips femoralis*, 4. *Thrips annulicornis*, 5. *Thrips tibialis*, 6. *Thrips laevicollis*. 7. *Aeolothrips fasciatipennis*. Od prvého druhu (*T. striaticeps*) propůjčuje Blanchard výkres celého těla, pak tykadlo a přední nohu značně zvětšené (Atlas zoológico, Entomologia, Nevropteros, lam. 2, fig. 12. *a, b, c*).

Č. 60.

V této době tuším napsal Dr. Harris (Treatise, str. 205.) zprávu o larvě nějaké třásněnky, jež žije na pšenici; soudí o ní, že to jest larva druhu *Thrips cerealium*. Má prý barvu pomerančovou. Fitch (Č. 69., str. 306) domnívá se, že je to snad jeho *Thrips tritici*.

Č. 61.

*1852. A. H. Haliday, Fr. Walker: List of the specimens of Homopterous insects in the collection of the British Museum. Part IV. London. Order III. Physapoda.

Fr. Walker přidává k své práci o homopterech, v sbírkách britického musea se nalézajících, též pozdější rukopisy a výkresy Halidayovy třásněnek se týkající. Vzhledem k prvé práci Halidayově (Č. 43.) lecos je zde změněno. K četným druhům je připojena úplnější diagnosa, některé druhy dřívější spojeny s jinými v jeden, a některým skupinám druhů dána zvláštní jména. Také několik nových druhů je zde popsáno.

V krátkém úvodu jedná Haliday velmi stručně o všeobecných vlastnostech třásněnek a přidává popis některých ústrojů vnitřních, což zde poprvé v literatuře shledáváme. Údaje anatomické jsou však místy poněkud nejisté. Podáme zde do věrně výzkumy Halidayovy. Nervová soustava skládá se ze čtyř směstnaných zauzlin a z provazce břišního, snad jednoduchého. Slinné žlázy jsou měškovitého tvaru; nalézáme jich dva páry, z nichž každý má jinou podobu. Jejich vývody jsou nitkovité. Zažívací roura jest o polovici delší než tělo, v oklikách složena; žaludek blanitý nemá slepých vyběžků; tenké střevo jest velmi krátké; malpighické žlázy, počtem čtyři, jsou v přestém jednom koncem k střevu narostlé. Varlata skládají se z jedné měškovité schránky (na každé straně). Vaječníky jsou prstovitě rozložené a mají (na každé straně) čtyři vaječné rourky o četných vaječných komůrkách. Vzdušnice jsou tu jen rourovité (vzdušných vaků tu) není). V popisu tubulifer čteme pak zvláště (vybral jsem jen nové a pamětihodné): Makadla labiální skládají se ze šesti (?) článků. Kusadla prvého páru jsou zpět zakřivena a daleko vymrštitelná. Zažívací roura jest skoro o polovinu delší než tělo; žaludek jest tvaru hrnčkovitého a od jícnu hlubokou rýhou oddělený; tlusté střevo menší světlostí od tenkého se rozeznává, a tenké střevo jest sotva delší svého průměru. Sádlo v těle jest krvavě červeným, v klubíčka shluklým zrnky smíšeno. Malpighické žlázy jsou tmavě žlutočervené. Samec má dva páry přídavných žlaz. Vajíčko jest tvaru skoro válcovitého, neprůhledné. Larva má 7 článků v tykadle; její maxilly jsou rovnoběžné, její mandibule předloužené. Propupa má tykadla rozložena, tupá. Pupa má tykadla k stranám hlavy zpět přiložena a přirostlá. V popisu terebrantů čteme ještě: Terebra jest skryta v rýze článku posl.

[illegible] Kratky [illegible] [illegible] a [illegible] [illegible] pro [illegible] [illegible] Kn [illegible] pravtek [illegible] [illegible] Lyk [illegible] a [illegible] rozdelu [illegible]

K [illegible] *Idolothrips* [illegible] druhy *[illegible]* [illegible] v [illegible]. Rod *Phloeothrips* [illegible] Haliday [illegible] *Aptera* [illegible] druhy [illegible] Westwood [illegible] *Phloeothrips* [illegible] Do [illegible] skupiny (*Heteroptera*) [illegible] druhy *pedicularia* Haliday [illegible] *Thrips* [illegible] *ulmi* Fabr. a *[illegible]* [illegible] *[illegible]aptera* [illegible] *Macroptera* [illegible] druhy [illegible] *Statices* [illegible] druh *sublilissima* a Burmeisterovy druh *allopecuris* [illegible] *aculeata* [illegible] dva druhy *coriacea* a *annuli-cornis* [illegible] do skupiny *Heteroptera*. [illegible] [illegible] v [illegible]

Terebrantia rozděluje Haliday [illegible] v práci své z r. 1836. K [illegible] *Aphanothrips* [illegible] Walker. [illegible] proti Burmeisterovi [illegible] *Aphanothrips* z [illegible] Moj [illegible] druhu *Aphanothrips rufa* [illegible] Burmeisterova [illegible] [illegible] jest [illegible] [illegible] pokožku [illegible] a metathorax [illegible] pterothorax [illegible] mesothoraxu [illegible] [illegible] jsem [illegible] z larvy, kterou [illegible] [illegible] [illegible] jsem [illegible] avšak [illegible] jsem [illegible] avšak [illegible] jeden na [illegible] druhu *Phloeothrips pedicularia* [illegible] Haliday [illegible] Burmeister [illegible] a Serville [illegible] Rod [illegible] *Thrips* rozděluje zde na sedm "Sectiones". Jsou to: Sect. I *Gymnoptera* (Prothorax [illegible] antennae apicula 3-articulata, hemelytra [illegible]), Sect. II *Euthalyla* (Mac [illegible] tibiae anticae apice interno denticulis 2. Antennae apicula 2 articulata), Sect. III *Homoptera* (Mac [illegible] druhu [illegible] Sect. IV *Neogyna* (Mac [illegible] antennae apicula [illegible]), Sect. V *Heterogyna* (Mac [illegible] ocellis nullis, feminae alatae, antennae apicula [illegible] quod in hac familia [illegible]), Sect. VI *Macroptera* (Mac [illegible] thorace brevior [illegible] abdomen sub [illegible] ocelli nulli), Sect. VII *Brachyptera* (Mac [illegible] ocelli nulli [illegible] Do Sect. I [illegible] *obscura* Müll. [illegible] *Anaphothrips* [illegible] Do Sect. II [illegible] druh *Ulicis* [illegible] *plebeiata* [illegible] *Loti* K. Sect. III [illegible] druhy *Primulae* Hal. [illegible] *decora* Halid., *atrata* Halid., *vulgatissima* Halid., *cynarrhodi* Halid., *grossulariae* Halid., *ulmifoliorum* Halid., *physapus* L., *fuscipennis* Halid., *discolor* Hal., *corymbiferarum* Halid., *minutissima* L., *urticae* Fabr. a nový druh *aspera*. Sect. IV. obsahuje druh *dispar* Halid. (dle Halidaye *brevipennis* Halid.). Sect. V. obsahuje druh *ericae* Halid. Sect. VI. pozůstává z druhu *subaptera* Halid. a *pallens* Halid. Konečně tvoří Sect. VII nový druh *tunicata*. *Coleoptrata* obsahují podobně jako v práci z r. 1836. rod *Melanthrips* s druhem *obesa* Halid. a rod *Aeolothrips* s podrody *Coleothrips* a *Aeolothrips*. Podrod *Coleothrips* má druhy *fasciata* L., *vittata* Halid. a nový *melaleuca*. Podrod *Aeolothrips* obsahuje druh *albicincta* Halid.

K této práci přidány jsou čtyři tabule Halidayem kreslené (Tab. V., VI., VII a VIII.), na kterých částečně poprvé znázorněna jest anatomie třásněnek a kresleny s velikou pílí mnohá stadia vývoje i dospělé třásněnky a různé části jejich. Jednotlivá vyobrazení, kterých je přes 170, jsou malá a někdy nedosti jasná; poukážeme jsme k nim na příslušných místech. K tabulím připojena jsou vysvětlení.*)

Č. 62.

*1852. E. Heeger. Beiträge zur Naturgeschichte der Physopoden (Blasenfüsse). Sitzungsberichte der math.-naturw. Classe der kais. Akademie der Wissenschaften. Wien. VIII. Bd. Juni. Str. 123.—144.

Tuto práci počíná Ernst Heeger hned popisem druhů, nepřipojiv všeobecného popisu třásněnek. Uvádí zde druhy následující: *Phloeothrips aculeata* Fabr. (Tab. XIV.), „*Phl. Ulmi* Fabr.“ (Tab. XV.; = *Phl. coriacea*), „*Phl. flavipes* Halid.“ (Tab. XVI. = *Anthothrips statices*), *Phl. statices* Halid. (Tab. XVII.), *Thrips Ulicis* Hal. (Tab. XVIII.), *T. phalerata* Halid. (Tab. XIX.), *Melanothrips obesa* Halid. (Tab. XX.), *Aeolothrips fasciata* L. (Tab. XXI.), „*Aeol. vittata* Halid.“ (Tab. XXII. = *Aeol. fasciata*) a nový brasilský druh *Thrips* (= *Idolothrips*) *Schottii* (Tab. XXIII.). Ke každému z těchto druhů (nový druh *Schottii* vyjímaje) přidává krátký latinský popis z Burmeisterovy práce (Č. 45.) vyjmutý, a dlouhý německý (též u *Schottii*), který nic neobsahuje zbytečného, leccos důležitého však neobsahuje. Obrazy jednotlivých druhů jsou velmi veliké, avšak rovněž jako popisy nepřesné.

Č. 63.

*1852. E. Heeger. Beiträge zur Insecten-Fauna Oesterreichs. V. Sitzungsberichte der math.-naturw. Classe der kais. Akademie der Wissenschaften. Wien. IX. Bd. October. Str. 473. a další.

Zde popisuje Heeger na prvém místě druh *Heliothrips haemorrhoidalis* Bouché (Tab. XVII.). Nalezl ho ve sklenících botanické zahrady [illegible]

*) Podotýkáme tuto okolnost výslovně, [illegible] takových vysvětlení není, čímž by [illegible]

[illegible]

Toto práce Heegerovy [illegible] exemplář [illegible] obrazy [illegible]

Č. 64

*1855. H. Schaum podává referát o prvé práci Heegerově (Č. 62). Archiv für Naturgeschichte 19. Jahrg. Berlin 2. Bd. 285.

Č. 65

1855. Westwood [illegible] Proceedings of the Entomological Society [illegible] o práci Halidayově (Č. 13) a nazývá ji [illegible]

Č. 66

*1854. E. Heeger, Beiträge zur Naturgeschichte der Insecten [illegible] Sitzungsberichte der math.-naturw. Classe der kais. Akademie der Wissenschaften. Wien. XIV. Bd. December [illegible] a další.

Heeger popisuje v tomto článku dva nové druhy [illegible] *Heliothrips* [illegible] *Phloeothrips Dracaenae* a *Thrips Sambuci* [illegible] samen, nařezávají kladélkem svým povrch listu a do vzniklé skuliny přozi svá vajíčka. Pak podává popis a velmi nepřesné obrazy larvy, nymfy a dospělého hmyzu, jehož kladélko taktéž kreslí. — Druhý popisovaný druh jest *Thrips Sambuci*. Jméno *T. Sambuci* nalézá prý v katalogu Stephensově (Č. 39), kdež uvedeno jest bez popisu druhu, na nějž se vztahuje. V zimě žije tento druh pod korou rostlin, na nichž se v létě zdržuje (bez, boby, růže atd.) a pod spadaným listím jejich. Vajíčka klade samička na silnější žilky listové(?). Nymfy nepřijímají potravy a pohybují se jen, když byly znepokojovány. Pak popisuje obšírně tyto nymfy a též larvu i dokonalý hmyz a kreslí je velmi zvětšené zároveň s jedním listem bezovým, jimi poškozeným.

Č. 67.

1855. Bremi. Über die schwarze Fliege (Thrips haemorrhoidalis). Stettiner Entomologische Zeitung. 16. Jahrg. Str. 313.—315.

Bremi mluví o škůdcích zahradních rostlin z třídy hmyzu, o zavlečování jich novými rostlinami, o prostředcích, kterými je ničiti lze, a uvádí mezi jiným také druh *Thrips* (*Heliothrips*) *haemorrhoidalis*. Tato stať o hmyzu jest otištěna v práci téhož autora: Die Gartenflora Deutschlands und der Schweiz.

Č. 68.

*1855. E. Newman. Characters of Two undescribed Species of Thrips. Transact. of the Entomolog. Soc. of London. New Series. Vol. III. London. 1854—1856. Str. 264.—267.

Autor popisuje zde dva nové druhy tubulifer, zaslané majorem Hamiltonem z Východní Indie, kdež je tento nalezl u Mysore na jistém druhu *Anacardia*. Jsou to *Idolothrips Halidayi* a *Phloeothrips Anacardii*. Také uvádí v práci té poznámku Halidayovu, týkající se zeměpisného rozšíření rodu *Idolothrips* (vzhledem k tomu viz příslušné místo v Části biologické). Námitky Newmanovy, proti samostatnosti rodu *Idolothrips* tu pronesené, jsou neoprávněny.

Č. 68. A.

1855. H. Nördlinger. Die kleinen Feinde der Landwirthschaft. Stuttgart.

Nördlinger mluví v této knize též o třásněnkách a praví mezi jiným, že *Thrips minutissima* byl pozorován v množství na nemocných listech bramborových. Také zmiňuje se o nemocném keři šeříkovém, jenž napaden byl zcela malou třásněnkou.

Č. 69.

*1856. A. Fitch. I. Report on the noxious, beneficial and other insects of the state of New-York. Str. 102.—104. a 301.—309.

V této knize věnuje Med. Dr. Asa Fitch, entomolog zemědělské společnosti státu New-Yorského, dva články, v nichž popisuje tři nové škodlivé třásněnky. První

Phloeothrips Mali [illegible] New York [illegible] *Thrips Tritici* [illegible] *Thrips Tritici* [illegible] *Coleothrips trifasciata* [illegible] *Tanacetum vulgare* [illegible]

Č. 70.

(1857.) A. Fitch: II. Report on the noxious, beneficial and other insects of the State of New York. [illegible]

Fitch [illegible] *Phloeothrips caryae* [illegible]

Č. 71.

1857. [illegible] Archiv für Naturgeschichte. 23. Jahrg. Band 2. [illegible]

Č. 72.

[illegible] Thrips [illegible] St. Petersburger [illegible] Bulletin physico-mathématique de l'Académie [illegible] des Sciences de St. Pétersbourg. II. [illegible]

[illegible] *Thrips* (= *Heliothrips*) *Dracaenae* [illegible]

Č. 73.

[illegible] Westwood [illegible] XXIII. Str. 224.

Autor popisuje zde mezi jiným (jak se zdá (?)) novým hmyzem ceylonským také nový druh třásněnek, jejž nazývá *Phloeothrips stenomelas*.

Č. 74.

*1860. Kolenati. Einige neue Insecten-Arten vom Altvater. Wiener Entomologische Monatschrift. Wien. IV. Band. Physapoda. Str. 390.

Professor Dr. Kolenati nalézá pod kameny na Pradědu nový prý druh třásněnek, který zde popisuje. Jest to *Phloeothrips Halidayi* (= Phl. annulicornis).

Č. 75.

V této době snad píše Osten-Sacken (Dept. N. A., str. 201.), že pozoroval některé nádory, způsobené mouchou *Lasioptera vitis* O. S., jejíž dutiny byly opuštěny původními obyvately, za to však obsazeny četnými třásněnkami.

Č. 76.

V této době asi také B. D. Walsh napsal v časopise Proceedings of the Entomological Society of Philadelphia (Vol. I. na str. 310.) zprávu, jakožto příspěvek k svému náhledu, že některé třásněnky jsou masožravými. Zprávu tuto viz na příslušném místě v Části biologické.

Č. 77.

O něco později podal B. D. Walsh v témže časopise (Vol. III. na str. 611.—612.) zprávu jinou, ve které hledí vysvětliti úkaz, že často nádory much bejlomorek (*Cecidomyidae*) jsou prázdny. Viz o tom v Části biologické.

Č. 78.

V této době snad popsal Heer jednu fossilní třásněnku, nalezenou v třetihorním útvaru u města Aix v jižní Francii.

Č. 78. A.

1865. C. L. Taschenberg. Naturgeschichte der wirbellosen Thiere, die in Deutschland sowie in den Prov. Preussen und Posen den Feld-, Wiesen- und Walde-Culturpflanzen schädlich werden. Leipzig. Str. 195.—197. Tab. IV., fig. 23.

Taschenberg mluví v této knize o třásněnkách škodících obilí v Německu. Dle Tryboma (Č. 183.) jsou zde spleteny dva druhy, totiž *Anthothrips aculeata* a *Limothrips cerealium*.

Č. 79.

1866. B. D. Walsh poznovu vyslovuje v časopise Practical Entomologist (Vol. I. na str. 21.) svou domněnku, že třásněnky jsou masožravými (cannibal), neboť asi žerou škodlivé larvy jiného hmyzu, čímž rolníkovými přátely se stávají.

Č. 80.

[illegible] Thrips. [illegible] LIV.

[illegible]

Č. 81.

[illegible]

Č. 82.

1867. B. D. Walsh. [illegible] Thrips and the Pear [illegible] Practical Entomologist. Vol. II. [illegible] 49 [illegible] 52.

[illegible]

Č. 83.

[illegible] Verhandlungen der k. k. Zool.-bot. Gesellschaft Wien XVIII. [illegible] 747 [illegible] že *Heliothrips haemorrhoidalis* [illegible] *Viburnum tinus*.

Č. 84.

1867. Georg Ritter von Frauenfeld: Über [illegible] und Thrips, vorzugsweise im Warmhause. Verhandlungen der k. k. Zool.-bot. Gesellschaft Wien XVII. Bd. [illegible] S. 793 [illegible] 801.

[illegible] *Heliothrips haemorrhoidalis* [illegible] *H. dracaenae* [illegible] *Thrips Bouchéi* [illegible]

Č. 85.

[illegible] *Phloeothrips* [illegible] *Thrips* [illegible]

Č. 87.

(1869). Ferd. Cohn. Untersuchungen über Insektenschaden auf den schlesischen Getreidefeldern im Sommer 1869. Eine ernste Mahnung an unsere Landwirthe.

Spisovatel mluví zde, kromě o jiných na obilí škodlivých drobných hmyzech, také o třásněnce *Thrips cerealium*.

Č. 88.

V této asi době popsal S. H. Scudder v časopisech Proc. Bost. Soc. Nat. Hist., VI (str. 117.) a Geological Magazine, V (str. 221.) fossilní třásněnku *Palaeothrips fossilis* ze severoamerických třetihor, kterou později vyobrazuje v Zittelově knize: Handbuch für Palaeontologie. I. Abth., 2. Bd. (str. 781., obr. 999.).

Č. 89.

1869-70. T. J. Bold. Great abundance of Thrips. The Entomologist's Monthly Magazine. London. Vol. 6.

Zde mluví Bold na str. 171. o třásněnkách, ve velikém množství se vyskytnuvších.

Č. 90.

1870. A. S. Packard. New and Injurious Ins. Little Known.

Dr. A. S. Packard píše zde o jistém druhu třásněnek škodícím cibuli.

Č. 91.

1870. K. Lindeman zmiňuje se o škodlivé činnosti třásněnek na obilí v okolí Moskvy.

Č. 92.

1870. C. Cornelius. Massenhaftes Auftreten eines Insekts aus der Zunft der Blasenfüsse. Stettiner Entomologische Zeitung. 31. Jahrg.

Spisovatel vypravuje zde na str. 325. a 326., že třásněnky na podzim v zástupech stěhují se do domů a hledají tu pod čalouny, obrazy, ve skulinách a podobně úkryt před zimou. V krajinách na dolním Rýně a v hrabství Mark jest toto stěhování třásněnek pro člověka prý nemilým, známým úkazem. Stěhovavý ten druh jest snad *Thrips longipennis* Burm. (= *Chirothrips manicata*.)

Č. 93.

V této době tuším popsal Menge tři druhy třásněnek z pruského jantaru.

Č. 94.

1871. A. Müller. Thrips destructive to green peas. Transactions of the Entomological Society. London. Proc., str. XL.

Albert Müller mluví zde o třásněnkách škodlivých nezralému hrachu.

Č. 95.

1870. J. G. de Man, Thrips fasciata Hal. nieuw voor de inlandsche fauna. Tijdschr. v. Entomol. XIV. Jaarg. (2. Ser. 6. D.)

Spisovatel podává na str. 147 zprávu o nové [illegible] pro faunu [illegible]: *Thrips* (= *Aeolothrips*) *fasciata* Halid.

Č. 96.

*1872. T. Bohm, [illegible] dem Getreide schädliche Insekt. Verhandlungen der k. k. Zool.-bot. Gesellschaft. Wien. XXII. Bd. Str. 651—654.

Theodor Bohm popisuje velmi obšírně nový prý druh *Thrips frumentarius* (= *Anthothrips aculeata* Fabr.) a oznamuje škody, které způsobil r. 1872 v okolí [illegible] na [illegible] a [illegible] zde a pšenici méně na [illegible]. Kromě toho [illegible] našel jeste na obilí druh *Thrips* (= *Limothrips*) *denticornis*, *Thrips cerealium* Hal. a nový [illegible]. Bližší zprávy o tom viz v Části ekonomické.

Č. 96 A.

1872. A. S. Packard, [illegible] (Second Ann. Rept. Insects Mass., p. 5). [illegible] nazývá *Limothrips tritici* (dle Pergandea jest to *Thrips tabaci*) a [illegible] tohoto roku ve Spojených státech (Massachusetts) značných škod na obilí.

Č. 97.

1872 (3). A. Müller, Thrips [illegible] framed engravings. Entomologist's Monthly Magazine. Vol. [illegible]

Spisovatel [illegible] o nějaké třásnokřídle [illegible]

Č. 97 A.

1873. A. [illegible], Om [illegible] skadelige insekter.

[illegible] na str. 55 o škodlivosti třásnokřídlých na pšenici a [illegible]

Č. 98.

*1874 [illegible]

[illegible] IX. XI.

[illegible] *Thrips physopus* [illegible]

Č. 99.

1875. [illegible] 20. [illegible]

Č. 100

*1875. S. H. Scudder. The Tertiary Physopoda of Colorado. Bulletin of The United States Geological and Geographical Survey of The Territories. Washington. No. 4. Second series.

Sammuel H. Scudder popisuje zde dva nové fossilní druhy, nalezené professorem Dentonem v třetihorním útvaru v Chagrin Valley a Fossil Canonu ve Spojených státech severoamerických. Jeden z nich, totiž *extincta*, náleží dosud žijícímu rodu *Melanothrips*. Druhý, *vetusta*, náleží do nového fossilního rodu *Lithadothrips*. Dále přidává diagnosu druhu *Palaeothrips fossilis*, z Fossil Canonu již dříve (Č. 88) Scudderem popsaného. O druzích těchto promluvili jsme obšírně v části palaeontologické.

Č. 101.

1875. L. Wittmack. Blasenfüsse (Thrips) als Schädiger des Flachses. Zeitschrift des landwirtschaftlichen Centralvereins der Provinz Sachsen. 32. Bd.

Autor podává zde na str. 185.—187. zprávu o třásněnkách škodících lnu.

Č. 102.

1875. J. H. Comstock. A. Syllabus of a Course of Lectures Delivered at the Cornell University. Ithaca.

V této knize uveřejňuje Comstock některá pozorování, vztahující se ke třásněnce *Limothrips poaphagus*, ježto poškozuje trávu. K třásněnce té však popisu žádného přidáno není.

Č. 102. A.

1875. W. M. Schöyen. De for Ager, Eng och Have skadeligste Insekter og Smaakryb. Kristiania.

V této knize, dánsky sepsané, mluví Schöyen dle Reutera (Č. 113) o třásněnkách škodících travinám.

Č. 103.

(1875). Oustalet uveřejňuje v časopise Bulletin de la Société Philomatique de Paris několik fossilních druhů třásněnek, nalezených ve vrstvách třetihorního útvaru u města Aix v jižní Francii.

Č. 104.

1876. A. Szaniszló. Apró fekete rovaraink. Erdélyi Gazda. Kolozsvár. 24. sz.

Autor mluví zde o třásněnce „*Thrips frumentarius* Beling.“ Viz též Č. 116.

Č. 105.

1876. A. Dohrn. Notizen zur Kenntniss der Insectenentwicklung. Zeitschrift für wissenschaftliche Zoologie. Leipzig. 26. Bd.

Autor zmiňuje se zde o tom, že proužka zárodečná u třásněnek se vchlipuje do vnitř vajíčka (invaginovaná proužka zárodečná).

C 106.

1854 [illegible] Kätkáns [illegible] Budapest 25 [illegible] *Thrips cerealium* Hal. [illegible]

C 107

1876 [illegible] Notice of new Species of Orthoptera and Hemiptera collected on the [illegible] by the Natural[illegible] accompanying the Transit [illegible] Annals and Magazine of Natural History. London. Fourth Series. [illegible] XVIII. S. 112. [illegible]

[illegible] *Aplothrips fasciatus* [illegible] *Aplothrips* [illegible]

C 108

[illegible] Verhandlungen [illegible] und Westfalens. Bonn. 34. Jahr. [illegible] S. 57

[illegible] *Melanothrips obesa* Hal. [illegible] *M. fusca* [illegible] Jordan [illegible] 162 [illegible]

C 109

[illegible] Verhandlungen [illegible] Rheinlande und Westfalen. Bonn. [illegible] Jahr. [illegible]

[illegible] *Thrips cerealium* [illegible]

C 110

[illegible] Verhandlungen [illegible] Rheinlande und Westfalens. Bonn. [illegible] S. 250

[illegible]

Č. 111.

1877. N. Dmitriewicz, Der Getreide-Blasenfuss auf Roggenfeldern in Schlesien. Österreichisches landwirtschaftliches Wochenblatt. 3. Jahrg. No. 46.

Autor podává zprávu o třásněnce *Thrips cerealium*, škodící žitu ve Slezsku.

Č. 112.

*1877. A. Ladureau, Études sur les maladies du lin. Le Thrips lin. Association Française pour l'avancement des sciences. Compte rendu de la 6e session. Le Havre 1877. Paris 1878.

Ředitel laboratoře státní a stanice agronomické departementu Nord A. Ladureau jedná v této práci obšírně o jakési třásněnce, která byla nalezena v severní Francii na lnu, zkaženém jistou nemocí, které tam říkají „brûlure“, t. j. úžeh. Podrobně o této nemoci pojednali jsme v Části oekonomické. Třásněnku, která ony škody způsobila, nazývá Ladureau *Thrips lini* a podává velmi nedbalý popis (taková [illegible] v nem na mysli třásněnky vůbec) a velmi špatná vyobrazení larvy i dospělého hmyzu, takže jeho druh nemožno dle toho opět poznati. Od druhu *Thrips cerealium* rozeznává se prý tím, že má pět článků v tykadle, kdežto *T. cerealium* prý má jen tři (!)

Ve všeobecné části, kterou Ladureau svým pozorováním biologickým předesílá, popisuje tělo třásněnek dle údajů z literatury a dle některých pozorování vlastních, a sice v mnohém ohledu chybně. Tak čteme, kromě mnohých jiných nesprávností, že u larev třásněnek nenalézáme misku na konci chodidel, a že mají jen 2 neb 3 články v tykadle. Na jednom místě praví Ladureau, že samci třásněnek, kteří prý jsou tmavší než samice, mají na konci abdomenu rourovitou prodlouženinu, kterou vnikají do kladélka samic a oplodňují je. Z této věty by se snadno mohlo souditi, že Ladureau považuje *Tubulifera* (jejíž poslední článek abdom. má podobu rourovitou) za samce a *Terebrantia* za samice třásněnek. Dle velmi primitivních vyobrazení konce abdomenu samce a samic (str. 953, obr. 6. a 7.) nelze si o pravém názoru Ladureauově představy učiniti.

Č. 113.

1878-79. O. M. Reuter, Diagnoser öfver nya Thysanoptera från Finland. Öfversigt af Finska Vetenskaps-Societetens Förhandlingar. Helsingfors. XXI. 8. p. 207 a další.

Výborný hemipterolog, prof. Dr. O. M. Reuter v Helsingforse, uvádí v této práci 21 druhů třásněnek, jež ve Finsku nalezl. Mezi nimi popisuje devět druhů jakožto nové a sice: *Phloeothrips longispina* (= *Megalothrips lativentris* Heeg. [illegible]), *Phl. tibialis* (= *Megalothr. lativentris* Heeg. [illegible]), *Phl. pallicornis* (= *Aeolothrips aculeata* Fab.), *Thrips (Limothrips) bidens* (= *Limothrips denticornis* Hal.), [illegible] *Thrips basalis* (= *Physopus ulicis* Hal.), *T. flavicornis*, *T. Salicis* (= *Physopus ulmifoliorum* Hal.), *T. (Belothrips) bicolor* (= *Oxythrips hastata* n., var. *bicolor* Reu

[illegible]

Č. 114.

1877. [illegible]

[illegible] Thrips [illegible]

Č. 115.

*1879. [illegible] O. M. Reuter: A new Thysanopterous Insect of the Genus Phloeothrips [illegible] The Scottish Naturalist. Vol. 5. [illegible]

Autor popisuje zde na str. 340 a 341 nový druh třásnokřídlých *Phloeothrips setinodis*, [illegible] v červenci a srpnu [illegible] u Aberdeenu a Morayshire ve Skotsku.

Č. 116.

1879. A. v. Szaniszló: Beitrag zur Lebensweise von Thrips frumentarius Beling. Verhandlungen der k. k. Zool.-bot. Gesellschaft Wien. XXIX. Bd. Sitzungsberichte str. 34—36.

[illegible] Szaniszló podává zde zprávu o druhu „*Thrips frumentarius* Beling", [illegible]

Č. 117.

1880. [illegible] Ent. Soc. [illegible] Vol. 12. Trans. 3. [illegible] *Phloeothrips ulmi* [illegible]

Č. 118.

*1880. O. M. Reuter: Thysanoptera [illegible] 1—26.

Reuter zamýšlí dle švédské předmluvy k této práci systematicky zpracovati třásněnky finnské a v přítomném spisku podává část jeh. totiž *Tubulifera*. Po latinské definici řádu *Thysanoptera* popisuje obšírně 12 zástupců rodu *Phloeothrips* s. l., mezi nimiž uvádí 8 druhů jakožto nové; jsou to *Phl. nigripes, dentipes, parvipennis, undicornis* (druh tento byl již znám Burmeisterovi, jenž však mylně domnívá se jednou, že jest to *Phl. Ulmi* [Č. 45.], podruhé *Phl. coriacea* [Č. 50.]), *simillima* (= *Phl. coriacea* Hald.), *annulipes, monilicornis* a *apicalis* (= *Tricholhrips pedicularia* Hald.). Druh *Phl Ulmi*, který dříve (Č. 113.) z Finska zaznamenal, v této práci vynechává.

Č. 119.

*1880. Dr. Philipp Bertkau podává referát o práci v. Szaniszlóové (Č. 116.). Archiv für Naturgeschichte. 46. Jahrg. Berlin. 2. Str 386.

Č. 120.

1881-82. Lintner. An Unknown Grass-Pest. Report of New York Agricultural Society.

Professor Dr. Lintner podává zde na str. 192. zprávu o třásněnce, škodící travinám (*Limothrips poaphagus*). Mluví o jejím způsobu života, popisu třásněnky samé však žádného nepřidává.

Č. 121.

*(1882). Dr. Hermann Krauss podává referát o práci v. Szaniszlóové (Č. 116.). Zoologischer Jahresbericht für 1880. Leipzig. II. Abth. Str. 185.

Č. 122.

*1882. A. Frič. Přírodopis živočišstva pro vyšší gymnasialní a reální školy. Druhé skrácené vydání. Praha.

V této knize, professorem Dr. Antonínem Fričem sepsané, nalézá se na str. 113. původní vyobrazení druhu *Heliothrips haemorrhoidalis* Bouché (— Zle.), jakož i v prvém vydání z r. 1875., nazvána jsou *Thysanoptera* puchýřnatkami, kteréžto jméno odpovídá často užívanému latinskému *Physopoda* ([illegible] = puchýř). Jelikož jsem však dokázal prioritu jména *Thysanoptera* (Č. 36.), dovolil jsem si české jméno zaříditi podle latinského a nazývám náš hmyz třásněnkami, dle třásní ([illegible]), jimiž křídla jejich jsou zdobena.

Č. 123.

1882. T. Pergande. A request for European Thysanoptera. Entomol. Monthly Magazine. XVIII.

Theodor Pergande prosí v tomto časopise na str. 235. entomology, aby mu posílali evropské třásněnky. Chce je se severoamerickými srovnati a tak zameziti, aby nepopsal některé americké druhy, které již z Evropy známy jsou, jakožto nové. K své [illegible] potravě [illegible] evropského druhu [illegible] [illegible] [illegible] [illegible] [illegible] [illegible] z [illegible] [illegible] [illegible] [illegible]

Č. 124.

1882. T. Pergande: [illegible] Entomologist. Vol. 15. April.

Pergande [illegible] zde [illegible] str. 94 a 95 [illegible] aby mu zasílány [illegible]

Č. 125.

1882. Prof. [illegible] Herbert Osborn uveřejnil v časopise „Psyche, organ of the Cambridge Entomological Club" Vol. 3. Cambridge na str. 369 zprávu, že jakýsi zástupce rodu *Phloeothrips* též nepojmenovaný vyskytl se v množství na všech květech ovocných [illegible] a že způsobil veliké škody tím, že outlé pestíky vyssává a tak [illegible]

Č. 126.

*1882. [illegible] Wiener Entomologische Zeitung. Wien. I. Jahrg. [illegible] opakuje se tu str. 101 krátce prosba Pergandova z Entom. Monthly Mag. (č. 123), aby mu třásněnky byly posílány. [illegible] jest tu však seznam druhů evropských a seznam [illegible] těch, jež [illegible] Pergande z literatury sestavil a k prosbě své připojil.

Č. 127.

*1882. T. Pergande: Habits of Thrips. Psyche. Cambridge. Vol. 3. No. 100. August. Correspondence. Str. 381.

Pergande pojednává zde o potravě třásněnek a praví, že tyto sice ve květech všeho druhu ve velikých zástupech se vyskytují, množství semena však z těchto květů [illegible] z toho patrně [illegible] Z [illegible] že třásněnky hlavně nektarem květu se živí [illegible] [illegible] [illegible] [illegible] Za rostlinnou stravu [illegible] o tom praví Pergande [illegible] Viděl však též v jednom případě, že pozřely roztoče *Tetranychus telarius* zvané [illegible] Na konci zmiňuje se o tom, že nalezl třásněnku *Heliothrips haemorrhoidalis* Bouché poprvé [illegible] a to na [illegible] jablkovém v sadě zemědělského ústavu washingtonského. [illegible] náhodou z [illegible] skleníku, v nichž nalezl též druh *Heliothrips dracaenae* Heeg.

Č. 128.

1882. [illegible] Insects. London.

[illegible] str. 285—289 o škodlivých třásněnkách [illegible]

Č. 129.

1883. A. S. Packard. On the Classification of the Linnean Orders of Orthoptera and Neuroptera. The American Naturalist. Philadelphia. Vol. 17. Str. 820.—829. — Annals and Magazine of Natural History. London (5). Vol. 12. Str. 145.—151.

Packard klade zde třásněnky, pak *Mallophaga Heteroptera* a *Homoptera* do oddílu hmyzu, který nazývá *Eurhynchota*.

Č. 130.

*1883. J. Portschinsky. Histoire naturelle d'un Thrips observé sur les feuilles de tabac en Bessarabie en 1882. Extrait du rapport présenté au Ministère des Domaines. Traduit du Russe par W. Dokhtouroff. Revue mensuelle d'entomologie pure et appliquée. Vol. 1. Première année. No. 3. St. Pétersbourg. Str. 44.—53.

Autor vyslán byv r. 1882. ministerstvem domén říšských do Besarabie, aby tam zkoumal nemoc tabáku, přišel k náhledu, že vina spočívá na nepřiměřeném pěstování jeho. Třásněnky pak jen napadají listy již onemocnělé. Druh třásněnek na tabáku žijící, který dříve Widgalmem byl pojmenován *Thrips solanacearum*, má za identický s druhem *Thrips urticae* (= *T. flava*). Rozmnožuje se dle něho velmi rychle, takže od 1. května do 1. září může míti skoro osm generací. Zajímavá jest zpráva, že ve stadiu nymfy nežije na listech, kdež jen larvy a imagines lze nalézti, nýbrž v zemi. Portschinsky také zmiňuje se o larvách jistého trombidia, které na třásněnce té cizopasí.

Č. 131.

*1883. H. Osborn. Notes on Thripidae, with descriptions of new species. The Canadian Entomologist. London. Volume XV. Str. 151.—156.

Ve všeobecném úvodu věnuje autor zvláště pozornosť potravě třásněnek a praví, že pozůstává pravidlem z rostlinných šťav. Že by třásněnky byly hmyzožravými, jak to z některých stran bylo tvrzeno, to může připustiti jen jakožto výjimku a myslí, že snad některé třásněnky nejspíše ještě někdy šťavnatou mšici vyssají, protože jest v pohybech velmi lenivá a odporu žádného jim neklade, ač nikdy nic podobného neviděl. Že by jiným hmyzem se živily, tomu odporuje tvar a poloha jejich ústrojů ústních. Osborn popisuje dále čtyři třásněnky sbírané ve Spojených státech (Ames, Jowa, Manchester, Delaware) z nichž uvádí tři jakožto nové. Jsou to *Phloeothrips* (= *Anthothrips*) *nigra*, nalezená v květech jetele, *Chirothrips antennatus* (= *Ch. manicata*), vyskytující se v trávě timothy zvané, *Thrips striata* a *Thrips Tritici*, která však není se soujmenným druhem *Fitchovým* (Č. 69.) nic společného.

Č. 132.

*1883. A. Costa. Notizie ed osservazioni sulla geo-fauna sarda. Memoria seconda. Risultamento di ricerche fatte in Sardegna nella primavera del 1882. Rendiconto R. Acad. Napoli (2). Vol. 1. Str. 71.

Achille Costa uvádí ze Sardinie tři druhy třásněnek, z nichž dva jsou nové a [illegible]. Nové jsou *Phloeothrips bispinnula* a *Thrips croceicollis*, které však [illegible] popsány [illegible] nepodává.

Č. 133.

1881. O. M. Reuter popsal v časopise Revue d'Entomologie, Caen, tom. 4, p. 290 nový druh třásněnek *Phloeothrips albosignata*, nalezený u [illegible] v Alžíru.

Č. 134.

1884. V časopise Entomologisk Tidskrift, Stockholm, jest na str. 291 podána zpráva o třásněnce, která roku 1881 [illegible] osení velmi škodila.

Č. 135.

1884. V časopise Sitzungsberichte der Naturforscher-Gesellschaft bei der Universität Dorpat, Dorpat, oznamuje se na str. 349, že vyskytla se hojně larva jisté třásněnky (pod druhem *Thrips cerealium* Halid.) v klasech žita a letní pšenice.

Č. 136.

V téže době [illegible] podává professor [illegible] zprávu o jisté třásněnce severoamerické, která poškozuje trávu. V zahradách [illegible] nalezl [illegible].

Č. 137.

V téže době [illegible] píše professor A. J. Cook v díle professora W. J. Beala „Grasses of North America“ na str. 175, v oddílu hmyzu se týkajícím, že nalezl na [illegible] druhy třásněnek, [illegible] však nepozoroval zvláštní škody, která by od nich pocházela. Dále praví na str. 401 [illegible] trávy v létě, že [illegible] jsou asi dva druhy třásněnek, ze [illegible] nalezl.

Č. 138.

1885. A. Costa. Notizie ed osservazioni sulla geo-fauna sarda. IV. [illegible] Atti Accad. Napoli, [illegible] 12.

V této práci [illegible] Costa, že [illegible] Reuterem r. 1881 (č. 133) pod jménem *Phloeothrips albosignata* [illegible] s jeho druhem *Phl. bispinnula* [illegible] r. 1882 (č. 132) [illegible].

Č. 139.

1885. F. Brauer. Systematisch-zoologische Studien. Sitzungsberichte der mathem.-naturw. Classe der Akademie der Wissenschaften. Wien. 91. Bd. I. Heft.

V této práci [illegible] systematické [illegible] podřádových skupin [illegible].

(*Thysanoptera*) a staví ho mezi *Corrodentia* a *Rhynchota*. Definice třásnenek jakožto řádu jest však plna chyb, což vysvětluje se tím, že toho času anatomie jejich nebyla ještě dosti známa. Na omyl Brauerův, který čítá mezi *Insecta Menorhyncha* (hmyz, jehož larvy mají tytéž ssavé ústroje ústní jako imagines) jen *Rhynchota*, ač třásnenky sem také náležejí, již Jordan (Č. 162.) upozornil.

Č. 140.

1885. A. Schneider. Die Entwickelung der Geschlechtsorgane der Insecten. Zool. Beiträge von A. Schneider. I. Bd.

V této práci nalézáme malou zmínku o pohlavních ústrojích třásnenek.

Č. 141.

1885. H. Werner pojednává v dodatku (Die Unkräuter und thierischen Feinde des Getreides) ke knize »Handbuch des Getreidebaues. Von F. Körnicke und H. Werner. Bonn«, o druzích *Thrips cerealium* Halid. a *T. frumentarius* Beling. jakožto o škůdcích obilí.

Č. 142.

*1885. Dr. H. Krauss podává referát o práci Pergandově (Č. 127.). Zoologischer Jahresbericht für 1883. Leipzig. II. Abth. Str. 160.

Č. 143.

1885. E. A. Ormerod. Report of observations of injurious insects and common farm pests during the year 1884, with methods of prevention and remedy. London.

V této práci uveden jest *Thrips cerealium* jakožto škůdce obilí a travin.

Č. 144.

(1885). V časopise »Bulletin Soc. Ent. Belg., XXIX«, podána jest na str. 70 zpráva o třásněnce *Heliothrips haemorrhoidalis* Bouché, která jest velmi škodlivá vínu ve sklenicích pěstovanému.

Č. 145.

V této době asi zmiňuje se Packard ve svém spisu »Entomol. for Beginners«, na str. 197., mluvě o třásněnkách, též o severoamerickém druhu *Thrips striatus* Osborn a praví, že škodí pšenici, což později Osborn za omyl pokládá.

Č. 146.

1886. J. Pérez. Sur l'histogénèse des éléments contenus dans les gaines ovigères des Insectes. Compte rendu etc. Paris. Tome 102. 2.

Autor promlouvá zde příležitostně též o vznikání vajíček v rourkách vaječných u třásnenek.

Č. 147.

*1886. H. Krauss podává referát o Portschinskyho práci (Č. 128.) Zoologischer Jahresbericht für 1886. Berlin. II. Abth. Str. 222.

Č. 148.

*1880. [illegible] Arch. f. Naturgeschichte. Berlin. 52. [illegible] S. 126.

Č. 149.

1886. A. [illegible] Atti della R. Accademia di [illegible] Ser. IV. Vol. VIII. [illegible]

Č. 150.

*1886. A. [illegible] Bollettino della Società [illegible] Firenze. S. 125 a 126.

[illegible] *Cecidomyidae* [illegible] *Euthrips consociata* [illegible] *Physopus ulmifoliorum* [illegible] *Euthrips* [illegible] *Thrips* [illegible]

Č. 151.

1886. [illegible] *Heliothrips adonidum* Hald. [illegible] *H. haemorrhoidalis* [illegible]

Č. 152.

1887. [illegible] Rep. U. S. Depart. of Agriculture [illegible] *Trichothrips* [illegible]

Č. 153.

*1887. [illegible] Moscou [illegible] 1886. [illegible] S. 290 [illegible]

[illegible]

[illegible] *Phloeothrips* [illegible]

jsou: *Thrips secalina* nov. sp. (= *Limothrips denticornis*), *Phloeothrips frumentaria* Beling (= *Anthothrips aculeata*), *Thrips (Chirothrips) antennatus* Osborn (= *Chirothrips manicata*), *Thrips (Aptinothrips) rufa* Halid. a *Phl. armata* nov. sp. (= *Anthothrips statices*). Pro rolníka důležitost mají prý jen druhy *T. secalina* a *Phl. frumentaria* Beling; pročež pojednává velmi obšírně o nich a zvl. o jejich biologii (viz Část oekonomickou). — Třásněnky *T. cerealium* Halid. Lindeman v Rusku nenalézá.

Připojíme zde k jednotlivým druhům některé poznámky. „*Thrips secalina*“ přilepuje(?) svoje vajíčka ¼ mm. dlouhá na stébla. Okolnosť ta jest Lindemanovi samému nápadnou, neboť nemůže si pak vysvětliti, k čemu by měly kladélko. K popisu toho druhu jsou přidány výkresy, a to na str. 308, obr. 4., na str. 309, obr. 5., na str. 310, obr. 6. a 7. (larva), na str. 311, obr. 8. a 9. (pyjový apparát) a na str. 312 obr. 10. Mezi nimi jsou obrazy kladélka a ještě více ústrojů ústních zcela nesprávné. Co se těchto posledních týče, kreslí Lindeman také maxilly štětinovité(!!). Za rok má tato třásněnka tři generace. Nymfy lezou pomalu, přijímají prý potravu(?) a velmi brzy proměňují se se v dokonalý hmyz. — „*Phloeothrips frumentaria*“ jest ze všech nejvíce škodnou třásněnkou. K popisu jejímu připojeny jsou taktéž výkresy, a to na str. 329, obr. 15. a 16., na str. 330, obr. 17. a na str. 331, obr. 18. Tato třásněnka má přes léto dvě generace. Nymfy pohybují se pomalu a přijímají prý taktéž potravu(?). K třásněnce „*Thrips (Chirothr.) antennatus*“ náleží na str. 322, obr. 12. a na str. 324 obr. 13. a 14. Larva, kterou připisuje druhu tomuto, náleží druhu *Aeolothrips fasciata*. *Thrips (Aptinothr.) rufa* provádí prý značné skoky(?) za pomocí zadku. K tomuto druhu vztahuje se na str. 320 obr. 11. — „*Phloeothrips armata*“ objevila se na obilí jen jednou nahodile. Od druhu toho kreslí nohu na str. 336., obr. 19. a 20.

Práce Lindemanova jest velmi obšírná až rozvláčná a obsahuje bezpochyby lecos dobrého; jest však v celku povrchní a plna různých nesprávností. (Úsudek o pracích Lindemanových vůbec podán jest v časopise Archiv für Naturgeschichte. 1864. 30. Jahrg. 2. Str. 316. a 363., a 1866. 32. Jahrg. 2. Str. 369.)

Č. 154.

*1887. Ph. Bertkau podává referát o pojednání Lindemanově (Č. 153.) Archiv für Naturgeschichte. Berlin. 53. Jahrg. 2. Str. 131.

Č. 155.

1887. J. Redtenbacher. Das Flügelgeäder der Insekten. Annalen des k. k. Naturh. Hofmuseums. Wien.

Autor pojednává zde také o žilkách v křídlech třásněnek. Viz příslušné místo v Části anatomické.

Č. 156.

1887. D. v. Schlechtendal. Physopoden aus dem Braunkohlengebirge von Rott am Siebengebirge. Zeitschrift für Naturwissenschaften. Halle a. S. LX. Bd. Sechste-

Holz. Arthropoden aus dem Braunkohlengebirge von Rott. Zeitschr. Halle (Palaeontologische Mittheilungen). Str. 551—592.

D. v. Schlechtendal popsal několik zkamenělých druhů třásněnek z hnědého uhlí u Rottu. Druhy tyto počítá do tří rodů, a to do rodu *Phloeothrips* (1 druh: *Phl. Pohligi* Tab. III. obr. 1), do rodu *Thrips* 7 druhů (*T. excellens* Tab. III. obr. 2—8, *T. longula* Tab. III. obr. 9, *T. pennifera* Tab. III. obr. 10—12, *T. brevirostris* Tab. IV. obr. 13—15, *T. minima* Tab. IV. obr. 16—17, *T. purpurea* Tab. IV. obr. 18—19, *T. capito* Tab. V. obr. 20) a do rodu *Heliothrips* 4 druhy (totiž *H. cucullata* (= *Lithadothrips cucullata*) Tab. V. obr. 21—21a, 21b, 21c, 21d, 22A, 22B, 22a, *H. longipes* (= *Palaeothrips longipes*) Tab. IV. obr. 23—23a, *H.* (= *Thrips* s. l.) *clypeata* Tab. V. obr. 24, *H.* (= *Thrips* s. l.) *Fröhli* Tab. IV. obr. 25, 25a, 25b). Popis osvětlují zdařené obrazy, v tabulích velmi pečlivě do podrobností provedených. Pouze se rodu *Phloeothrips* věc j. D. v. Schlechtendal prvnímu, který z něho zástupce popsal. Do rodu *Thrips* a *Heliothrips* jsou dotčené druhy arci vřaděny jen prozatímně. Zvláště pak příslušnost do rodu *Heliothrips* jest odůvodněna jediné síťovitou strukturou chitinu, která však jest jen vedlejší, a mimo to, jak v. Schlechtendal sám připomíná, processem zkamenění způsoben býti mohl. Bližší údaje obsaženy jsou v části palaeontologické.

Č. 156 A.

1887. A. E. Shipley píše o jedné třásněnce (Bulletin 10 of Miscellaneous Inform. Royal Gardens str. 18), žijící na ostrovech bermudských na cibuli, kdež však, jak se zdá, jen malé škody způsobuje. Pergande (l. c. 18) ji uznal za *Thrips tabaci*.

Č. 156 B.

1887. K. Lindeman. Om de paa ... fedvande arterna af slaget Thrips i mellersta Ryssland. Entomologisk Tidskrift. Stockholm. 8. Arg. 2. 3. Hft. str. 119—127.

Práce tato, švédsky sepsaná, jest jen výtahem dřívější Lindemanovy r. 1886 (Č. 153) vydané.

Č. 157.

1888. Lintner. An Unknown Grass-Pest. Report of New York Agricultural Society.

Autor udává zde o třásněnce, která vyskytuje se ve velikém množství ve spojených státech na různých travinách je poškozujíc. Comstock (Č. 160) praví, že skutečně tato jest *Limothrips poaphagus*, o jehož škodách on sám před roku 1875 (Č. 102) popsal, však třásněnky samé neuveřejnil.

Č. 158.

*1888. K. Lindeman. Die schädlichsten Insecten des Tabak in Bessarabien. Moskau. Str. 15 a 61—75.

Krátký obsah Lindemanovy práce podán na str. 383. a 384. této monografie (v části oekonomické). Připojme zde ještě některé poznámky. Třásněnku, jež na tabáku škody způsobuje, nazval Lindeman *Thrips tabaci*. Popisuje ji (na str. 73.) takto:

Thrips tabaci Lindeman. Der erwachsene Thrips ist 1 Mm. gross oder etwas grösser. Blassgelb. Augen und Rüsselspitze schwarz. Die Hinterränder der Bauchringe in der Mitte schwarz (♀). Körper mit seltenen, kurzen Haaren, welche nur an den beiden letzten Bauchringen etwas länger erscheinen. Körperoberfläche ungedornt. Am Scheitel stehen drei kleine Ocellen. Stirne zwischen den hart aneinanderstehenden Fühlern ohne Zahnfortsatz. Fühler siebengliedrig. Glied 1 dick, walzenförmig; 2 tonnenförmig, etwas länger als 1, undeutlich geringelt. Glieder 3, 4, 5 und 6 länglich-elliptisch, beinahe gleichlang und nur 6 etwas länger, alle undeutlich geringelt. Glied 7 schmal, kegelförmig, mehr als um die Hälfte kürzer als das vorhergehende. Beine einfach; Schenkel nicht aufgeblasen. Flügel farblos; den Hinterrand des sechsten Bauchringes erreichend. Ihre Oberfläche sehr fein gedornt. Der Vorderflügel mit zwei Adern, die hinteren nur mit einer. Der Hinterrand der Flügel trägt lange, dunkle, gewellte Haare, deren Reihe bloss bis an die Mitte des Randes reicht. Der Vorderrand trägt kurze Borsten. Der Bauch des ♀ besteht aus 10 Ringen. Die beiden letzten nach hinten allmählich zugespitzt, ohne einen röhrenförmigen Ansatz zu bilden. Der frei vorstehende Ovipositor besteht aus vier säbelförmigen gelben Platten mit gesägtem Rande. Das Receptaculum seminis liegt im sechsten Bauchringe als birnförmiges braunes Bläschen*). Die Männchen sind kleiner und schmäler als die Weibchen. Ihr Bauch ist nur neungliedrig**). Im sechsten und siebenten Bauchringe liegt ein Paar brauner löffelförmiger Chitinplatten von unbekannter Bedeutung***). An der Spitze des Bauches befindet sich das warzenförmige Copulationsorgan, dessen Spitze zwei farblose Haken trägt und welches von unten durch eine halbrunde Platte (das 9. Segment) zugedeckt wird.

Z tohoto popisu seznáváme, že druh Lindemanův jest bezpochyby zástupcem rodu *Thrips*. Od mého druhu *Thrips communis*, jemuž zdá se býti blízký, rozeznává se zbarvením článkův abdominalních, jejichž zadní okraje nejsou u druhu *T. communis* nikdy uprostřed černé, nýbrž celé stejnoměrně více nebo méně šedě zkalené. Pokud se doby vývoje této třásněnky týče, udává Lindeman, že trvá 47 dní, a sice vývoj vajíčka 10 dní, vývoj larvy 30 dní a vývoj nymfy 7 dní. Nymfy prý uchylují se na stopky a na svrchní stranu listu (srovnej údaj Portschinskyho Č. 150., dle něhož nymfy tráví život svůj v zemi). Během teplé doby roční mohou se na ten způsob jen tři generace vyvinouti (Portschinsky udává, že během léta může až osm generací po sobě následovati). Dle Lindemana uchylují se larvy i dospělé třásněnky po 20. srpnu na hořejší stranu listovou, poněvadž spodní strana stává se jim asi tuze chladnou.

*) Tento váček není receptaculum seminis, nýbrž žláza mazová.

**) To jest omyl; abdomen samečka skládá se též z deseti článků.

***) Patrně varlata.

V [illegible] rozpoznati.

Č. 159.

*1888. L. Bergroth. [illegible] Comptes rendus de la Société Entomologique de Belgique. Bruxelles. (3.) No. 98. Avril.

Autor zde popisuje na str. XXX a XXXI [illegible] *Phloeothrips angustifrons*.

Č. 160.

1888. Prof. J. H. Comstock podává referát o zprávě Lintnerově [illegible] o třásněnky *Limothrips poaphagus* (Č. 157) a praví, že mu jest o ní známo více, než ve zprávě zmíněno je podáno, a že uveřejnil svá pozorování již r. 1875 (Č. 102).

Č. 161.

1888. F. Löw, Beschädigung des Weizens durch Thrips. Wiener Landwirthschaftliche Zeitung. [illegible]

Č. 162.

*1888. K. Jordan. Anatomie und Biologie der Physapoda. Zeitschrift für wissenschaftliche Zoologie. 47. Bd. Leipzig. Str. 541–620. Tab. XXXVI, XXXVII a XXXVIII.

V anatomické části této práce podal Jordan obraz anatomie třásněnek a objasnil ve výkladu 91 výkresy na třech tabulích. K tomuto studiu vyvolil si hlavně druhy *Parthenothrips dracaenae* a *Phloeothrips brunnea*. [illegible] *Thrips asperulae* [illegible]

[illegible] *Physapoda* [illegible]

[illegible]

Č. 163.

*1888. H. Osborn. The food habits of the Thripidae. Insect Life. U. S. Department of Agriculture. Division of Entomology. Washington. Vol. I. No. 5. November. Str. 137.—142.

V této práci mluví Osborn o potravě třásněnek a uvádí poctivě [illegible] z literatury jemu známé, pokud se týkají tohoto předmětu. Místy cituje z prací [illegible] amerických autorů celé články, čímž nás seznamuje s pracemi, které z velké části jsou nám těžce přístupnými, a od nichž od mnohých ani titulu nenalézáme v seznamech literatury. Srovnav údaje cizí se svými vlastními zkušenostmi, přichází k výsledku, že třásněnky jsou pravidlem býložravými. Jednak prý živí se nektarem květů neb i jinými výměšky rostlin vůbec, jednak pylem jejich a jednak ssají přímo z pletiva. Posledním způsobem výživy stávají se pro člověka někdy povážlivě škodlivými. Pokud se týče hmyzožravosti třásněnek, připouští ji sice v některých případech, poznamenává však, že vzhledem k případu, kdy třásněnky živily se prý phylloxerou, myslí, že tyto prý ssály stavy phylloxerami vypocené, a že pak i do mšic se daly, za rostlinnou potravu je majíce.

Č. 164.

1889. K. Jordan. Anatomy and Biology of Physapoda. Journal of the Royal Microscopical Society. London. P. 2. Str. 203.—204.

Zde stručně podány jsou nejdůležitější výsledky práce Jordanovy z r. 1888 (Č. 162.)

Č. 165.

*1889. J. Uzel. Puchýřnatky (Physopoda). Vesmír. Praha. Ročník osmnáctý. Číslo 21., str. 241.—243. a 245.; číslo 22., str. 258. a 259.

Po krátkém všeobecném úvodu promluveno jest zde o anatomii třásněnek, ve kteréžto stati připojeny jsou dva obrazy s 11 výkresy, dle Jordanovy práce (Č. 162.) zhotovenými. Pro Čechy zjištěny byly následující druhy: 1. *Parthenothrips dracaenae*. 2. *Heliothrips haemorrhoidalis*. 3. *Thrips flava*. 4. *Thrips physopus*. 5. *Physopus primulae*. 6. *Ph. vulgatissima*. 7. *Limothrips denticornis*. 8. *Thrips sambuci*. 9. *Aeolothrips fasciata*. 10. *Anthothrips aculeata*. 11. *Megalothrips lativentris*. 12. *Cryptothrips bicolor*.

Č. 165. A.

1889. R. Thaxter píše (Ann. Rept. Conn. Agr. Exp. St. for 1889, p. 180) o jistém druhu třásněnek (dle Pergande *Thrips tabaci*), který ve Spojených státech (Connecticut) značné škody způsobil na cibuli.

Č. 166.

1890. Dr. Paul Mayer podává referát o práci Jordanově (Č. 162.) Zoologischer Jahresbericht für 1888. Berlin 1890. Str. 60—62.

Č. 167

[illegible]

[illegible]

Č. 168

[illegible]

[illegible] *Heliothrips* [illegible] *Heliothrips haemorrhoidalis* [illegible] *Parthenothrips dracaenae* [illegible] 3. *Hel. femoralis* [illegible] *abdominalis*.

Č. 169

[illegible]

[illegible]

Č. 170.

[illegible]

[illegible]

Č. 171

[illegible]

Autor píše zde mezi jiným též o jistém druhu třásněnek (dle mého *Thrips tritici*), že napadá, mimo jiné části rostliny, též kvítky zahradních jahodníků a že i jiným pěstovaným rostlinám škodí.

Č. 172.

1892. C. P. Gillette píše (Annual Report of the Colorado Experiment Station for 1892, p. 36.) o jisté třásněnce (dle Perganda *Thrips tabaci*), která způsobila škod ve Spojených státech (Colorado) na cibuli.

Č. 173.

1892. J. A. Lintner zmiňuje se (Ninth New York Report for 1892, p. 445.) o jisté třásněnce (dle Perganda *Thrips tabaci*), jež způsobila škody ve Spojených státech (Pennsylvania) na zelí a karfiolu.

Č. 174.

1893. C. P. Gillette podává zprávu (Bulletin 24 of the Agr. Exp. Station Colorado, p. 15.) o jisté třásněnce, kterou nazývá *Limothrips allii* (dle Perganda jest to *Thrips tabaci*), a jež uškodila ve Spojených státech (Colorado) cibuli. Přidán jest též obraz dotčené třásněnky. V této zprávě děje se zmínka o článku, jednajícím o téže látce a uveřejněném C. F. Bakerem v VII. sešitu časopisu American Florist str. 168.

Č. 175.

1893. J. B. Smith sděluje (Annual Report of the New Jersey Agricultural College Experiment Station for 1893, p. 441.), že v tomto roce vyskytla se jistá třásněnka (dle Perganda *Thrips tabaci*) v úžasném množství na cibuli ve Spojených státech (New Jersey) a značně ji poškodila.

Č. 176.

1893. V časopise: Annual Report of the Colorado Experiment Station for 1893 mluví se na str. 55. o nesmírně četném objevení se jisté třásněnky (dle Perganda *Thrips tabaci*) ve Spojených státech (Colorado) na cibuli.

Č. 177.

*1894. F. Trybom, Iakttagelser om blåsfötingar (Physapoder) från sommaren 1893. Föredrag vid Entomologiska Föreningens sammanträde den 14 December 1893. Entomologisk Tidskrift. Str. 41.—58.

Trybom pojednává zde obšírně o škodách druhu *Aptinothrips rufa* (v. Gmelin), jež ve Švédsku jeví se hlavně na následujících travinách: *Avena pratensis*, *Agrostis stolonifera*, *Dactylis glomerata*, *Poa trivialis*, *P. pratensis*, *Festuca rubra*, *Triticum repens*. Poznamenává též, že velmi četné zvadlé a bílé klasy různých travin lučních, o kterých Schøyen (Indberetning fra Landbrugsentomologen 1891, str. 15. a 16.

[illegible]

[illegible] *Thrips* [illegible] *Limothrips denticornis* Halid. [illegible]

C. 178

[illegible] Vol. XXIV [illegible] 17 [illegible] Taf. III.

[illegible]

[illegible]

[illegible]

Jablonowski popisuje zde dva druhy třásněnek, totiž: *Phloeothrips crassipes* n. sp. a *Limothrips angulicornis* n. sp. Prvý z nich jest zástupce nového mnou navrženého rodu *Zygothrips*. Popis druhu toho jest následující (méně důležité věci jsou vynechány):

Zygothrips crassipes Jablonowski. Nigra, nitida, laevis. Caput subquadratum (long. 14; lat. 13·65), retrorsum paullo angustatum; ocellis tribus; lateribus capitis spinulis 6—7 fuscis, antrorsum vergentibus praeditis. Antennae moniliformes, octo articulatae, articulis primo et secundo nigris, tertio dilute piceescente, sequentibus sensim obscurioribus, piceis; articulo primo brevi, articulo secundo subrotundato, omnium crassissimo, apice truncato, basin versus graciliore, articulis tertio—sexto pyriformibus, tertio minimo. Prothorax trapezoidalis; mesothorax cum metathorace connatus, simul sumpti longitudine circiter duplo latiores. Femora antica crassa, nigra, tantum apice paullo testacea, ante apicem constricta et deinde nonnihil dilatata spinulisque armata; tibiae basi graciles, piceescentes, apicem versus incrassatae, nigrae, tarsi flavo-testacei, articulo tarsorum secundo unco introrsum curvato armato. Pedum femora tibiaeque posteriores anticis similes sed paullo graciliores. Alae nullae. Abdomen thorace latius, fusiforme, segmento ultimo (long. 10·2, lat. ant. 5, lat. post. 2·2) apice fuscescente. Longit. 1·75 mm. — Fem. Patria: Badacsony (Hungaria). Habitat verisimiliter in floribus *Ononidis arvensis*.

Jablonowski považuje svůj exemplář za samce. Je to však samička, a sice z té příčiny, že nemá na basi tubu lupinku postranních. Drápky, jež autor na tarsu všech noh kreslí, nejsou jen zvláštním znakem rodu *Zygothrips*, vyskytujíť se u všech mnou ohledaných zástupců tubulifer, a sice jen na spodní straně (druh *Trichothrips copiosa* má je neobyčejně silné). U druhu Jablonowskim popsaného vyznamenávají se tím, že poněkud odstávají, kdežto všude jinde těsně přiléhají k tarsu, takže je snadno lze přehlédnouti. Poněvadž všude se vyskytují, neuváděl jsem je také ve svých diagnosách. Tyto k tarsu přiléhající drápky u tubulifer odpovídají zajisté drápkům u larev jejich na tarsu se nalézajícím (viz Tab. VII., obr. 152.—155.) Ovšem zachoval se, jak již řečeno, jen drápek spodní (který je při lezení důležitější), kdežto hořejší zakrněl. Jablonowski kreslí drápky ty omylem nahoře. Na předním tarsu vyskytuje se u tubulifer mimo tento drápek často ještě větší nebo menší zub, a sice na vnitřním okraji jeho. U samců rodu *Zygothrips* nalézáme na tom místě malý zoubek, u samic však nikoliv. Na fig. d., představující přední nohu exempláře Jablonowskim nalezeného, zubu toho není, což je opět důkaz, že je to samice.

Můj druh *Zygothrips minuta* rozeznává se od druhu *Z. crassipes* těmito znaky: Čtvrtý a pátý článek tykadel nejsou ani tak zavalité, ani tak nápadně stopkaté. Čtvrtý článek je nejširším článkem v celém tykadle, jsa ještě o poznání širší než druhý. Osmý článek jest přišpičatělý. Ostěnky na tvářích a na stehnech nejsou tak silné a ne tak četné. Drápky na spodní straně tarsu všech noh se nalézající nejsou tak odstávajícími. Samice mají křídla (ač je možno, že nalezeny budou také bezkřídlé). Délka těla jest menší. Barva noh zcela jiná.

[illegible]

[illegible] *Limothrips angulicornis* [illegible]

Limothrips angulicornis [illegible]

[illegible] *Limothrips denticornis* [illegible] *Lim. denticornis* [illegible]

Č. 179

[illegible] Vol. VII. No. 1 [illegible] 27.

[illegible] *Thrips tritici* [illegible] *Phloeothrips mali* [illegible] *gossypii* [illegible]

Thrips trifasciatus [illegible] purplish-brown [illegible] brown [illegible] 5 [illegible] white [illegible] light brown [illegible] brown [illegible] white [illegible] white band [illegible]

[illegible]

Č. 180

[illegible] Vol. VII. No. 2 [illegible] 26.

[illegible]

Zde děje se zmínka o spoustách, jež způsobila jakási třásněnka (dle Perganda *Thrips tabaci*) na cibuli v Ohio (spojené státy).

Č. 181.

1894. Sirrine a Lowe uveřejňují (Bulletin 83, new series, of the New York Agricultural Experiment Station, p. 680—682.) zprávu o škodách způsobených jistou třásněnkou (dle Perganda *Thrips tabaci*) a podávají popis i výkresy toho druhu.

Č. 182.

1894. E. Reuter. Berättelse . . . beträffande ångsmasken och andra skadeinsekter. Finska Landtbruksstyrelsens Meddelanden. No. VII.

Autor pojednává zde na str. 32.—34. o škodách třásněnkami na obilí způsobených.

Č. 183.

1895. F. Trybom. Iakttagelser om vissa blåsfotingars (physapoders) uppträdande i gräsens blomställningar jämte några drag ur släktet Phloeothrips' utvecklingshistoria. Föredrag vid Entomologiska Föreningens sammanträde den 27 April 1895. Entomologisk Tidskrift. Str. 157.—194.)

*) Trybom beschreibt in dieser Arbeit vier Arten, nämlich: *Phloeothrips frumentaria* Beling, *Bolothrips brevistylis* nov. sp., *Chirothrips hamata* nov. sp. und *Thrips intonsa* nov. sp. *Phloeothrips frumentaria* Beling ist ein Vertreter der von mir aufgestellten Gattung *Anthothrips*. Ich nenne [illegible] Art *A. aculeata* Fabr. Meiner Meinung nach ist nämlich Belings *Phl. frumentaria* identisch mit Burmeisters Art *Phl. albipennis*, mit der Haliday seine Art, welche er für Fabricius' *Phl. aculeata* hielt, identificiert. Wohl leugnet Burmeister für seine Art das Vorkommen eines Zahnes auf den Tarsen der Vorderbeine, indem er jedenfalls das dort wirklich vorhandene, bei den Weibchen [illegible] Zähnchen übersah. Die schwarze Linie, die er am Rande der Oberflügel angibt, lässt sich [illegible] erklären, dass eine wasserklare Lamelle, wie es der Flügel dieser Art ist, manchmal am Rande (zumal in einer Flüssigkeit) mit einer solchen versehen erscheint, obwohl dieselbe in der That nicht vorhanden ist. Dass Burmeisters Art der Gattung *Anthothrips* angehört, [illegible], dass sie in Wiesenblüten ziemlich zahlreich vorkommt und dass ihr Kopf und die Fühler [illegible] sind. Die vollkommen wasserhellen Flügel, von denen nur die [illegible], [illegible] uns, dass wir es nicht mit *Anthothrips statices* [illegible], dessen Oberflügel [illegible] graubraun gefärbt sind. Weil Haliday seine Art [illegible] Burmeisters *Phl. albipennis* identificiert, [illegible] dadurch seine frühere Behauptung (Entom. Mag. 1836, S. 441), dass diese Art durch einen besonders langen Kopf ausgezeichnet sei. Trybom [illegible] eine Zeichnung Lindemans aus dem Jahre 1887 (Nr. 135, Fig. 20) welche den Vorderfuss der Art *Phloeothrips armata* Lindem. (= *Anthothrips statices*) [illegible] und sagt, dass der Zahn darauf grösser als bei seinen Exemplaren derselben Art sei. Dieser Zahn ist [illegible] identisch mit dem kleinen Zähnchen, welches sich bei den Weibchen [illegible] der Vordertarsen befindet; es ist jene Kralle, welche bei den *Phloeothrips*-Arten am [illegible] Tarsus vorkommt, und sich gewöhnlich knapp an dieselbe anlegt, so dass sie übersehen werden kann. Bei Lindemans Exemplar wurde sie jedoch zufällig durch das Praeparieren abstehend und in dieser Stellung von demselben gezeichnet; das Zähnchen [illegible] dann unberücksichtigt.

Die Art *Bolothrips brevistylis*, welche Trybom beschrieb, gehört nicht der Gattung *Bolothrips*, sondern der von mir aufgestellten Gattung *Oxythrips* an, und [illegible]

[illegible]

[illegible] *Phloeothrips frumentarius* [illegible] *Anthothrips* [illegible] *Chirothrips* [illegible] *Thrips* [illegible]

Phloeothrips frumentarius [illegible] *Anthothrips* [illegible] *Phl. frumentarius* [illegible] *Phl. allopenus* [illegible] *Phl. aculeata* [illegible] *Anthothrips* [illegible] *Anthothrips* [illegible] *allopenus* [illegible]

[illegible]

[illegible]

[illegible]

ňuje se zde též o výkresu Lindemanově (t. 153, str. 336, fig. 20), představujícím tarsus přední nohy od druhu *Phloeothrips armata* Lindem. (= *Anthothrips statices*) a praví, že zub na onom tarsu je větší, než u jeho exemplářů. Zub ten není však totožný s malinkým zoubkem na vnitřní straně předních tarsů u samic se nalézajícím, jest to onen drápek, který u tubulifer na všech tarsech dole se nalézá a obyčejně těsně k nim přiléhá, takže bývá přehlédnut. Zde náhodou se při praeparaci odchlípl i tak byl Lindemanem nakreslen; menší zoubek za to byl vynechán.

Druh *Belothrips brevistylis*, Trybomem popsovaný, nenáleží do rodu *Belothrips*, nýbrž do nově mnou navrženého rodu *Oxythrips* a jest totožný s Reuterovým druhem *Belothrips bicolor* (= *Oxythrips hastata*). Trybom udává jakožto rozdíl mezi oběma jmenovanými druhy délku stylu a šestého článku tykadel. Pokud se délky stylu týče, srovnej poznámku na str. 134. Údaj Reuterův pak, že 6. čl. v tykadle jest tak dlouhý jako 5., jest zajisté taktéž omylem, neboť žádný zástupce toho rodu, ba žádný zástupce stenopter vůbec (exotické rody *Heliothrips* a *Parthenothrips* vyjímaje), nemá 6. článek v délce rovný pátému, nýbrž vždy delší. Exempláře Trybomovy mají v druhé polovině hor. žilky 3–5 chlupů, kdežto naše exempláře pravidelně pěti chlupy tam jsou opatřeny.

Druh *Chirothrips hamata* jest totožný s mým druhem *Ch. Dudae*. Trybom udává ho mimo ze Švédska též z okolí Jeniseje v Sibiři.

Trybomův druh *Thrips intonsa* podobá se značně druhu, jejž pokládám za *Physopus vulgatissima* Halid. Barva těla, tvar tykadel, chlupatosť prothoraxu a obrvení podélných žilek v hor. křídle jsou tytéž. Jen barva noh jest velmi odchylná. Trybom udává totiž, že je hnědá, a že pravidlem jsou tarsy a menší nebo větší část předních tibií žlutohnědé. Také neděje se v popisu Trybomově zmínky o nápadném znaku mých exemplářů, totiž o zúžení hlavy nazad. Dle Trybома vyskytuje se ten druh v klasech pšeničných, v pochvách nejhořejšího listu žita i v různých květnách, a sice od konce května až do konce září.

Pokud se týče druhu, jejž Trybom nazývá *Thrips vulgatissima*, poznáváme z uvedených znaků (tykadla tmavá, jen třetí článek jejich světlý; prothorax na předních rozích bez dlouhých štětin; hlavní žilka v hořejším křídle v druhé polovině se třemi chlupy), že jest velmi podobný mému druhu *Physopus pallipennis*, který však od Halidayova druhu vulgatissima zcela jiným zbarvením noh se rozeznává.

Budiž zde též podotknuto, že Trybom nazývá Halidayův druh *Chirothrips manicata* dle Burmeistera *Ch. longipennis*, poněvadž se mu zdál býti popis Halidayův z r. 1836 (Č. 43) tuze nedokonalým. Myslím však, že dotyčný druh jest dostatečně charakterisován slovy Halidayovými „antennae breves compressae“, poněvadž druhý druh rodu *Chirothrips*, jejž jsme poznali, nemá daleko tak stlačených ani tak krátkých tykadel.

Koncem [illegible] 1895 zmínil se [illegible], jež [illegible] druhu *Anthothrips* [illegible] a *Thrips [illegible]* [illegible]. Na [illegible] exemplářích shledal 10–20 až [illegible].

Č. 184.

1895. [illegible] Iowa Agricultural College Experiment Station [illegible] 1895 p. 129–142 [illegible] *Thrips allii* [illegible] Pergande *Thrips tabaci* [illegible] na cibuli a zelí též na bílé řepě, jetelí a na [illegible] květinách [illegible]. — Při této příležitosti činí zmínku se o tom, že na zemědělském [illegible] v Iowě [illegible] Mr. Alice M. Beach [illegible] třásněnek.

Č. 185.

1895. T. Pergande: Observations on certain Thripidae. Insect Life Vol. VII No. [illegible] p. 390–393.*)

Pergande popisuje zde čtyři druhy třásněnek: *Heliothrips cestri* nov. sp., *H. fasciata* nov. sp., *Euthrips occidentalis* nov. sp. a *Thrips tabaci* Lindem.

První z jmenovaných třásněnek popsána již Reuterem r. 1891 (č. 168) pod jménem *Heliothrips femoralis*. Byla Pergandovi zaslána již před léty z Massachusetts, [illegible] na *Cestrum nocturnum* a Reuterem ze skleníku [illegible]. [illegible] pozoroval ji Pergande sám ve sklenících u Washingtonu a to již několik [illegible] na listech od *Amaryllis*, jež listy značně poškozovala.

Druhá třásněnka, *Heliothrips fasciata* nov. sp. byla Pergandovi zaslána [illegible] W. [illegible] z Kalifornie [illegible], kdež jen v malém počtu vyskytla se na listech [illegible]. Dle popisu nelze rozhodnouti, zda patří opravdu do rodu *Heliothrips*

*) [illegible] *Heliothrips* [illegible] *H.* [illegible] *Euthrips occidentalis* nov. sp. und *Thrips tabaci* Lindem.

[illegible]

nebo snad do rodu *Parthenothrips*. Pro tuto příležitost zmiňuje se Pergande též o tom, že druh *Heliothrips haemorrhoidalis* byl nalezen na pěstovaných i divokých rostlinách v Brasilii. Popis druhu *Heliothrips fasciata* Pergande jest následující:

Heliothrips fasciata Pergande. Length, about 1 mm. General color, black. Head and thorax dark brown; the anterior margin of the prothorax and more or less of the mesothorax yellowish-brown. Eyes black. Ocelli clear, yellowish. Antennae whitish; a broad band on joints 3 and 4, apex of the fifth and the remaining joints black. Legs black, with apex of femora, base and apex of tibiae, and the tarsi, except the apex, yellow. Anterior wings blackish; their base and a broad band beyond the middle transparent white. Posterior wings faintly and uniformly yellowish. Fringes blackish. Head and thorax reticulated and furnished rather sparsely with short, slightly curved hairs. Some short and stiff hairs, becoming more numerous toward the end of the body, may also be observed near the posterior lateral angle of the abdominal segments, one or two larger ones on segments 5 to 8 and a number of long bristles along the posterior margin of the ninth.

Třetí druh, *Euthrips occidentalis* nov. sp., jest asi zástupce rodu *Physopus*. Nalezen byl A. Crawem a D. W. Coquillettem v Kalifornii, kdež poškozuje listy bramborů i meruněk a žije četně v květech pomerančových. Popis jeho, Pergandem podaný, jest následující:

Euthrips occidentalis Pergande. »Length, 0.9 to 1.2 mm. General color, orange yellow, with the posterior margin of the abdominal segments broadly dusky or blackish. Eyes hairy, black. Ocelli reddish. Antennae dusky, with base and tip of the joints paler. Wings yellowish, the spines and fringes blackish. Head twice as broad as long. Eyes very large, occupying about two-thirds or more of the sides of the head, and coarsely granulated. Head and pronotum transversely striated. Joints 3 and 6 of the antennae longest and nearly subequal in length; the third with a short though distinct pedicel. Joints 2, 4, and 5 next in length, also subequal. The last two joints, usually termed the stylus, are smallest, though the last is considerably longer than the penultimate one. Joints 2 to 5 bear each about six bristles around the apex and the sixth about the same number around the middle. Besides these bristles, there may be noticed a pair of stout, bluntly pointed, curved, sensorial spines, near the end of joints 3 and 4, originating from a rather large, membranous spot, similar to those organs in *Thrips tritici*.«

O čtvrtém druhu, t. zv. třásněnce cibulové (the onion thrips), snáší Pergande vše, co o něm dověděti se mohl, a cituje četné údaje jednotlivých oekonomů severoamerických, roztroušené po tamnějších oekonomických časopisech. Praví, že třásněnka ta žije na nejrozmanitějších místech ve Spojených státech, a sice hlavně na zelenině (zvl. cibuli značně poškozuje), mimo to však také na květinách zahradních, na meruňkách atd. Stotožňuje ji s třásněnkou, kterou Lindeman roku 1888 (l. c. 158) pod

58*

Résumé des historischen Theiles.

In diesem Theile hat der Verfasser ein Verzeichnis aller ihm bekannt gewordenen Arbeiten (194 Nummern) über die Thysanopteren geliefert, und zwar in chronologischer Anordnung. Bei jeder Arbeit wurde angegeben, was sie Neues enthält, und was überhaupt in ihr Bemerkenswertes vorkommt. Dieser Theil soll nicht nur als literarischer Anzeiger dienen, sondern auch den Weg andeuten, den das Studium der Thysanopteren vom Anfange an bis zur allerneuesten Zeit gegangen ist. Wenn es dem Verfasser hier und da bei einigen wenig wichtigen Aufsätzen nicht gelang, die genaue Jahreszahl ihres Erscheinens zu erfahren, so bittet er es damit zu entschuldigen, dass dies das erste nach Vollkommenheit strebende Verzeichnis der Thysanopterenliteratur ist, und dass er durch die Verhältnisse ausschliesslich auf eigene Kräfte angewiesen war. Die Arbeiten, welche mit einem Stern bezeichnet sind, wurden vom Verfasser durchstudiert.

Von diesem Theile werden dem der böhmischen Sprache Unkundigen wenigstens die Titel der 194 angeführten Arbeiten von Nutzen sein; auch im Texte ist manches allgemeinverständlich. Besonders mache ich auf das auf S. 417 u. 418 befindliche Verzeichnis aufmerksam, in dem die Artennamen Halidays mit den in dieser Monographie gebrauchten verglichen werden.

Dem fast vergessenen Aufsatz, entnommen der Micrographia Curiosa Bonannus, des Entdeckers der Thysanopteren, wurden zwei Textbilder (8 u. 9 auf S. 405 u. 406) hinzugefügt, und zwar ein von dem erwähnten Autor im Jahre 1691 hergestelltes Bild einer Fransenfliege (wohl ***Anthothrips statices***) und das Mikroskop, mit Hilfe dessen Bonanni dieselbe aufzeichnete.

REJSTŘÍK DRUHŮ, RODŮ atd.*)

Register der Arten, Gattungen etc.**)

A.

B.

C.

* Čísla označují strany této monografie.

** Die Nummern zeigen die Seiten der vorliegenden Monographie an.

D.

E.

F.

G.

H.

I.

J.

K.

L.

M.

N.

REJSTŘÍK AUTORŮ.*)
Register der Autoren.**)

*) Čísla znamenají strany [illegible]
**) Die Nummern zeigen die Seiten [illegible]

REJSTŘÍK OBYDLÍ TŘÁSNĚNEK.*)

Register der Wohnorte.**)

*) Všecky zde obsažené údaje vztahují se jen na vlastní pozorování autorova v [illegible]. Čítry znamenají čísla, pod kterými jednotlivé druhy v části systematické této monografie a v obsahu [illegible] uvedeny. V mnohých případech však poukázáno je též k straně, na níž se nalézá seznam druhů [illegible]. Veliký počet rozličných květů, ve kterých jsem třásněnky nalezl, nevypočítávám zde jednotlivě, nýbrž shrnuje je v různé skupiny: v květy lesní, květy luční, polní atd. Z těch skupin uvádím ještě [illegible] jména těch rostlin, které hostí nějaký druh vzácný, aneb které jsou jinému hojnému neobyčejně [illegible], takže tento v nich četně se vyskytuje, a připojuji jen tyto druhy, ač tam i jiné obývati mohou. Tak [illegible] druhy třásněnek v pampelišce (Taraxacum) žijící, mezi „květy lučními a polními" [illegible] „květy [illegible]", poněvadž v [illegible] nalezněné u pampelišky jen dva druhy zaznamenané, z nichž jeden jest vzácný, druhý [illegible] bývá, dávaje mu přednost před jinými. U rostlin, při nichž není zvláště podotknuto, na které části [illegible] se zdržuje, jest míněn vždy květ.

**) Alle hier enthaltenen Angaben beziehen sich nur auf die vom Verfasser selbst in Böhmen gemachten Erfahrungen. Die Ziffern zeigen die Nummern an, unter welchen die einzelnen Arten im systematischen Theile der vorliegenden Monographie und im Inhalte angeführt werden. Oft wird jedoch auch auf die Seite hingewiesen, auf der sich ein Verzeichnis der auf der betreffenden Pflanze lebenden Thysanopteren befindet. Die mannigfaltigen Blüten, welche ich untersucht habe, werden hier nicht einzeln aufgezählt, sondern in verschiedene Gruppen zusammengefasst, so wie „Blüten in Wäldern", „Blüten auf Wiesen und Feldern" etc. Aus diesen Gruppen habe ich nur einzelne Pflanzenarten noch besonders angeführt, und zwar jene, welche eine seltene Art beherbergen oder für eine gewöhnliche ein besonders angenehmer und daher viel besuchter Aufenthaltsort sind. So wird man die [illegible] Thysanopterenarten, welche im Löwenzahn (Taraxacum) vorkommen, unter „Blüten auf Wiesen und Feldern" oder unter „Frühlingsblumen" zu suchen haben, weil wir bei Taraxacum im Register nur zwei Arten verzeichnet finden, und zwar eine [illegible] seltene und eine häufig vorkommende, welche jedoch diese Blüten [illegible] vorzieht. Wo nicht der Pflanzentheil besonders angegeben ist, meine ich immer die Blüte.

C

D

E

F

G

H

I

J

K

Opravy a doplňky.

Čas, který se mi naskytl během sazby této monografie, užil jsem k opětovnému (čtvrtému) srovnání svého materiálu s popisy a mimo to k zpracování nově nasbíraných časob. Výsledkem těchto studií jest většina následujících oprav a doplňků:

Str. 32., ř. 11. zdola čti „zřetelně nezúžená" místo „nezúžená".

S. 61., ř. 2. shora „neb" místo „někdy".

S. 66., ř. 13. shora „značně" má býti vynecháno.

S. 78., ř. 17. shora „neb" místo „někdy".

S. 87., ř. 11. zdola doplň: „Délka těla až 1·5 mm."

S. 97., ř. 13. shora „skoro pohrdají" místo „pohrdají".

S. 106., ř. 6. shora „o málo delší" místo „delší".

S. 123., ř. 4. shora „kroužky bývají celé" místo „kroužky celé".

S. 125., ř. 15. shora „poněkud" místo „dosti značně".

S. 128., ř. 9. shora „taktéž" místo „mírněji".

S. 143., ř. 6. shora „někdy (u druhu *armata* a *euphorbiae*)" místo „obyčejně".

S. 145., ř. 2. zdola „asi tak dlouhý jako 3." místo „trochu delší než 3."

S. 151., ř. 5. zdola „*rufa* a u druhu *A. nitidula* schází" místo „*rufa* schází".

S. 155., ř. 3. zdola „a tibie" má býti vynecháno.

S. 157., ř. 10. shora „sblížena" má býti vynecháno.

S. 159., ř. 8. shora „někdy po jednom" místo „po jednom kratkém slabším"; ř. 12. shora „dva" místo „jeden".

S. 160., ř. 3. zdola „sbíhající" místo „rozbíhající".

S. 164., ř. 16. zdola „tibie" místo „nohy".

S. 167., ř. 11. shora „Na [illegible] čechovém" má býti vynecháno.

S. 170., ř. 10. zdola „Na [illegible] čechovém" má býti vynecháno.

S. 172., ř. 18. shora doplň: „Délka těla někdy 1·3 mm."

S. 177., ř. 2. shora „tento článek, pak" má býti vynecháno.

S. 184., ř. 15. shora doplň: „Někteří ze samců, jež jsem letos nalezl, měli tykadla podobně zbarvená jako samice".

S. 185., ř. 16. zdola „častěji" místo „pravidelně".

S. 193., ř. 3. shora doplň: „vyjímkou 2 neb 4 chloupky".

S. 197., ř. 6. shora doplň: „U několika samců nově mnou nalezených byly předu dvě prohlubiny dlouhé a úzké".

S. 199., ř. 5. shora doplň: „nebo tři chlupy".

S. 252., ř. 12. zdola doplň: „Délka těla někdy až 2·5 mm."

S. 255., ř. 7. shora doplň: „Někdy [illegible] 7. čl. celý tmavý"; ř. 3. shora „tento a" má býti vynecháno.

S. 263., ř. 8. shora „před koncem" místo „na konci".

Berichtigungen und Zusätze.

[illegible]

OBSAH.

INHALTSVERZEICHNIS.

* Druhy hvězdičkou označené náležejí do fauny české.

* Die mit einem Stern versehenen Arten gehören der Fauna [illegible]

2. Fam. Thripidae

4. Genus Chirothrips Halid.

9. Chirothrips manicata Halid.

10. Chirothrips [illegible] nov. sp.

5. Genus Limothrips Halid.

11. Limothrips denticornis Halid.

12. Limothrips cerealium Halid.

6. Genus Sericothrips Halid.

13. Sericothrips staphylinus Halid.

7. Genus Physopus De G. Am. et Serv.

14. Physopus vulgatissima Halid.

15. Physopus [illegible] nov. sp.

16. Physopus pallida nov. sp.

17. Physopus [illegible] nov. sp.

18. Physopus [illegible] nov. sp.

19. Physopus [illegible] Halid.

20. Physopus [illegible] nov. sp.

21. Physopus [illegible] Halid.

22. Physopus [illegible] nov. sp.

23. Physopus [illegible] Halid.

24. [illegible] nov. sp.

25. [illegible] Halid.

26. [illegible] nov. sp.

27. Physopus [illegible] Halid.

28. Physopus [illegible] nov.

29. Physopus [illegible] Halid.

30. Physopus [illegible] nov. sp.

31. Physopus [illegible] nov. sp.

Physopus [illegible] nov. sp.

Physopus [illegible] nov. sp.

8. Genus [illegible]

[illegible] nov. sp.

11. Genus Anaphothrips m.

*40. Anaphothrips ferruginea nov. sp.
*41. Anaphothrips similis nov. sp.
*42. Anaphothrips armata nov. sp.
*43. Anaphothrips euphorbiae nov. sp.
*44. Anaphothrips virgo m.
*45. Anaphothrips sordida nov. sp.

12. Genus Aptinothrips Halid.

*46. Aptinothrips rufa Gmel.
47. Aptinothrips nitidula Halid.

13. Genus Belothrips Halid.

*48. Belothrips acuminata Halid.

14. Genus Dictyothrips. (Nov. gen.)

*49. Dictyothrips betae nov. sp.

15. Genus Dendrothrips. (Nov. gen.)

*50. Dendrothrips tiliae nov. sp.
*51. Dendrothrips Degeeri nov. sp.
*52. Dendrothrips saltatrix nov. sp.

16. Genus Prosopothrips. (Nov. gen.)

*53. Prosopothrips Vejdovskýi nov. sp.

17. Genus Heliothrips Halid.

*54. Heliothrips haemorrhoidalis Bouché.
55. Heliothrips femoralis Reut.

18. Genus Parthenothrips m.

56. Parthenothrips dracaenae Heeg.

19. Genus Thrips (L.).

*57. Thrips physopus L.
*58. Thrips communis nov. sp.
*59. Thrips major nov. sp.
*60. Thrips sambuci Heeg.
*61. Thrips salicaria nov. sp.
*62. Thrips valida nov. sp.
*63. Thrips adusta nov. sp.
*64. Thrips flava Schr.
*65. Thrips alni nov. sp.
*66. Thrips albopilosa nov. sp.
*67. Thrips angusticeps nov. sp.
*68. Thrips linaria nov. sp.
*69. Thrips minutissima L.

70. Thrips [illegible] nov. sp.
71. Thrips [illegible] nov. sp.
72. Thrips [illegible] nov. sp.
73. Thrips [illegible] nov. sp.
74. Thrips [illegible] Halid.
75. Thrips [illegible] nov. sp.
76. Thrips [illegible] nov. sp.
77. Thrips [illegible] Halid.

20. Genus Belothrips m.

78. Belothrips [illegible] Halid.

21. Genus [illegible] (Nov. gen.)

79. [illegible] nov. sp.
80. [illegible] nov. sp.

22. Genus Stenothrips (Nov. gen.)

81. Stenothrips [illegible] nov. sp.

23. Genus Bolacothrips (Nov. gen.)

82. Bolacothrips [illegible] nov. sp.

24. Genus Drepanothrips (Nov. gen.)

83. Drepanothrips [illegible] nov. sp.

25. Genus Platythrips m.

84. Platythrips [illegible] Halid.

85. [illegible]
86. [illegible]
87. [illegible]
88. [illegible]
89. [illegible]
90. [illegible]
91. [illegible]
92. [illegible]
93. [illegible]
94. [illegible]
[illegible]

II. SUBORDO TUBULIFERA HALID.

3. Fam. Phloeothripidae

26. Genus [illegible]

95. [illegible]
96. [illegible] nov. sp.

27. Genus Cryptothrips m.

98. Cryptothrips nigripes Reut.
99. Cryptothrips lata nov. sp.
100. Cryptothrips angusta nov. sp.
*101. Cryptothrips icarus nov. sp.
*102. Cryptothrips dentipes Reut.
*103. Cryptothrips bicolor Heeg.

28. Genus Anthothrips m.

*104. Anthothrips statices Halid.
*105. Anthothrips distinguenda nov. sp.
*106. Anthothrips aculeata Fabr.
107. Anthothrips nigra Osborn.

29. Genus Zygothrips. (Nov. gen.)

*108. Zygothrips minuta nov. sp.

30. Genus Cephalothrips m.

*109. Cephalothrips monilicornis Reut.

31. Genus Trichothrips m.

*110. Trichothrips pedicularia Halid.
*111. Trichothrips caespitis nov. sp.
*112. Trichothrips semicaeca nov. sp.
113. Trichothrips ulmi Fabr.
114. Trichothrips pini Halid.
*115. Trichothrips copiosa nov. sp.

32. Genus Phloeothrips Halid.

*116. Phloeothrips coriacea Halid.
*117. Phloeothrips minor nov. sp.
118. Phloeothrips parva nov. sp.
119. Phloeothrips annulipes Reut.

33. Genus Acanthothrips m.

*120. Acanthothrips nodicornis Reut.

34. Genus Liothrips m.

*121. Liothrips hradecensis nov. sp.
*122. Liothrips setinodis Reut.

35. Genus Poecilothrips. (Nov. gen.)

*123. Poecilothrips albopicta nov. sp.

36. Genus Idolothrips Halid.

124. Idolothrips marginata Halid.
125. Idolothrips spectrum Halid.

ATLAS.

TABULE I.

Fig. 1. *Sericothrips staphylinus* Halid. ♀. Zvětšen 19násobně.

Fig. 2. *Chirothrips manicata* Halid. ♂. Zvětš. 19nás.

Fig. 3. *Aeolothrips albocincta* Halid. ♀. Zvětš. 19nás.

Fig. 4. *Aeolothrips fasciata* L. ♀. Zvětš. 19nás.

Fig. 5. *Physopus phalerata* Halid. ♀. Zvětš. 19nás.

Fig. 6. *Physopus atrata* Halid. ♂. Zvětš. 19nás.

Fig. 7. *Chirothrips Dudae* nov. sp. ♀. Zvětš. 19nás.

Fig. 8. *Limothrips denticornis* Halid. ♀. Zvětš. 19nás.

TAFEL I.

Fig. 1. *Sericothrips staphylinus* Halid., Vergrösserung 1[illegible]

Fig. 2. *Chirothrips manicata* Halid., Vergr. 19[illegible]

Fig. 3. *Aeolothrips albocincta* Halid., Vergr. 19[illegible]

Fig. 4. *Aeolothrips fasciata* L., Vergr. 19[illegible]

Fig. 5. *Physopus phalerata* Halid., Vergr. 19[illegible]

Fig. 6. *Physopus atrata* Halid., Vergr. 19[illegible]

Fig. 7. *Chirothrips* [illegible], Vergr. 19[illegible]

Fig. 8. *Limothrips denticornis* Halid., Vergr. 19[illegible]

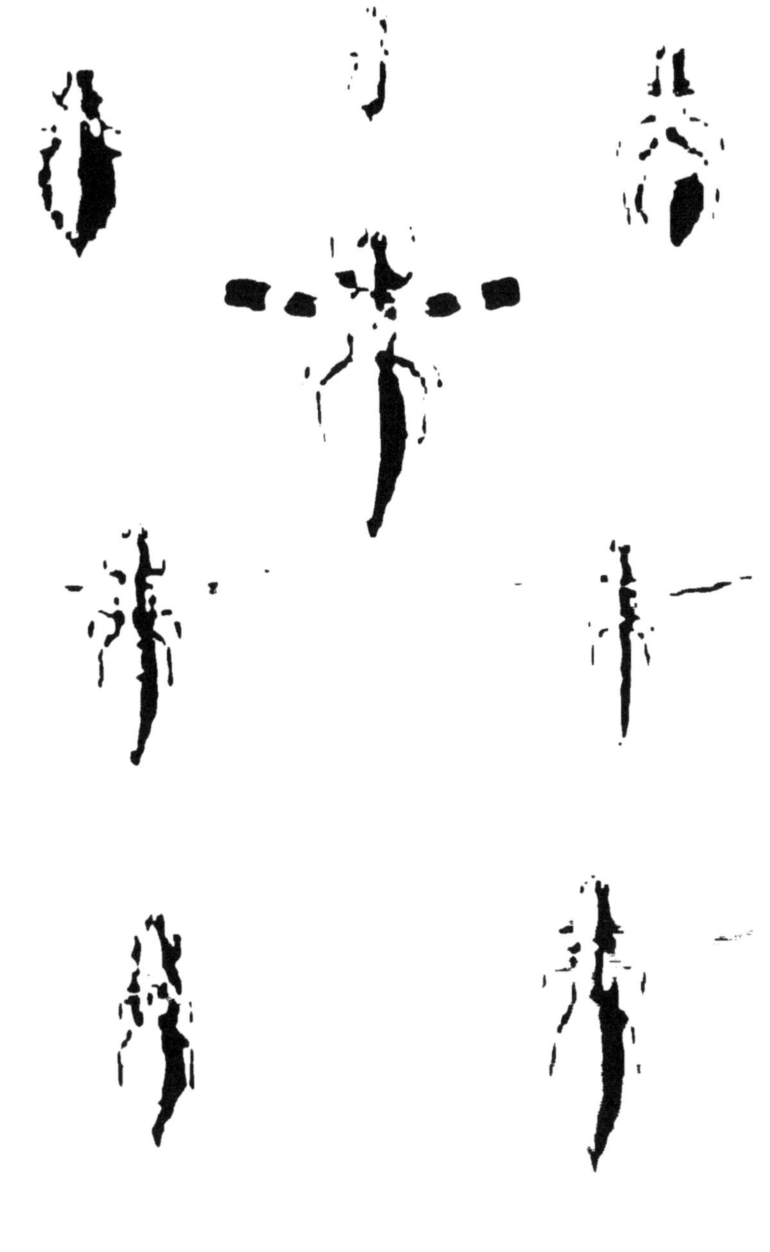

TABULE II.

Fig. 9. *Prosopothrips Vejdovskýi* nov. gen., nov. sp. ♀. Zvětš. 19nás.

Fig. 10. *Belothrips acuminata* Halid. ♀. Zvětš. 19nás.

Fig. 11. *Anaphothrips virgo* m. ♀. Zvětš. 19nás.

Fig. 12. *Parthenothrips dracaenae* Heeg. ♀. Zvětš. 19nás.

Fig. 13. *Parthenothrips dracaenae* Heeg. Larva. Zvětš. 19nás.

Fig. 14. *Parthenothrips dracaenae* Heeg. Nymfa. Zvětš. 19nás.

Fig. 15. *Dendrothrips tiliae* nov. gen., nov. sp. ♀. Zvětš. 19nás.

Fig. 16. *Stenothrips graminum* nov. gen., nov. sp. ♀. Zvětš. 19nás.

Fig. 17. *Aptinothrips rufa* Gmel. ♀. Zvětš. 19nás.

Fig. 18. *Trichothrips pedicularia* Halid. . Zvětš. 19nás.

TAFEL II.

Fig. 9. *Prosopothrips Vejdovskyi* nov. gen. nov. sp., Vergr. 19

Fig. 10. *Belothrips acuminata* Hal., Vergr. 19

Fig. 11. *Anaphothrips virgo* n., Vergr. 19

Fig. 12. *Parthenothrips dracaenae* Heeg., Vergr. 19

Fig. 13. *Parthenothrips dracaenae* Heeg. Larve, Vergr. 19

Fig. 14. *Parthenothrips dracaenae* Heeg. Nymphe, Vergr. 19

Fig. 15. *Dendrothrips tiliae* nov. gen. nov. sp., Vergr. 19

Fig. 16. *Stenothrips graminum* nov. gen. nov. sp., Vergr. 19

Fig. 17. *Aptinothrips rufa* Gmel., Vergr. 19

Fig. 18. *Trichothrips pedicularia* Hal., Vergr. 19

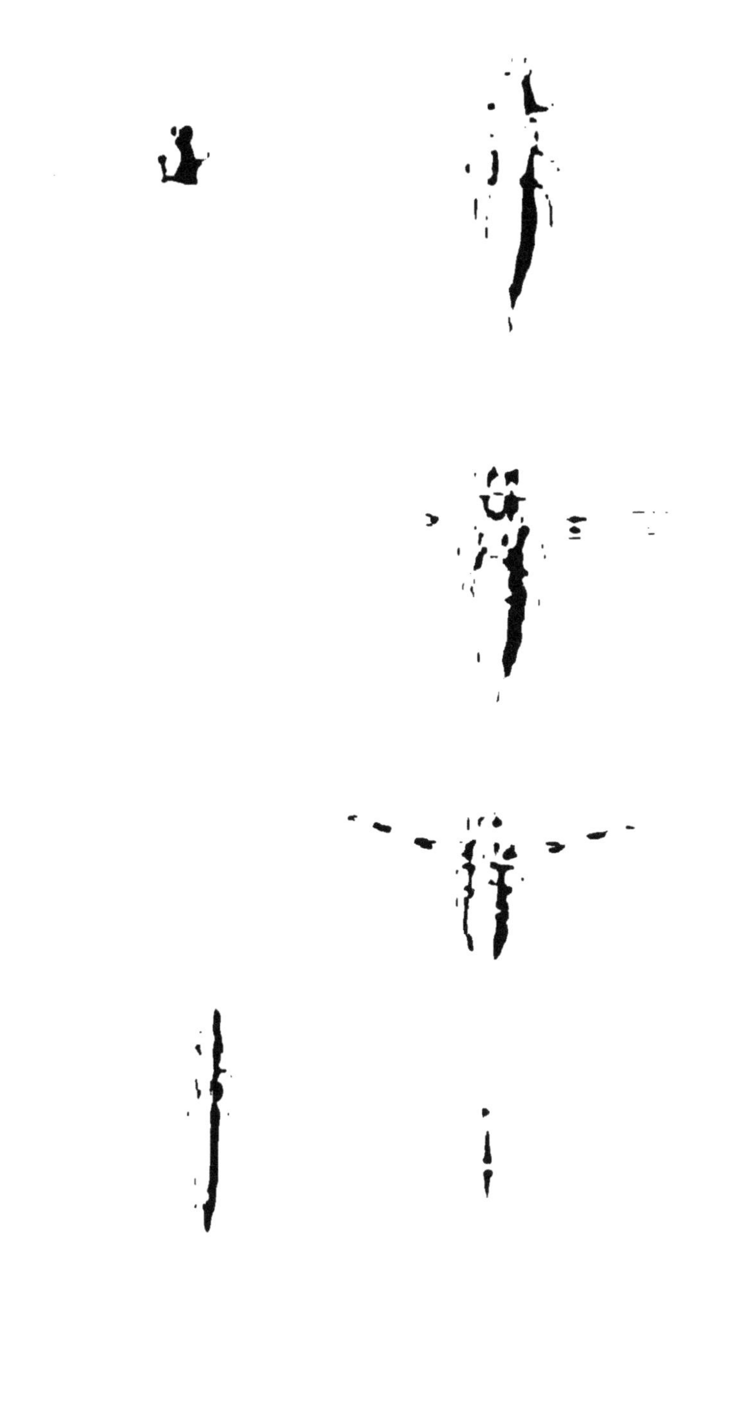

TABULE III.

Fig. 19. *Megalothrips Bonannii* nov. sp. ♂. Zvětš. 19nás.

Fig. 20. *Megalothrips lativentris* Heeg. ♀. Zvětš. 19nás.

Fig. 21. *Platythrips tunicata* Hald. ♀. Zvětš. 19nás.

Fig. 22. *Megalothrips lativentris* Heeg. ♂. Zadní část abdomenu s hora. Zvětš. 17nás.

a. rourovitý výrostek na 6. čl. abdom.

b. lupínek, přiléhající k basi tubu.

Fig. 23. *Megalothrips lativentris* Heeg. ♂. Zadní část abdomenu ze strany. Zv. 17nás.

Fig. 24. *Cryptothrips lata* nov. sp. ♀. Zvětš. 19nás.

Fig. 25. *Poecilothrips albopicta* nov. gen., nov. sp. Hlava a prothorax. Zvětš. 33nás.

Fig. 26. *Anthothrips statices* Hald. ♀. Hlava. Zvětš. 33nás.

Fig. 27. *Phloeothrips parva* nov. sp. ♀. Hlava. Zvětš. 33nás.

TAFEL III.

Fig. 19. *Megalothrips Bonannii* nov. sp. ♂. Vergr. 19.

Fig. 20. *Megalothrips lativentris* Heeg. ♀. Vergr. 19.

Fig. 21. *Platythrips tunicata* Halid. ♀. Vergr. 19.

Fig. 22. *Megalothrips lativentris* Heeg. Hinterer Theil des Abdomens von oben. Vergr. [illegible]7.

a röhrenförmiger Anhang auf dem 6. Abdominalsegmente.

b Schuppe an der Basis des Tubus.

Fig. 23. *Megalothrips lativentris* Heeg. ♂. Hinterer Theil des Abdomens von der Seite. Vergr. 17.

Fig. 24. *Cryptothrips lata* nov. sp. ♀. Vergr. 19.

Fig. 25. *Poecilothrips albopicta* nov. gen. nov. sp. Kopf und Prothorax. Vergr. 33.

Fig. 26. *Anthothrips statices* Halid. ♀. Kopf. Vergr. 33.

Fig. 27. *Phloeothrips* [illegible] nov. sp. ♀. Kopf. Vergr. 33.

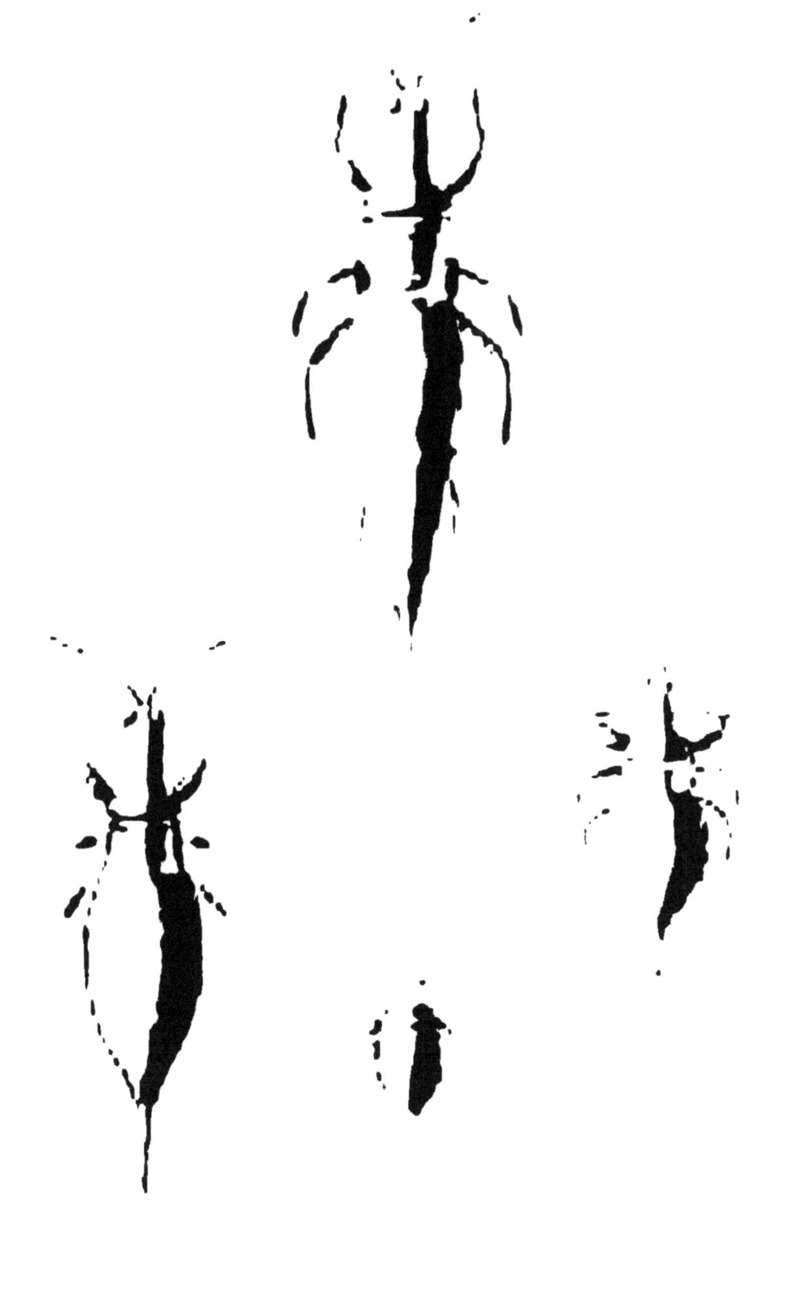

TABULE IV.

Fig. 28. *Acanthothrips nodicornis* Reut. ♂. Zvětš. 19nás.

Fig. 29. *Phloeothrips coriacea* Halid. ♀. Zvětš. 19nás.

Fig. 30. *Poecilothrips albopicta* nov. gen., nov. sp. Hlava s kuželem ústním ze spodu. Zvětš. 33nás.

a. basalní rozšířenina bodce ústního.

b. maxilla.

c. submentum.

d. mentum.

e. makadlo labiální.

Fig. 31. *Cryptothrips dentipes* Reut. ♀. Hlava s kuželem ústním ze spodu. Zvětš. 33nás.

a. basalní rozšířenina bodce ústního.

Fig. 32. *Trichothrips copiosa* nov. sp. Hlava shora. Zvětš. 33nás.

Fig. 33. *Cryptothrips dentipes* Reut. ♀. Hlava shora. Zvětš. 33nás.

TAFEL IV.

Fig. 28. *Acanthothrips nodicornis* Reut. ♀. Vergr. 14.

Fig. 29. *Phloeothrips coriacea* Halid. ♀. Vergr. 19.

Fig. 30. *Poecilothrips albopicta* nov. gen. nov. sp. Kopf mit dem Rüssel von unten. Vergr. 55.

a. Basale Erweiterung des Mundstachels.

b. Maxille.

c. Submentum.

d. Mentum.

e. Labialtaster.

Fig. 31. *Cryptothrips dentipes* Reut. ♀. Kopf mit dem Rüssel von unten. Vergr. 53.

a. Basale Erweiterung des Mundstachels.

Fig. 32. *Trichothrips copiosa* nov. sp. Kopf von oben. Vergr. 53.

Fig. 33. *Cryptothrips dentipes* Reut. ♀. Kopf von oben. Vergr. 53.

TABULE V.

Fig. 34.–41. *Melanothrips fusca* Sulz.

Fig. 34. Hlava a prothorax. (37.)*)

Fig. 35. Tykadlo. (56.)

Fig. 36. Makadlo maxillarní. (325.)

Fig. 37. Makadlo labiální. (325.)

Fig. 38. Přední noha. (37.) *a.* kyčel; *b.* stehno; *c.* holeň; *d, e.* oba čl. chodidla; *f.* měchýřek.

Fig. 39. ♀. Křídlo. (33.) *a.* přední, *b.* zadní část žilky okružní; *c.* hořejší, *d.* dolejší žilka podélná; *e.* šupinka.

Fig. 40. ♂. Přední část abdomenu. (56.) *a, b, c.* tři čl. abdom.; *d.* metanotum; *e.* lištna na prvém čl. abdom.

Fig. 41. Část přední nohy. (115.) *a.* zub s postranními lupínky; *b.* tarsus; *c.* konec tibie.

Fig. 42. a 43. *Rhipidothrips gratiosa* nov. gen., nov. sp.

Fig. 42. Hlava a prothorax. (37.)

Fig. 43. Tykadlo. (56.)

Fig. 44. *Aeolothrips versicolor* nov. sp. Hlava a prothorax. (37.)

Fig. 45. *Aeolothrips melaleuca* Halid. Křídlo. (33.)

Fig. 46.–48. *Aeolothrips fasciata* L.

Fig. 46. Tykadlo. (56.)

Fig. 47. Přední tarsus. (56.) *a.* konec tibie; *b, c.* oba čl. tarsu; *d.* měchýřek; *e.* háčky.

Fig. 48. ♂. Abdomen shora. (56.) *a.* lištny na 1. čl.; *b, c.* oba páry výrostků na 4. a 5. čl.; *d.* deska chitinová na 9. čl.; *e.* dvouhrotý výtvor přidržovací.

Fig. 49. *Chirothrips manicata* Halid. Levé tykadlo. (115.)

Fig. 50. *Chirothrips Dudae* nov. sp. Levé tykadlo. (115.)

Fig. 51. *Limothrips denticornis* Halid. ♂. Konec abdomenu. (56.) — *8, 9, 10.* tři poslední články abdom.; *a.* trny; *b.* klikatá lištna.

Fig. 52. *Sericothrips staphylinus* Halid. Hořejší křídlo. (37.)

Fig. 53. a 54. *Physopus vulgatissima* Halid.

Fig. 53. ♀. Hlava a prothorax. (37.)

Fig. 54. ♂. Konec abdomenu. (56.) *a.* pochvy pyje.

Fig. 55. a 56. *Physopus robusta* nov. sp.

Fig. 55. Přední noha. (56.) *a.* zoubek na konci tarsu.

Fig. 56. ♂. Konec abdomenu. (33.) *a.* pochvy pyje; *b.* trny na 8. čl. abdom.

Fig. 57. *Physopus pallipennis* nov. sp. 3. a 4. čl. tykadla. (56.)

Fig. 58.–60. *Physopus phalerata* Halid.

Fig. 58. Šestý čl. tykadla. (115.) *a.* čirá šupinka.

Fig. 59. ♀. Přední noha. (56.)

Fig. 60. ♂. 4. a 5. čl. abdom. (33.)

Fig. 61. *Physopus ulicis* Halid. ♀. Přední noha. (56.) *a.* hrbolky na tarsu.

Fig. 62. *Physopus primulae* Halid. ♀. Hlava. (37.)

Fig. 63. *Physopus ulmifoliorum* Halid. ♀. Tykadlo. (70.)

Fig. 64. *Physopus frontalis* nov. sp. ♀. Hlava a prothorax. (37.)

Fig. 65. *Physopus pilosa* nov. sp. ♂. Konec tykadla. (115.)

Fig. 66. *Oxythrips hastata* m. ♀. Konec abdomenu. (33.) — Vzájemná délka dvou posledních článků abdom. je různá, poněvadž tyto články mohou býti více nebo méně zataženy.

Fig. 67. *Oxythrips ajugae* nov. sp. ♀. Prothorax. (37.)

Fig. 68. a 69. *Oxythrips firma* nov. sp.

Fig. 68. Makadlo maxillarní. (115.)

Fig. 69. Přední noha. (56.)

*) Číslo v závorce udává zvětšení.

TAFEL V.

[illegible]

TABULE VI.

Fig. 70. *Rhopalothrips longistylosa* nov. gen., nov. sp. Hlava a prothorax. (70.)
Fig. 71. *Oxythrips firma* nov. sp. ♂. Konec abdomenu. (70.) *a.* [illegible]
Fig. 72. *Oxythrips parviceps* nov. sp. Hlava a prothorax. (33.)
Fig. 73. a 74. *Pachythrips subaptera* Halid.
Fig. 73. Hlava a prothorax. (37.)
Fig. 74. ♀. Konec abdomenu. (37.)
Fig. 75.–77. *Anaphothrips virgo* m.
Fig. 75. Konec tykadla. (115.) *a.* šikmá přehrádka v 6. [illegible]
Fig. 76. Křídlo. (37.)
Fig. 77. ♀. Konec abdomenu. (37.)
Fig. 78. a 79. *Aptinothrips rufa* Gmel.
Fig. 78. Tykadlo osmičlenné. (115.)
Fig. 79. Konec tykadla šestičlenného. (115.)
Fig. 80. *Belothrips acuminata* Halid. Konec tykadla. (115.)
Fig. 81.–83. *Dictyothrips betae* nov. gen., nov. sp.
Fig. 81. Hlava a prothorax. (56.)
Fig. 82. Makadlo maxillární. (325.)
Fig. 83. Křídlo. (56.)
Fig. 84.–86. *Dendrothrips tiliae* nov. gen., nov. sp.
Fig. 84. Hlava. (56.)
Fig. 85. Zadní noha. (56.)
Fig. 86. Pero skakací. (56.)
Fig. 87. *Dendrothrips Degeeri* nov. sp. Makadlo maxillární. (325.)
Fig. 88. *Dendrothrips saltatrix* nov. sp. Prothorax. (56.)
Fig. 89. *Prosopothrips Vejdovskýi* nov. gen., nov. sp. Hlava. (56.)
Fig. 90.–92. *Heliothrips haemorrhoidalis* Bouché.
Fig. 90. Hlava. (56.)
Fig. 91. Tykadlo. (56.)
Fig. 92. Křídlo. (33.)
Fig. 93. *Parthenothrips dracaenae* Heeg. Tykadlo. (56.)
Fig. 94.–99. *Thrips physopus* L.
Fig. 94. Hlava a prothorax. (33.)
Fig. 95. Makadlo maxillární. (325.)
Fig. 96. Makadlo labiální. (325.)
Fig. 97. Křídlo hořejší. (37.) *a.* přední, *b.* zadní část obky [illegible] dolejší (vedlejší) žilka podélná; *p.* žilka příčná; [illegible] *h.* šupinka.
Fig. 98. Křídlo dolejší. (37.) *a.* šupinka.
Fig. 99. ♂. 3.–7. čl. abdom. ze spodu. (33.)
Fig. 100. *Thrips communis* nov. sp. Hlava. (37.)
Fig. 101. a 102. *Thrips angusticeps* nov. sp.
Fig. 101. Hlava. (37.)
Fig. 102. ♂. Prohlubiny na spodní straně abdomenu.
Fig. 103. *Thrips minutissima* L. ♂. Jedna prohlubina ze spodní [illegible]
Fig. 104. *Thrips calcarata* nov. sp. Přední noha. (56.)
Fig. 105. a 106. *Thrips nigropilosa* nov. sp.
Fig. 105. Hořejší zkrácené křídlo. (56.) *a.* přední, *b.* [illegible] hlavní; *d.* šupinka.
Fig. 106. Dolejší zkrácené křídlo. (56.) *a.* [illegible] šupinka.
Fig. 107. *Thrips Klapáleki* nov. sp. Hlava. (56.)

TAFEL VI.

[illegible]

TABULE VII.

Fig. 108. a 109. *Baliothrips dispar* Halid.

Fig. 108. Tykadlo. (70.)*)

Fig. 109. Makadlo maxillarni. (325.)

Fig. 110. *Smingothrips biuncinata* nov. gen., nov. sp. Predni noha. (56.)

Fig. 111. *Smingothrips bicincta* nov. sp. Predni noha. (56.)

Fig. 112. *Bolacothrips Jordani* nov. gen., nov. sp. Predni polovice tela. (33.)

Fig. 113. a 114. *Drepanothrips Reuteri* nov. gen., nov. sp.

Fig. 113. Konec tykadla. (115.)

Fig. 114. ♂. Konec abdomenu. (70.) — *a*, srpovity privesek.

Fig. 115.—117. *Megalothrips lativentris* Heeg.

Fig. 115. Makadlo maxillarni. (115.)

Fig. 116. Makadlo labialni. (115.)

Fig. 117. Tykadlo. (56.)

Fig. 118.—122. *Cryptothrips lata* nov. sp.

Fig. 118. Tykadlo. (56.)

Fig. 119. Makadlo maxillarni. (115.)

Fig. 120. Makadlo labialni. (115.)

Fig. 121. Konec stetinovitého kusadla prvého paru. (325.)

Fig. 122. ♂. Predni noha. (17.)

Fig. 123. a 124. *Cryptothrips angusta* nov. sp.

Fig. 123. Hlava. (56.)

Fig. 124. Tykadlo. (56.)

Fig. 125. a 126. *Cryptothrips Icarus* nov. sp.

Fig. 125. Hlava. (56.)

Fig. 126. Tykadlo. (56.)

Fig. 127. *Cryptothrips dentipes* Reut. Tykadlo. (56.)

Fig. 128.—130. *Anthothrips statices* Halid.

Fig. 128. Tykadlo. (56.)

Fig. 129. Tubus. (56.)

Fig. 130. ♂. Konec abdomenu s vychlipenou pyj. (33.) — *a*, vychlipe

b, dve chitinove tycinky.

Fig. 131. *Anthothrips aculeata* Fabr. Tubus. (56.)

Fig. 132. a 133. *Zygothrips minuta* nov. gen., nov. sp.

Fig. 132. Hlava a prothorax. (33.)

Fig. 133. Tykadlo. (56.)

Fig. 134. a 135. *Cephalothrips monilicornis* Reut.

Fig. 134. Hlava a prothorax. (56).

Fig. 135. Tykadlo. (56.)

Fig. 136. a 137. *Trichothrips pedicularia* Halid.

Fig. 136. Tykadlo. (56.)

Fig. 137. ♀. Predni noha. (17.)

Fig. 138.—140. *Trichothrips copiosa* nov. sp.

Fig. 138. Tykadlo. (56.)

Fig. 139. ♀. Devaty cl. abdom. a tubus ze spodu. (33.) — *c*, chiton

Fig. 140. ♂. Devaty cl. abdom. a tubus ze spodu. (33.) — *c*, vykro

Fig. 141. a 142. *Phloeothrips coriacea* Halid.

Fig. 141. Tykadlo. (56.)

Fig. 142. Slozena kridla. (17.)

Fig. 143. *Phloeothrips minor* nov. sp. Tykadlo. (56.)

Fig. 144. *Phloeothrips pitra* nov. sp. Tykadlo. (56.)

Fig. 145. *Acanthothrips nodicornis* Reut. Tykadlo. (56.) — *a*, cepky cudlove.

Fig. 146. *Liothrips hradecensis* nov. sp. Tykadlo. (56.)

Fig. 147. *Liothrips setinodis* Reut. Hlava a prothorax. (33.)

TAFEL VII.

Fig. 108 u. 109. *[illegible]* Hand.

Fig. 108. Fühler (50/1).

Fig. 109. Maxillartaster (125/1).

Fig. 110. *[illegible]* nov. gen. et nov. sp. Vorderbein (50/1).

Fig. 111. *[illegible]* nov. sp. Vorderbein (50/1).

Fig. 112. *[illegible]* nov. gen. et nov. sp. Vorderbein, Kopfschild (35/1).

Fig. 113 u. 114. *[illegible]* nov. gen. et nov. sp.

Fig. 113. Ende des Fühlers (115/1).

Fig. 114. Ende des Abdomens (50/1) *a* [illegible] Anhang.

Fig. 115–117. *[illegible]* Hand.

Fig. 115. Maxillartaster (115/1).

Fig. 116. Labialtaster (115/1).

Fig. 117. Fühler (50/1).

Fig. 118–122. *[illegible]* nov. sp.

Fig. 118. Fühler (50/1).

Fig. 119. Maxillartaster (115/1).

Fig. 120. Labialtaster (115/1).

Fig. 121. Ende einer der [illegible] Mandibeln (325/1).

Fig. 122. Vorderbein (17/1).

Fig. 123 u. 124. *[illegible]* nov. sp.

Fig. 123. Kopf (50/1).

Fig. 124. Fühler (50/1).

Fig. 125 u. 126. *[illegible]* nov. sp.

Fig. 125. Kopf (50/1).

Fig. 126. Fühler (50/1).

Fig. 127. *[illegible]* Fühler (50/1).

Fig. 128–130. *[illegible]* Hand.

Fig. 128. Fühler (50/1).

Fig. 129. Taster (50/1).

Fig. 130. [illegible] Ende des Abdomens mit [illegible] (50/1) *a* der hervorgestülpte [illegible] *b* zwei [illegible]

Fig. 131. *[illegible]* Fühler, Taster (50/1).

Fig. 132 u. 133. *[illegible]* nov. gen. nov. sp.

Fig. 132. Kopf und Prothorax (35/1).

Fig. 133. Fühler (50/1).

Fig. 134 u. 135. *[illegible]* Hand.

Fig. 134. Kopf und Prothorax (50/1).

Fig. 135. Fühler (50/1).

Fig. 136 u. 137. *[illegible]* (Hand).

Fig. 136. Fühler (50/1).

Fig. 137. [illegible] Vorderbein [illegible]

Fig. 138–140. *[illegible]* nov. sp.

Fig. 138. Fühler (50/1).

Fig. 139. [illegible] (17/1) *a* [illegible]

Fig. 140. [illegible] (35/1) *a* [illegible]

Fig. 141 u. 142. *[illegible]* Hand.

Fig. 141. Fühler (50/1).

Fig. 142. [illegible]

Fig. 143. *[illegible]* nov. sp. Fühler (50/1).

Fig. 144. *[illegible]* nov. sp. Fühler (50/1).

Fig. 145. [illegible]

Fig. 146. [illegible]

Fig. 147. [illegible] Kopf [illegible]

TABULE VIII.

Fig. 148. Podélný průřez [illegible] *Tr[illegible]* [illegible] sp. (157.1) *a*, temeno; *b*, tyl; *c*, [illegible]; *d*, spojovací [illegible] sosákem; [illegible] sosák; *f*, ústa; *g*, [illegible]; *h*, pronotum; *i*, [illegible]; *k*, [illegible] sternum; *l*, metanotum; [illegible] *1*, *1'*, [illegible] *2*, *2'*, druhý čl. abdomen.

Fig. 149–151. Pohled na pterothorax [illegible] *[illegible] fasciata* L. [illegible] ze strany a zdola.

Fig. 149. *a*, mesonotum; *b*, *c*, metanotum; [illegible] *g*, přívěsný plátek; *1*, *2*, prvé dva [illegible]; *h*, postranní [illegible] prvního čl. abdominal.; [illegible]

Fig. 150. *c'*, postranní štítek; *m*, mesosternum; *1'*, břišní [illegible] písmena znamenají totéž jako u fig. předcházející.

Fig. 151. *m*, mesosternum; *o*, metasternum; *n*, [illegible]; *d*, postranní štít; *e*, pánve pro kyčle středních noh; [illegible]

Fig. 152–155. Chodidlo larvy druhu *Tri[illegible]thrips [illegible]posa* nov. sp. (525.) [illegible]; *b*, drápky; *c*, kořen; *d*, výběžek jejich; [illegible]; *f*, [illegible] nová; *g*, tyč chitinová; *h*, konec tibie; [illegible]

Fig. 152. Pohled na chodidlo v klidu.

Fig. 153. Pohled na chodidlo polo rozevřené.

Fig. 154. Pohled na chodidlo se strany.

Fig. 155. Pohled na chodidlo úplně rozevřené.

Fig. 156. Žláza (larvy druhu *Trichothrips copiosa*), [illegible] *b*, tibie; *c*, *c*, vývod žlázy.

Fig. 157. Soustava nervová druhu *Trichothrips copiosa* [illegible] *b*, mozek; *c*, kruh jícnový; *d*, splynulá [illegible] nerv jdoucí do přední nohy; [illegible] do hořejšího křídla; *h*, nerv jdoucí do střední [illegible]; *i*, nerv jdoucí do dolejšího křídla; [illegible] *1*–*11*, větvičky [illegible]

Fig. 158. Slinná žláza většího páru od druhu *Tr[illegible]thrips [illegible]* (115.) [illegible] *b*, [illegible] pující vývod žlázy *c*.

Fig. 159. Slinná žláza menšího páru od druhu *Tr[illegible]thrips copi[illegible]* (115.) [illegible] obklopující vývod žlázy *b*; *d*, [illegible]

Fig. 160. Část žlázy [illegible] páru [illegible] *Tr[illegible]thrips* [illegible] plněná látkou [illegible]

TAFEL VIII.

Fig. 148. [illegible] Körperhälfte von *Trichothrips copiosa* nov. sp. [illegible] *a.* Scheitel; *b.* Hinterhaupt; *c.* Stirn; *d.* Verbindungshaut zwischen dem [illegible] *e.* Rüssel; *f.* [illegible]; *g.* Kehle; *h.* Pronotum; *i.* [illegible] Mesothorax; *k.* Mesosternum; *l.* Metanotum; *m.* Metasternum; *1–1.* erstes Abdominalsegment; *2–2.* zweites Abdominalsegment.

Fig. 149–151. [illegible] Abdomens von *Trichothrips* [illegible] von der Seite und von unten.

Fig. 149. [illegible] Metanotum [illegible] Rande des Metanotum; *g.* [illegible]; *1–2.* [illegible] Abdominalsegment [illegible] der Flügel.

Fig. 150. [illegible] Die übrigen Buchstaben haben dieselbe Bedeutung wie in der vorhergehenden Figur.

Fig. 151. [illegible] Hinterschenkel [illegible]

Fig. 152. Der Tarsus der Larve von *Trichothrips copiosa* nov. sp. (520.) — *a.* Haftblase; *b.* [illegible]; *d.* [illegible]; *e.* hakenförmiges Chitingebilde; *f.* [illegible]; *g.* [illegible]; *h.* Ende der Schiene; *i.* Sinnesborste.

Fig. 152. Tarsus in der Ruhe.

Fig. 153. Tarsus halbgeöffnet.

Fig. 154. Tarsus von der Seite.

Fig. 155. Tarsus vollkommen geöffnet mit strotzender Haftblase.

Fig. 156. Die Drüse der Larve von *Trichothrips copiosa*, welche die Haftblase mit Flüssigkeit versorgt. *a.* Ende des Schenkels; *b.* Schiene; *c. c.* Ausführungsgang der Drüse.

Fig. 157. Centrales Nervensystem von *Trichothrips copiosa* von der Ventralseite. (560.) — *a.* Nervus opticus; *b.* Gehirn; *c.* Schlundring; *d.* Prothoracalganglion; *e.* der in das Vorderbein abgehende Nerv; *f.* Mesothoracalganglion; *g.* der in den Oberflügel abgehende Nerv; *h.* der in das Mittelbein abgehende Nerv; *i.* Metathoracalganglion; *j.* der in den Unterflügel abgehende Nerv; *k.* der in das Hinterbein abgehende Nerv; *l.* die zu einer Masse verschmolzenen Abdominalganglien; *I–II.* die von dem unpaaren Bauchstrang (*m*) abgehenden Nervenästchen.

Fig. 158. Speicheldrüse des grösseren Paares von *Trichothrips copiosa*. (115.) — *b.* grosse, den Ausführungsgang (*c*) der Drüse umgebende Zellen.

Fig. 159. Speicheldrüse des kleineren Paares von *Trichothrips copiosa*. (115.) — *a.* der Inhalt; *c.* die den Ausführungsgang (*b*) umgebenden Zellen; *d.* Faden am Ende der Drüse.

Fig. 160. Ein Theil der Drüse des dritten grössten Paares vom Männchen der Art *Trichothrips copiosa*. — *a.* das mit stark lichtbrechendem Stoffe gefülltes Lumen.

* [illegible]

TABULE IX.

Fig. 161. Hlava druhu *Aeolothrips fasciata* L. s kuželem ústním (sosákem). (175.)*) *a.* hořejší pysk (světlé blanité místo, před koncem jeho se nalézající, jest vynecháno, aby obraz byl názornějším); *b.* kusadla druhého páru (maxillae); *c.* makadla maxillární; *d.* blanité místo mezi maxillou a mentem; *e.* mentum, prodlužující se v osten *f*; *g.* blanité místo, na němž nalézají se makadla labiální *h*; *i.* ligula (paraglossae); *j.* štětinovitá kusadla prvého páru (mandibulae); *k.* ztluštělá jejich basis; *l.* chitinová páka; *m.* bodec ústní; *n.* basální jeho rozšířenina; *o.* místo, kde tato souvisí s okrajem čelním *r*; *p.* otvor, kterým vchází sval; *s.* vchlípenina okraje čelního; *t.* podobná vchlípenina, spojení s okrajem čelním přerušivší; *u.* prodlouženiny tváří; *bl.* spojovací blána mezi okrajem čelním a basí sosáku.

Fig. 162. Bodec ústní druhu *Aeolothrips fasciata* L. v poloze volné. *a.* basální jeho rozšířenina; *b.* vlastní bodec; *c.* otvor, kudy vchází sval.

Fig. 163. Zažívací roura samce druhu *Trichothrips copiosa* nov. sp. (33.) *a.* jícen; *b.* rozšířenina jícnu; *c.* přední, *d.* zadní odstavec žaludku; *e. f.* rozšířeniny tohoto; *g.* naduřenina střeva, do níž vcházejí malpighické žlázy *h*; *i.* tenké, *j.* tlusté střevo; *k.* žlázy slinné většího, *l.* menšího, *m.* třetího (největšího) páru.

Fig. 164. Zažívací roura druhu *Aeolothrips fasciata* L. (33.) *a.* jícen; *b.* rozšířenina jícnu; *c.* přední, *d.* zadní odstavec žaludku; *e.* rozšířenina tohoto; *f. g.* malpighické žlázy; *h.* tenké, *l.* tlusté střevo; *l.* slinná žláza krátká; *i.* slinná žláza dlouhá; *j.* rozšířenina její; *k.* konec její, kterým se k žaludku přikládá.

Fig. 165. Samčí ústroje pohlavní druhu *Trichothrips copiosa.* (37.) *a.* varlata; *b.* vas deferens; *c. d.* rozšířeniny jeho; *e. f.* oba páry žláz přídavných; *g.* rozšířenina na konci vývodu vnějšího páru; *h.* vedlejší dutinka na basi společného chámovodu *c*.

Fig. 166. Samčí ústroje pohlavní druhu *Thrips physopus* L. (115.) *a.* varlata; *b.* vas deferens; *c.* rozšířenina jeho; *d.* rozšířenina společného chámovodu *e*; *f.* žlázy přídavné.

*) Číslo v závorce udává zvětšení.

TAFEL IX.

TABULE X.

Fig. 167. Samicí ústroje pohlavní druhu *Trichothrips copiosa* nov. sp. (37.)* [illegible] *a.* [illegible] *b.* komůrka nejzralejšího vajíčka; *c.* vejcovod; *d.* pohárovité jeho rozšíření; *e.* [illegible] covod; *f.* hlavička, *g.* krček, *h.* tělíčko, *i.* vývod zásobárny chámové; *j.* svazky [illegible] *l.* vlákna, jimiž zavěšeny jsou vaječníky na slinné žláze *m.*

Fig. 168. Samičí ústroje pohlavní druhu *Aeolothrips fasciata* L. (37.) Písmen *a* [illegible] *e* [illegible] jako u fig. předcházející; *f.* zásobárna chámová; *g.* její vývod s rozšířeninou [illegible] *i.* žláza mazová; *j.* její vývod; *k.* [illegible] zakončující rourky vaj[illegible].

Fig. 169. Zásobárna chámová druhu *Physopus atrata* Halid. (115.) *a.* vlastní zásobárna [illegible] tinou podoby retorty *c*; *b.* vývod zásobárny.

Fig. 170. Konec abdomenu druhu *Physopus vulgatissima* Halid. s kladélkem, ze strany. (115.) 7–10. poslední 4 čl. abdom.; *g.* postranní destičky článku 7.; *a.* pravá předn[illegible] *d.* [illegible] zadní chlopeň kladélka; *b. c.* stlustlé okraje jejich; *f.* rýha, do které se [illegible] kladélko ukrýti.

Fig. 171. Kladélko druhu *Physopus vulgatissima* Halid. z předu. (265.) *a. b.* [illegible] *c.* šikmé zuby na nich. Význam ostatních písmen vyložen jest v textu.

Fig. 172. Soustava vzdušnic samce druhu *Thrips physopus* L. (60.) *1. 2. 3. 4.* [illegible] dýchacích. Význam písmen vyložen jest v textu.

*) Čísla v závorce udává zvětšení.

TAFEL X.

Fig. 167. Weibliche Fortpflanzungsorgane von [illegible] ([illegible]) [illegible] Keimstock der [illegible]; *c*, Eileiter; *d*, seine [illegible] Erweiterung; [illegible] *f*, Kopf, *g*, Hals, *h*, Körper, *i*, Ausführungsgang des Receptaculum seminis; [illegible] *k*, *l*, Faden, mit deren Hilfe der Eierstock an der [illegible] befestigt ist.

Fig. 168. Weibliche Fortpflanzungsorgane von [illegible] ([illegible]). Die Buchstaben [illegible] dieselbe Bedeutung wie in der vorhergehenden Figur; *b*, Receptaculum seminis; *f*, Ausführungsgang desselben mit der Erweiterung [illegible] Ende [illegible] Verbindungsrohr; *k*, Endfaden der Eiröhren.

Fig. 169. Receptaculum seminis von *Physapus* [illegible] ([illegible]) [illegible] Hohlungen; *b*, Ausführungsgang [illegible].

Fig. 170. Ende des Abdomens von *Physapus* [illegible] mit dem [illegible] von der Seite ([illegible]) [illegible] die vier letzten Abdominalsegmente; *g*, Seitenstücke des 7. Segments; *a*, [illegible] Legebohrer [illegible] werden kann.

Fig. 171. [illegible] *Physapus* [illegible] ([illegible]) [illegible] Erklärung der übrigen Buchstaben im Text.

Fig. 172. [illegible] *Physapus* [illegible] Erklärung der übrigen Buchstaben im Text.

[illegible]

Od téhož spisovatele vyšly

ŠUPINUŠKY ZEMĚ ČESKÉ.

THYSANURA BOHEMIAE.

Se dvěma tabulemi, z nichž jedna jest kolorovaná.

Dissertace poctěná cenou universitní.

V PRAZE 1890.

Zvláštní otisk z Věstníka Král. české společnosti náuk.

(Obsahuje biologická pozorování a původní popisy 76 druhů českých, z nichž 12 je nových.)

Cena 1 zl. 20 kr.

V kommissi u Fr. Řivnáče v Praze.
Ferdinandova třída, čís. 25.

ŠUPINUŠKY ZEMĚ ČESKÉ

THYSANURA BOHEMIAE.

PRAG 1890.

Preis 1 fl. 20 kr. ö. W. = 2 M.